최쌤 전공역사

최향란 편저

서양사 · 기타세계사 · 역사교육론
기출 및 모의고사

들어가며 ...

　　예비 선생님들을 이렇게 서면으로 만나게 되어 반갑습니다. 비록 서면으로 만나지만, 이 결과물을 통하여 우리는 서로 소통할 수 있으리라 생각합니다. 또한 이 책이 출간됨으로 마음이 한층 가벼워졌고, 감사한 마음입니다.

　　먼저 이 문제집을 출간하게 된 계기는 임용고시를 준비하는 예비선생님들과 그리고 강의를 담당하는 저에게 꼭 필요한 작업이라고 생각했기 때문입니다. 저는 임용고시 강의를 담당한 지 이제 2년이 조금 넘은 새내기 교수에 불과합니다. 대학교에서의 강의경력으로는 상당한(?) 수준급의 경력을 지니고 있다고 어느 정도는 자부하는 편입니다만, 본 업계에서는 정말 초보선생님에 가깝다고 할 수 있습니다. 그래서 실수도 많이 하고, 의도하지 않았던 방향으로 강의가 진행되어 자존심 상할 때도 있었습니다. 특히 역사교육론은 어찌 보면 쉬울 것 같았는데, 예상을 빗나가 참 어렵다고 느낄 때도 많았습니다. 따라서 참조할 만한 자료들을 살펴보았지만, 문제집에 답안 설명까지 나오는 경우는 보지 못한 것 같습니다. 온라인 사이트에서 참조할 수 있었지만, 그 역시 학습방향에 효과적이지는 않았다고 생각됩니다. 따라서 일일이 참조하고, 프린트하는 등 불편한 점들을 해소하고, 동시에 답안이 적혀있는 저술작업을 통해 예비선생님들에게 그리고 저에게 직접적인 작은 도움을 주고자 하는 작은 바람에서 이 문제 모음집을 출간하게 되었습니다.

　　이 모음집은 2000년도부터 2020년 대비 임용고시 기출문제들을 수록하고 있습니다. 기존 문제집들과 별다른 차별성을 발견할 수 없을지도 모릅니다. 다만 차이는 예상답안과 해설이 좀 더 명확하게 제시가 되어 있다는 것을 제외하고는 특별하지 않을 수 있습니다. 그러나 답안을 보다 더 정확히 제시해보려 노력했다는 것 그리고 2019년과 2020년 대비 제가 직접 출제했던 모의고사 예상문제들을 더 수록한 점이 보다 새롭습니다.

　　많은 선생님들이 답안 공개를 상당히 꺼리는 것으로 알고 있습니다. 물론 여기에는 여러 리스크가 있을지도 모릅니다. 그러나 가장 정답에 가까운 답안을 제시하고(물론 객관식은 정답이 발표되었지만), 그에 대한 해설을 통해 학생들이 좀 더 도움을 받고, 문제풀이에 더욱 용기를 낼 수 있도록 희망을, 더 나아가 자긍심을 주고 싶었습니다. 저의 답이 완전한 답이 아닐 수 있다는 점, 완벽한 것은 아니라는 점을 미리 밝힙니다. 저는 서양사를 전공한 박사이지만, 사실 모든 지식을 다 알 수는 없기에 나름 최선을 다했을 뿐입니다.

　　역사교육론에 있어서는 더욱 부족한 면이 많을 것이고, 따라서 여러분들의 조언과 혹은 내용의 구체적 수정 제안 등 다양한 면으로 저에게 용기를 부여해주시고, 소통의 작업들을 해주실 줄 믿습니다. 한 가지 덧붙인다면 여러분들의 질타보다는 칭찬과 방향제시를 더욱 간절히 바랍니다.

　　이 편저가 출간되도록 도움주신 해커스 관계자와 한필 출판사 대표님 그리고 이응주 선생님께 감사드립니다. 이 모음집이 예비선생님들의 미래에 영향을 끼치는 작은 역할을 했다면, 저는 오늘 이것만으로도 뿌듯한 인생이라고 자부할 수 있을 것 같습니다. 감사합니다.

2020년 4월 27일 최향란

서양 고대사

고대 그리스 스파르타와 아테네 ·· 3

고대로마 ··· 21

서양 중세사

서양 중세사 - 1 ··· 39

서양 중세사 - 2 ··· 62

서양 근대사

서양 근대사 - 1 ··· 79

서양 근대사 - 2 ··· 107

서양 현대사

서양 현대사 - 1 ··· 125

서양 현대사 - 2 ··· 139

기타 세계사

기타 세계사 ·· 153

해커스 예상 기출 모의고사

해커스 2018년 9~10월 1회 모의고사 ·· 177

해커스 2018년 9~10월 2회 모의고사 ·· 186

해커스 2018년 9~10월 3회 모의고사 ·· 194

해커스 2018년 9~10월 4회 모의고사 ·· 201

해커스 2018년 9~10월 5회 모의고사 ·· 210

해커스 2018년 9~10월 6회 모의고사 ·· 218

해커스 2018년 9~10월 7회 모의고사 ·· 225

해커스 2018년 9~10월 8회 모의고사 ·· 235

해커스 정기 모의고사

해커스 2018년 6월 정기 모의고사 ·· 242

해커스 2018년 7월 정기 모의고사 ·· 254

해커스 2018년 8월 정기 모의고사 ·· 262

해커스 2018년 9월 정기 모의고사 ·· 270

해커스 예상 기출 모의고사

해커스 2019년 9~10월 1회 모의고사 ········· 277

해커스 2019년 9~10월 2회 모의고사 ········· 283

해커스 2019년 9~10월 3회 모의고사 ········· 289

해커스 2019년 9~10월 4회 모의고사 ········· 291

해커스 2019년 9~10월 5회 모의고사 ········· 298

해커스 2019년 9~10월 6회 모의고사 ········· 305

해커스 2019년 9~10월 7회 모의고사 ········· 312

해커스 2019년 9~10월 8회 모의고사 ········· 318

2021년 대비 역사교육론 기출문제풀이

2020년 중등임용고시 역사교육론 부문 ········· 327

2019년 중등임용고시 역사교육론 부문 ········· 342

2018년 중등임용고시 역사교육론 부문 ········· 352

2017년 중등임용고시 역사교육론 부문 ········· 362

2016년 중등임용고시 역사교육론 부문 ········· 372

2015년 중등임용고시 역사교육론 부문 ········· 382

2014년 중등임용고시 역사교육론 부문 ········· 389

2013년 중등임용고시 역사교육론 부문 ········· 396

2012년 중등임용고시 역사교육론 부문 ··· 416

2011년 중등임용고시 역사교육론 부문 ··· 429

2010년 중등임용고시 역사교육론 부문 ··· 453

2009년 중등임용고시 역사교육론 부문 ··· 470

2008년 중등임용고시 역사교육론 부문 ··· 491

2007년 중등임용고시 역사교육론 부문 ··· 498

2006년 중등임용고시 역사교육론 부문 ··· 505

2005년 중등임용고시 역사교육론 부문 ··· 511

2004년 중등임용고시 역사교육론 부문 ··· 516

2003년 중등임용고시 역사교육론 부문 ··· 522

2002년 중등임용고시 역사교육론 부문 ··· 528

2001년 중등임용고시 역사교육론 부문 ··· 534

2000년 중등임용고시 역사교육론 부문 ··· 537

예상 기출 모의고사 문제

2019년 9~10월 1회 모의고사 ·· 543

2019년 9~10월 2회 모의고사 ·· 549

2019년 9~10월 3회 모의고사 ·· 554

2019년 9~10월 4회 모의고사 ·· 560

2019년 9~10월 5회 모의고사 ·· 566

2019년 9~10월 6회 모의고사 ··· 572

2019년 9~10월 7회 모의고사 ··· 578

2019년 9~10월 8회 모의고사 ··· 583

2019년 6월 정기 모의고사 ·· 588

서양 고대사

서문을 대신하여

고대 그리스 스파르타와 아테네

2003년 15. 김교사는 지금 ○○ 고등학교 2학년 학생 10명을 인솔하고 그리스의 수도 아테네에 있는 파르테논 신전에 도착하였다.(총 3점)[2003-15기출]

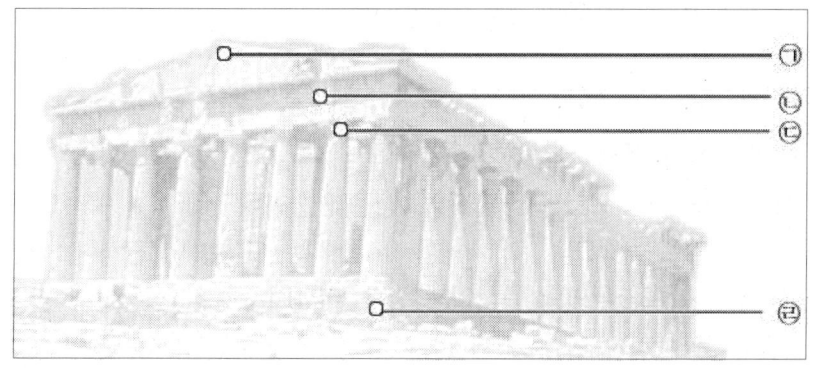

교사 : 여러분이 보는 이 건물은 1687년 베니스 함대가 포격하여 지붕이 날아가 버리고, 이후 중요한 조각은 분리되어 대영박물관에 소장되어 있습니다. 그렇지만 페르시아를 물리치고 동맹의 맹주가 된 고대 아테네의 영광을 보여주기에 부족함이 없습니다. 이 건물은 화려하게 단청이 칠해져 있었고, 내부에는 금과 상아로 된 아테나 여신상이 있었다고 합니다. 공사기간은 10년(기원전 447-438)이었고, 이 건물을 짓는 데 막대한 돈이 들어갔습니다.

학생1: 그렇다면 건설에 필요한 자금은 어떻게 마련할 수 있었나요?

교사 : ① _____

학생1: 그럼 그렇게 큰 돈을 쓴 이유는 무엇일까요?

교사 : 아테네의 영광을 위한 것으로 알려져 있지만 당시 정치 지도자인 페리클레스가 아테네 시민의 정치적 지지를 얻기 위한 것이라고 보기도 하지요. 그런데 이 건물은 어떤 양식에 속할까요?

학생2: 도리아 양식입니다.

교사 : 이 건물의 어떤 부분을 보고 그런 답을 했나요?

학생3: ② _____ 입니다.

15-1. ㉠에 들어갈 교사의 대답을 20자 이내로 쓰시오.(2점)

<예시 답안>
델로스 동맹국에게 동맹기금 징수한 것을 원용함.

<해설>
　델로스 동맹은 델로스의 아폴로 신전에 공동자금을 비축하였다. 중앙 그리스. 테살리아, 에게해의 여러 도시, 서아시아의 도시국가로서 구성된 이 동맹은 연합함대의 조직을 목적으로 하였다. 나중에 델로스 동맹자금은 아테네로 옮겼으며, 이 자금을 아테네 해군 강화 및 강력한 해상세력의 형성에 사용함으로써, 아테네는 지중해 무역의 중심이 되었다. 아테네의 국내 상공업의 발달은 절정에 달하고 가내공업과 농업의 분야는 노예 노동력에 힘입어 크게 발전하였다. 아테네의 문화는 번영하여 이른바 페리클레스 시대가 완성되었다. 파르테논 신전이 건축되고 제우스상이나 아테네상이 조각되며 아이스퀼로스나 소포클레스 등 극작가들이 나왔다.

15-2. ㉡에 들어갈 학생의 대답을 ㉠~㉣에서 찾아 쓰시오.(1점)

<예시 답안>
(㉢)- 도리아식은 가장 기원이 오래되며 또 가장 단순한 형태이다. 그것은 기둥받침이 없고 기둥머리 장식도 없는 장중한 인상을 주는 기둥의 양식이다.

2004년 16. 고대 그리스에 관한 다음의 사료를 읽고 물음에 답하시오.[총 3점]

> 가) 그는 정치의 전권을 장악하자 대중을 현재뿐 아니라 미래까지도 자유롭게 하였다. …… ① <u>사람들의 무거운 짐을 내려주었다</u>는 의미에서 이를 '무거운 짐 내려주기'라고 부르고 있다.(아리스토텔레스『아테네인의 국제』)
>
> 나) 우리의 정치제도는 민주정치라고 합니다. 그 이유는 권력이 소수의 수중에 있지 않고 전체 시민에게 있기 때문입니다. ② <u>어떤 사람이 국가에 봉사할 능력을 갖추고 있는 한, 그가 가난하다고 해서 정치적으로 무시당하지 않습니다.</u> ③ <u>우리들의 정치생활이 자유롭고 개방적인 것과 마찬가지로, 서로 연관되어 있는 우리들 사이의 일상생활도 역시 자유롭고 개방적입니다.</u>(투키디데스『역사』)

16-1. 가)는 기원전 6세기 초 '조정자'로 불린, 아테네 민주정의 기반을 닦은 인물에 관한 서술이다. 그가 시행한 개혁 중 ①이 의미하는 것의 내용을 15자 이내로 쓰시오. (1점)

〈예시 답안〉
인신저당 금지와 공적, 사적 부채의 탕감

16-2. 나)의 연설을 한 정치가는 ②와 관련하여 빈곤한 시민에게 실질적인 정치 참여의 길을 열어준 조치를 시행하였다. 그 조치를 쓰시오. (1점) ③에서 표방한 이상에도 불구하고 기원전 451년 아테네는 '시민권법'을 시행하여 시민자격을 제한하였다. 그 법이 규정한 시민의 자격을 10자 내외로 쓰시오. (1점)

〈예시 답안〉
조치: 공직자에게 보수를 지급하는 수당제 실시
시민자격: 부모 양쪽이 시민권을 소유한 자에게만 시민권을 부여함

〈해설〉

1. (가) 사료는 솔론에 대한 사료이다. ① 사료 중에 '무거운 짐 내려주기' 의미는 평민들이 가지고 있는 부채말소와 부채노예가 된 자유민을 해방시켰다는 내용이다. 솔론은 계층 간의 갈등을 완화시키고 이해관계를 조절했기 때문에 '조정자'란 칭호를 얻게 되었다.

2. (나) 사료는 페리클레스가 펠로폰네소스 전쟁 때 전사한 장병들의 장례식에서 한 연설이다. 페리클레스는 아테네의 민주정치를 확립한 사람이다. 페리클레스 시대 때 페르시아 전쟁과 펠로폰네소스 전쟁을 치루었다. 페르시아 전쟁에서 많은 빈민들이 수병들로 참여하여 전쟁을 승리로 이끌었다. 그들의 역할로 인해 정치참여의 권리를 확대시켜 나갔다. 빈민들이 정치에 참여하려면 최소한의 생존을 할 수 있는 경제적 여건이 필요하였다. 민회 참여와 공직 취임 시 수당을 지급하여 빈민들에게 가로막혀 있는 경제적 문제를 해결해주어 활발한 정치참여를 보장하였다. 이를 통해 페리클레스 시대에 아테네 민주정치를 완성하였다. 한편 민회, 공직취임, 시민재판 등을 참여할 때 돈을 지급해야 했기 때문에 많은 재정이 필요하였다. 그래서 아테네 시민단의 규모를 줄여서 재정적 손실을 막으려고 했다. 이에 아테네 시민권 자격을 엄격히 해서 양쪽 부모가 시민일 경우 그 자식들도 아테네 시민이 되도록 했다.

2005년 21. 다음은 기원전 594년 아테네에서 있었던 개혁에 관한 내용을 담고 있는 자료이다. ㉮의 이름과 ㉯의 정치 형태를 쓰고, 이 개혁의 목적을 쓰시오. [4점]

> ㉮그는 재산 평가에 따라서 모든 사람들을 전에 나뉘어져 있었던 대로 4개 등급, 곧 펜타코시오메딤노이, 히페이스, 제우기타이, 테테스로 나누었다. 그는 국가 관리들, 곧 9명의 아르콘, 국고 관리관, 매각관, 11인 위원, 재정관을 펜타코시오메딤노이, 히페이스, 제우기타이에게 할당했다. 그는 ㉯각 등급에게 각자 재산액수에 따라 관리직을 할당했다. 그러나 테테스 등급에 등재된 자들에게는 단지 민회와 법정에 대한 몫을 주었을 뿐이다.
>
> - 아리스토텔레스, 『아테네인의 국가 제도』

<예시 답안>
이름 : 솔론
정치 형태 : 금권정
개혁의 목적: 계층간의 갈등을 조절하여 사회문제 해결

2010년 문제 33. 다음의 연설을 한 아테네의 정치가에 대한 설명으로 옳은 것을 <보기>에서 모두 고른 것은?

> 우리의 정체는 이웃 나라의 것을 흉내 낸 것이 아닙니다. 우리가 타국을 모방하는 경우보다 그들이 우리를 모범으로 삼는 경우가 더 많습니다. 우리의 국제를 민주정치라고 부릅니다. 그 이유는 권력이 소수의 수중에 있지 않고 전 시민에게 있기 때문입니다. 우리에게 있어 개인적인 분쟁을 해결하는 경우 만인은 법 앞에 평등합니다. 그러나 우리가 어느 개인을 타자보다 우선하여 공직에 임명할 때 그것은 그가 어느 특정한 계층에 속해 있기 때문이 아니라, 그가 갖고 있는 실질적인 재능 때문입니다. 국가에 대하여 유익한 봉사를 할 수 있는 자라면 누구든지 빈곤 때문에 정치적으로 햇빛을 보지 못하는 일이 없습니다.

<보기>
ㄱ. 인기가 높아 아르콘으로 연임되어 민주정치를 이끌었다.
ㄴ. 공무 수당제 실시로 빈민들의 정치 참여를 가능케 하였다.
ㄷ. 타협적 외교 정책을 펴 스파르타와의 전쟁을 피할 수 있었다.
ㄹ. 양친이 모두 시민인 자에게만 시민권을 인정하는 법을 제정하였다.

① ㄴ　　　　　　　　② ㄱ, ㄷ　　　　　　　　③ ㄴ, ㄹ
④ ㄱ, ㄷ, ㄹ　　　　　⑤ ㄴ, ㄷ, ㄹ

〈정답 및 해설〉

답-3번: 위의 연설문은 페리클레스가 한 유명한 펠로폰네소스 전쟁의 최초 전사자들을 위한 장례식 연설문이다. 권력이 전 시민에게 있다는 것을 강조한 것으로 빈곤한 자 상관없이 누구든지 각자의 능력에 맞는 역할을 감당할 수 있다고 제시한다. 그는 공무수당제 실시로 빈민들의 정치 참여를 가능하게 하였으며, 양친이 모두 시민인자에게만 시민권을 인정하는 법을 제정하였다.

2011년 문제 22. (가)에 들어갈 인물에 대한 설명으로 옳은 것은?

> 이미 부강해 있던 아테네는 참주들의 독재정치가 몰락한 후 더욱 강력해졌다. 이때 전면에 부각된 인물이 두 명이었다. 알크마이온 출신으로 아폴론의 여사제 푸티아를 매수했다는 [(가)]와/과 티잔드르의 아들 이사고라스다. 이사고라스의 조상이 누구인지는 정확히 알 수 없지만 어쨌든 대단한 가문 출신이라는 것은 분명하다. …… 이사고라스와의 권력 싸움에서 패한 [(가)]은/는 민중의 편으로 돌아섰다. [(가)]은/는 혈연 중심으로 조직되었던 아테네의 행정체계를 지연 중심의 열개의 부족으로 나누었다. 그리고 이온의 네 아들인 셀론, 아이지코레스, 아르가데스, 호플레스의 이름을 따서 붙였던 부족명도 토착민 영웅의 이름으로 바꾸었다.

① 파르테논 신전의 건축을 후원하였다.
② 인신을 담보로 한 채무 관행을 금지시켰다.
③ 각 부족에서 50명의 대표를 뽑아 500인회를 구성하였다.
④ 판아테나이아와 디오니시아를 국가적 종교 축제로 장려하였다.
⑤ 재산 소유에 따라 시민의 정치 참여 자격을 다르게 규정하였다.

⟨답⟩
답-3번

⟨해설⟩
- 혈연 중심으로 조직된 체계를 행정, 지연 중심의 열 개 부족으로 나눈 것은 민주정의 기초적 설명에 해당한다. 따라서 이는 민주정을 시작한 인물로 알려진 클레이스테네스에 관한 설명이다.
- 파르테논 신전의 건축을 후원한 자는 페리클레스이다.
- 인신을 담보로 한 채무관행을 금지한 것은 솔론의 개혁안 내용이다.
- 판아테나이아와 디오니시아를 국가적 종교축제로 장려한 것은 참주 페이시스트라토스이다. 그는 최하층의 지지를 바탕으로 중소농민층 육성과 시민공동체 의식을 강화하고자 함.
- 재산소유에 따라 시민의 정치참여자격을 다르게 규정한 것은 솔론의 금권정치에 해당하는 부분이다.

2012년 33. ㉠, ㉡에 대한 설명으로 옳은 것은?(1.5점)

> 귀족 가문 출신이었던 그는 유년 시절에 아낙사고라스, 다몬, 제논 등으로부터 교육을 받았는데 이러한 교육이 훗날 정치가, 장군, 웅변가가 되는 기초가 되었다. 탁월한 웅변과 교양으로 대중의 마음을 사로잡아 ㉠아테네의 지도가가 된 그가 심혈을 기울인 업적 가운데 하나가 신전의 건축이었다. 그가 주도하여 세운 ㉡이 신전은 피디아스(Phidias)의 지휘 감독 아래 완성 되었다. 아테네 시민이 여신 아테나에게 신전 건축을 서약했기 때문에, 페르시아 전쟁 이후 그 서약을 지키기 위해 시민 전체의 뜻에 따라 건축된 것이었다.

① ㉠은 스파르타와의 평화적 관계를 주장하며 에피알테스와 대립하였다.
② ㉠은 메가라와의 전쟁에서 승리하여 아테네가 살라미스를 획득하는데 기여하였다.
③ ㉡은 아테네의 영광을 기리기 위해 화려한 코린토스 양식으로 건축되었다.
④ ㉡의 지붕과 내부 구조물들은 17세기에 튀르크 군의 공격으로 대부분 파괴되었다.
⑤ ㉠은 델로스 동맹의 적립금을 사용하여 ㉡의 건축 비용을 충당하였다.

〈답〉

답- 5번

〈해설〉

탁월한 웅변과 교양으로 대중의 마음을 사로잡아 아테네의 지도자가 된 사람은 페리클레스였다. 그가 주도하여 세운 신전은 곧 파르테논 신전을 말한다. 피디아스가 지휘, 감독 아래 건축된 것으로서, 페르시아 전쟁 이후 델로스동맹을 맺게 되는데, 이로 인해 이 적립금을 원용하여 지은 신전이 파르테논 신전이다.

스파르타와의 평화적 관계를 주장하여 에피알테스와 대립한 인물은 키몬이다. 메가라와의 전쟁에서 승리하여 아테네가 살라미스를 획득하는데 기여한 자는 페이시스트라토스이다. 파르테논 신전은 단순한 초기 도리아 양식으로 지어졌다. 17세기 튀르크 군의 공격으로 대부분 파괴된 것은 신전 외부이며, 지붕과 내부 구조물은 잔존, 영국이 가져간다.

2013년 문제 33. 밑줄 친 '그'가 실시한 개혁 정치로 옳은 것은?(1.5점)

> 그의 개혁 목표는 종전의 혈연적·지연적 유대나 경제적 이해관계를 배제하고, 아테네의 전 시민에게 평등한 참정권을 부여하는 것이었다. 그는 먼저 행정 조직을 개편하였다. 새로운 행정 단위인 트리티스에 바탕을 둔 10부족제가 기존의 4부족제를 대체하였다. 3개의 트리티스가 하나의 부족을 이루었으므로 모두 30개의 트리티스가 조직되었다.

① 계층 구별 없이 참여하는 시민 법정을 도입하였다.
② 귀족 계급의 토지를 몰수하여 빈농에게 분배하였다.
③ 재산 평가에 따라 모든 사람들을 4개 등급으로 나누었다.
④ 법령 심사권과 최고 행정권을 행사하는 5백인회를 설치하였다.
⑤ 공무에 참여하는 시민들에게 보수를 지급하는 제도를 도입하였다.

〈답〉
답-4번

〈해설〉
본 지문은 클레이스테네스의 민주정 개혁을 설명한 것이다.
1. 계층 구별 없이 참여하는 시민법정을 도입하였다.- 솔론의 정책
2. 귀족계급의 토지를 몰수하여 빈농에게 분배하였다.- 페이시스트라토스의 정책
3. 재산평가에 따라 모든 사람들을 4개 등급으로 나누었다.- 솔론의 개혁 내용
4. 법령 심사권과 최고 행정권을 행사하는 5백인회를 설치하였다.- 클레이스테네스의 개혁
5. 공무에 참여하는 시민들에게 보수를 지급하는 제도를 도입- 페리클레스의 정책

2015년 전공 B 서술형 2. (가) 저술의 소재가 된 전쟁의 원인을 쓰고, (나) 저술에 나타난 역사 서술상의 특징을 2가지 쓰시오(5점)

> (가) 이 글의 서술 목적은 인간들의 행적이 시간이 지나면서 망각되고, 헬라스 인들과 비헬라스 인들의 위대하고도 놀라운 업적들이 사라지는 것을 막고, 무엇보다도 헬라스 인들과 비헬라스 인들이 서로 전쟁을 하게 된 원인을 밝히는데 있다.
>
> (나) 전쟁 중에 일어난 사건에 대해 말하자면, 나는 들은 대로 혹은 내 의견에 따라 기술하지 않고 내가 직접 체험한 것이든 남에게 들은 것이든 최대한 엄밀히 검토한 다음 기술하는 것을 원칙으로 삼았다. … (중략) … 내가 기술한 역사에는 설화(說話)가 없어서 재미가 없을 것이다. 그러나 과거사에 관해, 그리고 인간의 본성에 따라 언젠가 비슷한 형태로 되풀이될 미래사에 관해 명확한 진실을 알고 싶어 하는 사람은 내 책을 유용하게 여길 것이며, 나는 그것으로 만족한다. … (중략) … 이번 전쟁은 아테네 인들과 펠로폰네소스 인들이 에우보이아 섬을 함락하고 맺은 30년 평화 조약을 파기함으로써 일어났다.

〈예시 답안〉

(가) 페르시아 전쟁의 직접적 원인은 기원전 5세기 에게 해 동편 지역인 이오니아에 있던 그리스계 도시들의 반란으로, 즉 페르시아의 간접적 지배 아래에 있던 '이오니아의 반란' 때문이다.

(나) 투키디데스의 역사서술방식으로, 투키디데스는 펠로폰네소스 전쟁에서 아테네가 패배한 것을 목격하면서 이 전쟁에서 패한 이유를 ① 증거와 사실에 의한 분석과 ② 이를 검토하여 비판적이고 과학적인 서술을 전개하고 있다.

〈해설〉

(가) 헬라스와 비헬라스로 구분하여 서술한 이 책은 헤로도토스의 『역사』, 즉 페르시아 전쟁사이다. 페르시아 전쟁은 기원전 5세기 페르시아가 지중해 지역으로 세력을 확장시키며 아테네를 침공한 것이다. 전쟁은 기원전 5세기 에게 해 동편 지역인 이오니아에 있던 그리스계 도시들의 반란으로, 즉 페르시아의 간접적 지배 아래에 있던 '이오니아의 반란' 때문에 시작된다. 밀레토스의 참주 아리스타고라스가 페르시아 왕의 호감을 사려다가 실패하고, 그리스인들의 자유를 기치로 이오니아의 다른 도시들이 합류한 가운데, 아테네가 이에 호응하여 군사적 지원을 해줌으로서 페르시아의 미움을 사게 된 것을 지적한다. 물론 여기에는 여러 이론들이 존재한다. 한편 이러한 페르시아 전쟁을 목격한 헤로도토스는 역사를 처음 서술하여 '역사학의 아버지'로 불리운다.

(나)의 지문은 투키디데스의 역사서술방식이다. 최대한 엄밀히 검토하여 기술하였다는 것과 펠로폰네소스를 언급한 것을 통해 투키디데스의 『역사』, 즉 펠로폰네소스전쟁사임을 충분히 추론할 수 있다. 투키디데스는 펠로폰네소스전쟁에서 아테네가 패배한 것을 목격하면서 이 전쟁에서 패한 이유를 ① 증거와 사실에 의한 분석과 ② 이를 검토하여 비판적이고 과학적인 서술을 전개하였다.

2016년 전공 A 14. (가), (다)에 들어갈 인물을 순서대로 쓰시오. 그리고 (나)에 들어갈 명칭을 쓰고, '테테스'들이 전쟁에 참여함으로써 얻은 밑줄 친 '정치적 혜택'의 내용을 쓰시오.(4점)

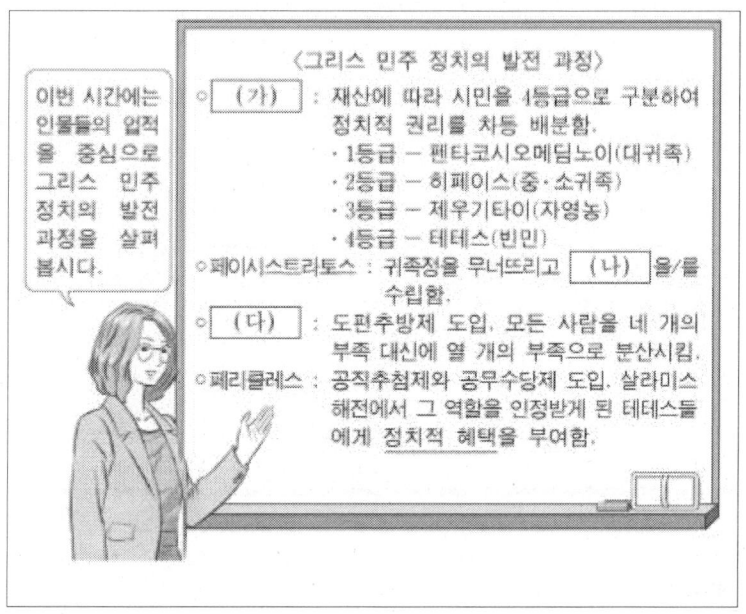

<예시 답안>

(가) 솔론

(다): 클레이스테네스

(나): 참주정/ 정치적 혜택- 수병으로 속해있던 최하층 세력인 테테스의 세력이 강화되었고, 곧 배심원까지만 할 수 있었던 이들에게 실질적 참정권을 허용하였다.

<해설>

- 아테네에서 귀족정치의 중심은 아르콘과 아레오파고스 회의이다. 이 회의들은 명문출신의 귀족들로 구성된 귀족 지배의 핵심적 기관이었다. 평민의 도전이 격화하면서 아르콘으로 선출된 솔론은 부채노예를 해방시켰으며 상공업을 장려하였다. 시민의 재산소유에 따라 노동자를 4계층으로 구분하고 정치참여 비중을 다르게 규정하며, 최하층민에게도 민회참석권을 주어 시민법정에도 계급구별 없이 참석하게 했다. 또한 각 부족으로부터 100명씩 골라 4백인 협의회를 만들어 민회에 제출할 안건을 마련했다. 하지만 솔론의 개혁은 어느 편도 만족시키지 못했고, 귀족과 평민 사이의 분쟁이 재발하였다. 클레이스테네스는 4개의 부족적 혈연유대관계를 해체하고 10개의 행정제도로 개혁을 하고, 500인평의회와 도편추방법을 실시함으로써 민회 중심의 민주정을 안정화시킨다. 사법은 500명 내외의 위원회로 나누어 재판을 담당했고 동맹시의 소송도 취급하여 소송건이 폭주하였고, 법관이 없으며 판결은 다수결로 결정하였다. 페리클레스 시대에는 배심원과 5백인 평의회 위원, 기타 공직자에게 보수를 지급할 수 있었고, 이러한 수당제의 확대와 더불어 국고부담을 감소시키기 위해 부모가 모두 시민권을 가진 자에게만 시민권을 한정하는 시민권 제한법을 만들었다. 이러한 수당제의 확대와 철저한 추첨제, 시민 누구나 국정에 참여할 수 있는 직접민주주의가 완성되었다. 페리클레스는 살라미스 해전의 승리로 인해 수병으로 속해있던 사회의 최하층 세력인 테테스를 강화시켰고 아테네 해군의 성장은 하층민의 정치참여를 가능하게 했다.

2018년도 전공 A 7번. 다음은 어느 폴리스의 토지제도에 대한 설명이다. ㉠에 들어갈 용어를 쓰고, ㉡의 결과 ㉠에게 일어난 변화를 쓰시오. [2점]

> (가) 리쿠르고스가 이 나라의 독특한 토지제도, 즉 시민들에게 라코니아의 여분의 공유지를 9,000 필지로 나누어 균등하게 분배하여 주고, 그 땅에서 일하는 (㉠)에게 수확물의 절반을 받아 생활하게 하는 제도를 지정하였다.
>
> -플루타르코스, 『리쿠르고스전』
>
> (나) 이 나라의 제도는 항상 이곳의 (㉠)의 반란을 경계하는 목적으로 만들어졌다. 기원전 371년 클레옴브로토스왕은 펠로폰네소스 정규군을 이끌고 에파미논다스의 테베가 주도하는 동맹군에 맞섰다. ㉡레욱트라에서 벌어진 이 전투는 펠로폰네소스동맹군에게 치명적인 전투였다. 왕을 포함하여 400명이 전사했다.

〈예시 답안〉
㉠ 헤일로타이(1점)
㉡ 레욱트라 전투가 스파르타에 준 가장 큰 타격은 메세니아로 진주하여 헤일로타이가 자유를 얻고, 독립을 할 수 있도록 도운 것이다.(1점)

〈해설〉

가) 토지제도: 플루타르코스는 리쿠르고스가 토지를 재분배했다고 전한다. 국가가 너무 불평등하여 궁핍한 사람들이 많았고 소수의 손에 부가 집중되어 있었기 때문이다. 재분배 작업에 착수한 리쿠르고스는 라코니아의 나머지 땅을 3만개의 할당지로 분할하여 페리오이코이에게 분배했고, 스파르타의 도시 지역은 9,000개의 할당지(클레로스)로 분할하여 시민에게 분배되었다고 전한다. 스파르타의 토지제도와 밀접하게 연관된 것은 다소간에 종속적인 농업노동자인 헤일로타이다. 고대 사료에서는 '예속노동자'나 '공공의 노예'로 표현, 폴리데우케스는 '자유인과 노예의 중간'이라고 규정. 헤일로타이는 특수의복을 입어야 하며 노예 신분임을 잊지 않도록 해마다 채찍을 맞았다고 전해진다. 플루타르코스에 따르면, 스파르타는 헤일로타이에게 술을 잔뜩 마시게 하고 음란한 노래와 춤을 추도록 하여 스파르타의 젊은이들 앞에 세워 경고의 본보기로 삼았다고 한다. 크세노폰에 따르면 헤일로타이는 스파르타인들을 극도로 미워하여 씹어 먹어버리고 싶어 할 정도였다고 한다. 헤일로타이는 적지 않은 세금을 토지의 주인 혹은 스파르타 당국에 납부했던 것으로 보인다. 특히 메세니아의 헤일로타이가 더 무거운 세금을 부담했던 것으로 전해진다. 티르타이오스(기원전 7세기경 시인)의 작품에 의하면 메세니아의 헤일로타이가 "당나귀처럼 무거운 짐을 지며 수확의 반 정도를 주인에게 바쳤다"고 한다. 그리고 기원전 3세기 프리에네의 미론에 따르면 스파르타는 메세니아인이 토지의 생산물 가운데 바쳐야 할 몫을 정해두었다고 한다.

나) 스파르타와 테베 그리고 메세니아의 관계- 레욱트라 전투

기원전 4세기 초기의 약 40년간 스파르타는 그리스의 패권을 장악했다. 이후 페르시아가 등장하여 스파르타에 종속적인 소아시아의 그리스 도시국가들의 패권을 빼앗는다. 기원전 386년에 페르시아와 그리스의 도시국가 사이에 체결된 '왕의 평화'에는 펠로폰네소스 동맹 내 스파르타의 주도권을 인정했다. 스파르타는 기원전 380년대 후반에 중부와 북부 그리스에 대한 패권을 굳히려 했으나 가장 큰 방해세력은 보이오티아의 도시동맹을 주도한 테베였다. 기원전 382년 스파르타는 카드메이아에 있는 테베의 요새를 장악하고 테베에 과두정을 강요했다. 그러나 3년이 못되어 아테네에 망명했던 테베의 민주파가 돌아와 스파르타의 수비대를 쫓아냈다. 중부 그리스에서 스파르타의 세력이 약화된 틈을 타 얼마 후인 기원전 378년과 377년에 아테네는 제2차 해상동맹을 조직한다.

기원전 371년 스파르타에서 열린 평화협상에서 스파르타와 테베 간의 의견차이가 노정된다. 스파르타는 모든 그리스의 도시 자치가 원칙이라며 보이오티아 동맹 내 테베의 패권을 인정하지 않았다. 테베의 에파메이논다스는 보이오티아 지역에 대한 테베의 입지를 '라코니아를 가진 스파르타'에 비유한다. 양국의 대립은 보이오티아의 레욱트라에서 스파르타가 치명적으로 패배함으로써 일단락된다. 700명의 스파르타 전사 가운데 400명이 전사했고, 전쟁터에서 달아난 사람들에게 관습적으로 가해지던 가혹한 처벌도 적용되지 않았다고 한다. 플루타르코스에 따르면 아게실라오스왕은 패전한 그날 하루만큼은 법을 중지시켜 법을 폐지하지 않으면서도 사람들의 명예를 회복시켰다고 전한다.

레욱트라에서의 패전 이후 스파르타가 그리스 내에서 누렸던 패권은 종말을 고했으며, 펠로폰네소스 반도 내에서의 지위도 손상되었다. 기원전 370년 겨울 에파메이논다스가 끄는 테베 군대가 펠로폰네소스 반도에 등장했다. 외국 군대가 라코니아에 쳐들어와 스파르타인의 재산을 약탈한 것은 이번이 처음이다. 일부 헤일로타이와 페리오이코이는 이때 에파메이논다스를 도왔다고 한다. 스파르타는 대항하여 싸운 모든 헤일로타이에게 자유를 준다는 것을 공식적으로 선언했고 여기에 6,000명 이상이 자원했다.

즉 에파메이논다스가 스파르타에 준 가장 큰 타격은 메세니아로 진주하여 헤일로타이의 독립을 도운 것이었다. 스파르타는 비옥한 파미소스 계곡과 그곳의 할당지를 영원히 상실했다. 그러나 기원전 386년 델피의 평화협상이나 기원전 365년으로 보이는 펠로폰네소스 도시국가들과 테베 간의 협상, 그로부터 3년 후의 만티네이아 전투 후에도 스파르타는 메세니아의 독립을 인정하지 않았다. 보이오티아의 레욱트라 전투에서 패배하고 메세니아를 상실한 후 스파르타는 대외정책에서 쇠락의 흔적을 나타냈다.

2019년 전공 A. 4. ㉠의 내용을 쓰고, ㉡에 들어갈 명칭을 쓰시오. [2점]

> 기원전 14세기 중엽 파라오 아멘호텝 4세는 ㉠급진적 종교 개혁을 시도하고, 이를 반대하는 전통적 성직자들을 억누르기 위하여 새로운 도시를 세워 천도하였다. 또 종교적 신념을 나타내기 위해 자신의 이름을 아케나톤으로 바꾸기도 하였다. 이 종교 개혁의 시대에 엄격한 관례를 따르는 상투적인 이집트 예술은 더 자유로운 구성과 표현 형식으로 바뀌었고, 소재도 다양해졌다. 그럼에도 인물의 얼굴과 허리, 다리는 옆모습을 그리고, 눈과 어깨는 정면에서 본 모습을 그리는 관행은 유지되었다. 역사가들은 이 시대의 이집트 예술 형식을 수도의 이름을 따서 (㉡) 양식이라고 부른다.

〈예시 답안〉

㉠의 내용: 왕권강화와 사회를 개혁하기 위해 다신교를 부정하고 일신교로 전환, 아몬에 대한 전통신앙으로 대표되는 유일하고, 보편적이며 모든 생명의 원천인 아톤에 대한 신앙으로 대체.

㉡ 명칭: 아마르나 양식

〈해설〉

① 18왕조의 열 번째 파라오로 즉위한 아멘호텝 4세는 자신의 이름도 "아몬을 다스리는 신성한 도시 테베의 지배자"라는 뜻의 "아멘호텝"에서 "아톤을 섬기는 사람"이라는 뜻의 "아케나톤"(아크나톤 혹은 이크나톤)으로 바꾼다.

② '아마르나'는 그가 세운 새로운 도시의 이름이다. 이곳에서 이전 시대와 달리 조각상을 만들 때 사실적 묘사가 행해졌다. 유명한 사람의 모습을 석고를 만들고 벽화에도 손이나 발가락을 처음으로 정밀하게 그리기 시작한 것도 이 시기이다. 무덤의 벽화는 위와 아래가 조화를 이루었고, 화가와 조각가는 신관의 검열에 구속받지 않고 자유롭게 작품을 만들었다.

-출전: 서양사개론 33쪽

2019년 전공 A 7. ㉠의 명칭을 쓰고, ㉡에서 성립한 동맹의 명칭을 쓰시오. [2점]

> 양측 군대는 새벽에 전투를 준비했다. 왕은 아들 알렉산드로스를 한쪽 날개에 배치했다. 그리고 스스로는 다른 쪽 날개를 맡아, 정예 부대의 선두에 서서 병력을 지휘했다. 반면에 [상대측인] 아테네인들은 전열의 한쪽 날개를 [테베인들이 주력이 된] 보이오티아인들에게 할당했고, 다른 쪽은 자신들이 맡았다. …(중략)… 전투가 끝나자, 왕은 전승 기념비를 세우고 전사자들을 매장한 뒤, 신들께 감사의 희생제를 지냈다. …(중략)… ㉠이 전투에서 승리한 것을 자랑스럽게 생각하는 왕은 그리스의 주도적 폴리스들의 자신감을 꺾었다는 것을 알고, 그리스 전체의 지도자가 되겠다는 야망을 품었다. 그는 그리스를 위해 페르시아와 전쟁을 벌이고, 그들이 [그리스의] 신들을 약탈했던 것에 대해 징벌하고 싶어 한다는 말을 퍼뜨렸다. 그리하여 그리스인들의 충실한 지지를 얻어냈다. 그는 공적으로나 사적으로나 인자한 모습을 보여 주었고, 공통의 이익이 되는 문제를 논의하고 싶어 했던 폴리스들을 설득했다. 그 결과 폴리스들의 대표자들이 모이는 전체 ㉡회의가 열렸다.
>
> -디오도로스 시쿨루스, 『역사도서관』-

〈예시답안〉

㉠ 케로네아(카이로네이아) 전투
㉡ 코린트 동맹

〈해설〉

필리포스 2세는 마케도니아 왕위에 오른 뒤, 기원전 359년부터 경쟁자를 누르고 영토를 확장하면서 그리스의 패자가 되기 시작한다. 이는 군사적 혁신 덕분이다. 필리포스는 직업군대를 육성하고, 이런 전문성은 훗날 알렉산드로스 원정의 토대로 작용했다. 일반적으로 그리스인 병사들은 스스로 지원해서 때로는 지휘관의 명령이 잘 수행되지 않는 경향이 있었다. 반면에 필리포스의 군대는 군령에 이의를 달지 않았다. 특히 장창을 든 마케도니아의 밀집방진부대가 효과적이었다. 철저한 훈련과 규율로 자신들의 군수품을 병사들이 스스로 짊어지게 하였다. 그리고 군대 유지에 필요한 자금은 광산 개발로 충당했다. 이렇듯 획기적인 전략과 병참술을 갖춘 마케도니아 군대에 대적할 세력은 그리스 본토에는 없어보였고, 그 시험대는 바로 카이로네이아(Chaeronea) 전투였다.

기원전 346년 아테네는 마케도니아와 평화조약을 맺었지만, 데모스테네스는 마케도니아 반대 정책을 민회에서 제창하고서 마케도니아가 정복하고 있던 비잔티온과 연맹을 결성했다. 이처럼 아테네가 조약을 위반하자, 마케도니아의 필리포스는 기원전 339년 전쟁을 개시하여 카이로네이아에서 아테네와 테베를 중심으로 한 연합군에 맞섰다. 승리한 원인은 '혁신'으로 이 전투에서 과거의 방식에 연연한 아테네와 테베의 연합군에 대해 마케도니아가 승리할 수 있었다.

-출전: 사료로 읽는 서양사 1권 176쪽/ 서양사개론 75-76쪽

2020년 2번. ㉠에 공통으로 들어갈 지명과 ㉡에 공통으로 들어갈 문자의 명칭을 순서대로 쓰시오.(2점)

'파리의 여인(La Parisienne)'

○ '파리의 여인'으로 불리는 이 프레스코화는 고고학자 아더 에반스(Arthur Evans)에 의해 크레타 섬의 (㉠)에서 발굴되었다. 미노아 문명의 예술은 화려하고 생생하며 인간미와 개성이 넘친다. 바다는 프레스코화와 도자기 그림에서 즐겨 다루던 주제였다.
○ (㉠)에서 발견된 문자 체계는 처음에는 상형문자였으나, 이후 (㉡)(으)로 발전하였다. (㉡)은/는 아카이아인이 정복한 후에 사용되었다. 그것은 88개의 부호로 이루어져 있으며, 대부분이 앞서 사용된 문자에서 파생된 것이다. 20세기 중엽 마이클 벤트리스(Michael Ventris)에 의해 해독되면서, 초기 그리스어로 밝혀졌다.

〈예시 답안〉
㉠ 크놋소스
㉡ 선형 B문자(선형 A와 B문자인데, 벤트리스가 해독한 것은 정확히 선형 B문자이다.)

고대 로마

2000년 2. 다음 도표는 로마 시대의 정치적 변화를 정리한 것이다. 이를 보고 물음에 답하시오. (총4점)[2000-14기출]

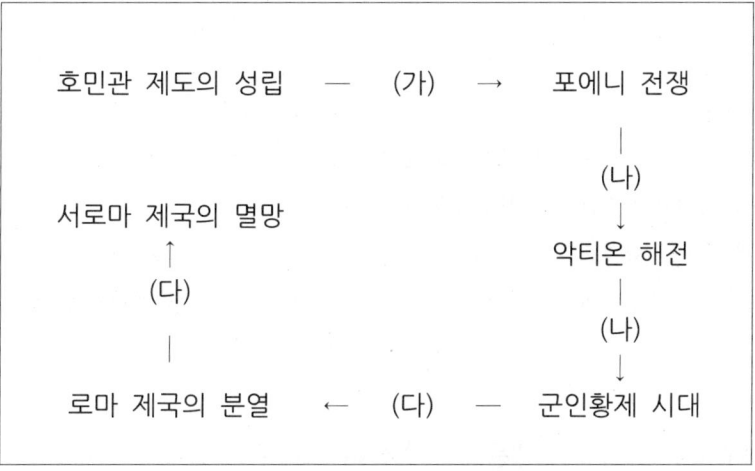

2-1. 로마의 정치적 변화 과정과 경제적 변동은 상호 중요한 영향을 미쳤다. 다음 (가),(나),(다) 시기의 경제적 특징을 토지소유 및 농업경영과 관련하여 세 줄 이내로 서술하시오.(2점)

<예시 답안>
㉮ 귀족은 대토지 소유, 대부분의 평민은 대소의 자영농민 형성/ 귀족 등 유력자의 대토지 겸병 방지 (리키니우스-섹스티우스 법)/ 평민의 토지소유 증가
㉯ 유력자들이 대토지를 사유화하고, 이에 노예를 이용한 라티푼디움 경영, 농민 몰락
㉰ 유력자들이 토지를 분할, 대여, 경작하게 하는 소작제 농장인 콜로나투스제 확산

2-2. 도표 (가),(나),(다)의 경제적 변동과 관련하여 그라쿠스 형제가 실시하고자 한 개혁의 (1)내용과 (2)목적을 네 줄 이내로 서술하시오.(2점)

<예시 답안>
(1) 내용: 부호들의 공유지 점유 면적을 제한하여 이를 빈민에게 분배하려 함/ 빈민에게 저곡가 정책을 실시, 식민지를 건설하여 무산시민 이주 방안을 제시.
(2) 목적: 자영농을 부흥시켜 사회 불안을 해소하고 로마의 군사력을 강화(중장보병층 육성)시키려 함

<해설>

① 이 문제는 로마의 각 시기 토지제도의 내용을 물어 보고 있다. (가) 시기는 공화정 형성 시기, (나) 시기는 공화정 말기- 제정 초기, (다) 시기는 공화정 후기로 볼 수 있다. 공화정 형성 시기에는 귀족 등 유력자의 대토지 소유 겸병 금지 등을 규정한 리키니우스-섹스티우스 법에서 볼 수 있듯이 로마의 귀족들은 대토지 소유를 하고 있었다. 그러나 한편으로는 그 당시 로마의 군대 주력이 중장보병이라는 것을 감안할 때, 경제적으로 군역을 부담할 수 있는 자영농도 동시에 존재하고 있었다. 그러나 포에니 전쟁 이후 사정이 달라졌다. 오랫동안 군인으로 참전했던 자영농들은 전쟁이 끝난 후 토지가 황폐화되었다. 전쟁 기간 동안 자본을 축적한 노빌레스와 에퀴테스 계층은 몰락한 자영농들의 토지를 헐값으로 사들여 '라티푼디움'이라는 대농장을 형성, 노예를 시켜 경작하게 하였다. 5현제 이후 정복전쟁이 끝나고 더 이상 노예 공급이 어려워지자 토지제도에 변화가 생겼다. 대농장을 노예 대신에 소작인들에게 경작하게 하였다. 처음에는 소작인들은 거주이전과 직업선택의 자유가 있었지만, 디오클레티아누스 황제의 칙령에 의해 토지에 결박되어 이주의 자유와 직업선택의 자유가 없는 부자유소작인(콜로누스)으로 전락하였다. 콜로누스를 통해 경작한 대토지 제도를 '콜로나투스제'라고 한다.

② 그라쿠스 형제의 개혁은 (가) → (나)의 변화 속에 일어났다. 포에니 전쟁 이후에 몰락한 자영농이 도시로 몰려와 도시빈민으로 전락하였다. 따라서 중장보병을 중심으로 로마 군대의 근간이 무너지게 되었다. 그라쿠스 형제는 토지의 분배를 통해 자영농을 육성하고 이를 통해 사회 안정과 중장보병을 재건하여 로마의 군사력을 강화시키려고 했다. 형 티베리우스 개혁은 리키니우스-섹스티우스 법의 제한을 넘어 불법으로 점유한 토지를 몰수하여 무산시민에게 분배하는 농지법을 실시하려고 했다. 그러나 기득권을 가지고 있는 원로원과 에퀴테스 계층의 반발로 실패하였다. 집정관이 동원한 군대의 공격을 받자 티베리우스는 자살을 하였다. 동생 가이우스는 에퀴테스 계층에게 종전에 원로원이 가지고 있던 소아시아 징세 특권과 속주 법정배심원 자격을 부여하여 원로원과 이해관계를 분리시켰다. 그리고 빈민들에게 시장가격보다 싸게 곡물을 판매하였고, 카르타고 영토에 식민시를 건설하여 무산시민들에게 분배하였다(곡물법). 가이우스는 에퀴테스 계층과 빈민들을 자신의 정치적 기반으로 삼고 원로원을 대상으로 개혁을 하려고 했지만 이탈리아 동맹시 시민권자에게 라틴시민권을, 라틴 시민권자에게 로마시민권을 주는 정책으로 지지 세력의 분열을 일으켰다. 결국 가이우스는 집정관이 보낸 군인들에 의해 살해됨으로써 그라쿠스 형제의 개혁은 막을 내리게 된다.

2002년 12번. 다음은 로마공화정의 중요한 정치기구들이다. ㉮와 ㉯에 들어갈 말을 채우고, 오른쪽에 제시된 성문법의 내용을 통해 공화정의 발전 과정을 설명하시오. (4점)[02-12기출]

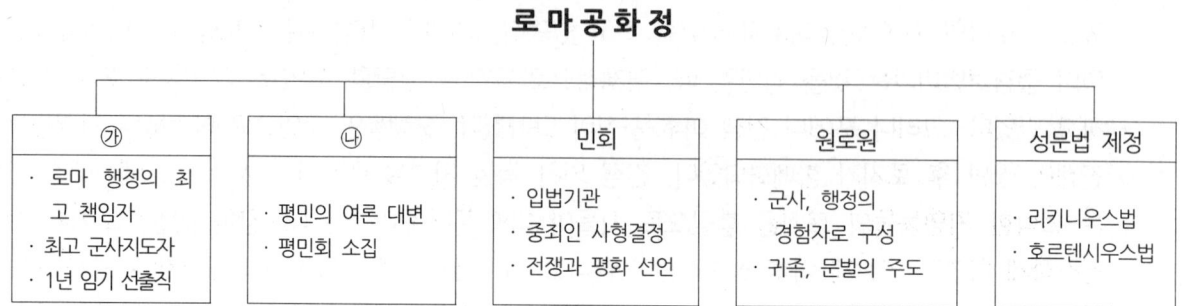

<예시 답안>
㉮ 집정관
㉯ 호민관

 공화정의 발전 과정- 리키니우스-섹스티우스법은 집정관 2명 중 한 명은 평민으로 선출하여 평민들도 집정관직에 오를 수 있게 하였고, 호르텐시우스법은 평민회 결의가 원로원 승인 없이도 법적 효력을 갖게 하여 귀족과 평민 간의 법률상(형식상) 평등이 실현되어 귀족 공화정에서 민주적 공화정으로 발전되었다.

2006년 3. 다음 제시문에서 ㉮에 해당하는 대표적 신앙 2가지(단 기독교는 제외)를 쓰고, 로마 제정기에 ㉯의 상황을 가져온 이유를 2가지만 쓰시오.[2006기출-21] [3점]

> 공화정 시기에 로마는 인근 지역과 전쟁을 벌여 그 영토를 확장하였고, 제정 초 로마는 정복 전쟁을 통하여 동방 지역도 영토로 편입시켰다. 이로 인하여 로마에는 여러 지역의 낯선 문화들이 들어오게 되었다. 광대한 지역을 마찰 없이 지배하기 위하여 로마는 외래 문화, 특히 ㉮외래 신앙에 대하여 관용적이었으나 ㉯오직 기독교는 억압하였다.

〈예시 답안〉
㉮ 외래 신앙: 광명신 미트라교, 오리엔트의 밀의 종교, 이집트 이시스 여신, 소아시아의 지모신 키벨레
㉯ 이유: 황제 숭배 거부, 병역 기피

2008년 3. 다음은 로마의 팽창에 관한 글이다. ㉮와 ㉯에 들어갈 알맞은 말을 쓰고, ㉰의 구체적 내용을 쓰시오.(4점)

> 로마가 거둔 군사적 성공의 원동력은 중소 자영농으로 이루어진 농민 병사였다. 그러나 피정복민에 대한 로마의 정책 또한 이에 못지않게 중요하였다. 로마는 전쟁 중에 유례가 없을 정도로 잔인하고 무자비했으나 승리했을 때 어느 누구보다도 관대하였다. 이것은 개방적이며 탄력적인 (㉮)정책에서 잘 나타났다. 로마는 피정복민에게 (㉮)을(를) 부여하거나 장래에 그렇게 할 가능성을 제공하였다 그 대신 그들에게 (㉯)을(를) 요구하였다. 그래서 기원전 3~2세기 동안 피정복민 출신의 군인이 로마 군사력의 절반 이상을 차지하였다. 이러한 관대한 정책은 로마에 ㉰두 가지 이로움을 가져다 주었다.

〈예시 답안〉
㉮: 시민권
㉯: 군역
㉰: 이탈리아 반도 통일과 영토확대 기여/ 정복민과 피정복민 사이의 갈등 해소

2010년 31. 다음 상황을 초래한 로마 사회의 위기를 해결하기 위한 개혁을 시도한 인물과 그 개혁 내용으로 옳은 것을 보기에서 모두 고른 것은?

> 이탈리아에 떠도는 야생 짐승들도 각기 은신할 굴이나 집이 있습니다. 그러나 이탈리아를 위해 싸우고 죽은 사람들은 공동의 공기와 햇빛을 향유할 뿐, 정말 아무 것도 가진 것이 없습니다. 집도 없이 처자식과 함께 떠돌아다닙니다. 장군들은 전쟁터에서 병사들에게 적에 대항하여 묘지와 신당을 방어하라고 촉구합니다만, 그것은 거짓말입니다. 왜냐하면 병사들 중에서 아무도 세습할 수 있는 제단을 가진 자가 없기 때문입니다. 병사들은 오직 다른 사람들의 부와 사치를 위해서 싸우다 죽는 것입니다. 세계의 지배자가 됐지만 자기 소유라 할 단 한 조각의 땅도 없습니다.

〈보기〉

ㄱ. 키케로- 원로원의 해산과 농민 부채의 총체적 말소를 추진하였다.
ㄴ. 마리우스- 재산 자격을 무시하고 신체조건을 갖춘 자원자를 군대에 받아들였다.
ㄷ. 가이우스 그라쿠스- 로마 시민에게 곡물을 유상으로 공급하는 법안을 제안하였다.
ㄹ. 티베리우스 그라쿠스- 토지 보유 상한성을 정하고 이를 초과하는 토지를 로마 시민에게 분배하는 법안을 제안하였다.

① ㄱ, ㄴ　　② ㄱ, ㄷ　　③ ㄴ, ㄹ
④ ㄷ, ㄹ　　⑤ ㄴ, ㄷ, ㄹ

〈정답 및 해설〉

답- 5번

마리우스- 재산 자격을 무시하고 신체조건을 갖춘 자원자를 군대에 받아들였다.
가이우스 그라쿠스- 로마 시민에게 곡물을 유상으로 공급하는 법안을 제안하였다.
티베리우스 그라쿠스- 토지보유 상한선을 정하고 이를 초과하는 토지를 로마 시민에게 분배하는 법안을 제안하였다. 본 내용은 그라쿠스 형제의 개혁안을 제시한 것이다. 일단 키케로는 원로원을 지키고자 하는 공화정의 수호자 역할을 한 인물로 답이 될 수 없다. 마리우스는 군대를 개병제에서 모병제로 바꾼 인물로서, 로마 군인들이 모두 희생이 되었지만, 얻은 것이 없음을 보고, 이를 해결하고자 모병제로 전환시키는 인물이다. 가이우스와 티베리우스 형제는 당시의 사회적 경제 모순을 해결하기 위해 개혁안을 제시했으나 공화정의 원로원의 반대로 무산, 실패, 암살을 당한다.

2011년 36. (가)의 상황을 해결하기 위해 (나)의 밑줄 친 '그'가 실시한 정책에 대한 설명으로 옳은 것을 보기에서 고른 것은?

(가) 세베루스 알렉산데르가 살해되면서 로마 제국에 전례 없던 위기가 시작되었다. 국경 지대는 거듭해서 공격을 받았고, 제국은 완전히 해체되는 듯했다. 유럽과 아프리카의 국경 지대에서 이민족의 침입이 동시 다발로 이루어졌고, 세력을 회복한 페르시아의 사산 왕국과 재앙에 가까운 전쟁을 벌였다. 수많은 로마 부대에서 반란이 일어났고 속주들이 이탈했다. 또 20인 이상의 황제들이 폭력에 의해 급사했으며 기근과 전염병이 창궐하였다.

(나) 로마를 파멸에 빠뜨릴 뻔했던 혼란은 그의 탁월한 활동에 힘입어 종식되었다. 그는 과감한 정책을 통해 정치적 능률을 높이고 국경 방비에 주력했으며, 지속되는 경제쇠퇴를 막으려 하였다. 우선 그는 원로원의 기능을 축소하고 절대군주로서의 외형을 강화하였다. 태양신의 칭호를 스스로에게 부여했으며, 신하들에게 '최고 신성한 주군(dominus)'이라 부르도록 하였다.

〈보 기〉

ㄱ. 광대한 영토의 효율적 통치와 제위 계승 문제의 해결을 위해 4제 체제를 수립하였다.
ㄴ. 물가 상승을 막기 위해 최고 가격을 고정하는 칙령을 반포하였다.
ㄷ. 군대의 명령 체계를 민간 행정 조직과 통합하였다.
ㄹ. 크리스트교에 대한 관용 정책을 실시하였다.

① ㄱ, ㄴ ② ㄱ, ㄷ ③ ㄴ, ㄷ
④ ㄴ, ㄹ ⑤ ㄷ, ㄹ

〈정답 및 해설〉

답-1번: (가)의 상황은 로마의 군인황제 시대의 혼란상황을 묘사한 것이다. 이를 수습한 인물이 (나)의 디오클레티아누스 대제이다. 그는 광대한 영토의 효율적 통치와 제위 계승 문제의 해결을 위해 4제 체제를 수립하여, 황제권을 안정시키려 했다. 또한 물가상승을 막기 위해 최고 가격을 고정하였으며, 군대의 명령체계와 민간 행정조직을 완전 분리시켰다. 기독교에 대한 관용정책은 아직 이루어지지 않는 시대이다.

2012년 34. 밑줄 친 '그'에 대한 설명으로 옳지 않은 것은?

> 부루투스와 카시우스가 죽은 이후에 공화국에 충성하는 군대는 더 이상 없었다. 폼페이우스는 시칠리아에서 진압되었고 레피두스는 밀려났으며, 안토니우스는 사망하였다. … 그래서 그는 3두라는 호칭을 없애고 콘술임을 과시하였다. 또 자신은 평민을 보호하고자 만든 호민관의 권한에 만족한다는 것을 드러내면서, 병사들은 선물로, 시민은 곡물로, 모든 사람은 평화라는 미끼로 유혹하였다. 원로원과 정무관의 법과 기능을 자기 손에 집중시키면서 점진적으로 권력을 키워 나갔다. … 그래서 체제는 변모하였다. 그리고 과거의 좋았던 생활 방식 중에서 남은 것은 전혀 없었다.
>
> - 타키투스, 「연대기」

① 이집트의 태양력에 기초하여 새로운 달력을 만들었다.
② 피스쿠스(fiscus)을 설치하여 국가 재정을 장악하였다.
③ 속주를 원로원 관할 속주와 황제 직할 속주로 나누어 통치하였다.
④ 독신 남녀들의 결혼을 독려하는 등 출산 장려책을 시행하였다.
⑤ 속주민으로 구성된 보조군을 구성하고, 전역한 보조군에게 시민권을 부여하였다.

〈정답 및 해설〉

답-1번: 부루투스와 카시우스가 죽은 이후 공화국에 충성하는 그는 없었다. 레피두스가 밀려나고 안토니우스가 사망, 3두라는 용어를 없앤 인물은 옥타비아누스(아우구스투스)이다

이집트의 태양력에 기초하여 새로운 달력을 만든 인물은 율리우스 카이사르이다.

옥타비아누스는 피스쿠스(fiscus, 재정부)를 설치하여 국가재정을 장악하고, 속주를 원로원 관할 속주와 황제 직할 속주로 나누어 통치하였다. 또한 그는 속주민으로 구성된 보조군을 구성하고, 전역한 보조군에게 시민권을 부여하였다.

2013년 34. 밑줄 친 '그'에 대한 설명으로 옳은 것은?

> 그는 탐욕과 비겁함으로 세상을 뒤집어 놓았다. 자기 제국을 다스릴 세 명의 협력자를 만들어 냈으며, 세계를 4부분으로 분할했고 군대를 몇 배로 늘렸다. 그래서 각 협력자들은 전에 황제들이 혼자서 국가를 통치할 때 거느린 병력보다 훨씬 더 많은 병력을 가지려 했다. …… 그는 속주들을 더 작은 단위로 조각냈고, 그래서 수많은 총독이 있었으며 관직이 더 많아졌다.
> — 락탄티우스, 『박해자들의 죽음에 관해서』 —

① 북아프리카의 반달 왕국을 멸망시켰다.
② 밀라노 공의회에서 크리스트교를 공인하였다.
③ 국경 방어를 위해 군관구제를 도입하고 군사령관을 임명하였다.
④ 다키아를 속주로 삼는 등 제국의 영역을 최대 판도로 확장하였다.
⑤ 제국의 행정 중심을 소아시아 니코메디아로 이동시키고 동방적 전제군주가 되었다.

<정답 및 해설>

답-5번: 본 지문은 락탄티우스의 『박해자들의 죽음에 관해서』에 나오는 내용으로, 세계를 4분할 한 로마의 황제는 디오클레티아누스이다.

1. 북아프리카의 반달왕국을 멸망시켰다.-- 유스티니아누스 대제의 업적이다.
2. 밀라노 공의회에서 크리스트교를 공인하였다.---콘스탄티누스 대제의 업적
3. 국경 방어를 위해 군관구제를 도입하고 군사령관을 임명하였다.- 7세기 동로마 황제인 헤라클레이오스(헤라클리우스) 황제의 업적(논쟁이 있음, 최근에는 콘스탄스일 것으로 추정)
4. 다키아를 속주로 삼는 등 제국의 영역을 최대판도로 확장하였다.- 트라야누스 대제의 업적
5. 제국의 행정 중심을 소아시아 니코메디아로 이동시키고 동방적 전제군주가 되었다. -디오클레티아누스 대제(힌트- 동방적 전제군주)

2014년도 전공 A 기입형 12. 다음은 김 교사가 로마 공화정의 정치 구조를 설명하기 위해 만든 도식이다. ㉠에 해당하는 기구의 구성 원리를 쓰시오. [2점]

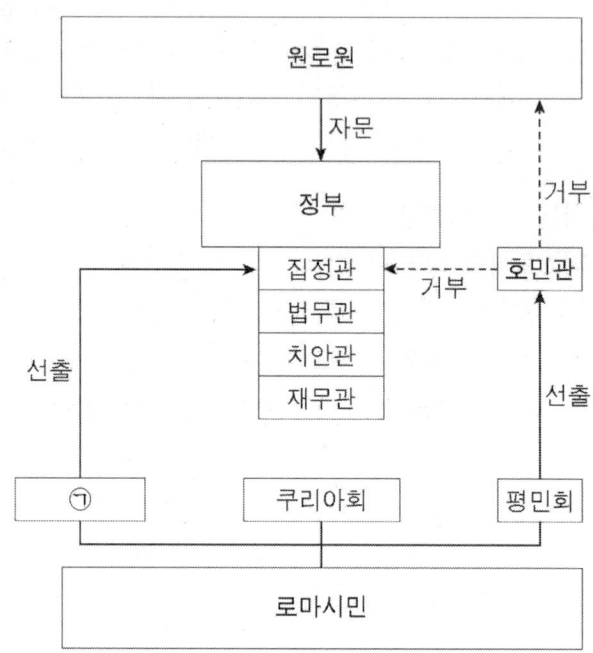

<예시 답안>

빈칸에 들어갈 단어는 켄투리아회이다. 193개의 켄투리아가 있고, 그 중 장교(기병) 18개, 평민(보병) 170개가 있어 그들을 재산에 의해 5등급으로 분류하였다. 나머지 비무장병 5켄투리아회가 있는데, 그들은 공병, 나팔수, 프롤레타리아들이다.

<해설>

㉠은 로마의 민회를 질문하고 있다. 로마 민회는 크게 3가지로 나뉜다.
1. 쿠리아회- 1표의 투표권을 가진 씨족단(총 30 쿠리아)이 모여 중요 문제를 결의하고 원로원의 승인을 얻음
2. 트리부스회- 지구(또는 부족. 35개)별로 모여 집정관 선출, 입법, 재정과 관련. 또한 재판에 관여. 이는 또 트리부스 인민회와 트리부스 평민회로 나뉜다.
3. 켄투리아회(백인대)- 전시민의 병역의무를 전제로 시민들의 재산에 따라 5등급으로 분류한 일종의 군사조직이다. 전쟁 여부, 법률 제정, 집정관 등을 선출하였다. 결의는 원로원의 승인이 필요. 그러나 켄투리아 회에서는 귀족과 부유한 평민의 의사에 따라 주도되었다. 각 투표 단위 안에서 과반수 원칙이 적용되었지만, 전체 민회의 최종 결정은 각 투표단위(30 쿠리아, 193 켄투리아, 35 트리부스)가 각각 한 표를 행사하는 단위투표제였다.

2017년도 전공 A 14. 다음은 '로마 공화정기의 사회'에 관한 〈읽기 자료〉이다. (가)에 들어갈 용어를 쓰고, 밑줄 친 ㉠을 행한 민회의 이름을 쓰시오. 그리고 밑줄 친 ㉡, ㉢에 해당하는 내용을 각각 서술하시오. [4점]

[읽기 자료]
(가)은/는 로마 사회에서 특이한 존재였다. 이들은 자유인이었으나 보호자(patronus)인 귀족과는 신의(fides)로써 맺어졌다. 보호자는 이들에게 토지 하사, 정치적, 재정적 지원, 법정에서의 보호 등과 같이 다양한 지원을 제공하였다. 이들은 그 대가로 귀족에게 존경과 노동의 의무를 지녔으며, 다양한 봉사를 하였다. 양자의 관계는 상호 간에 이익이 되었으며, 신의에 의해 더욱 강화되었다.

집정관을 7차례나 지낸 한 인물은 젊은 시절 메텔루스 가문의 (가)였고, 그 가문의 도움을 받아 ㉠호민관으로 선출되어 정치 무대에 나섰다. 그러나 호민관이 되자마자 그는 자신의 보호자를 저버리고 귀족들을 견제하는 태도를 보였고, 점차 평민들의 인기를 얻었다. 그는 기원전 107년 북아프리카에서 복무할 병사를 모집할 때, ㉡군인 지원 자격을 변경하였다. 이러한 조치는 ㉢로마 군대의 성격 변화로 이어져, 공화정 후기에 군인 정치가들이 등장하는 길을 열어놓았다.

〈예시 답안〉

(가): 클리엔테스(피보호자)

㉠ 트리부스회(평민회)

㉡ 내용: 군인 지원 자격의 재산소유 기준을 없애고 무산자로 확대(가이우스 마리우스의 군사개혁을 의미한다. 이로 인해 모병제 확대를 가져온다.)

㉢ 내용: 로마에 충성하기보다는 사병화하여 자신이 섬기는 장군 개인에게 충성하는 경향(즉 로마 시민군에서 장군의 사병화 경향)을 보인다.

〈해설〉

첫 번째 내용은 클리엔테스, 즉 피보호자 관계를 설명하는 지문이다. 두 번째 내용은 모병제를 실시하는 등 군제를 개혁한 가이우스 마리우스에 대한 설명이다. 마리우스의 군제개혁으로 프롤레타리아 출신들이 군대로 유입되고, 돈을 많이 대는 장군에게 충성함으로써 사병화하고, 유력한 군인정치가가 활동하는 배경을 형성하고, 이것은 훗날 3두정치를 탄생시키게 된다.

2018년 전공 B 5. 밑줄 친 '이 사람'이 누구인지 쓰고, ㉠의 특징을 쓰시오. 그리고 ㉡과 관련된 해전의 이름을 쓰고, ㉡의 결과로 수립된 ㉠의 경제적 기반이 된 내용을 1가지 쓰시오. [4점]

(가) 지적인 사람들은 다양한 말로 이 사람을 찬양하거나 비판한다. 자신의 도리와 국가적 위기가 법을 준수할 겨를도 없이 그를 내전으로 몰아넣었다. 그는 왕이나 독재관의 자리에 오르지 않고 ㉠프린키파투스를 수립함으로써 국가의 질서를 회복했다....(중략)...군대는 신중하게 운용되었으며, 절대 다수를 위한 평화 유지만을 목적으로 삼았다.

(나) 이 사람의 동기는 권력에 대한 탐욕이다. 그는 금품으로 군인을 모집하고 뇌물로 집정관의 군대를 끌어 모았다. 안토니우스를 처치하라고 그에게 맡겨진 군대를 그는 국가에 대항하는 용도로 사용하였다. 일련의 조약 및 정략결혼이란 미끼에 넘어간 안토니우스는 ㉡기만적인 관계에 대한 형벌로 자신의 목숨을 내주었다. 그 후 평화가 정착되었다. 하지만 그것은 피투성이 평화였다. ---타키투스, 연대기

〈예시 답안〉

이 사람- 옥타비아누스(아우구스투스) (1점)

㉠ 프린키파투스- 원수정: 자신을 '로마 제1의 시민'이라 지칭, 대외적으로 로마공화정을 부활시키고, 황제칭호는 거부하지만, 뒤에서 모든 것을 가진 권력1인자로 군림. (1점)

㉡ 악티움 해전의 결과로 이집트를 속주로 가지게 되면서, 로마 최고의 부자가 되며, 이를 통해 원수정을 실시한다./ 또한 아우구스투스 관할 속주에서 들어오는 수입을 다루는 금고 fiscus를 따로 설치하여 군대를 완전 장악한다./ 또한 아우구스투스 개인의 광대한 소유지로부터 들어오는 수입은 '카이사르의 금고'라는 기구에서 별도로 관리. (2점)

〈해설〉

가)의 프린키파투스, 나)의 안토니우스를 통해 이 사람은 옥타비아누스(아우구스투스)임을 확정할 수 있다. 프린키파투스의 성격- 옥타비아누스는 자유로운 공화정의 전통을 충분히 보존하면서, 다른 한편으로 은폐된 군주정을 수립했다. 실질적으로 모든 것을 보유한 독재자와 가깝다고 볼 수 있다. 이를 '프린키파투스(원수정)'라고 정의한다. 이 체제를 유지하기 위해 필요한 것은 군사력이었고, 자신의 권력기반이 자신을 지지하는 병사들이라는 점을 알고, 군대의 충성을 확보하려 한다. 후에 그는 제대군인의 연금 마련을 안정적으로 만들기 위해 기원후 6년에 5퍼센트의 상속세와 기타 기여금을 합해서 '군인금고'를 마련하여 병사들의 국가에 대한 충성심을 회복시키는 효과를 거둔다. 또한 국고를 확충하지 않고서는 이 체제 유지가 불가능하다고 판단. 아우구스투스는 우선 자신의 개인수입으로 국고를 보조하여 안정시킨 후 실질적으로 장악. 이어 기원후 27년부터 각 속주에 '광주리'라는 뜻의 '피스쿠스(fiscus)'를 설치하고, 속주에서 나오는 수입 중에 군단에 지급할 돈을 그곳에 넣어 관리하게 했다. 이로서 그는 군대를 완전히 장악, 나중에는 피스쿠스들이 하나로 통합되면서 가장 중요한 재원이 되었다. 악티움 해전에서 승리한 후 이집트의 모든 재산을 소유하게 된다. 또한 그의 재정기반이 된 것은 '황제의 가산(카이사르의 금고)'에서 나오는 수입이었다. 그는 사유재산이 된 이집트와 속주에 있는 사유지에서 나오는 수입과 유증으로 받은 수입을 망라한 것이었다. 아우구스투스는 이 기금을 총괄함으로써 제국의 재정을 장악한다.

2020년 5. 다음 자료를 읽고 〈작성 방법〉에 따라 서술하시오. (4점)

(가)
- 폐하, 저는 ㉠그들의 범죄 성격이나 그들에 대한 처벌 수위 뿐만 아니라, 그들에 대한 조사를 얼마나 깊이히야 하는지에 대해서도 아는 바가 없습니다. …(중략)… 저는 그들에게 (㉡) 신도인지 여부를 물었습니다. 그들이 그렇다고 자백하면 저는 즉각 그들에 대한 처벌을 명했습니다.
  - 속주 총독 플리니우스가 황제 ㉢트라야누스에게 보낸 서한 -

- (㉡) 신도에 대한 귀하의 조치는 매우 적절했다. 이런 성격을 지닌 모든 사건에 대해 획일적인 계획을 수립한다는 것은 불가능하다. (㉡) 신도들을 찾아 내려고 애쓰지 말라.
  - 황제 ㉢트라야누스의 답신 -

(나) 황제 (㉣)와/과 내가 공공의 안녕과 안정에 관한 모든 일을 협의했을 때, 우리는 대다수의 사람들에게 충분히 유익하다고 생각했던 일 중에서도 가장 먼저 신에 대한 외경심을 견지하는 일이 규정되어야 한다고 생각했다. 즉 (㉡) 신도와 많은 사람들이 각자가 원하는 종교를 믿을 자유를 부여 받은 것이다. …(중략)… 귀관이 포고를 덧붙여 이 서한을 여러 곳에 공시하고, 많은 사람에게 알려지도록 하라. 우리의 이 호의적인 법이 세상에 알려지지 않은 채로 있어서는 안 될 것이다.
  - 황제 리키니우스가 속주 총독에게 보낸 서한 -

〈작성 방법〉

밑줄 친 ㉠의 내용을 ㉡종교와 관련하여 쓸 것.
밑줄 친 ㉢ 황제의 ㉡ 종교에 대한 정책을 ㉣ 황제의 정책과 비교하여 그 특징을 쓸 것.
㉣에 들어갈 인명을 쓰고, ㉣황제가 제국의 안정을 위하여 시행한 경제 정책을 1가지 쓸 것.

〈예시 답안〉

밑줄 친 ㉠의 내용을 ㉡종교와 관련하여 쓸 것- 황제숭배 거부와 병역 거부

밑줄 친 ㉢ 황제의 ㉡ 종교에 대한 정책을 ㉣ 황제의 정책과 비교하여 그 특징을 쓸 것.- 트라야누스 시대에 기독교인을 심하게 박해하지는 않았으나, 그 이후 디오클레티아누스 시대부터 콘스탄티누스 시기가 되기까지 심한 박해가 있었고, 콘스탄티누스 시기에는 기독교를 공인하는 정책을 펼친다. 즉 트라야누스 황제시절에는 박해가 거의 없고, 명백한 잘못을 행하는 경우에만 처벌을 받았으나, 그 이후 많은 박해가 이루어졌고, 콘스탄티누스 시기에는 기독교를 공인해주면서 박해에서 벗어나게 된다.

㉣에 들어갈 인명을 쓰고, ㉣황제가 제국의 안정을 위하여 시행한 경제 정책을 1가지 쓸 것.
-인명: 콘스탄티누스, 화폐개혁을 단행해 '솔리두스'라는 금화를 발행

〈해설〉

속주 행정을 위해 트라야누스는 유능하고 정직한 관리들을 확보하기 위해 노력을 기울였다. 그는 재정적인 곤란을 겪는 속주들에 특별 임무를 띤 총독을 파견했다. 최소한 2명 이상을 파견했으며, 그중 하나는 소(小)플리니우스로 소아시아 북부 해안의 속주인 비티니아폰투스로 파견되었다.

플리니우스가 총독직을 맡은 2년 동안 플리니우스와 트라야누스 사이에 오고간 편지들은 그의 서한집 제10권에 보존되어 있다. 이들은 로마 속주행정을 연구하는 데 매우 중요한 자료이다. 한 편지에서 플리니우스는 트라야누스에게, 급격히 확산되는 그리스도교 종파를 어떻게 처리할지 묻고 있다. 그리스도교도들은 일반적인 종교관행에 따르기를 거부해 사람들로부터 냉대를 받기는 하지만 플리니우스가 보기에는 아무런 해가 없는 집단이었다.

사려분별의 모범으로 꼽히는 답장에서 트라야누스는 그리스도교도들을 괴롭히거나 그들에 대한 근거 없는 비난을 받아들이지 말고 명백히 반항을 저지르는 사람들만 처벌하도록 권고했다. 트라야누스 시대에 로마 정부는 아직 그리스도교도에 대한 박해정책을 전혀 생각하지 않았던 것이 분명하다.

(출처: 다음 백과)

서양 중세사

차례

서양 중세사 - 1

2000년 15. 서양의 봉건제 해체는 장원제의 붕괴 과정을 수반하고 있다. 서유럽(엘베강 서쪽 지역) 장원제 붕괴의 사회 경제적 요인을 일곱 줄 이내로 상세하게 서술하시오.(총3점)[2000-15기출]

<예시 답안>

십자군 운동, 자치도시의 성립, 자유 농촌의 출현 등으로 영주의 영향력이 약화되는 가운데 상품 화폐 경제 발달로 지대의 금납화 현상이 대두되었다. 영주가 직영지를 농노에게 분배하게 됨에 따라 농노들이 부역노동에서 해방되었다. 동시에 농산물 가격 상승, 흑사병의 유행으로 농노의 지위가 향상되어 농노들이 영주로부터 자율적, 타율적으로 해방되면서 장원제가 붕괴되었다.

〈해설〉

　엘베강 이서 지역의 장원제 해체과정은 시기적으로 11세기-13세기 중반, 13세기 말-14세기 초반, 14세기 후반에 거쳐 점진적으로 진행됐다. 9세기 노르만 침입으로부터 형성된 장원제는 11세기 고전장원제(농노가 부역 지대 납부) 형태로 정착되었다. 그러나 다시 상품화폐 경제 발달의 배경으로 13세기 때까지 순수장원제로 넘어갔다. 순수장원제는 영주들이 직영지를 농민들에게 임대해주고 지대를 부역노동 대신에 화폐나 현물로 납부받는 제도(지대의 금납화)이다.

　순수장원제의 확산은 부역노동에 의한 직영지 경영의 비효율성과 화폐 경제 발달로 인한 시장의 발달로 현물과 화폐를 원했던 영주들의 요구에 의해서 비롯됐다. 순수장원제의 변화는 봉건사회 해체의 단초를 열었다. 실질적으로 영주가 지대만 수취함에 따라 영주와 농민의 인신적 지배 예속관계(경제외적 관계)가 상대적으로 약화되었다.

　13세기 후반부터는 13세기 중반까지 행해졌던 토지개간과 농업생산력 향상이 한계점에 다다른다. 이에 따라 인구의 증가율에 비해 농업생산량 증가율이 감소하고 1인당 식량 섭취량이 줄어들었다. 이는 곡가 인상(물가인상)으로 연결되었다. 물가인상으로 인해 고정지대를 납부받는 영주는 불리해지고 농민들은 실질 지대가 감소되기 때문에 유리해진다.

　14세기 중반 흑사병의 유행으로 인구가 격감하자 노동력 부족현상을 겪게 된다. 한편으로 이는 봉건제 해체를 촉진하였다. 인구 감소와 식량 소비의 급격한 감소로 노동임금은 상승하고 식량 가격은 크게 하락하였다. 토지는 남아돌고 경작자는 구하기 어렵게 되자 영주들은 노동력을 확보하기 위해 농민의 처우를 개선할 수밖에 없었다.

　그 결과 농민의 지위는 향상되어 농노의 신분에서 벗어나 농민의 수가 늘어났고, 자영농민으로 성장한 사람들도 나타났다. 이 시기에 부역, 임금 인상 억제 등 봉건 반동현상이 일어났지만 와트 타일러의 난이나 자크리의 난 같은 도시와 농민의 반란을 겪고 나서 영주들도 농민들의 요구를 수용할 수밖에 없었다. 결국 영국과 프랑스에서는 농노가 해방되었고, 장원제가 해체되어 갔다.

　14세기-15세기 영국에서는 봉건적 공납이 실질적으로 폐지되었지만, 프랑스에서는 생산물 지대가 남아 있어 봉건적 공납은 잔존되었다. 정치적으로 왕권이 강화되어 영주들이 가지고 있던 농민의 재판권과 통제력이 중앙권력으로 회수되었다. 한편 농촌사회에서 부농과 빈농의 분화가 일어나서 마을공동체가 부농 중심으로 재편되었다. 일련의 변화를 통해 영주와 농노 관계가 지주와 소작인(자유인)의 관계로 전환되었다.

　엘베강 이서 지역이 장원제가 해체될 무렵에 엘베강 이동(동부 독일) 지역은 장원제(재판농노제)가 오히려 강화되었다. 농민들은 종전의 자유롭고 가벼운 부담에서 더욱 부담이 커졌고, 인신구속이 강화되었다.

2002년 14. 7세기 초 마호메트에 의해 형성된 이슬람 세력은, 그가 죽은 후 이슬람제국의 발전과 함께 더욱 확대되었다. 이슬람제국은 8세기 중엽 동으로는 인도 서북부, 서로는 이베리아 반도에 이르는 광범한 지역에 그 영향력을 행사할 수 있었다. 이슬람 제국에서는 급속히 확대된 넓은 영토에 대한 정보를 얻고 상업활동을 뒷받침하기 위해 지리학이 발달하였다. 이와 같은 지리학의 발달은 14세기 모로코 출신의 여행가가 원나라를 비롯한 여러 지역을 다년간 여행할 수 있는 바탕이 되었다. 이슬람 세력이 이처럼 급속히 확대할 수 있었던 원인을 2가지만 제시하고, 위에서 언급한 모로코 출신 여행가로, 여행기를 남긴 사람은 누구인지 쓰시오. (4점)[02-14기출]

<예시 답안>

확대 원인
① 정복지에 대한 관용적 정책 때문이다(개종자에게 면세의 특전을 주었으며, 이교도에게도 신앙을 강요하지 않고 관용적 정책을 펼치며 공납만을 요구하였다).
② 비잔틴과 페르시아는 장기간에 걸친 투쟁으로 서로 지쳐 있었고, 시리아의 유대인과 이집트의 크리스트교도들은 종교적 박해와 중세에 시달리고 있어 지배자의 교체에 관심이 없던 상황이었다.

여행가 이븐 바투타

<해설>

국제정세 측면에서 보면 이슬람교가 형성될 7세기 중동 지역 주변에 있는 사산왕조와 비잔틴 제국은 서로간의 오랜 전쟁 때문에 국력이 많이 쇠퇴하였다. 그리고 비잔틴 제국과 사산왕조는 각각 그리스정교와 조로아스터교를 국교화하였다. 두 왕조는 중동 패권을 장악하는 과정에서 피정복민들에게 자신의 종교를 강요했고, 세금을 과중하게 매겼기 때문에 반발이 많았다. 이슬람 세력들이 이 지역을 장악하면서 세금경감 조치를 내리고 피정복민들의 종교의 자유를 인정했다. 시리아의 유대인이나 이집트의 기독교의 단성론자들은 종교적 박해와 중세에 시달리고 있어 지배자의 교체에 별로 관심이 없었다.

두 번째로 이슬람 세력들은 피정복민들에게 강제로 이슬람교를 강요하지 않았다. 피정복민들이 개종하지 않을 경우에는 인두세인 '지즈야'를 부과했는데, 이 세금을 내면 피정복민은 신앙과 재산상의 자유를 보장받을 수 있었다.

세 번째는 이슬람 교리 측면에서 볼 수 있다. 단순한 이슬람 교리와 함께 '알라 앞에 모든 인간은 평등하다'는 교리는 종족과 계급의 차이에 따른 일체의 차별을 두지 않았으며, 직업적인 성직자 계급도 두지 않았다. 이러한 평등주의는 이슬람 교도내의 결속력을 강화하고, 하층계급에게 호소력을 발휘하여 피정복민의 자발적인 개종을 유도하는 배경이 되었다. 그리스도교보다 철저한 일신교적 측면이 로마교회의 삼위일체설을 반대한 아리우스파의 세력지역에서 쉽게 개종하게 만들었다.

2003년 14. 다음 자료를 읽고 물음에 답하시오.(총 3점)[2003-14기출]

> 14세기에 서유럽 중세 사회는 심각한 기근, 파괴적인 전쟁, 농민의 반란, 전례 없는 질병 등 커다란 위기에 직면하였다. 1300년에서 1450년까지 유럽의 인구는 30%가 감소하였다. 분열된 교회는 유럽 사회에 정신적인 지도력을 제공할 수 없었다. 이와 같은 급격한 사회적 변동의 시대를 맞아 새로운 지적 풍토가 나타났다. ㉮토마스 아퀴나스가 세웠던 거대한 지적 체계는 붕괴되었다. 윌리엄 오캄은 ㉯보편은 단지 이름이며, 개별적인 것들을 논의하기 위한 편리한 기호일 뿐이라고 주장했다. 그의 급진적인 주장은 인간은 이성을 통해 확실한 진리를 구할 수 있다는 기존의 주장을 부정하는 것이었다. 오캄에게 철학적 사색은 본질적으로 논리학, 언어학상의 연습이지 지식을 확신하는 방법은 아니었다. 그의 이러한 입장은 (㉰)의 관찰에 대한 관심의 증가를 가져와 과학 발달의 토대를 마련하였으며, 종교개혁가에게도 많은 영향을 미쳤다.

14-1. 이성과 신앙간의 균형을 모색한 ㉮의 대표 저서를 쓰시오.(1점)

〈예시 답안〉
신학대전

14-2. 다음 내용을 참고하되 다른 표현을 써서 ㉢의 빈칸에 적절한 내용을 쓰시오.(5자 내외) (1점)

"나는 지금 서로 관련이 없을 듯한 여러 가지 요소를 한 곳에 모으고, 이들 다양한 요소를 토대로 여러 가지 가설을 세우고 있는 중이다. 이 가설 중에는, 너에게 밝히기 민망할 정도로 터무니없는 것도 있다." - 『장미의 이름』

<예시 답안>
개별적인 사실

〈해설〉

1. 개별과 보편의 논쟁은 그리스 시대 아리스토텔레스와 플라톤 간의 보편논쟁으로부터 거슬러 올라간다. 플라톤은 현상계는 이데아의 단순한 반영이라고 말하면서 추상은 개별을 앞선다고 주장하였다. 이와 달리 아리스토텔레스는 질료 안에 이데아(형태)가 내재되어 있다고 주장하여 개별의 중요성을 강조하였다. 11세기 십자군 전쟁 이후에 이슬람권으로부터 아리스토텔레스 철학이 유입되어, 종전의 플라톤 철학에 기초로 한 체계를 무너뜨리고 보편논쟁을 다시 불러 일으켰다. 개별교회와 보편교회의 논쟁, 신앙과 이성의 논쟁 등이 대표적인 예이다.

2. 실재론자들은 플라톤의 주장을 따라 보편적인 관념(idea)은 우리의 감각세계를 초월하여 실재하는 것이며(individual), 사물은 이러한 원형적인 관념의 불완전한 예시에 불과하다고 주장하였다. 이에 대하여 아리스토텔레스의 사상을 이어받은 유명론자들은 보편적 관념은 사람들이 만들어낸 단순한 명칭에 불과하며 실재하지 않는다고 주장하였다.

3. 위 지문은 움베르토 에코의 『장미의 이름』의 한 구절이다. 『장미의 이름』은 12세기 이후 이탈리아 수도원에서 일어난 연속적인 살인사건을 소재로 하고 있다. 주인공은 살인 사건을 추적하는 과정 속에서 여러 가지를 추론하기 시작하는데, 그 추론 과정이 개별적인 사실에 대한 관찰과 분석을 토대로 하고 있다. 그 당시 유럽은 아리스토텔레스 철학의 영향으로 종전의 아우구스티누스의 영향을 받은 교부철학이 흔들리기 시작했고, 새로운 스콜라 철학이 형성되기 시작했다. 아우구스티누스의 철학은 인간이 가지고 있는 이성은 신의 의지의 반영물에 불과하고 신앙은 인간이 가지고 있는 이성 합의 '그 이상의 의미'를 가지고 있다고 주장하였다. 이런 인식을 바탕으로 신에 대한 예속성, 원죄이론 등을 주장했다. 그러나 11세기 이후 아리스토텔레스 철학의 영향을 받은 유럽의 사상계는 인간의 이성의 합이 신앙이기 때문에 신앙은 이성에 내재되어 있다고 이성 우위를 강조하였다. 더 한 걸음 나가서 오캄과 스코투스는 이성과 신앙의 분리를 내세웠다. 신앙을 통해서 이성을 파악할 수 없고, 이성을 통해서 신앙을 파악할 수 없다고 주장한 것이다. 특히 오캄은 유명론적인 인식론을 체계화 시켜 나갔다. 개별적인 사실에 대한 관찰과 탐구만이 지식을 축적할 수 있는 유일한 방식이라고 말한다. 유명론을 중시하는 시대적 조류는 종교에는 개별적인 경건과 신앙을 통해 신과 가까이 할 수 있다는 신비주의, 개별적인 사실을 자세히 관찰해서 화폭에 담는 14세기 이탈리아 르네상스 미술 등에 영향을 미쳤다. 자연과학에서는 베이컨과 같이 자연에 대한 실험과 관찰을 중시하는 경향 등에 영향을 미쳤다.

2004년 17. 다음 예문을 읽고 물음에 답하시오. [총 3점]

> 12~13세기 잉글랜드에서는 사법개혁을 통하여 중앙집권적 국민국가가 서서히 형성되었다. 사법개혁은 기본적으로 다양한 지역적 관습 대신에 왕국 전체에 보편적으로 적용될 수 있는 보통법(Common Law)을 실시하고자 하는 것이었다. 그러나 이를 추진하는 과정에서 왕권은 많은 저항과 어려움에 부딪쳤다. 가장 대표적인 것 중 하나가 ①헨리 2세와 교회를 대표한 캔터베리 대주교 토머스 베켓과의 대립이었으며, 다른 하나는 그의 아들 존 왕이 경험한 ② 귀족 및 도시민들과의 갈등이었다.

17-1. ①에서 두 사람은 무엇을 두고 대립하였나? 그 구체적인 내용을 간략히 쓰시오.(1점)

<예시 답안>
국왕의 재판권을 성직자에게까지 확대하는 문제

17-2. ②의 결과 발표된 대헌장(Magna Carta)의 기본성격을 밝히고, 법률적 관점에서 그 역사적 의의를 간단히 쓰시오.(2점)

<예시 답안>
기본 성격: 귀족, 성직자, 도시민의 봉건적 특권을 확인한 봉건문서
역사적 의의: 국민의 권리와 자유에 대한 기본원칙을 담은 전거가 됨

<해설>
① 중앙집권국가란 봉건 영주들이 가지고 있던 여러 권한을 중앙으로 집중시킨 국가이다. 그 권한 중 가장 중요한 것은 과세권과 재판권이다. 영국에서 봉건왕국이 재편성되어 중앙집권국가로의 기틀이 잡히는 것은 <플랜타지네트>왕조가 시작된 12세기부터이다. 왕조를 개창한 헨리2세가 재판권을 강화하는 작업을 시작했지만 아직 교회의 세력이 강했기 때문에 교회의 재판권에 대한 통제에는 실패한다.

② 대헌장은 원래 귀족들의 봉건적 특권을 확인한 봉건문서이다. 그러나 이후 영국의 헌정사에서, 국왕의 자의적인 과세를 의회가 통제하거나, 법률에 의하지 않은 인신구속을 방지할 때마다 '전거(典據)'로 사용되었다. 법률적 관점에서 볼 때, 그것 자체가 현행법은 아니지만 기본원칙을 담고 있는 법률적 근거로 작용하였다.

2005년 22. 다음의 빈칸 ㉮, ㉯를 채우고 ㉯ 협약의 내용을 쓰시오. [4점]

> 1077년 한겨울에 하인리히 4세는 허겁지겁 알프스를 넘어, 북 이탈리아의 카노사 성에서 교황 앞에 무릎을 꿇었다. 그레고리우스 7세는 제후들에게 보낸 서신에서 그 광경을 이렇게 묘사했다. "하인리히는 사흘 동안을 내내 성문 앞에 서서 국왕의 기장들을 모두 옆에 둔 채로 맨발에 허름한 옷을 입고, 교황의 도움과 위로를 간청하면서 눈물을 그치지 않았다."
> 하인리히 4세는 이와 같은 모욕을 겪은 후 1084년 로마로 진격하였다. 그리고 새 교황 클레멘스 3세를 옹립하여 황제 대관식을 가짐으로써 (㉮)족의 비호를 받고 있던 그레고리우스 7세에게 복수하였다. 그 후 이른바 교·속 대립은 1122년 (㉯) 협약을 통해 일단락되었다.

〈예시 답안〉

㉮ : 노르만
㉯ : 보름스협약
㉯ 협약의 내용 : 주교 임명권은 교황에게, 봉토를 가진 주교는 국왕의 봉신으로 신서함.

2006년 22. 다음은 11세기 후반에 열린 종교회의에서 행해진 연설문이다. 연설자의 이름을 쓰고, 이 연설로 시작된 전쟁이 서유럽에 미친 경제적 결과를 2줄 이내로 쓰시오.[2006기출-22] [4점]

> 예루살렘, 안티오크 및 그밖의 도시들에서 크리스트 교도가 박해를 받고 있다. 신을 믿지 않는 투르크인은 그칠 줄 모르고 콘스탄티노플로 다가오고 있으니, 성지의 형제들을 구하자. 서유럽의 크리스트 교도들이여, 지위가 높건 낮건 재산이 많건 적건 크리스트 교도의 구원에 힘쓰자. 신은 그대들을 인도하실 것이다. 신의 정의를 위하여 싸우다 쓰러지는 자는 죄 사함을 받을 것이다.

〈예시 답안〉

이름: 우르반 2세(우르바누스)
경제적 결과: 지중해 동방무역 발달/ 북이탈리아 도시 번영/ 장기적으로 도시의 발달을 촉진시켜 서유럽 장원제 해체의 결과를 초래함

2007년 21. 다음은 6세기 지중해 지역을 통치했던 한 황제의 글이다. 이 황제의 이름과 중요한 업적을 3가지만 쓰시오. [3점] [2007-21기출]

> 황제의 권위는 단지 무력으로 빛을 발하는 것이 아니다. 법률을 무기로 하여 전시와 마찬가지로 평화 시에도 정정당당한 다스림을 펼치는 것이다. 로마 황제는 단지 전쟁에서 승리한 자가 되어서는 안 된다. 공명정대한 법률로서 흉악한 무리들의 나쁜 행실을 제압하고, 그렇게 함으로써 무력의 힘을 선양함과 동시에 가장 신성한 법규를 신장하는 자기 되어야 할 것이다.
> — 법학입문 —

<예시 답안>
이름 : 유스티니아누스 대제
업적 : 로마법 대전 편찬, 성소피아 대성당 건축, 옛 로마 영토의 많은 부분을 회복. 반달왕국과 동고트왕국 멸망시킴.

2008년 2. 다음은 이슬람 세력의 팽창에 대한 설명과 지도이다. ㉮와 ㉯의 도시를 지도상의 A~F 중에서 골라 그 기호와 도시 이름을 쓰고, ㉰의 역사적 의미를 쓰시오.[3점]

> 이슬람 세계의 팽창에 따라 그 중심지 역시 이동하였다. 칼리프 시대에는 아라비아 반도의 (㉮)이(가) 수도였으며, 옴미아드 왕조는 옛 로마 제국의 일부였던 시리아의 (㉯)을 (를) 수도로 삼았다 아바스 왕조는 비아랍계 출신 이슬람 개종자들의 지지를 받아 옴미아드 왕조를 물리치고 등장하였으며, 옛 페르시아 지역이 가지는 군사적. 정치적 중요성을 인식하여 그 지역에 ㉰새로운 수도 바그다드를 건설하고 천도하였다.

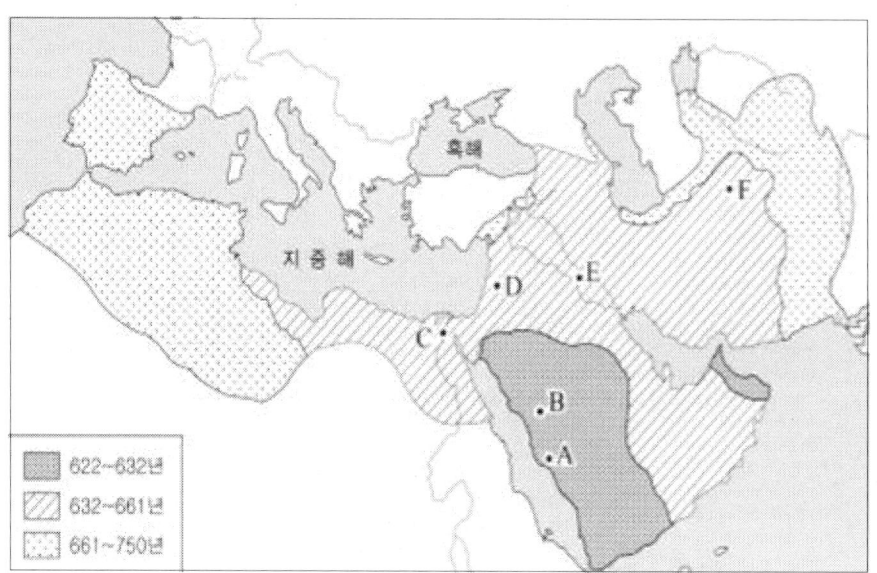

<예시 답안>

㉮: 가-B- 메디나
㉯: 나-D- 다마스쿠스
㉰의 역사적 의미: (E- 바그다드)바그다드는 계획도시로서 동서교역의 중심지로서 번창.

<참고>

A- 메카/ C- 카이로/ F- 사마르칸트

2008년 4. 다음은 중세 프랑스 왕조의 가계도이다. ㉮ 왕조의 이름을 쓰고 ㉯의 왕이 행한 결혼상 특이점과 그 목적을 쓰시오. 그리고 가계도의 분석을 근거로 프랑스가 14세기 초에 강력한 왕권을 수립할 수 있었던 이유를 1줄 이내로 쓰시오. [4점]

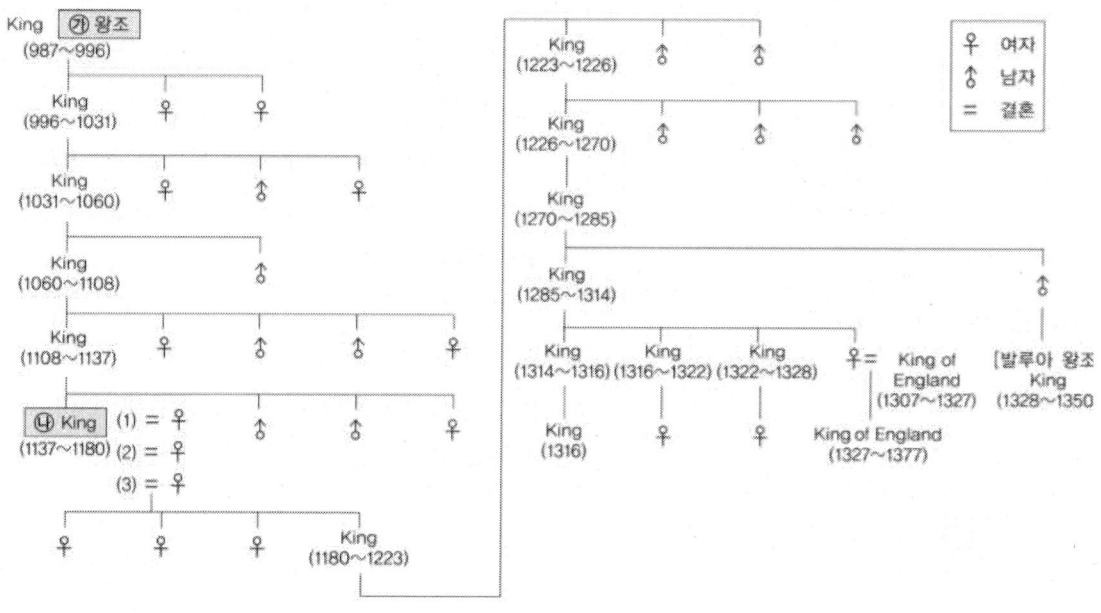

<예시 답안>

왕조의 이름: 카페 왕조

결혼상 특이점과 그 목적: 반복된 결혼을 통해 왕위계승자를 확보하고 왕령지를 확대함

이유: 왕위의 세습이 장자상속제였고, 다행히 왕위를 계승할 왕자가 계속 이어져 왕권의 세습이 지속될 수 있었다.

2009년 35번. 지도를 보고 알 수 있는 시기의 (가), (나) 국가에 대한 설명으로 옳은 것을 <보기>에서 모두 고른 것은?

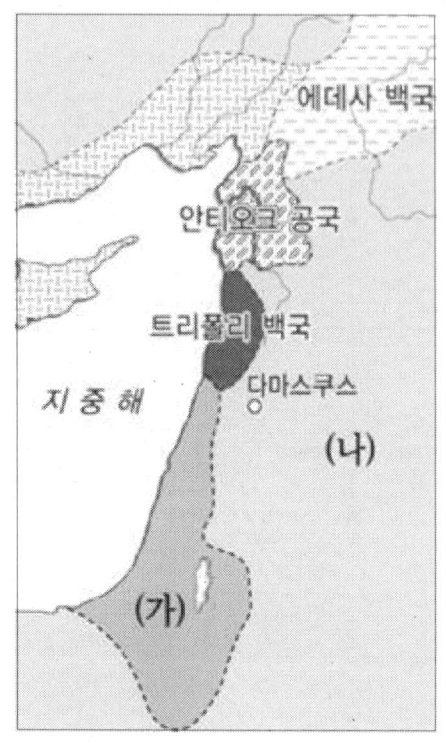

<보 기>
ㄱ. (가)의 실권은 대제후들의 모임인 고등법정(High Court)에 있다.
ㄴ. (가)는 국방의 상당 부분을 성전 기사단(the Templars)과 병원 기사단(the Hospitalers)에 의존하였다.
ㄷ. (나)는 일종의 군사적 봉건제인 티마르 제도로 지방을 통치하였다.
ㄹ. (나)는 칼리프로부터 술탄의 칭호를 얻어 이슬람 세계를 주도하였다.

① ㄱ, ㄷ　　　　② ㄱ, ㄹ　　　　③ ㄴ, ㄷ
④ ㄱ, ㄴ, ㄷ　　⑤ ㄴ, ㄷ, ㄹ

<답>

답-4번

<해설>

가)의 지역은 예루살렘이다.

1차 십자군 원정으로 고드프리가 성묘수호자로 선출되고, 그의 동생 보두앵 1세가 정식으로 국왕이라는 명칭을 사용하여 예루살렘 왕국이 탄생한다. 왕은 고등법정에서 선발되고, 왕은 모든 일의 운영을 위해 이 회의에서 승인을 얻어야 했다. 고등법정이 행정, 입법 등 실권을 장악하며, 군사운영은 왕국의 토지가 적어서 봉토가 아닌 급료를 주고 운영하였다. 왕국의 상설 수비대로서 신전기사단(성전기사단)과 성요한 기사단(병원기사단)이 존재한다.

1차 십자군 당시 중동 지역을 지배했던 이슬람 국가는 셀주크튀르크이다. 그들은 아바스 왕조의 칼리프로부터 술탄이라는 칭호를 받는다.

2009년 36. ㉮와 ㉯에 해당하는 법 체계에 대한 설명으로 적절하지 않은 것은?

> (㉮)은 이성과 정의가 법질서의 필수적인 바탕이라는 법 이론을 근간으로 하고 있었다. 개별 법령은 보편적인 정의의 원칙을 구현한 하나의 실례이다. 이성적인 사고에 의해 발견될 수 있는 이 원칙에 따라 적절한 법령이 법 제정자의 명령에 의해 법으로 선포된다. (㉮)의 갈래 중에는 자연법과 만민법이 있다.
>
> 그러나 (㉯)의 성격은 완전히 달랐다. 법은 부족의 오랜 관습으로서 성문화되지 않은 채 세대에서 세대로 구전되었다. 각 부족은 제각기 고유한 법을 지니고 있었고, 그 내용은 매우 원시적이었다. 그 한 예가 후대에 정리된 살리 법전이다. (㉯)은 조야하고 미개한 것이기는 했지만 높이 평가할 만한 면도 있었다. 즉, 법이란 단순히 위로부터 강제되는 일련의 법령이 아니라, 공동체 구성원의 삶 전체로부터 자연스럽게 발생한 것이며 또 그래야 한다는 것을 암암리에 전제하고 있기 때문이다.

① ㉮에 의하면 피해자나 그의 가족이 가해자를 처벌하려고 할 때는 그를 법정으로 데려와야 할 의무가 있었다.
② ㉮는 본질적으로 재판의 판결에서 비롯되었으므로 사법이 대부분이고 공법은 상대적으로 빈약하였다.
③ ㉯에서 유죄나 무죄를 확증하는 방법으로 선서나 시죄법이 널리 쓰였다.
④ ㉯는 귀족의 명예 관념에 근거하여 동일한 죄를 저질렀어도 귀족에게 평민보다 더 많은 벌금을 부과했다.
⑤ ㉯가 시행된 사회에서는 사적인 보복으로 범행의 피해가 확대되어 전투력 약화를 초래할 수 있었으므로 대안으로 벌금형이 나타났다.

〈답〉
답-4번

〈해설〉
㉮는 로마법을 의미하고, ㉯는 게르만부족법을 의미한다.
로마법은 유죄와 무죄를 구분하는 기준이 자백과 증거로 나온다. 게르만부족법은 초자연적인 대상에 대한 선서나 고통을 통해 결과를 본다. 준사형 원칙은 메소포타미아의 영향이며, 로마는 형법이 발달하지 못했다. 또한 게르만 부족법에 따르면 동일한 죄를 저질렀어도 귀족에게 훨씬 더 관대했다. 또한 로마법은 개인에게 국한시키는 것이 원칙이지만, 게르만부족법은 성문화되지 않고 구전되어온 법으로, 일가친척에게까지 적용한다.

2009년 38번. 다음은 어떤 주교가 교구 내의 한 귀부인에게 보내는 편지를 재구성한 것이다. ㉮에 대해 설명한 것으로 적절하지 않은 것은?

> 친애하는 레이디 마들렌
> 주님의 이름으로 그대에게 평강이 함께 하시길.
>   일전에 저를 방문하셨을 때, 저에게 영지의 살림을 걱정하신 것이 기억납니다. 그에 관해 잠시 말씀드리자면, 먼저 집사와 상의하여 1년 동안 영지에서 나오는 수입이 어느 정도인지에 대해 파악해야 합니다. 그 다음으로 1년간의 지출에 대해서 계획을 세워야 합니다. 이를 위해 어떤 물건들이 필요한지, 수량은 어느 정도인지 목록을 작성하시고, 이를 어느 (㉮)에서 가장 싸게 구입할 수 있을지 파악해야 합니다. 물론 (㉮)은(는) 1년에 한 번 열리기 때문에 여비 및 운송 경비도 알아 두셔야 하실 겁니다.
>   조만간 다시 볼 수 있기를 바랍니다.
>   크리스트이 신실한 종, 로베르 주교

① 각각의 상품마다 거래일이 서로 달랐다.
② 외국 상인과 지방 상인을 연결하는 역할을 하였다.
③ 마지막 날에 모든 상인이 환전상에 와서 거래 계좌를 결제하였다.
④ 거래 규칙을 위반하는 사람에게 상인 길드가 벌금을 부과하였다.
⑤ 12세기 초 샹파뉴 백작이 영지 내의 여러 도시에 설치하기 시작한 것이 기원이 되었다.

〈답〉
답- 4번

〈해설〉
㉮는 샹파뉴 정기시이다. 샹파뉴는 각각의 상품마다 거래일이 달랐다. 샹파뉴백은 경찰과 재판관을 두었다. 샹파뉴 대시는 12세기 초 샹파뉴 백이 트로아와 쉬르프로뱅 등 여러 도시에 정기시를 설치하는 데에서 비롯된다. 이 시장들은 특정 상품이 특정일에 한해서만 거래되는 견본시이다. 소매보다는 도매를 취급하였다. 14세기 왕령지에 편입되어 시장세를 부과하고, 이탈리아 상인이 갈레선으로 직접 브뤼즈와 런던으로 정기적으로 왕래하면서 쇠퇴한다.

2010년 36. 밑줄 친 ㉠~㉤의 설명으로 옳은 것은?

> 726년 비잔티움 제국의 황제 레오 3세는 그의 관리들로 하여금 콘스탄티노플 황궁의 입구에 있는 ㉠ 성상을 파괴하고 그것을 십자가로 대체하게 했다. 성상 옹호론자들은 분노하며 이에 격렬하게 반대했다. 이에 굴하지 않고 730년 레오 3세는 성상 파괴를 명하는 칙령을 발표했다. 이로써 ㉡ 성상 파괴 운동이 시작되었다.
> 성상 파괴 운동은 국내외에 심각한 결과를 초래했다. 비잔티움 제국은 ㉢ 성상 파괴론자와 성상 옹호론자 사이의 논쟁으로 심각하게 분열된 채 ㉣ 이민족의 침입에 대처해야 했다. 또한 ㉤ 성상 파괴를 주장하는 황제와 이에 반대하는 교황 사이에 갈등이 심화되었다.

① ㉠에는 그리스도의 초상이나 조각상이 포함되지 않았다.
② ㉡을 지지하는 대표적인 기관은 수도원이었다.
③ ㉢은 비잔티움 제국의 멸망까지 지속되었다.
④ ㉣은 사산조 페르시아인을 말한다.
⑤ ㉤을 계기로 교황은 프랑크 왕국과 제휴를 맺게 되었다.

<답>
답-5번

<해설>
1. 726년 비잔티움 황제 레오 3세에 의한 성상파괴에는 우상이 될 만한 모든 것들, 즉 그리스도의 조각상, 초상, 마리아성상 등을 포함하고 있다.
2. 당연히 수도원은 성상파괴운동을 적극적으로 반대하는 세력이었다.
3. 성상 파괴론자와 성상 옹호론자 사이의 논쟁은 725년 시작되어 8세기에 격화되었으나, 843년부터 성상이 의식절차에서 다시 사용되어, 성상파괴운동은 궁극적으로 실패한다.
4. 동로마 제국에서 8세기경 주로 침입한 이민족은 이슬람 세력을 의미하며, 사산조 페르시아가 활동하던 시기는 주로 6세기경이다.
5. 성상파괴를 주장하는 비잔티움 황제와 이에 반대하는 교황 사이에 갈등이 심화되었다. 이로서 로마 가톨릭 세력은 프랑크 왕국과 제휴를 통해 기독교 세력을 지켜낸다. 대표적 예가 피핀이나 카롤루스 대제의 대관식의 경우이다. 이러한 교리 갈등으로 인해 궁극적으로 동로마와 서유럽 로마 가톨릭의 관계는 1054년 단절된다.

2010년 39. A~E지역에서 일어난 역사적 사건이나 사실을 바르게 기술한 것은?

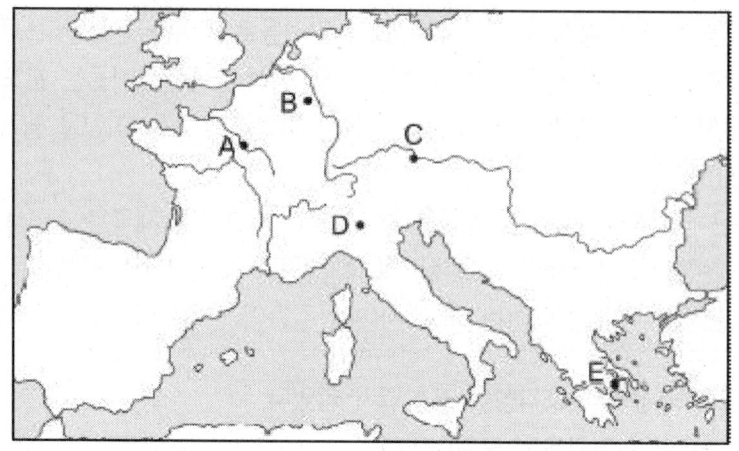

① A- 스콜라 철학자들이 아리스토텔레스의 철학과 기독교 신앙의 조화를 시도하였다.
② B- 노르망디 공 윌리엄은 해롤드 왕이 이끄는 앵글로색슨 군대를 물리쳤다.
③ C- 루터는 면벌부 판매에 항의하며 성당 문에 95개조 반박문을 붙였다.
④ D- 샤를마뉴는 800년 성탄절에 서로마제국 황제로 대관되었다.
⑤ E- 유스티니아누스 황제는 하기아 소피아를 보며 "솔로몬이여, 내가 당신을 이겼다!"라고 외쳤다.

〈답〉
답-1번

〈해설〉
A. 스콜라 철학자들이 아리스토텔레스의 철학과 기독교 신앙의 조화를 시도하였다.
B. 노르망디 공 윌리엄이 해롤드 왕이 이끄는 앵글로색슨 군대를 물리친 곳은 영국의 헤이스팅즈라는 작은 지역이다.
C. 루터는 면벌부 판매에 항의하며 성당 문에 95개조 반박문을 붙였다. 그가 위치한 곳은 비텐베르크 성문으로 알려져 있고, 그곳은 독일의 동부 지역에 위치한 곳이다.
D. 샤를마뉴가 800년 성탄절에 서로마제국황제로 대관된 곳은 로마이다. 로마는 이탈리아 중부에 위치한다.
E. 유스티니아누스 황제가 하기아 소피아를 보며 "솔로몬이여, 내가 당신을 이겼다!"라고 외친 곳은 터키의 이스탄불, 즉 콘스탄티노플로서, 보기의 지도상의 위치는 그리스 아테네를 지적한다.

① A는 프랑스의 수도 파리이다. 12세기 아리스토텔레스 철학이 중동에서 유입되자 유럽 지성계에서 유명론과 실재론을 둘러싼 보편논쟁이 일어났다. 토마스 아퀴나스는 『신학대전』을 저술하며, 보편논쟁을 해결하였다. 아리스토텔레스의 철학이 강조한 이성(유명론)과 교부철학(플라톤 철학의 영향을 받음)에서 강조하는 신앙의 조화를 주장하였다.

② B는 아헨, 프랑스어로는 엑스라샤펠이다. 샤를마뉴 때에는 프랑크 왕국의 수도로 번영하였으며, 813~1531년 때때로 독일 국왕의 대관식이 거행되었다. 제국의회, 종교회의, 평화회의가 열리는 등 정치의 중심지를 이루었으며, 학자, 문인들이 모여들어 이른바 '카롤링 르네상스'의 중심지가 되었다.

③ 노르망디 공 윌리엄은 앵글로 색슨 왕국의 마지막 왕인 에드워드 고해왕과 혈연관계이다. 고해왕의 어머니가 노르망디공 리처드의 누이동생이었고 고해왕이 왕이 오르기 전에 잠시 노르망디 궁전에서 머물렀다. 노르망디공 윌리엄은 고해왕이 후사가 없자 고해왕의 혈연관계를 강조하면서 앵글로 색슨 왕국의 왕위 계승분쟁에 개입하여 군사를 이끌고 도버해협으로 건너왔다. 영국군을 헤이스팅스 전투에서 격파, 노르만 왕조를 열었다. 헤이스팅스는 도버해협 해안가에 있기 때문에 B 지역과는 맞지 않다.

③ C 지역은 다뉴브 강이 흐르는 '빈(비엔나)'이다. 루터는 성 베드로 성당 수축자금을 마련하기 위한 면벌부 판매를 반대하였다. 그리고 자신이 신학교수로 재직하고 있던 비텐베르크 대학정문 앞에 독일어로 기술한 95개조의 반박문을 발표하여 면죄부 판매를 비롯하여 로마 교회의 잘못을 강력히 비판하였다고 알려져 있다. 하지만 오늘날 독일사가들은 이것은 하나의 신화이며, 실제는 반박문을 마인츠대주교에게 보냈다고 한다. 반박문은 발달된 인쇄술 기술을 통해서 전독일 지역에 확산되어 종교개혁을 일으켰다. 여하튼 반박문이 발표되어 종교개혁을 앞당긴 비텐베르크는 독일의 동부 지역에 위치한다.

④ D 지역은 이탈리아 상업도시인 밀라노이다. 밀라노는 이탈리아 곡창지대인 롬바르디아 평야의 중심지역에 위치해 있고, 알프스 이북을 연결하는 무역로의 종점으로 경제적으로 중요한 위치를 차지하고 있다. 14세기 르네상스 시기에는 비스콘티가와 영주 스포르차의 통치 아래에 있으면서 학자나 문인들을 우대하여 르네상스 문화를 꽃피웠던 곳이다. 800년 교황 레오 3세가 로마에서 카롤루스 대제에게 서로마제국의 황제로서 관을 수여했다. 레오3세는 성상숭배문제로 관계가 뒤틀어진 동로마제국 대신에 자신을 보호해 줄 수 있는 정치적 파트너로 카롤루스를 선택하였고, 샤를마뉴는 권력의 정당성을 마련해줄 수 있는 교황이 필요했던 것이다. 샤를마뉴의 서로마황제 대관식(실질 지배는 아니고, 호칭만 부여한 것임)은 서유럽의 새로운 질서 마련의 기반을 이루었다.

⑤ E 지역은 고대 그리스 문명의 중심지인 아테네이다. 지문에서 말하는 '하기아 소피아'는 유스티니아누스 황제가 건설한 성소피아 성당의 이름이다. 성소피아 성당은 콘스탄티노플에 있기 때문에 지리적으로 맞지 않다.

2011년 38. (가), (나)에 대한 설명으로 옳은 것은?

> (가) 복음서의 말씀은 권력에는 두 개의 칼이 있다고 우리에게 가르친다. 따라서 두 개의 칼, 즉 영적인 칼과 속세의 칼은 모두 교회의 권력에 속한다. 그리고 이 속세의 칼은 교회를 위해 쓰여야 하며, 영적인 칼은 교회가 써야 한다. 사제는 영적인 칼자루를 잡으며 왕과 기사는 속세의 칼자루를 잡는데, 속세의 칼은 사제의 동의를 거쳐 사제의 뜻에 따라 사용되어야 한다.
> - 『우남 상탐(Unam Sanctam)』-
>
> (나) 만약 로마의 주교나 다른 사제들이 면책권을 가지고 통치자의 강제적 판단에 복속하지 않으면 …… 이것은 불가피하게 세속 통치자의 사법권을 완전히 무효화시키는 결과를 초래할 것이다. 나는 이것이 모든 통치자와 공동체들에게 매우 중대하고 심각한 해악이라고 믿는다. …… 인민(人民)의 동의 및 공익을 위한 법률이라는 두 요소가 병든 정부와 건강한 정부를 구별해 내는 근거이다. 그러나 이들 가운데 절대적 혹은 보다 중요한 판별의 기준은 인민의 동의이다.
> - 『평화의 수호자』-

① (가)의 입장은 윌리엄 오캄에 의해 이론적으로 체계화되었다.
② (가)의 반포로 인해 가열된 교·속 투쟁의 결과 교황권의 성장이 가속화되었다.
③ (나)의 주장은 15세기에 활발히 전개된 공의회주의의 이론적 토대가 되었다.
④ (나)의 주장에 대항하여 보니파키우스 8세는 신정정치를 강조한 교서를 발표하였다.
⑤ (가)의 주장은 아리스토텔레스의 사상을, (나)의 주장은 아우구스티누스의 사상을 각각 그 철학적 기초로 삼고 있다.

〈답〉
답-3번

〈해설〉
① (가)는 우남 상탐 또는 우남 상크탐이라고 한다. 프랑스의 필립 4세가 삼부회를 소집하여 성직자 과세문제를 통과시키려고 할 때, 교황 보니파키우스 8세가 이에 대항해 1302년 새로운 교서 우남 상크탐(단 하나의 성스러움)을 발표였고, 필리프 4세를 파문하려고 하였다. 이는 속권에 대해 교권이 절대적으로 우월하다는 주장을 담았다. 이를 반포, 교,속의 투쟁 결과 교황권이 패배, 쇠퇴하면서 아비뇽 유수 사건에까지 이른다.
② 윌리엄 오캄 시대에는 신앙과 이성이 분리되는 후기 스콜라 철학 시대이다. (나)의 주장은 파도바의 마르실리우스가 작성한 『평화의 수호자』 내용이다. 이 시기에는 이성이 보다 서서히 중요시되어가는 시기이며, 인민의 동의를 주장하는 평화의 수호자 전문은 15세기에 활발히 전개된 콘스탄츠 공의회의 토대가 되는 자료이다.

2012년 35. ㉠~㉤과 관련된 설명으로 옳은 것은?(2.5점)

> ㉠그는 롬바르드족을 완전히 평정하여 직접 통치하기로 하고, 동으로 진출하여 완강히 저항하는 색슨족을 굴복시켜 가톨릭으로 개종시켰으며, 이후 동부 경계선을 엘베 강까지 확장시켰다. ㉡서쪽으로는 피레네를 넘어 에스파냐의 이슬람 세력을 공격하였으나, 큰 성과를 거두지 못 하고 철수할 때 후방 부대의 일부가 기습을 받았다. 그는 에스파냐 정복에는 실패했으나, 피레네 산맥의 남부 카탈루냐 지방에 에스파냐 변경주를 설치하여 이슬람 세력과의 완충 지대로 삼았다. 이러한 끊임없는 ㉢정복 전쟁으로 그의 영토는 제국으로 불릴 수 있을 정도로 확대되었다. 이러한 사실을 고려한 것인지, 교황 레오 3세는 대관식을 거행하여 ㉣그를 로마의 황제로 인정하였다. 그는 영토 확장만이 아니라 문예의 부흥에도 노력하여 유럽 전역에서 많은 학자들을 불러 궁정 학교를 개설하고, 고전, 라틴어 문법, 논리학 등을 가르치게 하였다. ㉤이러한 문화 부흥 정책으로 고전 작품의 필사를 비롯한 고전 연구가 활발해졌다.

① ㉠을 계기로 오늘날 교황령의 기초가 마련되었다.
② ㉡은 중세 무훈시 「트리스탄과 이졸데」의 소재가 되었다.
③ ㉢의 결과 남이탈리아와 시칠리아를 포함한 과거 서로마 제국 영토의 대부분이 회복되었다.
④ ㉣은 비잔티움의 황제 미카일 1세(Michael Ⅰ)에게 끝내 승인받지 못하였다.
⑤ ㉤으로 나타난 소문자체는 오늘날 알파벳 소문자체의 유래가 되었다.

<답>

답-5번

<해설>

본 설명은 카롤루스 대제에 관한 설명이다.

1. 오늘날 교황령의 기초를 마련한 것은 카롤루스 대제의 아버지 피핀이다. 피핀이 롬바르드의 라벤나 지역을 정복하여 교황에게 헌납한 것이 교황령의 기초이다.
2. 중세 무훈시 트리스탄과 이졸데의 소재가 된 것은 켈트족의 신화와 관련 있다. 카롤루스 대제의 이베리아 반도 원정 이야기는 '롤랑의 노래'의 배경이 된다.
3. 정복전쟁으로 대 제국을 건설한 것은 맞지만 아직은 남이탈리아나 시칠리아를 포함한 것은 아니다.
4. 카롤루스는 물론 서로마 황제 대관식을 받았다. 그러나 비잔티움의 황제 미카일 1세에게 끝내 승인받지 못했다.--- 당시 미카일 1세는 초기에는 서로마 황제 칭호를 인정하지 않았다. 그러나 후일 베네치아를 포함하여 아드리아 해를 양도받으면서, 그 대가로 황제 칭호를 인정해주게 된다.
5. 이러한 문화부흥 정책으로 고전작품의 필사를 비롯한 고전연구가 활발해졌다.--- 카롤링 르네상스를 의미하는 것으로 이 시기 많은 문화발전과 함께 오늘날의 알파벳 소문자제가 나타난다.

2012년 36. 다음은 중세 말 한 수도사의 설교 가운데 일부이다. 이 설교와 관련된 농민의 난에 대한 설명으로 옳은 것만을 <보기>에서 있는 대로 고른 것은?

> 오, 선량한 인민들이여! 잉글랜드에서 상황은 좋지 않게 돌아가고 있습니다. 모든 것이 공유되고 더 이상 예농이나 영주가 존재하지 않아야만 상황은 호전될 것입니다. … 우리가 예속의 굴레를 감수해야 합니까? 우리 모두는 한 아버지와 한 어머니인 아담과 이브의 자손입니다. 영주들이 우리를 일하게 하여 배불리 먹는 것 이외에, 어떻게 우리보다 더 우월함을 말하거나 증명할 수 있겠습니까?

<보 기>

ㄱ. 정부와의 협상 도중 주동자가 피살되면서 난이 진압되었다.
ㄴ. 존 볼(John Ball) 등이 난에 참여하여 원시 크리스트교의 평등사상을 설파하였다.
ㄷ. 난에 가담한 농민들은 농노제의 철폐 등 봉건적 예속으로부터의 해방을 요구하였다.
ㄹ. 귀족들에게 재산과 노역의 무제한 징발을 허용한 정부의 칙령을 빌미로 난이 시작되었다.

① ㄱ, ㄴ ② ㄱ, ㄹ ③ ㄷ, ㄹ
④ ㄱ, ㄴ, ㄷ ⑤ ㄴ, ㄷ, ㄹ

<정답 및 해설>

답- 4번: 본 지문은 와트 타일러의 난을 설명한 것이다. 이 난은 1381년 영국 남동부의 여러 주에서 발생한 영국 최대의 농민반란이다. 계기는 백년전쟁 시기 전비조달을 위한 인두세 부과에 대한 불만이며, 이와 동시에 반봉건적 성향을 강하게 갖고 있다.

2013년 35. 다음과 같은 문화적 현상들이 나타났던 무렵에 볼 수 있었던 모습으로 가장 적절한 것은?(2.5점)

> ○ 고전 철학과 크리스트교 신앙의 조화를 추구하는 신학자들이 활동했다. 이들이 해결해야 하는 두 과제는 신(神)의 존재 증명과 보편 개념의 규명이었다. 특히 아벨라르는 『긍정과 부정』을 통해 변증법적 진리 탐구를 추구하였다.
> ○ 남프랑스의 프로방스 지방에는 낭만적인 사랑을 주제로 삼아 토속어로 시를 짓고 노래하는 트루바두르(Troubadours)라고 불리는 무리가 나타났다. 이들의 영향을 받아 독일에서도 사랑을 노래하는 서정시인(Minnesinger)들이 출현하였다.

① 파리 근교의 생 드니 수도원 교회가 고딕 양식으로 새롭게 지어졌다.
② 성사(聖事)의 영혼 구제 기능과 화체설을 반박한 위클리프는 성서를 번역하였다.
③ 흑사병 이후 해골이 살아 있는 사람들과 어울려 춤을 추는 그림이 유행하였다.
④ 교황의 절대 권력을 공의회로 대체하려는 개혁 논의가 콘스탄츠 공의회에서 벌어졌다.
⑤ 카롤루스 대제는 아헨(Aachen) 궁정 학교를 개설하고 고전 연구를 장려하라는 훈시를 내렸다.

〈답〉

답-1번:

〈해설〉

1. 본 지문은 중세 시기 아벨라르에 관한 것으로 11-12세기의 일들을 묘사
2. 중세 시절 문화적 경향- 트루바두르(음유시인), 미네징거

   트루바두르: 12-13세기 남프랑스의 오크어를 사용하는 음유시인

   미네징거- 독일어권에서 시를 지을 줄 아는 기사 계급의 음유시인 또는 궁정기사를 중심으로 신분 높은 여성에 대한 존경과 사랑의 기쁨 및 슬픔을 노래한 서정시이다.

1. 파리 근교의 생 드니 수도원 교회가 고딕 양식으로 새롭게 지어졌다.---중세의 절정을 대표하는 교회건축 양식
2. 성사(성사)의 영혼구제 기능과 화체설을 반박한 위클리프는 성서를 번역하였다.--- 14세기의 일이다.
3. 흑사병 이후 해골이 살아 있는 사람들과 어울려 춤을 추는 그림이 유행하였다.--- 14세기의 설명
4. 교황의 절대 권력을 공의회로 대체하려는 개혁 논의가 콘스탄츠 공의회에서 벌어졌다.--- 콘스탄츠 공의회는 1414년 11월 5일 요한 23세의 주도로 열린 공의회로서, 교회의 대분열을 종식시키고 이단을 추방하며 교회의 개혁을 내세운 공의회이다. 공의회에서 베네딕토 13세를 폐위시키고, 레오 12세는 자진 사퇴시키며 후임으로 마르티노 5세를 선출한다. 위클리프의 명제 '200개안'을 이단으로 선언하고, 후스를 소환하며 1415년 이단으로 단죄한다. 이 공의회의 최고 목표는 공의회 지상주의를 표방하는 것이다.
5. 카롤루스 대제는 아헨(Aachen) 궁정 학교를 개설하고 고전 연구를 장려하라는 훈시를 내렸다.--- 8~9세기의 설명

2013년 36. A~C 지역은 중세 후기 유럽의 경제적 중심지이다. 이에 대한 설명으로 옳은 것만을 <보기>에서 있는 대로 고른 것은?

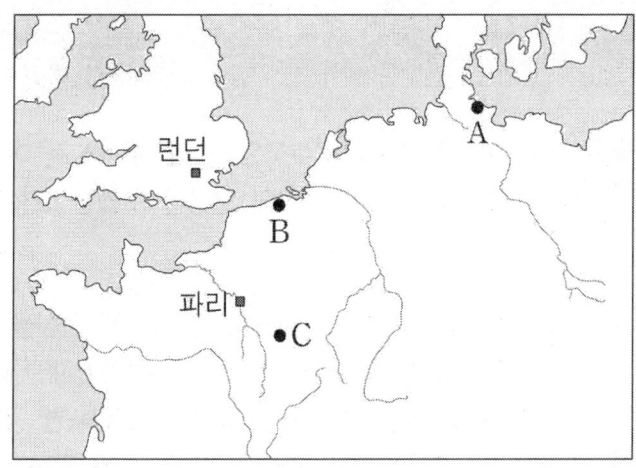

<보 기>

ㄱ. A에는 상공업자들이 귀족과 연합하여 건설한 코뮌들이 많았다.
ㄴ. B의 모직물 시장 통제권을 둘러싼 영국과 프랑스의 갈등은 백년 전쟁의 원인이 되었다.
ㄷ. C는 샹파뉴 백작의 주도로 설치된 정기시를 통해 13세기에 경제적으로 번영하였다.
ㄹ. C는 이탈리아 상인이 상선을 타고 직접 B 지역을 왕래하게 되면서 점차 쇠퇴하였다.

① ㄱ, ㄴ   ② ㄱ, ㄷ   ③ ㄴ, ㄹ
④ ㄱ, ㄷ, ㄹ   ⑤ ㄴ, ㄷ, ㄹ

<답>

답-5번: A- 뤼베크, B- 플랑드르 지역, C- 샹파뉴 지역

<해설>

1. A에는 상공업자들이 귀족과 연합하여 건설한 코뮌들이 많았다.- 코뮌 운동은 11세기~12세기에 걸쳐 발생하는 도시자치 건설 운동이라 할 수 있다. 뤼베크 지역은 일종의 한자동맹체제로서 이곳은 귀족으로부터 자치권을 획득한 지역이다. 이곳의 영주는 주로 성직자 제후들로서, 부르주아들(당시 도시거주민)이 이들을 추방한 이후 코뮌을 건설한다. 반면 상공업자들이 귀족과 연합하여 건설한 코뮌들이 많았던 지역은 이탈리아의 경우이다.

2. 13세기 당시 샹파뉴에는 당시 정기시장이 열렸으며, 지중해무역권과 북방무역권의 중개자 역할을 하면서, 내륙무역의 중심 역할을 담당했다. 이탈리아에서 가져오는 물건을 샹파뉴에 전달하면, 이들이 물건을 다시 북쪽 지역으로 전해주는 역할을 한 것이다. 그러나 14세기에 이탈리아가 대서양 쪽으로 직접 브뤼즈(Bruges) 같은 곳에 물건을 전달하면서, 그리고 샹파뉴와 비슷한 시장들이 여럿 발생하면서 샹파뉴 정기시장은 쇠퇴한다.

서양 중세사 - 2

2014년도 전공 B 서술형 2번. (가)의 밑줄 친 '수도원'의 이름을 쓰고, 이 수도원이 11세기의 교회개혁에 미친 영향을 2가지만 쓰시오. 그리고 (나)의 반응을 초래한 교황교서의 핵심내용을 쓰시오.(5점)

> (가) 기욤 아키텐 공작은 자신의 영지에 새로운 수도원을 설립한 후 자신을 위한 미사와 기도 외에 그 어떤 요구도 간섭도 하지 않았다. 수도사들은 스스로 수도원 재산을 보유하고 관리하며 경영하였다. 그들은 성 베네딕투스 계율을 엄격하게 준수하고, 엄숙한 공동생활을 지향하였으며, 스스로 수도원장을 선출하였다. 수도원장은 유럽 각지에 설립된 많은 분원을 감독하였다.
>
> (나) 그대는 신이 부여한 황제권을 탈취하려는 만용을 부렸다. 나아가 그대는 마치 우리가 그대에게서 황제권을 받은 것처럼, 그리고 황제권이 신의 뜻이 아니라 그대의 손에서 나온 것처럼 감히 호도하고 있다. 그리스도는 그대가 아니라 나에게 영적 지배권을 부여하셨다....(중략)... 그대는 내게 제위를 허락한 신을 두려워하지 않는구나. 나 하인리히는 모든 주교와 함께 그대에게 엄숙히 명한다. 퇴위하라!

<예시 답안>

(가) 클뤼니 수도원

　영향- ① 세속영주들의 성직자 임명관행을 척결, ② 종교의 세속화와 부패를 시정,
　　　　　성직자 결혼 금지

(나) 교황교서의 핵심- 성직서임권은 세속 군주가 아닌 교황에게 있다.

<해설>

(가)의 수도원은 클뤼니 수도원을 의미한다. 클뤼니 수도원은 기욤 아키텐 공작이 910년 설립한 것으로, 지문을 통해 클뤼니 수도원의 두 가지 원칙을 파악할 수 있다. 즉 클뤼니 수도원의 원칙, ① 봉건적 의무를 수행하는 토지를 보유하지 않는다. ② 수도원장을 비롯한 고위 성직자 선출권을 수도사들이 보유한다. 이러한 수도원 원장 출신으로 교황에 오른 자가 11세기 그레고리우스 7세이다.

(나) 그대는 신이 부여한 황제권을 탈취한다 여기서 그대는 그레고리우스 7세를 의미한다. 지문 말미에 '나 하인리히'라고 명확히 명시했기에 그 대적인 그레고리우스 7세를 명확히 집어낼 수 있다. 따라서 이 지문은 하인리히 4세가 그레고리우스 7세에게 퇴위를 요구하며 반항하는 내용이다. 그레고리우스 7세는 교황에 등극하자 교회부패 시정에 나서, 성직자 결혼금지를 시행하며, 성직서임권은 세속군주가 아닌 교황에게 있다는 교서를 발표한다. 이로 인해 신성로마제국 황제 하인리히 4세가 반항하여 파문당하는 사건과 함께 1077년 카노사의 굴욕사건을 겪고, 파문을 철회하는 일이 발생한다. 이는 곧 교황권이 왕권보다 강력했고, 교황권의 우위와 절대성을 표면적으로 드러내는 사건이다.

2015년도 전공 A 기입형 7번. 밑줄 친 ㉠ 중에서 밑줄 친 ㉡의 배경이 된 것을 쓰시오. (2점)

> 800년 12월 25일 교황 레오 3세는 카롤링 왕조의 왕 카롤루스(샤를마뉴)에게 황제의 관을 씌워 주었다. 게르만 족 출신의 왕이 서로마 제국의 황제로 대관식을 치른 것이다. 그는 때로 실패도 있었으나 대부분 성공적이었던 ㉠여러 원정(전투)을 통해 과거 서로마 제국 영토의 수복을 기도하였다. 이러한 원정(전투)은 전설이나 시(詩)의 소재가 되는 일이 많았다. 중세 무훈시 중 최고봉의 하나로 평가되는 ㉡「롤랑의 노래」도 그 중 하나로서 그의 부하인 브르타뉴 변경백 롤랑의 활약을 그린 것이다.

<예시 답안>

778년 이베리아 반도 이슬람 제후국인 사라고사를 점령하기 위한 원정을 감행하였지만 실패, 돌아가는 길에 피레네 산맥에 거주하던 바스크족의 습격을 받아 롱스보 전투에서 패배하는데, 이것이 훗날 '롤랑의 노래'의 배경이 된다.

<해설>

754년 교황 스테파노 2세의 요청으로 랑고바르드족과의 전투를 통해 이들을 평정한다. 이후 여러 원정과 함께 778년 이베리아 반도 이슬람 제후국인 사라고사를 점령하기 위한 원정을 감행하였지만 실패하고, 돌아가는 길에 피레네 산맥에 거주하던 바스크족의 습격을 받아 롱스보 전투에서 패배하는데, 이것이 훗날 '롤랑의 노래'의 배경이 된다.

2015년도 전공 A 기입형 8번. 다음 ( )안에 들어갈 종파의 주장을 2가지 쓰시오.(2점)

> 12세기에 성직자 상당수는 재산 형성과 권력의 추구에만 몰두하고 있었고, 이에 일반인들은 많은 불만을 지니게 되었다. 그들 중 일부는 기성 교회를 거부하는 과격한 주장을 하게 된다. 그 중에 ( )이라/라 불리는 종파가 있다. 이 종파를 지칭하는 두 명칭 중 하나는 그들 세력권 안에 있는 한 도시의 이름에서 나온 것이다. 주로 남부 프랑스에 자리 잡은 이들은 일부 귀족의 보호를 받으며 세력을 크게 늘렸다. 교황 인노켄티우스 3세는 이들을 공격 대상으로 하는 십자군을 소집하였고, 1209년 십자군은 남부 프랑스로 출진하였다. 이 십자군은 큰 성공을 거두었고, 왕과 대립하던 일부 귀족이 몰락하게 되어 결과적으로 프랑스의 왕권은 더 강화되었다.

〈예시 답안〉
① 물질과 관련한 모든 것을 배척하면서 이로 인해 교회재산과 권력 모두를 비판한다.
② 그들은 기성교회를 거부하며 금욕과 통과의례 중시한다.

〈해설〉
( )안에 들어갈 단어는 프랑스 남부에 위치한 알비(Albi)파이다. 알비파는 카타리파 이단의 추종 세력의 일종으로 '카타리'란 '완전한 자'를 의미하며, 이들이 융성하게 되면서 탁발수도회의 발달을 초래하게 된다. 이들은 마니교적 이원론에 영향을 받아 신은 영적 존재이고, 악마는 물질적 존재로 파악한다. 따라서 악마의 지배에서 벗어나기 위해 물질에서 해방되어야 함을 강조한다. 그들은 기성교회를 거부한다. 예수의 부활을 부인, 물질과 관련한 모든 것을 배척하면서 이로 인해 교회재산과 권력 모두를 비판한다. 또한 이 당시 피터 발도라는 프랑스 리옹의 부유한 상인 출신으로 그를 따르는 발도파(또는 왈도파라고 한다)들이 출현하여, 청빈과 설교사역을 강조하기도 하였다.

2016년도 전공 B 4번. 다음은 채 교사의 세계사 수업 장면이다. (가)에 들어갈 나라 이름을 쓰고, (나) 제도의 명칭과 그 내용 2가지를 쓰시오.[4점]

채 교사: 비잔티움 제국의 헤라클레이오스 황제는 외세의 침고에 대응하여 군사 · 행정과 경제를 결부시키는 개혁을 추진하였습니다. 다음의 사료와 지도를 통해 이 사실을 확인해 봅시다.

[학습 자료 1]

○ 헤라클레이오스 황제는 부활절 추제를 거행한 후 곧장 (가) 와/과 싸우기 위해 출정했다. 황제는 (나)이/가 설치된 지역으로 가서 군대를 모으고 새로운 부대를 추가했다. 황제는 군을 훈련시켰다. …(중략)…황제가 아르메니아 지방에 도착했을 때 황제의 선봉대는 적을 패주시키고 많은 적들을 죽였다. 그때 사라센인들은 (가)에게 종속 되어 있었다.

○ 황제 사칭자 니케포로스는 (나) 소속 토지 소유자들, 장교들, 그리고 콘스탄티노플의 일부 시민들을 탄압했다.

[학습 자료 2]

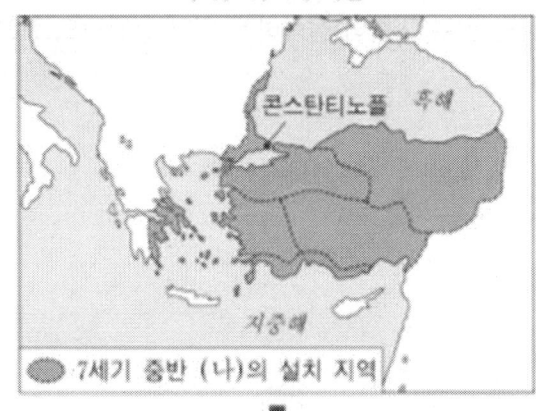

<예시 답안>
(가): 사산 왕조 페르시아
(나): 군관구제- 외침에 대비하기 위해 비잔틴 제국에서 실시한 것으로, 지역의 군사령관에게 군정과 민정(행정)을 맡겼다. '테마 제도'라고 부른다. 이와 함께 둔전제를 실시한다. 이를 통해 군사력을 강화하며, 대토지소유를 억제하고, 자영농을 육성하려고 실시한 제도이다.

<그림 해설>
학습자료 1)은 비잔티움 제국의 헤라클레이오스(헤라클리우스) 황제라는 힌트를 주었기에 그의 정책을 유추해볼 수 있다. 헤라클레이오스 황제는 610년에서 641년까지 재위했으며, 소아시아의 농지를 군대에 봉사하는 조건으로 분배하고, 지방행정을 정비하였다. 그는 지방을 테마(theme) 체제로 정비하고 장군인 스트라테고스를 각 테마의 군사·행정관으로 삼았다. 이를 '테마제도' 또는 '군관구제'라고 한다. 즉 대토지 소유를 억제하고 자영농이자 군대세력으로 육성하려고 실시한 제도이다. 그가 재위하던 시절 아르메니아와 관련 있는 사산 왕조 페르시아가 가장 큰 골칫거리였다. 당시 사라센인(서아시아의 이슬람인)들은 사산왕조 페르시아에게 종속되어 있었다.

학습자료 2) 먼저 7세기 지도로서 콘스탄티노플 아래로 내려오는 지역은 바로 오늘날 시리아로 연결되는 중동 지역으로, 이 시기 비잔티움 제국을 괴롭힌 강력한 적수는 사산왕조 페르시아이다. 따라서 비잔티움 제국은 군관구 제도를 확장하여 세력을 도모하는 사산왕조 페르시아와 그 이후 등장하는 경쟁세력에 맞서 나간다.

2017년도 전공 B 4. (가) 지도에서 베네치아에서 출발한 원정군이 공격한 ㉠ 도시의 이름을 쓰고, 이곳을 공격한 이유를 1가지 쓰시오. 그리고 원정군을 소집한 교황의 이름을 쓰고, (나) 사건 이후 소집된 제4차 라테란 공의회의 결정 사항을 1가지 서술하시오.(4점)

(가) 전쟁의 원정로

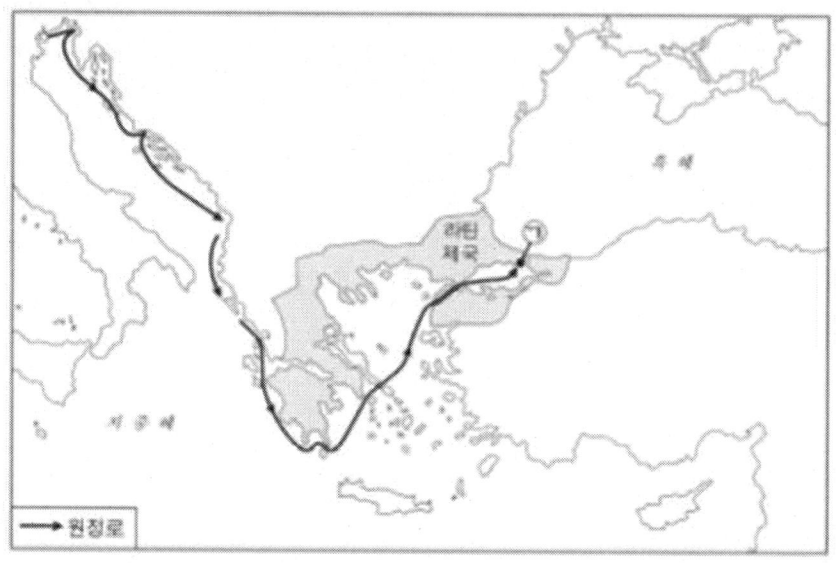

(나) 원정군의 ㉠ 도시 약탈

　이 사악한 자들에 의해서 저질러진 만행을 뭐라고 말해야할지. (중략) 성 소피아 성당의 신성한 제단을 조각내어서는 병사들끼리 나누어 가졌다. 거룩한 그릇들과 금은의 장식들이 떼 내어졌을 때, 그들은 나귀와 짐 부리는 말을 교회 안에 심지어는 성소까지 끌고 들어왔다. (중략) 그 자들은 반항하는 자에게는 누구든지 단검을 휘둘렀다. 모든 길과 거리, 그리고 성당에서 흐느낌과 한탄, 남자들의 신음과 여자들의 비명이 넘쳐났고, 곳곳에서 약탈이 자행되었다.

<예시 답안>

㉠: 콘스탄티노플

㉠ 공격-이유: 4차 십자군은 해로를 선택, 베네치아 상인들이 십자군 병력 수송과 식량 공급을 담당한다. 원래 4차 십자군의 공격목표는 이슬람화된 이집트였다. 그러나 전통적으로 베네치아는 이집트와 물자교역을 활발히 진행하던 상황이었다. 따라서 그들은 이집트와의 전쟁을 피하길 바라는 가운데 십자군이 배 운임을 제대로 지불하지 못하는 상황이 발생한다. 그러자 십자군의 지불능력 부족으로 베네치아 상인들은 그리스도교 국가인 헝가리에게 점령된 경쟁지역 자라시(市)의 회복을 요구하기 시작한다. 더 나아가 이와 동시에 베네치아가 경쟁 지역인 콘스탄티노플의 교역권 장악을 희망하였기 때문이다(1202년). 이에 십자군이 비잔틴의 제위계승에도 관여하면서 콘스탄티노플을 무참히 약탈하여 이곳을 붕괴시킨다. 이로 인해 이 지역에는 50년 동안 임시 제국인 라틴 제국이 세워진다.

교황 이름: 인노켄티우스 3세(인노첸시오 3세, 인노켄트 3세)

(나) 제4차 라테란 공의회(1215년): 제4차 십자군들을 파문시키며, 이단(알비파와 발도파)의 확산에 대응하는 조치를 결의, 새로이 십자군을 소집할 계획을 세운다. 이와 함께 겔라시우스 이론(양검론)을 언급하며 교황의 권한이 우월함을 선언.

<해설>

가) 지도에서 보이는 장소는 당연히 콘스탄티노플이다. 확신이 없다면 (나)의 성소피아 성당이 제시되고 있으니까 바로 콘스탄티노플임을 확정할 수 있다. (나)의 내용은 십자군들이 콘스탄티노플을 약탈한 행동을 서술하고 있으며, 그 뒤에 세워진 곳이 바로 50년 명맥을 유지한 라틴제국이다.

2018년도 전공 A 8. ㉠지역의 명칭과 ㉠에서 특화된 교역물품을 순서대로 쓰시오. [2점]

<자료 1>

12세기경에 (㉠)의 교역과 산업은 국제적으로 매우 중요해졌다. 헨트를 중심으로 한 특화 산업은 주로 영국산 재료를 원료로 하여 이루어졌다. 13세기까지만 해도 (㉠)상인들은 샹파뉴의 정기시에서 무역을 했지만 그 후에는 항구도시인 브뤼헤가 당시 무역의 중심지가 되었다.

<자료 2>

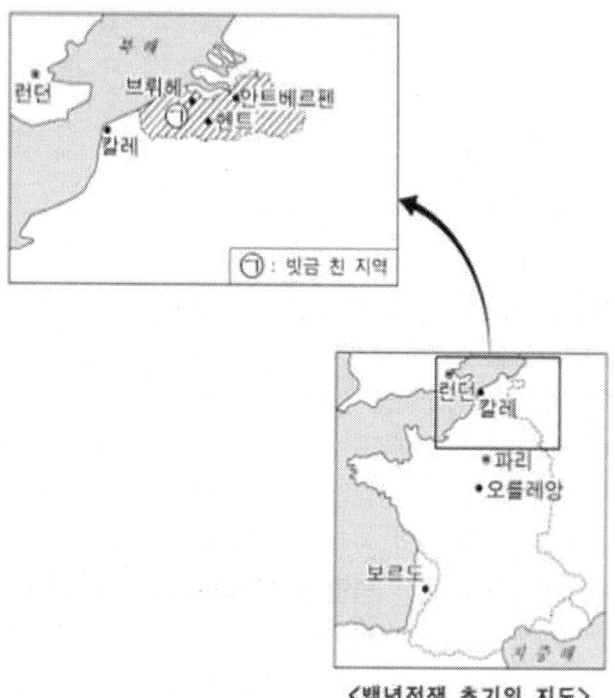

<백년전쟁 초기의 지도>

<예시 답안>

㉠- 플랑드르 지역 (1점)

특화교역물품- 모직물 (1점)

<해설>

먼저 지도를 보면 힌트가 하나 있다. '백년전쟁'이라는 힌트를 통해서 이 지역의 무대는 플랑드르 지역임을 알 수 있다. 백년전쟁은 14세기 초엽부터 15세기 중엽에 이르는 전쟁으로, 원래 프랑스의 왕위계승과 모직물 공업지역인 플랑드르의 확보를 둘러싸고 영국과 프랑스의 왕조간에 벌어진 전쟁이었다. 이 지역은 대대로 모직물을 특화산업으로 키워나갔던 곳이다. 영국에서 생산된 양털을 플랑드르 지역에서 가공하여 중개무역을 통해 성장한 곳이 플랑드르 지역이다. 따라서 이 지역의 중세 봉건영주격은 프랑스이지만, 실질적 무역권은 플랑드르 지역과 영국이 긴밀한 관계를 형성하고 있었다. 또한 지문을 통해서 보면 12세기 헨트(영어로는 겐트 지역, Gent)와 브뤼헤(브뤼주) 지역은 오늘날 벨기에에 위치하고 있음을 알 수 있고, 이를 통해 예전의 플랑드르 지역임을 충분히 미루어 짐작할 수 있다.

2019년 전공 B 3. ㉠, ㉡, ㉢에 들어갈 명칭을 순서로 쓰고, ㉣을 가능하게 한 정책을 1가지 서술하시오. [4점]

> (가) (㉠)은/는 신의 전능하심과 삼위일체를 믿는다고 고백하면서 [레미기우스 주교로부터] 세례를 받았고 기름 부음을 받았다. 그의 군사들 중에서 3,000명 이상이 [함께] 세례를 받았다. …(중략)… 그는 푸아티에에서 조금 떨어진 부이예 평원에서 알라릭의 군대와 조우했다. …(중략)… 이 전투 후에 알라릭의 아들 아말라릭은 (㉡)(으)로 도망쳐서 아버지의 왕국을 재건했다.
> -투르의 그레고리우스, 『10권의 역사서』-
>
> (나) (㉢)은/는 볼모로 10년 간 콘스탄티노폴리스에 머물러야 했기에, 그곳의 사회와 풍속에 익숙해질 수 있었다. 고국으로 귀환하고 얼마 후, 왕이 된 그는 비잔티움 황제로부터 이탈리아를 통치하는 직책을 공식으로 부여받고, 병력을 이끌고 이탈리아로 가서 오도아케르를 제거했다. 그 후 라벤나를 거점으로 삼고 33년간 이탈리아에서 ㉣안정과 질서를 유지했다.

<예시 답안>

㉠ 클로비스

㉡ 에스파냐

㉢ 테오도릭

㉣ 왕국 내의 로마 시민들을 로마법대로 다스리며, 고트족은 전통적인 법률과 관습으로 다스려졌다. 즉 행정은 로마식으로, 군대는 고트족 방식을 그대로 사용한다. 지적이었던 테오도릭은 이탈리아의 동고트 왕국에서 뚜렷한 목표를 세운다. 그것은 그 자신의 게르만 민족 문화와 종교를 손상시키지 않으면서, 로마 사람들의 이탈리아 내부에서 일종의 정치적, 경제적 공생 관계를 확립시킨다는 것이다. 테오도릭은 많은 로마의 제도를 찬미하면서 그들의 통치 방식을 받아들였다. 그는 로마 사람들을 고위 관리로 등용하며, 동고트인의 왕이었지만 그것을 넘어서 로마 사람들에 대한 왕권을 주장하지 않았다.

<해설>

① 메로빙 왕조의 초대 왕인 클로비스(재위 481년-511년)는 서유럽에서 당시 가장 강력한 통치자로 대두하였다. 그는 남서독일을 점령, 가톨릭으로 개종하였다. 클로비스가 가톨릭으로 개종하는 데는 성 마르티누스의 영향이 크게 작용하였다. 그의 개종은 대단히 의미가 깊은 사건으로, 이로써 라틴 문화와 게르만 문화의 융합이 이루어지고 이것이 중세 문명의 미래에 결정적인 영향을 주게 되었다. 클로비스는 로마문명과 제도를 존중하는 가운데 동로마제국의 황제로부터 로마 공화기기 최고 관직이었던 콘술의 칭호를 받게 된다. 그리고 로마 제국의 도시를 행정단위로 그대로 유지하고 '백(伯)'이라고 불리는 사람들에게 통치를 맡겼다.

② 주교 레미기우스가 클로비스에게 보낸 편지는 패트릭 기어리 편집의 『중세사 사료선집』에 나와있다. 클로비스는 511년 사망, 부이예 전투는 507년
투르의 그레고리우스의 보고 자료.- 프랑크의 주교이자 역사학자, 573년 주교로 서임.

③ 테오도릭(Theodoric the Great, 454년 ~ 526년, 재위 488년 ~ 526년)은 동고트 왕국의 초대 국왕이며 이탈리아의 군주였다. 고트어 이름은 튜다라익스(Thiudareiks)로 "백성들의 왕" 이라는 의미이다. 454년 동고트족이 훈족들에게 점령된 지 1년째 되던 해에 튜다미르(Thiudamir) 왕의 아들로 태어났다. 테오도릭은 튜다미르와 비잔티움 제국 사이의 협정의 결과로 콘스탄티노폴리스에서 볼모로 유년기를 보냈다. 테오도릭은 콘스탄티노폴리스에서 지내며 비잔티움 제국의 정치와 군사에 대해 많은 것을 배웠다. 그는 488년 왕이 되었다. 테오데릭이 왕이 된 이후 비잔틴 황제 제논과 협정을 맺어 테오도릭과 동고트족이 476년 로마를 점령한 오도아케르를 몰아내는 데 협조를 받기로 하고 오도아케르의 왕국을 침략하게 된다. 테오도릭은 488년 군대를 끌고 이탈리아에 도착, 493년 라벤나를 점령하며 오도아케르는 항복하나 테오도릭의 손에 살해되었다. 오도아케르와 같이 테오도릭은 공식적으로는 콘스탄티노폴리스에 있는 황제의 총독이었으나 실질적으로 테오데릭과 비잔틴 황제의 교섭은 동등한 상황에서 진행되었고, 비잔틴 황제의 간섭은 크지 않았다. 하지만 오도아케르와 달리 그는 왕국 내의 로마 시민들을 로마법대로 다스린다는 약속을 지켰다. 고트족은 전통적인 법률과 관습으로 다스려졌다. 테오도릭 대왕은 프랑크족의 왕 클로비스 1세의 여동생 아우도플레다를 왕비로 맞아들여 결혼동맹을 맺었으며, 서고트족, 반달족, 부르군드족 왕들과도 동맹을 맺었다. 클로비스 1세는 506년과 523년 테오도릭과 전쟁을 벌였다. 테오도릭은 아리우스파 신자였으며, 이 때문에 제위 말 비잔틴 황제 유스타니아누스와 마찰이 생겼다. 양국의 관계는 나빠지기 시작했으나 그가 살아있는 동안은 충돌이 없었다. 테오도릭은 라벤나에 매장되었으며, 사후 딸 아말라순타가 손자 아탈라릭을 대신해 섭정이 되었다.

-출전: 서양사개론 150쪽~151쪽/ 사료로 읽는 서양사 52-53쪽, 66-73쪽

2020년 8번. 다음 자료를 읽고 <작성 방법>에 따라 서술하시오. (4점)

(가) 영혼이 신에 봉사할 때만 육체를 올바르게 통제할 수 있고, 사악한 행위의 지배를 받지 않으려면, 이성 그 자체는 신에게 복종해야 한다. 그래서 인간이 신을 섬기지 않을 때 무슨 정의가 그에게서 기인했다고 말할 수 있겠는가? 왜냐하면 Id 경우에 그의 영혼이 그의 육체에 대한 온당한 통제를 했다고 볼 수 없고, 그의 이성이 그 사악함을 제대로 방어했다고 볼 수 없지 않겠는가?

-『신국론』-

(나) ㉠나는 다음과 같이 말하여야 한다. 인간의 구원을 위해, 인간 이성으로 탐구되는 철학적 여러 학문 분야 외에 신의 계시를 따라 이루어지는 어떤 가르침이 있을 필요가 있다. …(중략)…따라서 인간의 구원을 위해 인간의 이성으로 알 수 없는 것들이 신의 계시를 통해 인간에게 알려질 필요가 있다.

-『신학대전』-

(다) 유럽의 12세기는 여러 측면에서 새롭고 열정적인 시기였다. 십자군 전쟁과 도시 성장의 시대에 서유럽에서는 로마네스크 예술이 융성하고 고딕 양식이 시작되었다. 그리고 이슬람 문명을 통해 그리스 과학이 수용되고 ㉡그리스 철학이 부활하였으며, 중세 대학이 최초로 설립되었다. …(중략)…이러한 이슬람 문화의 유입 과정에서 1085년 이후 카스티야 왕국의 지배 하에 있던 ㉢도시가 그리스 고전 번역의 새로운 중심이 되었다.

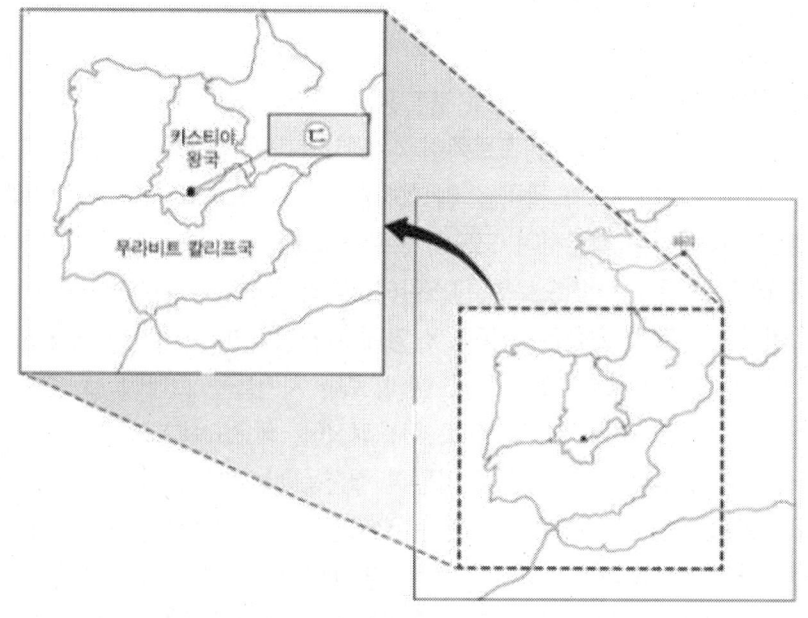

<기원 후 12세기 중엽 이베리아 반도>

<작성 방법>
· 밑줄 친 ㉠의 이름을 쓸 것
· 지도를 참고하여 밑줄 친 ㉢의 도시명을 쓸 것.
· 밑줄 친 ㉠의 사상을 (가)의 내용과 비교하여 쓰고, (나)에게 영향을 미친 밑줄 친 ㉡의 내용을 서술할 것.

<예시 답안>
㉠ 토마스 아퀴나스
㉢ 톨레도
㉠의 사상을 (가)의 내용과 비교- 아우구스티누스의 신국론에 따르면, 교부철학의 일환으로 신앙이 우선이며, 그 외 중요한 것은 존재하지 않으며, 이성 역시 종속된 존재로 본다. 이에 비해 토마스 아퀴나스의 사상을 한마디로 정의하면, 이성과 신앙의 진리는 서로 대립, 모순되는 것이 아니다. 즉 이성을 통해 신앙을 더 잘 이해할 수 있다.
(나)에게 영향을 미친 밑줄 친 ㉡의 내용- 아퀴나스의 신학대전에 영향을 미친 그리스 철학의 부활은 곧 '아리스토텔레스 철학의 부활'이다. 그 내용은 곧 인간정신이 감각적인 경험을 통해 자연의 진리세계에 도달할 수 있다는 것이며, 이를 더 발전시킨 것이 아퀴나스의 『신국론』이다. 이런 아리스토텔레스 철학은 이슬람을 통해 서유럽으로 역유입되었고, 스콜라철학이 발전하는데 막대한 영향을 펼쳤고, 이 스콜라철학을 집대성한 것이 바로 아퀴나스이다.

서양 근대사

서론

서양 근대사 - 1

2000년 5. 다음 글은 '18세기 기계의 발명 및 기술의 혁신'과 관련된 내용이다. 이 글을 읽고 물음에 답하시오.(총 6점)[2000-5기출]

(가)
- 1730년대
  - 케이(kay. J)-나르는 북(flying shuttle) 발명
- 1760년대
  - 하그리브스(Hargreaves. J)- 제니 방적기 발명
  - 와트(Watt. J)- 증기기관 개량
- 1770년대
  - 크럼프턴(Crompton. S)- 뮬 방적기 발명
- 1780년대
  - 카트라이트(Cartwright.E)- 역직기 발명

(나) 기계의 발명과 기술의 혁신은 근대 사회 형성에 결정적인 영향을 미쳤으며, 이로 인해 인류는 과거와 크게 다른 정치, 경제, 사회적 환경을 맞이하게 되었다. 특히 경제적 측면에서 기존의 상업 자본주의는 ①새로운 형태의 자본주의로 전환되었고, 스미스(Smith. A)는 각 개인이 자신의 이익을 추구할 때 ②보이지 않는 손의 인도를 받아 공익이 증진되며 사회가 조화를 이루면서 발전한다고 주장하였다. 또한 그는 ③정부가 개인의 자유로운 경제 활동을 보장해 주는 법질서를 마련하는 일에만 힘을 쏟고, 개인의 경제활동을 규제해서는 안 된다고 하였다.

5-1. 위와 같은 기계의 발명과 기술 혁신이 유럽대륙이나 신대륙과 달리 영국에서 가장 먼저 전개된 요인을 네 가지 서술하시오.(3점)

〈예시 답안〉
 정치와 사회의 안정/풍부한 자본과 저율의 이자/광대한 해외시장과 통합된 국내시장/풍부한 노동력

5-2. 윗글 (나)에서 (1) '새로운 형태의 자본주의'는 무엇인지 쓰고, (2) '보이지 않는 손'이 가지는 경제적 의미가 무엇인지를 쓰고, (3)정부의 역할에 대한 관점을 적으시오.(3점)

〈예시 답안〉
 ① 산업자본주의
 ② 경제적 의미- 가격의 자동조절작용
 ③ 자유방임(야경국가론/작은 정부론)

2001년 3. 유럽 절대 왕정의 성립과 유지에 중요하였던 정치, 경제, 사상적 요소를 각각 쓰고, 16세기 유럽 최대의 강국으로 부상하였던 에스파냐가 쇠퇴하게 된 원인을 2가지 기술하시오. (5점)

〈예시 답안〉

요소: 관료제와 상비군 제도(정치), 중상주의 정책(경제), 왕권신수설이 대두되어 절대왕정 옹호(사상)

쇠퇴 원인: ① 비능률적인 관료제 유지와 궁정의 낭비, 귀족, 성직자들에게 부가 집중, 사회경제적 구조가 취약하여 귀금속의 국외유출 심화

② 가톨릭 수호를 자처하여 종교분쟁 등에 개입, 전비지출로 인해 국세가 약화, 네덜란드 독립, 영국 응징 위해 파견된 무적함대의 패배로 몰락 촉진

〈해설〉

① 에스파냐는 합스부르크가의 펠리페 2세 때 최고 전성기를 맞이했지만 동시에 쇠퇴하기 시작했다. 펠리페 2세는 아버지 카를로스 5세로부터 에스파냐를 물려받았다. 영국의 가톨릭 여왕 메리와 결혼했고, 메리가 죽자 메리의 동생인 엘리자베스 여왕과 결혼하려고 했다. 포르투갈을 합병하고 광대한 식민지를 확보, 대제국을 건설했다. 무적함대를 조직하여 레판토 해전에서 오스만투르크 함대를 격파하여 지중해 패권을 확보하였다. 그러나 네덜란드 독립전쟁 와중에 네덜란드 편에 섰던 영국의 엘리자베스가 파견한 함대에 의해 무적함대가 패배함으로써 에스파냐는 사양길에 접어들기 시작했다.

② 에스파냐는 신대륙으로부터 금과 은이 유입되었지만 영국, 프랑스, 네덜란드 등 다른 대서양 연안 국가처럼 그것을 경제발달로 연결시키지 못했다. 유입된 귀금속은 비능률적인 관료제 유지, 귀족과 궁정의 사치품 조달, 전쟁비용 지출 등에 사용되었다. 생산적 투자를 하지 못하고 소비 지출에 치중하게 된 구조적 원인은 스페인의 사회구조와 관련이 있다. 토지가 귀족과 교회에 집중, 부르주아들이 축적된 자본을 생산적인 일에 투자하지 않고 토지를 구입하여 지주로 전환하였다. 그리고 중세 말부터 발전하기 시작한 모직물 공업도 영국산 모직물과의 경쟁에서 패하여 16세기 말에는 쇠퇴하였다.

2001년 4. 다음은 18세기에 발표된 한 선언문이다. 이 선언문을 발표한 사건이 일어나게 된 경제적인 배경을 2가지 쓰고, 사건의 전개과정에 영향을 미친 국제정세를 기술하시오.(3점)

> (전략)우리는 다음과 같은 진리를 자명한 것으로 받아들인다. 즉 모든 사람은 평등하게 창조되었으며, 그들은 생명, 자유, 행복을 추구할 권리를 포함하여 양도할 수 없는 권리를 신으로부터 부여받았다는 것, 그리고 그러한 권리를 확보하기 위해 정부가 수립되었으며, 이 정부의 정당한 권력은 국민의 동의로부터 유래하고 있다는 것이다. 따라서 어떠한 형태의 정부라도 이 목적을 침해할 때는 그 정부를 바꾸거나 없애고 자신의 안전과 행복을 가장 잘 이룰 수 있는 원칙에 기초한 새로운 정부를 조직하는 것은 국민의 권리이다.

<예시 답안>

경제적 배경:

① 영국의 식민지정책에 대한 변화로 '건전한 방임' 정책을 포기하고 과세와 중상주의적 통제를 강력히 실시, 전비와 식민지 방위비 등을 식민지에서 염출하려고 설탕법, 인지세 등을 징수한 점

② 새로이 획득한 지역으로의 진출을 원하는 식민지인들에게 알레가니 산맥 서쪽지역에 대한 식민지인 이주금지

국제정세: 7년 전쟁에서 영국과 싸웠던 프랑스가 식민지편에 가담. 이어 에스파냐와 네덜란드가 가담. 러시아를 비롯한 유럽의 다수들은 무장중립을 선언하여 영국에 대항하는 태도를 취해 영국을 국제적으로 고립시킴.

2002년 13. 다음 자료는 상처 입은 권위를 회복하기 위하여 16세기 중엽 새로 조직된 어느 단체의 규율 가운데 일부이다. 새로 조직된 단체명과 창립자의 이름을 쓰고, 단체가 이룩한 주요 업적을 2가지만 제시하시오.(4점)[02-13기출]

> ○ 교회의 모든 가르침을 찬양하라.
> ○ 성인의 유물, 순례, 면죄부(면벌부)를 찬양하라.
> ○ 믿음, 복종, 가난 그리고 정절의 서약을 찬양하라.
> ○ 모든 일에 있어 진리를 얻기 위하여, 우리에게 설령 희게 보이는 것을 교회가 검다고 말하면 이를 언제나 믿어야만 한다.

<예시 답안>

단체명- 예수회
창립자- 로욜라
주요 업적-
① 유럽에서의 신교세력 확대를 방지하고, 가톨릭 세력을 회복·유지하는데 기여하였다.
② 교세회복을 위한 노력으로 남북 아메리카, 아프리카, 아시아에서 활발한 가톨릭 선교 사업의 해외 전도를 펼쳤으며, 이 과정에서 서양의 과학지식이 전파되는데 기여하였다.

<해설>

예수회의 목적은 한마디로 가톨릭 신앙의 방어를 위해 전적으로 헌신하는 것이다. 이 목적 달성을 위해 벌인 사업은 청소년의 교육, 신앙심의 확립, 선교활동, 외교활동이다. 이 활동은 성공적이어서 유럽에서의 신교세력 확대를 방지하고, 가톨릭 세력을 회복, 유지하였으며, 남북 아메리카, 아프리카뿐 아니라 중국·한국·일본 등에까지 가톨릭을 전파시켰고, 교육활동의 영향으로 많은 학교가 설립되는 데도 기여하였다. 또한 동양에서의 선교 활동 과정에서 중국에 들어온 예수회 신부들에 의하여 서양의 과학지식이 전파되어 중국사회의 변화가 시작되는 계기가 마련된다.

2003년 16. 다음 사료를 읽고 물음에 답하시오.(총5점)[2003-16기출]

(가) 제1조 왕은 그 권한에 의해 의회의 동의 없이 법의 효력을 정지시키거나, 법의 집행을 정지할 수 있는 권력이 있다고 하는 주장은 위법이다.
제4조 국왕의 대권을 구실로 삼아 의회의 승인 없이 금전을 징수하는 것은 위법이다.

(나) 우리는 다음과 같은 진리를 자명한 것으로 생각한다. … 이러한 권리를 확보하기 위하여 인간은 정부를 만들었으며, 정부의 정당한 권리의 근원은 피치자의 동의라는 것. 만일 어떠한 형태의 정부이든 이러한 목적을 파괴하게 되는 경우에는 언제나 이를 변경하거나 폐기하고 … 새로운 정부를 수립하는 것은 국민의 권리라는 것이다.

(다) 제2조 모든 정치적 결합의 목적은 소멸될 수 없는 자연권의 보존이다. 그 권리는 자유, 재산, 안전 및 압제에 대한 저항이다.
제6조 법은 일반의지의 표현이다. 모든 시민은 직접 또는 대표를 통해 입법에 참여할 권리를 가진다.

(라) 개인주의에 반대하는 우리 당의 생활 개념은 국가의 중요성을 강조한다. 우리 당의 국가 개념은 모든 것을 포괄하며, 국가를 떠나서는 인간과 영혼의 가치도 존재하지 않는다. 그 어떤 단체, 사회 계급도 국가를 떠나 존재할 수 없다. … (   ) 결론적으로 우리 당의 이념은 전체주의적 이념이다.

16-1. 홉스가 (가), (나), (다)를 읽었다면 어떻게 반박했을지 쓰시오. (2점)

〈예시 답안〉
- 생명, 재산 등 자연권은 존재하지 않으며, 자연권은 자연상태에서 인간이 자기본능대로 할 수 있는 권리이다. 저항권을 부정한다.
- 무질서한 자연상태를 탈피하고자 왕과 인민 사이에 사회계약을 체결하고 왕에게 자연권을 양도한 것이다. 따라서 왕의 권한은 절대적이다.

〈해설〉
자연법은 다양한 민족, 국가, 문화 등을 초월해서 보편타당하게 적용될 수 있는 법이고, 실정법보다 우위에 있고 실정법의 근거가 되는 법이라고 정의한다. 그러나 자연법은 시대와 주장한 사람마다 각기 다른 뜻을 가지고 있는 다의적 개념이다. 자연법은 그리스 시대 때부터 형성되어 스토아 철학, 로마 시대를 거쳐서 발전을 거듭했다.
고대 자연법사상은 신의 이성에 의해서 만들어진 자연적 질서에 순종하는 것을 주내용으로 하고 있다. 그리고 로마시대의 자연법은 만민법과 시민법의 이념과 근거를 제공하는 역할을 하였다. 그러나 17세기 등장한 자연법사상은 고대 자연법과 다른 내용이다. 근대적 자연법은 고대의 자연법 의미를 계승하면서도 그 당시 과학혁명과 합리주의 정신에 영향을 받아서 다른 의미를 내포하고 있다. (가)는 권리장전, (나)는 미국 독립선언문, (다)는 프랑스 인권선언문이다. (가)와 (나)는 로크의 사상의 영향을 받았고, (다)는 루소의 사상에 영향을 받았다.

16-2. (다)의 제6조의 밑줄 친 부분의 정신을 구현하기 위해 19세기 초반 영국에서 개혁운동이 일어났다. 이 운동의 요구 사항을 가장 잘 표현한 일차 사료의 명칭을 쓰고, 그 주된 요구 사항을 쓰시오. (2점)

〈예시 답안〉
명칭: 인민헌장
요구사항: 남자의 보통선거권, 비밀무기명투표, 의원의 재산자격 철폐, 의원에 대한 세비 지급, 평등선거구 설정, 매년 선거

〈해설〉
산업자본가 계급이 정치와 경제정책면에서 큰 승리를 거두어 나가는 과정에서 노동자들은 그들을 돕고 협력하였으나 실질적으로 얻은 것은 별로 없었다. 이에 그들은 스스로의 권익을 옹호하기 위하여 별도로 독자적인 운동을 전개하였다. 그 대표적인 것이 차티스트 운동이다. 이 운동의 기본 성격은 정치적인 것으로서 1832년의 선거법개정에서 선거권이 주어지지 않았던 노동자계급의 참정권 운동이었었다. 그들의 요구는 1838년에 작성된 '인민헌장'에 담겨져 있는데 그 주된 내용은 ① 성인남자의 보통선거, ② 인민비례에 의한 평등한 선거구 설정, ③ 하원의원의 재산자격 철폐, ④ 비밀투표, ⑤ 의원에 대한 봉급 지불, ⑥ 매년선거 등이다.

16-3. (가), (나), (다)의 밑바탕에 깔려 있는 17세기 정치사상과 상반되도록 '인민, 국가, 창조' 3단어를 사용하여 (라)의 빈칸에 들어 갈 문장을 20자 이내로 쓰시오. (1점)

〈예시 답안〉
국가가 인민을 창조한다.

〈해설〉
(라)는 무솔리니가 한 말이다. 무솔리니가 주창한 전제주의와 17세기 정치사상들의 큰 차이점은 국민과 국가간의 관계이다. 전자는 국민이 국가에 종속되었다는 생각을 가지고 개인보다 전체의 중요성을 내세운 반면에 후자는 국가가 국민의 합의에 의해서 창출되었고 국가의 권력은 인민에게 있다고 생각한다. 그리고 전체보다는 개인의 중요성을 강조한다.

2004년 18. 프랑스 혁명에 관한 다음의 글을 읽고 물음에 답하시오. [총 4점]

> ① '제3 신분은 이제까지 아무 것도 아니었으나 앞으로는 그 무언가가 되고자 한다'라고 외친 시에예스의 소책자는 혁명 전야 프랑스 국민 다수의 열망을 반영한 것이었다. 국민의회는 1789년부터 봉건제 폐지 선언을 비롯한 일련의 혁명적 조치를 단행하였다. 하지만 ② 물질적 공납의 유상 폐지 혹은 결사와 파업의 금지에서 보는 것처럼 부르주아지의 이해관계는 민중의 그것과 차별화되기 시작하였다. 나아가 ③ 권력을 독점하려는 부르주아지의 의도는 1791년 헌법으로 구체화되었다. 이로써 소기의 성과를 달성한 부르주아지는 더 이상의 혁명을 원치 않았다.
> 그러나 1792년에 혁명전쟁이 일어나면서 프랑스 혁명은 새로운 국면, 즉 혁명적 민중의 시기로 접어들었다. 또한 ④ '민중을 혁명에 붙들어 놓기 위해서는 빵을 보장해주어야 한다'라는 명제가 혁명 정부의 주요 관심사로 대두하였다.

18-1. 혁명 전야 프랑스 귀족은 A와 같은 제3 신분의 열망을 과소평가한 나머지, 스스로 혁명을 촉발시키는 결과를 초래하였다. 혁명의 계기가 된 귀족의 요구를 쓰시오.

〈예시 답안〉
삼부회 소집과 함께 신분별 투표 주장

〈해설〉
　심각한 사회적 위기는 삼부회에 대한 기대를 크게 증폭시켰다. 파리의 고등법원은 1788년 9월 25일 새 삼부회는 "1614년의 절차에 준하여 소집되고 구성될 것"이라고 선언한다. 이에 부르주아는 즉각 '애국파'를 결성하여 삼부회의 제3신분 대표의 수가 다른 두 신분의 대표수와 같아야 한다는 '제3신분 대표 수의 배가운동'을 벌이고 일련의 팸플릿을 통하여 선전활동을 벌인다. 12월 말에 국왕은 제3신분 대표의 배가를 허락했지만, 머리수 표결이냐 아니면 신분별 표결이냐 하는 문제에 관해서는 뚜렷한 의사표현을 하지 않았다. 시에예스의 『특권론』과 『제3신분이란 무엇인가?』는 부르주아들에게 행동강령을 제공해주었다.

18-2. B와 같은 조치의 바탕에 깔린 부르주아 계급의 신조(혹은 원칙)를 10자 이내로 쓰시오.

<예시 답안>
사유재산권 보호

<해설>
　18세기 후반에는 봉건제가 해체된 지 오래되었음에도 불구하고 귀족의 명예특권과 수렵권, 생산물 지대 등 봉건제 잔재들이 일부 남아 있었다. 이런 봉건적 잔재들은 중세 시대의 부역 동원, 재판권 등 경제적 외적 관계에서 파생된 영주의 권리들이 중앙집권화 과정에서 일부 남아 있었던 것이다. 그 중에 제일 농민들에게 부담이 되었던 것은 수확량에 따라 계산되는 생산물 지대였다. 토지 임대 여부와 상관없이 예전 조상인 농노였으면 자신의 예전 주인 후손인 귀족에게 바쳐야 했던 것이다. 일부 몰락한 귀족들 중에 봉건적 권리를 부르주아 계급에게 매각해서 그 당시 부르주아 상당수가 생산물 지대 수취 권한 등 봉건적 권리를 가지고 있었다. 부르주아들이 국민의회 때 봉건제를 유상으로 폐지한 이유로는, 그들 일부가 봉건적 특권을 가지고 있었고, 봉건적 특권도 자신의 '사유재산'이라고 생각한 것을 들 수 있다. 이들은 1789년 공포한 인권선언문 제17조에 '재산은 불가침의 신성한 권리이다'라고 명시해 놓았다. 봉건적 권리의 유상 폐지는 농민들의 반발을 받아서 국민공회 때 무상폐지로 바꿨다.

18-3. C와 관련하여 부르주아 의원들이 '빈민은 잃을 것이 없으므로 책임 의식도 없다'라는 이유를 내세워 도입한 제도를 쓰시오.

<예시 답안>
제한선거(투표권 제한/ 능동적 시민과 수동적 시민 구분)

<해설>
　1791년 헌법은 국민의회에서 공포한 것이다. 국민의회는 부르주아 중심으로 구성되었고, 재산을 바탕으로 한 대의제에 입각한 자유민주주의를 추구하였다. 그들이 주장한 '평등'은 재산 차별을 인정한 가운데서 권리의 평등이다. 부르주아들은 1791년 헌법을 만들 때 자신들에게 유리한 권력구조로 재편하였다. '빈민은 잃을 것이 없으므로 책임 의식도 없다'라는 명분으로 재산자격으로 투표권을 제한하고 차별화시켰다. 즉 시민들을 유산시민인 '능동적 시민'과 무산시민인 '수동적 시민'으로 구분하고 능동적 시민에게만 투표권을 주었다. 이렇듯 의회선거는 간접선거였고, 새로운 정치체제는 재산자격으로 인한 철저한 유산계급의 지배체제였다.'
1793년 국민공회는 93년 헌법(자코뱅 헌법)을 공포하고 능동적 시민과 수동적 시민을 구별 없애고 남성의 보통선거로 규정하였다. 그러나 국내외 비상상태로 실시가 보류하였다. 총재정부 이후로 제한선거를 실시하다가 2월 혁명 이후에 보통선거로 정착되었다.

18-4. D와 관련하여 물가 안정 및 식량난 해소를 위해 1793년 국민공회가 시행한 조치를 쓰시오.

〈예시 답안〉
최고가격제

〈해설〉
　　프랑스는 입법의회 때 혁명전쟁(1792년)을 시작으로 대불동맹까지 혁명기간 동안 외부의 침략자들과 싸워야 했다. 그러나 프랑스 대혁명 기간 사회적 혼란 등으로 국내의 식량사정이 좋지 않았다. 국민공회 때 물가폭등에 항의한 에베르파의 압력으로 최고가격제를 발표하여 물가 인상을 잡고, 임금을 통제하려고 했다. 이를 통해 혁명정부의 합법성을 유지, 강화하려고 했다.

2007년 4. 다음은 영국과 프랑스 사이에 일어난 전쟁에 대한 자료이다. 빈칸 ㉮와 ㉯에 들어갈 단어를 쓰고, 이 전쟁이 프랑스에 끼친 영향을 2가지만 각각 1줄로 쓰시오.[3점] [2007-22기출]

> 전쟁 초반기에 영국이 우세하게 전투를 이끌어 갈 수 있었던 것은 두 나라 군대의 차이에서 비롯되었다. 당시 프랑스는 중무장한 전통적인 (㉮)들이 주축이었던 반면, 영국은 장궁으로 무장한 자영농 출신의 (㉯)들이 주력을 이루었다. 그런데 이들이 지닌 장궁은 재래의 활보다 2-3배 더 멀리 갈 뿐만 아니라 프랑스의 (㉮)들이 입은 갑옷까지도 꿰뚫을 정도였다.

<예시 답안>

㉮ : 기사
㉯ : 보병(상비군)
영향 : 프랑스 안에 있는 영국령 회복, 국민의식 형성과 중앙집권 국가의 토대를 마련

2008년 1. 다음은 영국의 산업혁명에 관한 글이다. ㉮를 1줄 이내로 설명하고 ㉯에 들어갈 알맞은 말을 쓰시오. ㉰의 방법 중 1가지를 쓰고, ㉱의 구체적 예를 1가지만 쓰시오. (4점)

> 18세기 말~ 19세기 초 영국은 1인당 생산성과 인구가 동시에 증가하는 근대적 경제 성장을 경험하였다 여기에는 석탄이라는 새로운 연료의 활용이 중요한 역할을 하였다 석탄 생산에서 영국은 프랑스보다 ㉮천연적 이점을 갖고 있었다. 1700년경 영국은 다른 유럽 지역 총 생산량의 5배에 달하는 250만 ~300만 톤의 석탄을 생산할 수 있었다. 18세기 초에 다비가 석탄을 가공해서 만든 (㉯)를 이용하여 선철을 제조하는 방법, 그리고 18세기 말에는 코트가 ㉰선철을 연철로 가공하는 효율적 방법을 발명하면서 석탄의 수요는 더욱 증가하였다. 영국의 석탄 생산은 1750년에는 400만 톤, 1800년에는 1,100만 ~1,300만 톤에 달하였다. 18세기 초부터 시작된 ㉱증기기관의 활용이 석탄의 대량 생산에 장애가 되었던 물과 관련된 문제 해결에 크게 기여하였다. 그리고 18세기 말 효율성과 안정성이 개선된 증기기관이 제철 산업에서 수력 대신 송풍 동력으로 이용되면서 석탄의 수요는 더욱 더 늘어나게 되었다 석탄은 영국 산업혁명의 총아였다.

<예시 답안>

㉮: 영국의 석탄 매장량 풍부
㉯: 코크스
㉰의 방법: 퍼들법(교련법)
㉱의 구체적 예 : 탄광에서 물을 배출하는 데 이용.

<해설>

제철소 직공이었던 헨리 코트가 목탄 대신에 석탄을 사용하고 끓는 쇳물을 휘젓는 방법(퍼들법)으로 품질이 좋은 연철을 만들었다. 1783년 코트는 압연기술을 강철제품에 도입하고, 홈이 파진 압연틀을 가진 초기 압연기를 발명하였다. 영국에서 석탄의 채굴이 활발해지면서 점점 깊은 갱도가 개발되어 지하수의 배수에 어려움을 겪어서 펌프를 가동하는 강력한 동력이 요구되었다.

2009년 32번 ㉠과 ㉡의 선례가 되는 고대 역사가를 바르게 배열한 것은?[1.5점]

> 헤겔은 ㉠ 세계사의 진행 과정을 밝히려고 하였다. 그는 세계사의 진행이란 바로 정신이 자유를 향해 나아가는 거대한 과정이라고 보았다. 그에 의하면 세계사는 이성의 지배하에서 진행된다. 즉, 역사란 자유를 본질로 하는 정신이 구현된 장이고, 이 정신을 전개시키는 것이 바로 이성이다. 한편 헤겔과는 달리 랑케는 萬有在神論的 사상에 입각하여 각 민족의 특수성을 강조했다. 또한 그는 19세기 이후의 역사 연구 방법을 정립하는데 기여하였다. 역사는 "과거는 과연 어떠했는가?"만을 서술해야 한다고 주장함으로써 역사 서술의 원칙을 세웠다. 이로써 랑케는 역사 인식과 서술에서 ㉡엄격한 사실주의적, 객관주의적 태도의 한 모범을 세웠다.

	㉠의 선례	㉡의 선례
①	리비우스	헤로도토스
②	투키디데스	폴리비오스
③	헤로도토스	리비우스
④	헤로도토스	투키디데스
⑤	폴리비오스	투키디데스

〈답〉

답-5번

〈해설〉

헤겔에 따르면 세계사는 세계정신이 스스로를 나타내는 과정이다. 이런 세계사의 궁극적 목적을 '자유'로, 즉 '자유의식의 진보과정'으로 간주했다. 헤겔과 비슷한 '세계사적 발전법칙'을 제시한 사람은 로마 시대의 폴리비오스이다. 폴리비오스는 그리스와 카르타고의 몰락 그리고 지중해 세계를 통일하려는 로마의 팽창을 목격하고 로마의 흥기를 세계사적 관점에서 서술했다. 그는 왕정- 참주정- 귀족정- 과두정- 민주정- 중우정이 반복된다는 순환사관을 제시하였다.

랑케와 비슷한 역사 인식을 가진 고대 인물은 투키디데스이다. 그는 모든 자료를 수집, 엄밀한 사료검토를 통해 역사를 과학화했다. 역사적 사실을 초자연적인 사실과 구별하였고, 민담, 전설 등은 실어놓지 않았다.

리비우스는 로마사를 저술하는 데 있어 사라진 로마 작가의 서술과 전설을 토대로 하여 건국 이래 로마의 역사를 서술했다. 로마의 역사를 과장하고, 사실과 허구를 혼합하여 기록하는 등 비과학적 서술을 하였다.

2009년 37번 다음은 어느 정치 체제의 사회문화적 특징을 보여준다. 이 체제의 발전 과정과 직접 관련이 없는 것은?

> ○ "식탁에서 냅킨으로 가리지 않고 손수건에 대고 코를 풀고, 또 그 손수건으로 땀을 닦는 행동은 불결한 습관이다. 하품을 하거나 코를 풀거나 침을 뱉지 마라. 부득이한 경우 얼굴을 돌리고 왼손으로 가린 뒤 손수건에다 하며, 나중에 손수건을 들여다보지 마라." 이처럼 이 시기에 이르러 궁정 예절은 매우 세련되고 복잡해졌다.
> ○ 그는 다른 어떤 군주보다 분명하게 권위 확립의 수단으로서 연출의 중요성을 인식했다. 그의 궁정은 그 자체가 행함으로써 귀족들을 매혹시켜 그에게 복종토록 하였다. 귀족들은 치밀하게 계산된 의도를 가지고 그들의 역할을 연기했다. 귀족들이 말하고 입는 방식은 상층민과 하층민 사이의 차별을 끊임없이 강조하는 연극의 버팀목이었다. 귀족 신분의 여인은 머리분을 바르고 볼에는 붉은 화장을 했다. 반면 시민계층의 여인은 케이프를 입을 수도, 긴 머리를 할 수도 없었다.

① 국제 무역이 발달하면서 특허회사들이 성장하였다.
② 칼뱅파 시민계층은 자기절제의 생활윤리를 발전시켰다.
③ 부유한 시민계층은 관직을 매입하여 관료로 성장하였다.
④ 위그노 전쟁을 종식시키기 위해 낭트 칙령이 반포되었다.
⑤ 영토 전쟁이 빈발하자 국가 간 세력 균형이 외교의 주요 목표가 되었다.

〈답〉
답-2번

〈해설〉
① 부르주아들이 절대왕정 시기 정치자금을 지원한 대가로 서인도회사와 동인도회사에 특허권을 받고 회사를 설립하여 식민지 무역의 독점권을 차지한다.
② 막스 베버와 칼뱅파의 논리는 종교개혁과 관련이 있다. 이는 정치체제의 발전과는 직접적 연결고리가 없다.

2009년 40번. 다음 글은 18세기 말의 정치적 사건과 관련이 있다. 밑줄 친 '이 의회'의 주장이 아닌 것은?

> 정부란 자연권을 토대로 만들어지는 것이 아니다. 자연권은 실재하는 정부를 구성하는 원리보다 훨씬 명료하고 추상적으로 완벽하다. 그러나 바로 이 때문에 실제로는 결함을 지닌다. 정부는 실제적 욕구를 충족하기 위해 만들어진 인간 지혜의 발명품이다. 사람들은 정부를 통해 자신의 욕구를 채울 권리를 갖는다. 그 권리의 내용은 시대와 환경에 따라 다르고, 어떤 추상적 원리에 의해 규정될 수 없다. 따라서 추상적 원리에 입각하여 권리를 토론하는 것은 어리석은 짓이다.... 정부는 국력을 강화해야 하고, 사회적 불안을 치유해야 한다. 식량이나 의약품이 필요한 상황에서 인간의 추상적인 권리를 토론하는 것이 유용한 행위인가? 이런 물품을 어떻게 조달하고 관리하는지가 중요한 문제가 아닌가? 국가를 경영하는 일은 본질적으로 실용적인 것이며, 과거의 풍부한 경험을 필요로 한다. 그러나 이러한 점을 <u>이 의회</u>의 지도자들에게서는 발견할 수 없다. 나는 동포들이 우리의 발전을 위해 우리 이웃을 모델로 삼기보다는 오히려 그들에게 영국 헌법의 전례를 추천하기를 바란다.

① 모든 시민은 언론의 자유를 갖는다. 사상과 의견을 표현할 자유는 가장 소중한 인권의 하나이기 때문이다.
② 의회는 연설과 토론 혹은 변론의 기회를 갖는다. 이는 예로부터 보장되어온 여러 권리와 자유 가운데 하나이다.
③ 주권의 원천은 본래 국민에게 있다. 따라서 그 누구도 국민으로부터 직접 유래하지 않은 권위를 행사할 수 없다.
④ 정치 결사의 목적은 인간의 자연적이고 소멸되지 않은 권리를 보전하는 것이다. 이 권리란 자유, 재산, 안전, 그리고 압제에 대한 저항이다.
⑤ 인간과 시민으로서 갖는 권리를 확보하기 위해서는 공적(公的)인 군사력이 필요하다. 이 군사력은 개인의 이익이 아니라 모두의 선을 위한 것이다.

〈답〉
답- 2

〈해설〉
②- 1793년 국민공회에서 로베스피에르가 연설한 인권선언의 내용이다.
①, ③, ④, ⑤는 국민의회와 관련 있다.
①- 1789년 8.26 인권선언문 10조, 11조
③- 1789년 8.26 인권선언문 3조
④- 1789년 8.26 인권선언문 2조
⑤- 1789년 8.26 인권선언문 12조

본 지문은 에드먼드 버크의 『프랑스 혁명에 관한 성찰』에서 발췌된 내용이다. 버크는 이 저서를 1790년 11월 출간했다. 따라서 이 시기 프랑스혁명을 이끌어간 주체는 국민의회이다. 따라서 이 질문은 국민의회의 성격과 다른 부분을 알고 있는지 묻는 질문이다.

버크는 영국 진보지식인들이 대혁명을 지지하는 움직임을 보이는 것을 경계하며, 프랑스 혁명을 영국 명예혁명과 동일선상에서 평가한 프라이스 목사의 연설을 반박함으로써 프랑스 혁명의 성격이 명예혁명과는 본질적으로 다르다는 것을 밝히려고 했다.

프라이스 목사는 영국의 명예혁명이나 프랑스의 대혁명 모두 폭군에 대한 저항권이라는 자연법에 근거를 두고 있다고 말한다. 반면 버크에 따르면 명예혁명은 '저항권'이라는 추상적 원칙에 바탕을 두고 일어난 것이 아니라 영국의 특수한 역사적 상황과 전통에 따른 결과이다. 이와 달리 프랑스 혁명은 천부인권 등 추상적 원칙을 실현하기 위해 현실과 전통을 파괴한다는 차이가 있다고 주장한다. 버크는 이성적인 것이라고 포장된 혁명의 추상적 토대가 인간과 사회 본질의 복잡성을 무시하고 있기 때문에, 프랑스 혁명은 재앙적 파국을 맞이할 것이라 본다.

버크가 이 책에서 제시했던 이성의 불완전성, 급진 개혁의 위험성과 전통의 중요성은 후일 '보수주의'의 기초가 되었다.

(위키백과 참조)

2010년 37. 다음 사료와 관련된 설명으로 옳은 것을 <보기>에서 모두 고른 것은?

> 독일 제후들과 자유 도시들은 한 목소리로 과인이 ㉠ 독일 제국을 회복시켜 60년이 넘도록 공석이었던 독일 제국의 황제지위를 부활시키고 떠맡을 것을 요청하는 까닭에, 그리고 이를 위해 독일 연방 헌법상에 적절한 개정이 이루어진 까닭에, 그리고 이를 위해 독일 연방 헌법상에 적절한 개정이 이루어진 까닭에, 신의 은총에 의해 ㉡ 프로이센의 왕인 나 빌헬름은 통일된 독일의 제후들과 자유 도시들의 요청에 부응하여 독일 제국 황제의 지위를 받아들이는 것이 우리 모두의 조국에 대한 의무라고 생각하노라.

<보 기>
ㄱ. ㉠은 신성로마제국을 가리킨다.
ㄴ. ㉡은 대독일주의에 의한 통일을 달성했다.
ㄷ. 이 선포는 1871년에 베르사유에서 행해졌다.
ㄹ. 프로이센-프랑스 전쟁에서 남부 독일은 프랑스 편에 가담했다.

① ㄱ, ㄴ
② ㄱ, ㄷ
③ ㄴ, ㄹ
④ ㄱ, ㄷ, ㄹ
⑤ ㄴ, ㄷ, ㄹ

<답>
답-2번

<해설>
빌헬름 2세가 독일통일을 완수하고 1871년 베르사유에서 황제 대관식을 올리던 장면과 관련한 사료이다. 독일제국을 회복시킨다는 것은 신성로마제국을 의미한다. 중세 이후 독일은 분열상태였고, 300개의 영방국가로 분열되지만, 이 지역을 통틀어 신성로마제국이라 명명한다.

- 신성로마제국 해체는 나폴레옹과 관련 있다. 아우스터리츠 전투에서 러시아와 오스트리아 연합군에게 나폴레옹이 대승을 거둔다(1805년 12월). 1806년 서남독일 일대가 신성로마제국으로부터 탈퇴하고, 라인연방을 형성한다. 그러자 오스트리아 황제가 신성로마제국의 제위를 포기하면서 신성로마제국은 해체된다.
- 프로이센의 통일은 오스트리아 중심의 대독일주의가 아니라 프로이센 중심의 소독일주의의 승리로 끝을 맺는다. 프로이센-프랑스 전쟁에서 북독일 연방과 남부 독일의 제휴 세력은 1870년 9월 세당(Sedan) 지역에서 결정적 승리를 거둔다.

2010년 38. ㉠~㉤에 대한 설명으로 옳지 않은 것은?

> 위대한 군주이신 ㉠짐의 조부 ㉡앙리 대왕께서는 국내외의 전쟁으로 막대한 피해를 입은 백성들에게 당신께서 마련해주신 평화가 당신의 선대왕들의 치세 중에 일어났었듯이 ㉢'소위 개혁종교' 때문에 흔들리지 않도록 하시기 위해 ㉣1598년 4월에 낭트에서 공포하신 칙령을 통해, 전술한 종교를 믿는 사람들과 그들이 예배를 갖기 위해 모이는 장소에 대해 취해져야 할 행동을 규정하셨고 … 왕국의 평안을 유지하고 두 종교의 신자들 사이의 상호 반감을 줄이는 데 필요하다고 여겨지는 모든 것을 하시기 위해 특별 조항을 마련하시었다. … 하지만 짐은 짐의 지식과 전권과 국왕의 권위로 지금 공포하는 영원하고 폐지될 수 없는 ㉤칙령에 의해, 짐의 조부께서 1598년 4월에 낭트에서 공포하신 칙령을 폐지하노라.

① ㉠은 루이 14세를 가리킨다.
② ㉡은 종교전쟁 시기에 ㉢세력을 이끌었다.
③ ㉢은 칼뱅의 교리를 따르는 종교를 말한다.
④ ㉣은 교황의 지지를 받았다.
⑤ ㉤은 개종을 원하지 않는 일반 신자들의 국외 이주를 허용하지 않았다.

<답>
답-4번

<해설>
: 위의 내용은 17세기 루이 14세가 낭트칙령을 폐지시키는 장면이다.
 짐의 조부 앙리대왕: 짐은 루이 14세를 말한다. 앙리대왕은 앙리 4세로서 1598년 4월 낭트칙령을 발포하여 개신교도인 위그노의 종교를 관용적으로 인정한 인물이다. 앙리 4세는 원래 위그노였다. 소위 개혁종교라는 것은 개신교, 즉 프로테스탄트로서 프랑스의 개신교도를 '위그노'라 지칭한다.
- 지문의 칙령: 루이 14세가 1685년 10월 퐁텐블로 칙령을 통해 낭트칙령을 폐지하는 것을 설명하고 있다. 그는 낭트칙령을 철회함으로서 가톨릭으로 개종하기를 원하지 않는 위그노들의 국외이주 금지, 예배금지, 자식들에게 신교 교육을 금지시킴으로써 프랑스 상공업 발전에 장애를 초래한다.

2010년 40. (가)~(다)에 대한 설명으로 옳은 것을 <보기>에서 고른 것은?

(가) 국왕이 의회의 동의 없이 법의 집행을 정지시킬 권리를 가진다고 주장하는 것은 불법이다. … 모든 불만을 해결하기 위해 그리고 법을 개정하고 강화하고 보존하기 위해 의회는 자주 열려야 한다.

(나) 모든 사람은 자유롭고 권리에 있어서 평등하게 태어나며 그 후로도 그러하다. 사회적 인 차이는 공공의 유용성에만 의거한다. 모든 정치적 결사의 목적은 인간의 자연적이고 양도 불가능한 권리들의 보존이다. 이러한 권리들은 자유, 소유, 안전, 그리고 압제에 대한 저항이다.

(다) 우리는 모든 사람이 평등하게 창조되었으며 그들의 창조주에 의해 양도할 수 없는 권리를 부여받았다는 것, 이러한 권리에는 생명, 자유, 행복추구의 권리가 있다는 것, 이러한 권리를 획득하기 위해 정부의 인민들 사이에서 구성되며 정당한 권력은 피통치자들의 동의에서 나온다는 것, 그리고 어떤 정부가 이러한 목적을 파괴하면 인민은 그것을 바꾸거나 없애고 새로운 정부를 세울 권리를 가진다는 것은 자명한 진리라고 주장한다.

<보 기>

ㄱ. (가)의 선언은 국왕 제임스 2세의 동의를 받았다.
ㄴ. 1789년 프랑스 삼신분회는 (나)의 내용이 들어 있는 '인간과 시민의 권리선언'을 발표했다.
ㄷ. 토마스 제퍼슨은 (다)의 내용이 들어 있는 '독립선언'을 기초했다.
ㄹ. (나), (다)는 계몽사상의 영향을 받았다.
ㅁ. (가), (나), (다)는 공화국의 수립을 천명했다.

① ㄱ, ㄴ   ② ㄴ, ㄷ   ③ ㄴ, ㄹ
④ ㄴ, ㅁ   ⑤ ㄷ, ㄹ

<답>
답-5번

<해설>
- (가)의 선언은 '권리장전'을 의미하는 것으로 국왕 제임스 2세의 동의를 받지 않았다. 이는 제임스 2세의 전제적인 행위를 제한하고자 한 것이다. 결국 1688년 그의 딸인 메리와 오란예공이 이를 받아들여 명예혁명이 이루어진다.
- (나) 인권선언문은 혁명이 성공한 이후 1789년 국민의회가 발표한 것이다.
- (다)의 내용은 1776년 7월 4일 토마스 제퍼슨이 낭독한 미국의 '독립선언문'이다. 프랑스의 인권선언문과 미국의 독립선언문은 당연히 계몽사상의 영향을 받았다.
- 가와 나: 입헌군주제 옹호(91년 헌법은 권력 분립 원칙에 입각한 단원제 입헌군주제 채택)/ 다: 공화국 천명

2011년 39. 밑줄 친 '이 전쟁'을 종식시키기 위해 체결된 조약의 결과로 옳지 않은 것은?

> 아우구스부르크 화의 이후 종교 문제는 소강상태를 유지했으나, 16세기 말에 이르러 약간의 변화가 일어났다. 하나는 예수회를 중심으로 가톨릭 세력이 회복된 것이고, 다른 하나는 칼뱅파의 세력이 확대된 것이다. 17세기 초, 불안을 느낀 프로테스탄트 제후들은 칼뱅파인 팔츠 선제후를 중심으로 연합을 결성했고, 가톨릭 측은 바이에른 공을 중심으로 동맹을 결성했다. 이 전쟁은 이러한 신·구교의 대립 속에서 일어났는데, 발단은 보헤미아에서의 분쟁이었다.

① 에스파냐의 세력이 약화되었다.
② 네덜란드의 독립이 공식 인정되었다.
③ 오스트리아 합스부르크가(家)의 세력이 강화되었다.
④ 독일에서는 영방국가들의 주권과 독립이 공식 인정되었다.
⑤ 칼뱅파도 루터파와 같은 정도로 종교의 자유를 부여받았다.

〈답〉
답-3번

〈해설〉
본 지문은 최후의 종교전쟁이라고 할 수 있는 30년 전쟁을 말하며, 이 전쟁 이후 베스트팔렌조약을 체결한다. 이 조약의 결과 에스파냐의 세력 약화, 또 그 지배자인 오스트리아 합스부르크가의 세력이 약화된다. 반면에 스위스는 오스트리아 합스부르크에서 독립, 네덜란드는 스페인계 합스부르크에서 독립하여 자유 국가로 승인된다. 독일은 여전히 통일을 이룰 수 없고, 영방국가들의 주권과 독립이 공식적으로 인정받는다. 즉 이들은 서로 외국과 동맹을 체결할 권리를 확보했다. 이와 함께 칼뱅파도 루터파와 같은 정도로 종교의 자유를 부여받는다.
- 16세기 프랑스의 가장 중요한 정책은 합스부르크 왕실 타도였고, 리슐리외 역시 이를 답습한다. 따라서 독일 내 신교를 지원하고, 스웨덴을 뒤에서 지원하지만, 스웨덴이 폐색이 짙어지자 리슐리외가 직접 개입한다.
- 당시 독일의 프로테스탄트는 연합(Union)을, 가톨릭 제후들은 동맹(League)을 결성하며 대립하고, 체코 보헤미아 지방에서 촉발된다.

2011년 40. (가)~(마)는 서양 근대의 사상가들이다. 이들에 대한 설명으로 옳지 않은 것은?

> (가)는 '30년 전쟁'의 참상을 보고 『전쟁과 평화의 법』을 저술했으며, 전쟁이 나면 야만인조차 부끄러워할 만행과 잔인한 행동이 크리스트교 교도 사이에서 횡행한다고 개탄하였다.
>
> (나)는 개인이 국가나 군주에 복종해야 하지만 자연권의 향유라는 한계 내에서 그러하며, 지배자가 계약에 의해 위탁받은 권한과 한계를 넘어서면 이에 저항하는 것은 시민의 자연권에 속한다고 생각하였다.
>
> (다)는 이신론(deism)의 입장에서 종교적 관용을 위해 싸운 계몽사상가로서, "파렴치함을 타도하라."라는 기치 하에 미신과 광신을 타파하기 위해 노력했다. 정치적으로는 영국의 입헌대의제를 동경하는 온건한 입장을 취하였다.
>
> (라)는 각국의 기후와 지리적 조건, 산업의 발전도 등에 따라 정치제도가 서로 다르다고 보았으며, 입법·행정·사법의 삼권분립과 상호 견제가 자유를 유지하는 최상의 길이라고 주장하였다.
>
> (마)는 영국의 문인이자 역사가로서 『로마제국쇠망사』를 썼다. 이 책은 아우구스투스 황제 시대에서 1453년 콘스탄티노플 함락에 이르기까지 로마와 비잔티움 제국의 역사를 다루고 있다.

① (가)는 자연법사상에 입각한 국제법의 필요성을 제창하였다.
② (나)는 네덜란드에 망명해 있다가 청교도 혁명이 발발하자 귀국하였다.
③ (다)는 프로이센의 프리드리히 대왕과 같은 계몽전제군주들의 존경을 받았다.
④ (라)는 『페르시아인의 편지』에서 프랑스 구체제의 사회악과 모순을 비판하였다.
⑤ (마)는 로마제국의 멸망이 게르만족의 침입과 크리스트교의 승리 때문이라고 보았다.

<답>

답-2번

<해설>

- 가: 『전쟁과 평화의 법』을 저술한 사람은 네덜란드의 그로티우스(1583년-1645년)로서, 30년 전쟁의 참상을 목격한 후 자연법사상에 입각한 국제법의 필요성을 제창하였다.
- 나: 로크의 계약설을 설명한다. 로크는 1683년 9월 네덜란드에 망명해 있었지만, 명예혁명 때 귀국한다.
- 다: 이신론의 입장에서 종교적 관용을 위해 싸운 계몽사상가는 볼테르이다. 그는 계몽전제군주들의 존경을 받는다.
- 라: 삼권분립을 주장하는 사람은 몽테스키외로서, 그는 『법의 정신』을 저술했고, 『페르시아인의 편지』에서 고향친구에게 프랑스의 생활상을 알리면서 프랑스 구체제의 사회악과 모순을 비판하는 형식을 취한다.
- 마: 『로마제국쇠망사』를 쓴 저자는 에드워드 기번(1737년-1794년)이다. 그는 로마의 멸망이 게르만족의 침입과 크리스트교의 승리 때문이라고 강조했다.

2012년 37. 밑줄 친 '그'에 대한 설명으로 옳지 않은 것은?

> 그의 노력으로 새로운 제국이 탄생하였다. 영국 수상이 '이 국가의 등장이야말로 가장 위험한 혁명'이라고 한 것처럼 주변국들의 우려는 매우 컸다. 이 점을 잘 알고 있던 그는 주변 열강이 힘을 합쳐 자국에 대적하는 일을 막기 위해 노력하였다.
> 또한 그는 여러 소수민족·종파·계급 간의 갈등을 없애고 사회적 통합을 시도하는 한편, 몇몇 정치 세력을 '제국의 적'으로 배제하려 하였다. 이러한 정책은 '공동체를 위협하는 사회민주주의자들의 시도에 대한 법률'의 시행에서 절정에 달하였다. 그 사이 중공업 기업가와 대지주의 이해를 대변하는 보수주의자들이 그의 정치적 지지 세력으로 부상하였다.

① 프랑스를 고립시키고 유럽 열강의 세력 균형을 유지하려고 하였다.
② 영국 해군에 맞서 함대를 건설하려는 적극적인 군비 확장 정책을 실시하였다.
③ 자유주의적 지식인들의 지지 속에 가톨릭 교회의 영향력을 없애려고 하였다.
④ 영국에 맞서 자국 산업의 경쟁력을 확보하기 위하여 보호 무역 정책을 실시하였다.
⑤ 노동자의 질병 및 사고 보험법 등 사회보장법을 통하여 근대적 복지 정책을 실시하였다.

〈답〉
답- 2번

〈해설〉
본 지문에서의 그는 곧 비스마르크를 말한다.- 힌트: "사회민주주의자들의 시도에 대한 법률의 시행에서 절정에 달하였다." "새로운 제국이 탄생"- 곧 통일로 인한 독일제국의 성립을 말한다.
② 군비 확장 정책의 경우는 빌헬름 2세의 정책이다. 그의 정책은 세계정책으로 1898년 독일 해군법을 제정하여 영국 해군에 도전하였다.
③ 자유주의적 지식인들의 지지 속에 가톨릭교회의 영향력을 없애려고 하였다.→문화투쟁의 일부이다. 제국 건설후 가톨릭 중심의 중앙당은 비오 9세의 바티칸 공의회 선언을 수용하면서 중앙집권에 반대한다. 이에 맞서 비스마르크는 자유당의 협조 아래 예수회원을 독일에서 추방하고 프로이센에서 종교의식과 관계없이 민법상 혼인을 인정한다.
④ 1879년 모든 수입품에 대한 보호관세법을 제정한다. 이로 인해 자유당과 소원해지며, 중앙당은 보호주의를 지지하면서 자연스럽게 문화투쟁은 종식된다.
⑤ 1882년 질병보험법, 1884년 재해보험법, 1889년 양로 및 상해보험법을 실시한다.

2012년 39. 밑줄 친 '이 전쟁'에 대한 서술로 옳은 것은?(1.5점)

> 이 전쟁이 끝난 후 영국의 아메리카 식민지에 대한 태도와 정책을 크게 변화하였다. 종전의 '건전한 방임 정책'을 포기하고 식민지에 대하여 새로운 과세와 중상주의적 통제를 강력하게 실시하려 한 것이다. 이는 무엇보다 이 전쟁으로 광대해진 식민지 영토를 지키는 대규모 군대를 유지하는데 필요한 재정을 확보하기 위해서였다. 식민지인들은 그들이 본국에 대표를 보내지 않았는데도 과세된 데 대하여 저항하였다. 식민지인들의 저항은 마침내 본국과의 전쟁으로 확대되었다.

① 프로이센이 점령한 슐레지엔을 오스트리아가 수복하려는 데서 시작되었으며, 유럽 바깥에서는 식민지를 둘러싼 영국과 프랑스의 전쟁으로 전개되었다.
② 무적함대를 앞세운 에스파냐가 영국 왕실을 응징하기 위해 시작되었으며, 에스파냐가 패배함으로써 영국이 새로운 해상 강국으로 떠올랐다.
③ 보헤미아 지방의 신교도 탄압을 계기로 일어났으며, 곧 유럽 각국의 정치적 이해관계가 얽힌 국제적인 전쟁으로 확대되었다.
④ 오스트리아의 왕위 계승을 계기로 일어났으며, 유럽 바깥에서는 오스트리아 편에 선 영국이 프랑스와 식민지 쟁탈전을 벌였다.
⑤ 왕실과 의회 대립으로 시작되었으며, 크롬웰이 지휘하는 의회군은 국왕군을 격파하고 청교도 독재를 실시하였다.

〈답〉
답-1번

〈해설〉
본 지문의 내용은 미국의 독립혁명이 탄생하는 배경을 서술하고 있다.

이 전쟁이란 '7년 전쟁'을 말하며, 프로이센이 점령한 슐레지엔을 오스트리아가 수복하려는 데서 시작되었으며, 유럽 바깥에서는 식민지를 둘러싼 영국과 프랑스의 전쟁(1763년 파리조약 체결)으로 전개되었다. 7년 전쟁의 결과 후베르투스부르크 조약을 체결한다.
② 엘리자베스 1세 여왕과 에스파냐의 펠리페 2세 시절 싸운 해전으로 16세기 말의 일이다.
③ 종교전쟁인 30년 전쟁을 설명한다. 배경은 네덜란드 전쟁에서 시작되는 것으로 1585년 영국이 네덜란드를 지원함으로써 공식적 전쟁이 발발한다.
④ 오스트리아 왕위계승전쟁(1740년-1748년)으로서 그 결과 아헨조약을 맺는다. 이 전쟁 이후 7년 전쟁이 발생한다.
⑤ 17세기 영국의 청교도 혁명을 설명한다.

2012년 40. 밑줄 친 '나'에 대한 설명으로 적절한 것만을 <보기>에서 있는 대로 고른 것은?(2.5점)

> 고대인들이 자연적 사물에 대해 탐구하면서 기계 과학에 대해 많은 설명을 한 이후로, 근대인들은 자연 현상으로 수학적 법칙에 종속시키려고 많은 노력을 하였다. 나는 이 학술 저서에서 수학을 더욱 발전시켰다. …
>
> 제1권에서는 수학적으로 증명된 명제들에 의하여 천체의 현상, 즉 태양과 행성들이 서로 끌어당기는 인력(引力)들이 도출되었다. 그리고 다른 명제들을 통하여 이러한 인력들로부터 행성, 혜성, 달, 그리고 바다의 움직임이 추론되었다. 나는 이와 똑같이 기계적 원리로부터의 추론을 통해 나머지 자연 현상을 파악할 수 있기를 희망한다.
>
> -Philosophiae Naturalis Principia Mathemetica(1687)-

<보 기>

ㄱ. 데카르트처럼 우주를 거대한 기계로 보았다.
ㄴ. 자연과학 연구에서 수학의 중요성을 강조하였으나, 관찰과 실험은 낮게 평가하였다.
ㄷ. 코페르니쿠스 이후 제기된 천문학과 물리학의 중요한 문제와 연구 성과를 수학 공식으로 종합하여 이론화하였다.
ㄹ. 우주는 궁극적으로 비(非)기계적 원리에 종속되어 있다고 주장함으로써, 기계론적 우주관과 크리스트교 신앙의 조화를 시도하였다.

① ㄱ, ㄴ　　② ㄱ, ㄷ　　③ ㄴ, ㄹ
④ ㄱ, ㄷ, ㄹ　　⑤ ㄴ, ㄷ, ㄹ

<답>

답- 4번

<해설>

위의 지문은 뉴턴이 1687년 출간한 프린키피아(자연철학의 수학적 원리)의 서문이다. 프린키피아는 뉴턴이 발견한 모든 물리학적 법칙들을 정리해놓은 책이다. 수학으로 우주만물을 설명한 책이다. 뉴턴은 기계론적 우주관을 지니고 있다. '기계론적 우주관'이란 세계 모든 현상을 기계적 운동으로 환원하여 설명하는 것이다.

뉴턴은 17세기 과학혁명 이후 과학적 세계관이 등장하면서 데카르트와 같이 우주를 거대한 기계로 보며, 코페르니쿠스 이후 제기된 천문학과 물리학의 중요한 문제와 연구성과를 수학공식으로 종합하여 이론화하였다. 그는 이 당시 우주는 궁극적으로 비(非)기계적 원리에 종속되어 있다고 주장함으로써, 기계론적 우주관과 크리스트교 신앙의 조화를 시도하였다.

데카르트의 경우는 수학의 중요성을 강조하지만, 직관과 연역을 중요시하고 반대로 관찰과 실험은 저평가하였다.

2013년 37. 다음은 르네상스 시기의 어느 도시에 관한 자료이다. 밑줄 친 '이곳'에 대한 설명으로 옳은 것은?(1.5점)

> ○ 토지를 경작하는 것이 쉽지 않았던 이곳 사람들은 필요한 물건 대부분을 바다 건너에서 수입해야만 했다. 그들은 무역을 통해서 어마어마한 부를 축적했으며, 두카토는 무장 갤리선과 함께 이곳의 힘을 나타내는 강력한 상징물이었다.
> ○ 티치아노, 조르조네, 틴토레토, 베로네세와 같은 화가들이 목가적인 풍경과 현란한 색채의 그림을 그렸다. 그들 대부분은 그림의 소재로 황혼의 아름다움, 호화스러운 궁정, 눈부신 보석 등을 택했다. 형태와 의미보다 색채가 중시된 이 그림 들은 이곳 지배층들의 사치스러운 취향을 보여 준다.

① 비스콘티가의 직계가 단절되자 용병 대장 스포르차가 정권을 장악하였다.
② 이탈리아 남부에서 봉건적 체제를 유지했으며, 에스파냐와 프랑스의 쟁탈 대상이 되었다.
③ 대회의에서 총독(doge)을 선출하고 실무 담당의 소위원회도 두었지만 실질적으로 핵심적인 기구는 '십인 위원회'였다.
④ 형식상 공화정의 형태를 유지했지만 실질적으로는 메디치가의 코시모와 그의 손자 로렌초가 전제 군주로서 군림하였다.
⑤ 프랑스 국왕 샤를 8세가 침공해 들어오자 사보나롤라는 반(反)르네상스적인 종교 개혁을 주장하며 정권을 장악하였다.

〈답〉
답- 3번

〈해설〉
본 지문은 베네치아의 경쟁력을 설명하고 있다.---힌트 : 두카토, 물건 대부분을 바다 건너에서 수입. 형태의 의미보다 색채가 중시된 이 그림들-- 베네치아는 르네상스 시기 미술과 음악에 관심을 보임
① 밀라노 체제
② 나폴리 왕국을 의미한다.
③ 베네치아
④ 피렌체
⑤ 사보나롤라는 메디치 지배 하의 피렌체 사회를 통렬히 비판한 자이며, 이교도 책과 미술품 그리고 사치품을 불태우며, 알렉산데르 6세와 교황청의 타락을 비판하여 파문을 당한다. 후일 시민의 지지를 잃어 교황청에 회부되어 재판을 받고, 화형을 당한다. 그의 처형은 피렌체의 메디치가문이 재집권할 수 있는 계기를 제공한다.

2013년 38. 밑줄 친 ㉠~㉤에 대한 설명으로 옳지 않은 것은?

> 의회가 제출한 권리 청원을 승인한 찰스 1세는 이후 의회를 해산시키고 11년 동안 전제 정치를 실시하였다. 그는 ㉠ 의회의 승인 없이 자의적으로 과세하고, 측근에게 각종 독점권의 혜택을 주었다. 하지만 ㉡ 반란이 일어나자 부득이 의회를 소집하여 전비를 마련하려고 하였다. 그러나 의회는 왕의 실정을 비판하면서 과세 요구를 거부하였고, 마침내 내전으로 이어졌다. 내전은 크롬웰이 이끄는 의회파의 승리로 끝났고, 찰스 1세는 처형당했다. 이후 크롬웰은 금욕적 독재 정치를 실시하였으며, 또한 ㉢ 항해법(Navigation Act)을 발표하였다. 크롬웰이 사망하자 영국인들은 스튜어트 왕가의 복귀를 원했으며, 처형된 왕의 아들인 찰스 2세를 왕위에 앉혔다. 하지만 찰스 2세가 전제 정치를 펴자 ㉣ 의회는 국왕에 대항하였다. 이후 찰스 2세를 계승한 제임스 2세가 전제 정치를 강화하면서 가톨릭의 부활을 기도하자 의회는 제임스 2세의 딸 메리와 그녀의 남편 윌리엄을 공동 왕으로 추대하였다. 윌리엄과 메리는 권리장전을 승인하고 왕위에 올랐으며, 의회는 권리 장전을 보충하는 ㉤ 추가 조치들을 단행하였다.

① ㉠ - 대표적인 사례로는 내륙 지역에도 과세했던 선박세를 들 수 있다.
② ㉡ - 스코틀랜드의 장로교도들이 주도하였다.
③ ㉢ - 네덜란드의 중개 무역에 타격을 가하였다.
④ ㉣ - 비국교도인 신교도에게 예배의 자유를 허용해 달라고 요구하였다.
⑤ ㉤ - 의회의 군대 통수권 장악, 검열법 폐기 등이 있다.

<답>

답-4번

<해설>

㉠ 의회의 승인 없이 자의적으로 과세하는 대표적 사례로는 내륙 지역에도 과세했던 선박세를 들 수 있다. 선박세는 전시에 한해 해안도시를 중심으로 자발적으로 잉글랜드 해군에 선박을 제공하기 위해 납부해온 것이다. 이를 찰스 1세가 평화시에 해안, 내륙 모두 강제부과하려고 하였다. 이에 존 함프덴을 중심으로 납세거부 운동을 전개한다.

㉡ 찰스 1세는 엄격한 국교의식을 스코틀랜드에 강요. 이에 반발하여 반란이 일어나자 전쟁경비를 마련하기 위해 11년 만에 단기의회를 소집한다. 하지만 곧 해산한다. 그런데 스코틀랜드 군이 잉글랜드로 침입하자 장기의회를 소집한다. 여기서 의회는 선박세 폐지와 성실청(왕실 특별법원) 폐지 그리고 강압적인 국교회 정책 폐지를 주장한다. 또한 로드와 스트래퍼드를 처형한다. 이후 아일랜드 반란문제로 다시 전비 마련을 위한 과세문제로 충돌, 청교도 혁명이 발생한다.

㉢ 항해법- 네덜란드의 중개 무역에 타격을 가하였다.→ 중산층 이익을 대변하여 1651년 항해조례를 발표한다. 항해조례는 영국과 식민지 사이의 상품운반을 영국선박 또는 물자 산지의 배로 제한하여 네덜란드 중계무역에 타격을 주고 대외무역에 종사하는 영국 중산층 이익을 보장하기 위함이다.

㉣ 종교적인 요구는 없었다.

㉤ 추가조치- 의회의 군대 통수권 장악, 검열법 폐지 등이 있다.→ 크롬웰 사망 이후 찰스 2세는 친가톨릭 정책을 실시하며, 의회는 심사령과 인신보호령, 도시자치법과 집회법을 통과시킨다. 당시 의회는 정통 국교회 세력이 주도하며 청교도에게도 반대한다. 이후 찰스 2세의 동생인 제임스 2세가 등극한다. 제임스 2세는 친가톨릭 정책을 실시하며, 심사령과 인신보호령을 폐지한다. 그리고 가톨릭교도를 고위직에 임명한다. 명예혁명은 정통 영국 국교회가 주도하였으며, 의회 입법과 과세권 보장을 내용으로 하는 권리장전을 1689년 통과시킨다.

2013년 39. 밑줄 친 '이들'에 대한 설명으로 옳은 것을 <보기>에서 고른 것은?

> 이들은 모든 정치 조직, 규율, 권위를 거부하고 국가 권력의 강제 수단을 철폐하고자 하였다. 또한 인간이 법과 사회 체계의 구속으로부터 벗어나 상호 부조의 원리를 실천하게 된다면 진정한 의미의 정의에 도달할 수 있다고 역설하였다. 대표적인 사상가로는 바쿠닌, 크로포트킨 등을 들 수 있다.

<보 기>
ㄱ. 영국 인민 헌장 운동의 주요 세력이었다.
ㄴ. 제1인터내셔널에서 마르크스 진영과 충돌하였다.
ㄷ. 20세기 초 프랑스의 생디칼리스트 조직들을 와해시켰다.
ㄹ. 프루동의 『재산이란 무엇인가』에서 이론적 기초를 마련하였다.

① ㄱ, ㄴ ② ㄱ, ㄷ ③ ㄴ, ㄷ
④ ㄴ, ㄹ ⑤ ㄷ, ㄹ

<답>
답- 4번

<해설>
본 지문에서 이들은 19세기 무정부주의자들을 말한다.
1. 영국 인민 헌장 운동의 주요 세력은 노동자들이다. 인민헌장운동주의자, 즉 차티스트들로 1838년 보통선거, 비밀투표, 의원재산자격 철폐, 의원 봉급지불, 평등선거구, 매년 의회선거를 주장하였다. 1848년 런던에서의 대규모 집회를 끝으로 운동은 종식된다.
2. 제1인터내셔널에서 마르크스 진영과 충돌한다.→ 1864년 11월 '국제노동자협회'가 결성되었다(제1인터내셔널, International Working men's Association). 당시 참가자는 사회혁명가가 아니며, 마르크스주의자도 소수였다. 주로 영국 노동조합 대표자들이며, 오웬주의자, 차티스트, 프루동주의자, 블랑키주의자가 참가하였다. 이 인터내셔널은 마르크스와 프루동 및 바쿠닌의 무전부주의 추종자들 사이의 대립과 갈등으로 큰 성과없이 마무리된다.
3. 생디칼리스트는 무정부주의적인 노동조합 지상주의를 신봉하는 자를 의미한다.
4. 프루동의 『재산이란 무엇인가』에서 이론적 기초를 마련하였다.→ 프루동은 대표적 무정부주의자이다. 1880년대 프랑스의 노조운동은 사회주의자를 포함한 부르주아 출신 지식인들을 배제시킨다. 이들은 생디칼리즘을 수용하며, 정치활동과 의회를 불신한다. 이들은 노조 중심의 파업과 같은 직접 행동을 통해 총파업을 도출하고, 자본주의 체제 파괴를 시도한다. 이들은 혁명성과 무정부주의 경향이 높다. 당시 조합가입 노동자는 전체 노동자의 10% 미만이다. 결국 1910년 철도 노조의 대규모 파업이 실패하자 생디칼리즘도 그 이후 쇠퇴하기 시작한다.

서양 근대사 - 2

2014년 전공A 13번. 다음과 같은 '12개조'를 요구하며 독일에서 전개된 사건의 종교적 이념을 2가지만 쓰시오.(2점)

> 1. 우리는 각 공동체의 사제를 자체 선발한다. 우리는 기꺼이 곡물 십일조를 낼 수 있으나, 가축 십일조는 내지 않을 것이다.
>
> … (중략)…
>
> 5. 삼림 이용권은 다시 공동체에 귀속되어야 한다.
> 6. 날마다 늘어나는 부역으로 우리는 고통스럽다. 두루 살펴 가혹한 요구가 시정되기를 바란다.
>
> … (중략)…
>
> 9. 사람을 처벌할 때는 오래 전에 작성된 형벌 규정에 따라야 한다. 즉 처벌의 기준은 영주의 시혜가 아니라 사안의 실체여야 한다.
>
> … (중략)…
>
> 12. 우리의 결심과 최후의 견해를 밝히노니, 여기서 제기된 요구 가운데 어느 하나라도 신의 말씀에 부합하지 않는다면, 누구든 그러한 점을 성서에 기초하여 우리에게 설명하는 순간 우리는 물러설 것이다.

〈예시 답안〉

  독일 농민전쟁에서 내세운 종교적 이념은 첫째 루터의 종교개혁에 기반을 둔 복음주의 또는 성서주의이며, 둘째 이 시기 토마스 뮌처의 재세례파의 원시 기독교적 공산주의를 강력히 피력한다.

〈해설〉

  1524년 독일 튀링겐과 이외 지역, 즉 독일 남서부에서 시작되어 독일 동부, 오스트리아, 스위스로까지 퍼져나간 1525년 독일 농민전쟁 당시 주장한 내용이다. 이는 1525년 3월 메밍겐의 로처가 작성한 '메밍겐의 12개조'를 설명하고 있다. 이 시기에 발생한 독일 농민전쟁은 반봉건적, 반사회적 성격을 띠고 있다.

  1조- 공동체 자치에 의한 촌락사제 임명, 5조- 공동체 삼림이용권 보장, 당시 삼림이용권은 영주가 탈취해갔다. 6조- 부역 감소, 9조- 영주의 자의적 사법권 행사 규제, 12조- 제시한 요구사항이 성서에 근거한 것이며, 그에 부합하지 않는다면 성경에 근거하여 설명해줄 것을 강조하고 있다. 이 외에도 2조- 십일조의 운영원칙 규정, 3조- 농민의 인신예속 폐지, 4조- 공동체의 수렵, 어로권 보장, 7조- 토지 임대조건 및 부역 노동 개선, 8조- 지대 인하 등의 주요 내용을 담고 있다. 이를 통해서 당시 농민들이 종교 사제와 영주에게 얼마나 많은 부분을 시달리고 있었는지를 파악할 수 있고, 이에 대한 루터의 반응을 살펴볼 필요가 있다. 이후 루터는 사회개혁에는 반대함으로서 농민전쟁을 '폭도들의 난'이라고 규정, 제후들 편을 들어줌으로써, 이 농민전쟁은 잔인하게 진압된다. 물론 그 영향으로 루터파의 세력영향력은 북유럽으로 건너가며, 독일 남부 이하에서는 큰 역할을 하지 못한다.

전공 A 2014년 14번. (가)의 밑줄 친 '임시정부'가 취한 조치로서 (나) 사건의 직접적 계기가 된 것을 쓰시오.(2점)

> (가) 이 당시 사회는 흉작, 경제 불황, 재정 위기, 실업 등으로 사람들의 불만이 고조된 상태였다. 이러한 가운데 기조 (François Guizot) 내각이 예정된 대중 집회를 금지하자, 파리에 모인 군중은 바리케이드를 쌓고 항거했다. 시가전으로 사태가 악화되자, 결국 왕은 퇴위하고 임시정부가 구성 되었다.
>
> (나) 파리의 급진파와 노동자들은 거리로 몰려나와 바리케이드를 쌓고 나흘간 치열한 시가전을 벌였다. 사람들은 급진파들이 공포 정치의 재판(再版)을 초래하지 않을까 두려워했으나, 이러한 적색 공포는 카베냐크(Louis-Eugène Cavaignac) 장군이 이끄는 군대에 의해 진정되었다.

〈예시 답안〉
직접적 계기 - 1848년 6월 국립작업장을 폐쇄한 것

<해설>

가) 일단 '프랑수아 기조'라는 인명을 통해 19세기의 인물임을 유추할 수 있다. 19세기는 프랑스 혁명이 이루어졌다가 나폴레옹의 등장으로 잠시 좌절되는 시기의 역사적 내용이 있으며, 왕이 퇴위하고 임시정부가 구성되었다는 것으로 보아 반동정치와 새로운 혁명의 과정을 추론해보아야 한다. 가)의 설명을 이해하기 위해서는 먼저 프랑스의 1830년 7월 혁명과정부터 이해해야 한다. 루이 18세에 이은 샤를 10세(1824년~1830년)는 의회정치를 인정하지 않고 구제도로의 복귀를 원하여 극단적인 반동정책을 실시하였다. 1830년 선거에서 자유주의 세력이 승리하자 국왕은 7월에 쿠데타를 일으켜 언론을 탄압, 하원을 해산, 새로운 선거법을 제정해 부유한 부르주아의 선거권을 박탈했다. 이에 자유주의적 언론인과 의회주의자들 및 학생들은 1814년 헌장으로의 복귀를 요구한다. 또한 경제적 위기(식료품 가격 상승과 실업확산)에 불만을 품은 파리 노동자들과 군대의 이탈 병력이 가세하여 1830년 7월 혁명을 성공시킨다. 이는 최초의 자유주의 혁명으로 왕권신수설 대신 국민주권의 원리가 확립, 사회의 중심은 지주 귀족으로부터 부르주아로 이동했다. 또한 1814년의 헌법이 개정되어 선거권이 확대되었다. 그러나 자유주의자들이 보수세력화한다. 혁명을 도운 노동자들은 왕정의 완전한 소멸과 공화주의를 요구했으나 헌장으로의 복귀를 주장한 부르주아 중심의 자유주의자들은 입헌왕정주의를 고집함으로서 보수파인 루이 필립(Louis Philippe, 1830년~1848년)를 옹립했다. 그러나 루이 필립의 중도적 군주제와 함께 쁘띠 부르주아의 선거권 확대 요구에 대한 거부 등으로 노동계급의 불만이 가득했다. 정부는 부유한 부르주아, 전문직 종사자 그리고 구체제로의 복귀를 단념한 귀족 엘리트들이 장악. 급진적인 보통선거권 요구를 거부한다. 노동자 다수는 특히 사회주의를 접하고 있었다. 대중의 인기가 높았던 루이 블랑은 생산자 협동조합, 고용 보장 및 생계 보조를 요구했으나 이루어지지 않았고, 정치적 대표성과 경제적 개혁 어느 것도 충족시키지 못한 루이 필립 정부에 배신감을 느꼈다. 1846년의 흉작과 1847년의 재정 위기로 노동자들의 상태가 악화된다. 이와 함께 1848년 2월에 파리에서 열린 공개토론회가 갑자기 정치적 시위로 번진다. 결국 왕정을 타도하고 임시정부가 구성된다(1848년 2월 혁명).

나)의 경우 답안을 추론하기 위해서는 '카베냐크 장군'이라는 인명에서 힌트를 얻을 수 있고, 이를 통해 1848년 6월 항쟁을 언급하고 있음을 알 수 있다. 실제 1848년 2월 혁명이 성공하고, 사회문제(도시빈민의 상태)와 일할 권리(고용생계 보장)에 대한 요구가 전면적으로 부상했지만, 기아와 빈곤으로부터의 자유는 불포함. 보험회사, 철도, 광산의 국유화를 주장한 사회주의적 이념은 사유재산에 대한 위협으로 간주되었다. 또한 실업 문제에 대한 대응 미흡. 즉 블랑의 협동조합 요구에 정부는 약간의 고용을 제공한 '국민작업장'을 설치했으나 겉치레에 불과하였고, 수만 노동자의 파리 유입은 실업 부담을 가중시켰다. 또한 4월 23일의 선거에서 온건파와 보수세력이 압승하자 새로 선출된 의회는 국립 작업장을 폐쇄했다. 이에 불만을 품은 노동자들이 6월 봉기를 일으켰다. 결국 6월 봉기는 카베냐크 장군에 의해 진압됐지만 그 결과는 공화정 자체의 불구화였다.

2015년 9. 괄호 안의 ㉠ 지역에서 일어난 밑줄 친 ㉡의 정치적 결과를 쓰시오.(2점)

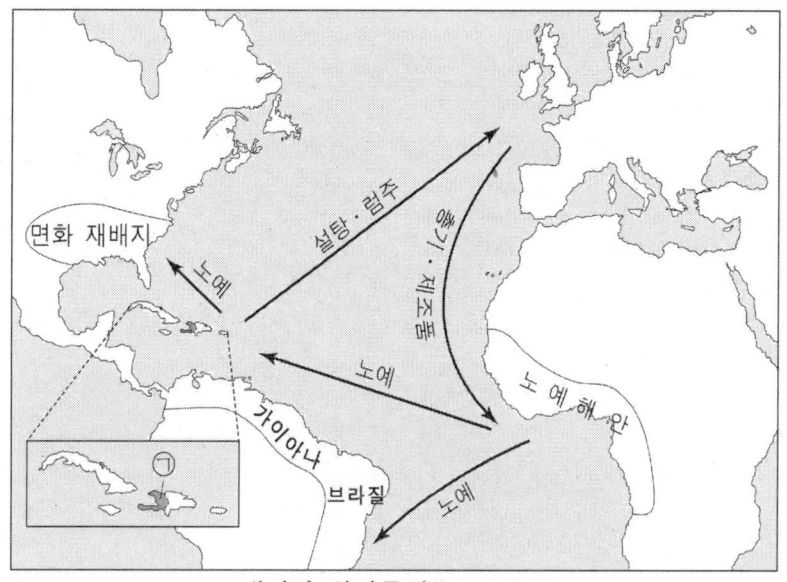

대서양 삼각무역 (16~19세기)

1791년 파리의 국민의회는 모든 자유인들에게까지 권리를 확대하면서 '자유인 부모들에게서 태어난 유색인들'이 식민지 의회에서 투표권을 갖는 것이 마땅하다고 선언하였다. 이를 계기로 (㉠)의 백인 농장주와 자유 유색인 간에 무장 투쟁이 벌어졌다. 이 틈을 타서 이 지역 북부의 노예들이 자유를 주장하며 반란을 일으켰다. 1792년까지 줄기차게 이어진 노예 파업과 반란이 이스파니올라 섬 전역으로 확대되었다. 한편, 1793년 국민공회는 새 헌법을 통해 남성 보통 선거권을 도입했고 프랑스 본토와 식민지 안에 있는 노예들을 해방시켰다. 이 무렵 (㉠) 지역에서 ㉡강력하게 조직된 노예 군대는 노예 해방 반대 세력 및 외세에 맞서 투쟁을 전개하였다.

<예시 답안>

아이티에서 강력하게 조직된 노예군대의 투쟁으로 투생 루베르튀르를 중심으로 강력한 아이티 혁명세력을 형성하게 되고, 1803년 프랑스군이 대패하면서 1804년 독립을 선언(아이티 독립). 또한 이스파니올라 섬의 명칭을 아이티로 변경한다.

<해설>

먼저 대서양 삼각무역의 지도가 나와 있다. ㉠지역은 서인도제도의 산토도밍고(생 도맹그, 아이티), 즉 오늘날의 아이티이다. 이 지역에서는 주로 럼주를 생산하고, 제당산업의 중심 역할을 담당하였다. 이를 유럽에 가져가서 설탕과 럼주를 제공하게 되고, 여기서 벌어들인 돈으로 총기와 무기를 제조하여 아프리카에 판매하고, 아프리카는 노예를 남아메리카의 식민지에 공급해주는 삼각무역 체제를 형성하게 된다. 이들 노예는 다시 아이티에서 노예로서 기능하여 설탕과 럼주를 만드는 역할을 담당한다.

이를 보다 구체적으로 보면 신항로 개척 이후 유럽인들의 교역이 지중해에서 점차 대서양으로 확대되었다. 설탕, 커피, 담배 등의 유럽 수요가 증가하면서 아메리카 등지에서 사탕수수, 커피, 담배 등 상품작물을 재배하는 대규모 플랜테이션 농업이 발달하였다. 값싼 노동력을 제공하던 아메리카 원주민의 인구가 급감하자, 아프리카에서 흑인노예를 들여와 부족한 노동력을 대신하였다. 유럽 상인들은 공산품이나 총, 화약 등을 싣고 대서양을 건너 아프리카에 전달하고, 아프리카는 아메리카의 서인도 제도 등지에 노예노동력을 제공, 플랜테이션 농장에 팔았다. 이들이 생산한 상품은 다시 유럽에 전달되는 순환구조가 마련되었다. 이처럼 아메리카와 아프리카, 유럽을 잇는 대서양 교역권이 성장하면서, 삼각무역의 이윤을 바탕으로 아메리카 식민지를 지배하고, 유럽 경제성장의 기반을 다졌다.

2015년 전공 A 기입형 10. 다음은 19세기 독일의 여러 헌법 중 하나이다. 밑줄 친 조항이 독일 제국 구성방안과 관련하여 어떠한 정치적 입장을 대변하고 있는지를 쓰시오.(2점)

독일제국 헌법

제1조 4항
독일제국은 이제까지의 독일연방(Der Deutsche Bund)의 영역으로 구성된다.

제1조 132항
모든 독일인은 독일제국의 시민권을 가지며 독일 전역에서 이 권리를 행사할 수 있다. 제국의 선거법은 국회의원 선출을 위한 개인의 권리를 규정한다.

제2조 137항
법 앞에 계급적 차별은 없다. 귀족 계급은 폐지된다. 모든 특권 계급은 폐지된다. 모든 독일인은 법 앞에 평등하다. … (중략) … 공직은 능력에 따라 만인에게 개방된다. 모든 시민은 평등하게 군복무를 해야 한다.

제4조 143항
모든 독일인은 언론, 저술, 출판, 서화를 통해 자신의 의견을 자유롭게 표현할 권리를 가지고 있다.

<예시 답안>

이는 오스트리아를 필두로 구 신성로마제국의 대부분을 통합하여 대독일을 건설하자는 대(大)독일주의의 입장을 표명한 것이다. 이와 아울러 기본권 보장이라는 의미를 제시하고 있다.

<해설>

위의 예시는 독일이 1871년 통일하기 위해 여러 번 헌법을 제정하는데, 그 중 하나이다. 독일은 빈회의를 통해 35개의 군주국과 자유시로 정비되어 독일 연방을 구성하였다. 이후 1834년 관세동맹을 체결하여 경제적 통일을 먼저 시도했다. 1848년 5월 프랑크푸르트 회의를 통해 통일을 위한 제국헌법을 제정할 때 자유주의자 주도로 오스트리아를 중심으로 하는 대(大)독일주의와, 오스트리아를 제외하고 프로이센 중심으로 통일하자는 소(小)독일주의가 강력히 대립한다. 그런 가운데 소독일주의가 우세하지만 이 회의는 결렬되고, 1862년 비스마르크며 재상에 오르면서 군제개혁을 단행하고, 각고의 노력 끝에 1871년 통일을 이룩, 빌헬름 1세가 독일제국의 황제로 즉위하게 된다.

지문 1조 4항의 "독일제국은 이제까지의 독일연방(Der Deutsche Bund)의 영역으로 구성된다."의 내용으로 보아 대독일주의를 추론할 수 있다. 독일 연방의 모든 영역을 포괄하고자 하는 입장이다. 즉 이는 오스트리아를 필두로 구 신성로마제국의 대부분을 통합하여 대독일을 건설하자는 대독일주의의 입장을 표명한 것이다. 대독일주의는 독일의 중소제후들은 지지했으나 오스트리아는 많은 이민족을 포함하고 있으며, 동시에 완강한 반동정책을 실시했기에 결국 대독일주의는 소독일주의에 패배당한다고 볼 수 있다. 이와 함께 독일 통일 이전의 각 영방국가의 자치체제를 인정하면서 제국이라는 큰 틀에서 하나의 통일을 이룬다는 의미이다. 이 헌법은 또한 기본권 보장에도 신경썼다고 하는데, 그것은 3조 137항이라든가, 언론출판의 자유를 언급하는 것들을 통해서 추론해볼 수 있다. 따라서 본 지문은 기존의 우세했던 소독일주의, 즉 프로이센 중심으로 통일한 점을 학생들이 너무 잘 알고 있기에 오히려 허점을 찌르는 문제를 출제한 것으로 보인다

2016년 7번. (가), (나)에 드러난 정치이론을 쓰고, 이 이론이 옹호하는 유럽의 정치체제를 쓰시오.(2점)

> (가) 왕을 세운 분은 하느님이시다. 왕은 지상에서 하느님의 대리자이자 사령(使令)으로서 행동한다. 하느님은 왕을 통해서 통치하신다. 이것이야말로 왕좌가 인간의 것이 아니라 신의 자리인 이유이다. 따라서 왕의 인격은 신성하며 그에게 모반하는 것은 신성모독이다. …(중략)… 왕의 권력은 높은 곳에서 온다. 그렇기 때문에 왕은 자신이 권력의 주인이며 그 권력을 마음대로 사용해도 된다고 자만해서는 안 된다. 하느님으로부터 부여받은 권력은 신중하게 행사해야 한다.
> (나) 왕은 『참다운 군주국가의 법』이라는 저술에서 "하느님이 하시는 일에 왈가왈부하는 것이 무신론이자 신성모독인 것처럼, 왕이 무엇을 할 수 있는가에 대해 신민이 이러쿵 저러쿵하는 것은 주제넘은 짓이자 건방진 모독이다."라고 주장하였다.

<예시 답안>

① (가)와 (나)는 왕권신수설 이론을 대변하고 있다. ② 이 이론은 16세기부터 18세기에 유럽에 활발히 전개된 절대주의 체제의 바탕이 되었다.

<해설>

(가)는 루이 14세 시기 보쉬에(Bossuet)에 의해 확립된 왕권신수설 이론을 대변하고 있다. 그는 『성서의 말씀에서 이끌어낸 정치술』이라는 저서를 통해 왕권신수설을 주장하였다. 그는 합법적으로 구성된 정부는 하느님의 뜻을 표현하고 그 정부의 권위는 신성하기 때문에 이에 대한 반란은 어떤 것이든 범죄라는 이론을 제시한다. 이를 통해 강력한 왕권신수설을 내세운다. 그러나 그는 동시에 군주가 져야 할 두려운 책임도 강조했는데, 군주는 하느님의 형상으로 행동하고, 좋은 아버지로서 신민들을 다스려야 하며, 자신의 권력을 믿고 마음이 흔들려서는 안 된다고 했다. 이 이론은 16세기부터 18세기에 활발히 전개된 절대주의 체제의 바탕이 되었다.

(나)는 제임스 1세가 주장한 왕권신수설의 내용이다. 그는 참다운 군주국가의 법이라는 저술을 통해 왕은 신이 내린 존재이며, 왕은 오로지 신에게만 책임을 진다는 내용을 주장한다.

2016년 전공 B 7. 다음은 김교사가 세계사 수업에서 활용한 학습지이다. ㄱ-ㅁ에 들어갈 내용을 쓰시오. (5점)

학 습 지

[학습자료] 어느 나라의 대외 정책 관련 사료

(가) 우리는 향후 유럽 열강에 의해 이 반구(半球)가 식민지의 대상으로 간주될 수 없음을 선언한다. …(중략)…이미 독립을 선언한 정부, 그리고 우리가 독립을 승인한 정부에 대해, 유럽 국가가 그들 정부를 억압하거나 그들의 운명을 통제하려는 간섭을 할 경우 우리나라에 대한 비우호적인 의도를 드러낸 것으로 볼 것이다.

(나) 상호 불신의 소지를 없애고 동시에 모든 국가들이 …(중략)…균등한 기회를 보장받기 위해 열강이 각기 주장하는 자기 나라의 '세력권' 안에 여타 국가들의 …(중략)…자유와 동등한 기회를 인정함으로써 모두가 동등한 혜택을 받을 수 있기를 희망한다.

○ '선언(혹은 정책)의 목적'을 쓸 때는 그 적용 지역이 드러나도록 문장 형식으로 서술할 것.

	명칭	선언(혹은 정책)의 목적
(가)	㉠_____(1823)	㉡_____
(나)	문호 개방 정책(1899)	㉢_____

〈예시 답안〉

ㄱ: 먼로선언

ㄴ: 남아메리카에 대한 유럽의 간섭을 배제시키기 위한 목적이다. 이와 함께 미국 고립주의 실시

ㄷ: 1890년대 미국의 경기침체로 인해 해외시장에 눈을 돌리고 미국-스페인 전쟁 이후 면세품과 함께 중국에 진출을 시도하던 중 유럽열강에 의해 중국이 예속화되어가는 과정을 목격한다. 1899년 미국이 중국과 교역하는 열강 사이의 기회균등원칙을 보장받고 중국의 영토, 행정적 보전을 위해 취한 외교정책이다.

〈해설〉

ㄱ: 먼로선언은 1823년 행해진 먼로선언(먼로주의)의 내용으로 라틴아메리카가 스페인으로부터 독립을 하자, 오스트리아의 메테르니히가 접근하여 진출을 시도한다. 이에 아메리카에 대한 유럽을 배제시키기 위한 목적으로, 그 나라의 일은 각 나라가 알아서 하도록 개입하지 말 것을 미국이 촉구한다. 이로서 미국의 고립주의 정책이 실시된다. 그러나 1890년대에 오면 미국이 경기침체로 인해 해외시장에 눈을 돌리고 미국-스페인 전쟁 이후 면제품과 함께 중국 진출을 시도한다. 이런 가운데 유럽열강에 의해 중국이 예속화되어가는 과정에서 미국의 이익을 위해 이런 정책을 서한 형식을 통해 발표한다. 주 목적은 1899년 미국이 중국과 교역하는 열강 사이의 기회균등원칙(호혜평등의 원칙)을 보장하고 중국의 영토와 행정적 보전을 목적으로 한다.

2017년 전공A 7번. (가)에 들어갈 전쟁의 명칭을 쓰고, (나) 조약의 이름을 쓰시오.(2점)

제시된 자료는 (가)의 결과로 체결된 (나)의 일부입니다.

제 4 조 …(전략)…프랑스 국왕은 케이프 브레턴 제도를 포함한 캐나다 영토 및 주민들에 대해 프랑스 국왕과 왕실이 행사해 왔던 제반 권리를 영국 국왕과 왕실에 무조건 양도한다.

제 7 조 확고하고 지속적인 토대 위에 평화를 재건하기 위해, 그리고 아메리카 대륙에서 영국령과 프랑스령의 한계에 대한 모든 논란을 제거하기 위해, 향후 이 지역에서 영국 국왕과 프랑스 국왕의 영지 사이의 경계는 미시시피 강 중간을 따라 …(중략)…그어진 선으로 합의한다.

〈예시 답안〉

(가) 전쟁: 7년 전쟁(프렌치-인디언 전쟁)
(나) 조약: 파리조약

〈해설〉

가) 프랑스 국왕이 캐나다에서 모든 권리를 영국에 양도하는 내용을 담고 있다. 이는 프렌치-인디언 전쟁으로 불리는 유럽의 7년 전쟁의 한 국면이며, 1756년부터 1763년까지 아메리카 대륙에서 영국과 프랑스가 싸운 전쟁을 의미한다.

나)는 1763년 전쟁이 종결되고 파리조약이 체결되어 프랑스가 이후 북아메리카에 대한 모든 군사적, 정치적 기득권을 포기하는 내용을 담고 있다. 프랑스는 해외식민지 건설에 나서는 영국과 마찬가지로 북아메리카에 있어 17세기 초 캐나다에 식민지를 건설한다. 세인트로렌스 강 유역에서 5대호 지방 일대와 미시시피 강 유역을 식민지로 삼았다. 동부 해안지대에서 세운 영국식민지를 포위하는 형세로 두 나라의 충돌은 예상되었다. 7년 전쟁(1756년-1763년)이 그 절정기로서, 프랑스와 동맹을 맺은 오스트리아가 프로이센에 빼앗긴 슐레지엔 지방을 찾기 위해 실시한 이 전쟁에서, 영국은 이 틈을 이용하여 프랑스 식민지를 뺏는데 전력을 기울인다. 7년 전쟁이 끝나고 파리조약을 맺은 영국은 캐나다와 미시시피강 동쪽의 프랑스 영토를 차지한다.

2018년 14. (가)를 바탕으로 에스파냐 정부가 아메리카 식민지에 도입한 제도의 명칭을 쓰고 그 내용을 서술하시오. 그리고 ㉠의 지명을 쓰고, ㉡의 결과 16-17세기 유럽 경제에 나타난 현상을 지칭하는 용어를 쓰시오.(4점)

(가) 에스파냐인들은 원주민들을 바다 싶숙이 던져 넣었다. 이른 아침부터 저녁 해질 때까지 원주민들은 깊은 물속에서 일해야 했다. 원주민들은 하루 종일 숨 한 번 제대로 쉬지도 못한 채 물 속에서 이리저리 헤엄쳐 다녀야 했다. 오로지 진주조개를 캐라는 명령 때문이었다. …(중략)…진주 해안 주변에는 에스파냐 사람이 작은 배를 타고 감시했다
-라스카사스,
『원주민 파괴에 관한 짧은 보고서』(1542)

(나) 1540년대에 멕시코의 사카데카스와 볼리비아의 (㉠)에서 엄청난 매장량을 가진 은광이 발견되었고 은의 채굴에는 원주민 노동력이 대거 투입되었다. 16세기에 ㉡ 에스파냐로 유입된 대량의 은은 유럽과 아시아 사이의 교역을 더욱 촉진하는 매개체가 되었다.

〈1600년 경 에스파냐령 아메리카〉

〈예시 답안〉

(가) 에스파냐가 아메리카 식민지에 도입한 제도는 '엔코미엔다 제도'이며 서양의 농노제와 유사한 것으로, 아메리카 원주민이나 아프리카 흑인노예의 노동력을 이용하고 원주민으로부터 공납을 징수하였다.(2점)

㉠- 포토시 광산(1점)

㉡의 결과 유럽에서 '가격혁명'이 발생한다.(1점)

〈해설〉

가)의 '라스카사스'라는 인물은 역사학자이자 아메리카에 파견된 도미니쿠스 선교회의 수도사였다. 당시 아메리카 원주민의 학대당하는 상황을 사료로 잘 전달해준 인물이다. 에스파냐는 아메리카 원주민들을 엔코미엔다 제도 속에 묶어 학대하고 부당하게 처우했다. '엔코미엔다 제도'는 서양의 영주제와 유사한 것으로, 아메리카 원주민이나 아프리카 흑인노예의 노동력을 이용하여 직접 지배를 구축하면서 원주민으로부터 공납을 징수했다.

나)의 지문과 지도에서 보면 볼리비아의 광산 명을 질문하는데, 신항로 개척과 라틴아메리카 역사를 공부할 때 빠질 수 없는 지명이 바로 이 광산이 있는 지역으로, 이곳은 포토시 광산이다. 이렇게 신대륙에서 금과 은이 유럽으로 대량 들어오자 화폐량이 증가되고 상공업 활동이 가속화되면서 유럽의 물가가 크게 오르는 '가격혁명'이 일어난다. 100~150년 사이에 유럽물가가 3배 이상 앙등하면서 나타나는 경제적 현상으로, 동시대인들에게는 엄청난 충격의 변화여서 '혁명'이라는 용어를 사용한다.

2019년 전공 A 11. 지도를 참고하여 <작성 방법>에 따라 18세기 유럽의 국제 관계를 서술하시오. [4점]

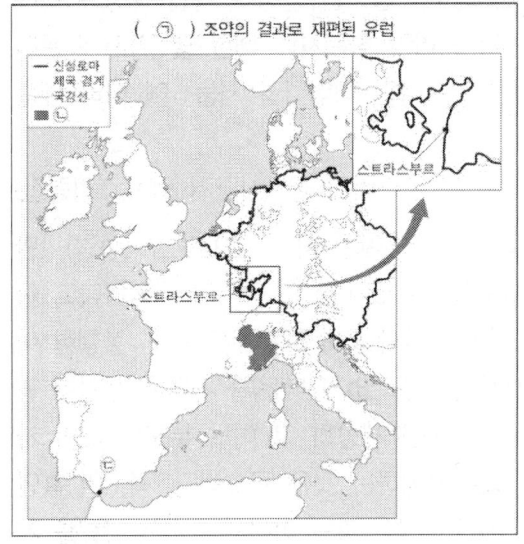

-<작성 방법>-

○ ㉠ 조약 체결의 계기가 된 전쟁의 직접적인 발발 원인을 쓸 것.

○ ㉠ 조약으로 시칠리아를 확보한 ㉡ 국가가 얻은 정치적 권리의 내용을 서술할 것.

○ ㉠ 조약으로 ㉢을 획득한 국가의 명칭을 쓰고, 이 국가가 아메리카 대륙과 관련하여 식민지 외에 얻은 경제적 이권의 내용을 서술할 것.

<예시 답안>

㉠ 직접적인 발발 원인- 위트레흐트 조약이 성립, 이 조약의 계기가 된 전쟁은 에스파냐 왕위계승전쟁(1701년-1714년). 따라서 이 전쟁의 직접적 발발원인은 스페인에 부르봉 왕조가 집권, 성립된 것(프랑스 루이 14세의 손자 필립 앙주공이 에스파냐의 펠리페 5세로 등극). 특히 신대륙 무역 확보라는 전략에서 프랑스와 에스파냐의 제휴가 이루어지자 영국, 네덜란드 및 오스트리아 합스부르크 가문이 동맹을 맺고 프랑스와 에스파냐에 선전포고를 한 것이다.)

㉡ 사보이 공국- 시칠리아 섬과 밀라노 공국의 일부를 받았고, 사보이와의 조약을 통해 프랑스는 사보이 공작 비토리오 아메데오 2세를 시칠리아의 왕으로 승인하면서 사보이 왕국으로 승격하고 시칠리아와 니스에 대한 지배권을 인정했다. 한편 신성 로마 제국의 황제이자 오스트리아의 대공인 카를 6세는 스페인령 네덜란드와 나폴리 왕국, 사르데냐 그리고 밀라노 공국의 대부분을 받았다.

㉢ 국가: 영국/ 위트레흐트 조약으로 영국은 지브롤터 및 스페인 식민지에 대한 노예공급권(아시엔토)을 에스파냐로부터 획득한다.

-출전: 서양사개론 343-344쪽/ 사료로 읽는 서양사 4권 23쪽

2020년 12. 다음 자료를 읽고 <작성 방법>에 따라 서술하시오. (4점)

(가) 현재의 식민지 의회는 다음과 같은 법을 제정해 선포한다. 영국인 남성과 흑인 여성 사이에서 출생한 어린이가 노예가 되어야 하는지 자유인이 되어야 하는지에 대한 몇 가지 의문이 제기되어 온 까닭에 이 나라에서 출생한 모든 어린이는 다만 어머니의 신분ㄴ에 따라 예속 당하거나 자유롭게 될 것이며 …(하략)…

- 버지니아 식민지 의회, 『법령집』

(나) 노예무역은 유럽인들이 아프리카 해안의 불운한 흑인들을 노예로 사는 것이다. …(중략)…만약 이러한 종류의 고역이 도덕적 원칙에 따라 정당화될 수 있다면 그 아무리 극악하다고 하더라도 합법화될 수 없는 범죄는 결코 없다. …(중략)…따라서 노예로 간주되는 이 불행한 이들은 자신의 자유를 잃어버린 적도 없고 결코 잃어버릴 수도 없기 때문에 자유를 선언할 권리를 가지고 있다. 게다가 그의 군주도 그의 아버지도 혹은 세상의 그 어느 누구도 그의 자유를 소유할 권리를 갖고 있지 않다. 결과적으로 그를 구매하는 것은 무효이다. 즉, 이 흑인은 자신의 (㉠)을/를 처분한 적이 없으며 처분할 수도 없다. 그는 어디서나 (㉠)을/를 지니며 어디서나 (㉠)을/를 향유할 것을 요구할 수 있다.

- 드니 디드로(Denis Diderot), 『(㉡)』 제 16 권 (1765) -

(다) 우리는 가장 계몽된 시대에 피부색이라는 단순한 구분을 내세워 인간에 대한 가장 억압적인 지배를 정당화해 왔다는 사실을 알고 있습니다. 도대체 우리들 사이에서 불만의 요소가 되고 있는 그러한 부당한 법들의 원천은 무엇이었습니까? 그것은 (소수에 반하는) 다수의 실제적 이해관계나 당연하다고 생각하는 이해관계가 아니었습니까?

- 제임스 매디슨(James Madison), 『제헌회의 의사록』(1787) -

<작성 방법>

○ ㉠에 공통으로 들어갈 용어와 ㉡에 들어갈 서명을 순서대로 쓸 것.
○ (가)를 바탕으로 서구 근대 노예제의 특징을 서술할 것 (단, (다)에 등장하는 핵심어를 이용할 것)

<예시 답안>

㉠ - 자연권
㉡ - 백과전서
(근거자료- 사료로 읽는 서양사 4, 52쪽 참조)
(가)를 바탕으로 서구 근대 노예제의 특징- 모계의 피부색에 따른 노예제 실시

서양 현대사

제6장 한시

서양 현대사 - 1

2001년 1. 다음 글을 읽고 물음에 답하시오. (4점)

> 1929년 10월에 뉴욕의 증권시장에 갑작스럽게 주가가 폭락하였다. ①증권시장에 발생한 공황은 순식간에 금융업과 농업, 그리고 공업에 파급되어 문을 닫는 은행이 속출하고, 농산물 가격이 폭락하였으며, 실업자가 급증하였다. 이러한 미국의 경제 공황은 곧 ②전 세계에 파급되었다. 세계공황은 모처럼의 평화와 안전기조에 금을 가게하고, 경제정책에 큰 변화를 초래함과 동시에, 바이마르공화국에 치명타를 가하면서 (③)의 득세를 가져왔다. 미국 경제는 19세기의 고전적인 자유방임주의를 탈피하였으며 ④경제활동에 대한 중앙정부의 개입과 통제의 권한이 증대하였다.

①과 같은 문제를 해결하기 위하여 미국이 취한 정책의 이름, ②의 영향으로 일본이 동아시아에서 일으킨 사건, ③에 들어갈 말을 쓰고, ④와 같은 정책을 칭하는 경제이론의 이름을 쓰시오.

<예시 답안>

① 뉴딜정책
② 사건: 만주사변
③ 나치즘(나치당)
④ 수정자본주의(혼합경제체제)

2001년 2. 다음 글을 읽고 밑줄 친 ①의 제국주의의 발생 배경 3가지를 약술하고, ②에 들어갈 말을 쓰시오. (5점)

> 세계화의 과정은 비단 어제 오늘의 일만도 아니다. 일찍이 ① 제국주의라고 불리던 침략적 행위는 모두 세계화의 한 전략이었다. 최근의 세계화는 과학 기술의 발달을 기초로 한 생산의 국제화와 금융의 국제화로 특징 지워지고 있다. 이와 같은 자본주의의 세계화, 즉 세계 자본주의를 분할하고 통합하는 핵심적 주체로 (②)이(가) 손꼽히고 있는데, 이들 기업은 국제적 공간 분업을 통해서 세계적인 생산과 판매망을 형성하고 있다.

〈예시 답안〉
배경: 식민지 확보를 통해 국가의 위신을 제고하고자 하는 침략적 민족주의 의식 성장/ 민족주의의 고조로 인하여 각국의 식민지 획득 경쟁이 과열/ 선교사업, 문화사업

② 다국적 기업

2002년 다음 지도를 보고, 제2차 세계대전 발발의 계기가 된 도시 ㉠와 빗금 친 지역 ㉡의 이름을 쓰고, <보기>를 모두 이용하여 1938~1939년 유럽에서 제2차 세계대전의 발발과정을 설명하시오.(4점)[02-11기출]

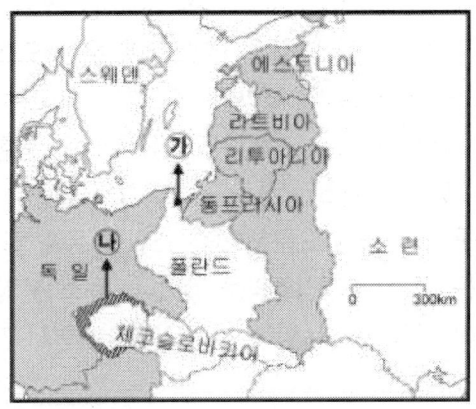

<보기>
○ 유화정책
○ 뮌헨회담
○ 폴란드회랑
○ 독·소 불가침 조약

〈예시 답안〉

㉮ 단치히   ㉯ 수데텐란트(주데텐란트, 주민의 20%가 독일인)

제2차 세계대전 발발과정 - 나치스는 독일인 통치의 슬로건을 내걸고 1938년에 우선 오스트리아를 합병했다. 다음으로 체코슬로바키아에 수데텐란트(주데텐란트)의 할양을 요구했다. 체코는 거절했지만 영국과 프랑스는 작은 나라를 희생시켜 영국, 프랑스, 독일, 이탈리아의 정상회담인 뮌헨회담에서 나치스의 요구를 받아들이는 유화정책을 펼친다. 그 후 나치스는 폴란드로 화살을 돌렸다. 나치스는 독일을 둘로 분단하는 '폴란드 회랑'의 할양을 강경하게 요구했으며, 스탈린 독재 하에 있던 소련과는 폴란드 분할을 서로 인정하는 비밀조항을 둔 독소 불가침조약을 맺었다. 독소 불가침 조약을 맺은 다음날 독일군이 폴란드를 침공하자 영국과 프랑스는 독일에 선전포고를 하면서 제2차 세계대전이 발발하게 된다.

〈해설〉

문제 지도는 베르사유 조약에 의해 결정된 독일과 주변 국가들의 국경선이다. 베르사유 조약에 의해 동프러시아와 연결되어 있는 폴란드 회랑 지역은 폴란드령으로 하고, ㉮ 단치히는 국제연맹관리 하에 자유시로 하였다. 폴란드 회랑은 제1차 세계대전 후, 베르사유조약에 의해 독일이 폴란드에 할양한 길이 400km, 너비 128km의 좁고 긴 지역이다. 폴란드의 '바다에의 통로'라는 의미에서 붙여진 이름으로, 내륙국인 폴란드는 이 회랑을 거쳐 발트해의 항구도시 단치히(Danzig, 현재의 그단스크)로 나갈 수 있게 되었다.

단치히는 10세기에 무역항으로 개발되어 12세기 이래 독일 상인이 이주해왔으며, 1224년 독일의 도시권을 획득, 1361년 한자동맹에 가맹하여 동부 유럽의 주요항구로 번영하였다. 1793년 프로이센령이 되었다가 1919년 베르사유 조약으로 자유시가 되었다. 주민 대다수가 독일인이다. 국제연맹이 단치히를 자유시로 해 놓은 이유는 내륙국가인 폴란드가 단치히 항구를 통해 해로로 나갈 수 있는 통로를 만들어 놓고 독일을 견제하기 위해서이다. 그 후 단치히 귀속문제로 독일과 폴란드 간의 갈등이 빚었다.

히틀러는 39년에 폴란드 회랑의 자동차와 복선철도 통과건과 단치히 병합을 폴란드에 요구했다. 폴란드가 거부하자 폴란드를 침공하여 2차 세계대전을 일으켰다. 2차 세계대전 이후 폴란드회랑과 단치히 지역은 폴란드 영토로 다시 편입되었다.

㉯지역은 수데텐란트이다. 이 지역은 체코슬로바키아의 독일인 거주 지역이었다. 당시 대독유화정책을 쓰고 있던 영국·프랑스 양국은 체코슬로바키아에게 이 지역을 독일에게 할양(割讓)할 것을 권유하고, 체코슬로바키아는 이에 따랐다. 그러나 그 구체적 실행방법에서 의견이 대립되어, 마침내 양국이 모두 군대를 동원하기에 이르렀는데, 1938년 9월 29~30일, 영국·프랑스·이탈리아·독일의 총리와 총통이 모여서 '뮌헨회담'을 열어 독일의 요구가 받아들여졌다. 수데텐란트를 병합한 후 독일은 약속을 어기고 체코슬로바키아를 해체 점령한 다음 곧 이어 제2차 세계대전에 돌입한다.

2004년 19. 제1차 세계대전에 관한 다음의 자료를 읽고 물음에 답하시오. [총 4점]

① "일어서면 저격당하고, 숙이고 있으면 익사하고, 이리저리 다니다간 포탄에 맞고, 가만히 서 있으면 동상(凍傷)에 걸려서 군법회의에 회부된다네."
② "빵을 아껴 우리 함대를 도웁시다. 빵을 아껴 먹읍시다." - 영국의 전시 포스터
③ "전쟁 전에는 참 지루했어요. 보호자 없이는 남자와 밖에 나갈 수도 없었거든요. 나는 지금 농촌 소녀단의 일원으로서 내 몫을 하고 있습니다. 우리는 소녀지만 남자처럼 일하고, 일하기 편한 복장에 담배도 피웁니다. 일은 힘들지만 아주 재미있어요."
④ "전쟁 전 언니와 나는 여성 참정권 운동가였습니다. 지금은 벨기에 전선 후방에서 간호사로 일하고 있죠. 이 전쟁은 우리 여성들에게 많은 영향을 미쳤습니다. 우리 중에는 담배를 피우고 술을 마시는 사람도 있습니다. 우리는 전쟁이 끝나면 선거권도 얻게 될 것이라 확신하고 있습니다. 결혼할 남자가 남아 있기만을 바랄 뿐입니다."

19-1. 제1차 세계대전에서 미증유의 인명피해가 있었던 것은 ①이 묘사하고 있는 서부전선에서의 교전형태와 관련이 있다. 교전형태를 쓰시오. 그리고 전선에서의 교착 상태를 타개하기 위해 시도된 독일의 작전이 ②의 상황을 촉발시켰다. 독일의 작전을 쓰시오. (2점)

<예시 답안>
교전형태: 참호전
작 전: 무제한 잠수함 작전

<해설>
① 1914년 6월 28일 1차 세계대전의 발발 이후 '슐리펜 계획'으로 알려진 독일군의 기본전략은 최대한 빨리 벨기에를 접수하고 프랑스를 점령한 후 바로 군대를 돌려 러시아를 제압하는 것이었다. 그러나 이런 작전은 프랑스, 벨기에, 영국, 러시아 연합군의 강력한 저항에 부딪혀 좌절되고 만다. 어느 정도 퇴각한 독일군과 반격을 가하던 연합군은 벨기에를 중심으로 한 소위 플랑드르 지역에 전선을 형성하게 되는데, 프랑스 국경지대를 따라 벨기에를 거쳐 동쪽으로 스위스에 이르는 600마일의 전선을 '서부전선'이라고 한다. 서부전선에서의 전투는 극심한 소모전의 성격을 띠었다. 교착상태에 빠진 연합군과 독일군은 참호를 파고 공방을 벌였지만 어느 쪽도 상대를 완전히 제압하지 못했다. 즉 '참호전'은 무제한적인 병력소모전이었다. 깊이 파놓은 참호에는 언제나 무릎까지 물이 차있었고 진흙 구덩이나 다름없어서 병사들의 전투환경은 최악이었다. 그들은 진흙 범벅인 군복을 갈아입지도 못했고 항상 물에 흠뻑 젖어있는 군화를 벗을 수도 없었다. 참호 안은 극도의 긴장과 피로가 지배했고 병사들은 적군의 총탄보다 이런 환경이 주는 스트레스와 질병으로 더 많이 죽어갔다.

② 전선 상태가 교착된 상태에서 독일은 무제한 잠수함 작전을 펼친다. 독일은 영국의 함대를 제압하여 해상권을 확보하려고 했다. 독일의 최신 잠수함 유보트를 동원하여 공격을 감행했다. 초기에는 3국협상의 함대만 공격했지만 점차 중립국 선박과 민간 선박까지 공격하기 시작했다. 여객선 루시타니아 호에 많은 미국인이 사망하고 미국 배까지 공격을 당하자 미국은 독일에게 선전포고를 하게 된다.

19- 2. ③과 ④를 참고하여 여성과 관련하여 전후에 나타날 정치, 사회, 문화적 변화를 2가지만 쓰시오. (2점)

〈예시 답안〉
① 여성의 적극적인 사회참여
② 여성선거권 획득

〈해설〉
　　제1차 세계대전 때 많은 남성들이 군인으로 동원하자 종전의 남성의 일을 여성들이 맡기 시작했다. 여성들은 공장에서 많은 무기와 자재들을 만들면서 사회에 참여한다. D지문은 제1차 세계대전 이후 여성투표권 획득 암시를 말해 주고 있다. 제1차 세계대전 승리에 공헌한 여성들은 점차 사회적 의식이 높아지게 되고, 여성단체들은 여성들의 정치참여를 주장한다. 영국의 4차, 5차 선거법 개정은 이러한 사회적 변화를 반영하고 있다.

2005년 24. 다음 자료의 ㉮를 가능하게 한 고르바초프의 2가지 정책의 이름과 내용을 쓰고, 결과적으로 ㉯가 실현되었던 것으로 볼 수 있는 사건을 2가지만 쓰시오. [4점]

> ㉮1989년 5월 헝가리 국경이 개방되면서 10월말까지 약 3만 명이 동독에서 서방 세계로 빠져나갔다. 그 해 10월 6일과 7일에 동독 정부 수립 40주년 기념행사에서 민주적 개혁을 요구하는 1,000명 이상의 시위 군중이 체포되었다. 이 기념식에 참석했던 고르바초프는 보다 유연하게 대처할 것을 동독 정부에 촉구하였다. 그는 기자 회견에서 ㉯"너무 늦게 깨닫는 사람은 역사의 심판을 받게 될 것"이라고 말했다.

<예시 답안>

가: 글라스노스트 정책(개방정책- 해외 문호개방), 페레스트로이카 정책(개혁정책- 일당독재체제 완화, 민주화 책)
나: 베를린 장벽 붕괴와 동독의 붕괴(독일 통일)/ 루마니아 차우세스쿠의 몰락

2006년 24. 다음 자료는 1925~26년에 발간된 한 정치 지도자의 저술 중 일부이다. 다음 빈 칸 ㉮에 들어갈 종족의 이름을 쓰고, 이 정치 지도자가 국민들의 압도적 지지를 받게 된 경제적 배경을 3가지만 쓰시오.[2006기출-24] [4점]

> 자연은 강자와 약자의 짝짓기를 원하지 않는다. 자연은 열등한 인종과 우월한 인종의 짝짓기는 더더욱 원하지 않는다. 왜냐하면 그렇지 않을 경우 종의 개량을 위해 수만 년 동안 자연이 기울여 온 노력이 물거품이 되기 때문이다. 역사는 이런 과정들에 대한 많은 증거를 보여준다. 역사는 열등한 인종과 (㉮)의 유전적 혼합이 문화적으로 우월한 인종을 손상시킨다는 사실을 명쾌하게 보여 준다. …… 인종 혼합의 결과는 우월한 인종의 문화 수준을 끌어내리고 육체적 및 정신적 퇴보를 가져온다. …… 이 세상에서 순수한 인종이 아닌 모든 것은 가치 없다. 인종적으로 오염된 시대에서 최고의 인종을 만들기 위해 노력하는 국가는 언젠가 이 세상의 주인이 될 것이다. …… 오늘날 모든 예술, 과학, 기술의 소산물 등 인간 문화는 거의 (㉮)의 독창적 산물이다.

<예시 답안>

㉮ : 게르만족
경제적 배경: 베르사유 조약으로 인한 독일의 배상금 문제 그리고 그로 인한 경제의 파탄/ 독일의 경제대공황의 여파로 인한 생활의 어려움/ 당시 베르사유 조약을 폐기하고 산업의 발전을 약소함/ 당시 러시아 사회주의 국가 건설에 맞서 중산층의 사유재산 국유화에 대한 두려움

2007년 23. 다음은 러시아 혁명에 대한 중요 내용이다. ㉠-㉣를 시대 순으로 쓰고, ㉠의 신경제 정책을 실시하게 된 이유를 1줄로 쓰고, 사회주의 혁명에 대한 ㉢의 멘셰비키의 주장을 1줄로 쓰시오. [3점] [2007-23기출]

> ㉮ 레닌이 신경제정책을 실시하다.
> ㉯ 러시아가 제1차 세계대전에 참전하였다.
> ㉰ 사회민주당이 볼셰비키와 멘셰비키로 분열하다.
> ㉱ 노동자와 병사들이 소비에트를 결성하여 혁명을 일으키다.

〈예시 답안〉

순서 : 다 나 라 가

이유 : 기근, 내전으로 인한 농민들의 징발 불만 등으로 공산화 정책 완화 필요성 등장

주장 : 자본주의가 충분히 발전하지 못한 농업 중심의 러시아에서는 사회주의 혁명이 불가능하다. 따라서 사회주의 혁명보다 부르주아 중심의 민주주의 혁명이 선행되어야 한다./ 당은 민주주의의 원칙에 입각해서 대중조직으로 만들어야 한다.

2009년 39. 다음 글은 유럽의 민족주의가 지닌 양면성을 보여준다. (가)와 (나)에 각각 표현된 민족주의 이념과 관련된 역사적 사실을 <보기>에서 골라 바르게 배열한 것은?

(가) 국가는 민족을 유기적으로 조직한다. 하지만 개인에게도 자유를 누릴 충분한 여지를 남겨 준다. 여기서 개인은 모두에게 무익하고 해를 줄 수 있는 자유는 가질 수 없어도 본질적인 자유는 누린다. 그런데 무엇이 본질적인 자유인가는 국가만이 결정한다. …제국의 성장, 즉 민족의 팽창이란 본연의 생명력이 분출되는 것이다. 성장하는 국가의 국민이나 쇠락을 맛본 후 다시 일어서는 나라의 국민은 언제나 제국주의자들이다. 이탈리아 국민은 지난 수세기 동안 굴욕과 외세에 의한 노예 상태를 겪은 후 다시 일어서고 있다. 나의 사상은 바로 이러한 국민의 열망과 성향을 가장 잘 대변하는 원리이다.

(나) 국가는 인류 정신의 완성을 위해 신이 부여한 사명의 상징이다. 진정한 국가는 형제애적인 협조 속에서 단결한, 공동의 목표를 향해 함께 일하는 자유롭고 평등한 사람들의 공동체이다. 따라서 균등한 권리가 없는 곳, 즉 신분적 특권이나 여타의 불평등에 의해 권리가 침해되는 곳에서는 진정한 국가가 존재하지 않는다. 개인의 힘과 능력이 발휘될 수 없는 곳, 즉 모든 이가 인정하고 수용하며 발전시키는 공동의 원리가 없는 곳에는 진정한 민족도 진정한 국민도 없다.

<보 기>

ㄱ. 갈색 셔츠단은 민족혁명을 선포하며 뮌헨 봉기를 일으켰다.
ㄴ. 민족협회의 자유주의자들은 비스마르크가 주도한 통일을 지지하였다.
ㄷ. 샤를 모라스는 악시옹 프랑세즈를 결성하여 반정부 활동을 전개하였다.
ㄹ. 리소르지멘토 운동이 확대되는 가운데 마치니는 청년 이탈리아당을 결성하였다.

	(가)	(나)
①	ㄱ, ㄴ	ㄷ, ㄹ
②	ㄱ, ㄷ	ㄴ, ㄹ
③	ㄱ, ㄹ	ㄴ, ㄷ
④	ㄴ, ㄹ	ㄱ, ㄷ
⑤	ㄷ, ㄹ	ㄱ, ㄴ

<답>

답- 2번

<해설>

민족주의는 공통된 언어, 문화, 역사 등을 소유한 집단을 중심으로 국가적 통합을 도모하고자하는 근대 유럽에서 형성된 정치적 이데올로기이다. 민족주의는 크게 19세기 초반에 형성된 부흥 민족주의(국민주의), 19세기 후반의 통합 민족주의(국가주의)로 나눠 볼 수 있다. 19세기 전반에 형성된 부흥 민족주의는 지식인과 부르주아 계층이 주도하였고 보수 정치권과 대립하였다. 다른 민족과 타 민족에 대해서 관용적이었고, 자유주의와 제휴하였다. 한편 2월 혁명을 계기로 19세기 후반에 형성된 침략적 민족주의는 종전에 지식인 중심에서 대중으로 확산되었고 정치적 지도자들이 적극적으로 이용하였다. 자유와 평등의 이념을 부정하고 자유주의와 대립되기 시작하였다. 또한 민족 자체를 목적시하고 절대화시키고, 사회진화론과 결합이 되어 제국주의 정책을 합리화시키는데 이용하였다.

(가)는 국가가 본질적 자유를 소유하고 민족주의를 제국주의 정책과 연결시키려고 했기 때문에 침략적 민족주의에 속한다.

(나)는 민족국가를 인류의 보편성과 개인의 권리를 전제로 하기 때문에 부흥 민족주의에 속한다.
갈색셔츠단은 히틀러가 정치 초년기 때 형성된 행동대 SA 조직을 말한다. 히틀러는 뮌헨비어홀 사건을 계기로 무력보다는 합법적인 선거를 통해서 정권 획득으로 방향을 선회한다. 타민족의 배타성과 침략성을 전제하기 때문에 침략적 민족주의에 속한다.

ㄴ. 민족협회의 민족주의자들은 부흥 민족주의자들로서 대부분 자유주의자이기도 하였다. 처음에는 독일의 민족주의자들은 자유주의와 연결되어 있는 부흥 민족주의자였다. 그러나 실질적 통일은 현실정치에 근거를 둔 통합적 민족주의자였던 비스마르크에 의해 이루어졌다.

ㄷ. 악시옹 프랑세즈는 20세기 초반에 프랑스에서 영향력을 발휘했던 우익 단체이다. 반유대주의를 표방하였기 때문에 침략적 민족주의에 속한다. 악시옹 프랑세즈 운동은 반의회주의·반유대주의 및 드레퓌스 사건을 둘러싼 논쟁으로 조장된 강력한 민족주의를 옹호하기 위해 19세기말에 시작되었다. 이 운동의 지도자 샤를 모라스는 군주제의 복귀를 위한 완전한 민족주의 원칙을 창안하고 이 원칙이 갈등으로 분열된 프랑스 사회를 통합할 수 있는 유일한 제도라고 생각했다. 로마 가톨릭교도, 소(小)기업가, 전문직업인의 폭넓은 지지를 받은 이 운동은, 과거로의 복귀를 바탕으로 하면서도 의회제 정부인 제3공화국(1870~1940)을 폭력으로 전복하자고 주장할 만큼 혁명적이었다. 악시옹 프랑세즈는 파괴전술과 청년단인 '카믈로 뒤 루아'(Camelots du Roi : 왕의 행상)를 통해 제1차 세계대전 이전의 우익단체 가운데 두드러진 조직이 되었다.

ㄹ. 청년이탈리아 운동은 프랑스 혁명의 영향을 받아 정치, 사회적 억압으로부터 개인의 권리를 회복시키고 그것을 보장하기 위해서 민족국가를 건설하려고 했기 때문에 부흥 민족주의에 속한다.

2011년 31. 밑줄 친 '이들'에 관한 서술로 옳지 않은 것은?

> 중세 유럽의 크리스트교 세계에서 이들은 크리스트교에 적대적인 자, 제의적 살인자, 우물에 독을 타는 자, 성체를 모독하는 자, 세계 지배를 도모하는 자, 고리대금업자 등으로 묘사되기도 하였다.

① 마르틴 루터는 『유대인과 그들의 거짓말에 대하여』에서 이들을 관용할 것을 주장하였다.
② 프랑스혁명기에 제헌국민의회는 이들에게 시민권을 부여하였다.
③ 19세기 말 러시아에서 벌어진 '포그롬(pogrom)'의 희생자였다.
④ 영국은 1917년의 밸푸어 선언에서 이들의 국가 건설을 약속하였다.
⑤ 1942년 반제(Wannsee) 회의에서는 이들 문제에 대한 '최종 해결' 방법을 논의하였다.

〈답〉
답-1번

〈해설〉
위의 설명은 유대인에 관한 것이다.

① 마르틴 루터는 유대인 문제에 대하여는 배척을 하였으며, 1543년 유대인과 그들의 거짓말에 관하여'라는 논문에서 유대인을 향한 악의적인 독설을 퍼부었다.

② 18세기 계몽주의자들은 종교적 관용을 인정하는 이신론적 세계관을 가지고 있는 사람들이 많았기 때문에 유대인 박해를 비판하고, 1789년 제헌국민의회에서는 유대인에게 시민권을 부여했다.

③ 그들은 19세기 말 러시아에서 벌어진 '포그롬(Pogrom)'의 희생자였다. '포그롬'이란 유대인 등에 대한 조직적인 약탈과 학살을 의미하는 러시아어로서, 19세기 초부터 20세기 초에 걸쳐 제정러시아에서 경찰이나 그 앞잡이들의 선동에 의하여 행하여진 조직적 약탈과 학살로서, 희생자 역할을 한 것이 피억압소수민족과 혁명적 노동자, 그리고 특히 유대인이었다. 넓게는 '러시아 이외의 소수민족에 대한 박해'의 뜻으로 사용된다.

④ 밸푸어 선언은 1917년 11월 2일 영국 외무장관 밸푸어가 제1차 세계 대전 당시 팔레스타인에 유대인을 위한 민족국가를 수립하는 데 동의한다고 발표한 선언이다. 유대계 영국인 은행가 겸 시오니즘 운동의 재정적 후원자였던 로스차일드 경에게 보낸 서한에서 밝힌 선언이다. 하지만 팔레스타인을 유대 민족의 모국으로 재구성할 것을 요구했던 시온주의자들의 기대에는 미치지 못했다. 그 당시 영국의 의도는 유대인의 여론을 연합국 측으로 끌어들임과 동시에 유대인을 활용한 중동 정책의 포석을 굳히려는 데 있었다. 하지만 이 선언은 아랍인에게 독립 국가 건설을 약속했던 〈맥마흔 선언〉과 중동의 터키 영토의 분할을 결정했던 사이크스 피코 협약 모두와 상반되는 입장이었다. 밸푸어 선언은 맥마흔 선언과 함께 2차 세계 대전 이후 이스라엘과 팔레스타인 충돌, 중동전쟁의 분쟁의 씨앗이 되었다.

2011년 37. 다음은 러시아 혁명과 관련된 연표이다. ㉠~㉤에 대한 설명으로 옳은 것은?

> · 1905년 1월 : '피의 일요일' 사건
> · 1905년 10월 : ㉠'10월 선언'
> · 1917년 2월 : ㉡페트로그라드 민중 시위
> · 1917년 3월 : ㉢임시정부 구성
> · 1917년 4월 : 레닌의 ㉣'4월 테제'
> · 1917년 10월 : 10월 혁명
> · 1917년 11월 : ㉤헌법제정회의 선거
>
> *연월은 러시아력으로 표기한 것임.

① ㉠에서 차르 니콜라이 2세는 두마를 해산시켰다.
② ㉡은 레닌이 이끄는 볼셰비키가 주도하였다.
③ ㉢은 입헌민주당과 볼셰비키로 구성되었다.
④ 레닌은 ㉣에서 전쟁의 즉각 중단과 소비에트로의 권력 집중을 주장하였다.
⑤ 소비에트 공화국은 ㉤의 결과를 수용하였다.

〈답〉
답- 4번

〈해설〉
1905년 10월 선언- 이의 결과로 차르 니콜라이 2세는 두마의 설치를 약속했다.

1917년 2월- 페트로그라드 민중시위에서 주도자는 민중, 여성, 노동자들이다.

1917년 3월 임시정부 구성- 당시는 입헌민주당 단독으로 구성하였다.

1917년 레닌의 4월 테제- 스위스의 망명에서 돌아온 그는 즉각적인 전쟁의 중단과 모든 권력을 소비에트로 이양할 것을 주장하였다.

1917년 11월- 헌법제정의회선거- 본 선거에서 볼셰비키는 패배하였고, 결국 소비에트는 이의 결과를 뒤엎어버리고, 볼셰비키 주도의 소비에트 공화국을 만든다.

<참고- 러시아 혁명>

  1905년에 페테르부르크 노동자들의 대규모 시위에 차르의 군대가 발포함으로써 피의 일요일사건(제1차 러시아 혁명)이 일어났다. 그때 노동자들은 차르정권에게 8시간 노동, 최저임금인상, 제헌의회(헌법 제정 의회) 구성, 정치범의 석방을 요구하였다. 피의 일요일 사건은 러·일전쟁의 패배로 인한 불만고조와 차르의 전제정치, 산업화에 따른 노동운동 전개, 사회주의 사상 전파의 영향으로 발생한 것이다. 군대 발포로 인해 노동자들은 노동자소비에트(평의회)를 조직하여 파업을 전국화시켰다. 점차 노동자뿐만 아니라 자유주의 지식인, 지주, 부르주아 등 다양한 계층이 참여했다. 심지어는 군인들도 참여하였다. 수병들이 전함 포템킨을 장악한 사건이 대표적이다.

① 이에 당황한 니콜라이 2세는 10월 칙령(선언)을 반포하여 노동자들의 요구 중 일부를 수용하였다. 10월 칙령은 인신·양심·언론·집회 결사의 자유 약속, 입법기관 두마 즉각 소집 등이 포함되어 있다.

② 1917년 1차 세계 대전이 발생하자 삼국연합에 속했던 러시아는 전쟁에 연합국 측에 서서 전쟁에 참여하였다. 2월 혁명은 처음에는 특정 정치세력이 주도하여 일어난 것이 아니라 노동자들이 식량배급과 전쟁중지, 전제 정치 타도 요구를 외치면서 자연발생적으로 일어난 것이다. 여기에 군인들이 진압하라는 상부의 명령을 거부하고 노동자 측에 가담하였고, 곧이어 노동자·병사 소비에트 결성하여 혁명의 구심점을 역할을 하였다. 레닌은 그 당시 스위스로 망명한 후이기 때문에 2월 혁명에 개입할 여력이 없었고, 국내에 남아 있던 볼셰비키는 정부의 탄압으로 인해 세력이 약화된 상태였다. 소비에트 내에서도 볼셰비키는 소수파였고 멘셰비키가 주도하는 형편이었다.

③ '노동자와 소비에트 중심으로 2월 혁명을 성공시켜 로마노프 왕조를 멸망시켰다. 그러나 소비에트는 입헌민주당의 연립정부 구성 요청을 거절하였다. 소비에트가 정권에 참여하지 않게 되자 단독으로 입헌민주당 중심으로 임시정부가 구성되었다. 한동안 러시아 안에서 임시정부와 소비에트의 이중권력 체제가 형성되었다. 후에 4월 위기 이후 케렌스키가 임시정부의 전쟁장관을 맡게 되자 그동안 참여하지 않았던 멘셰비키와 사회혁명당이 참여하여 자유주의와 사회주의 연립정부가 구성되었다.

④ 레닌은 독일 참모부의 도움을 받아서 스위스에서 러시아로 돌아왔다. 그는 망명 다음날 볼셰비키와 멘셰비키의 합동집회에서 유명한 '4월 테제'를 발표하였다. 4월 테제의 중요 내용은 '모든 권력은 소비에트로', '농민에게 토지를', '즉각적 평화'를 주장하였다. 레닌의 의도대로 10월 혁명 당시 페트로그라드와 모스크바 소비에트에서 볼셰비키가 주도권을 장악하였다. 4월 테제 발표 이후 레닌은 모든 권력을 소비에트로 넘길 것을 요구하면서 대중 봉기(7월 위기)를 일으켰지만 곧 임시정부의 진압으로 다시 핀란드로 망명을 갔다. 하지만 코르닐로프 장군의 반란 진압을 계기로 기회를 다시 잡은 레닌은 소비에트와 적위군을 동원하여 10월 혁명을 성공시켜 임시정부를 무너뜨리고 사회주의 정권을 수립하였다.

2012년 38. 지도는 어느 시기 독일의 영토를 나타낸다. 이 시기 각국에서 일어난 사건으로 옳지 않은 것은?

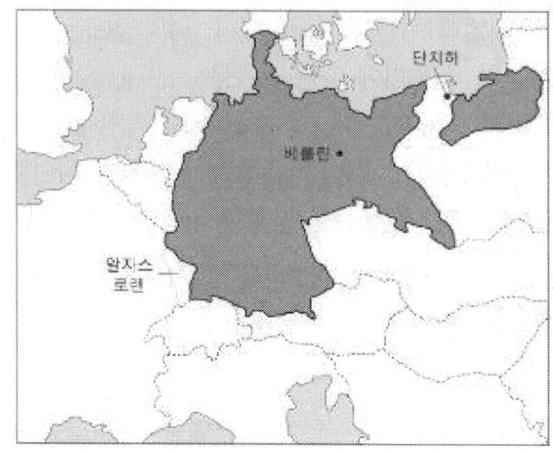

① 영국에서는 노동당이 처음으로 집권하였다.
② 프랑스에서는 보통 선거권이 남녀에게 평등하게 주어졌다.
③ 러시아에서는 소비에트 사회주의 공화국 연방이 수립되었다.
④ 튀르크에서는 무스타파 케말이 공화국을 세우고 근대화 개혁을 단행하였다.
⑤ 이탈리아에서는 로마 진군을 통해 무솔리니가 이끄는 파시스트당이 권력을 장악하였다.

〈답〉
답-2번

〈해설〉
　　베를린과 단치히가 역사무대에 등장하는 것은 독일 통일 이후 20세기 초반, 특히 1920년대 후반이 배경이 된다. 당시 영국에서는 노동당이 처음으로 집권하였다. 프랑스에서 보통선거권이 남녀에게 평등하게 주어진 것은 남성의 경우 1848년 이후이며, 여성의 경우는 1944년 4월 21일에야 투표권을 주게 된다. 러시아에서는 1917년 혁명 이후 소비에트 사회주의국가로 변화하고, 이후 위성국가들을 포함하여 소비에트 사회주의 공화국 연방이 수립되었다. 튀르크에서는 무스타파 케말이 1923년 10월 29일 공화국을 세우고 근대화 개혁을 단행하였다. 이탈리아에서는 로마 진군을 통해 무솔리니가 이끄는 파시스트당이 권력을 장악하였다.

서양 현대사 - 2

2014년 6. ㉠의 전개 과정에서 영국과 프랑스가 취한 통상 정책의 차이점을 쓰고, (나) 협상의 외교상 의의를 2가지만 쓰시오.(4점)

(가) 홉슨(J. A. Hobson)은 (㉠)의 가장 중요한 요인으로, 국내 시장에서 유리한 투자가 불가능해진 잉여 자본의 첨예한 해외 투자 경쟁을 지적했다. 즉 투자 대상을 필요로 하는 과도한 자본의 축적과 국내 시장 수요의 부족으로 (㉠)이/가 야기되었다는 것이다. 한편 레닌(V. I. Lenin)은 (㉠)을/를 자본주의의 최고 단계이자 국제적인 독점 자본가 집단과 자본주의 국가들에 의한 세계 영토 분할로 보았다. 이들 해석은 (㉠)을/를 금융자본의 역할 혹은 독점자본의 대두와 관련지어 설명한 것이다.

(나) 1. 영국 정부는 이집트의 정치적 상태를 변경할 의도가 없음을 선언한다. 한편 프랑스 정부는 이집트에서의 영국의 행동을 방해 하지 않을 것을 선언한다. … (중략)…
2. 프랑스 정부는 모로코의 정치적 상태를 변경할 의도가 없음을 선언한다. 한편 영국 정부는 …… 모로코에서 질서를 유지하고 필요하다면 모든 행정·경제·재정·군사 개혁을 위해 원조할 권리가 …… 프랑스에 속한다는 것을 승인한다.

<예시 답안>

(가) 제국주의 정책으로서 영국은 3C 정책을 완성하기 위해 이집트에서 남아프리카에 이르는 지역을 확보하면서 자유무역 정책을, 프랑스는 알제리부터 마다가스카르에 이르는 지역들을 차례로 정복해나가면서, 보호무역 정책을 확장해나간다.

(나) 상호간의 종전 보유의 식민지 인정을 하는 것과 프랑스를 고립시키려는 독일의 의도를 좌절시키는 프랑스의 외교적 승리, 독일의 팽창 정책에 대한 영국과 프랑스의 공조체제 형성.

<해설>

㉠은 제국주의를 의미한다. 홉슨은 제국주의의 가장 중요한 요인으로 해외투자경쟁을 지적했다. (나)는 1904년 영.프 협상 지문으로, 본 두 개의 지문은 서로 긴밀하게 연관되어 있다. 이는 당시 오랜 원수지간이었던 것을 뒤로 하고 양국이 보유하던 당시의 식민지를 인정하는 외교상의 일대 전기를 가져왔다. 특히 프랑스의 입장에서는 그를 외교적으로 고립시키려던 독일의 의도를 좌절시키는 중요한 외교적 승리였다. 제국주의 정책으로 나타나는 영국과 프랑스의 상업정책, 이에 대한 제동을 거는 독일과의 분쟁으로 등장하는 모로코 분쟁은 그 결과적 설명이다. 모로코 분쟁은 1차, 2차로 전개된다.

1차 모로코 분쟁- 19세기 말부터 프랑스의 보호권이 인정되어 온 모로코에 대해 독일이 권익을 주장한 것으로, 알헤시라스 회의에서 모로코에서의 프랑스의 특수한 정책적 이익을, 북아프리카에서 독일의 경제적 이익을 인정하였다. 2차 1911년 모로코 분쟁은 아가디르 사건이라고도 하며, 영국 주선으로 모로코는 프랑스 보호령이 된다. 실상 영국 주선으로 독일이 모로코에서 프랑스 우위를 인정한 것이다. 결국 1912년 프랑스는 모로코를 보호국으로 하여 식민지 지배를 완성한다. - 출처(서양사강의 개정판 423쪽, 441쪽)

2014년 15. 다음은 파울 슈미트의 회고록을 토대로 재구성한 것이다. 밑줄 친 내용에 해당하는 독일 정부의 움직임을 2가지만 쓰시오.(2점)

역사 속의 오늘 : 현대사를 증언하다

사회자 : 오늘은 제2차 세계대전 발발 직전 독일 측 수석통역 관을 지낸 파울 슈미트씨를 초대 손님으로 모시고 긴박했던 당시의 상황을 들어 보겠습니다. 슈미트씨, 전쟁이 터지던 그날의 분위기를 먼저 말씀해 주세요.

슈미트 : 그날 히틀러 총통의 집무실에는 숨 막히는 정적이 흘렀어요. 그분은 꼼짝도 않고 한참 앉아 있더니 약간 화난 얼굴로 외무장관 리벤트로프에게 다가가 무슨 일이냐고 물었어요. 그러자 장관이 영국과 프랑스가 최후통첩을 보냈다고 나지막이 대답하는 거예요.

사회자 : 언제부터 전쟁이 임박했다고 예상하셨나요?

슈미트 : 아마도 1938년 3월 독일의 오스트리아 합병으로 전쟁의 서막이 올랐다고 봐야 할 겁니다. <u>그 후 제2차 세계 대전 발발 직전까지 독일 정부는 동유럽에서 전쟁의 명분을 쌓기 위해 외교적 노력과 군사적 행동을 병행 합니다.</u> 이런 상황이 전개되자 영국과 프랑스도 최후통첩으로 강경하게 대응한 거지요.

〈예시 답안〉

외교적 노력- 1938년 9월 뮌헨정상회담(영국, 프랑스, 이탈리아, 독일 4개국)을 통해 주데덴란트 합병요구/ 1939년 8월 독소불가침조약 체결로 단치히와 폴란드 회랑 지대 요구

군사적 행동- 1939년 3월 체코슬로바키아 점령, 단치히시 합병, 9월 폴란드 침공.

〈해설〉

　　2차 대전 발발 직전까지 독일 정부는 동유럽에서 전쟁의 명분을 쌓기 위해 외교적 노력과 군사적 행동을 병행한다. 1차 대전 이후 독일은 무기와 군사적 제재를 받던 상황이었다. 이와 함께 경제대공황의 고통과 함께 '히틀러'라는 인물을 지도자로 탄생시켰다. 히틀러가 집권하면서, 1935년 3월 재군비를 선언하고, 1936년 3월 라이란트 재무장, 또한 1938년 3월 오스트리아 합병도 어느 나라에 의해 제지받지 않았다. 영국과 프랑스는 어떤 대가를 치르더라도 제1차 대전과 같은 무력충돌의 재발을 막고자 히틀러의 요구에 양보한다. 또한 1차 대전의 패전국인 독일 측의 베르사유 체제에 대한 불만이 어느 정도 일리 있다는 판단과, 히틀러의 목표가 제한적일 것이라는 추측, 나치독일에 맞서는데 필요한 군비증강으로 인한 경제적 부담에 대한 우려가 유화정책을 낳았다. 결국 독일이 폴란드 침공에 나서자 영국과 프랑스가 이틀 뒤 최후통첩을 보낸 것이다. 이렇게 시작된 2차 대전의 원인으로는 히틀러가 1914년 이전 독일의 지위 회복에 머무르지 않고 더 나아가고자 했으며, 서방의 유화정책으로 독일 팽창욕구에 어느 정도 정당성을 부여한 것, 2차 대전 발발에 기본 동력을 제공한 것이 1차 대전의 결과로서의 전후 유럽질서라는 점을 거론할 수 있다.

단치히(독): 폴란드의 그다니스크 또는 그단스크(폴란드의 지배를 받지만 주민의 90%가 독일인이다).

주데덴란트: 독일어를 사용하는 주민이 다수이며, 체코 산업 지역의 대부분을 차지하는 곳이다.

폴란드 회랑지대: 독일과 단치히를 연결하는 좁은 통로 지역.

2015년 4. 다음은 동·서 냉전의 장기적 진행 과정을 보여준다. 괄호 안의 ㉠에 들어갈 사건을 쓰고, 이 사건 당시의 소련 정부 수반이 ㉡ 시기에 적극적으로 추진한 개혁 정책 2가지를 쓰시오. 그리고 ㉢ 시기의 국면과 밀접한 연관이 있는 서독의 대외 정책 명칭과 그 내용을 쓰시오.(5점)

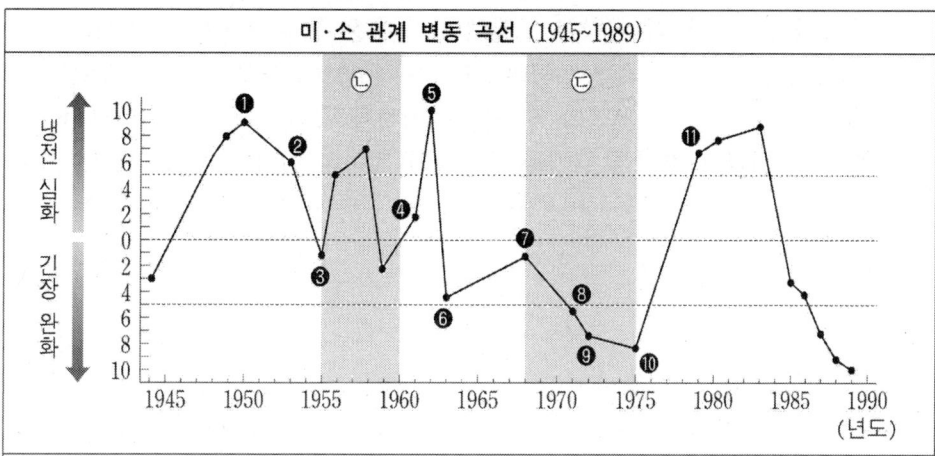

- ❶ 1950 한국 전쟁 발발
- ❷ 1953 한국 전쟁 휴전, 스탈린 사망
- ❸ 1955 제2차 세계대전 승전국 제네바 정상회담
- ❹ 1961 베를린 장벽 건설
- ❺ 1962 (㉠   )
- ❻ 1963 핵실험 금지 조약
- ❼ 1968 핵무기 확산 방지 조약
- ❽ 1971 베를린 협약
- ❾ 1972 전략 무기 제한 협정(SALT Ⅰ) 모스크바에서 서명
- ❿ 1975 안보와 인권에 관한 헬싱키 협약
- ⓫ 1979 소련의 아프가니스탄 침공

출처: Hans Wassmund, *Die Supermächte und die Weltpolitik*, München: C. H. Beck, 1989, p. 54.

<예시 답안>

㉠: 쿠바 사태(소련의 쿠바에 핵미사일 기지 설치, 위기)

㉡: 흐루쇼프는 55년~60년까지 반스탈린주의 정책으로 스탈린을 무자비하게 비판한다. 헝가리반공 봉기 개입을 하였으며, 대외적으로 평화공존 원칙을 천명하여 미국을 방문하는 등 서방정책을 펼친다. 특히 농업 부문에 집중하여 기계화와 집단농장체제를 합병한다.

㉢: 서독 빌리 브란트를 중심으로 동방정책을 실시한다. 원칙은 1민족 2국가, 동독과 서독은 외국이 아님을 천명. 1971년 9월 동서독 우편교류, 전화교류 합의, 1972년 동서독 기본조약 체결. 이에 서독이 동독을 경제적으로 지원한다.

2016년 8. (가), (나)에 들어갈 나라 이름을 순서대로 쓰시오.(2점)

> 1920년대에 들어서서 유럽은 베르사유 체제로 인하여 평화가 찾아온 듯하였다. 그러나 세계는 경제 공황의 발생으로 다시 위기로 빠져 들었다. 이에 대한 타개책으로 1930년대에 들면 군국주의 또는 전체주의 국가들이 무력 침략을 도발했다. 일본은 만주를, (가) 은/는 (나) 을/를, 독일은 라인란트를 점령했다. (가) 은/는 이미 1896년에 아프리카의 (나) 을/를 침공했다가 패전한 경험을 갖고 있었다. 로마 제국의 부활을 주장하는 무솔리니를 중심으로 한 파시스트들은 그 때의 굴욕을 씻고 자국의 경제적 위기를 극복하기 위하여 침략 전쟁에 나섰던 것이다.

<예시 답안>

(가): 이탈리아
(나): 에티오피아

<해설>

1차 세계대전 이후 붕괴된 유럽 질서를 간신히 회복하며 경제적으로 복구하던 중 1929년 미국발 경제대공황의 여파로 유럽은 1930년대에 상당한 어려움을 경험한다. 영국과 프랑스는 영국 블록-파운드화 정책, 프랑스 블록경제-프랑화 정책을 통해 간신히 대공황을 극복해내지만, 해외식민지가 없는 당시 일본과 독일 그리고 이탈리아는 해외 침략을 통해 경제 대공황의 여파를 극복해보려 한다. 한편 수에즈 운하가 개통되어 홍해 연안의 에티오피아가 전략적으로 중요해지자 영국, 프랑스, 이탈리아가 서로 이 나라를 차지하려고 노력하였다. 그런 가운데 일본은 만주를 침략하고 독일은 라인란트를 점령하며, 전부터 아도와 전투 등 여러 전투에서 에티오피아에 패배를 당한 경험이 있는 이탈리아는 무솔리니를 중심으로 에티오피아를 점령하여 경제적으로 수탈해나간다. 후일 이탈리아는 이에 대한 비난을 받자 국제연맹으로부터 탈퇴한다.

2017년 8. (가)에 해당하는 나라 이름을 쓰고, (나)에 들어갈 역사적 사건의 명칭을 쓰시오.(2점)

송 교사 : 이번 시간에는 제국주의 열강의 아프리카 분할과 그 결과들을 살펴봅시다. 누가 먼저 얘기해 볼까요?

학생 1 : 1884년 베를린 회의에서 벨기에가 국제 사회의 승인을 받고 (가)을/를 관리하게 되었는데요. 이곳 광산과 대농장에서 일했던 원주민들이 비위생적인 환경과 열악한 노동 조건 때문에 수십 만 명이나 사망했다고 합니다.

학생2 : 1899년 지도의 ㉠지역에서 일어난 (나) 때도 많은 사람들이 죽었어요. 영국은 살아남은 민간인들까지 수용소에 감금했고, 원주민들 또한 그 틈바구니에서 큰 피해를 입었다고 합니다.

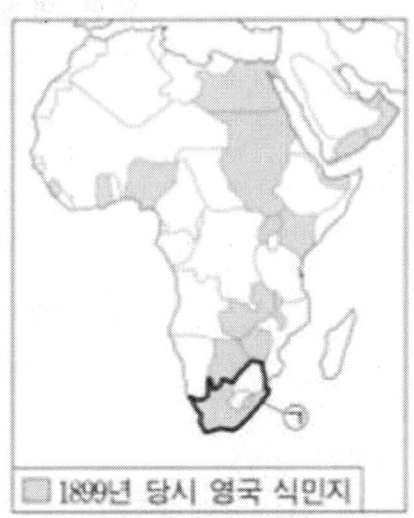

1899년 당시 영국 식민지

〈예시 답안〉

(가): 콩고

(나): 2차 보어전쟁.

〈해설〉

학생1의 설명으로 보아 벨기에 식민지를 의미하고, 따라서 그에 대한 대표적 식민지는 바로 콩고임을 충분히 추론할 수 있다. 학생2의 설명에 보이는 지도 맨 아랫부분은 바로 남아프리카임을 누구도 인지할 수 있다. 이 지역을 둘러싼 대표적 전쟁은 보어전쟁이다. 1899년-1902년까지 치른 보어전쟁은 남아프리카에 거주하는 네덜란드계 백인인 보어인과 영국인들 사이에 벌어진 전쟁이다.

보어 전쟁(Boer War, 1899년~1902년)의 원인을 살펴보면, 영국은 남아프리카에 관심을 갖고 있었으며, 1870년대 금과 금강석이 대량 발견되어 광물 매장지로 엄청난 가치 소유가 뚜렷이 밝혀지자 오렌지 자유국 그리고 트란스발 지역과 보어전쟁을 일으킨다.

2017년 5. 다음은 유럽통합의 단계적 진행 과정이다. (가)에 해당하는 기구의 명칭을 쓰고, (나) 조약의 주요 내용을 2가지 쓰시오. 그리고 (다) 시기에 새롭게 추진된 경제 통합정책을 1가지 서술하시오.(4점)

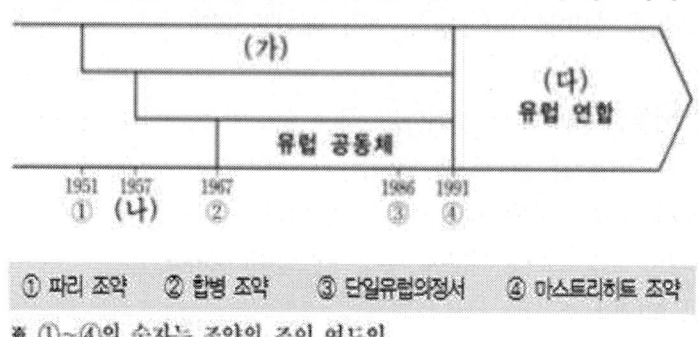

〈예시 답안〉

(가) 유럽석탄철강공동체
(나) 유럽원자력공동체와 유럽경제공동체를 새로 출범.
(다) 경제통합정책으로 통화의 단일화(유로화), 공동방위, 공동 외교정책 추구 등에 합의한다.

〈해설〉

(가) 유럽석탄철강공동체: 1951년부터 1991년의 기간을 살펴볼 때 1951년에 주목해야 할 필요가 있다. 이 시기는 유럽석탄철강공동체가 본격적으로 활동을 시작하는 시기이다. 실제로 1948년 마셜계획의 원조금 배분과 효율적인 운영을 위하여 유럽경제협력기구(OEEC)가 창설되었다. 한편 유럽의 정치적 접근이 실패하자 모네와 슈만의 주도로(슈만플랜) 경제적 통합의 길을 모색하여 석탄, 철강의 공동생산과 공동판매를 목적으로 한 기구인 유럽석탄철강공동체(ECSC. 1950년)가 프랑스, 서독, 이탈리아, 벨기에, 네덜란드, 룩셈부르크의 6개국의 참가로 1950년 발족되었다. 실제 활동은 1951년부터이다.

(나) 1957년은 로마조약(6개국 주도- 프랑스, 서독, 이탈리아, 네덜란드, 벨기에, 룩셈부르크)으로 유명한 해이고, 로마조약으로 유럽석탄철강공동체는 유럽원자력공동체와 유럽경제공동체를 새로 출범시킨다. 유럽원자력공동체(EURATOM)는 에너지의 안정된 공급과 원자력의 공동연구 및 개발을 목적으로 한다. 유럽경제공동체(EEC)는 회원국간의 모든 관세를 점진적으로 철폐하고 자본과 노동의 자유로운 이동을 가능하게 함으로써 거대한 자유무역지대를 형성. 즉 공동시장 형성, 시장 내 관세 철폐를 추진한다.

(다) 파리조약, 로마조약 그리고 단일유럽의정서를 하나로 묶어 개정, 보완하는 단일조약이 탄생하는데, 그것이 바로 1992년 '유럽연합'에 관한 조약, 즉 '마스트리히트 조약'이다. 이에 의거하여 경제통합정책으로 통화의 단일화(유로화), 공동방위, 공동 외교정책 추구 등에 합의한다.

2018년 6. 다음 학습지를 읽고 <작성방법>에 따라 제정 러시아의 농민문제를 서술하시오.(5점)

<19~20세기 러시아 농촌 사회의 변화>

(가) 농노해방령

신의 은총으로 러시아 황제, 폴란드 국왕, 핀란드 대공인 나 알렉산드르 2세는 충성스러운 신민들에게 알린다. (중략) 이 조치에 따라 농노는 적절한 시기에 자유로운 농민으로서의 모든 권리를 부여받을 것이다. 지주들은 소유 토지에 대한 재산권을 보유하면서, 농민들에게 고정 임대료를 받고 토지 경작권을 부여할 것이다. (중략) 또한 ㉠농민에게 토지를 구매할 권리가 부여된다.

(나) 연표

연도	사건
1873~1874	㉡브나로드 운동
1881	알렉산드르 2세 암살
1898	사회민주노동당 창당
1901	㉢사회혁명당 창당
1906	㉣스톨리핀의 농업개혁
1921	신경제정책 개시
1928~1932	스탈린의 1차 5개년 계획

<작성방법>

(가)의 배경이 된 전쟁의 명칭을 쓰고, ㉠에 따른 후속절차를 쓸 것.
㉡과 ㉢에 공통되는 사상적 기반을 쓸 것.
㉣의 내용을 (가)의 경과와 관련지어 쓰고, 그 정치적 목적을 설명할 것.

<예시 답안>

(가)의 배경이 된 전쟁- 크림 전쟁 (1점)

후속절차 농노(농민)가 예전에 경작하던 토지보다 1/5 정도 적게 수령, 토지 구입비용을 국가에 49년 동안 상환해야 하며, 미르공동체에 묶어두어 공동체 승인 없이는 공동체를 마음대로 벗어날 수 없음. (1점)

사상적 기반- 나로드니키(인민주의) (1점)

㉣ 스톨리핀의 농업개혁- 목적은 농노해방령을 시행했지만 오히려 농민들의 삶이 더욱 억압되어 사회주의를 쉽게 수용한다. 농민공동체를 해산하고, 사회주의에 영향을 받는 농민소요 재연을 막고 농업문제를 해결하여 자영농을 대규모로 육성하기 위함이다. (2점)

〈해설〉

　　농노해방령의 직접 계기가 된 전쟁은 크림 전쟁이다. 크림 전쟁의 패배는 러시아 제국의 위상을 크게 손상시키고. 국내에서는 자국의 후진성 문제에 관해 큰 논란이 제기된다. 1855년 제위에 오른 알렉산드르 2세의 개혁은 농노제, 사법제고, 군제, 지방행정 등의 대대적인 개혁의 성격을 띤다. 1861년 2월 농노해방령 선포. 그러나 농노(농민)가 예전에 경작하던 토지보다 1/5정도 적게 수령, 토지 구입비용을 국가에 49년 동안 상환해야 하며, 미르공동체에 묶어두어 공동체 승인 없이는 공동체를 마음대로 벗어날 수 없다는 한계를 지니게 된다.

　　다양한 분야의 개혁이 이루어지지만, 전제 권력 자체의 개혁이 없는 그의 대개혁은 급진적인 개혁가들에게는 만족할 만한 것이 못되었다. 1881년 차르 알렉산드르 2세가 암살당하고, 알렉산드르 3세가 제위에 오른다. 그는 1892년 비테 백작을 재무대신에 임명하여 새로운 개혁에 나선다. 비테 체제의 핵심은 철도부설과 공업발전을 최대한 지원, 외국인 투자 적극 유치, 외자도입을 위해 세제 개혁 단행, 금본위제 도입, 국내산업 보호를 위해 수입관세도 올린다. 비테체제의 정책은 성공하였지만 부작용을 낳았다. 농업이 무시되고, 재원 마련을 위해 농민들에게 무거운 간접세가 부과. 또한 해외자본이 러시아 공업의 상당 부분을 차지하면서 러시아 중간계급의 성장이 느려진다. 도시 노동자들의 생활조건이 비참해지고, 이로 인해 노동자들의 조직화와 혁명사상의 수용이 용이해진다.

　　한편 브나로드 운동(인민 속으로)과 사회혁명당의 활동을 통해 대중 속으로 파고들어간 사회주의 운동은 이런 상황에서 더욱 파급효과를 지닌다. 사회혁명당은 1901년 나로드니키(인민주의)의 이념을 계승하여 농업사회주의자를 중심으로 농민층의 후원을 받아 창당하게 된다.

　　이에 1906년 니콜라이 2세 체제 아래에서 스톨리핀 개혁을 실시한다. 이 개혁의 핵심은 농업문제 해결과 당시 사회주의에 쉽게 영향을 받는 농민소요 재연을 막고, 자영농을 대규모로 육성하기 위함이다. 이에 농민들이 토지정리와 함께 공동체에서 이탈할 수 있게 된다. 농민은행을 세워 독립한 농민들이 좀 더 많은 토지를 획득할 수 있도록 자금을 대부해주며, 농노해방령 이래 납부하던 토지 상환금도 폐지하였다. 그러나 이 역시 농민들 사이에 계층분화를 촉진한다는 한계가 있다.

2019년 전공 B 5. ㉠ 법의 구체적 내용을 2가지 쓰고, ㉡에 들어갈 제목과 ㉢의 이름을 순서로 쓰시오. [4점]

연합국은 (㉠)법이 제정된 도시에서 1945년 8월 나치 전범 재판을 시작합니다.

나치의 유대인 정책 추이

	사례
차별	(㉠)법 제정 (1935.9.)
추방	마다가스카르 계획 논의
집중	강제 수용소 건립
학살	반제 회의 개최(1942.1.)

〈나치 과거 청산 읽기 자료〉

(가) 제6조

  a. 평화에 반(反)한 죄

    …(중략)…

  b. 전쟁 범죄

    전쟁 법규 또는 전쟁 관례에 위배되는 행위를 말한다. 여기에는 점령지의 민간인을 살해, 학대하거나 강제 노동 또는 기타 목적을 위해 강제 이용하는 행위, 전쟁 포로나 공해 상의 민간인을 살해 또는 학대하는 행위, 인질을 처형하는 행위, 공공재산 또는 사유재산을 약탈하고 도시와 농촌을 이유 없이 파괴하는 행위, 혹은 군사적으로 필요하다고 인정할 수 없는 파괴 행위가 포함된다.

  c. (㉡)

    …(중략)… 여기에는 민간인을 살해, 집단 학살하고 노예화 하고 강제 이송하거나, 정치, 인종 또는 종교를 이유로 박해하는 행위 등이 포함된다.

    -「국제군사재판소 조례」(1945.8.8.)-

(나) 1961년 예루살렘에서 열린 재판의 피고이자 (前) 나치 보안국 관리 (㉢)은/는 이렇게 말했다. "나는 결코 유대인을 증오하지 않았지만, 다르게 행동할 수는 없었습니다. 나는 죄책감을 느끼지 않습니다. …(중략)… '최종 해결'에서 내가 맡은 역할은 우연에 의한 것입니다. 누구라도 내 역할을 떠맡았을 수 있습니다." 그의 발언은 홀로코스트를 포함한 제노사이드(인종 학살) 문제를 전반적으로 성찰하는 계기가 되었다. 이후 전쟁 범죄와 (㉡)은/는 공소시효가 적용되지 않는 범죄로 인정받기 시작했다.

〈예시 답안〉

㉠의 구체적 내용: ① 조부모 중 한 사람이라도 유대인이면 그를 유대인으로 간주하여 시민권을 박탈하고, 모든 공직 추방, 금지.
② 유대인과 독일인 사이의 통혼과 혼외정사 금지, 유대인이 45세 이하 독일 여성을 가사노동자로 고용하는 것 금지, 유대인의 독일국기 사용금지.
㉡ 제목: 반인륜범죄(민간인에게 비인간적인 행위를 자행한 '인도에 관한 죄')
㉢ 이름: 아이히만

〈해설〉

㉠의 법은 '뉘른베르크법'을 말한다. 조부모 중 한 사람이라도 유대인이면 그를 유대인으로 간주하여 시민권을 박탈하고, 모든 공직 추방, 금지하였다. 또한 유대인과 독일인 사이의 통혼과 혼외정사 금지, 유대인이 45세 이하 독일 여성을 가사노동자로 고용하는 것을 금지 그리고 유대인의 독일국기 사용을 금지하였다.

1945년 8월 미국, 소련, 영국, 프랑스의 합의로 설립된 국제군사법정이 1945년 11월 20일부터 1946년 10월 1일까지 뉘른베르크에서 나치 독일의 최고위급 인물들을 대상으로 벌인 재판이다. 일명 '뉘른베르크'재판으로, 이를 통해 <u>평화파괴죄, 전쟁범죄 외에 주로 홀로코스트를 겨냥한 반인륜범죄가 새로 도입</u>되었다.

-출전: 서양사강좌 570쪽, 581-582쪽.

2020년 8번 문제 다음 자료를 읽고 〈작성 방법〉에 따라 서술하시오. [4점]

(가) 여권운동에서 (㉠)은/는 여성운동가들이 인식했던 것처럼 여성의 능력을 보여주는 대표적인 상징으로서 정치적 진보를 의미했다. 영국에서는 (㉠)운동이 급진적인 성격을 띠면서 1903년 에멀린 팽크허스트(Emmeline Pankhurst)가 여성사회정치연합(Women's Social and Political Union)을 창설하고 호전성과 시민불복종을 전술로 채택하였다. 이들은 의회에 난입하거나 건물에 불을 지르는 과격한 모습을 보였다. 이들은 체포되어 투옥된 이후에도 단식투쟁을 벌이면서 '정치범' 대우를 요구하기도 하였다. 1913년에는 에밀리 데이비슨(emily Davison)이 더비 경마일(Derby Day)에 국왕의 말 앞에 스스로 몸을 던져 밟혀 죽는 이른바 '순교'를 행하여 (㉠)운동가들의 도덕적 요구가 얼마나 컸는지를 극적으로 보여주었다.

(나) 먼저 우리는 다음과 같은 질문을 해야 한다. 여성이란 무엇인가? …(중략)…우리는 여전히 여성성이 위험하다는 말을 듣는다. 우리는 여성이라고, 여성으로 남아 있으라고, 여성이 되라는 훈계를 듣는다. …(중략)…인간성은 남성적인 것이며 남성은 여성을 본질적인 존재가 아니라 그에 관련된 존재로서 정의한다. 그녀는 자율적 존재로서 간주 되지 않는다. …(중략)…여성은 성적 존재일 뿐이다. …(중략)…여성은 남성과 관련하여 정의되고 구분되지만 남성은 여성에 따라 정의되고 구분되지 않는다. 여성은 부차적인 존재, 즉 본질적인 존재에 반대되는 비본질적인 존재이다. 그는 주체이다. 그는 절대자이다. 하지만 그녀는 타자이다.

-『(㉡)』-

(다) '여성의 신비'는 여성을 위한 최고의가치와 유일한 책임이 여성만의 여성성 실현이라고 말한다. '여성의 신비'는 서양 문화의 커다란 잘못이 역사의 대부분 시기에 여성성을 과소평가해 온 것이라고 말한다. …(중략)…과거에 여성이 가진 고민들의 근원은 여성들이 오직 성적 수동성, 남성의 지배, 모성애의 진작 등에서만 성취를 이룰 수 있는 자기 본선을 받아들이는 대신에 남성을 부러워하고 남성처럼 되려고 애쓰는 것이라고 '여성의 신비'는 말한다. 그러나 이 신비가 미국 여성에게 주는 새로운 이미지는 '직업: 가정주부'라는 낡은 이미지이다. 새로운 신비는 그 밖에 어느 것도 될 기회가 없었던 가정주부-어머니를 모든 여성의 본보기로 만든다.

-『여성의 신비』-

〈작성방법〉

○ ㉠에 공통으로 들어갈 용어와 ㉡에 들어갈 서명을 순서대로 쓸 것.
○ (가)와 (다)에 대해 여성 운동 내부에서 공통적으로 제기되었던 비판을 2가지 서술할 것.

〈예시 답안〉

1. ㉠- 여성 참정권/ ㉡- 제2의 성
2. (가)와 (다)에 대해 여성 운동 내부에서 공통적으로 제기되었던 비판 2가지-
   중산층을 기반으로 하는 자유주의적 부르주아 여성운동이며 백인 중심이다.
   부르주아 여성운동과 여성 노동자운동의 이해관계는 다르다.

〈해설〉

(가) 19세기 후반 들어 참정권 문제는 정치를 개혁하는 데 관건이었기에 기성 정치의 핵심 사안으로 떠오른다. 20세기 초 영국의 에멀라인 팽크허스트 같은 급진적인 여성참정권론자들은 건물에 대달려 투표권 용호 연설을 하거나 자신들의 운동에 대하 사람들의 지지를 이끌어 내기 위해 새로운 방식으로 노력을 했다. - 캔디스 고처, 린다 월튼 지음, 황보영조 옮김, 『세계사 특강』, 390쪽. 여성운동의 시기는 19세기 후반부터 1차 대전 시기까지 진행된 1차 여성 혹은 여권운동 시기, 1960년대 이후 제2의 물결 단계, 즉 여성해방운동 시기, 마지막 1990년대 후반 제3의 물결 시기로 나뉜다. 1단계는 참정권 획득, 여성의 고등교육 허용, 직업진출 기회 확대, 재산권 인정 등 시민으로서 갖추어야 할 기본적인 법적 권리와 자격을 따내기 위한 과정이었다. 여권운동의 클라이맥스라고 할 수 있는 참정권운동은 미국의 앤서니, 스탠턴, 영국이 팽크허스트 모녀 같은 스타급활동가를 배출했다. -송충기 편, 이남희 지음, 『세계화 시대의 서양현대사』, 421-422, 424쪽. (11장 페미니즘과 여성해방운동)

(나) 시몬 보부아르의 『제2의 성』
   핵심 내용- 남성이 주체요, 본질이요, 제1의 성이요, 지배하는 우월한 존재이고, 여성이 객체요, 비본질이요, 제2의 성이요. 예속된 열등한 존재라는 생각은, 남녀의 본질적 측면 때문이 아니라 그저 사회적으로 만들어져 온 것이다. 여성의 삶이 이처럼 열등하게 된 것은 고금을 통틀어 보더라도 여성들 본인들이 자기타자화를 통해 남성 중심적 사회에 예속되는 길을 선택했기 때문이다. 여성의 진정한 해방을 위해서는 여성들 본인들이 일어나서 이 억압적 사회구조를 바꾸어야 하며, 우리 사회에 페미니즘이 필요한 이유 역시 바로 이것이다.

(다) 베티 프리단의 『여성의 신비』 관련- 송충기 편, 이남희 지음, 『세계화 시대의 서양현대사』, 434-436쪽. (11장 페미니즘과 여성해방운동)

기 타 세 계 사

2003년 10. 다음은 16~17세기 은(銀)의 세계적 유통 경로를 표시한 지도와 무역 구조도이다. 이에 근거하여 세계 각 지역에서 일어난 변화를 각각 30자 이내로 서술하시오.(총 4점)[2003-10기출]

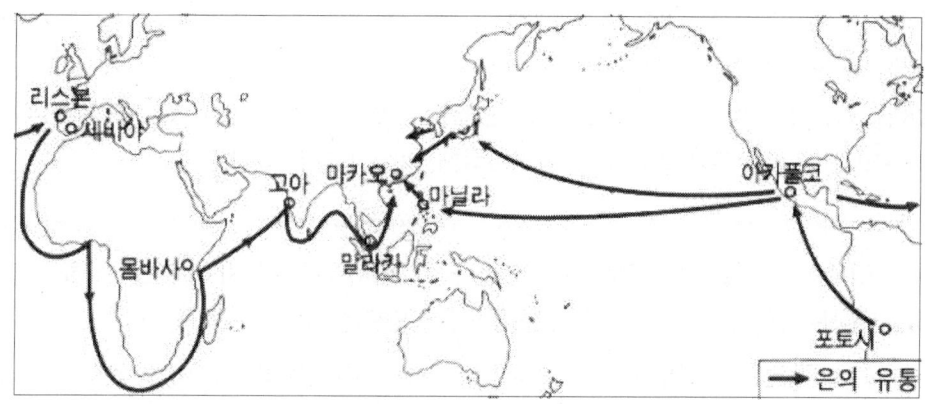

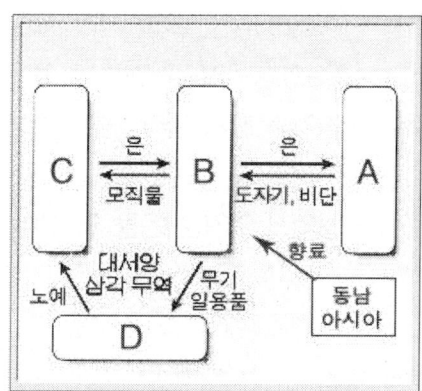

〈예시 답안〉

A지역: 중국
B지역: 스페인과 포르투갈
C지역: (아메리카)광산 개발 등으로 노동력이 고갈되고 아프리카 노예가 대량 유입되었다.
D지역: (아프리카)남성 인구가 격감하여 일부다처제 관행이 도입되었다.

〈해설〉

16세기 은(銀)은 국제 결재수단으로 사용되었다. 은의 유통은 각 지역의 물자유통과 긴밀한 관련이 있고 이를 통해 여러 경제적, 제도적 변화를 불러 일으켰다.

도표에서 B는 스페인과 포르투갈이다. 스페인과 포르투갈은 지리상의 발견 이후 중국의 비단, 차, 도자기를 구입하여 유럽에 팔았다. 대신 아메리카 대륙에서 가지고 온 은을 중국에 지급했다. 먼저 중국에 진출한 상인은 포르투갈 상인이다. 포르투갈은 중계무역의 중심지인 말라카를 점령하고, 마카오를 거쳐 일본의 나가사키에 진출하였다. 그들은 조총과 화약 및 명의 생사와 비단을 팔고, 일본이 결제한 은으로 명의 비단이나 도자기를 사서 말라카를 거쳐 유럽으로 수출했다.

그 다음에 진출한 에스파냐는 필리핀 제도 마닐라에 기지를 건설하였다. 스페인 상인들은 멕시코의 아카풀코 은광과 남미의 포토시 은광에서 가져온 은을 명 상인의 가져온 비단, 면직물, 도자기와 교환하였다.

16세기 말에는 네덜란드 상인이 진출했다. 네덜란드 상인은 향신료 산지인 몰루카 제도의 지배권을 포르투갈로부터 빼앗고, 일본에 진출, 나가사키에 머무르며 중국과 교역하였다. 17세기 중엽 동남아시아 섬 지역 대부분을 장악한 네덜란드는 동아시아 교역에서 가장 큰 영향력을 발휘하는 유럽국가가 되었다.

유럽인이 동아시아에 진출하고, 아메리카 대륙의 은이 공급됨으로써 동아시아 교역망은 세계로 연결되었다. 은의 유통은 중국과 유럽의 큰 변화를 불러일으켰다. 그 당시 중국은 자체 생산한 은보다 은의 유통량이 많아지자 명,청 시대에 일조편법과 지정은제를 실시했다.

한편 신항로 개척 이후 아메리카에서 채굴된 대량의 은이 스페인과 포르투갈을 거쳐 유럽의 물가를 폭등시켰다(가격혁명). 대서양 무역과 동방무역을 통해 다양한 상품과 상품량이 늘어나고 이런 상품을 유통하는 과정에서 상업자본이 성장하였다(상업혁명).

2003년 13. 동남아시아 사회는 복잡한 민족 구성과 종교 등으로 다양한 문화적 양상을 보여주고 있다. 다음 자료들을 보고 물음에 답하시오.(총3점)[2003-13기출]

(가) 역사를 소재로 한 베트남 그림   (나) 앙코르 와트   (다) 인도네시아에 있는 술탄의 궁전

13-1. 위 자료를 보고 근대 이전 동남아시아의 역사 전개에 영향을 끼친 외부로부터의 문화적 요인을 3가지로 파악한다면, 어느 지역으로부터 어떠한 문화들이 도입되었는지 요인별로 각각 20자 이내로 서술하시오. (2점)

〈예시 답안〉
- 중국으로부터 유교가 도입
- 인도로부터 불교, 힌두교가 도입
- 아랍, 인도로부터 이슬람 도입

〈해설〉
(가)는 베트남인들이 중국인들에게 대항하는 그림이다. 베트남 북부는 일찍부터 중국의 침략과 지배를 받았다. 그런 과정 속에서 중국인으로부터 유교, 한자, 불교 등을 받아들여 동아시아 문화권으로 분류되었다.
(나) 캄보디아에 있는 소승불교 사원 앙코르와트이다. 동남아시 지역은 인도로부터 불교와 힌두교를 받아들였다. 앙코르와트는 초기에는 힌두교 사원으로 사용되었다가 불교를 받아들이자 불교사원으로 사용된 것이 특색이다.
(다)는 이슬람 문화의 영향을 받은 것으로 보인다. 동남아시아 이슬람 전파는 다른 지역과는 달리 무력이 아닌 아랍과 인도상인과의 교역을 통해서 자연스럽게 전파되었다.

13-2. (가)에 보이는 변형된 로마자(字)의 사용은 동남아시아에 대한 유럽 제국주의 열강의 침략과 밀접한 관련이 있다. 이 문자는 어떠한 배경 속에서 사용되기 시작하였는지 20자 이내로 기술하시오. (1점)

〈예시 답안〉

가톨릭 포교를 위함.

〈해설〉

베트남은 근대 이후 프랑스 식민 지배를 받았다. 프랑스는 베트남의 침략 과정 속에서 가톨릭을 이용하였다. 프랑스뿐만 아니라 서구 열강들은 식민지를 확장하면서 종교를 침략의 도구로 사용하였다. 이에 대해서 민중들은 거센 반항을 하였다. 베트남에 들어온 선교사들은 한자가 너무 어렵고 민중들이 쉽게 접근하기 어렵다는 것을 파악하여 로마자를 들어와 베트남어를 표기하기 시작했다. 베트남에서 로마자는 이곳에 가톨릭 포교를 위해 프랑스 선교사 로데스가 고안하여 17세기 말 무렵부터 쓰기 시작했다고 한다.

2005년 19. 다음은 베트남의 황제 함응이(咸宜)가 1885년 프랑스의 침략에 저항할 것을 호소하는 조칙의 일부이다. 이 조칙을 계기로 베트남 각지에서 일어난 의병(의군) 투쟁의 주체와 성격을 쓰시오. [3점]

> 짐은 부덕한 사람으로 이제 (프랑스의 침입이라는) 상황에 직면하여 앞장서 나아갈 힘이 없다. 도읍은 함락되었고 짐의 수레도 어디론가 가버렸다. 이 모든 것에 대해 짐은 책임을 통감하며, 아울러 한없는 부끄러움을 느낀다. 그러나 우리 모두가 도덕적인 의무감에 충만해 있으니, 지위 고하를 막론하고 누가 나를 버리겠는가. 머리 좋은 자는 묘안을 내고, 힘 있는 자는 직접 싸우고, 재산 있는 자는 물자를 제공하라. 만백성은 여하한 고난도 견디며, 여하한 위험도 피하지 말라. 이렇게 하는 것만이 의(義)의 길이다. …… 다행히 하늘의 가호가 있으면 우리는 혼란을 질서로, 위험을 안전으로 바꿀 수가 있을 것이며, 끝내 우리의 전 국토를 되찾게 될 것이다. …… 이것이 최선의 방책이 아니겠는가?

<예시 답안>
주체: 문신을 포함한 주전파 관인 또는 전통적인 유교 지식인
성격: 근왕운동적 성격

<해설>
프랑스는 19세기 초부터 중국 진출 교두보로 베트남에 관심을 갖고 있었다. 1862년 프랑스는 먼저 남부 지방을 먼저 빼앗은 뒤 북부 지방마저 차지하였다. 1884년에는 종주권을 주장하던 청을 물리치고 베트남 전체를 보호국으로 삼았다. 이에 맞서 베트남인들은 끈질기게 저항하였다. 먼저 남부 지방 농민들이 프랑스와 봉건관리에 맞서 무장봉기를 일으켰다. 곧이어 일어난 것이 근왕운동이다.

본 사료는 1885년-1888년 3년 동안 전개한 반(反) 프랑스 성격을 띤 근왕운동과 관련된 것이다. 근왕운동은 1885년 베트남 실권자가 어린 황제를 데리고 궁중을 탈출하여 근왕령(프랑스 침략에 저항을 호소)을 반포하여 의병을 조직하고 프랑스 군대와 싸운 독립운동이다. 프랑스 인을 몰아내고 베트남 황제의 권력을 회복하는데 목적이 있다. 황제의 칙령에 호응하여 유교지식인들의 주도로 지주와 농민이 합류하여 무장투쟁을 벌였다.

2005년 23. 다음 자료는 1620년 12월에 작성된 '메이플라워 서약'의 일부이다. 이 서약의 주체를 쓰고, 이 서약문을 통해 알 수 있는 북아메리카 영국 식민지의 특징을 3가지만 쓰시오. [3점]

> 아래에 이름이 명기된 우리는 …… 본 증서를 통해 우리 자신의 보다 바람직한 질서 수립과 보존 그리고 진술한 목적을 진하기 위해, 신과 서로의 면전에서 상호간에 엄숙히 서약을 하고 시민적 정치통일체로 결속한다. 그리고 이를 바탕으로 식민지의 일반 선을 위해 가장 적절하다고 여겨지는 정의롭고 공평한 법률, 법령, 조례, 헌법, 관직을 수시로 제정, 구성, 조직하기로 하며 이에 대해 정중히 서약하는 바이다.

〈예시 답안〉
서약의 주체 : 청교도 분리파(분리파), 필그림파더스(Pilgrim Fathers)
영국 식민지의 특징: 성서를 기준으로 한 신정정치, 성서국가/ 교회 중심으로 민주적 자치 발전/ 신앙의 이설에 대한 불관용

〈해설〉
영국식민지의 특징으로 메이플라워 서약을 통해서 본 식민지의 성격을 유추하는 문제이기 때문에 서약내용과 청교도 정신이 어떻게 청교도 공동체 내에 구현되었는가에 초점을 맞춰야 한다. 서약의 주체는 청교도이지만, 정확하게 말하면 분리파 또는 필그림 파더스라고 써야 한다. 원래 청교도는 국교회의 한 일파로서 국교회의 개혁을 요구한 사람들이다. 다시 청교도 내에서 개혁 방법을 둘러싸고 국교회 내에서 개혁을 주장하는 사람(불복종파), 국교회에서 분리하자는 분리파, 분리파 중에 해외로 나가서 자신의 신앙공동체를 형성한 필그림 파더스로 대별된다.

네덜란드로 망명한 분리파의 일부는 약 10년에 걸친 네덜란드에서의 생활고와 조국에 대한 애착에서 영국령아메리카로의 이주를 결의하고 1620년 메이플라워호를 플리머스에 도착했다. 그들은 "순례시조(Pilgrim fathers)"라고 불리우며, 상륙에 앞서 '메이플라워 서약'를 주고받고 자치와 법의 지배에 의한 정치단체가 될 것을 서로 약속하였다….(중략)…각각의 개별교회의 자치를 존중하는 회의파로 민주적 교회운영을 목표로 했다. 또 교회를 중심으로 한 여타 운영공동체를 행정단위로 하여 주민이 참여하는 타운미팅(town-meeting)에 의해 민주적 자치를 발전시킨 것은 뉴잉글랜드의 사회적 특징이 되었다.

2006년 16. 다음은 고대 인도에 관한 기술이다. 빈 칸 ㉮에 해당하는 왕조명을 쓰고, ㉯의 특징을 2줄 이내로 쓰시오.[2006기출-16] [2점]

> 마우리아 왕조의 멸망으로 인도는 다시 분열되었는데, 1세기 중엽 북부 인도에 (㉮)(이)가 성립하였다. 이 왕조는 중앙아시아로부터 북인도에 이르는 동서 교통로의 요지를 지배하며 중계 무역으로 번성하였다. 특히 카니슈카 왕의 지원으로 불경이 수집·연구되면서 대승불교가 발전하였다. 그뿐만 아니라 ㉯독특한 불교 미술이 발전하였는데, 이는 비단길을 통하여 동아시아에 전래되었다.

<예시 답안>

㉮ 왕조: 쿠샨 왕조

㉯ 특징: 그리스 미술의 영향을 받아 불상을 제작하는 간다라 미술이 발달.(또는 인도와 그리스 문화가 결합하여 불상을 제작)

2006년 17. 다음은 8세기 세계 문화권 형성과 문물 교류에 관한 기술이다. 빈 칸 ㉮의 왕조명, ㉯의 도시명, ㉰의 문물을 각각 쓰시오.[2006기출-17] [3점]

> 8세기 중엽의 세계는 세 문화권이 정립(鼎立)되는 시기를 맞이하였다. 동아시아에는 유교(불교) 문화권, 서아시아에는 이슬람 문화권 그리고 유럽에는 기독교 문화권이 각기 난숙한 모습을 보였는데, 이들 각 문화권의 중핵이 되는 정치 세력으로 당(唐), (㉮) 왕조, 비잔틴 제국이 서로 견제와 교류를 계속하며 번성하였다.
> 　당의 수도 장안에는 외국의 사절 및 유학생, 그리고 소그드인, 이란인, 아랍인 등의 상인들이 왕래하여 국제 도시로 번성했다. (㉮) 왕조의 수도인 (㉯)(은)는 상업과 수공업이 발달하여 중국의 도자기와 견직물, 인도의 향신료, 유럽의 모피 등이 유통되는 국제 도시가 되었다. 특히 아시아와 유럽 양 대륙의 중간에서 활동한 이슬람 상인은 탈라스 전투에서 당군(唐軍)의 포로로부터 배운 (㉰)(을)를 유럽에 전하기도 했다.

<예시 답안>

㉮ 왕조명: 아바스 왕조

㉯ 도시명: 바그다드

㉰ 문물: 제지술

2006년 23. 다음은 아메리카 대륙에 관련된 글이다. 다음 빈 칸 ㉮, ㉯에 들어갈 단어를 쓰고, ㉰로 인해 야기된 문제를 해결하기 위해 정복자들이 당시에 취한 정책의 내용을 2줄 이내로 작성하시오.[4점]

> 에스파냐의 코르테스와 피사로는 각각 소수의 병력으로 극히 짧은 기간에 중남 아메리카의 (㉮) 문명과 잉카 문명을 파괴하고, 광대한 식민지를 건설하였다. 식민지는 에스파냐의 국왕이 임명한 총독과 지방 장관이 통치하였다. 에스파냐 국왕이 개발자에게 해당 지역을 소유하고 원주민에게서 공납을 징수하는 권리를 준 (㉯) 제도에 의해, 원주민들은 가혹한 착취를 당하였다. 유럽인의 무자비한 살육과 가혹한 착취, 그들이 가져온 천연두 등의 질병으로 면역력이 없는 원주민들이 무참히 죽어 불과 반세기가 지나지 않아서 ㉰인디언은 거의 멸종되다시피 하였다.

〈예시 답안〉

㉮: 아즈텍 문명
㉯: 엔코미엔다
㉰ 정책의 내용: 아프리카의 흑인을 노예로 데려와 플랜테이션 농업에 이용한다.

2007년 19. 다음은 어느 고대 문명에 대한 자료이다. 자료 A의 법전을 공포한 왕의 이름과 자료 B의 빈칸 (㉮)에 들어갈 인명을 각각 쓰고, 이 고대 문명에 나타난 중요한 정치적 특징을 2가지만 쓰시오.[3점] [2007-19기출]

> A. 1조 : 남을 사형에 처해야 한다고 고발한 자가 그 죄를 입증하지 못할 때 고발인을 사형에 처한다.
> 22조 : 만약 강도질을 한 사람이 붙잡혔다면 그 사람을 죽여야 한다.
> 197조 : 귀족의 눈을 멍들게 한 자는 눈을 멍들게 한다.
> 205조 : 노예가 자유인의 뺨을 때리면 그의 귀를 자른다.
> B. 우르크의 왕이자 영웅인 (㉮)은(는) 적절한 친구 엔키두의 죽음을 보고 충격을 받은 뒤, 영생을 찾아 광야를 헤매다가 우연히 만난 보잘것없는 여인의 충고를 듣는다. "….당신의 영생을 찾을 수 없을 것입니다. 신들이 인간을 만들 때 인간에게 죽음도 함께 붙여 주었습니다."

〈예시 답안〉

왕의 이름 : 함무라비
㉮ 인명 : 길가메시
특징 : 개방적 지형으로 인하여 이민족의 침입이 잦아 왕조교체가 빈번함/ 국왕은 신의 대리자로 간주한다.

2007년 20. 다음은 아프리카 초기 문명에 대한 설명과 지도이다. 빈칸 ㉮왕국 이름을 쓰고, 이 왕국의 위치가 지도의 A, B, C 가운데 어디인지 쓰고, 밑줄 친 ㉯의 가나왕국이 부를 축적한 무역방식을 1줄로 쓰시오. [3점] [2007-20기출]

기원전 7세기에 고대 이집트를 지배하였던 쿠슈왕국에 이어 (㉮) 왕국이 강국으로 등장하였다. (㉮) 왕국은 로마제국의 보호 아래 크리스트교를 받아들이는 등 크게 발전하였다. 그러나 로마제국의 몰락과 함께 (㉮) 왕국도 기울어 11세기 이후로 이 지역은 이슬람의 지배를 받았다. 3-4세기 무렵에 성립한 ㉯ **가나왕국은 8세기 무역으로 크게 번영하였다.**

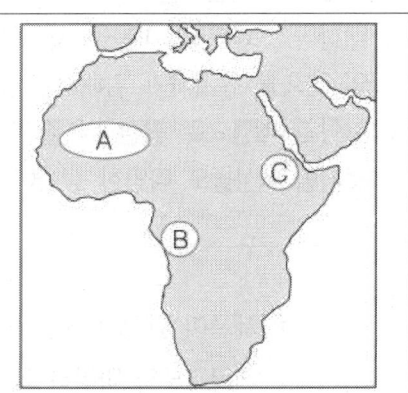

〈예시 답안〉
이름 : 악숨 왕국
위치 : C
방식 : 사하라 횡단무역을 이용하여 사하라의 소금과 사하라 이남 지역의 금과 노예 등을 교역

〈해설〉
A지역- 가나왕국(4세기-11세기)/ 말리왕국(13세기-15세기)
B- 콩고왕국
C- 악숨왕국(기원전 2세기-기원후 6세기)

2009년 30. 다음은 어떤 국가의 창업자가 남긴 유언이다. 이 국가에 대한 옳은 설명을 <보기>에서 모두 고른 것은?[1.5점]

> 종교적 선입견을 품지 마라. 모든 백성들의 종교적 감성과 의례를 주의 깊게 살펴서 공정하게 대하라. 토착민의 마음을 사로잡으려면 소를 죽이지 마라. 어떤 종교 사원도 파괴하지 마록 국내의 평화를 유지하기 위해서는 그들을 모두 공평하게 대하라. 이슬람은 폭정과 박해라는 칼보다는 사랑과 애정으로 훨씬 더 잘 전파될 것이다. 시아와 순니의 대립을 피하라. 다양한 계절이 있는 것처럼 백성들도 다양한 성향이 있다는 것을 명심하라.

<보 기>

ㄱ. 세포이 항쟁의 진압을 계기로 영국 왕의 직할지가 되었다.
ㄴ. 시크교도와 마라타 동맹의 반란을 계기로 세력이 약화되기 시작하였다.
ㄷ. 고유문화와 이슬람 문화 페르시아 문화가 조화를 이룬 건축물을 만들었다.
ㄹ. 영토가 북인도에서 중앙아시아를 넘어 소아시아까지 이르는 제국으로 발전하였다.

① ㄱ, ㄴ ② ㄱ, ㄴ, ㄷ ③ ㄱ, ㄷ, ㄹ
④ ㄴ, ㄷ, ㄹ ⑤ ㄱ, ㄴ, ㄷ, ㄹ

<답>
답-2

<해설>
무굴제국의 창시자 바부르에 관한 내용이다. 바부르는 티무르의 후손으로서 중앙아시아에서 인도로 침입하여 델리를 정복하고 무굴제국을 설립했다. 바부르는 무슬림이었으나 타 종교에 관대하였다. 17세기 말 아우랑제브 황제 시기 힌두교 사원을 폐지사고 지즈야를 부활시켜 힌두교를 탄압하였다. 이에 펀잡 지방의 시크교도와 중부 인도 마라타 동맹의 반란이 일어나 제국 분열이 가속화된다.

2010년 34번. 밑줄 친 그의 대외 원정에 대한 설명으로 옳은 것을 <보기>에서 모두 고른 것은?

> 그는 차가타이한국의 정치적 혼란을 틈타 사마르칸트를 도읍으로 왕조를 세웠다. 그는 각지를 원정하여 중앙아시아에서 서아시아에 걸친 이슬람 제국을 건설하였다.

<보기>
ㄱ. 러시아를 지배하던 킵차크한국을 격파하였다.
ㄴ. 페르시아 지역을 지배하던 일한국을 분열시켰다.
ㄷ. 인도 원정으로 델리 술탄의 한 왕조가 급속히 해체되고 이어서 새 왕조가 출현하였다.
ㄹ. 앙카라 전투에서 오스만 제국의 술탄을 격파함으로써 오스만 제국이 내분에 휩싸였다.

① ㄱ, ㄴ   ② ㄴ, ㄹ   ③ ㄷ, ㄹ
④ ㄱ, ㄴ, ㄷ   ⑤ ㄱ, ㄷ, ㄹ

<답>
답-5번

<해설>
① 여기서 말하는 그는 '티무르'를 말한다. 이 지문의 내용은 14세기 이후의 일을 지적하는 것이기에 사마르칸트라는 지명만 생각하고, 훌라구를 떠올릴 확률이 있다. 훌라구의 시대는 13세기의 일이다.

14세기 후반 몽고제국의 후예라고 자칭하는 티무르가 동서로 분열되었던 차가타이한국을 통일하였다. 티무르는 사마르칸트를 중심, 동서교역로를 장악하고 활발한 대외 원정을 감행하여 짧은 기간 안에 넓은 영토를 장악하였다. 그러나 명나라 원정 중에 티무르는 사망하였고, 그가 남긴 제국은 잦은 왕위 계승 분쟁으로 인해 그의 죽음으로 급속하게 해체되고 우즈베크 족에 의해 멸망당했다. 티무르 제국은 짧은 기간만 존재하였지만 이슬람, 이란, 중국 문화 등을 융합하여 복합문화를 이루어 동서문화 발달에 크게 기여하였다. 그리고 그의 후손인 바베르는 인도에 가서 무굴제국을 건설하였다.

② 당시 러시아에는 킵차크한국(금장한국)이 있었다. 킵차크한국은 칭기즈 칸의 장자인 주치의 아들 바투가 러시아 지역을 장악하여 사라이를 수도로 세운 국가이다. 초원길과 비단길 사이에 있었기 때문에 중개무역이 활발히 이루어졌다. 시간이 지나면서 킵차크 족과 융합되어 몽고 지도자들이 튀르크화 되었다. 14세기 말 때 킵차크한국의 지도자인 토흐타미시는 티무르와 연합하였다. 그러나 코카서스 지방의 산악민족과 연결된 토흐타미시가 티무르를 공격하자, 티무르는 몽고기병대를 이끌고 가서 킵차크한국을 초토화시킨다. 킵차크한국은 티무르 공격 이후 급속히 쇠퇴, 후에 국토는 카잔, 크림, 아스트라한국으로 분열되었다. 그들끼리 서로 대립 항쟁하는 가운데에 모스크바 대공국과 로마노프 왕조에 의해 멸망당했다.

③ 페르시아 지방을 장악했던 일한국은 헌종 몽케 칸의 아우인 훌라구에 의해서 타브리즈를 수도로 해서 1259년 건국되었다. 초기에는 이슬람을 탄압하고 기독교 계열의 네스토리우스를 옹호했지만 7대 가잔 칸 이후에는 이슬람교를 국교화하고 중앙집권화를 강화, 중흥의 기틀을 마련하였다. 그러나 제9대 아부사이드 칸 때 내분이 발생하여 일한국은 잘라이리 조, 추판조 등으로 분열되었다. 티무르는 바그다드를 세력으로 하는 잘라이리 조를 멸망시키고 분열된 일한국 지역을 통합하였다. 잘라이리 조의 보호 아래 있던 아바스 제국은 이때 멸망당했다.

④ 티무르가 침입할 때 인도 중부 지역은 이슬람 왕국인 델리 술탄 5왕조의 3번째 왕조인 투그락 왕조 시기이다. 투그락 왕조는 당시 지도자인 피루즈 샤의 힌두교 탄압 정책으로 나라가 분열되어 있었다. 투그락 왕조가 쇠퇴한 틈을 타 티무르가 공격한다. 티무르는 투그락 왕조의 수도 델리를 점령하고 대규모 약탈을 자행하였다. 티무르는 델리 지역을 통치할 위임자만 선정하고 떠나버리고, 그 위임자가 세운 왕조가 델리 술탄 왕조의 4번째 왕조인 사이드 왕조이다.

⑤ 중앙아시아 지역을 점령한 티무르는 서진하면서 소아시아 지역으로 들어갔다. 그때 소아시아의 패권을 장악했던 국가는 오스만튀르크이다. 오스만튀르크는 14세기 초반 때 오스만 1세가 건국하였다. 부근에 있는 룸 셀주크튀르크를 격파하고 소아시아와 발칸의 대부분을 병합하여 강대국으로 부상했다. 바야지트 1세 때 티무르가 소아시아 반도에 있던 오스만튀투르크의 제후국들을 공격해 왔다. 바야지트 1세는 병력을 이끌고 앙카라에 가서 싸웠지만 코끼리 부대를 앞세운 티무르에 의해 패하고, 바야지트 자신은 도망치다가 붙잡혀 포로가 되고, 다음 해 포로 신분으로 병사하였다. 바야지트 1세 사후 오스만튀르크 내에서는 형제들끼리 내분이 발생, 10년 동안 왕위가 없었던 공위(空位) 시대를 맞게 되었다. 내전 결과 메흐메트 1세가 다른 형제들을 죽이고 술탄 자리에 올라 국정을 안정화시켰다.

2010년 35번. A~F는 13세기 동남아시아에 있던 왕조이다. 이에 대한 설명으로 옳지 <u>않은</u> 것은?

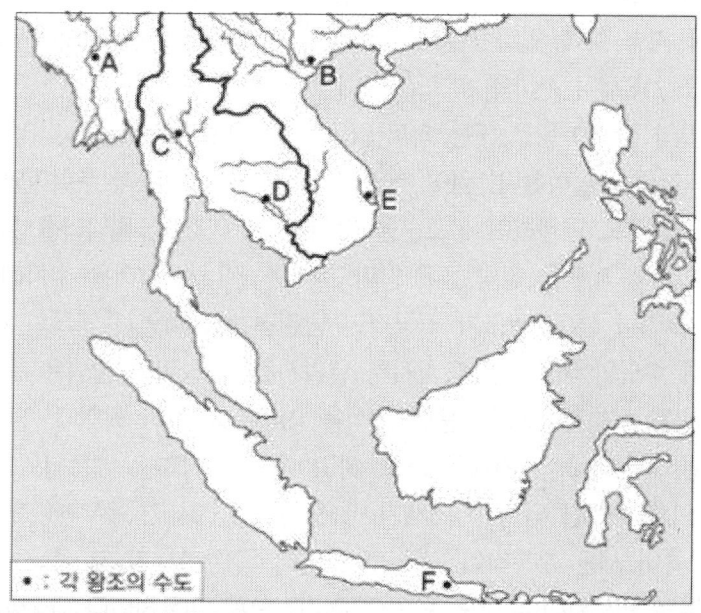

① A는 몽골군의 침공으로 왕이 살해되었으며, 쿠빌라이 칸은 이곳에 행성을 설치하고자 하였다.
② B, E는 몇 차례에 걸친 몽골군의 침략을 물리쳤으나 그 후 B와 E사이의 장기간의 전쟁으로 E가 망했다.
③ C는 원의 입조 요구를 거절하고 몽골군의 침략을 격퇴함으로써 동남아시아의 강자로 떠올랐다.
④ D를 방문한 원의 사절 주달관(周達觀)은 진랍풍토기(眞臘風土記)라는 상세한 기록을 남겼다.
⑤ F의 비자야(Vijaya)가 몽골군을 격퇴하고 새 왕조를 개창하였다.

〈답〉
답-3번

〈해설〉
13세기 동남아시아 지역은 원나라의 침입으로 정치적 질서가 재편되었다. 위 지도는 13세기 동남아시아의 변천 과정을 나타난 역사지도이다.

① A는 미얀마의 파간조이다. 원의 쿠빌라이 칸(세조)이 파간에 사절을 보내 복속을 요구, 깐쑤 4세가 이를 거부하고 사신을 처형한다. 이에 원나라 군사들이 공격, 파간군을 격파하고 깐쑤 4세가 살해당한다. 원 세조는 미얀마를 두 개의 정동행성에 분할하여 중국의 내지로 만든다. 미얀마는 한동안 몽고족의 점령 하에 있다가 몬 족 중심의 여러 왕조로 분열되어 독립하였다. 그리고 16세기 때 퉁구왕조, 18세기 꼰바웅 왕조로 이어진다.

② B는 대월(베트남)의 쩐(陳) 왕조, E는 참파(임읍)이다. 쩐(陳)왕조는 원나라의 입조를 거부하고 원나라의 3차례의 침입을 물리쳤다. 원이 침입하자 쩐(陳)왕조 내에 주화파와 주전파가 대립했지만 주전파 황제를 중심으로 단결하여 몽고군을 맞서 싸워 이겼다. 원나라를 물리친 쩐(陳)왕조는 인도차이나 반도의 지역 패권을 장악했다. 참파도 바다 건너서 들어온 수차례의 쿠빌라이의 원정대를 격파하였다. 그러나 쩐(陳)왕조가 적극적인 남진정책을 펴면서 남쪽의 참파를 공격하였다. 그 후에 레 왕조 때 수도인 비자야를 함락시켜 멸망시켰다. 참파의 합병은 동아시아 요소와 동남아시아 요소가 결합된 독특한 베트남 문화 형성을 이루는 바탕이 되었다. 쩐(陳)왕조는 대월사기를 편찬, 민족의식을 고양하고, 한자를 기초로 하여 추놈 문자라는 베트남의 고유한 문자를 만들었다. 쩐(陳)왕조 이후 베트남 역사는 15세기 레(黎)왕조, 19세기 응우옌(阮)왕조로 이어진다.

③ C 왕조는 타이 족이 세운 수코타이 왕조이다. 타이 족은 9세기 때 중국 남서부 지역(운남성 일대)에 거주, 일부는 인도차이나 반도 쪽으로 점진적으로 이동하였다. 12세기 때 타이 중부 지역으로 이동하여 거주, 캄보디아에 있는 앙코르 왕조로부터 지배를 받았다. 일부는 그대로 남아 있고 나중에 대리국을 세웠다. 대리국이 망하자 대리국의 타이 족은 남쪽으로 이동, 타이 중북부에 거주하고 있었던 타이 족과 합류, 수코타이 왕조를 세운다. 북쪽으로는 몽고와 미얀마간의 전쟁으로 미얀마의 파간 왕조가 멸망되었던 상태에서 미얀마 지역으로 세력을 확대시켰다. 그리고 예전에 자신을 지배했던 앙코르 왕조를 멸망시킨다. 수코타이 왕조는 타이 지역에 최초의 타이 족이 세운 국가이다. 수코타이 왕조는 소승불교를 수용하여 국교화하고, 크메르 문자를 개조, 타이 문자를 제작하였다. 수코타이 왕조 이후로 14세기 아유타야 왕조, 18세기 현재 짜그리(방콕)왕조로 계승된다.

④ D는 앙코르 왕조이다. 원나라는 13세기 때 주달관을 캄보디아 사신으로 파견한다. 주달관이 그 때 쓴 여행기가 '진랍풍토기'이다(진랍은 그 당시 중국 사람들이 캄보디아를 불렀던 명칭). 진랍풍토기는 중국인의 편견이 많이 개입된 한계가 있다. 그러나 그 당대 생활모습들을 많이 서술하고 있어서 사료가 부족한 캄보디아 역사를 연구할 때 유용한 1차 사료로서 인정받고 있다.

⑤ F는 자바 섬의 싱오사리 왕조이다. 싱오사리 왕국의 마지막 왕 쿠르카나가라가 신하에게 살해당한 후, 그의 사위 비자야는 마자피힛으로 도망을 갔다. 비자야는 원의 자바 원정군의 침입을 기회로 반역한 신하를 죽이고 원의 군대까지 몰아내어 마자파힛 왕조를 건국하였다. 마자파힛 왕조는 이슬람과 힌두교를 수용, 종교 통합의 문화를 형성하였으며, 인도네시아의 모든 지역과 말레이 반도를 지배하였다.

2011년 34. A~D 지역에서 일어난 역사적 사건이나 사실을 바르게 기술한 것만을 <보기>에서 모두 고른 것은?

<보 기>

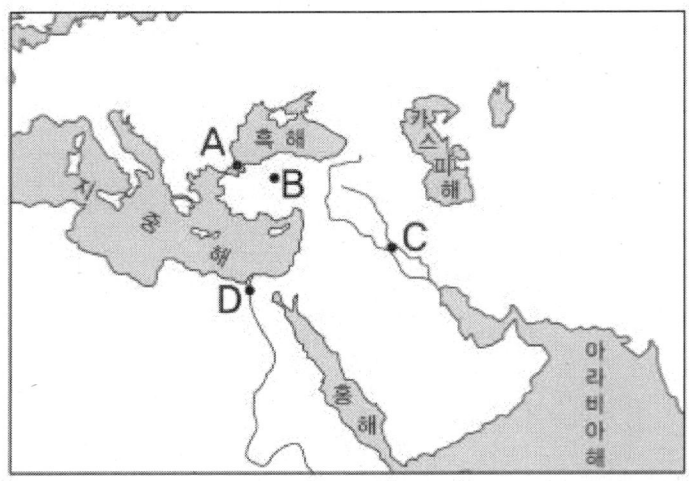

ㄱ. A - 슐레이만 1세의 명령으로 비잔티움 양식을 모방한 대규모 모스크가 건설되었다.
ㄴ. B - 무스타파 케말이 600여 년간 지속된 술탄 정부를 종식시키고 대통령에 취임하였다.
ㄷ. C - 술탄 셀림 1세가 이 지역을 점령함으로써 칼리프의 지위를 이양받았다.
ㄹ. D - 셀림 2세가 파견한 오스만의 함대는 교황, 에스파냐, 베네치아가 동맹하여 결성한 해군에게 패배하였다.

① ㄱ, ㄴ
② ㄱ, ㄹ
③ ㄷ, ㄹ
④ ㄱ, ㄴ, ㄷ
⑤ ㄴ, ㄷ, ㄹ

〈답〉
답-1번

〈해설〉
지도 A- 이스탄불, B- 앙카라, C - 바그다드, D - 카이로.

ㄱ. 이스탄불(A)는 역사적 모스크(이슬람 사원)들이 많다. 슐레이만 1세의 명령으로 만든 모스크는 슐레메니에(슐레이만) 사원이다. 슐레메니에 사원은 투르크에서 2번째 큰 사원이다. 돔 지붕 형태는 비잔티움 양식을 모방하였다.

(B) 앙카라는 지금 터키 공화국의 수도이고, 무사타파 케말이 앙카라에서 국민회의를 소집하여 왕정을 폐지하고 터키 공화국을 수립하였다. 무스타파 케말은 공화국 건립 이후 정교분리(세속주의 입각), 헌법채택 및 샤리아 폐지(이슬람 법), 문자통일, 여성참정권 허용 등 일련의 근대적 개혁을 단행하였다.

ㄷ. 셀림 1세가 칼리프 지위를 이양받은 곳은 C (바그다드)가 아니라 D (카이로)이다. 셀림1세는 카이로에 망명해 있던 아바스 왕조의 후손을 찾아서 칼리프의 칭호를 계승했다. 이로써 정치적 지도자(술탄)와 종교적 지도자(칼리프)가 일치하는 술탄-칼리프 제도가 실시되어 투르크의 왕권을 강화시켰다.

ㄹ. 슐레이만 1세 때 프레베샤 해전에서 유럽의 연합함대를 깨트려 지중해 제해권을 장악했다. 그러나 1517년 10월 레판토 해전에서 스페인의 무적함대를 중심으로 한 베네치아, 교황령, 사보이 등 연합함대(신성동맹)는 5시간에 걸친 전투 끝에 오스만튀르크의 함대를 격파시킴으로써 제해권이 스페인으로 넘어갔다.

2013년 40. 미국 대통령 (가)~(다)에 대한 설명으로 옳은 것은?

(가) 봉쇄 정책을 통해 공산주의 세력의 위협을 받고 있는 나라들에게 경제 원조와 군사 원조를 약속하였다. 그리스를 지원하여 공산주의자들의 반란을 진압시켰으며, 터키에도 원조를 제공하였다.
(나) 쿠바에 미사일 기지를 건설하려던 소련의 시도를 좌절 시켰으며, 오랫동안 미국 사회의 어려운 문제였던 인종문제의 해결을 위해 노력하였다.
(다) 공산 국가에 대해서도 강경책만이 아니라 융통성 있게 대처한다는 외교 정책을 추진하였다. 중국을 방문함으로써 양국 간 화해 분위기를 조성하였다.

① (가) - 카스트로 정권의 전복을 위해 피그스만 사건을 일으켰다.
② (가) - 통킹만 결의안이 가결되어 베트남 전쟁에 본격적으로 개입하였다.
③ (나) - 마셜 계획을 발표하여 유럽에 대규모의 원조를 제공하였다.
④ (다) - 워터게이트 사건으로 임기 중에 사임하였다.
⑤ (다) - 라틴 아메리카 국가에 경제 원조를 제공하는 진보 동맹(Alliance for Progress)을 설립하였다.

〈답〉
답-4번

〈해설〉
(가)의 설명은 트루먼 대통령의 정책을 말한다.
(나)의 설명은 케네디 대통령의 정책을 말한다.
(다)의 설명은 닉슨 대통령의 정책을 말한다.

1. (가) 피그스만 사건은 케네디 대통령의 정책으로 1961년 취임 후 3개월 뒤에 이루어지는 군사행동이다.
2. (가) 1964년 통킹만 결의안 가결과 함께 베트남 전쟁 개입은 존슨 대통령 시절이다.
3. (나) 마셜 계획을 발표하여 유럽에 대규모 원조를 제공하였다.- 트루먼 대통령의 정책이다.
4. (다) 워터게이트 사건으로 임기 중에 사임하였다.- 닉슨 대통령 관련사건.
5. (다) 라틴 아메리카 국가에 경제 원조를 제공하는 진보동맹을 설립하였다. - 케네디 대통령의 정책이다. 1961년 8월 푼타 델 에스테 헌장에 따라 미국과 22개 중남미 국가들이 세운 국제경제개발계획을 의미한다.

〈해설〉
① (나) 쿠바 사태(1962년)는 케네디 대통령이 집권했던 시기에 일어났다. 쿠바는 미국과 정치, 경제적으로 종속관계가 있었다. 1933년 정권을 장악한 바티스타 정권은 친미 정책을 추구했다. 미국의 다국적 기업은 쿠바에 진출하여 사탕수수 농장에 대규모 자본을 투자하고 막대한 이득을 취했다. 그러나 바티스타 정권, 미국 자본과 손을 잡은 일부 쿠바인들을 제외하고는 대부분 쿠바인은 착취를 당했다. 바티스타 정권은 부정부패하여 국민들의 원성을 사고 있었다. 1959년 카스트로는 반(反)바티스타 세력을 규합하여 게릴라전으로 승리하고 공산정권을 수립했다. 미국 영토 바로 뒷마당에 있는 쿠바에서 사회주의 정권이 등장하자 미국 정부는 당황했다. CIA는 반(反)카스트로 쿠바인으로 구성된 1천 5백명을 침공군을 조직하여 쿠바의 피그스만에 상륙시켜 카스트로 정권을 전복하려고 했지만 3일 만에 쿠바군에 의해 전멸되어 실패하였다.

② 통킹만 사건(1964년)은 베트남 통킹만에서 북베트남 어뢰정으로부터 미국의 구축함이 공격을 받은 사건이다. 미국은 통킹만 사건을 계기로 베트남 전쟁에 본격적으로 개입했다. 통킹만 사건은 존슨 대통령 때 일어난 사건이기 때문에 (가) 트루먼 대통령 시기와 맞지 않다.

③ 워터게이트 사건은 1972년 6월에 닉슨대통령의 재선을 도모한 비밀공작반이 워싱턴의 워터게이트빌딩에 있는 민주당 전국위원회 본부에 침입하여 도청장치를 설치하려다 발각·체포된 사건이다. 이 사건으로 (다) 닉슨대통령은 대통령직을 자진 사임하는 불명예를 얻게 되었다.

④ 1961년에 케네디 대통령에 의하여 라틴 아메리카 회원국에 차관과 경제 원조를 제공하는 기구로서 '진보연합'(1961년)을 설립하였다. 미국은 쿠바혁명 같은 공산주의 혁명을 막기 위해서 '진보연합'에 10년간 100억 달러 지원하였다.

2014년도 전공 A 기입형 8. 괄호 안의 ㉠ 정책을 실시한 정치적 동기를 2가지만 쓰시오. [2점]

> (가) [나는] 다음과 같이 명한다. … (중략)… (㉠)의 고귀한 행위와 실천은 연민, 관대함, 진실, 청정, 온화함, 선함 등으로 이루어지나니, (㉠)을/를 사람들에게 고취시켜야 한다.
> - 아소카 왕의 『석주칙령』
>
> (나) 신의 사랑을 받는 자는 이렇게 말한다. … (중략)… 나의 영토 모든 곳에서 지방행정관은 ……
> (㉠)으로/로 백성을 교화하기 위해 5년에 한 번씩 [그들의 관할 구역을] 순시해야 한다.
> - 아소카 왕의 『암벽칙령』

<예시 답안>

첫째 근본적으로 브라만교의 제사 의식을 금지하여 브라만 계급을 견제하기 위함이다. 둘째 통일 이념으로 불교의 다르마 사상에 입각하여 정복전쟁을 지양하고 관용에 바탕을 둔 비폭력을 진흥, 윤리에 의한 통합통치를 실현하고자 하였다.

<해설>

지문 분석- 본 내용에서 ㉠은 아소카 왕에 의해 시행된 불교, 보다 정확히 말한다면 '다르마'라고 할 수 있다. 따라서 다르마에 의한 통치 내용을 실시한 목적과 그 안에 담긴 내용을 질문하는 것이다.

아소카(Ashoka Maurya)는 인도 마가다 국 제3왕조인 마우리아 왕조의 세 번째 왕으로 인도 사상 최초의 통일국가를 이룬 왕이다(재위: 기원전 272년경 ~ 기원전 232년). 찬드라굽타 마우리아의 손자이다. 마우리아 왕조는 강력하게 저항하던 칼링가 왕국을 정복, 인도 남부를 제외한 전역 통일. 즉 지금의 파키스탄, 아프가니스탄과 서쪽 페르시아 제국의 일부, 동쪽으로는 인도의 아삼 주, 남쪽으로는 미소레 주까지 세력을 넓혔다.

- 전국에 감찰관을 파견, 중앙집권적 통치 조직 정비, 지역 간 교역을 위해 도로 건설.
- 불교를 국가통치의 원리로 채용, '다르마(dharma)'에 의한 통치로 비폭력과 통일 이상 실현.
- 아소카는 자신의 가르침과 사업을 널리 알리기 위해 구두 포고뿐만 아니라 마애(磨崖)와 돌기둥(石柱)에 그것을 새겨두었다.
- 경전 정리와 스투파(탑)을 건립, 주변국에 불교 포교에 힘써 불교가 세계 종교로 발전하는 데 크게 기여.
- 이 시기 성립된 불교는 개인의 해탈을 강조하는 상좌부 불교. 불교는 남쪽으로는 스리랑카와 동남 아시아 지역으로, 북쪽으로는 사막길(비단길)을 거쳐 중국, 한국과 일본까지 널리 확산
- 아소카 왕 사망 후 마우리아 왕조는 안으로는 수많은 왕국들이 생겨나 분열, 밖으로는 서북인도에 이민족의 침입이 시작되어 급속히 쇠퇴.

2016년 전공 A 6. (가) 인물이 누구인지 쓰고, 밑줄 친 ㉠에 해당하는 내용을 쓰시오.(2점)

> 무굴제국은 1858년 영국 군대에 의해 멸망할 때까지 300년 이상 존속하였다. 제국의 황제 가운데 한 사람이었던 (가)은/는 데칸 고원을 제외한 인도 전역을 통일하였고, 정부와 군대 내부의 민족적인 갈등을 극복하기 위해서 군사 제도와 관료 제도를 '만사브다리' 체제로 조직하였다. 또한 그는 힌두교도 출신의 여인과 결혼하고, ㉠이슬람교도와 비이슬람교도 간의 차별을 없애는 조세 정책을 시행하였다.

<예시 답안>
(가) 아크바르(악바르) 대제 / ㉠- 지즈야 제도 폐지

<해설>
아크바르 대제: 스스로 권력 장악, 출신 상관없이 인재 등용하여 세력 확대. 앙베르 왕의 딸과 결혼, 동맹, 라지푸트의 제후를 차례로 연합, 평정한다. 중앙아시아 전통의 부족제로 지탱하던 군대에 토착 힌두교를 합쳐 새로운 군대 창설. 이 강력한 군사력을 바탕으로 30대 시절 인도 북부의 대부분을 병합한다. 이후 다수의 비이슬람교도를 껴안게 된 제국을 지탱하기 위해 아크바르는 무굴제국의 제도 확립에 나선다. 이슬람법상 이교도에게 부과하던 지즈야(인두세)를 폐지하는 등 세제 개혁. 안정된 군사력을 확보하기 위해 만사브다리 제도를 도입한다. 이는 군인 및 관료에게 평상시 군비를 준비하게 하는 의무 부여. 병마의 숫자에 맞는 단계(만사브)를 내린 것이다. 악바르는 이런 식으로 관료기구를 서열화함. 악바르는 건설사업을 활발히 한다. 종교적으로도 포용하여 중앙아시아계- 이란계의 무슬림, 토착 무슬림 및 힌두교도가 많은 제국의 군주로서 포르투갈인이 인도에서 선교하던 크리스트교에 이르기까지 큰 관심을 보임. 악바르는 사파비 왕조 궁정에서 예술을 진작시키고, 학문을 보호하였다.

2018년 전공 A 6. ㉠의 명칭을 쓰고, ㉡과 관련하여 개혁 대상이 된 군대의 명칭을 쓰시오.(2점)

> 오스만 제국은 1839년 이 칙령을 발표하면서 대내외적 위기를 타개하기 위해서 서양 문물을 적극적으로 받아들이고 부국강병을 추구하는 ㉠개혁을 단행하였습니다. 군대 개혁은 제국의 정예부대 겸 술탄의 근위대가 대상이 되었습니다.
>
> ↓
>
> **〈귈하네(장미원) 칙령 주요 내용〉**
> - 생명의 명예보장 및 재산보호
> - 적절한 세금 부과
> - ㉡합리적 군 징집과 4-5년간의 복무를 위한 교대제 실시
> - 소송시 법 규정에 따른 공개 조사 및 판결

〈예시 답안〉
㉠ 탄지마트 개혁(1점)
㉡ 예니체리 군대(1점)

〈해설〉
19세기 근대화 과정에서 술탄 마흐무드 2세는 권력남용의 대명사인 예니체리 군대를 해산하고 서양식 군대를 창설했다. '예니체리'는 튀르크 어로 '신(新)부대'라는 뜻이다. 15-16세기 용맹함으로 널리 평가 받았으며, 강력한 정치세력이 되어 훗날 황제를 좌지우지하는 상황에 이르기도 한다. 이들은 오스만 제국의 유명한 보병 군단의 이름으로, 황제의 직속경호대, 친위대 역할을 하는 정예 상비 군단이다. 1364년 무라드 1세에 처음 조직되어 1826년에 마흐무드 2세가 해산할 때까지 존재하였다. 마흐무드 2세는 예니체리 해산 이후 서양식 군대를 창설하고, 그의 두 아들인 술탄 압둘 메지드와 압둘 아지즈가 이전 술탄의 개혁의지를 계승하여 일련의 근대식 개혁을 단행하는데, 이를 '탄지마트'라고 한다. 탄지마트 개혁안의 핵심조항은 대부분 '귈하네(장미원 칙령, 1839)'에 제시되어 있다. 이 문서는 종교, 인종, 관계없이 제국의 모든 신민에게 생명, 재산, 명예의 안전을 보장해주는 새로운 제도의 수립을 천명했다. 또한 직권남용을 없애기 위해 과세제도 표준화, 공정한 징병 및 군사훈련 방법(프로이센식 교육)을 개발할 필요성을 인정하였다. 이는 1870년대 중엽에 중단되지만, 오스만 제국의 점진적 근대화에 초석을 놓았다.

예상 기출모의고사
서양사 파트

전공 A 6번. 다음 ㉠의 직접적 원인을 서술하고, (   )에 들어갈 사건의 대표적인 예를 기입하시오.(2점)

㉠ 이의 결과로 14세기 상품에 대한 수요 감소, 노동인구의 감소, 이에 따른 임금의 상승을 가져왔다. 이에 대해 상공업자들은 노동인구의 이동을 막고 임금 상승을 억제하는 등 길드의 규제를 강화하여 직인 노동자들의 불만을 초래했다. 이와 함께 길드 사이에 대립분쟁이 심해져 14세기에 유럽 각지의 도시에서 대중 폭동이 일어났다. 초기의 플랑드르 지방에서의 여러 반란, 말엽에 피렌체에서 발생한 (㉡)의 반란 등이 대표적 예라 할 수 있다. 농민들의 반란이 농노제의 속박에 반항한 것과 마찬가지로 이들 도시민들의 반란은 길드제의 질곡에서 벗어나기 위함이었다.

〈예시 답안〉
㉠의 직접적 원인: 흑사병에 의한 인구 감소
㉡: 치옴피의 반란

〈해설〉
① 중세 유럽 세계의 쇠퇴현상은 사회, 경제적 측면에서 나타난다. 농업생산의 증대, 상공업과 도시의 발달, 인구의 증가 등 12세기 이래 계속된 사회, 경제적 발전이 13세기 말을 전후하여 점차 퇴조를 보인다. 삼림의 개간과 늪지의 간척 등 경작지의 확대가 한계점에 도달했으며, 지력의 고갈, 적절한 시비방법의 결여, 부역노동의 비효율성 등으로 농업생산력은 다시 떨어지기 시작했다. 게다가 이 무렵부터 인구 감소현상이 다시 나타나며, 14세기 중엽에는 흑사병의 대유행으로 유럽 인구의 3분의 1이 감소했다. 이에 따라 곡물 수요가 크게 줄어 가격이 하락한 반면 농업노동력은 크게 부족하여 임금이 상승했다. 이제까지 농경에 이용되던 많은 땅들이 버려진 채 황무지나 풀밭으로 바뀌고 여러 마을의 가옥들이 폐허로 변해 유럽 농촌은 '봉건적 위기'의 상태를 맞이한다.

② 한편 경제적 후퇴에 수반한 사회불안과 대중 반란의 양상은 도시에서도 일어났다. 흑사병에 의한 인구감소는 도시에서 더욱 심했으며, 이것은 상품에 대한 수요를 감소시킴과 동시에 노동인구의 감소 그리고 그에 따른 임금의 상승을 가져왔다. 이에 대해 상공업자들은 노동인구의 이동을 막고 임금의 상승을 억제하는 등 길드의 규제를 강화함으로써 직인노동자들의 불만을 자아냈다.

③ 이에 길드 상호간에 대(大)길드와 소(小)길드 사이, 상인 길드와 수공업자 길드, 주인들의 길드와 직인들의 길드 사이에 대립분쟁이 심해져 14세기에는 유럽 각지의 도시에서 대중폭동이 일어났다. 14세기 초엽에 플랑드르 지방에서 일어난 여러 봉기, 중엽에 로마에서 발생해 한때 로마 공화국까지 세웠던 반란, 그리고 말엽에 피렌체에서 직물업 직공들을 중심으로 일어난 치옴피 (ciompi)의 반란(1378년) 등이 바로 그 예이다. 농민들의 반란이 농노제의 속박에 반항한 것과 마찬가지로 이들 도시의 반란은 길드제의 질곡에서 벗어나려는 것이다.(서양문화사 참조)

전공 A 7번. 다음 (   )에 들어갈 공통의 명칭을 서술하시오.(2점)

가) 1853년부터 1856년까지 벌어진 크림 전쟁 이후 이 제국에서는 서구화를 이루려는 본격적인 시도가 진행되었다. 술탄의 전제정치 대신 의회를 바탕으로 한 입헌 체제를 수립하고자 하는 운동이 전개되었다. (   ) 파샤가 이 운동의 지도자였다. 마침내 1876년에 술탄은 입헌제 헌법과 내각 책임제 실시를 승인하였으나, 이듬해 일어난 러시아와의 전쟁을 계기로 헌법을 정지하고 의회를 해산하였다.

나) 자유주의 사상의 영향을 받은 청년 장교단, 학생, 젊은 지식인들이 주도하여 혁명을 일으켰다. 그들은 술탄에게 '(   ) 헌법'의 회복을 요구하였다. 그리고 여성에 대한 차별 철폐, 언론의 자유보장, 세제 개혁 등의 근대적 개혁을 추진하였다.

<예시 답안>
미드하트

<해설>
① 탄지마트(1839, 은혜개혁)- 군대와 교육, 행정의 개혁을 통해 제국의 부흥을 추구한다. 이후 미드하트 파샤 등 혁신관료들 주도로 근대적 헌법을 제정한다(1876년, 입헌정치 추구). 그러나 보수세력이 반대하고, 러시아-튀르크 전쟁 패배로 개혁이 좌절된다. 러시아-투르크 전쟁은 흑해에서 발칸반도로 진출하려는 러시아와 오스만 제국의 충돌로 일어난 전쟁이다.

② 미드하트는 19세기 오스만 튀르크 제국의 혁신 정치가이다. 루멜리아 지방의 반란을 평정하여 두각을 나타냈으며, 불가리아 등 여러 주의 지사를 역임하였다. 술탄의 전제체제를 입헌 군주제로 변혁시키기를 염원하여, 압둘 아지즈 황제의 총리가 되었으나 사양하고 그의 폐위를 꾀하여 무혈혁명에 성공하였다. 압둘 하미드 2세의 총리가 되었고, 비상한 노력으로 1876년 '미드하트 헌법'을 발표하였다. 얼마 뒤 반대파의 책동과 황제의 증오를 사 '술탄의 권리를 부정하고 압둘 아지즈 황제의 암살을 꾀하였다.' 는 죄로 아라비아로 유형되었으며, 그곳에서 살해당하였다.

전공 A 8번. 다음 ㉠에 들어갈 용어와 ㉢의 직접적 계기가 된 ㉡의 이 전투의 명칭을 서술하시오.(2점)

이 선생님: 우리 1차 세계대전의 전개 과정을 살펴보도록 합시다.

▼

민우: 1차 대전이 발발 후 독일이 미리 작성해놓은 (㉠) 계획에 의하면 독일은 먼저 벨기에로부터 프랑스로 침입하여 서부전선에서 신속한 승리를 거두려는 게 목적이었다고 합니다.

▼

진아: 이후 동부로 돌아 러시아를 공격하여 전쟁을 단기간에 종결시킨다는 것이었지요.

▼

이 선생님: 맞아요. 그런데 동부전선에서 러시아군의 동원이 예상외로 빨리 이루어졌다고 해요. 그래서 다급해진 독일이 서부군의 일부를 동부로 돌렸지요.

▼

민우: 그래서 서부전선에서는 프랑스군과 영국군이 9월 초 반격에 나서 ㉡이 전투에서 독일군 전선의 중앙을 돌파해 독일군을 국경선까지 후퇴시켰지요. ㉢이에 독일의 단기전 계획이 실패하고 전쟁은 장기적인 지구전의 양상을 띠게 된다고 해요.

<예시 답안>
㉠ 명칭: 슐리펜 계획
㉡ 이 전투: 마른 전투

<해설>
① 1914년 6월 28일 보스니아에서 실시된 육군 대연습에 참석한 사라예보를 방문한 오스트리아의 황태자 페르디난드 대공부처가 세르비아의 반오스트리아 비밀결사 소속의 한 청년에게 암살되었다. 오스트리아는 즉각 최후통첩에 가까운 강경한 항의를 제기하고 세르비아의 회답이 불만족스럽다하여 7월 28일 세르비아에 선전포고를 했다. 영국이 사태의 확대를 막기 위해 국제회의를 제창했으나, 이미 때는 늦어 7월 30일 러시아가 총동원령을 내리고 8월 1일에는 독일이 러시아에 대해 선전포고하고 8월 3일에는 프랑스에 대해서도 전쟁을 시작했다.

② 독일은 이미 작성해놓은 속전속결의 작전계획에 따라 중립국인 벨기에로 침입했다. 이에 8월 4일 영국도 독일에 선전포고하여 이탈리아를 제외한 유럽의 강대국들이 전쟁상태에 들어갔다. 8월 말에 일본이 연합국에 가담하고 11월에는 투르크가 동맹국에 가담하여 참전했다. 처음 중립을 지키던 이탈리아는 이듬해 5월에 3국동맹을 떠나 연합국에 가담하여 참전했으며, 전쟁 후반기인 1917년 4월 미국이 연합국에 가담, 참전함으로써 유럽의 전쟁은 세계대전으로 확대되었다.

③ 독일이 미리 작성해 놓은 '슐리펜 계획'에 의하면 독일은 먼저 벨기에로부터 프랑스로 침입하여 서부전선에서 신속한 승리를 거두고 동부로 돌아 러시아를 공격하여 전쟁을 단기간에 종결시킨다는 것이었다. 이 계획에 따라 개전과 동시에 벨기에로 쳐들어간 독일군은 완강하게 저항하는 벨기에군을 격파하고 프랑스로 침입해 파리에 접근했다.

④ 그러나 동부전선에서 러시아군의 동원이 예상외로 빨라 공격해 오는 바람에 서부군의 일부를 동부로 돌렸다. 동부전선의 독일군 사령관 힌덴부르크는 타넨베르크에서 큰 승리를 거두어 러시아군에 큰 타격을 가했다. 그러나 서부전선에서는 프랑스군과 영국군이 9월 초 반격에 나서 마른(Marne) 전투에서 독일군 전선의 중앙을 돌파해 독일군을 국경선까지 후퇴시켰다. 독일의 단기전 계획은 실패하고 전쟁은 장기적인 지구전의 양상을 띠게 되었다. (서양문화사 참조)

전공 A 14번. 다음 (가)의 결과 발생하는 직접적 사건은 무엇인지 서술하고, 그 이후 연관되는 (나)에 들어갈 명칭을 기입하고, 그 근본적 목적을 서술하시오.(4점)

가) 스파르타인들은 헬라스의 대부분이 아테네의 통제 아래 들어가는 것을 보고 아테네의 세력이 더욱 더 커지지 않을까 두려워하였다. …(중략)…스파르타에 동조하는 코린토스의 대표는 이렇게 말했다. "동맹의 맹주는 자신의 이익은 물론이고 공동의 이익도 챙겨야 합니다. 헬라스에서 참주로 군림하는 아테네와의 전쟁은 이제 불가피합니다. 일제히 칼을 들어 저항합시다."
-투키디데스의 『역사』

나) 페르시아는 기원전 4세기에 그리스인들의 정치에 빈번히 개입했다. 그는 스파르타와 코린토스 전쟁(기원전 395년-389년)을 벌이게 했고, 기원전 388-387년에는 페르시아 왕의 이름으로 ( )를 체결하기도 했다. 이에 아테네의 연설가 이소크라테스는 페르시아를 그리스인들의 타고난 적(敵)이라고 주장하기도 했다.

〈예시 답안〉

직접적 사건- 펠로폰네소스 전쟁

명칭: 안탈키다스 평화협정

목적: 그리스를 통제하고자 함, 그리스 국가들의 독립을 보장함으로써 페르시아에게 대적할 대규모 강국의 등장을 방지하고 페르시아 왕의 정치적 영향력을 증대하려는 시도.

〈해설〉

① 아테네와 페르시아의 관계는 고대사를 이해하는데 중요한 고리가 될 것이다. 페르시아 왕국은 고대 그리스 역사에 가장 중대한 영향을 미친 해외 국가였다. 그리스와 페르시아가 직접적 관계를 맺은 것은 페르시아의 리디아 정복(기원전 547년) 이후였다. 이후 페르시아는 기원전 4세기 후반까지 약 2세기 동안 그리스인들을 견제하고 위협하는 인접국이 되었다.

② 페르시아는 기원전 4세기에 그리스인들의 정치에 빈번하게 개입했다. 페르시아는 테베와 코린토스 등을 지원해 스파르타와 코린토스 전쟁(기원전 395년-389년)을 벌이게 했고, 기원전 388년-387년에는 페르시아 왕의 이름으로 '안탈키다스 평화협정'을 체결하기도 했다. 페르시아는 안탈키다스 평화를 통해 그리스를 통제하고자 했다. 즉 페르시아는 아시아의 국가들에 대한 자신의 지배권을 확립하고 다른 그리스 국가들의 독립을 보장하며, 평화를 준수하지 않는 국가들에 대해서는 페르시아 왕이 직접 전쟁을 벌이겠다고 공표했다. 이는 그리스 국가들의 독립을 보장함으로써 페르시아에게 대적할 대규모 강국의 등장을 방지하고 페르시아 왕의 정치적 영향력을 증대하려는 시도였다. 이후에도 페르시아 왕은 그리스의 내분에 개입해 자신의 영향력을 과시하곤 했다.

③ 이처럼 페르시아가 그리스 국내정치에 간여하고 큰 영향력을 행사함에 따라 그리스에서는 페르시아에 대한 부정적인 인식이 표출되었다. 특히 아테네의 연설가 이소크라테스는 페르시아를 그리스인들의 타고난 적이라고 주장하며, 그리스인들에게 내분을 멈추고 서로 단합해 페르시아에 대한 공동원정을 실시하자고 제안한 것이다. 후일 마케도니아 왕국의 필리포스와 알렉산드로스가 페르시아 원정을 구상하고 실현한 것도 페르시아에 대한 이런 부정적인 여론과 무관하지 않은 것이다.(서양사강좌 참조)

전공 B 5번. 다음에 들어갈 명칭을 기입하고, 그 개혁의 핵심 내용, 그로 인한 새로운 문제점과 지배층을 서술하시오.(4점)

> 19세기 초 나폴레옹의 지배하에 들어간 나라에서 민족주의가 대두하여 나폴레옹의 지배를 벗어나려는 기운이 일어나기 시작했다. 1808년 에스파냐에서 나폴레옹 지배에 반항, 민중의 반란이 발생하고, 프로이센에서는 1807년부터 내정을 개혁하여 국력을 가다듬으려는 움직임이 나타났다. (㉠)은 핵심적 정책 이외에도 중앙정부를 비롯한 행정개혁과 교육제도의 혁신, 그리고 군제 개편 등이 행해졌다.

<예시 답안>

명칭: 슈타인-하르덴베르크 개혁
핵심 내용: 농노 해방
문제점: 해방된 농노가 자유로운 토지소유자가 되는 경우는 드물고, 대다수 농업노동자로 전락한다.
새로운 지배층: 융커- 종래의 영주는 오히려 소유지를 넓혀 농업노동자를 고용하는 대농장의 경영주가 된다.

<해설>

① 나폴레옹의 지배하에 들어간 유럽에서는 점차 민족주의가 대두하여 나폴레옹의 지배를 벗어나려는 기운이 일어나기 시작했다. 1808년 에스파냐에서 나폴레옹의 지배에 반항하는 민중의 반란이 발생했으며, 프로이센에서는 1807년부터 내정을 개혁하여 국력을 가다듬으려는 움직임이 나타났다.

② 프로이센의 개혁은 그 주도자의 이름을 따서 '슈타인-하르덴베르크 개혁'으로 알려져 있는데, 개혁의 핵심은 농노해방이었다. 프로이센에서는 근대에 접어들면서 농노제가 강화되어 부역을 토대로 시장을 위한 대농장 경영이 행해지고 있었는데, 개혁은 이들 농노를 해방하고 부역을 면하게 한 것이었다.

③ 그러나 해방된 농노는 자유로운 토지소유자가 되는 경우는 드물었고 대다수가 불리한 농업노동자로 전락하고, 종래의 영주는 오히려 소유지를 넓혀 농업노동자를 고용하는 대농장의 경영주가 되었다. '융커'라고 불린 이러한 대농장 경영자들은 그 본질이 봉건적 성격이 강한 토지귀족으로서 프로이센의 지배층을 형성하게 되었다.

④ 슈타인-하르덴베르크 개혁으로는 이러한 농노해방 외에 중앙정부를 비롯한 행정개혁과 교육제도의 혁신 그리고 군제개편 등이 또한 행해졌다. 신설된 베를린 대학의 강단에서 피히테가 독일 국민의 각성을 호소한 사실도 프로이센이 이러한 개혁을 통해 나폴레옹에게 설욕할 날을 기다리고 있었음을 보여주는 것이었다.(서양문화사 참조)

전공 B 6번. 다음 ㉠에 들어갈 장소를 기입하고, ㉡과 ㉢의 구체적 이유와 그 구체적 내용을 서술하시오.(5점)

> 투르크의 약화와 정치적 혼란을 이용하여 이탈리아는 1911년 투르크령인 (㉠)를 점령하였다. 또한 불가리아, 세르비아, 그리스, 몬테네그로는 이탈리아-투르크 전쟁 중에 발칸동맹을 결성하여 1912년 발칸전쟁을 발발시켰다. 이듬해 투르크는 런던 조약에서 이스탄불 주변의 땅을 제외한 유럽 대륙 내의 영토와 크레타 섬을 발칸동맹국들에게 양도했으나, ㉡새로 획득한 영토의 분배과정에서의 문제로 제 2차 발칸전쟁이 발생했다. 이 결과 세르비아는 오스트리아의 반대로 ㉢알바니아를 병합하여 원하고자 하는 것을 얻지 못하자, 오스트리아에 대한 세르비아의 반감은 더욱 격화되었다. 이는 후일 1차 세계대전의 간접적 배경을 이룬다고 할 수 있다.

〈예시 답안〉

㉠ 장소: 트리폴리
㉡ 구체적 이유: 불가리아의 소유 지분이 과다하다고 판단.
㉢ 구체적 내용: 알바니아를 병합하여 아드리아 해로의 출구를 얻고자 함

〈해설〉

① 1차 모로코 사건 때 3국동맹에 반대하여 프랑스를 지지했던 이탈리아는 제2차 모로코 사건에 열강의 관심이 쏠려있는 틈을 타서 1911년 투르크령인 트리폴리를 점령하고(이탈리아-투르크 전쟁), 다음 해 열강은 이를 승인했다. 투르크의 약화와 정치적 혼란을 이용한 것은 이탈리아만이 아니었다. 불가리아, 세르비아, 그리스, 몬테네그로는 이탈리아-투르크 전쟁 중에 발칸동맹을 결성하여 1912년에 투르크에 싸움을 걸어 제1차 발칸전쟁이 일어났다.

② 이듬해에 투르크는 런던 조약에서 이스탄불 주변의 땅을 제외한 유럽 대륙 내의 영토와 크레타섬을 발칸동맹국들에게 양도했으나, 새로 획득한 영토의 분배과정에서 불가리아의 소유가 과다하다는 것을 근거로 제2차 발칸전쟁이 발생했다.

④ 고립된 불가리아는 대패하고 부카레스트 조약으로 그리스는 크레타를 비롯해 에게 해의 여러 섬과 마케도니아의 일부를 얻고 세르비아와 루마니아도 영토를 확장했다. 세르비아는 알바니아를 병합하여 아드리아 해로의 출구를 얻으려 했으나 오스트리아의 반대로 뜻을 이루지 못했다. 이에 오스트리아에 대한 세르비아의 반감은 더욱 격화되었다.(서양문화사 참조)

해커스 2018년 9~10월 2회 모의고사

전공 A 7번. 다음 (㉠)안에 들어갈 명칭을 기입하고, 이후 직접적인 결과로 나타나는 (㉡)을 설명하고, 그의 가장 핵심적인 역할을 서술하시오.(2점)

> 가) 로마의 군대에서는 귀족들 이외에 평민들의 역할이 중요했다. 이들은 중장보병으로 기원전 5세기 초부터 귀족의 정권독점에 반대하여 투쟁을 한다. 전승에 따르면, 호전적인 이웃 부족과 전쟁을 치른 뒤 귀환한 병사들이 평민의 요구가 원로원에서 거절당했다는 소식을 듣고서, 귀족장군을 버리고 (㉠)에 집결했다고 한다. 그들의 요구조건이 받아들여지지 않을 경우 로마에서 분리, 자신들의 폴리스를 별도로 세울 것이라고 위협한다.

> (㉡)은 원로원 의사당에 들어갈 수 없었다. 그렇지만 의사당 문 앞에 앉아 원로원의 결정을 꼼꼼히 검토하였다...(중략).. 그래서 옛날에는 'C'자라는 문자가 원로원의 포고문에 부기되는 것이 관습이었다.
>
> 발레리우스 막시무스, 『업적과 명언』 2.2.7

<예시 답안>

㉠ 성산
㉡ 호민관/ 핵심적 역할: 평민들의 권익 보호로 원로원의 결정에 대한 비토권을 갖는다.

전공 A 8번. 다음의 (㉠)에 들어갈 명칭을 기입하고, (㉡)에 적합한 결과적 시행조치를 서술하시오.(2점)

> 가) 시아파의 지원으로 수립된 (㉠) 왕조의 칼리프는 티그리스 강가의 시라트 운하 주변에 이르러 '이곳은 군대를 주둔하기에 적합할 뿐 아니라 세계 각지와의 교역이 편리하다'라고 하면서 왕조의 수도를 이곳 바그다드로 옮겼다.
>
> 나) 이전 왕조로부터 이 왕조로의 변화는 이슬람 역사에서 중요한 의미를 지닌다. 이 왕조는 ㉡<u>국민들의 조화로운 융합을 꾀하면서 아랍인의 의미가 상당히 넓은 의미를 지니게 되었다.</u> 이러한 변화는 오늘날과 같은 아랍어권이 형성되는 토대를 마련하였다.

<예시 답안>

㉠ 아바스 왕조
㉡ 아랍계 외 비아랍계 무슬림의 차별 철폐

<해설>

① 아바스 왕조는 750년에 우마이야조의 칼리프를 폐위시키고, 1258년 몽골족의 침략으로 멸망할 때까지 칼리프로서 이슬람 제국을 다스렸다. 메소포타미아의 자브 강 전투(750년)에서 승리한 후 아바스 왕조가 성립, 그 후 바그다드로 수도를 옮기고 이슬람 공동체를 강조하여 이슬람 제국 내에서 국제적인 기반을 갖게 되었다. 750년~833년 왕조는 제국의 명성을 높이고 세력을 강화했으며, 특히 알 만수르, 하룬 알 라시드, 알 마문 시대에는 상업과 산업, 예술, 과학을 크게 진흥시켰다. 이후 1258년 몽골족의 바그다드 공격에 무너졌다.

② 이 왕조는 우마이야 왕조처럼 서쪽, 즉 북아프리카, 지중해, 유럽 남부에 주의를 집중하는 대신, 이제 동쪽으로 관심을 돌렸다. 그들은 새 도시인 바그다드로 수도를 옮기고 페르시아와 트란스옥시아나에서 일어나는 사건들을 면밀히 관찰했다.

③ 아바스 왕조는 신앙심 깊은 이슬람교도들의 지지를 받고 있었기 때문에 갓 생겨난 이슬람 법률을 공공연히 승인하고 통치기반을 이슬람교에 둔다고 공언하게 되었다(샤리아). 이 왕조는 처음부터 아랍 민족보다는 오히려 이슬람 공동체를 강조했기 때문에 이슬람 제국 내에서 아바스 왕조의 영향력은 국제적인 기반을 갖게 되었다.

전공 A 14번. 다음은 미국 독립혁명 초기 배경에 관한 설명이다. 자료를 잘 읽고 작성법에 따라 서술하시오.(4점)

17세기 초반 스튜어트 왕조의 전제정치와 종교적 탄압을 피해 퓨리턴들이 신대륙으로 이주하여 아메리카 대륙의 동해안 일대에 13개 영국의 식민지가 건설되었다. 이 시기 영국은 식민지에 총독을 파견하며 별로 간섭하지 않는 본국의 (㉠)정책으로 식민지는 식민지 의회를 중심으로 상당한 자유와 자치를 누려왔다. 그러나 ㉡조지 3세 즉위 이후 변화와 함께 7년 전쟁으로 인한 전비와 신대륙에서 새로 획득한 영토를 포함한 식민지 방위비를 식민지로부터 염출하고자 했다. ㉢ 식민지인들은 ㉢대표 없는 곳에 과세할 수 없다고 주장하며 식민지는 본국 의회에 대표를 보내고 있지 않기에 본국 정부는 식민지에 대해 과세할 권리가 없다는 헌정적 원칙을 내세운다.

<작성 방법>

1. 다음 (㉠)에 들어갈 명칭을 서술하시오.
2. ㉡의 첫 번째 시도는 무엇인지 서술하시오.
3. ㉢에 대한 영국의 직접적 반응으로 나타나는 법령의 명칭과 그 내용, 또한 그 1차적 시도의 예를 서술하시오.

〈예시 답안〉

㉠ 건전한 방임정책

㉡ 첫 시도: 인지법

㉢ 영국의 반응- 선언법 채택, 내용-본국은 식민지를 통제할 법을 제정할 권리를 보유한다고 선언. 일차적 시도의 예- 타운센드법 제정

(서양문화사 참조)

〈해설〉

① 북아메리카의 식민지의 독립혁명은 '7년 전쟁(1756년-1763년)' 이후 영국 정부의 정책에 대한 저항에서 시작되었다. 7년 전쟁은 영국과 프랑스가 북아메리카 식민지의 지배권을 두고 대결한 전쟁이자, 프랑스, 오스트리아, 독일의 여러 나라, 러시아, 스웨덴이 동맹을 맺고 프로이센과 영국에 맞서 싸운 전 유럽적 전쟁이었다.

② 계속된 전쟁으로 재정적 부담이 초래되었고, 이로 인해 정치, 행정, 조세 개혁의 필요성이 제기된다. 전쟁이 끝나자 기존의 '건전한 방임정책'이라는 느슨한 식민 체제를 견고한 제국으로 재편하여 식민지에 대한 통치력을 강화하고자 했고, 식민지에 세금을 부과하여 제국의 군사비와 행정비용을 충당하고자 했다. 이에 영국은 1765년 신문, 팸플릿, 달력 등 식민지에서 발행되는 모든 문서에 인지를 붙이게 했다(인지세법).

③ 그러자 식민지인들은 이에 항의해 봉기와 영국 상품 불매운동을 조직하고, 그해 10월 인지세법 회의를 소집해, "식민지인의 대표를 포함하지 않는 영국 의회는 식민지에 과세할 수 없다"고 선포했다. 영국의회는 저항에 직면하여 인지세법을 철회했지만, 곧 본국의회가 제국 전체, 즉 대표를 갖지 못하는 개개의 식민지 모두를 '사실상 대표'하며 따라서 과세를 포함에 식민지에 적용할 법을 제정할 수 있다고 선언했다(선언법). 이에 대한 첫 조치로서 영국의회는 식민지에 수입되는 유리, 납, 종이, 도료, 차에 관세를 부과(1767년 타운센드법)했고, 이에 대한 저항으로 '보스턴 학살사건'(1770년)과 '보스턴 차 사건'(1773년)이 발생한다.

전공 B 4번. 다음 지문에서 ㉠과 ㉡에 공통적으로 들어갈 명칭을 서술하시오. ㉢의 직접적인 사회적 반응은 무엇이며 ㉣의 한 예를 서술하시오.(4점)

> 그리스 독립투쟁은 신성동맹 체제의 균열을 초래했다. 러시아는 지중해 진출에 유리할 것이라는 판단 아래 정교회 국가인 그리스의 독립운동을 지원했다. 그에 따라 러시아의 동향을 주시하던 영국이 즉각 반응했고 바이런, 셀리, 들라크루아 등 서유럽 지식인들도 직간접으로 이 독립투쟁에 참여했다. 이처럼 그리스 독립투쟁은 (㉠)의 부상을 위한 무대가 되었다. 이는 대체로 인간의 이성을 신뢰하는 합리주의나 계몽주의의 대칭적 보완물로 인식되었다.
>
> (㉡) 분위기는 ㉢영국의 귀족 청년들에게 매력적으로 다가왔다. 독일의 경우에는 민족 공동체의 과거에 대한 관심을 높이고, ㉣독일 역사학의 발전에 기여하고, 민족주의적 열망을 고조하는데 일조했다.

〈예시 답안〉

㉠과 ㉡의 공통 명칭- 낭만주의

㉢ 그랜드투어가 인기를 끈다.

㉣ 독일역사가 랑케가 엄밀한 사료비판을 통해 객관적 역사관의 발전을 주도한다.

(서양사강좌 15장 참조)

〈해설〉

① 18세기 초 이래 이슬람 제국 오스만튀르크가 지속적인 하락세를 겪는 동안 술탄의 지배를 받던 발칸 반도의 기독교도는 오스만튀르크를 대체할 자유로운 국민국가의 건설을 염원했다. 이런 열망은 세르비아(1803년-1815년)와 그리스(1821-1830년)의 독립투쟁을 자극했다. 또한 오스만튀르크가 약화되면서 19세기 전반기에 발칸반도에 대한 서유럽의 개입이 더욱 노골화되었다.

② 그리스 독립투쟁은 신성동맹 체제의 균열을 초래했다. 러시아는 지중해 진출에 유리할 것이라는 판단 아래 정교회 국가인 그리스의 독립운동을 지원했다. 그에 따라 러시아의 동향을 주시하던 영국이 즉각 반응했고 바이런, 셸리, 들라크루아 등 서유럽 지식인들도 직간접으로 이 독립투쟁에 참여했다. 이들은 '우리 모두 그리스인'이라고 주장하면서 고대 그리스인의 자유를 위한 투쟁을 유럽인이 공유하는 핵심적 정체로 부각시켰다. 결국 그리스는 메테르니히의 반대를 넘어 1829년 3월 오스만튀르크의 지배에서 벗어나는데 성공했다.

③ 이처럼 그리스 독립투쟁은 로맨티시즘의 부상을 위한 무대가 되었다. 이는 개인의 상상력과 감정, 독창적 표현을 중시하는 사조이자 문화적 성향이다. 이는 대체로 인간의 이성을 신뢰하는 합리주의나 계몽주의의 대칭적 보완물로 인식되었다.

④ 이런 분위기 속에서 고대 그리스와 로마의 유적지를 답사하는 영국 귀족 청년들의 그랜드 투어는 지속적인 인기를 누렸다. 더욱이 낭만주의는 유럽 공통의 기원으로서 그리스와 로마 문화의 전통을 강조함으로써 각 지역에서 민족 공동체의 과거에 대한 관심을 높이고 독일 지역을 중심으로 역사학의 발전에 기여했으며 민족주의적 열망을 고조하는데 일조했다.

전공 B 5번. 다음 지문을 읽고 작성 방법에 따라 서술하시오.(4점)

> ㉠이를 둘러싼 대립은 이스라엘과 아랍국가들 사이의 분쟁의 연장선인 동시에 강대국들의 이해 관계가 맞물린 냉전 특유의 분쟁이기도 하다. 이 대립관계 속에 영국군과 프랑스군이 개입하자 흐루쇼프는 이집트 편에 서서 의용군 파견과 핵미사일 공격을 운운하며 초강경 반응을 보였다. 이에 미국은 ㉡이 선언과 함께 동맹국인 영국과 프랑스에 철수 압력을 가함으로써 소련의 개입을 미연에 차단하면서 해결의 실마리를 갖게 된다.
>
> 중동 지역이 냉전의 각축지로 부각되는 동안, 흐루쇼프는 의도적으로 대립의 무대를 다시 ㉢이곳으로 돌렸다. 1958년 11월 흐루쇼프는 미, 영, 프, 소 등 전승 4개국의 공동관리 지구로 서로 왕래가 가능했던 ㉣이 도시를 중립도시로 만들 것을 제안하면서 전승국 주둔군의 철수를 요구했다.

<작성 방법>

㉠이 지칭하는 사건의 명칭을 서술하시오.
㉡ 선언의 내용을 서술하시오.
㉢의 이곳이 의미하는 곳을 밝히시오.
㉣ 요구의 근본적 목적을 서술하시오.

◀예시 답안▶

㉠ 수에즈 운하 사건
㉡ 이 선언의 구체적 내용- 중동 지역에서 미국의 이익이 침해당할 경우 개입을 주저하지 않을 것임을 선언한다(아이젠하워 독트린).
㉢ 베를린
㉣ 목적- 서베를린에 대한 동독의 통제를 강화함으로써 서베를린에서 이어지는 탈동독 행렬을 차단하려는 것

(서양사강좌 참조)

◀해설▶

① 1956년 7월 이집트 대통령 나세르가 아스완 댐 건설자금을 마련하기 위해 수에즈 운하의 국유화를 선언하자 동방과의 교역로를 상실할 위험에 빠진 영국과 프랑스가 그해 10월 이스라엘과 연합해 이집트를 침공했다. 수에즈 운하를 둘러싼 대립은 1948년 이스라엘 건국 이후 이스라엘과 아랍 국가들 사이의 분쟁의 연장선인 동시에 강대국들의 이해관계가 맞물린 냉전 특유의 분쟁이기도 했다.

② 미국, 영국, 프랑스는 이집트가 반소 바그다드 조약기구에 가입하지 않고, 비동맹국회의에 참여하자 경제지원을 중단하고, 이스라엘에 무기를 제공했다. 그러자 소련이 중동사태에 개입했으며 이집트는 동구권 국가들에게서 무기를 제공받을 수 있었다. 영국군과 프랑스군이 개입하자 흐루쇼프는 이집트 편에 서서 의용군 파견과 핵미사일 공격을 운운하며 초강경 반응을 보였다. 그러자 미국 대통령 아이젠하워 역시 중동 지역에서 미국의 이익이 침해당할 경우 개입을 주저하지 않을 것임을 선언했다(아이젠하워 독트린). 미국은 동맹국인 영국과 프랑스에 철수 압력을 가함으로써 소련의 개입을 미연에 차단했으며, 이스라엘군이 철수한 후 수에즈 사태는 일단락되었다.

③ 중동 지역이 냉전의 각축지로 부각되는 동안, 흐루쇼프는 의도적으로 대립의 무대를 다시 베를린으로 돌렸다. 미, 영, 프, 소 등 전승 4개국의 공동관리 지구로 서로 왕래가 가능했던 베를린은 1950년대에 동독인들이 서독으로 넘어가는 주요 탈출구 구실을 했다. 1958년 11월 흐루쇼프는 베를린을 중립도시로 만들 것을 제안하면서 미국, 영국, 소련, 프랑스 등 전승국 주둔군의 철수를 요구했다. 서베를린에 대한 동독의 통제를 강화함으로써 서베를린에서 끊임없이 이어지는 탈동독 행렬을 차단하려는 것이 흐루쇼프의 복안이었다.

④ 1961년 7월에 미국 대통령 케네디는 베를린 주민의 자유보장, 서방 군대의 주둔, 서베를린의 통행 보장이라는 3대 원칙을 고수하며 소련에 맞서겠다는 단호한 의지를 표명했다. 양측 간에 전운이 감도는 가운데 직접 충돌을 피하는 방편으로 동독은 소련의 동의를 얻어 1961년 8월 13일에 기습적으로 베를린 장벽을 기습적으로 축조했다.

전공 A 6번. 다음 (㉠) 과 (㉡)에 공통으로 들어갈 명칭을 기입하시오.(2점)

> 가) 기원전 463년 스파르타에 대지진이 일어나 혼란에 빠진 사이 메세니아인들이 메토네 산을 검거하며 항거했다. 이에 스파르타가 아네테에 원조를 요청했다. 이에 키몬은 스파르타와 평화를 유지하자는 입장이어서 스파르타를 지원하자는 주장을 폈다. 그러나 개혁파의 중심인물인 (㉠)는 스파르타 지원에 반대하였다. 결국 자영농의 폭넓은 지지를 받던 키몬이 승리를 거두어 스파르타를 지원하기에 이른다.
>
> 나) 과거 아르콘은 선거로 선출되다가 기원전 487년 이후 추첨제로 바뀌었는데, 아르콘 역임자로 구성된 아레오파고스 협의회 구성원들은 대체로 보수주의 입장을 취했다. 이 시기까지만 해도 아레오파고스 협의회는 일종의 법을 수호하는 기능을 했기에 국가의 법을 개정하려 할 때 권한을 발동했다. (㉡)는 기원전 462-461년 이 권한을 없앰으로써 보수세력을 억누른다는 목표를 달성할 수 있었고, 민회와 500인 협의회, 시민법정의 기능이 강화되었다. 그 결과 아레오파고스 협의회는 재판기능만 보유하게 되었다.

<예시 답안>
에피알테스

전공 A 7번. 다음에 (㉠)과 (㉡)에 공통으로 들어갈 단어를 기입하시오. 또한 ㉢의 이 법이 가리키는 것은 무엇인지 작성하시오.(2점)

가) 장군들과 천부장들의 결의에 따라, 친위대장이었던 (㉠)가 지혜 덕분에 황제로 선출되었다. 그는 강한 사람이었으며, 그의 성격은 다음과 같았다. 그는 금으로 수놓은 외투를 걸치고 비단 신발과 여러 보석이 아로새겨진 자색 옷을 탐낸 최초의 인물이다. 이런 태도는 로마 시민과 어울리지 않으며 거만하고 분별없는 자의 특징이었지만, 다른 일과 비교하면 사소한 것에 불과하다....그러나 그의 잘못은 그의 좋은 자질로 상쇄된다. 그가 비록 '주인'의 칭호를 누렸을지라도, 로마 시민에 대해서는 아버지처럼 행동하였기 때문이다.
-아울렐리우스 빅토르,『황제들의 전기』39.1~8

나) (㉡)는 범죄를 발명한 자요, 사악의 전문 기술자였다. 그는 모든 것을 파멸시켰는데도 신에게 손을 대고 말았다. 그는 탐욕과 비겁함으로 세상을 뒤집어 놓았다....만족할 줄 모르는 탐욕을 가지 그가 국고가 줄어드는 일은 결코 허용하지 않았으며, 특별 재원과 기부금을 늘 축적하였다. 그리하여 자신이 저장한 것을 남의 손이 닿지 않게 온전히 지킬 수 있었다. 또 여러 가지 불법행위로 물자 부족 현상이 광범해지자, 판매되는 상품의 가격에 법적 제한을 가하였다. 그 결과 몇 가지 빈약한 상품을 얻고자 유혈극이 벌어졌으며, 공포 때문에 팔려고 내놓는 상품이 없었다. 물자부족이 더욱 심각해져 많은 사람이 죽고 난 후에야 ㉢이 법이 완화되었는데, 이는 필연적 조치였다.
-락탄티우스,『박해자들의 죽음에 대하여』7

<예시 답안>
디오클레티아누스/ 이 법- 최고가격령

전공 A 8번. 다음 가)의 ㉠과 ㉡에 들어갈 공통의 용어를 적절히 기입하고, 나)의 (   )에 들어갈 명칭을 작성하시오. (2점)

가) 중세 유럽인들은 지상낙원이 지구상에 실제로 존재하며, 그곳이 아시아 동쪽 끝 어디쯤이라고 생각했다. 이러한 믿음은 중세 유럽 지도에 잘 반영되어 있다. 기독교적 세계관을 잘 반영한 이 지도에는 지상낙원으로부터 인간세상으로 흘러나오는 네 개의 강이 그려져 있다. 중세 유럽인들은 (㉠)가 이 강을 따라 인간 세상으로 흘러 내려온다고 믿었기 때문에 아시아 (㉡)에 신성한 가치를 부여했다.

나) (   )에 대한 전설이 구체화된 시기는 12세기 무렵이었다. 주교 프라이징은 자신의 연대기에 이에 관한 항간의 소문을 기록했다. 이 왕국의 존재에 대한 믿음을 더욱 확고하게 만든 것은 1165년 비잔티움 황제 마누엘 콤네누스, 신성로마제국 황제 프리드리히 1세, 교황 알렉산더 3세에게 전달된 편지였다. 편지에 따르면 이는 부, 덕과 권력에서 세상의 모든 왕들을 능가하며 72명의 왕들이 이에게 공물을 바친다. 특히 유럽인들의 관심을 끌었던 것은 그가 독실한 기독교 신자이며 가난한 기독교 신자들을 보호한다는 사실이었다.

<예시 답안>
㉠과 ㉡- 향신료
나) 사제 요한

전공 A 14번. 다음에 들어갈 ㉠과 ㉢에 알맞은 용어를 기입하고, ㉡의 중심 내용을 간략히 서술하시오. (4점)

헨리 2세는 순회재판관 제도를 전국으로 확대했고, 재판에서 지방 유력자들의 영향력을 줄이기 위해 배심원제도를 도입했으며, 봉건 제후의 법정 판결에 불만이 있을 경우 왕립 법정에 상소할 수 있도록 하였다. 헨리 2세의 재판제도 개혁은 향후 영국 (㉠)의 초석이 되었다. 또한 그는 ㉡클라렌든 협정을 통해 개혁에 박차를 가한다. 그러나 헨리 2세의 강압적인 통치는 귀족과 성직자 모두로부터 저항을 불러일으킨다.

1295년 에드워드 1세는 프랑스와의 전비를 마련하기 위해 성주 이상의 귀족과 수도원장을 포함한 고위성직자, 각 주에서 기사 두 명과 자치도시에서 시민 대표 두 명을 ㉢자신의 의회로 소집했다. 즉 에드워드 1세 시기는 잉글랜드 의회 발달사에서 매우 중요한 시기였다. 잉글랜드 의회는 앵글로 색슨 시대의 위탄회의, 노르만 왕조의 왕실대회의, 그리고 주 법정 등의 요소와 13세기의 정치적 상황이 결합되어 만들어졌고, 에드워드 1세의 의회에는 더욱 더 확대, 발전하게 되는 것이다.

〈예시 답안〉

㉠보통법

㉡클라렌든 협정 내용: 성직자들이 로마교회에 호소하는 것을 제한하는 동시에 성직자들도 시민법정에 종속시키는 것.

㉢: 모범의회

전공 B 4번. 다음의 제시문을 읽고, 작성방법에 따라 서술하시오.(4점)

> 제헌의회는 혼란스러운 지방행정구역을 개편하여 프랑스를 83개의 도로 구획하고, 도를 군, 면, 코뮌으로 나누었다. 도, 군, 코뮌은 선거로 선출되는 의회와 행정부를 보유했고 그에 따라 지방분권체제가 구체제의 중앙집권을 대체했다. 또 제헌의회는 국가의 재정문제를 해결하기 위해 수도원을 폐지하고 교회재산을 국유화했다. 제헌의회는 교회재산을 담보로 채권인 아씨냐를 발행하는 한편 ㉠성직자에게도 수난을 경험하게 했다. 경제 분야에서는 동업조합을 폐지하고 생산과 판매의 자유를 인정했지만, ㉡훗날 19세기까지 존속하여 노동자들에게는 질곡의 상태를 형성하게 되는 이 법을 제정했다.

<작성 방법>
1. ㉠에 해당하는 적절한 사례(법안)를 내용과 함께 설명하시오.
2. ㉡에 맞는 이 법의 명칭과 그 내용을 서술하시오.

<예시 답안>
1. 성직자 민사기본법/ 내용: 성직자를 일반 공무원과 마찬가지로 선거로 선출하고 봉급을 지불하게 하는 것
2. 명칭: 르샤플리에법/ 내용: 노동조합의 설립과 파업을 금지한다.

전공 B 7번. 다음 제시문을 읽고, 작성방법에 따라 서술하시오.(5점)

> 냉전 초기 공산진영과 자유진영 사이의 대립은 베를린 위기를 거쳐 (㉠)에 절정에 이른다. 냉전기 두 진영 사이에 벌어진 최초의 군사충돌인 이것은 동족상잔의 비극을 초래했을 뿐만 아니라 냉전 블록의 형성을 촉진하는 결정적 계기가 된다.
>
> 베를린 봉쇄에서 이것으로 이어지는 두 진영 사이의 대립과 충돌은 지구적 차원에서의 군사동맹 체제의 형성으로 이어진다. 이 전쟁으로 미국은 국방력을 강화하는 한편 공산진영에 대한 적극적인 반격정책으로 나아간다. 그리하여 ㉡NATO와 서독에 의미 있는 변화를 초래한다.
>
> 한편 2차 대전 이후 식민지 해방과 함께 아시아, 아프리카의 탈식민화가 이루어진다. 프랑스의 경우 호치민이 이끄는 베트남 공산당이 1954년 5월 (㉢) 전투에서 패배하여 베트남, 캄보디아, 라오스가 프랑스로부터 독립을 쟁취했다. 하지만 독립 베트남은 미.소 냉전논리에 휘말리면서 북위 17도선을 경계로 공산주의 북베트남과 자본주의 남베트남으로 양분되었다. 이에 1965년 미국은 ㉣베트남 전쟁에 뛰어들었다가 최종적으로 1875년 미군을 철수시킨다.

<작성 방법>

㉠에 들어갈 명칭을 서술하시오.
㉡에 알맞은 구체적인 변화의 내용 2가지를 작성하시오.
㉢에 들어갈 적절한 명칭은 무엇인지 기입하시오.
㉣의 결과 1968년 미국에 나타나는 경제통상적 변화를 서술하시오. 이와 연결되는 선언의 명칭을 작성하시오.

〈예시 답안〉

㉠ 한국전쟁
㉡ 나토에 유럽 통합군을 창설하고, 서독을 재무장시켜 공산진영에 대한 반격에 참가시킨다.
㉢ 디엔비엔푸 전투
㉣ 경제통상적 변화- 20세기 들어와 미국이 처음으로 무역적자를 겪는다.
선언- 이를 배경으로 닉슨독트린이 발표된다.

〈해설〉

① 냉전 초기 공산진영과 자유진영 사이의 대립은 베를린 위기를 거쳐 한국전쟁으로 절정에 이르렀다. 1948년 6월 서방 연합국이 서독 지역에서 화폐개혁을 시행하자 스탈린은 베를린 봉쇄를 단행하고 서베를린을 고립시켰다. 서방은 소련이 봉쇄를 풀 때까지 거의 1년 동안 서베를린에 생필품과 물자를 공수했다. 베를린 봉쇄는 독일 분단의 시발점이자 동.서 유럽 사이의 적대전선의 형성을 알리는 상징적 사건이었다.

② 베를린 봉쇄에서 한국전쟁으로 이어지는 두 진영 사이의 대립과 충돌은 지구적 차원에서의 군사동맹 체제의 형성으로 이어졌다. 1949년 4월 미국과 유럽 11개국은 북대서양조약기구(NATO)를 창설하고 안보협력을 다짐한다. 또한 북대서양조약기구 산하에 유럽통합군을 창설하고 서독을 재무장시키기로 한다. 이에 1955년 5월 소련은 동유럽 국가들과 함께 '우호, 협력, 상호원조'의 의무를 지는 바르샤바조약기구(WTO)를 결성했으며, 여기에 1956년에 동독이 가입했다.

③ 한편 2차 대전 이후 식민지 해방과 함께 아시아, 아프리카의 탈식민화가 이루어진다. 프랑스의 경우 호치민이 이끄는 베트남 공산당이 1954년 5월 디엔비엔푸 전투에서 패배하여 베트남, 캄보디아, 라오스가 프랑스로부터 독립을 쟁취했다. 하지만 독립 베트남은 미.소 냉전논리에 휩싸이면서 북위 17도선을 경계로 공산주의 북베트남과 자본주의 남베트남으로 양분되었다.

④ 이에 1965년 미국은 베트남 전쟁에 뛰어들었다가 최종적으로 1975년 미군을 철수시킨다. 미국은 베트남 전쟁으로 인하여 막대한 재정부담이 늘고, 1968년 20세기 들어와 미국이 처음 무역적자를 겪게 되고, 이에 따라 1969년 닉슨독트린을 발표하여 지금까지 미국이 전담하다시피 한 자유와 평화수호의 임무를 다른 자유국가와 분담하며, 국지적 분쟁에는 미국이 지상군의 파견과 같은 직접적인 개입을 회피하는 내용을 전달한다.

해커스 2018년 9~10월 4회 모의고사

전공 A 6번. 다음 (㉠)과 (㉡)에 들어갈 공통의 명칭을 기입하시오. (2점)

> 가) 리비우스에 따르면 로마는 기원전 753년경 아이네아스의 16대손인 로물루스에 의해서 팔라티움 언덕에서 건국되었고, 그때부터 기원전 509년까지 244년 동안 7명의 왕들에 의해 통치되었다. 왕은 정치와 군사, 사법과 종교의 우두머리로서 권력과 권위의 중심에 있었다. 로물루스 이후 왕은 종신직이었지만 세습되지는 않았다. 왕이 사망하면 후임 왕은 원로원의 추천과 신들의 재가, 그리고 민회에서의 인민의 지지를 통해 왕권을 수여받고 왕으로 즉위했으며, 죽을 때까지 왕에게 (㉠)을 부여했다.
>
> 나) 기원전 28년 옥타비아누스는 내전기에 1000명으로 불어난 원로원 의원 중에서 200여 명을 숙청해 원로원의 권위를 강화하면서 장악했다. 그는 기원전 27년 초에 원로원에 나가 "국가를 원로원과 로마인민에게 이양한다"고 선언했지만 원로원은 옥타비아누스에게 '아우구스투스'라는 명예 칭호와 총독의 (㉡)을 10년 임기로 부여하면서 군대가 주둔하고 있는 히스파니아, 갈리아, 시리아, 이집트 등의 큰 속주들을 맡겼다.

<예시 답안>
임페리움(최고 통치권)

<해설>
① 기원전 509년 에트루리아 출신 마지막 왕 타르퀴니우스 수페르부스를 몰아낸 로마인들은 공화정이라는 새로운 체제를 출범시켰다. 공화정은 정무관, 민회, 원로원이 서로 세력 균형을 이루며 나라를 이끌어가는 체제이다. 왕 대신에 선출된 2인의 고위 정무관인 콘술들은 켄투리아 민회에서 혈통 귀족 출신자들 중에서 선출되었고 1년 임기 동안 서로 협의하면서 왕이 가지고 있던 임페리움(통치권)을 행사했다. 그러나 민회에서 구현된 인민주권의 원리나 정무관직에 부여된 임페리움이 막강한 통치권을 상징했다 해도 로마 공화정의 중심은 원로원이었다.

② 한편 기원전 28년 옥타비아누스는 내전기에 1,000명으로 불어난 원로원 의원 중에서 200여 명을 숙청해 원로원의 권위를 강화하면서 장악했다. 그는 기원전 27년 초에 원로원에 나가 "국가를 원로원과 로마인민에게 이양한다"고 선언했지만 원로원은 옥타비아누스에게 '아우구스투스'라는 명예 칭호와 총독의 임페리움을 10년 임기로 부여하면서 군대가 주둔하고 있는 히스파니아, 갈리아, 시리아, 이집트 등의 큰 속주들을 맡겼다.

전공 A 7번. 다음 지문을 읽고, ㉠의 들어갈 장소명과 ㉡의 결정적 요인을 기입하시오.(2점)

> 플랑드르 중심의 북방 무역권과 북부 이탈리아를 중심으로 한 지중해 무역권을 연결하는 유럽 내륙 지방에도 도시가 발달하고 상업이 번창했다. 이 둘을 연결시킨 것이 지중해와 북유럽으로 통하는 자연적인 교통로의 중앙 지점에 위치한 (㉠)였다. 이곳은 프랑스, 독일, 이탈리아, 플랑드르 지방을 연결하는 교통로가 만나는 지역으로서, 이 지역의 여러 도시에는 대규모적인 정기시(fair)가 열려 유럽 각지의 상인들이 몰려와 활발한 교역이 이루어졌다. 플랑드르 상인은 모직물을, 먼 북방의 상인들은 가죽, 꿀, 목재 등을, 영국 상인들은 주석을 가져왔으며, 이탈리아 상인들은 향신료, 비단, 설탕을 들여와 북방 상인들과 교역했다. 12-13세기 동안 이곳은 서유럽에서 가장 중요한 시장으로 군림했다. ㉡그러나 13세기 후반부터 이 시장은 이전의 명성을 상실하게 되었다.

〈예시 답안〉

㉠- 샹파뉴
㉡의 요인- 지중해와 대서양을 연결하는 해로 개통

〈해설〉
　샹파뉴 시의 쇠퇴는 위와 같은 이유 외에도 1300년경부터 샹파뉴 백작령의 왕령지 편입과 플랑드르에 대한 국왕 필리프 4세의 전쟁 때문인 이유도 있다.

전공 A 8번. 다음 ㉠의 결정적 요인 한 가지를 작성하고, ㉡의 대표적 전투 명칭을 기입하시오.(2점)

> 펠리페 2세는 광대한 영토를 강력한 중앙집권적인 통치와 종교재판을 통한 가톨릭 중심의 종교적 통합으로 다스리고자 했다. 그러나 에스파냐의 절대왕정은 국내 봉건세력과의 투쟁과 제압을 통해 성립한 것이 아니라 이슬람교도와의 투쟁과정의 산물이었기 때문에 종교적인 성격이 강할 뿐 아니라 봉건세력의 잔재가 강하게 남아있어서 사회, 경제 발전의 큰 장애요인이 되고 있다. 따라서 펠리페 2세 후반기에 들어서 에스파냐는 서서히 ㉠ 경제적으로 쇠퇴의 길을 걷게 된다. 게다가 ㉡대외적인 전투를 통해 성공을 거두지만. 이를 고비로 네덜란드의 독립 전쟁에 시달리고 무적함대가 영국에 패함으로써 에스파냐는 결정적으로 쇠퇴의 길을 걷게 되었다.

<예시 답안>

㉠ 영국 모직물 공업의 진출 또는 영국 모직물 공업에 에스파냐의 모직물 공업이 압도된 것.
㉡ 레판토 전투

<해설>

① 16세기 후반에 펠리페 2세(재위 1556~1598년)는 신성로마제국 황제였던 카를 5세로부터 에스파냐를 비롯하여 아메리카 식민지, 네덜란드, 북부 이탈리아 등 광대한 영토를 물려받았다. 이 시기에 에스파냐는 네덜란드의 무역활동과 신대륙 경영을 통해서 막대한 부를 축적함으로써 유럽에서 가장 강력한 국가로 군림할 수 있었다.

② 펠리페 2세는 광대한 영토를 강력한 중앙집권적인 통치와 종교재판을 통한 가톨릭 중심의 종교적 통합으로 다스리고자 했다. 그러나 에스파냐의 절대왕정은 국내 봉건세력과의 투쟁과 제압을 통해 성립한 것이 아니라 이슬람교도와의 투쟁과정의 산물이었기 때문에 종교적인 성격이 강할 뿐 아니라 봉건세력의 잔재가 강하게 남아있어서 사회, 경제 발전의 큰 장애요인이 되고 있다. 따라서 펠리페 2세의 후반기에 들어서면서 에스파냐의 모직물공업은 영국 모직물공업의 진출에 압도되어 쇠퇴의 길을 걷게 되고 모처럼 신대륙으로부터 들어오는 귀금속도 다시 밖으로 유출되는 형편이었다.(서양문화사 참조) 게다가 대외적으로 1571년 레판토의 해전에서 투르크를 격파해 지중해의 지배권을 획득한 것을 고비로 네덜란드 독립전쟁에 시달리고, 1588년 무적함대가 영국에 패함으로써 에스파냐는 결정적으로 쇠퇴한다.

전공 A 12번. 다음 (㉠)에 들어갈 명칭을 서술하고, (㉡)의 명칭과 함께 그 내용을 설명하시오. 또한 이에 대한 중요한 역할을 담당한 국가명을 작성하시오.(4점)

> 나이 어린 루이 14세가 왕위에 오르고 이탈리아 출신의 추기경 마자랭이 재상이 된 뒤 얼마 있지 않아 파리에서 (㉠) 난이 일어났다. 이는 프랑스 최고법원인 고등법원을 중심으로 한 귀족들이 왕권에 대항하여 일으킨 반란으로, 이 반란이 진압되자 귀족세력은 결정적으로 왕권 앞에 굴복하게 된다. 마자랭이 사망한 후 루이 14세는 재상을 두지 않고 직접통치를 하면서 프랑스 절대왕정은 절정기를 맞이한다.
> 이후 국력을 증대하면서 루이 14세의 야망은 부질없는 침략 전쟁을 감행하게 했다. 네덜란드와의 전쟁, 아우구스부르크 동맹전쟁 그리고 에스파냐 왕위계승전쟁으로 국력이 크게 소모되어 아메리카 대륙에서 많은 식민지를 영국에 빼앗겼다. 이러한 루이 14세의 침략전쟁을 통해 유럽에 ㉡ 새로운 국제정치의 틀이 서게 되었다.

<예시 답안>

㉠ 프롱드의 난
㉡ 세력균형/ 내용- 한 국가가 지나치게 강대해져서 주변 국가를 위협하면, 그러한 국가들이 동맹을 맺거나 힘을 합하여 강대국가의 힘을 누르고 유럽 국제정치의 균형을 회복한다. / 중요 역할 담당국가 영국

<해설>

① 나이 어린 루이 14세가 왕위에 오르고 이탈리아 출신의 추기경 마자랭이 재상이 된 뒤 얼마 있지 않아 파리에서 '프롱드의 난'이 일어났다. 이는 프랑스 최고법원인 고등법원을 중심으로 한 귀족들이 왕권에 대항하여 일으킨 반란으로, 반란을 진압하고 마자랭이 사망한 후 루이 14세는 재상을 두지 않고 직접통치를 하면서 프랑스 절대왕정은 절정기를 맞이한다.

② 이후 국력을 증대하면서 루이 14세의 야망은 부질없는 침략 전쟁을 감행하게 했다. 네덜란드와의 전쟁, 아우구스부르크 동맹전쟁 그리고 에스파냐 왕위계승전쟁(손자 필립 5세)으로 국력이 크게 소모되어 아메리카 대륙에서 많은 식민지를 영국에 빼앗겼다.

③ 이러한 루이 14세의 침략전쟁을 통해 유럽에 새로운 국제정치의 틀이 서게 되었다. 이는 유럽의 모든 국가가 참여하는 '세력균형'이었다. 이는 한 국가가 지나치게 강대해져서 주변 국가를 위협하게 되면 그러한 국가들이 동맹을 맺거나 힘을 합하여 강대한 국가의 힘을 누르고 그러한 국가들이 동맹을 맺거나 힘을 합하여 강대한 국가의 힘을 누르고 유럽 국제정치의 균형을 회복한다는 것이었다. 이러한 세력균형에서 특히 중요한 역할을 담당한 나라가 영국이었는데, 섬나라 영국은 언제나 대륙의 강대국의 반대편에 서서 이를 억제하고 해외 식민지 획득에서 큰 이득을 얻어 식민지 제국을 건설하였다.(서양문화사 참조)

전공 A 14번. 다음 제시문을 읽고 작성방법에 따라 기술하시오.(4점)

> 오스만 제국의 셀림 1세 시대 아바스 왕조의 후손으로부터 ⊙칼리프 칭호를 획득한다. 이로써 그는 이슬람 세계의 정치, 종교적인 지배자가 되었다(1517년). 그는 확대된 영토를 통치하기 위해 술탄의 직할지를 제외한 지방을 'ⓒ티마르제'로 통치하였다. 슐레이만 1세 시대에는 최고 전성기로서, 에스파냐-베네치아-로마 교황의 연합 함대를 격파하여 지중해의 제해권을 장악하여 동서 무역의 이익을 독점할 수 있었다.
> 이런 오스만 제국은 이집트의 독립, 그리스의 독립과 17세기 말부터 시작된 유럽 열강의 침략으로 주변 영토를 잃게 되면서 제국은 점차 쇠퇴하기 시작한다. 이런 오스만 제국의 사회는 ⓒ관용정책을 실시한 것으로 유명하다.

<작성 방법>
⊙의 결과 나타나는 제도의 명칭을 작성하시오.
ⓒ의 티마르 제도의 운영내용을 쓰시오.
ⓒ의 대표적 종교적 정책의 예는 무엇인지 기입하시오.

<예시 답안>

⊙ 술탄- 칼리프 제도
ⓒ 티마르제: 관료와 장군에게 충성의 대가로 '티마르'라는 땅을 주어 군량과 군비를 자급하여 쓰도록 한 군사적 봉건제.
ⓒ 종교적 관용정책: 밀레트 제도

<해설>

① 오스만 제국은 1402년 앙카라 전투에서 티무르 제국에 패하여 위기를 맞기도 하였으나, 메흐메트 2세 때 비잔틴 제국을 멸망시키고, 슐레이만 1세 때 유럽 연합 함대를 격파하면서 전성기를 누렸다.
② 16세기 초 오스만 제국의 술탄은 아바스 왕조의 칼리프로부터 칼리프직을 물려받아 술탄이 칼리프를 겸하는 술탄-칼리프제를 확립하였다. 이로써 정치적, 종교적 지배자로 군림한다.
③ 오스만 제국은 비이슬람교도에게 종교를 강제하지 않고 인두세만 납부하면 신앙을 인정하고, 종교별 공동체인 밀레트를 만들어 자치를 누릴 수 있게 하였다. 이런 밀레트 제도는 제국 내의 이질적이고 다양한 종교와 민족을 통합하여 안정된 국가를 유지하는데 크게 기여하였다.
④ 술탄의 직할지를 제외한 영토를 관료와 군사들에게 분배하여 군사적인 봉건제를 만들었는데 이를 '티마르제'라고 한다.

전공 B 5번. 다음은 독일 통일 과정에 대한 설명이다. 다음 내용을 읽고 작성 방법에 따라 기술하시오.(4점)

- ★ 1815년 빈 회의- ㉠독일 연방 결성
- ★ 1834년- 오스트리아를 제외한 모든 독일 영방국가가 관세동맹 체결
- ★ 1848년 3월- 프랑스 2월 혁명의 영향을 받아 독일에서도 여러 운동, 집회가 개최.
- ★ 1848년 5월- ㉡프랑크푸르트 국민의회 결성
- ★ 1849년- ㉢국민의회가 입헌군주제 통일 헌법 제정

〈작성 방법〉

1. ㉠독일 연방의 구성내용 설명하시오.
2. ㉡의 역사적 의의를 서술하시오.
3. ㉢의 결과를 구체적으로 2가지 이상 작성하시오.

〈예시 답안〉

㉠ 독일연방- 오스트리아와 프로이센을 포함한 35개 군주국과 뤼베크, 함부르크 등 4개의 자유시로 구성
㉡ 역사적 의의- 독일 최초로 통일 선거를 거쳐 구성된 제헌의회
㉢ 구체적 결과- 첫째 프리드리히 빌헬름 4세를 새로운 독일국가의 황제로 추대했으나, 황제가 관을 거부한다. 프로이센 왕이 입헌주의에 반대하며, 국민의회도 해산되면서 3월 혁명이 사실상 실패한다.

〈해설〉

① 1815년 빈 회의 이후 독일은 39개의 영역국가로 구성된 느슨한 연맹체로서, 그 가운데 오스트리아와 프로이센이 가장 강대했다. 프로이센은 경제통합을 위해 1818년 내국 관세 철폐, 1834년 오스트리아를 제외한 모든 독일 영방국가가 관세동맹에 합류. 이 공동 보호관세는 영국 상품의 수입을 제한하여 자국 상품의 경쟁력을 높임으로써 독일의 산업발전을 촉진하고 정치적 통합을 이끄는 데에도 기여했다.

② 1848년 프랑스의 2월 혁명이 독일에 영향을 미친다. 그해 5월 선출된 약 600명의 영방 대표로 이루어진 프랑크푸르트 국민의회는 독일 최초로 통일선거를 거쳐 구성된 제헌의회였다. 대표자들은 저명한 법률가와 전문직 종사자들을 포함하여 교육받은 중간계급 출신이 압도적이었다. 오랜 토론 끝에 의회는, 입헌주의에 입각하고 프로이센 국왕이 대표할 독일 국가들의 연방을 결의했다. 오스트리아는 비독일민족들을 여럿 포함하기에 제외되었다.

③ 그러나 프로이센 국왕은 아래로부터 주어진 제위를 '돼지의 관'이라 하여 거부했다. 이에 국민의회도 해산되면서 3월 혁명은 사실상 실패했다. 프로이센 왕은 입헌주의에 반대했으며, 하원의 입법 및 예산권 요구도 거부하고 의회를 해체했다.(사료로 읽는 서양사 참조)

전공 B 6번. 다음 예문을 잘 읽고, 작성방법에 따라 기술하시오.(5점)

가) ㉠산업화에 따른 심각한 빈부 차이와 계급 갈등을 해결하기 위해 국가, 사유재산, 교회 등 개인을 구속하는 제도를 폐지해야 한다고 주장하는 사상이 등장했다. 또한 자본주의와 국가를 폐지해야 한다고 주장하는 또 다른 생디칼리즘도 탄생한다. 이들은 국가가 아니라 생산자조합이 생산수단의 소유와 운영을 맡아야 한다고 보았다. 이 생디칼리즘은 정치활동과 (㉡)를 불신하고 노조 중심의 (㉢)과 같은 직접 행동을 통해 자본주의 체제를 파괴하고자 했다.

나) 정부와 착취는 불가분의 관계이다....통치 수행 수단이 착취이며, 착취는 모든 정부의 목표이기도 하다.... 범죄는 국가의 도덕적 환경이다....고대 이후 모든 국가의 역사는 계속된 반란의 연속이었다....'국가 이성'이라는 편리한 구절로 변명을 하며 지금도 날마다 국정 지도자들에 의해 테러, 위증, 사기, 절도, 강도, 모반이 자행되고 있다....'국가 이성'은 얼마나 소름끼치는 말인가!...
국가는...언제나 지배와 착취의 기관이며, 따라서 노예제와 비참을 초래한다. 결과적으로 인민을 정치적으로, 경제적으로 해방하고 그들에게 복지와 자유를 부여하는 방법은 국가를 없애는 길밖에 없다....

〈작성 방법〉

1. 가)의 ㉠의 사상을 내세우는 프랑스의 대표적 인물의 주장을 서술하시오.
2. ㉡과 ㉢에 들어갈 간단한 용어는 무엇인지 기입하시오.
3. 나)의 내용을 주장하는 러시아 사상가의 주장을 구체적으로 2가지 작성하시오.

◀︎예시 답안▶︎

1. 타인의 노동을 착취하여 축적한 사유재산은 도둑질의 산물이다. 사회적 평등 없이는 정치적 평등도 없다(프루동의 사상).
2. ⓒ 의회 / ⓒ 파업
3. 국가 권력을 부정한다. 집단 생산과 공동 소유가 협동조합을 통해 이루어지는 집산적 사회주의 건설 추구한다.(바쿠닌의 사상)

◀︎해설▶︎

① 19세기 산업화에 따른 심각한 빈부 차이와 계급 갈등을 해결하기 위해 국가, 사유재산, 교회 등 개인을 구속하는 제도를 폐지해야 한다고 주장하는 무정부주의도 등장했다. 스스로를 아나키스트라고 칭한 피에르-조제프 프루동은 『재산이란 무엇인가』에서 타인의 노동을 착취하여 축적한 사유재산은 도둑질의 산물이라고 지적했으며, 사회적 평등 없이는 정치적 평등도 없다고 주장했다.

② 러시아의 미하일 바쿠닌은 국가 권력을 부정했고, 집단 생산과 공동 수유가 협동조합을 통해 이루어지는 집산적 사회주의 건설을 추구했다.

③ 또한 자본주의와 국가를 폐지해야 한다고 주장하는 또 다른 생디칼리즘도 탄생한다. 이들은 국가가 아니라 생산자조합(syndicat)이 생산수단의 소유와 운영을 맡아야 한다고 보았다. 이 생디칼리즘은 정치활동과 의회를 불신하고 노조 중심의 파업과 같은 직접 행동을 통해 자본주의 체제를 파괴하고자 했다.

④ 사료는 바쿠닌의 『국가주의와 무정부』이다. 『사료로 읽는 서양사 4』, 359쪽 참조.

전공 A 6번. 다음 (㉠)과 (㉡)에 들어갈 명칭을 기입하시오.(2점)

폴리스는 대체로 성원들이 스스로를 지키려는 군사적 목적에서 결속한 하나의 전사공동체로서 시작되었다. 원래 폴리스의 성원은 처음에는 추첨으로 배정된 클레로스 소유농민에서 유래한 독립적인 토지소유자들이었다. 그들은 자신의 힘으로 생활을 영위해 나갈 수 있고 자기 운명을 스스로 할 수 있는 독립된 자유민이었다. 그 중에서 특히 유력한 자들이 바로 귀족들이었는데, 이들은 청동제의 투구와 갑옷, 방패와 철제 창검 거기에다 군마까지 갖출 수 있었던 (㉠)으로서 폴리스를 방어하는데 주도적 역할을 담당한 전사들이었다. 성립초기의 폴리스가 대체로 왕정의 형태를 취하고 있었음에도 불구하고 실제로는 귀족정과 다름없었던 것도 이 때문이었다.
이러한 폴리스가 기원전 7세기 이후 지중해 세계의 교역과 상공업의 변화와 맞물려 군사상의 변화가 나타난다. 이는 부유한 상공업자나 농민들에게 폴리스의 정치에 적극적으로 참여할 수 있는 바탕을 제공했다. (㉡)의 도입으로 폴리스의 정치에서 이들의 발언권과 책임이 점차 증가하게 되었다.

<예시 답안>
㉠: 호플리테스(hoplites)- 기마중장보병
㉡: 팔랑크스(중장보병 방진밀집대)

전공 A 7번. 다음 (㉠)과 (㉡)에 공통으로 들어갈 명칭을 기입하시오.(2점)

가) 고위정무관으로서 군 지휘권을 위임받은 자들은 교전국의 주민을 집단적으로 노예화하거나 혹은 노획한 막대한 양의 전리품을 처분함으로써 엄청난 재산을 챙겼다. 팽창주의의 이익을 나누어가진 또 한 부류는 군수품 조달, 국고에의 대금, 속주에서의 조세 징수 대행에 참여했던 이들로서 (㉠) 등급에 분류될 만큼의 재력을 가진 상인 및 금융업자 집단이었다.

나) 입법, 사법, 재정 그리고 이탈리아 및 속주들에서의 군정과 민정에 관련된 모든 실권들이 아우구스투스의 수중에 집중되어있었으므로, 새로운 정치질서의 실속은 분명히 군주정의 권력구조였다. 실제 원수정은 공화정기의 낡은 옷으로 위장된 전제주의였던 것이다. 원로원의 기능은 일종의 '거수기' 기능으로 전락했다. 반면 이탈리아뿐 아니라 제국 전역으로부터 (㉡)으로 새롭게 육성된 이들은 제국의 제3신분격인 속주도시들의 상층민들에게 신분상승의 길로 인식됨에 따라 속주의 제국체제로의 통합에 크게 이바지한다.

<예시 답안>
기사 계급

<해설>
옥타비아누스 시대의 주요 업적을 이해하고 있는지를 살펴보기 위한 문제이다.
- 군대 정치개입을 막기 위해 이탈리아에 군대거주 금지. 군단장은 임기 1년, 원로원 신분 중에서 아우구스투스가 직접 임명.
- 500명으로 구성된 9개 연대 규모의 친위대 창설, 로마 시민으로 구성: 3개 연대는 로마에 상주, 황제의 신변 보호망. 6개 연대는 주변 농촌에 배치. 친위대장은 원로원 신분이 아닌 기사 신분 중에 선출, 확실한 충성을 확보.
- 기사 신분은 속주민 보호를 위해 공정한 과세원칙을 세우고 기사들은 징세청부나 대금업 역할에서 제외시킨다. 속주에서 조세징수는 '프로쿠라토르(procurator)'라는 관리에게 일임, 기사신분은 군사, 행정, 재정 면에서 중요 역할을 담당하게 함, 충성심 확보에 귀족보다 이들이 더 유리.

전공 A 8번. ㉠과 ㉡에 공통으로 들어갈 용어를 기입하고, ㉢의 대표적 사례를 작성하시오.(2점)

> 종교개혁 시기 독일과 스위스, 네덜란드, 영국, 프랑스 등지에서 성행했던 ㉠이 사건들은 촌락전체가 직면하게 된 생활고와 위기의식이 반영되어 나타난 것이다. 교회는 대중 교화의 대상으로서 마술을 악의 등가물로 제시했으며, 국가는 ㉡이를 통하여 농촌 지역을 통합하는 성과를 거두기도 했다. 여기서 민중문화와 엘리트 문화 사이에 폭력을 동반한 일종의 문화적 교류와 타협 및 상호부정이 이루어지기도 했다.
> 반면 문화적 압박에 대해 민중은 대체로 보수적 태도를 취하여 지배집단의 가치체계를 수용했던 것 같다. 그러나 민중은 빈곤, 불의, 실업, 과세, 노역 등 기존 사회질서로부터 비롯된 고통에 대하여 다양한 방식으로 항의하기도 했다. 특히 ㉢일상으로부터의 일탈과 휴식 등 긴장 완화를 통한 '사회통제'라는 기능도 보유했지만 동시에 기존의 사회, 정치, 종교적 질서에 대하여 도전하는 기회로 전화되기도 했다. 실제로 소요나 민란이 주로 이에 맞추어 발생하기도 했다.

〈예시 답안〉

㉠과 ㉡: 마녀사냥
㉢의 대표적 사례: 축제

〈해설〉

① 종교개혁 시기 독일과 스위스, 네덜란드, 영국, 프랑스 등지에서 성행했던 마녀사냥이 성행했다. 촌락 전체가 직면하게 된 생활고와 위기의식은 주민의 의혹과 불신의 대상이 되었던 늙고 가난하여 무력하고 소외되었던 여자들을 통하여 배출되었다. 특히 여기에는 여성이 생리적으로 난잡하고 저열하며 외부세계를 지배하려는 성향을 갖고 있다는 근세 초의 여성관이 크게 작용하기도 했다. 교회는 대중 교화의 대상으로서 마술을 악의 등가물로 제시했으며, 국가는 마녀사냥을 통하여 농촌 지역을 통합하는 성과를 거두기도 했다. 여기서 민중문화와 엘리트 문화 사이에 폭력을 동반한 일종의 문화적 교류와 타협 및 상호부정이 이루어지기도 했다.

② 반면 문화적 압박에 대해 민중은 대체로 보수적 태도를 취하여 지배집단의 가치체계를 수용했던 것 같다. 그러나 민중은 빈곤, 불의, 실업, 과세, 노역 등 기존 사회질서로부터 비롯된 고통에 대하여 다양한 방식으로 항의하기도 했다. 특히 축제는 일상으로부터의 일탈과 휴식 등 긴장 완화를 통한 '사회통제'라는 기능도 보유했지만 동시에 기존의 사회, 정치, 종교적 질서에 대하여 도전하는 기회로 전화되기도 했다. 실제로 소요나 민란이 주요 이에 맞추어 발생하기도 했다. 따라서 종교개혁의 시기를 포함하는 16~18세기는 국가형성과 상업자본주의의 발전에 따라 가부장제도와 사유재산제, 혈통의 보존 등이 제도화되고 인간의 자율성이 억압되면서 여성의 예속화 역시 본격화되었다.

전공 A 14번. 다음의 작성방법을 참고하여 답안을 작성하시오. (4점)

> 과학혁명 시기 타협을 추구한 유럽인들은 기독교와 고전, 불신과 경건, 과학과 종교를 양립시킴으로써 현실을 통제하고자 했다. ㉠뉴턴의 과학관에서조차 신은 여전히 적극적인 존재로 남아있다.
> 근대 초에 이르러 부르주아 지식인들은 중세 봉건귀족이 정치적 무기로 사용했던 계약의 개념을 수용하여 (㉡)을 전개하였다. 대부분의 이 이론가들은 군주에 대한 시민의 저항을 인정하지 않음으로써 궁극적으로 절대주의 체제를 인정했다고 볼 수 있다. 그러나 로크는 (㉢)로부터 자연권의 개념을 도출하여 이를 자발적인 동의에 입각한 사회계약을 설정했다. ㉣그의 사유는 근대 민주주의와 자유주의 사상의 토대를 이루고 18세기 미국혁명과 계몽사상가들에게 큰 영향을 미쳤다.

<작성 방법>

㉠의 근본적 핵심 내용을 서술하시오.
㉡과 ㉢에 들어갈 용어를 기입하시오.
㉣의 대표적 내용을 작성하고, 그의 사유의 가장 큰 역사적 의의를 설명하시오.

<예시 답안>

㉠의 근본적 핵심 내용- 자연종교의 기반을 합법칙적인 우주로 설정(기계론적 우주관)
㉡: 자연권 사상(근대 자연법사상)
㉢: 자연상태
㉣: 국가는 생명, 자유, 재산 등 개인의 자연권을 보장해주어야 하며, 인민은 자연권을 침해하는 정부에 저항할 권리를 보유하고 있다. 역사적 의의: 1688년의 명예혁명을 정당화하는데 기여함.

전공 B 5번. 다음은 영국의 근대 후기~현대 초기 내각의 모습이다. 다음 제시문을 읽고 작성방법에 따라 서술하시오.(4점)

> 1868년: ㉠디즈레일리 내각
> 1868-1874년: ㉡글래드스턴 1차 내각
> 1874-1880년: 디즈레일리 내각
> 1880-1885년: ㉢글래드스턴 2차 내각
> 1892-1894년: 글래드스턴 내각

<작성 방법>

㉠ 시기 디즈레일리가 잠시 내각을 지도할 수 있었던 직접적 이유와 그 내용을 설명하시오.
㉡ 아일랜드에 대한 대표적 조치 1가지 이상을 서술하시오.
㉢ 시기의 대표적 업적의 예를 드시오.

◀︎**〈예시 답안〉**
㉠ 1867년 2차 선거법 개정 통과, 도시의 노동자 가장에게 선거권 부여.
㉡ 아일랜드 국교 폐지, 아일랜드 소작인의 경제적 이해에 대한 부분적 보상
㉢ 시기 대표적 업적: 3차 선거법 개정(1884년), 농촌 노동자 가장에게 선거권 확대

◀︎**〈해설〉**
① 1832년 1차 선거법 개정은 중간계급에게만 투표권을 확대함으로써 부르주아 개혁가들과 같이 투쟁했던 노동계급을 크게 실망시켰다. 그 결과 정치적 권리에 대한 노동자들의 열망을 한층 더 높였다. 이어 1834년에 통과된 신빈민법은 구빈금 혜택의 범위와 수준을 크게 축소시켜버린, 의회에 의한 개악이었다.

② 한편 차티즘과 2월 혁명의 실패로 1848년 이후 체제 순응적인 노동운동이 영국에서 뚜렷하게 전개되었다. 이른바 중기 빅토리아 타협으로 불리는 노자관계의 안정화는 국제시장에서의 우월성을 바탕으로 한 영국의 자본과 노동 간의 복잡하고도 미묘한 '협상'에 기초한 것이었다. 이후 일부 숙련공과 중간계급 개혁가들의 협조와 함께 1867년 2차 선거법 개정(보수당 디즈레일리)을 실현하였다. 이 법은 투표자격에 대한 재산권 조항을 완화시킴으로써 도시에 거주하는 숙련공에게 투표권을 부여했고, 결국 노동계급의 일부를 정치권으로 흡수한다.

③ 한편 1860년대 이후 글래드스턴(수상재임 1868~1874년, 1880~1885년, 1886년, 1892 ~ 1894년)의 자유당 정치는 계급 이해를 넘어선 계급 사이의 상호작용에 입각해 정치가 이루어지며, 이 시기에 영국의 자유당이 '국민정당'이 되었다. 1868년~1874년 글래드스턴 1차 내각은 아일랜드 국교 폐지, 초등교육에 대한 국가의 간섭, 사법, 군대, 공무원 제도의 개혁, 아일랜드 소작인의 경제적 이해에 대한 부분적 보상, 비밀투표제의 실시 같은 개혁을 단행하여 자유주의 이념을 실현했다. 글래드스턴 2차 내각은 1884년 3차 선거법 개정을 통하여 농촌 노동자 가장에게 선거권을 확대했다. 즉 농업노동자에게도 투표권이 부여됨과 동시에 인구비례에 의한 평등한 선거구제도가 확립된다. 자유당- 자유주의 이념 추구/ 보수당- 적극적 제국주의 정책 시도

전공 B 6번. 다음 지문을 읽고 작성방법에 따라 작성하시오.(5점)

> 1920년대 중반 소련 정치 국내 권력투쟁이 극적으로 전개되었다. 주요 쟁점은 공업화 문제이며, 그 밑바탕에는 네프에 대한 입장차이가 깔려 있었다. 공업적 토대를 구축해야 하는 문제에 있어서 볼셰비키는 처음 해외자본의 도입을 생각했다. 그러나 소련과의 협력에 적극적이었던 독일은 패전으로 자본 부족을 겪고 있었으며, ㉠영국과의 관계도 좌절되고, 프랑스와 미국은 영국보다 더 적대적이었다.
>
> 이와 함께 전후 유럽에서 혁명의 전망이 어두워지자 1924년 스탈린이 ㉡이를 언급한다. 해외의 원조가 없는 상태에서 소련 스스로 공업화 재원을 마련한다는 것은 이제 불가피한 선택이었다.
>
> 한편 1920년대에 벌어진 일련의 권력투쟁은 이 네프에 대한 입장을 둘러싼 경제논쟁을 중심으로 벌어진다. 트로츠키파는 네프를 강력히 비판하며, 1926년 권력에서 밀려난 트로츠키와 지노비예프 그리고 카메네프 등의 합동반대파는 당에서 축출, 모스크바에서 추방당한다. 실제 ㉢1927년 중국과의 문제, ㉣5월 영국과의 문제 그리고 프랑스와의 관계도 나빠지는 등 국제 상황이 악화되고 있었다. 이런 상황에서 구미와의 밀접한 관계가 중요하다고 계속 강조한 합동반대파는 자본주의 적들에 영합하고, 소련에 대한 신념이 부족하며, 반역행위를 일삼는다는 등의 비난을 자초했다.

<작성 방법>

㉠의 구체적 이유를 작성하시오.
㉡에 알맞은 명칭을 기입하고, 핵심 내용을 서술하시오.
㉢의 세부적 이유를 작성하시오.
㉣이 의미하는 바는 무엇인지 서술하시오.

〈예시 답안〉
㉠의 이유: 영국 노동당 정부의 실각
㉡: 일국사회주의론/ 세계적인 공산주의 혁명 없이도 한 나라에서 사회주의를 건설할 수 있다는 논리
㉢: 중국에서 1차 국공합작이 결렬
㉣: 영국과의 국교 단절

〈해설〉
　1921년 3월에 열린 공산당 10차 대회에서 레닌은 네프(NEP), 곧 신경제정책을 제안하여 승인을 얻었다. 네프의 목표는 노동계급과 농민의 동맹 아래 사회주의로의 점진적인 이행을 추구하는 것이었다. 이에 따라 경제는 철저한 계획의 바탕에서 운용되던 전시공산주의로부터 시장에 상당히 의존하는 등 자본주의적 요소를 허용하는 혼합경제로 전환되었다. 네프에 힘입어 러시아가 정치적 위기를 넘기지만 변화가 반드시 긍정적인 것만은 아니었다. 노동자들의 공산당 지지가 하락하고 체제에 대한 농민들의 적대감이 뚜렷해진다. 또한 1924년 출범한 소비에트 사회주의공화국 연방이 출범했다. 이미 내전기에 보이던 공산당 당내 민주주의의 쇠퇴 경향이 강화되고 이러한 배경 속에서 1920년대 중반의 정치국 내 권력투쟁이 극적으로 전개되었다.

　이의 주요 쟁점은 공업화 문제였고, 그 밑바탕에는 네프에 대한 입장차이가 깔려 있었다. 공업적 토대를 구축해야 하는 문제에 있어서 볼셰비키는 처음 해외자본의 도입을 생각했다. 그러나 소련과의 협력에 적극적이었던 독일은 패전으로 자본 부족을 겪고 있었으며, 1924년에 영국의 노동당 정부와 추진하였던 투자 및 통상 문제는 노동당 정부의 실각으로 좌절되고, 프랑스와 미국은 영국보다 더 적대적이었다.

　이와 함께 전후 유럽에서 혁명의 전망이 어두워지자 1924년 스탈린이 '일국사회주의론'을 언급한다. 해외의 원조가 없는 상태에서 소련 스스로 공업화 재원을 마련한다는 것은 이제 불가피한 선택이었다.

　한편 1920년대에 벌어진 일련의 권력투쟁은 이 네프에 대한 입장을 둘러싼 경제논쟁을 중심으로 벌어진다. 트로츠키파는 네프를 강력히 비판하며, 1926년 권력에서 밀려난 트로츠키와 지노비예프 그리고 카메네프 등의 합동반대파는 당에서 축출, 모스크바에서 추방당한다. 실제 1927년 중국에서 1차 국공합작이 결렬되고, 5월에는 영국과의 국교가 단절되는 한편, 프랑스와의 관계도 나빠지는 등 국제 상황이 악화되고 있었다. 이런 상황에서 구미와의 밀접한 관계가 중요하다고 계속 강조한 합동반대파는 자본주의 적들에 영합하고, 소련에 대한 신념이 부족하며, 반역행위를 일삼는다는 등의 비난을 자초했다. 결국 1920년대 말 네프는 공식적으로 포기된다.

해커스 2018년 9~10월 6회 모의고사

전공 A 7번. 다음 (㉠)과 (㉡)에 들어갈 명칭을 기입하시오.(2점)

가) 아고게를 졸업한 청년은 다시 30세가 될 때까지 10년간 공동생활을 하며 이때 청년들은 군대의 일원으로서 전투에 참여한다. 이들은 국가의 성원으로서 왕을 중심으로 단결하는 것만을 지상 목표로 삼아 생활했다. 이를 위해 스파르타인은 60세까지 '(㉠)'라는 회식단체 생활을 해야 했다. 이 구성원 수는 모두 열다섯 명으로, 이들은 함께 식사하고, 함께 훈련하고, 함께 전투했으므로, 이 단체는 사회단체이자 군사단체 성격을 띠었다고 할 수 있다.

나) (㉡)라 불리는 이 규정은 애초에 입안한 사람이 제대로 짜놓지도 않았다. 크레타에서처럼, 모임이 공공비용으로 이루어져야 했기 때문이다. 그런데 라코니아인들은 각자가 기부금을 내야했다. 그들 가운데 일부는 매우 가난하여 이 비용을 낼 수가 없는데도 그러했다. 그래서 입법가의 의도와는 반대되는 결과가 초래되었다. 그는 이 제도가 민주적으로 운용되기를 원했으나, 현재의 규정 하에서는 전혀 민주적이지 않다. 왜냐하면 극빈자는 이 제도에 참여하기가 쉽지 않은데, 기여금을 낼 수 없다는 것이 예로부터 내려오는 시민권의 정의이기 때문이다.
-아리스토텔레스의 『정치학』1271 a 26~37.

<예시 답안>

㉠ 피디티온(phidition)
㉡ 피디티아 또는 시시시아(syssitia) 또는 공동식사제도

<해설>

① 피디티온 단체가 유지되도록 성원들은 식대를 포함한 기여품을 매달 납부해야 했다. 이 의무를 이행하지 않은 사람은 시민자격이 박탈되었다. 스파르타 시민은 '클레로스'라는 할당지에서 나오는 수입으로 생활했으므로 이 정도의 기여품은 충분히 분담할 수 있었을 것이다. 이 회식 단체에 가입하려면 기존 성원들이 만장일치로 동의해야 가능했다. 이런 조치는 스무 살 때부터 40년간 식사를 함께 할 사람을 선정하는 데에서 인화단결을 가장 중요하게 여겼기 때문인 것으로 보인다.
② 나)의 지문은 아리스토텔레스 생존 당시 스파르타의 체제가 상당히 위축되었음을 드러내는 징표로 보인다.

전공 A 8번. 다음에 ⊙과 ⓒ에 공통으로 들어갈 적합한 용어를 기입하시오. (2점)

가) 제1조: 모든 인간을 서로 형제로 여기라고 명령한 성경 말씀에 순종하여, (⊙)을 체결한 세 군주는 확고한 형제애의 참다운 유대로 항상 단결할 것이다....

제2조: 우리의 구세주 예수 그리스도 안에서만 사랑과 지식과 무한한 지혜의 보배가 발견되므로..그리스도 외에 어떤 다른 주권자도 없다는 것을 고백한다....거룩한 구세주가 인류에게 가르쳐준 원칙 안에서 의무를 실천하며 매일 스스로를 더욱 강하게 만들라고 권고한다.

나) 빈 회의가 만들어낸 국제 질서를 유지하기 위해 오스트리아, 프로이센, 러시아의 군주들이 결성한 것으로, (ⓒ)을 통해 혁명 이념의 확산을 저지하고 특히 주권재민론 및 입헌주의의 이념을 방지하여 군주정을 다시 확립하고자 했다. 이들은 정부를 타도하려 하거나 국경선을 무너뜨리는 일과 같은 소요사태가 일어나면 서로 협력하여 진압하기로 약속하였다. 이는 자유주의 혁명에 공동으로 대응하고 유럽의 질서를 유지하기 위한 열강들의 군사적, 외교적 협의 기구이자 협조 체제였다.

〈예시 답안〉

신성동맹

〈해설〉

① 가)의 지문은 원래 웨슬리 D. 캠프 편집, 『계몽 시대부터 1980년대까지의 서구 문명의 기원』, John Wiley & Sons, 1983, pp. 55~58에서 재인용된 것으로, 『사료로 읽는 서양사 4편』, 174쪽에서 참조한 것이다. 이는 러시아, 프로이센, 오스트리아가 맺은 신성동맹의 내용을 담고 있다. 신성동맹은 3국으로 시작했으나 영국과 프랑스가 가입하면서 5국 동맹으로 확대되었다.

전공 A 14번. 다음 (㉠)안에 들어갈 사건의 명칭과 1가지 중대한 한계점을 작성하고, 그 사건을 촉발시킨 직접적인 계기와 그 구체적 내용 2가지를 서술하시오.(4점)

> 제국은 혁명이 건설한 시민사회의 초석인 중요한 질서, 즉 대외질서를 구축하기 위해 세워졌다. 제국은 이 사상을 유럽 전역에 전파했다. 이것이 제국의 사명이었고 성공적으로 수행되었다. 그러나 제국은 영구적인 정부를 세우는데 실패했다. 필수 여건이 미흡했던 탓이다. 제국은 결국 몰락하고 왕정복고에 의해 계승되었다. 왕정복고는 무엇을 의미했는가? 그것은 문제를 해결하고, 질서를 자유와 조화시킬 것을 약속했다....하지만 문제를 해결할 수 없었고, 왕정복고는 도중에 그 부담에 압도되어 소멸되었다.
>
> 그 임무를 부과받은 것은 바로 (㉠)의 주체인 우리다. 질서만을, 혹은 자유만을 수립하는 것이 아니라 질서와 자유를 동시에 확립하는 것이 우리의 의무요, 책임이다. 이 이중 의무를 피할 길은 없다. 그렇다. 신사 여러분, 우리의 의무는 양면적이다. 우리는 질서의 원리와 제도, 자유의 원리와 제도를 동시에 확립하도록 위임받았다. 그것이 (㉠)이 한 약속이다.
>
> -프랑수아 기조의 연설

<예시 답안>

㉠ 사건의 명칭 - 1830년 7월 혁명
중대한 한계점 - 선거권이 소수 유산층에 여전히 한정됨
촉발 계기 - 샤를 10세의 '7월 칙령' 발표
칙령의 2가지 구체적 내용 - 선거권 대폭 축소, 언론 통제와 출판의 자유 철폐, 의회해산과 재선거 등을 담고 있다.

<해설>

① 출처: 프랑수아 기조의 연설: 토머스 C. 멘덴홀 외, 『1715년부터 현재까지 유럽의 권력론 탐구』, Henry Holt, 1948, p. 144. 『사료로 읽는 서양사 4편』, 205쪽 참조. 프랑수아 기조는 7월 왕정기에 루이 필립의 재상 중에서도 핵심적인 위치를 차지했던 인물로, 1840년 이후에는 실질적인 정권을 이끌었다. 1831년 하원에서 행한 이 연설에서 그는 새 정부의 목표를 자유와 질서를 확립하는 것이라고 정의했다. 그러나 시간이 지나면서 기조와 루이 필립은 자유보다는 질서에 더 관심을 보인다.

전공 B 4번. 다음의 작성방법을 잘 읽고 그에 적절한 답을 서술하시오.(4점)

도시의 발달과 교회의 개혁이 활기를 띠면서 12세기에 이르러 주교와 교회의 권위와 영향력이 커지고, 이와 더불어 문화적 주도권이 수도원에서 대성당의 부속학교로 서서히 이동하기 시작했다. 이른바 (㉠)은 주로 스콜라와 스콜라 학자들을 중심으로 일어났다.

이를 비롯한 그리스 철학자들의 저술이 일찍이 중동의 무슬림 학자에 의해 아랍어로 번역되었다. 이것이 무슬림 지배 하의 에스파냐에서 유대인 학자들에 의해 다시 라틴어로 번역되어 서유럽에 소개되었고, 이 과정에서 ㉡아비센나(이븐시나), 이븐 루쉬드 같은 무슬림 철학자들의 저술이 아울러 소개되어 유럽에 새로운 지적 활기를 불어 넣었다. 이를 계기로 탄생한 것이 바로 ㉢스콜라 철학이었다.

〈작성 방법〉

1. ㉠에 들어갈 명칭과 핵심 내용을 기입하시오.
2. ㉡ 서양 철학과 과학의 발전에 영향을 끼친 아비센나의 대표적 저술을 한 가지 쓰시오.
3. ㉢의 당면과제와 이를 통해 발생하는 철학적 논증은 무엇인지 작성하시오.

〈예시 답안〉

1. ㉠ 명칭- 12세기 르네상스/ 핵심- 아리스토텔레스 철학이 부활
2. ㉡ 치료의 서(또는 치유의 서)
3. ㉢ 스콜라 철학의 당면과제: 신앙과 이성의 조화

철학적 논증- 보편 논쟁

〈해설〉

① 중세 문화 성격을 살펴보면, 기독교와 교회는 무엇보다도 지식과 학문에서 절대적인 권위를 가지고 있었고, 신앙과 신학이 이성과 철학보다 우위였다. 대학이 탄생하기 전 오랫동안 수도원은 학문과 교육의 중심지였다. 특히 도시가 발달하고 교회의 개혁이 활기를 띠며 12세기에 이르러 주교좌 교회의 권위와 영향력이 커지면서, 문화적 주도권이 수도원에서 대상당의 부속학교로 서서히 이동한다. 이른바 '12세기 르네상스'라고 한다. 이는 스콜라와 스콜라 철학자들을 중심으로 일어난다.

② 이 르네상스의 핵심은 중세 '그 철학자'로 통한 아리스토텔레스의 철학이 부활하고, 이러한 그리스 철학자들의 저술이 무슬림 학자들에 의해 아랍어로 번역되고, 여러 과정을 거치게 되는데, 이 속에서 아비센나, 이븐 루쉬드 같은 철학적 저술이 소개되어 유럽에 지적 활기를 불어넣는다. 이를 계기로 탄생한 것이 스콜라 철학이다.

③ 스콜라 철학의 당면 과제는 신앙과 이성을 조화시키는 것이고, 그들의 지향점을 보여주면서 등장하는 것이 '보편 논쟁'이다. 이를테면 개별적 교회들을 떠나 보편적 교회라는 것이 실제 존재하는가 하는 질문을 놓고, 보편개념이 실재한다고 주장하는 실재론과 그러한 개념은 사람이 이름을 붙인 것에 불과하다는 유명론이 극단적으로 맞선다.

전공 B 5번. 다음의 예문을 잘 읽고 작성방법에 따라 서술하시오.(4점)

> 소련 침공 직후 지역 단위의 절멸이 시작되고 나서 반년이 지난 시점인 1942년 1월 20일에 중앙 차원에서 전 유럽 유대인의 절멸이 결정되었다. 여기서 '최종 해결'을 결의했다. 이른바 이 (㉠)에서 작성된 회의록에는 절멸 대상 유대인이 모두 1100만 명으로 잡혀 있었다.
>
> 독일과 공식적으로 '동맹' 관계를 맺었지만 사실상 위성국으로 전락한 루마니아, 헝가리, ㉡불가리아는 홀로코스트와 관련해 각기 다른 모습을 보였다.
>
> 한편 전쟁을 일으킨 나라이자 홀로코스트를 수행한 나라인 독일 자체에서의 과거사 청산은 연합국에 의해 시작되었다. 1945년 8월에 나치 독일의 최고위급 인물들을 대상으로 미국, 소련, 영국, 프랑스의 합의로 설립된 ㉢국제 군사법정이 벌인 재판이 시작되었다.

<작성 방법>

1. ㉠에 들어갈 명칭을 서술하시오.
2. ㉡ 홀로코스트에 대한 불가리아의 태도와 그 이유를 구체적으로 작성하시오.
3. ㉢ 이 재판의 명칭과 이에 의해 도입되는 새로운 범죄개념이 무엇인지 서술하시오.

〈예시 답안〉

1. ㉠ 반제 회의
2. ㉡ 불가리아는 독일의 이송압력을 물리치고 5만 명의 불가리아 유대인 모두 무사하게 보호한다.
   이유- 자생적 파시스트 운동이 미약, 반유대주의 전통이 없었다. 국광과 의회, 정치인, 주민 상당수 등이 유대인 이송에 적극 반대한 점
3. ㉢ 명칭- 뉘른베르크 재판/ 개념- 반인륜범죄

〈해설〉

① 소련 침공 이후 1942년 1월 20일에 중앙 차원에서 전 유럽 유대인의 절멸이 결정된다. 그날 베를린 교외 반제(Wansee)호수 인근의 한 건물에 제국보안청장 하이드리히 주재로 내무부, 외무부, 법무부, 4개년 계획청, 총리실, 폴란드 총독부, 제국 철도 등의 차관급 고위관리들이 모여 유대인 문제의 '최종해결'을 결의했다. 반제 회의 이후 폴란드 지역을 시작으로 학살 전용 수용소들이 잇달아 설치된다.

② 독일과 공식적으로 '동맹' 관계를 맺었지만 사실상 위성국으로 전락한 루마니아, 헝가리, 불가리아는 홀로코스트와 관련해 각기 다른 모습을 보였다. 루마니아는 루마니아 본토의 유대인에 대해서는 독일 측의 이송 요구에 그리 협력하지 않으며, 헝가리는 단호하게 독일 측의 요구를 1944년 3월 이전까지는 거부하나 그 이후 독일의 침공을 받고 유대인을 아우슈비츠로 이송한다.

③ 반면 불가리아는 독일의 이송압력을 물리치고, 이로써 5만 명의 불가리아 유대인 모두가 무사할 수 있었다. 여기에는 슬로바키아, 크로아티아, 루마니아, 헝가리와 달리 자생적 파시스트 운동이 미약했다는 점, 동유럽 대부분 지역과 달리 반유대주의 전통이 없었다는 점, 그리고 무엇보다도 국왕과 의회, 정치인, 성직자 및 주민 상당수가 유대인 이송에 적극 반대했다는 점이 작용했다.

④ 1945년 8월에 나치 독일의 최고위급 인물들을 대상으로 미국, 소련, 영국, 프랑스의 합의로 설립된 국제 군사법정이 뉘른베르크에서 열려 재판이 시작된다. 이를 '뉘른베르크 재판'이라 부르며, 이로 인해 '반인륜범죄'라는 명목이 신설되었다.(서양사 강좌 참조)

해커스 2018년 9~10월 7회 모의고사

전공 A 6번. 다음 (㉠) 목적에 적합한 종교.문화정책 일환의 한 사례의 명칭을 기입하고, (㉡)에 들어갈 명칭을 기입하시오.(2점)

> 가) 빈농층의 지지를 바탕으로 정권을 장악한 페이시스트라토스는 기본적으로 솔론의 개혁을 계승하는 한편, 특히 중소농민층의 육성과 ㉠시민공동체 의식의 강화에 주력했다. 하지만 군주제의 변형인 참주정은 그것을 통해 한층 강화된 폴리스의 발전방향과 본질상 양립하기 어려운 것이었다.
>
> 나) 한편 아테네는 제국주의, 노예제. 민주주의라는 조건에 힘입어 일약 '그리스의 학교'다시 말해 그리스의 문화적 중심지로서의 지위를 획득하게 되었다. 흔히 기원전 5~4세기를 가리켜 그리스의 고전기라 일컫는 것은 주로 그 시기의 찬란한 문화적 결실들을 염두에 두고 있기 때문이다. 이 시기 민주주의의 진전과 더불어 대화와 토론의 기술이 중요함을 인식하고 있던 아테네 시민들에게 변론술(혹은 수사학)의 형태로 지식을 팔았던 (㉡)라 불리는 이들도 풍부한 보상과 창작의 기회를 찾아 몰려들었던 자들의 한 전형이다.

<예시 답안>
㉠ 판 아테나이아 제전
㉡ 소피스트

<해설>
민주주의적 사회생활이 시작되면서 신화의 시대는 사라지고, 신이나 반신적 영웅이 아닌 보통 인간이 역사의 주체임을 알게 된다. 이에 신화를 소재로 삼던 비극시의 장르가 쇠퇴하고 역사학, 인간철학, 수사학이 전면에 나선다. 이로서 등장하는 사람들이 소피스트이며, 소크라테스이다.

지문 근거: 서양사강의 35~39.

전공 A 7번. 다음에 ㉠에 들어갈 적합한 용어를 기입하시오.(2점)

> 이집트에 대해 수세에 놓여 있던 마케도니아와 시리아는 서로 동맹을 맺어 이집트를 견제하려 했다. 양국 사이에는 소아시아의 완충국들 덕택에 충돌의 소지가 없었으므로 우호협력이 가능했던 것이다. 그 결과 3개 강대국 사이에는 대체로 세력 균형이 유지되었다. 그리고 그것은 강대국들 틈바구니에서 중소국가들의 명맥을 이어갈 수 있는 조건이기도 했다. 이처럼 복잡한 군사, 외교 관계 속에서도 세력균형에 의한 전반적인 정세의 안정, 그것이 바로 3세기 초 이래 헬레니즘 정치사의 주된 특징이었다.
>
> 이 체제는 3세기 말부터 흔들린다. 그 한 요인은 3대 강국 사이의 역학관계의 변화였다. 이집트가 무능하거나 어린 왕들 때문에 대외적으로 위축되고 있는 가운데, 시리아와 마케도니아 양국은 유능하거나 최소한 야심적인 왕을 맞아 영토 확장을 꾀하고 있었다. 심지어 시리아와 마케도니아가 이집트를 점령, 분할하는 비밀협정을 체결했다는 추측이 강력하게 제기되고 있었다. 그리고 이 추측은 로마가 헬레니즘 세계의 강대국들과 치른 사실상 최초의 전쟁인 (㉠)을 감행한 주요 동기들 중의 하나였음이 분명하다. 로마는 이 전쟁을 계기로 헬레니즘 세계의 정세에 깊숙이 개입하게 되었고, 이후 세력균형의 와해는 급속히 진행되었다.

〈예시 답안〉
2차 마케도니아 전쟁(200년~196년)

전공 A 8번. 다음 ㉠과 ㉡을 통해 유추할 수 있는 운동의 명칭은 무엇인지 기입하고, 이로 인한 민족주의 반응으로 영국이 만든 기구의 명칭을 기입하시오. (2점)

16세 때 나는 힌두교의 우상숭배 체계의 타당성을 문제 삼은 초고를 썼습니다. 이 일은 (중략) 저와 친족 간의 사이를 서먹하게 만들었습니다. 저는 여행을 떠났습니다. 주로 힌두스탄(인도) 내부였지만, 때로는 외부의 나라들을 여행했습니다. 인도에서 영국 권력의 확립에 대한 혐오의 감정을 안고 있었기 때문입니다. 20세가 되자 아버지는 다시 나를 부르셨고, 나를 따뜻한 눈으로 보게 되셨습니다. 그 후 비로소 저는 유럽인과 만나고 그들과 교류하였습니다. 그들은 일반적으로 지성이 뛰어나며 행동이 착실하고 온건하다는 것을 알고 나서 저는 편견을 버리고 그들에게 호의를 갖게 되었습니다. 그들의 지배는 밖으로부터의 멍에와 다를 바 없지만, 원주민의 상황을 빠르고 확실히 개선할 것이라고 생각하게 된 것입니다.(중략) ㉠제가 브라만을 상대로 그들의 우상숭배와 미신에 대해 논쟁을 하면서 그들의 사티(과부 순사) 풍습과 기타 악습을 비판한 것은, 저에 대한 그들의 적의를 되살아나게 하였습니다. 그리고 그들은 저희 집에 대한 영향력이 있어서 아버지는 다시 저에 대한 지지를 공식적으로 철회해야 했습니다. 다만 아버지가 몰래 하시던 금전적 지원은 그 이후로도 지속되었습니다.

아버지가 돌아가신 후 저는 한층 더 대담해져 우상 숭배를 지지하는 무리와 대립하게 되었습니다. 지금은 인도에 정착한 인쇄술을 쉽게 이용할 수 있어서 그들의 잘못을 공격하는 갖가지 저작과 팜플렛을 우리말과 외국어로 출판했습니다. 두세 명의 스코틀랜드인을 특별히 두자 많은 친구로부터 버림받는 느낌이 들 정도였습니다. 이런 이유로 그 스코틀랜드인 친구들과 그들의 나라를 항상 감사하게 생각하고 있습니다. 저는 논쟁에서 브라만주의 뿐만 아니라 그 왜곡에 대해서도 반대하였습니다. ㉡브라만들의 우상숭배는 그들의 선조 그리고 그들이 따르는 고대 문헌의 원리와 대립한다는 것을 저는 보여주고자 했습니다. 저의 의견은 맹렬한 반대와 저항을 받았습니다만, 특별히 지위와 명예를 가진 많은 사람으로부터 방방곡곡에서 찬성을 얻게 되었습니다.

-자전 스케치에 대하여 로이가 친구에게 보내는 편지(1833년 10월 5일)

<예시 답안>
㉠과 ㉡의 명칭- 브라흐마 사마지 운동
기구: 인도국민회의

<해설>
　서양의 근대 사상에 영향을 받은 힌두교 지식인들은 브라흐마 사마지 운동을 전개하여 종교적, 사회적 개혁운동을 실시하였다.
　영국이 인도에 대한 식민통치를 강화하자 인도에서는 종교인과 지식인들을 중심으로 민족운동을 활발히 전개하였다. 이들은 람모한 로이를 중심으로 브라흐마 사마지를 조직. 힌두교의 우상숭배 배격, 카스트제 반대, 여성의 권리 신장, 인도인의 교육확대 등 종교적, 사회적 개혁을 주장하였다. 영국의 인도인 차별정책에 반대하면서 인도인의 정치적 자유를 지키기 위해 노력. 이 과정에서 인도인의 민족의식이 높아지자, 영국은 인도인들을 회유하기 위해 인도인들이 정치 조직을 만들도록 지원하였다. 그 결과 인도국민회의가 결성되었다.

전공 A 14번. 다음 ㉠에 적합한 역할을 수행한 자들이 누구인지 그 용어를 쓰고, ㉡이 지칭하는 명칭 그리고 후원의 직접적 이유를 작성하시오.(4점)

> 8세기 초 주교들이 오랫동안 누려왔던 독자적인 권력의 종교적 토대가 파괴되었다. 이제 그들은 제후로서 정치체제에 편입되었고, 주교는 하나의 세속적인 군주일 따름이었다. 주교직이 철저히 세속화함에 따라 교회의 성격도 변화를 겪게 되었다.
> 샤를 마르텔과 그의 계승자들은 교회조직을 세속화시키고 사유화함으로써 왕국의 실질적인 지배자로 등장하였다. 그러나 그들이 명실상부한 지배자가 되기 위해서는 ㉠사유화된 수도원과 교회를 조직하여 그들의 권력에 종속시켜야 했으며, 또한 ㉡주교나 수도원장을 대신하여 그들의 통치권을 정당화해줄 수 있는 새로운 종교적 후원자가 필요하였다.

〈예시 답안〉

㉠ 앵글로색슨 선교사들
㉡ 로마 가톨릭 교황
후원의 직접적 이유: 롬바르드족으로부터 자신을 지켜줄 보호자를 구하고 있었기 때문.

〈해설〉

① 8세기 초 주교직은 권력의 장악 및 강화수단으로 전락하였다. 샤를 마르텔과 카롤링 가문은 이를 잘 알고 활용했다. 샤를은 주교 선출 혹은 서품에 관한 절차를 철저히 무시하고 그가 신뢰하는 사람을 선택하여 주교구나 수도원을 지배하게 되었다. 이제 주교들이 오랫동안 누려왔던 독자적인 권력의 종교적 토대가 파괴되었다. 이제 그들은 제후로서 정치체제에 편입되었고, 주교는 하나의 세속적인 군주일 따름이었다. 주교직이 철저히 세속화함에 따라 교회의 성격도 변화를 겪게 되었다.

② 샤를 마르텔과 그의 계승자들은 교회조직을 세속화시키고 사유화함으로써 왕국의 실질적인 지배자로 등장하였다. 그러나 그들이 명실상부한 지배자가 되기 위해서는 사유화된 수도원과 교회를 조직하여 그들의 권력에 종속시켜야 했으며, 또한 주교나 수도원장을 대신하여 그들의 통치권을 정당화해줄 수 있는 새로운 종교적 후원자가 필요하였다. 8세기에 대륙을 건너온 앵글로색슨 선교사가 전자의 필요를 충족시켰고, 롬바르드족으로부터 지켜줄 보호자를 구하고 있던 로마 교황이 후자의 역할을 담당하였다.

③ 성 보니파키우스로 잘 알려진 유명한 선교사 윌프리드의 경우도 마찬가지였다. 독립적인 성향이 강했던 아일랜드 수도승과 달리, 앵글로색슨 선교사들은 군주의 후원을 받고 왕실과 긴밀한 유대관계를 맺는 데 아무런 저항을 느끼지 않았다. 전통적으로 왕실과 긴밀하게 협력하며 성장했던 잉글랜드 교회에서는 주교나 수도원장이 지역의 군주들과 협력하고 그들의 통제를 받는 것은 흔한 일이었던 것이다. 앵글로색슨 선교사들의 노력으로 교회가 하나의 조직으로 통합됨에 따라, 카롤링 가문은 정치적으로 막대한 이익을 거둔다.

④ 교황은 라틴 교회의 수장으로서 중부 이탈리아 지역에 대한 독립적인 통치권을 확보하고자 했다. 특히 8세기 초 이후 롬바르드족이 이탈리아 전역을 석권하려고 하자, 교황은 외부 지원세력을 구하려고 고심하였다. 동로마 제국은 더 이상 힘이 되지 못했고, 교황은 그로부터 도움을 얻으려하지 않았다. 그는 차라리 멀리 떨어져 있어 그의 독립적인 지위를 위협하지 않으면서 강력한 군대로 그를 지켜줄 수 있는 프랑크의 실력자 샤를 마르텔에게 도움을 요청하였다. 바로 이 계획이 시행되지 않았지만 피핀 때 그 일이 성사된 것이다.

지문 근거: 서양사강의 108~110.

전공 B 4번. 다음의 작성방법을 잘 읽고 그에 적절한 답을 서술하시오.(4점)

> 알렉산드르 2세의 내정개혁은 국력배양을 바탕으로 한 대외발전을 위한 준비작업이기도 했다. 1876년 투르크가 반란을 일으킨 불가리아인들을 학살한 사건을 계기로 러시아는 전격적으로 투르크를 공격했다. 이로 인해 맺어진 이른바 (㉠) 조약은 곧 ㉡영국과 오스트리아의 항의를 받게 된다.
> 한편 1881년 튀니지의 원주민이 알제리아로 침입한 사건을 계기로 프랑스가 튀니지를 보호국으로 삼자 ㉢이 지역에 눈독을 들이고 있던 이탈리아의 분노가 컸다.

<작성 방법>

1. ㉠에 들어갈 명칭과 투르크의 조치 내용을 서술하시오.
2. ㉡ 이로 인해 등장하는 회의 결과와 이를 중재한 인명을 쓰시오.
3. ㉢ 이로 인해 1882년 등장하는 외교적 결과를 작성하시오.

<예시 답안>

1. ㉠ 명칭- 산스테파노 조약/ 조치 내용- 세르비아, 몬테네그로, 루마니아 독립 승인, 불가리아의 자치 승인
2. ㉡ 베를린 회의(1878년)- 새로 독립한 나라들의 영토 대폭 축소, 영국- 키프로스 획득, 오스트리아 보스니아, 헤르체코비나 획득.

   인명: 비스마르크
3. ㉢ 1882년- 3국동맹 체결: 이탈리아는 독일에 접근한다. 이를 비스마르크가 이용하여 1882년 독일, 오스트리아 이탈리아 사이에 3국 동맹을 맺는다.

<해설>

　1873년 독일, 오스트리아, 러시아 등 3제 협약 출발. 알렉산드르 2세의 내정개혁은 국력배양을 바탕으로 한 대외발전을 위한 준비작업이기도 했다. 1876년 투르크가 반란을 일으킨 불가리아인들을 학살한 사건을 계기로 러시아는 전격적으로 투르크를 공격했다. 이로 인해 맺어진 이른바 산스테파노 조약(1878년)으로 러시아 세력이 크게 발칸 방면으로 진출하지 이 방면에 깊은 이해관계를 가진 영국과 오스트리아가 강한 불만을 가지게 된 것을 본 비스마르크는 조정에 나섰다. 1878년 그의 주도 하에 열린 베를린회의에서의 조정 결과는 러시아를 억제하고 오스트리아와 영국에 유리한 것이었다. 이에 러시아는 독일과 멀어지고 오스트리아와 독일이 접근하게 되었으며, 그 결과 1879년 독일과 오스트리아는 군사적 성격을 지닌 비밀동맹을 맺는다.

　한편 1881년 튀니지의 원주민이 알제리아로 침입한 사건을 계기로 프랑스가 튀니지를 보호국으로 삼자 이 지역에 눈독을 들이고 있던 이탈리아의 분노가 컸다. 이에 이탈리아는 독일에 접근하게 되고, 비스마르크는 이를 이용하여 1882년 독일, 오스트리아, 이탈리아 사이에 3국 동맹을 맺게 된다.

지문 근거: 서양문화사 328.

전공 B 7번. 다음의 예문을 잘 읽고 작성방법에 따라 서술하시오. (5점)

> 브레즈네프 시대는 ㉠국가의 중요 직책들을 독점하여 특권을 누리는 정치, 사회 분야의 엘리트들의 전성기였다.
>
> 브레즈네프 시대의 국민들은 이전의 어느 세대보다도 서구에 대한 정보를 여행이나 미국의 소리 같은 방송을 통해 많이 습득하고 있었고, 자신들의 생활수준이 자본주의의 서구보다 떨어진다는 것을 알고 있었다. 이들은 흐루쇼프의 해빙정책으로 강제 노동수용소의 실상을 묘사한 작품을 발표했던 (㉡)이 1965년 이후 어떤 작품도 국내에서 출판할 수 없게 되자 해외에서 출판된 그의 작품들을 밀반입해서 들여와 계속 접하였다.
>
> 대외정책에서도 브레즈네프 정부는 신뢰를 줄만한 모습을 보이지 못했다. 1979년 ㉢이 행동을 통해 괴뢰정부를 수립하려고 했지만, 8년간의 노력은 헛되이 결실을 맺지 못하고, 바르샤바 동맹이나 코메콘을 통해 소련의 우산 아래로 동부 유럽을 통합하는 기도 역시 성공하지 못하면서 소련의 국제적 위상은 추락했다.
>
> 고르바초프의 탈냉전 행보는 제3세계 및 동유럽 국가들을 향한 (㉣)외교로 표방되었다. 1986년 제22차 소련 공산당 전당대회에서 고르바초프는 앞으로 제3세계 국가들이 스스로의 힘으로 사회주의를 건설해야 한다고 선언했으며, 1988년 국제연합 연설에서 동유럽 위성국가들의 독자적인 주권행사를 허용할 뜻을 밝혔다.
>
> 고르바초프의 노선은 동유럽에서 공산 정권의 지배를 거부하는 민주화 시위를 야기했으며, 그의 ㉤소련의 외형을 지속하기 위한 마지막 시도에도 불구하고, 더 이상 소련의 지원을 기대할 수 없는 동유럽 사회주의 정권들은 순식간에 붕괴되었다.

〈작성 방법〉

1. ㉠에 들어갈 명칭을 서술하시오.
2. ㉡에 들어갈 인명을 기입하시오.
3. ㉢의 이 행동이 의미하는 것이 무엇인지 서술하시오.
4. ㉣을 지칭하는 용어를 작성하시오.
5. ㉤의 마지막 시도가 가리키는 것은 무엇인지 용어와 그 내용을 서술하시오.

〈예시 답안〉

1. ㉠ 노멘클라투라
2. ㉡ 인명- 솔제니친
3. ㉢ 아프가니스탄 침공
4. ㉣ 신사고(New Thinking)
5. ㉤ 신 연방 조약 채택 노력/ 내용- 소련을 외교와 국방에 대해 책임을 지는 대통령 아래의 느슨한 연방체로 전환시키는 것.

〈해설〉

① 브레즈네프 시대는 국가의 중요 직책들을 독점하여 특권을 누리는 정치, 사회 분야의 엘리트, 즉 '노멘클라투라'의 전성기였다. 원래 노멘클라투라는 당, 정부 및 기타 소비에트 사회기관들의 주요 직책 명부를 지칭하는 말이었으나, 이 시기에 이르러 그러한 직책을 이용해 특권을 누리는 집단을 의미하게 되었다. 이에 후일 고르바초프가 이 시대를 "정체의 시대"라고 명명한 특징적 현상, 즉 "노인 정치"의 시대가 만들어진 것이다.

② 브레즈네프 시대의 국민들은 이전의 어느 세대보다도 서구에 대한 정보를 여행이나 미국의 소리 같은 방송을 통해 많이 습득하고 있었고, 자신들의 생활수준이 자본주의의 서구보다 떨어진다는 것을 알고 있었다. 이들은 흐루쇼프의 해빙정책으로 강제 노동수용소의 실상을 묘사한 작품을 발표했던 솔제니친이 1965년 이후 어떤 작품도 국내에서 출판할 수 없게 되자 해외에서 출판된 그의 작품들을 밀반입해서 들여와 계속 접하였다.

③ 대외정책에서도 브레즈네프 정부는 신뢰를 줄만한 모습을 보이지 못했다. 1979년 아프가니스탄 침공을 통해 괴뢰정부를 수립하려고 했지만, 8년간의 노력은 헛되이 결실을 맺지 못했다.

④ 고르바초프의 탈냉전 행보는 제3세계 및 동유럽 국가들을 향한 '신사고 외교'로 표방되었다. 1986년 제22차 소련 공산당 전당대회에서 고르바초프는 앞으로 제3세계 국가들이 스스로의 힘으로 사회주의를 건설해야 한다고 선언했으며, 1988년 국제연합 연설에서 동유럽 위성국가들의 독자적인 주권행사를 허용할 뜻을 밝혔다. 쿠바를 비롯한 아시아 아프리카 국가들에 대한 소련의 지원은 대폭 삭감되거나 중단되었으며, 동유럽에 배치한 주요 무기들은 철수되었다. 고르바초프의 노선은 동유럽에서 공산 정권의 지배를 거부하는 민주화 시위를 야기했으며, 그의 소련의 외형을 지속하기 위한 '신 연방 조약'의 채택이라는 마지막 시도에도 불구하고, 더 이상 소련의 지원을 기대할 수 없는 동유럽 사회주의 정권들은 순식간에 붕괴되었다.

지문근거: 서양문화사 407, 서양사강좌 611, 655, 659~660.

해커스 2018년 9~10월 8회 모의고사

전공 A 6번. 다음 ㉠에 들어갈 적합한 명칭을 기입하고, ㉠에 대한 이집트 편에서의 역사적 의의를 기입하시오.(2점)

> 이미 160년대 이후, 헬레니즘 세계에는 로마의 독주를 견제할 힘이 거의 남아있지 않았다. 로마로서는 다만 그 세계에 대한 패권을 영토합병으로 전환할 적절한 시점을 찾는 일이 남아있을 뿐이었다. 그 전환점은 대략 140년대였다. 마케도니아는 마침내 로마의 속주로 편입되었으며, 또 130년대 페르가몬 왕국이 로마 인민에 증여되자, 로마는 그것을 기꺼이 받아들여 속주 하나를 더 늘렸다. 로마가 이렇게 헬레니즘 왕국들을 하나씩 속주화해가던 과정은 기원전 30년 (㉠) 전쟁을 통해 사실상 종결되었다. 헬레니즘 세계의 마지막 강국 이집트는 옥타비아누스의 전리품으로, 개인 소유의 속주가 되었다.

<예시 답안>

㉠ 악티움 해전/ 안토니우스 편에 섰던 프톨레마이오스 왕조의 최후

<해설>

7회 전공 A7번 문제와 연결되는 부분의 문제이다. 로마가 헬레니즘 세계의 강대국들과 치른 사실상 최초의 전쟁인 제2차 마케도니아 전쟁(200년~196년)을 계기로 로마는 헬레니즘 세계의 정세에 깊숙이 개입하게 되었고, 이후 세력균형의 와해는 급속히 진행되었다.

제3차 마케도니아 전쟁(172년~167년)에서 패하여 마케도니아는 4개의 공화국으로 해체되었고 강국의 면모를 상실한다. 따라서 이미 160년대 이후 헬레니즘 세계는 로마를 견제할 힘이 거의 남지 않는다. 대략 140년대를 기점으로 마케도니아는 마침내 로마의 속주로 편입되며, 130년대에 페르가몬 왕국이 로마 인민에 증여된다. 소아시아 내륙의 폰토스 왕국과 치른 미트리다테스 전쟁(88년~63년) 역시 그 위상을 충분히 보여준다. 로마가 이렇게 헬레니즘 왕국들을 하나씩 속주화해가던 과정은 30년 악티움 해전의 결과 사실상 종결되었다. 이는 옥타비아누스가 안토니우스에게 승리하여 로마의 오랜 내전을 종식시킨 사건인 동시에 안토니우스 편에 섰던 프톨레마이오스 왕조의 최후이기도 했던 것이다. 헬레니즘 세계의 마지막 강국 이집트는 옥타비아누스의 전리품으로, 개인 소유의 속주가 되었다.

지문 근거: 서양사강의 47~49.

전공 A 7번. 다음 ㉠이 의미하는 새로운 방식에 따라 초래되는 ㉡에 들어갈 적절한 용어를 기입하고, 또한 ㉢과 ㉣에 공통으로 들어갈 명칭을 기입하시오.(2점)

가) 확대된 농민 반란은 어느 곳에서도 성공하지 못하고 귀족들의 무력에 의해 잔인하게 진압되었다. 하지만 자크리의 난, 와트 타일러의 난을 경험한 귀족들은 생각을 전환하였다. 지금까지의 방식을 포기하고 ㉠새로운 방식으로 전환하였다. 이러한 방식으로 전환하면서 농민들은 강제 노동을 해야 하는 존재에서 일정한 계약만 잘 이행하면 되는 자유로운 존재로 바뀌게 되었다. 이뿐만 아니라 귀족들은 농민들의 강제 노동에 의존해서 경영했던 직영지를 양도하거나 대여해주었다. 대여기간이 보통 9년으로 이처럼 장기 소작제가 발전하게 되었다. 임대받은 땅을 경작하는 농민들은 자신들의 책임 하에 경영하여 재산을 모을 수 있었다. 이와 같은 현상은 ㉡ ( )을 초래하였으며, 전체적으로 보면 농민에게 유리한 방향으로 상황이 진전되어 중세 사회의 기반이 되었던 장원이 해체되는 결과를 가져왔다.

나) 영주들이 흑사병 이후 자신에게 유리하도록 수입의 분배를 유지하기 위해서 토지시장과 노동시장의 작동을 방해했던 방식들은 1381년의 반란의 원인으로서 다양하게 강조되면서 탐구되어 왔다. '(㉢)'은 그들이 이용할 수 있는 다양한 전략들에 대한 편리한 표현이다. …중략…'(㉣)'라는 말은 또한 영주가 개인의 소유지에 대해서 자신들의 권력을 휘두르는 방식을 묘사한다. 그들은 장원의 농민들이 원하지 않는 소작지를 경작하도록 주문했고, 오랫동안 현금으로 거래되던 노동부역을 요구하였으며, 벌금에서 그들의 수입을 늘리기 위해서 영주의 사법권을 이용하였다.

<예시 답안>
㉠과 ㉡ 농노해방
㉢과 ㉣ 봉건반동

<해설>
근거: 사료로 읽는 서양사 2편, 433~434쪽.
㉠은 부역의 금납화를 의미한다.
나)의 지문- R.H. 브리트넬, 「흑사병 이후 더럼 자치주의 봉건반동」, 『과거와 현재』 128, 1990, 28쪽이 원문이며, 사료로 읽는 서양사2편, 443쪽 재인용.

전공 A 8번. ㉠의 계기가 된 직접적인 사건의 명칭과 ㉡과 ㉢의 이곳이 공통적으로 가리키는 것을 서술하시오.(2점)

> 표트르 대제가 시행한 근대화 정책에서 거둔 가장 큰 성과는 군대를 민병 중심에서 군대 정규군으로 전면 개편한 것이다. 표트르 대제는 20만 대군을 양성하여 군사력을 확충한 후 흑해에 함대를 건설했고, ㉠발트 해로 진출의 오랜 꿈을 이루고, 수도도 모스크바에서 상트페테르부르크로 옮겼다.
>
> 예카테리나 통치기에 지주귀족 계급은 전제군주정의 협력자로서 병역 의무를 면제받았을 뿐 아니라 공장과 광산에 대한 독점권을 부여받았고, 막대한 국유지를 하사받았으며, 영지 농노에 대한 절대적 통제권을 누렸다.
>
> 이러한 상황에서 러시아의 예카테리나 여제가 폴란드에 직접 영향력을 행사하여 왕을 세우고 러시아에 이권을 제공하게 만들었다. 이에 오스만 제국은 1768년에 (㉡)의 자유를 수호한다는 구실로 러시아에 선전포고를 했으나, 전쟁에서 패배했다. 그 이후 1772년에 예카테리나는 프로이센의 프리드리히 대왕과 오스트리아의 마리아 테레지아를 끌어들여 이 영토 중 3분의 1가량을 가져갔다. 러시아와 프로이센은 2차 분할에도 참여해, 1795년에는 ㉢이곳의 나머지 영토를 러시아, 프로이센, 오스트리아가 분할하여 차지함으로써 이곳을 멸망시켰다.

<예시 답안>

㉠ 직접적 계기: 북방전쟁에서 승리
㉡과 ㉢: 폴란드

전공 A 12번. 다음 작성방법에 따라 서술하시오.(4점)

> 비스마르크는 오스트리아를 독일연방의 주도적 지위에서 끌어내리기 위해 1866년에 요제프 1세와 전쟁을 벌였다. ㉠프로이센은 7주간 이어진 이 전쟁에서 승리했고, 슐레스비히와 홀슈타인 뿐만 아니라 베네치아와 덴마크 일부 지역도 양도받았다. 전쟁 직후인 1867년에 비스마르크는 오스트리아 중심의 독일연방을 해체하고, 오스트리아 및 남부 독일 4개국을 제외한 21개국을 결속하여 프로이센 중심의 북독일연방을 결성했다.
>
> 이후 발발한 프로이센-프랑스 전쟁의 가장 큰 결과는 통일된 독일 제국의 탄생이었다. 오스트리아를 제외한 25개 영방국가로 구성된 연방국가 형식이었다. 새로 제정된 제국헌법에 의하면 실제로 국정을 좌우하는 것은 재상과 황제이며 재상은 의회가 아니라 황제에게 책임을 지며 황제는 의회 해산권을 가지고 있었다. 한편 프로이센에서는 1850년에 제정된 이른바 ㉡'외관상의 입헌주의'로 알려진 헌법이 그대로 유지되었다.

<작성 방법>
1. ㉠의 이 전쟁에서 패배한 결과 헝가리에 나타나는 직접적인 결과를 서술하시오.
2. ㉡의 제국 헌법의 구체적 목적을 프로이센 의회 측면에서 서술하시오.

<예시 답안>
1. 제국 영토의 절반을 차지하던 헝가리가 사실상 자치권을 획득함으로써 '오스트리아-헝가리 제국'이라는 이중 제국의 모양새로 바뀌었다.
2. 프로이센 의회를 융커로 불리는 지방귀족과 신흥 상공 계급의 지배 아래 두는 내용을 담고 있다. (또는 구체적으로 상원은 독일 영방국가들의 대표들로 구성, 하원은 독일 국민의 대표자들로 구성된다는 내용을 담고 있다.)

근거: 사료로 읽는 서양사 4편, 246~247쪽. 서양문화사 288쪽.

전공 A 14번. 다음의 질문에 적절한 답을 기술하시오.(4점)

> 아랍 세계는 오스만 제국의 영향력 아래에 있었으나, 오스만 제국의 세력이 약화되면서 영국, 프랑스, 러시아 등 서구 열강의 침략을 받았다. 서구 열강은 아랍 세계의 부족적, 종교적 대립을 이용해 영향력을 확대하였다. 이에 18세기 후반 아라비아 지역에서 ㉠'쿠란으로 돌아가자'의 구호 아래 아랍 민족의 단결을 촉구하였다. 이 운동의 주도자는 ㉡오스만 제국의 개혁을 거부하였다.
> 초기 순수한 종교운동으로 시작된 이 운동은 아랍민족주의의 힘을 얻어 오스만 제국의 지배에 저항하는 운동으로 발전한다. 이에 아라비아 반도에서 이 운동가들과 동맹을 체결하고 ㉢새로운 왕국을 건설하였다. 이후 1932년 이 운동을 후원했던 가문에 의해 이 나라가 다시 창건하였다. 결론적으로 이 운동은 아라비아 반도 통합의 이념적 기반이 되었고, 아랍민족운동의 구심점으로 아랍인의 민족의식을 일깨우는 데 기여하였다.

<작성 방법>

1. 위의 ㉠의 사례에 적합한 운동의 명칭을 쓰시오.
2. 운동의 주도자가 오스만 제국의 개혁을 거부하는 이유를 서술하시오.
3. 새 왕국을 주도한 가문의 명칭을 작성하시오.

<예시 답안>

1. ㉠ 와하브 운동
2. 거부 이유: 오스만 제국이 주도하는 개혁이 오히려 이슬람교를 변질시키고 있다고 주장하면서 오스만 제국의 개혁을 거부하였다
3. 사우드 가문

전공 B 5번. 다음 (㉠)에 들어갈 영국의 단체의 명칭을 기입하시오. 또한 이들이 주장하는 통상적 정책을 서술하고, 이들 강령의 역사적 의의를 서술하시오.(4점)

> (㉠)은 사회주의자들로 구성된다. 그러므로 그것은 토지와 산업자본을 개인 및 계급 소유에서 해방시켜 그것을 보편 복지를 위해 공동체에 줌으로써 사회를 재조직하는 것을 목표로 한다. 이렇게 해야만 국가…이익이 전체 국민에게 공평하게 분배될 수 있다. 따라서 이 단체는 토지라는 사유재산의 소멸을 위해 일한다…(중략) 더 나아가, 이 단체는 사회적으로 용이하게 관리할 수 있는 산업자본의 집행을 공동체에 이양하기 위해 노력한다….국고 세입은 직접세 부과로 징수해야 한다…(중략) 남성은 여성에게서 자신을 보호할 특별한 정치적 권리가 더는 필요하지 않다. 그러므로 남성과 여성은 동등한 정치적 권리를 향유해야 한다.

<예시 답안>

㉠ 단체명: 페이비언 협회/ 통상 정책- 보호무역주의 선호/ 역사적 의의: 이 협회의 강령이 후일 노동당 강령의 모태가 된다.

<해설>

1884년에 창립된 영국의 페이비언 협회는 의회민주주의 방식을 지지하고 보호무역주의를 선호했으며 토지 국유화를 주장했다. 이 협회 회원들은 영국노동당 창립에 다수가 참여했는데, 협회의 강령이 노동당 강령의 모태가 되었다. 이처럼 수정주의가 득세하는 상황에서 급진적 사회주의자들은 1889년에 파리에서 제2인터내셔널을 창립하고 부르주아 질서와 이익을 위해 봉사하는 국가 파괴를 목표로 선언했다. 이들은 유럽 노동운동의 확산에 주도적인 역할을 했으나 20세기에 이르러 점차 개량주의 경향을 띠게 되었으며, 결국 1차 세계대전으로 와해되었다.

근거: 사료로 읽는 서양사 4편, 355~356쪽.

전공 B 6번. 다음의 작성방법을 잘 읽고 그에 적절하게 작성하시오.(5점)

> 급진적 사회주의자들은 자본주의 전복과 사유재산 폐지를 목표로 1864년에 (㉠)을 런던에서 창립했다. 이를 통해 마르크스주의가 유럽 각국에 보급되었고, 그 결과 사회주의 정당이 출현했다. 이 단체의 창립 연설에서 마르크스는 노동자가 산업 노예의 신분을 벗어던지고자 한다면 스스로 정치권력을 획득해야 한다고 역설했다. 또한 사회주의자의 임무는 국가와 동반자 관계를 만드는 것이 아니라 오히려 국가를 전복하는 것이라고 주장했다. 마르크스는 바쿠닌과 이론투쟁을 벌인 후 그를 이곳에서 축출하고, 유럽 국가의 개별 노조들이 이의 단결된 투쟁에 동참하도록 설득했다.
>
> 그러나 각 국가별 사회주의 조직들 사이에서 갈등이 빚어지고 ㉡마르크스가 지지했던 활동이 실패하면서 이는 막을 내렸다.
>
> 한편 유럽 대륙과 미국의 경제는 1873년부터 시작된 장기 불황으로 회사들이 도산하고 디플레이션이 지속된다. 게다가 아동과 여성 노동자의 열악한 노동조건 등 자본주의 경제의 폐해가 개선되지 않은 상황에서 ㉢사회주의가 유럽 각국에 확산되었다.

<작성 방법>

1. ㉠에 들어갈 명칭을 서술하시오.
2. ㉡에 적합한 활동의 명칭을 적고, 그 직접적 계기를 작성하시오.
3. ㉢의 경향으로 독일에서 1875년 등장하는 정당의 명칭과 대표적 인물의 구체적 주장 1가지를 서술하시오.

<예시 답안>

㉠ 제1인터내셔널
㉡ 파리 코뮌/ 직접적 계기: 프로이센-프랑스 전쟁 패배
독일사회민주당 창당/ 베른슈타인의 주장- 선거권이 확대되어 노동자들이 투표를 하면 사회개혁을 이룰 수 있다. 따라서 혁명은 불필요하며 사회주의는 계급투쟁이 아니라 점진적 개혁으로 실현될 수 있다고 주장(의회를 통한 이념 실천).

지문 근거: 사료로 읽는 서양사 4편, 355쪽.

해커스 2018년 6월 정기 모의고사

01 다음 로마와 카르타고의 1차 포에니 전쟁이 갖는 역사적 의의 그리고 카르타고의 입장에서 본 결과를 서술하고, 2차 포에니 전쟁 이후 나타난 농업 경영 방식의 특징을 말해 보시오. 그리고 이와 관련하여 문제 해결을 위한 로마 법령의 명칭을 서술하시오.(4점)

> 로마는 평민권 신장을 토대로 이탈리아 반도를 통일하고, 카르타고와 벌인 세 차례의 포에니 전쟁을 승리로 이끌었다. ㉠1차 포에니 전쟁(기원전 264년-기원전 241년)은 시칠리아 쟁탈전이었다.

〈예시 답안〉
① 역사적 의의- 그리스 세계와 오리엔트 세계의 대결의 연장
② 카르타고는 시칠리아, 사르디니아 등 이탈리아 반도 주변 섬들에 대한 지배권 상실, 해상제국으로 성장 좌절.
③ 농업경영 방식- 라티푼디움(대토지 농장경영제)
④ 로마 법령: 티베리우스 그라쿠스의 농지법

〈해설〉
① 기원전 9세기 말 오늘날 북아프리카 튀니지에 페니키아인들이 세운 카르타고는 시칠리아, 사르디니아 등 서부 지중해로 팽창하면서 해상제국을 형성하고 있었다. 육지와 해상에서 세력을 강화하던 두 세력은 기원전 3세기 중엽을 시작으로 세 차례에 걸친 포에니 전쟁에서 충돌하여 지중해 세계의 승자를 가리는 대 접전을 펼친다.

② 1차 포에니 전쟁은 기원전 264년부터 241년까지로 시칠리아 쟁탈전이었다. 그 당시 시칠리아는 그리스 식민시 시라쿠사이 일대를 제외하면 카르타고 세력권이었다. 그러나 동북부에서 위치한 메사나에서 내부 분쟁이 발생, 로마와 카르타고가 간섭하면서 양 세력이 충돌하며, 로마의 승리로 끝난다. 결국 카르타고는 시칠리아, 사르디니아 등 이탈리아 반도 주변의 섬들에 대한 지배권을 상실하였고, 로마는 지중해 세계로 팽창할 기회를 잡는다.

③ 2차 포에니 전쟁은 히스파니아 쪽으로 세력을 확장해 서부 지중해에서 패권을 회복하려 한다. 이에 기원전 218년 한니발이 로마를 침공한다(기원전 218년-201년). 전쟁 초반에는 한니발 군대가 승리하지만, 남부 이탈리아의 로마 동맹국들이 대부분 로마에 신의를 지켜 충성함으로 로마는 승리할 수 있게 된다. 그 이후 반세기 만에 일어난 3차 포에니 전쟁(기원전 149년-146년)에서 카르타고는 완전히 파괴되고 역사 속으로 사라졌다. 이로써 로마는 서부 지중해의 패권을 장악한다.

④ 서부 지중해의 제해권을 장악한 북아프리카의 해양국가 카르타고(새로운 도시)와 이탈리아 반도를 제압하고 해양으로 진출하려던 육상 국가 로마의 대결이 곧 포에니 전쟁이다. 이는 그리스 세계와 오리엔트 세계의 대결의 연장이라는 일면을 지닌다. 왜냐하면 카르타고가 해상교역 활동 및 알파벳의 발명으로 유명한 페니키아인들이 기원전 8세기-6세기 지중해 서부 지역에 세운 식민지인들의 맹주격이었다면, 로마는 직, 간접적으로 그리스적 문화와 제도의 영향을 받으면서 성장해 온 그리스적 색채가 농후한 도시였기 때문이다.

02 다음의 ㉠을 지칭하는 명칭을 쓰고, 이후 ㉠의 문제점과 연관하여 ㉡의 직접적 결과를 1가지 서술하시오. (2점)

　이탈리아는 19세기 중엽까지 오스트리아, 프랑스, 로마 교황 등의 지배를 받아왔으나, 사르데냐만은 독립을 지키고 있었다. 카보우르를 재상으로 중용하고, 선정을 베풀어 국력을 높이는 한편, 교묘한 외교로 프랑스·영국 등과 협상을 맺어 통일을 방해하는 오스트리아와 싸워 이김으로써 '이탈리아 왕국'을 성립시켰다. 이후 여러 전쟁을 통해 외교적 수완을 발휘하여 결국 ㉠ 통일운동의 꿈을 완성시켰다.

　이탈리아 파시스트들은 스스로를 19세기 이탈리아 ㉠운동의 계승자로 보았다. 이들의 수장격인 무솔리니는 1929년 2월 교황 피우스 11세와 ㉡라테란 조약을 체결한다.

<예시 답안>
- ㉠- 리소르지멘토
- ㉡- 바티칸 시국에 대한 교황청의 배타적 지배 확인

<해설>

① 1848년 2월 혁명의 영향을 받은 이탈리아 여러 지역에서 자유주의 혁명이 북부에서 민족주의 봉기로 이어지자, 3월 밀라노와 베네치아에서 오스트리아군이 철수했고, 베네치아는 공화국을 선포했다. 피에몬테(사르디니아) 왕국은 롬바르디아와 베네치아를 노리고 선전포고를 한다. 그러나 통일노선의 분열로, 마치니는 민주공화국 체제, 가톨릭 통일주의자는 교황 중심으로, 온건 자유주의자는 북부 이탈리아의 가장 강력한 피에몬테 왕국 중심으로 통일을 이룰 것을 주장했다. 당시 피에몬테만이 오스트리아 군대를 축출할 수 있는 역량을 갖고 있어서 대부분의 이탈리아 민족주의자들은 피에몬테와 제휴한다.

② 그러나 초기 패퇴했던 오스트리아가 피에몬테를 물리치고, 밀라노를 탈환, 남부 혁명 세력을 제압한다. 1849년 6월 루이 나폴레옹에 의하여 붕괴되고, 교황 비오 9세가 귀환한다. 프랑스 제2공화정이 교황권의 회복을 주장한 반동파에 의해 장악되었기 때문이다. 결국 혁명의 패배로 이탈리아는 여전히 분열된 상태가 된다.

③ 1852년 통일을 주도한 이는 피에몬테의 수상 카보우르였다. 그는 북부 이탈리아에서 오스트리아를 축출하고 롬바르디아와 베네치아를 피에몬테에 흡수하는 것이었다. 1855년 크림전쟁에서 러시아에 대항한 영국과 프랑스 편을 들어 피에몬테의 국제 지위를 강화한다. 프랑스를 끌어들이고자 하였으나, 루이 나폴레옹이 1859년 오스트리아와 일방적으로 강화, 군대 철수한다. 피에몬테는 롬바르디아를 얻었으며, 북부의 네 국가에 혁명정부가 들어서고 이들은 피에몬테와 합병을 한다.

④ 1860년 피에몬테의 성공에 자극받은 남부에서 공화주의자 가리발디가 시칠리아를 정복하여 부르봉 왕가의 지배를 종식시킨다. 카보우르는 가리발디가 9월 나폴리 정복에 이어 로마를 향해 북상해오자, 로마의 민족주의자의 소요를 빌미로 개입하여 나폴레옹의 간섭을 모면하면서 교황령 대부분을 석권한다. 1861년 3월 이탈리아 왕국이 선포된다. 그러나 완전한 통일은 이후 10년이 소요된다. 카보우르 사망 이후 이탈리아는 1866년 프로이센-오스트리아 전쟁에서 프로이센을 지지한 대가로 베네치아를 얻었고, 1870년 프로이센-프랑스 전쟁으로 프랑스 군대가 로마에서 철수한 틈을 타 교황의 세력을 바티칸에 국한시키는데 성공한다.

⑤ 1922년 10월 로마 진군을 통해 권력을 잡은 무솔리니는 신문 검열, 노동조합 해체, 선거권 축소, 다른 모든 정당을 해산시킨다. 한편 교황과 무솔리니는 1929년 '라테란 조약'을 맺는다. 무솔리니의 손을 들어준 이유는 막대한 경제, 정치적 거래 때문이었다. 이들 사이에서 1929년 2월 11일 교황이 다스리는 바티칸 궁전과 그 주변 약 45헥타르의 지역을 바티칸 독립국가로 인정하는 라테란 조약이 맺어졌다. 이에 따라 바티칸 궁전과 라테란 궁전, 그리고 그 부속지 등을 소유하는 바티칸市라는 독립국가가 탄생했다. 바티칸市는 이탈리아에 대한 세금을 모두 면제 받았다. 대신 교황은 이탈리아 왕국을 승인하고 교황령을 포기한다.

03 다음 (나)의 내용에 비추어 (가) 지도의 13-14세기 D지역에서 활동했던 이들은 누구인지 서술하시오.(2점)

(가)

(나) 이 단체는 12세기 말 아크레에서 처음 결성되었어요. 이후 나폴레옹 패배 이후 오스트리아 제국이 1834년 이 단체를 부활시켰다고 합니다. 현재 이 단체는 명예직으로 빈에 본부를 두고 있지요. 이 기사단의 문장은 하얀 바탕에 검은 십자가 모양인데, 나중에 독일 제국과 나치 독일에서 군사적 상징으로 차용하였다고 합니다. 특히 나치는 독일 민족주의의 선전 소재로 이 단체를 이용하였지요.

<예시 답안>
튜턴 기사단

<해설>
A는 헝가리, B는 폴란드, C는 덴마크, D는 리투아니아, E는 스웨덴

① '튜턴 기사단' 또는 '독일 기사단'은 오스트리아의 빈에 본부를 두고 있는 로마 가톨릭교회에 소속된 종교기사단이다. 튜턴 기사단이란 이름은 중세 십자군 원정 때 주로 독일인 기사들로 구성되었기 때문에 붙여졌다. 12세기 말 팔레스타인 아크레에서 처음 결성되었고 이후 다른 종교기사

단(성전 기사단, 성 요한 기사단 등)과 함께 십자군 국가에서 중요한 위치를 차지, 십자군의 중요한 항구 거점인 아크레의 방위를 담당하였다. 그리스도교 세력이 중동에서 축출당했을 때 튜턴 기사단은 헤르만 폰 잘차의 지도하에 1211년 트란실바니아로 옮겨왔고 쿠만족에 대항해 헝가리 왕국을 방어하는 데 일조하였다. 그러나 1225년에 교황의 힘을 입어 헝가리왕을 축출하려고 시도하다가 추방당했다.

② 이후 마조비아의 콘라트로부터 프로이센 지역을 정복해 달라는 요청을 받고 북쪽으로 옮겨가 이주해오는 그리스도교인들을 규합하여 이교도 프로이센 정복에 나섰다. 1233년부터 약 50년간 계속된 기사단의 프로이센 정복은 그 지역에 살던 원주민들을 거의 몰살한 뒤 강력한 지배권을 확립했다. 기사단은 점령한 영토를 교회에 봉헌하고 곳곳에 성채를 세워 군사적·경제적 중심지로 만들었다. 독일 중부 지방에서 농민들을 이주시켜 이 지역에서 살게 했으며 폴란드와 독일의 귀족들을 자신들의 가신으로 끌어들여 기사단의 지배를 더욱 확실히 하였다. 특히 교황청에서 기사들이 이윤을 추구할 수 있도록 허락하자 기사단은 이 지역의 무역을 독점하여 더욱 강력해졌다.

③ 1291년 예루살렘 왕국이 아크레에서 멸망하자 튜턴 기사단은 이교를 신봉하는 리투아니아에 대한 원정에 나섰다. 기사단과 리투아니아 이교도들과의 전투는 항상 처절했다. 그러나 기사단은 리투아니아를 완전히 복속하지는 못하였다.

④ 14세기에 들어와서 기사단은 리투아니아와 폴란드 연합군의 위협을 받았다. 리투아니아 대공국의 요가일라 대공은 튜턴 기사단 때문에 발트 해로 진출하지 못하고 있던 폴란드와 동맹을 맺고 로마 가톨릭교회를 받아들이는 한편, 폴란드의 여왕과 결혼하였다. 폴란드와 힘을 합친 리투아니아는 1410년 그룬발트 전투에서 튜턴 기사단을 대패시켰다. 이 전투 이후 기사단은 사모기티아 북서부를 빼앗기고 점차 그 세력을 상실하였다. 이후 30년 전쟁으로 더욱 영향력을 잃고 결국 폴란드 점령지역 대부분도 상실하였다. 이때부터 기사단은 폴란드 사람도 기사단으로 받아들여야 했으며 독립적인 지위를 잃고 폴란드 왕의 봉신이 되었다.

⑤ 1525년 기사단장 알베르트는 폴란드와의 전투에서 패배하고 루터교로 개종하면서 프로이센의 영토를 상실했다. 이후에도 리보니아와 신성 로마 제국에 몇몇 영토가 남아 있었으나 곧 리보니아도 잃고 말았다 이후에도 계속 몇몇 기사단령이 남아있었지만 1808년 나폴레옹 보나파르트에 의해 완전히 해체되었다. 나폴레옹 이후 오스트리아 제국은 1834년 기사단을 다시 부활시켰고 1929년에는 완전히 정신적인 명예 가톨릭 단체로 변신했다. 현재도 기사단원은 명예직으로 남아 있으며 빈에 본부를 두고 있다. 기사단의 문장은 하얀 바탕에 검은 십자가 모양이다. 이는 나중에 독일 제국과 나치 독일에서 군사적 상징으로 차용하였는데, 특히 나치는 독일 민족주의의 선전 소재로 기사단을 이용하였다.

04 다음 (가)와 (나) 왕조의 명칭을 쓰고, ㉠과 관련한 경제적 교역 내용을 서술하시오.(2점)

> 서아프리카 나이저 강 상류에서는 4세기경 (가)왕조가 들어섰다. 11세기경 모라비드 왕조에게 멸망당했다. 13-15세기에는 (나) 왕국이 번창하여 기병대를 운영하여 세력권을 확장하고 ㉠ 사하라 교역을 통해 번성하였다. 중남부 아프리카에서도 독자적인 문화가 발달하였다.

⟨예시 답안⟩

(가) 왕조: 가나 왕조
(나) 왕조: 말리 제국
(가)의 경제적 번영은 사하라 사막 횡단교역으로, 금, 노예, 곡물을 북으로 보내고 사하라에서는 소금을 수입한다.

⟨해설⟩

① 사하라 사막과 세네갈·니제르(나이저) 강 상류 사이에 있었으며, 오늘날 말리의 일부 지역과 모리타니 남동부에 해당한다. 가나 주민은 북쪽에 있는 아라비아·베르베르의 소금장수와 남쪽의 금·상아 생산자 사이에서 중개무역을 했다(이 왕국은 지금의 가나 공화국과 다름). 이 왕국의 기원은 확실하지는 않지만 4세기경으로 추정된다. 초기 왕들이 지배할 때의 역사에 관해서는 전혀 알 수 없으며, 아라비아 지리학자·역사학자들이 8세기경에 기록한 문헌에 처음 나오는데 800년경의 가나는 부유하고 강력했던 것 같다.

② 통치자들은 왕국을 처음에는 와가두(Wagadu)라 불렀으나 그 뒤 왕의 칭호인 가나(Ghana)를 본떠 부르게 되었다. 왕은 소수부족을 복종시켜 공물을 강제로 거두어들였다. 가나 왕은 상인들로부터 무역세를 걷었고, 가장 귀중한 상품인 금에는 생산세를 부과했다.

③ 11세기 스페인계 아랍인 연대기 작가 아부 우바이드 알 바크리가 쓴 기록에 따르면, 가나 왕은 사하라 사막에서 활동하던 많은 북아프리카 상인들을 수도로 유인, 이 상인들은 8세기경 아랍인이 이곳을 정복한 뒤 이슬람교로 개종했다고 한다.

④ 가나 왕국은 사금(沙金) 무역을 철저히 통제했는데, 사막에 살던 유목민족인 베르베르족은 사금 무역을 위해 사하라 사막을 가로지르는 서부 무역로를 개척했다. 왕국 남쪽 국경에서는 흑인들과 비밀리에 물물교환을 해서 금을 구했고, 수도로 옮겼다. 원주민 부락을 따라 옆으로 이슬람 상가가 형성되어 있던 수도에서 금과 교환하는 물품 가운데 가장 중요한 것은 북아프리카 상인들이 가져온 소금이었다.

⑤ 가나는 부유해지면서 점점 정치력을 키워 더 작은 부족국가들을 병합해 상업중심지로서 그 지위를 굳혔다. 남쪽은 금 생산지, 북쪽은 유명한 시장이었지만 그 후 사라진 아우다그호스트를 포함한 사하라 사막 남부 도시들까지 손에 넣었다. 사하라 사막의 산하자족을 비롯한 베르베르 부족들은 11세기에 이웃민족을 이슬람교도로 개종시키려고 성전의 이름으로 동맹을 맺어 모라비드 왕국을 세웠고, 이들이 세력을 넓혀가자 가나 왕국은 기울기 시작했다.

⑥ 모라비드가 가나를 지배한 것은 몇 년 안 되지만, 그들은 가나를 유지해주던 상업을 망쳐놓았으며 자기들이 거느린 가축을 건조한 농경지대로 몰아넣어 땅을 더욱 황폐하게 만들었다. 이에 가나 왕국이 지배했던 민족들은 독립하기 시작했고 이들 가운데 하나인 수수(Susu) 부족이 1203년 수도를 점령했다. 1240년 이곳은 만데족 황제 순디아타에게 다시 파괴당했으며 가나 왕국의 나머지 영토는 그가 새로 세운 말리 제국에 합병당했다.

05 다음 ㉠에 들어갈 용어를 기입하고, ㉠ 체제에 관련 경제 기구 2가지를 쓰시오. 밑줄 친 내용의 경제적 이유를 작성하고, 이 체제가 붕괴된 경제적 배경을 서술하시오.(4점)

(가)
김 교사: 우리 오늘날의 환율제도에 대해 공부해보려 해요.
　　　　　오늘날 여러분들이 신문을 펼쳐보면 경제면에 오늘의 환율이라는 코너가 있어요. 뉴스에도 오늘 환율 기준을 공시해주거든요. 오늘날 기준은 무엇이지요?
학생: 미국 달러요.
김 교사: 절대주의 시대에는 중상주의 정책을 펼치면서 금을 기준으로 돈을 찍어내곤 했답니다. 그럼 왜 오늘날 우리는 환율기준을 미국 달러로 하게 되었을까요? 우리 그 이유를 한번 알아봅시다.

(나) 제2차 세계대전이 한창이던 1944년 미국의 (㉠)에서 연합국 44개국이 모여 국제통화 금융회의를 열었어요. 여기에서 국제무역을 확대하고 환율을 안정시킨 목적으로 미국의 <u>달러를 국제무역의 주거래 통화로 정하고, 달러를 기준으로 각국의 환율을 고정하기로 합의했지요.</u> 이후 1947년 관세 및 무역에 관한 일반협정(GATT)이 체결되어 자유 무역이 활성화될 수 있는 경제질서를 형성했어요. 좀 어렵죠. 우리 이에 대한 상세한 내용을 공부해봅시다.

<예시 답안>

㉠ 브레턴우즈

경제기구- 국제통화기금(IMF), 국제 부흥개발 은행(IBRD)

경제적 이유: 2차 대전 발발 이후 전쟁비용 마련을 위해 각국이 변동환율제도 채택하자 이로 인해 경기침체, 보호무역, 인플레이션과 투기가 심화된다. 이를 해결하기 위해 고정환율제를 실시한다.

붕괴배경- 1960년대 미국 국제수지 적자, 베트남 전쟁 참전, 각국의 변동환율제 도입

<해설>

① 냉전이 본격화되는 과정은 서부 유럽을 포함하여 자본주의 세계체제가 이제 미국의 패권 아래 재편성되는 커다란 변동의 일부였다. 경제적인 측면에서 미국은 1920년대 이래 자본주의 국가들이 행한 보호장벽을 허물로 자유무역체제를 구축하고자 했다. 즉 월등한 경쟁력을 가진 공업제품과 막대한 자본이 제약 없이 진출할 수 있는 국제 경제질서를 편성함으로서 미국의 번영을 도모하려는 것이었다.

② 그래서 1947년 트루먼이 수입관세를 삭감하고 특정국가에 대한 관세특혜를 폐지하여 최혜국 대우를 일반화시키는 문제를 논의하고, 그 결과 가트(GATT, 즉 관세 및 무역에 관한 일반협정)협정을 맺게 된다. 이 협정의 주요 내용은 한 국가가 어떤 외국에 대해 수입관세를 삭감한다면 다른 외국에 대해서도 차별하지 않고 같은 혜택을 주어야 하며, 그런 혜택을 받은 국가는 그에 상응하는 양보조취를 취해야 한다는 것이었다.

③ 무역의 자유화와 확대를 위해 미국은 국제금융을 안정시키고자 했다. 제2차 세계대전 중에 체결된 '브레턴우즈 협정'에 의거, 1947년에는 국제통화기금이 작동하기 시작했다. 이는 완전고용과 산업육성을 위해 각국이 환율을 자의적으로 조작하지 못하게 하고, 달러와 파운드의 금태환 비율을 고정시켜 그것을 기준으로 각국 화폐의 환율을 일정하게 유지시키도록 하는 장치였다. 여기서 미국은 압도적 영향력을 행사했다. 국제통화기금은 참가국이 경제력에 따라 출연하는 금액으로 구성되고, 각국은 그 액수에 따라 투표권을 행사하도록 되어 있었기 때문에 미국은 영국과 더불어 사실상 거부권을 쥐게 되었다.

④ 그러나 60년대 들어와 미국은 국제경쟁력을 점차 잃고 있으면서도 패권유지를 위해 베트남 전쟁 등에서 막대한 군사비를 지출한 결과, 1968년 무역적자를 처음 경험하고, 물가상승과 함께 달러의 가치가 하락하는 사태에 직면한다. 결국 1971년 8월 닉슨대통령이 물가와 임금을 억제하고, 달러의 지금태환을 중지하는 조치를 취한다.

06 다음을 읽고, <작성방법>에 따라 서술하시오. (4점)

(가)
  1820년대 토리 내각의 필은 세금 경감, 경제 진작, 사형 대상 범죄의 축소 같은 개혁을 단행했고, 휘그와 급진주의자들의 지지를 받아 1828년 비국교도의 관직 취임을 금지한 심사법을 폐지하여 공직을 비국교도에게 개방했다. 1829년에는 자유주의적 휘그의 압력으로 ㉠____ 을 단행하여 이들에게 피선거권을 부여했다. 의회개혁 운동은 산업가와 노동자들에게 열광적인 지지를 받고 있었지만 1832년 선거법으로 도시 상공업자에게 선거권이 부여되었다. 그러나 ㉡노동자들이 여전히 참정권에서 배제되었다.

(나)
  외국산 밀을 비롯한 곡물의 수입을 금지하여 국내의 식료품 가격을 인위적으로 올리는 여러 법률들로 인해 우리나라의 제조업이 위기에 처해 있음을 엄숙히 선언하는 바이다....이렇게 커다란 위험을 피할 수 있도록 우리 모임은 이러한 모든 법률들의 전면적이고 신속한 폐지를 위해 굽힘없이 노력을 쏟을 것을 굳게 맹세한다.

반곡물법 동맹의 창립 결의문(1838)

<작성방법>

㉠의 명칭을 쓰시오.
㉡의 결과 나타나는 후속조치의 결과와 핵심적 주장 1가지를 작성하시오.
(나)의 결과 곡물법 폐지의 직접적 계기가 되는 원인과 곡물법 폐지의 의의를 작성하시오.

〈예시 답안〉

㉠: 가톨릭교도 해방령
㉡의 후속조치: 인민헌장운동(차티스트)을 벌인다. 핵심적 주장은 성년남자의 보통선거권 요구이다.
(나)의 결과 곡물법 폐지의 직접적 원인: 아일랜드의 감자 기근
의의: 보호무역에 대한 자유무역의 승리.

〈지문 분석〉

① 1차 선거법 개정의 주요 내용은 50개 이상의 불합리한 선거구를 없애고 그 의석을 신흥공업도시에 배정하며, 선거자격을 완화하여 모든 중산층이 선거권을 갖도록 하는 것이었다. 이런 점에서 제1차 선거법 개정은 농업세력에 대한 공업세력의 승리이며, 귀족세력에 대한 중산층의 승리라고 할 수 있다. 선거법 개정 결과 휘그당은 중산층에 기반을 둔 자유당으로, 토리당은 농촌과 영국 국교회를 기반으로 하는 보수당으로 개편되었다. 의회에서 다수의석을 확보한 중산층은 1848년 곡물법을 폐기시키고, 1849년 항해조례를 폐지하는 등 각종 자유주의정책을 실시하였다. 그러나 제1차 선거법 개정은 노동자계급에게 선거권을 부여하지 않았기 때문에 그들의 불만을 샀다.

② 제2차 개정- 1830년대 후반부터 노동자계급은 자신들의 정치적 권리를 실현하기 위하여 대규모의 정치투쟁을 시작하면서 차티스트운동(Chartist Movement)을 전개하였다. 이들은 38년 '인민헌장'을 작성하고, ① 성인남자의 보통선거, ② 인구비례에 의한 평등한 선거구 설정, ③ 하원의원의 재산자격 폐지, ④ 비밀투표, ⑤ 의원에 대한 세비 지불, ⑥ 매년선거를 요구하였다. 이듬해 125만 명의 서명을 받은 헌장청원서가 제출되었으나, 의회는 이를 거부하고 지도자들을 체포하였다. 비록 이 운동은 실패하였으나, 보수당 지도자인 디즈레일리는 선거권의 확대가 불가피하다고 판단하고, 67년 제2차 선거법 개정을 통하여 대부분의 도시임금노동자에게 선거권을 부여하였다. 그 결과 유권자의 수가 2배 가까이로 늘어나 약 250만 명에 이르게 됨으로써 본격적인 대중민주주의 시대가 열렸다. 제2차 선거법 개정은 귀족 및 중산층에 대한 노동자계급의 부분적인 승리였다.

01 다음 페르시아 전쟁에서 ㉠에서 지칭하는 자의 이름을 쓰고 다음에서 말하는 ㉡ 전투의 이름을 서술하시오. (2점)

> 니코데모스가 아르콘으로 재직할 때 마로네이아에서 광산이 발견, 그곳을 채굴하여 100달란톤의 추가수익이 생기자, 일부 사람들은 그 돈이 시민들에게 분배되어야 한다고 충고했다. 그러나 ㉠ 는 이를 말렸다....(중략) 그 돈은 도시 국가의 것이 될 것이고, 그렇지 않으면 빌려준 사람이 그것을 회수할 수 있을 것이라고 말하였다. 이러한 조건으로 돈을 받자, 그는 100명이 삼단노선 한 척씩을 건조하게 하여 총 100척의 삼단노선을 건조했다. 아테네인들은 이 배를 가지고 ㉡ 에서 야만인들에게 대항하여 해전을 치렀다.
>
> 아리스토텔레스, 『아테네인의 정체』 22.7

〈예시 답안〉
테미스토클레스 / 살라미스 해전

02 다음은 교황권 논쟁에서 나온 한 이론을 정리한 내용이다. 밑줄 친 사료에서 말하고자 하는 이론의 중심 내용은 무엇이며, 이 이론의 주창자는 누구인지 서술하시오. 또한 이 이론이 이후 근대사상, 특히 계몽주의 사상에서 영향을 끼친 핵심이론을 서술하시오.(4점)

> 우리는 이제 원하기를... 성서의 진리를 이끌어낼 것이다. <u>성서는 분명히 교황이라고 불리는 로마 주교도 어떤 다른 주교나 사제도 또는 부제도 다른 사제나 사제자가 아닌 자나, 지배자, 공동체, 단체, 어떤 조건의 개인에 대해서도 직권이나 강제적 심판이나 판결의 권한을 가지지 않으며 그래서도 안 된다....</u>"나의 왕국은 이 세상에 속한 것이 아니다." 즉 내가 온 것은 세속의 지배나 주권에 의해 세상의 왕들이 통치하는 식으로 통치하려는 것이 아니다....그런 다음 그 분이 와서 가르치고 명령한 왕국은 영원한 나라에 이를 수 있는 실천에 놓여있는 나라이다.

◆ 〈예시 답안〉
이론: 사제의 공권력을 부인한다.
주창자: 파도바의 마르실리우스
핵심이론: 인민의 동의가 모든 정당한 정부의 바탕이다.(즉 주권재민 이론)

◆ 〈해설〉
① 중세 시기 교황권의 막강함을 보여주는 사료가 보통 그레고리우스 7세와 하인리히 4세의 대립을 다루는 것이다. 이에 비해 부패해가는 교황권을 견제하고, 개혁을 요구하며 교황권이 최고가 아니며, 교황 역시 공의회의 의견을 따라야 하는 것임을 주장하는 내용이 바로 파도바의 마르실리우스가 작성한 『평화의 수호자』 사료이다.

② 이 사료는 콘스탄츠 공의회의 정당성을 뒷받침해주게 되며, 무엇보다 모든 인민의 동의에 의해 정부가 운영됨을 지적해주는 주요 사료이다. 물론 근대의 주권재민과 마르실리우스에서 말하는 주권재민은 명백히 같은 의미는 아니지만, 이는 후일 계몽주의 사상가들에게 주권재민의 이론적 근거를 제공해주는데 일부 영향을 끼치는 초기 사료에 속한다 할 수 있다. 마르실리우스는 교황의 권한이 고유의 영역을 넘어 지나치게 남용되고 있음을 치열하게 비판하면서 정치권력, 즉 당시 권력의 표상인 황제와 인민의 권한을 회복하고자 한 정치사상을 제시하였다

03 다음 가)와 나)는 중세 시기 독일 황제권 강화 시도와 독일의 정치제제에 관련된 내용이다. ㉠에 들어갈 내용과 ㉡에 들어갈 내용을 서술하시오. 이후 밑줄 친 내용의 정치적 결과를 독일의 정치체제의 특성과 연관하여 서술하시오. (4점)

(가) 프리드리히 2세는 1231년 제정된 ㉠_____으로써 왕의 권한을 강조하고 귀족과 도시민의 특권을 축소하려고 했다. 또한 민, 형사사건을 왕의 법정에 회부하도록 했고, 시칠리아를 11개의 주로 구분하여 검찰관 및 지사가 통치하도록 하였다. 이어서 라벤나 회의에서 롬바르디아 지역의 도시에 대해 중앙집권적 통치를 하겠다고 선언했다. 이에 대해 교황 인노켄티우스 4세는 공의회를 소집, 프리드리히 2세 폐위를 선언했다. 하지만 황제는 이에 승복하지 않고 롬바르드 지역을 진압하고자 했으나 실패하고, 곧 전사하여 호엔슈타우펜 왕조는 종말을 고하였다.

(나) 14-15세기 독일은 독립국가의 느슨한 연합 상태에 있었고 수많은 독립국가가 난립하는 상태였다. 이때 선제후들이 독일 제국의 우두머리를 선출하면서 제후와 인민의 대의체적 기능을 수행하였다고 할 수 있는데, 이러한 내용을 포괄적으로 담은 문서가 카를 4세에 의해 반포된 ㉡_____라는 것이다. 이것이 선포되어 독일제국을 그나마 질서를 유지할 수 있었다.

15세기말에 이르러 제후국 내부에서 통합과 중앙집권화가 진행되었다. 이런 중앙집권화에 활용된 것이 로마법의 주권이론이었다. 과세권이 통치자가 양도할 수 없는 권한이라는 로마법 이론이 근대국가를 형성하는 데 대단히 중요한 역할을 했다. 이러한 정치 체제는 제후국을 중심으로 19세기까지 독일의 기본적인 정치체제로 남는다.

〈예시 답안〉

㉠ 멜피 헌장
㉡ 금인칙서 또는 황금칙서 또는 황금문서
　영방군주가 지배하면서 재판권과 과세권까지 관할하는 영방고권체제가 형성된다.

〈해설〉

① 시칠리아왕 프리드리히 2세는 멜피 헌장을 제정하여 왕권을 강화하며, 후일 중앙집권체제를 만들어가려고 노력한다. 그러나 교황권에 의해 제재를 받게 되고, 결국 독일은 계속하여 분열된 상황을 겪게 된다. 실제로 10세기 말엽부터 11세기에 이르는 신성로마 제국 초기의 독일에서는 역대 황제들이 제후들의 세력을 눌러 왕권강화정책을 추구한다. 그러나 광대한 지역에 할거한 수많은 대소 봉건제후들의 분립상태를 완전히 극복하지 못했다. 게다가 고대 로마 제국의 정통을 이어받았다고 생각한 독일 제국의 황제들이 계속 이탈리아 경략에 몰두해 본국의 통치를 소홀히 했기 때문에 제후 세력은 여전히 강대하여 봉건적인 지방분권체제가 지속되었다.

② 그러나 13세기 후반에는 정통의 황제가 존재하지 않는 대공위 시대가 나타나 황제권이 더욱 약화된다. 결국 1356년 황제 카를 4세가 황금문서를 발포함으로써 황제는 성, 속의 7선제후에 의해 선출된다.

③ 따라서 황제는 상징적인 존재에 불과, 제국 통치의 실권은 성, 속의 많은 대소 제후와 자치도시 등 약 300개의 지방분권적 세력의 수중에 들어간다. 이에 독일에서는 중앙집권적 국가형성이 민족 단위가 아니라 지역 단위로 추진되었는데, 이것이 곧 영방국가이다. 이와 함께 영방군주가 지배하면서 재판권과 과세권까지 관할하는 영방고권체제가 형성된다. 이로 인해 독일의 통일은 더욱 요원해진다.

04 다음 ㈀과 ㈁에 해당하는 명칭을 쓰고, ㈁의 역사적 의의를 작성하시오. (2점)

> 제1차 세계대전 이후 프랑스의 자본계급은 30년대 노동운동과 극적으로 타협한다. 뒤늦은 대공황으로 인해 프랑스가 경제는 바닥에 떨어지고 대규모 실업이 발생하자 ㈀_____과 같은 극우단체가 대두하여 무기력한 의회를 비난하고 강력한 행정부를 요구하며 더 나아가 파시즘이 현실적인 위협으로 등장하기도 한다. 그 결과 공산당은 인민전선의 구성을 제의, 사회주의자와 공화주의자와 함께 연합, 1936년 5월 총선에서 압도적 승리를 거둔다. 이에 파리의 노동자들이 승리의 결실 확보를 위해 농성파업에 돌입, 전국적으로 파급된다. 이를 이끈 사회당 지도자 레옹 블룸이 노조지도자와 기업가의 협의를 주선, 해결책을 마련한다. ㈁_____ 이를 통해 주 44시간 노동제도, 최저임금제, 유급휴가제 등 노동자의 단결권과 단체교섭권을 인정한다.

<예시 답안>
㈀ 악시옹 프랑세즈
㈁ 마티뇽 협정/ 의의- 프랑스 역사상 처음으로 자본-노동관계가 대결에서 협상으로 이행하는 공식적 길이 열린 것이다.

<해설>
① 1차 대전 이후 프랑스는 뒤늦게 대공황에 휩쓸린다. 바닥에 떨어진 경제활동과 광범위한 실업 때문에 악시옹 프랑세즈(Action Française) 같은 극우단체가 대두하여 무기력한 의회를 비난하고 강력한 행정부를 요구했으며, 1934년에는 그런 단체들이 파리에서 대규모 시위를 하면서 파시즘이 현실적인 위협으로 등장한다.

② 이에 공산당은 인민전선의 구성을 제의하여 사회주의자 및 공화주의자와 함께 연합하고, 1936년 5월 총선거에서 압도적 승리를 거둔다. 기대에 부푼 파리의 노동자들이 그들의 권익 확보를 위해 농성파업에 돌입, 전국적으로 파급된다. 이를 이끈 사회당 지도자 레옹 블룸이 노조지도자와 기업가의 협의를 주선, 해결책을 마련한다. '마티뇽 협정'이라고 부르는 이 해결책을 통해 주 44시간 노동제도, 최저임금제, 유급휴가제 등 노동자의 단결권과 단체교섭권을 인정한다. 그 대부분은 법률로서 제정되었고, 그에 따라 프랑스 역사상 자본-노동관계가 대결에서 협상으로 이행하는 길이 공식적으로 열렸다.

③ 그러나 인민전선이 좌우로부터의 협공 때문에 정치적 불안에 말려들자, 기업가들은 마티뇽 협정과 그것을 구현한 법률을 위반하고, 이에 대항하여 1938년에 노동총연맹(CGT)은 총파업을 벌였지만 인민전선을 대신한 보수정권과 자본가들의 탄압에 패배한다. 그러나 마티뇽 협정 중에서 단체교섭은 유급휴가와 함께 살아남고, 이는 제2차 세계대전 이후 프랑스에서 타협적인 노사관계가 발전하는 기틀이 된다.

05 다음 ㉠의 직접적 원인을 쓰고, 그 결과 나타나는 농촌사회의 근본적 변화를 사회계층과 연결하여 서술하시오. 그리고 ㉡에 적용된 튜더 시대의 대표적 강제조치는 무엇이며, ㉢에 나타난 특징을 서술하시오. (4점)

> ㉠15세기 들어와 많은 영국의 지주들이 전통적인 곡물공업에서 목양농업으로 전환한다. 수입품에 대한 높은 관세와 수출품에 대한 낮은 세금에 힘입어 15세기 중엽에 이르자 영국이 모직물의 주요 수출국으로 부상했다. ㉡이는 많은 사람들을 부랑자 집단으로 전환시켰다. 이로 인해 실제로 생산수단에서 분리된 생산자들을 임노동자로 바꾸는 과정 속에 폭력적이고 강제적 힘이 작용하기도 했다. 한편 모직물 공업의 융성과 함께 ㉢석탄산업, 철사, 유리, 비누 제조업 등 신규산업이 일어나 일부 경제사가들은 이를 가리켜 제1차 산업혁명이라고 부른다. 하지만 이는 과장된 면이 없지 않다.

〈예시 답안〉

㉠의 직접적 원인: 14세기 인구 감소
근본적 변화: 농촌사회가 3분할제(지주-차지농-농업노동자)로 계층분화를 이루게 된다.
대표적 조치: 걸식금지령
특징: 처음부터 자본주의적 대규모 생산으로 시작한다.

〈해설〉

① 농민층의 분해와 인클로저로 토지 없이 축출된 빈농들의 문제가 특히 심각한 사회문제로 대두되었던 곳이 영국이다. 1516년에 작성된 토머스 모어의 유토피아는 15세기 후반에 본격화되었던 인클로저에 의해서 농촌에서 밀려나 부랑자로 전락하는 빈농들의 비참한 모습을 단적으로 보여주고 있다. 15세기 후반에 진행된 1차 인클로저에 의해서 영국의 가난한 농민들은 부랑자로 전락했다. 따라서 이들의 빈곤과 부랑이 커다란 사회문제로 부각했다. 그러나 부유한 지배계층의 눈에는 이들이 사회질서를 해치는 위험한 존재로 보일 뿐이었다. 그들에게는 이것이 '빈곤의 문제'가 아닌 '법과 질서의 문제'였기 때문이다. 영국 튜더 시대의 걸식금지령은 노동능력이 있는 걸식자에게 혹독한 체벌을 가함으로써 그들을 생산현장으로 밀어 넣으려는 의도가 깃들여 있었다. 1530년, 1535년, 1547년 법령은 모두 부랑민에게 취로를 강요하고, 그것을 거부하는 자에게 징벌을 가한다는 잔혹한 내용을 담고 있으며, 엘리자베스 치하의 1572년 법령은 징벌을 더욱 강화하였다.

② 한편 16-17세기 들어서 해외무역이 급속도로 신장한다. 특히 모직물 수출은 큰 역할을 했으며, 이를 중심으로 다른 산업도 발달하며 석탄산업, 비누 제조업과 같은 신규산업들이 발생, 처음부터 자본주의적 대규모 생산체제를 갖춘다.

06 다음 중국, 소련과 미국의 외교군사적 관계를 나타낸 자료이다. 다음의 (가)와 (나)를 읽고, 다음 질문의 작성방법에 따라 작성하시오. (4점)

(가) 저우언라이 수상과 나의 안보 보좌관인 헨리 키신저 박사는 베이징에서 대화를 가졌다. 중화인민공화국을 방문하려는 나의 의향을 알고 있는 저우언라이 수상은 초청장을 제시했고, 나는 기꺼이 수락했다. 중국과 미국 지도자간의 화합은 양국의 관계 정상화를 추구하기 위한 것이다. - 미국 대통령의 성명

(나) 미국과 동맹을 맺은 국가이거나 혹은 미국의 안보와 직접적 안보에 직결되는 국가의 자유를 어떤 핵무장 국가가 위협하는 경우에는 미국이 그 방어에 나선다. 그 밖의 다른 형태의 침략이 있을 경우, 미국은 침략을 받은 국가의 요구가 있을 때 그에 적절한 군사적, 경제적 원조를 제공한다. 그러나 ㉮ 미국은 직접 위협을 받은 국가가 자국의 방어를 위해 인력을 제공할 1차적 책임을 떠맡기를 기대한다.

〈작성방법〉

1. (가)의 성명의 직접적 배경이 무엇인지 서술하고, 그 두 가지 구체적 내용을 (나)와 연관시켜 서술하시오.
2. (가) 성명의 후속 결과 소련과 미국 사이에 맺어지는 군사협정의 명칭을 쓰시오.
3. ㉮의 직접적 결과를 서술하시오.

◆〈예시 답안〉

㉠ 배경- 닉슨 독트린/
내용- 미국 전담의 자유와 평화수호의 임무를 다른 자유국가와 분담하자/ 국지적 분쟁에는 미국이 지상군의 파견과 같은 직접 개입 회피, 군사 개입보다는 경제 원조 중심
후속 결과 전략무기 제한 협정(SALT) 체결/
㉮의 직접적 결과: 베트남 파병에 따른 미군 철수 결정

◆〈해설〉

① 긴장완화가 진척되고 데탕트 분위기가 무르익고 미국과 소련 사이에 군축협상이 성사되었다. 1972년 5월 소련의 수반 브레즈네프와 미국 대통령 닉슨은 전략무기제한협정(SALT)에 조인했다. 이로써 대륙간탄도미사일과 잠수함발사탄도미사일 등 핵무기 보유기수를 제한하는 협정을 통해 두 나라는 과열된 핵무기 경쟁을 식힐 수 있게 되었다.

② 닉슨은 '닉슨 독트린'을 통해 미국 전담의 자유와 평화수호의 임무를 다른 자유국가와 분담할 것, 국지적 분쟁에는 미국이 지상군의 파견과 같은 직접 개입 회피, 군사 개입보다는 경제 원조 중심의 정책적 내용을 발표한다. 또한 공산국가에 대해서도 강경책만이 아니라 융통성 있게 대처한다는 것이다. 이에 대한 직접적 후속 절차로 베트남에서 미군을 철수시킨다. 또한 이런 새로운 외교정책에 따라 중화인민공화국이 UN에서 옛 중국의 자리를 차지하는 것을 승인했다.

해커스 2018년 8월 정기 모의고사

전공 A 7번. 다음 가)에 들어갈 역사적 사건을 작성하고, 나)의 직접적 결과를 서술하시오.(2점)

> 가) 루키우스 카이사르와 푸블리우스 루틸리우스가 콘술로 재직하던 해에, 이탈리아 전체가 로마에 대항하여 무기를 들었다. 반란은 아우스쿨룸인들이 시작하였는데, 그들은 법무관인 세르빌리우스와 그의 사절인 폰테이우스를 살해하였다. 그런 뒤 마르시인들이 전쟁을 일으켰고, 그 다음으로는 이탈리아 전체로 확산되었다.....(중략)
> ( )는 매우 비참하고 우여곡절이 많아서 연속해서 두 해 동안 로마의 콘술들, 즉 루틸리우스와 그 뒤를 이은 카토가 적군에게 피살되었다. 로마 인민의 군대는 여러 곳에서 패배하였으며, 로마인들은 오랫동안 군복을 입고 지낼 수밖에 없었다...(중략)
> 나) 로마가 지중해 제국으로 발전하는 데는 이탈리아 전역에 퍼져있던 (동맹국)들도 기여했다. 특히 외교나 군사에 자율권이 없어 로마의 통제를 받고, 전쟁이 있을 경우 군사력을 제공해야 했다. 그럼에도 로마 시민권의 혜택을 누리지 못해 이들에게 개방할 필요를 주장하는 개혁정치가도 있었다. 결국 기원전 91년~89년 이들이 단합해서 '이탈리아'라는 나라를 만들고 시민권개방을 반대하는 전쟁을 벌인 것이다.

<예시 답안>
가) 동맹국 전쟁(이탈리아 전쟁)
직접적 결과: 로마는 동맹국부터 선별적으로 시민권을 수여하는 정책을 펼쳐서 전쟁을 매듭짓고, 결과적으로 이탈리아 반도의 모든 자유인들에게 시민권을 개방하게 된다.

<해설>
로마가 지중해 제국으로 발전하는 데는 이탈리아 전역의 동맹국들이 기여했다. 동맹국은 외견상 독립국이었지만 외교나 군사에 자율권이 없어 로마의 통제를 받았고, 특히 전쟁 시 군사력을 제공해야 했다. 그럼에도 로마 팽창에 기여한 혜택을 누리지 못했고, 로마에서도 이런 불만을 해결하기 위해 로마 시민권을 동맹국에 개방할 필요를 주장하는 개혁정치가들도 있었다. 그러나 보수 원로원 귀족과 로마 평민들도 동맹국 시민들에게 시민권을 개방하면서 자신의 이익을 나누는 데 반대가 컸다. 결국 기원전 91-89년 동맹국들은 단합하여 '이탈리아'라는 나라를 만들고 시민권 개방을 반대하는 로마에 도전했다. 일명 '동맹국 전쟁' 또는 '이탈리아' 전쟁이 일어난 것이다. 위기에 직면한 로마는 로마에 협조하는 동맹국으로부터 선별적으로 시민권을 수여하는 정책을 펼쳐서 전쟁을 매듭짓고, 결과적으로 이탈리아 반도의 모든 자유인들에게 시민권을 개방한다.(근거: 서양사 강좌, 49쪽)

전공 A 8번. 다음 가)의 결과 나타나는 사건을 서술하고, 나)의 결과를 초래한 법령을 서술하시오.(2점)

> 최선생님: 1819-1820년에 권위주의적 억압은 유럽의 전반적인 추세로 자리를 잡게 되요. 그 결과 영국에서 (   )사건이 발생했어요. 이는 1819년 영국에서 일어난 민중운동을 탄압한 사건이지요. 영국 맨체스터의 이 광장에 약 6만 명의 민중이 모여 의회개혁과 선거권 확대를 요구했는데, 그런 이들을 탄압한 것이에요. 우리는 이를 사료를 통해 파악해 보도록 합시다.

↓

> 가) 우리가 도착한 지 30분쯤 지나자 음악 소리와 메아리치는 함성에 헌트 씨와 그의 지지자 무리가 가까이 왔음을 알았다.... 헌트 씨는 연단 앞으로 와서는 흰 모자를 벗고 사람들에게 연설했다....나는 발돋움하고서 웅성거리는 소리가 나는 쪽을 보았다. 그러자 청색과 백색으로 꾸민 제복을 입고, 손에 칼을 든 한 무리의 기병이 속도를 높이며 오는 것이 보였다...."군인들이 여기 있어." 나는 말했다....그러나 군인들은 고함을 쳤으며, 사브르(칼)를 머리 위로 휘둘렀다. 그 후에 고삐를 늦추었다가 군마에 박차를 가하여, 세차게 달려들어 사람들을 베기 시작했다....진압이 시작된 지 10분 후 광장은 비어버렸고 폐허의 공간이 되었다.
> - 새무얼 뱀퍼드, 『한 급진주의자의 삶의 여정』
>
> 나) 오스트리아에서는 원래 보수주의자였던 메테르니히가 주도권을 잡으면서 (   )을 통해 독일의 자유주의와 민족주의 운동을 철저하게 탄압한다. 이를 통해 학생조합을 해산하고 대학에 감독관을 파견, 신문을 비롯한 출판물을 검열했다.

〈예시 답안〉
가) 피털루 학살 사건
나) 카를스바트 법령

〈해설〉
① 메테르니히는 원래 보수주의자이며, 오스트리아가 여러 약소민족으로 구성되어 있어 민족주의나 자유주의를 막아야 정치적 통합을 유지할 수 있다고 보았다. 따라서 자신이 직접 영향력을 행사할 수 있는 독일의 자유주의와 민족주의 운동을 철저하게 탄압했다. 나폴레옹이 몰락한 후 독일의 자유주의 운동은 대학생이 주도했다. 그들이 학생조합을 결성하여 이를 중심으로 운동을 전개했다. 1817년 10월 라이프치히 전투 승리 4주년과 루터 종교개혁 300주년을 기념하는 축제를 벌이며 보수 서적과 프로이센 병사의 군복을 불태웠다. 1819년에는 예나 대학생이 러시아 황제의 스파이로 지목된 한 문필가를 살해한 사건이 발생했다. 이에 메테르니히는 독일이 여러 주들과 회합하여 카를스바트(Karlsbad) 법령을 결의했다. 이에 따라 학생조합을 해산하고 대학에 감독관을 파견하여 교수와 학생의 동태를 감시하며, 신문 비롯한 출판물의 검열을 강화했다.

② 피털루 학살은 나폴레옹 전쟁이 끝난 뒤 수년 동안 당시 영국의 특권 계급들이 자코뱅주의자들의 혁명이 임박했음을 느끼고 얼마나 두려워했는지를 여실히 보여준 사건으로, 워털루 전투에 빗대어 이 같은 이름이 붙었다. 급진주의자나 개혁론자들은 피털루 학살을 토리당의 비정함과 폭정을 상징하는 것으로 받아들였다. 1819년에 접어들어 영국의 산업이 침체기를 맞고 식료품 값이 올라가자 여러 차례 정치집회가 열렸고 그 분위기는 8월 집회에서 절정에 달했다. 급진파 지도자인 헨리 헌트가 이끈 이 집회는 사람들의 불만을 대규모 시위를 통해 나타내려 했던 것으로, 그 정치적 목적은 의회 개혁이었다. 대략 6만 명에 달하는 사람들이 이 집회에 참석했으며 그 가운데에는 여자와 어린아이들도 많이 있었다. 아무도 무장을 하지 않은 채 평화적으로 움직였다. 집회가 벌어지기 전부터 신경이 곤두서 있던 시 당국은 군중의 규모와 분위기에 놀라 맨체스터의 기병대에게 집회가 시작되는 즉시 연사들을 체포하라고 지시했다. 시위 진압 능력이 미숙했던 기병대는 주동자들을 잡는 데 그치지 않고 긴 군도를 휘두르며 일제히 군중을 공격했다. 뒤이어 시 당국은 제15기병대와 체셔 주의 의용병까지 이 공격에 가담시켰다. 10분 뒤 광장에는 쓰러진 사람들 밖에는 아무도 남지 않았다. 사망자와 부상자의 수가 논란이 되었으나 대략 500명이 부상하고 11명이 죽었다. 헌트 등 급진 지도자들은 체포되어 재판을 받았으며 헌트는 2년간 복역했다. 위의 사료는 새무얼 뱀퍼드의 『한 급진주의자의 삶의 여정』에서 발췌한 것이다.

전공 A 14번. 다음 괄호에 적절한 ㉠사건의 직접적 계기를 서술하시오. 또한 ㉡이들 주체 세력을 설명하고 식민 권력의 해체가 가져오는 직접적 결과를 ㉢의 예와 연관시켜 서술하시오.(4점)

가) 1808년 5월 (   )과 ㉠페르난도 7세의 폐위는 에스파냐령 아메리카의 독립투쟁을 촉진한 도화선이 되었다. 식민 본국의 정치적 혼란을 자치정부 수립의 호기로 파악한 아메리카의 독립투사들은 우선 폐위된 페르난도 7세의 이름으로 자치정부가 통치할 것이라 공포했다. 하지만 곧 정치적 분리를 위한 독립투쟁이 펼쳐진다. 민족주의 기원과 전파에 관한 연구로 유명한 베네딕트 앤더슨에 따르면 에스파냐령 아메리카의 독립투쟁은 대체로 (㉡)민족주의의 표출이었다. 누에바그라나다(현재의 베네수엘라와 콜롬비아)에서 격렬한 투쟁을 지휘한 볼리바르를 비롯한 이들 엘리트층이 새로운 지배층으로 자리잡았으나 대다수 독립국의 정세는 불안정했다.

나) 식민권력의 해체는 정치적 진공상태를 가져왔다. 또한 (   )결과를 가져왔다. 예를 들면 ㉢멕시코의 경우 1821년 독립 이래 1860년대까지 이들의 각축전이 잇달아 50명의 대통령이 난립하기도 했다.

〈예시 답안〉

㉠ 나폴레옹의 마드리드 점령
㉡ 크리오요
㉢의 결과: 카우디요(군벌)의 전성시대를 열었다.

〈해설〉

① 1808년 5월 나폴레옹의 마드리드 점령과 페르난도 7세의 폐위는 에스파냐령 아메리카의 독립투쟁을 촉진한 도화선이 되었다. 식민 본국의 정치적 혼란을 자치정부 수립의 호기로 파악한 아메리카의 독립투사들은 우선 폐위된 페르난도 7세의 이름으로 자치정부가 통치할 것이라고 공포했다. 하지만 곧 여러 지역에서 정치적 분리를 위한 독립투쟁이 펼쳐졌다. 민족주의의 기원과 전파에 관한 연구로 유명한 베네딕트 앤더슨에 따르면, 미국의 독립투쟁과 마찬가지로 에스파냐령 아메리카의 독립투쟁은 대체로 페닌술라르(peninsular, 이베리아 반도 출신의 백인)의 지배에 맞선 크리오요(criollo, 아메리카 태생의 백인) 민족주의의 표출이었다고 한다. 1791년 사탕수수 지배의 중심지인 프랑스의 식민지 생도맹그에서 전개된 흑인 혁명은 라틴아메리카 역사상 최초의 독립을 성취했다. 생도맹그의 흑인 지도자 투생 루베르튀르가 프랑스 혁명의 와중에 독립투쟁을 이끌었을 때, 다른 지역의 크리오요들은 이를 과격한 노예반란으로 간주. 1804년 1월 생도맹그의 독립이 선포 옛 원주민 부족의 이름인 아이티가 독립국의 이름으로 채택되었다.

② 독립 이후 크리오요가 페닌술라르를 대신해 새로운 지배층으로 자리 잡았으나, 크리오요 엘리트층이 이끈 라틴 아메리카의 탈식민화는 국가의 독립이라기보다 여전히 뛰어난 개인과 집단의 독립으로 여겨졌다. 볼리바르가 남아메리카 여러 국가의 독립을 이룬 뒤 미국과 유사한 연방 체제를 염두에 두고 추진한 남아메리카의 대통합 구상은 지역적 분열이 가속화된 탓에 실현되지 못했다. 식민권력의 해체는 정치적 진공상태와 각 지역에 근거를 둔 카우디요(caudillo, 군벌)의 전성시대를 열었다. 예컨대 멕시코의 경우 1821년 독립 이래 1860년대까지 카우디요들의 각축전이 잇달아 50여명의 대통령이 난립하는 등 극도의 혼란기를 겪었다. (근거: 서양사강좌, 368쪽)

전공 B 4번. 이 전쟁의 명칭을 쓰고, 이 전쟁의 직접적 발발 원인을 설명하고, 역사적 의의를 서술하시오.(4점)

> 19세기 중엽 오스만튀르크의 지배 아래 잘 드러나지 않았던 정교회 국가들의 영토적 야심은 1850년 무렵 충돌하기 시작했다. 이에 19세기의 유럽 협조 체제는 1853년~1856년 (㉠) 전쟁을 치르면서 동요한다.
> (㉡)문제로 촉발된 이 전쟁에서 꾸준히 남진을 모색해온 러시아, 중근동 지역에서 경제적 이해관계를 수호하려는 영국과 프랑스 등이 부딪힌다. 이 전쟁은 세력 균형의 유지라는 전통적 명분이 작동한 전쟁이며, 동시에 (㉢)라는 역사적 의의를 띤다.

<예시 답안>

㉠ 크리미아
㉡ 직접적 발발 원인: 팔레스타인의 성지관할 문제
㉢ 최초의 러시아 봉쇄 전쟁

<해설>

① 그리스가 독립한 뒤 오스만튀르크는 19세기 중엽까지 쇠락을 거듭했다. 오스만튀르크 지배층은 유럽식 개혁을 추진하기보다 외교적 책략을 통해 유럽의 강대국들을 분열시켜 그 가운데 어느 국가와 우호적인 관계를 유지하기 원했다. 유럽 열강은 오스만튀르크의 영토와 이권을 빼앗으려 하면서도 자칫 세력 균형의 일부로 작용하던 제국 자체가 붕괴해 발칸 반도와 동방이 대혼란에 빠지거나 다른 한 국가가 지역의 패권을 거머쥐는 상황을 경계했다. 오스만튀르크의 지배 아래 잘 드러나지 않았던 정교회 국가들의 영토적 야심은 1850년부터 충돌하기 시작했다. 이에 따라 무력충돌이 뜸했던 19세기의 유럽협조 체제는 1853-1856년 크리미아 전쟁을 치르면서 동요하게 되었다.

② 팔레스타인 성지관할 문제- 예루살렘은 19세기까지 투르크의 지배 하에 있었다. 그러나 관리권은 16세기 이후 프랑스가 갖고 있었다. 그러나 프랑스 혁명 이후 러시아가 관리권을 빼앗았고, 후일 나폴레옹 3세가 투르크에 항의하여 관리권 대부분을 되찾는다. 이에 러시아가 투르크 안에 있는 그리스 정교도의 보호를 구실로 1853년 현재 루마니아(왈라키아, 몰다비아) 지방을 무역으로 점령한다.

③ 팔레스타인의 성지관할 문제로 촉발된 크리미아 전쟁에서 꾸준히 남진을 모색해온 러시아, 중근동 지역에서 경제적 이해관계를 수호하려는 영국과 프랑스 등이 부딪혔다. 이 전쟁은 '세력균형의 유지'라는 전통적 명분이 작동한 전쟁임과 동시에 '최초의 러시아 봉쇄전쟁'이었다. 그리스 독립투쟁 당시 러시아는 유럽 문명의 고향을 회복한다는 것 외에 '정교회의 보호자'라는 정당화를 시도했지만, 독립 이후 그리스에서 영국에 우호적인 성향의 정부가 수립되는 상황을 지켜보아야 했다. 1854년 러시아가 오스만튀르크에게 전쟁을 선포했을 때, 영국과 프랑스는 이 전쟁에 개입해 크리미아 반도에서 러시아군을 격퇴했다.

전공 B 5번. 다음 무굴제국의 동인도회사와의 관계를 나타낸 사료이다. 다음 ㉠에 들어갈 용어를 기입하고, 이를 허락하게 된 중요 전투 명칭과 이 전투의 역사적 의의를 작성하시오.(4점)

> 이 기쁜 때를 맞이하여 칙령을 발표한다. 고상하고 강대한 귀족 중의 귀족, 명예로운 전사이자 짐의 충복 중의 제1인자인 영국 동인도 회사의 충성을 거울삼아 짐은 벵골曆 1172년의 춘작기(春作基)를 시작으로, 벵골, 비하르, 오리사 각 주의 (㉠)를 무상의 免租地로 이 회사에게 부여한다. 또한 지금까지 (㉠)와 함께 궁정에 바쳐온 과징금도 함께 부여한다. 그러나 상기의 회사는 황실의 세입으로 매년 260만 루피를 정확히 보장해야한다.(중략) 현재와 장래의 황제 후손들, 위엄 있고 높은 자리에 있는 대신들, 고급 장교들, 재무대신들, 제국의 행정에 관련된 사람들, 급여지의 소유자들, 징세자들은 이 칙령의 대행에 불만 없이 노력하고, 위와 같은 직권이 대대손손 끝없이 상기의 회사에 귀속됨을 인정해야 한다. 앞서 열거한 사람들은 상기의 회사를 추방하지 않고 해임시키지 않으며, 어떠한 일이 있어도 그들을 방해하면 안 된다. (중략) 이것들에 관련된 짐의 칙령은 가장 엄격한 것임을 숙지하고, 이것을 어기지 말라.
> 　　　　　　　　治世 第6年 사파르 月(이슬람曆2월) 24일, 즉 1765년 8월 12일.

<예시 답안>

㉠ 디와니

전투 명칭: 북사르 전투

의의: 동인도회사가 교역에서 식민지배로 옮겨가기 시작함을 의미한다.

<해설>

① 플라시 전투(Battle of Plassey) 1757년 인도에서 클라이브가 이끄는 영국군과 프랑스군이 합세한 벵골 태수 군대와의 전투로, 처음에는 벵골 태수의 군대가 우세했다. 하지만 벵골의 부대장들이 영국에 매수되어 전세는 곧 영국 쪽으로 기울었다. 또한, 벵골 태수 자신도 배신한 부하에게 잡혀 처형당했다. 이로써 영국의 인도 전역의 식민지화는 더욱 구체화되었다.

② 1759년 벵골 태수- 미르 자파르: 네덜란드 동인도회사와 연합, 영국의 간섭을 떨치고자 했지만, 실패한다. 이후 영국은 미르 자파르를 폐위시키고, 사위 미르 카심을 벵골 태수로 세운다. 1761년 인도 최대의 거점 도시인 퐁디셰리를 점령하자 프랑스와의 전쟁이 종결된다. 1763년 7년 전쟁을 끝맺은 파리조약에서 영국은 프랑스에 퐁디셰리를 반환했지만, 사실상 벵골을 포함한 인도의 주도권은 영국으로 넘어간 것이나 다름없다.

미르 카심: 영국의 이익에 반하는 정책을 펼침. 다스타크 폐지- 벵골에서 영국 상인들에게 부여된 면세특권을 말한다. 미르 카심이 동인도회사 직원을 살해하고, 아와드 지역의 태수 슈자 웃 다울라와 무굴제국 황제 샤 알람 2세에게 도움을 요청하자 이에 응한다. 무굴- 아와드- 벵골 연합군(4만) vs 영국군(7천명)이 북사르에서 전투, 영국의 승리로 끝난다. 플라시 전투가 벵골의 간섭의 시작을 알린 것이라면, 북사르 전투는 사실상 영국의 벵골 지배를 확정지어준 것이다. 이에 샤 알람 2세는 1765년 동인도회사와 '알라하바드 조약'을 체결한다. 이에 동인도회사는 황제로부터 비하르, 벵골, 오리사 세 지방의 징세권을 인정받게 되고, 벵골의 통치자가 된다.

③ 플라시 전투(1757년) 이후 영국 동인도 회사는 벵골 지역을 차지하고 1765년 무굴제국의 황제 샤 알람으로부터 디와니(디완은 무굴제국의 주 재정장관이며 디와니는 디완의 직 혹은 권한을 의미한다. 구체적으로는 징세와 재무관리 그리고 그것에 관한 재판권 등을 말한다)를 받았다(알라하바드 조약). 이전에는 징세와 재무를 관장하던 디완의 직 그리고 경찰과 형법 행정을 관장하던 나짐의 직을 벵골의 태수가 겸하고 있었다. 그런데 이 칙령에 의해 양자는 분리되어 태수는 형식적으로 나짐의 직만 수행할 뿐, 그 세출도 디완으로 있던 동인도 회사에 의해 장악되어 벵골은 이중 통치체제를 형성하였다. 그런데 실제로는 나짐인 태수의 인사권도 동인도 회사가 장악하여 태수는 단순한 연금수급자에 지나지 않았다. 나아가 동인도 회사는 태수의 군을 대부분 해산시키고 회사의 군대를 배치하였다. 칙령 상에는 동인도 회사가 황제의 가신으로 되어있지만 실질적으로는 식민지 지배의 시작을 의미한다.

-출처: 『세계사 교과서 보완 지도자료(중고등학교용)』(교육과학기술부, 2011), 320쪽.

해커스 2018년 9월 정기 모의고사

전공 A 6번. 다음 (㉠)에 들어갈 명칭을 기입하고, ㉡의 직접적인 결과를 서술하시오. (2점)

> 황제들의 재정정책은 농촌을 겨냥한 세제 개혁에 큰 비중을 두고 있었는데, 이로 인해 소자영농과 소작인들에게는 가혹한 것이었다. 이는 과세 농지의 단위면적당 지력과 그곳의 인력 및 가축의 수를 함께 고려하여 세액을 산정하는 방식으로서, 토지세와 인두세를 결합한 것이다. 이 세제개혁은 '(㉠)'이라는 보완장치를 가지고 있었다. 이는 본래 예농과 자유소작인들이 원래 등록되어 있던 곳으로 되돌려 보낸다는 취지의 이농억제책으로 디오클레티아누스가 실시하였다. 이들은 결국 농촌에 발이 묶이게 되고 거의 노예와 다를 바 없는 상태가 된다. 한편 ㉡농촌에 발이 묶인 자영 농민들 중에는 스스로 이웃의 유력한 대지주에게 토지를 바치고 그 보호를 구하는 사례가 많았는데, 이렇게 하여 국가의 과중한 징세와 징집을 피하고, 또 공권력의 붕괴로 인한 치안부재의 불안으로부터 벗어날 수 있었기 때문이다.

〈예시 답안〉
㉠ 원적법
㉡ 직접적인 결과 콜로누스 탄생

〈해설〉
① 디오클레티아누스 황제는 전제군주제 수립으로 중앙정부 권력과 권위회복을 목표로 한다. 그는 조세 징수의 안정을 위해 제국 주민의 이주 제한(원적법), 예산총액제(속주의 예산 총액을 관할 속주의 할당 시 참사회에 넘김)·할당제 실시, 직업·신분 고정·세습화(상인과 수공업자의 신분과 직업 세습화, 고정화)를 실시한다.

- 일인 경작가능 토지를 최소단위로 하여 조세부과(토지세와 인두세 결합, 연대납부) → 농민부담 증가(토지 이탈민, 투탁민 증가) → 이탈민을 토지에 결박(원적법 적용), 중소 자영농이 소작인으로 몰락 - 투탁민을 수용 → 콜로나투스제 성립. 이로 인하여 소작인, 즉 콜로누스가 탄생한다. 이들은 중세 농노의 기원이 된다.

전공 A 7번. 다음을 읽고 이 글의 저자의 대표적 이론의 명칭과 그 이론 제시의 근본적 의도가 무엇인지 서술하시오.(2점)

편지 24
파리에 온지 한 달이 되었다네....파리는 이스파한만큼 넓지....프랑스 사람들보다 기계를 많이 활용하는 민족은 없다네. 이들은 달리고 날아다니지. 아시아의 느린 수레와 페르시아 낙타의 얌전한 걸음은 프랑스 사람들을 기절시킬 걸세...프랑스 왕은 유럽에서 가장 강한 군주라네...게다가 이 왕은 위대한 마법사라네. 그는 심지어 백성들의 정신마저 지배하며 자신이 원하는 대로 백성들이 생각하게 만들 정도지..
그보다 더 강력한 마법사가 또 한 명 있네. 왕이 사람들 정신의 지배자인 것 못지않게 그는 왕의 정신의 지배자라네. 이 마법사는 '파파'라고 불리지.

편지 123
일반적으로 재산의 평등을 낳는 시민 평등은 정치체의 모든 부분에 풍요와 생명을 가져다주며 도처로 그것을 확산시킨다네. 반면 자의적인 권력에 종속된 나라에서는 그렇지 않으니, 군주, 궁정사람들 그리고 일부 특별한 사람들이 모든 재산을 점유하는 동안 다른 사람들은 극도의 궁핍 속에서 신음하고 있지.

〈예시 답안〉

이론- 삼권분립
이론 제시의 근본적 의도: 권력분립에 의한 귀족제를 원함. 즉 왕이 절제의 미덕을 추구하는 가운데 귀족이 입법, 사법, 행정의 각 분야를 주도하며 왕의 통치에 참여하는 귀족 중심의 군주정을 지지하려는 것.

〈해설〉

① 위의 사료는 몽테스키외의 『페르시아인의 편지』의 일부분이다.
② 몽테스키외는 『법의 정신』을 저술했고, 『페르시아인의 편지』에서 고향친구에게 프랑스의 생활상을 알리면서 프랑스 구체제의 사회악과 모순을 비판하는 형식을 취한다.
③ 그가 가장 내세우는 이론은 삼권분립으로서, 절대왕정 시기 왕권을 견제하며, 귀족에 의한 삼권분립체제를 만들어 귀족 중심의 군주정을 지지하려는 것이다.

전공 A 8번. 다음 (㉠)에 들어갈 적합한 명칭을 기입하고, 이로써 ㉡의 영국이 취하는 조치 2가지를 쓰시오.(2점)

> 영국은 19세기 후반 '명예로운 고립(Splendid Isolation)'과 대독일 친선 관계를 유지해왔다. 그러나 그러한 외교정책을 변경해야만 할 상황이 조성되었다. 첫째 열강의 경제적, 군사적 발전으로 영국의 절대적 우위가 더 이상 유지될 수 없게 되었다. 둘째 독일의 빌헬름 2세의 적극적인 제국주의 정책, 즉 세계정책의 추진과 이를 위한 군비확장이었다. 특히 영국이 크게 자극받은 것은 독일의 (㉠) 때문이다. 이에 ㉡우선 1902년 아시아의 러시아 진출에 대처하기 위해 그리고 1904년 유럽 내에서 독일을 견제하기 위해 고립주의를 벌이고 두 가지 조치를 시행하게 된다.

〈예시 답안〉
㉠ 해군법 제정(1898년)
㉡ 영일동맹 체결/ 영-프 협상

〈해설〉
① 영국은 19세기 후반까지 기본적으로 고립주의 정책을 채택한다. 그러나 상황이 급변하고, 특히 독일이 1898년 해군법을 제정하며 영국의 군사력에 도전하자 큰 자극을 받게 된다. 이에 고립주의를 버리고 타국과 긴밀한 외교관계를 맺게 된다.
② 이에 대한 첫 조치로서 아시아로 러시아가 진출하는 것을 제어하기 위해 1902년 영일동맹을 맺게 된다. 독일을 견제하기 위해 프랑스와의 관계를 회복, 1904년 영-프 협상(Entente)을 맺으며, 러일전쟁이 발발하자 서로 각각 이해관계에 있는 러시아와 일본을 지지하지 않기로 한다. 이와 함께 프랑스는 이집트에서 영국의 우월한 지위를 보장해주고, 대신 영국은 모로코에 대한 프랑스의 우월한 지위를 인정해주기로 한다.

전공 A 14번. 다음 가)의 주장에 대한 비판을 통해 기독교 이론을 확립한 인물은 누구이며, 이에 대한 반응으로 확립한 핵심이론을 쓰시오. 그리고 나)의 괄호에 들어갈 명칭은 무엇인가? (4점)

라틴 교회의 주교들은 대부분 행정력과 지도력을 갖춘 귀족 중에서 선출되었으므로 형이상학적, 신학적 문제보다는 구원관과 같은 실질적이며 정치적인 문제에 대해 깊은 관심을 보인다. 공인 이후 일부는 공인 이후의 사태에 불만으로 속세를 떠나 사막에서 수도생활을 통해 완벽한 삶을 추구한다.

가) 어떤 사람들은 부패한 속세에서 오염되지 않은 최후의 '순수한' 집단으로 남아 현실세계의 대안이 되고자 하였고, 도나투스파는 박해에 굴복한 자들은 복권되어서는 안 되며, 한 걸음 더 나아가 이들이 행한 세례나 서임 등의 성사는 유효하지 않다고 주장한다. 그들은 더 나아가 순수하지 못한 세상과는 어떠한 타협도 거부한 채 자신들만이 그러한 순수함을 보존하고 있다고 주장하였다.

나) 잉글랜드 출신 수도승이 이끈 (   )파는 인간이 하느님으로부터 '완벽한 삶'을 영위할 수 있는 능력을 부여받았다고 주장한다. 이들에게는 5세기 초 로마 사회에 닥친 사회적 혼란이나 게르만족의 침입은 절대적인 하느님의 명령을 따르지 않은 자신들에 대한 하느님의 분노의 표시일 뿐이었다.

〈예시 답안〉

인물- 아우구스티누스

핵심 이론- 도나투스파의 비판이 일부 옳지만, 성직자의 잘못은 신(神)이 판단한다는 이른바 '성직자주의'를 확립한다.

나) 펠라기우스

〈해설〉

① 도나투스파는 일종의 '분리주의자'들이다.
② 아우구스티누스의 비판: 도나투스파들의 비판은 옳다. 그러나 정죄는 신(神)만 한다.
③ 펠라기우스파에 대한 비판- 아우구스티누스가 볼 때 인간이 어떻게 죄를 짓지 않고 살 수 있겠는가? 인간적인 나약성을 인정하고, 하나님의 구원에 전적으로 의지해야 함을 강조한다.

전공 B 5번. 다음 가)의 ㉠의 명칭을 쓰고, 나) 칙령을 공포하게 된 발단은 무엇이며, 그로 인한 프로이센 측의 직접적인 경제적 결과는 무엇인가? (4점)

> 가) 새로운 활력을 띠기 시작한 (㉠) 왕국은 발트 해 연안의 한자 동맹 도시들에 대한 통제권을 장악하고 1525년에는 프로이센 공작령이 된 튜턴 기사단의 영지를 통합했다. 그러나 1618년 브란덴부르크와 통합된 프로이센은 이곳으로부터 독립해서 재정, 군사 왕국의 기틀을 마련했다.
>
> 나) 브란덴부르크의 후작인 나 프리드리히 빌헬름은…모든 사람에게 다음과 같이 공포한다.…이 칙령을 통해 우리 영토를 그들에게 안전하고 자유로운 피난처로 제공하기로 했다. 그들이 갖고 오는 개인 재산은…세금, 관세, 인가 혹은 어떤 이름의 부과금도 완전히 면제해주고 어떤 식으로든 압류하지 않을 것이다. 우리의 프랑스 동료 신자들이 어떤 마을이나 도시에 정착하자마자 그곳에서 관행적인 주택권과 수공업의 자유를 무료로 누리게 할 것이다.
>
> -프리드리히 빌헬름의 포고문

<예시 답안>

㉠ 명칭- 리투아니아 왕국

나) 발단- 프랑스 루이 14세의 낭트칙령 폐지로 인한 위그노 세력의 국외 이주

경제적 결과: 제조기술이 탁월한 위그노를 적극 수용하여 산업발전 도모, 후일 간접소비세 부과로 마련한 재원으로 선제후 직속의 관료조직을 두고 상비군을 운용하는 등 절대왕정의 토대 수립

전공 B 6번. 다음 제시문을 읽고 작성방법에 따라 기술하시오.(5점)

1차 세계 대전 이후 각국은 국제 평화를 위한 노력에 힘을 쏟았다. ㉠ 로카르노 조약을 체결하여 국제분쟁의 평화적 해결을 합의하였고, 미국과 프랑스의 주도로 (㉡)을(를) 체결하였다. 그리고 ㉢ 도스안과 영안에 따라 독일의 배상금을 삭감하였다.

〈작성방법〉

1. ㉠ 조약의 의의를 작성하시오.
2. 다음 (㉡)에 들어갈 단어를 기입하시오.
3. ㉢의 주요 내용을 서술하시오.

〈예시 답안〉

ⓐ 로카르노 조약의 의의: 로카르노 조약은 독일이 서쪽 국경을 바꾸기 위한 무력사용을 단념, 동쪽 국경에 대한 중재안을 받아들였다는 점과, 영국이 폴란드와 체코슬로바키아를 제외하고 프랑스와 벨기에만을 방어하기로 약속한 점에서 그 분명한 의의를 찾을 수 있다.

ⓑ 켈로그-브리앙 조약(부전 조약)

ⓒ 도스안 내용: 독일에 1924년부터 1928년까지 금화 25억 마르크에 이르는 차관을 지불하여 독일의 경제를 살리고자 함이었다. 또한 1929년까지는 독일에 대한 엄격한 통제가 해제되고, 총배상액이 결정될 것을 예상했으나, 이는 후에 영안에 의해 이루어졌다.

〈해설〉

① 로카르노 조약 내용: 1925년 10월 16일 스위스 로카르노에서 발의해 12월 1일 런던에서 조인했다. 보장조약은 베르사유 조약이 정한 독일-벨기에, 프랑스-독일 국경은 침범할 수 없으며, 독일·벨기에·프랑스는 '정당방위' 또는 국제연맹의 의무를 이행하는 경우를 제외하고는 서로 공격할 수 없고, 상호분쟁은 평화적 방법으로 해결한다. 이 협정이 파기된 경우 조인국들은 국제연맹이 공격당했다고 판정한 편에 서게 되며, '명백한 위반'의 경우도 마찬가지라는 내용으로 되어 있다. 로카르노 조약으로 연합국은 계획보다 5년 앞선 1930년 라인란트에서 철수했다. 로카르노 조약은 독일이 서쪽 국경을 바꾸기 위한 무력사용을 단념하고 동쪽 국경에 대한 중재안을 받아들였다는 점과, 영국이 폴란드와 체코슬로바키아를 제외하고 프랑스와 벨기에만을 방어하기로 약속한 점에서 그 분명한 의의를 찾을 수 있다.

② 부전조약은 국가정책 수단으로 이용되는 전쟁을 제거하기 위해 맺은 다자간 협정(1928년 8월 27일)으로, '켈로그-브리앙 협정'이라고도 한다. 처음에는 프랑스 외무장관 아리스티드 브리앙이 독일 침략의 재발 가능성에 대비하여 미국을 보호동맹국 체제에 묶어놓을 목적으로 1927년 협정을 제안했다. 미국 국무장관 프랭크 B. 켈로그는 미국이 국제연맹에 가입하지 못한 것에 실망한 사람들의 지지를 얻어 이 협정을 일반적인 다자간 협정으로 전환하자고 제의했으며, 프랑스가 이를 수락했다. 켈로그의 제안으로 세계 거의 모든 국가가 결국 켈로그-브리앙 협정에 서명함으로써 국가정책 수단으로서의 전쟁을 포기하고 모든 국제분쟁을 평화적인 수단으로 해결하는 데 합의했다. 그러나 서명국들은 이 협정에 아주 다양한 제한과 자기중심적 해석을 가했다. 이 협정은 강제력이 없었으므로 완전히 무용지물이 되었다.

해커스 2019년 9~10월 1회 모의고사

01 전공 A 기입형. 다음 밑줄 친 ⊙과 (ⓒ)에 공통으로 들어갈 명칭을 기입하시오.(2점)

(가) ⊙그가 마지막으로 로마에 온 것은 이것들 때문만이 아니라 로마인들에 의해 많은 부당한 일을 당하여, 즉 귀가 뽑히고 혀가 잘린 교황 레오 3세가 왕의 신임을 간청하지 않을 수 없었기 때문이다.... (중략)... 애초 ⊙그는 그런 것에 관해 거부감이 있었으므로 그 축제일이 아무리 특별하다고 해도 사제들이 가진 계획을 미리 알 수 있었다면 교회에는 들어가지 않을 것이 확실했다. 그럼에도 그 호칭을 받아들인 것을 로마인들의 황제들은 어울리지 않는다고 여겼으므로, 큰 인내를 가지고 그런 반감을 견뎌냈다. ⊙그는 그들에 대한 혐오를 관대함으로써 극복하였는데, 그들에게 많은 사절을 보내었으며 편지들에서는 그들을 형제라고 불렀던 것이니, 이 점에서는 그들보다 훨씬 더 앞선 것이 분명하다.

(나) 1935년 당대의 독일 중세 사학계를 대표하는 8인의 학자들은 상당히 도발적인 입장을 표명한다. '진리를 위하여' 그리고 '독일을 위하여' 게르만-도이치 혈통의 위대한 인물 (⊙)를 찬양하고, 이를 통해 그를 독일사에 편입시키려는 의도를 드러냈다. 위대한 게르만족의 원형을 찾기에 급급한 나치 제국의 (ⓒ)독점욕은 돌출적인 현상이 아니었다. 그를 독점하려는 독일사의 시도는 이미 중세에 시작되었다.... (중략) 오히려 유럽의 통합 과정이 목전에 전개되고 있는 상황에서 국가간의 독점 경쟁보다는 ⊙그의 제국의 거대한 영역 통합과 제국이 달성한 문화적, 언어적, 법률적 다양성에 주목하여 21세기 거대한 유럽의 탄생이 가져올 현실과 희망 속에 그를 재평가하고 있다.

<예시 답안>

카롤루스 마그누스 대제
(근거- 사료로 읽는 서양사 2, 75-82쪽.가)- 아인하르트, 『카롤루스 마그누스의 전기』/ 나)- 안상준, 「중세의 민족의식과 카롤루스 마그누스」, 『역사교육』 93.)

02 전공 A 서술형. 다음 (가)와 (나)의 의견을 제시한 사상가는 누구인지 쓰고, 그가 지지하는 정부의 형태와 이를 실현하기 위한 핵심적 방안을 서술하시오.(4점)

> (가) 홉스가 인간은 타인을 복종시키려는 욕망을 갖고 있다고 한 것은 합리적이지 않다…(중략) 일반적으로 법이 지상의 모든 인민을 지배하는 한 법은 인간의 이성이다. 그리고 각 국민의 정치체제와 시민에 관한 법들은 바로 이러한 인간이성이 적용되는 사례이다. (중략) 세 종류의 정부, 즉 공화정 정부, 군주정 정부, 전제정 정부가 있다…. 공화정 정부는 인민이 집단으로 또는 인민의 일부만이 주권을 가지는 정부이다. 군주정 정부는 한 사람이 지배하지만 제정된 법에 따라서 다스리는 정부이다. 그에 비해 전제정부는 한 사람이 아무런 규정도 없이 자신의 의지와 변덕에 따라 모든 것을 주도해나가는 정부이다.
>
> (나) 프랑스 사람들보다 기계를 많이 활용하는 민족은 없다네. 이들은 달리고 날아다니지….프랑스 왕은 유럽에서 가장 강한 군주라네…게다가 이 왕은 위대한 마법사라네. 그는 심지어 백성들의 정신마저 지배하며 자신이 원하는 대로 백성들이 생각하게 만들 정도지….그보다 더 강력한 마법사가 또 한 명 있네. 왕이 사람들 정신의 지배자인 것 못지않게 그는 왕의 정신의 지배자라네. 이 마법사는 '파파'라고 불리지… 일반적으로 재산의 평등을 낳는 시민 평등은 정치체의 모든 부분에 풍요와 생명을 가져다주며 도처로 그것을 확산시킨다네…반면 자의적인 권력에 종속된 나라에서는 그렇지 않으니, 군주, 궁정사람들 그리고 일부 특별한 사람들이 모든 재산을 점유하는 동안 다른 사람들은 극도의 궁핍 속에 신음하고 있지.

<예시 답안>

<u>사상가- 몽테스키외</u>
지지하는 정부형태- <u>귀족 중심의 군주정 지지 또는 권력분립에 기초한 귀족제</u>
(법의 정신은 정치제도, 특히 정부형태에 달려있다고 본다. 권력분립에 기초한 귀족제, 즉 왕이 '절제의 미덕'을 추구하는 가운데 귀족이 입법, 사법, 행정의 각 분야를 주도하며 왕의 통치에 참여하는 귀족 중심의 군주정을 지지했다.)

<u>실현을 위한 핵심 방안- 삼권분립</u>
(개인의 자유를 보장하고 집단의 권력 남용을 방지하기 위해서는 국가권력이 사법, 입법, 행정의 삼권으로 나뉘어 서로 규제하고 견제한다는 삼권분립 이론을 제시.)
(근거- 사료로 읽는 서양사 4, 42-43쪽, 사료- 몽테스키외- 법의 정신(가)과 페르시아인의 편지(나))

03 전공 A 서술형. 다음 ⓒ의 전투가 이루어진 곳의 지역 명을 서술하고, ⊙의 해전 승리를 위해 스파르타가 수행한 직접적인 행동전략과 페르시아의 원조 조건은 무엇인지 그 내용을 서술하시오. (4점)

시칠리아 원정을 주도한 인물 역시 알키비아데스였다. 그는 헤르메스 상이 훼손되는 사건이 발생했을 때 고발당한 데다 자신이 부재한 가운데 유죄판결이 내려지자, 스파르타 쪽을 넘어갔다. 이후 지휘권은 니키아스에게 돌아갔으나 아테네 정예군은 궤멸되었다. 이 소식을 들은 스파르타가 그리스에서 전쟁을 재개, 아티카의 데켈레이아를 점령하여 거점을 확보한다. 이때 아테네는 아테네 내부에서의 위기의식이 감돌고, 알키비아데스가 다시 돌아와 지휘권을 잡는다. 그는 ⊙해전에서 승리했지만, 곧 스파르타 리산드로스 장군의 지휘를 받은 함대에게 곧 패배한다. 이에 그는 민회에서 면직되고 10명의 장군이 새로 선출된다.

이후 아르기누사이 근처에서 벌어진 해전에서 다시 겨루어 아테네의 승리로 끝이 난다. 하지만 폭풍우로 인한 선박과 승무원이 구조되지 못하고 버려지는 바람에 이 열 명의 장군들이 민회에 소환되어 유죄판결을 받고, 6명의 장군이 집단 처형된다. 그러자 스파르타에서는 경험 많은 리산드로스가 지휘권을 잡고, 아테네는 반대파의 의견에 따라 알키비아데스에게 기회를 주지 않았다. 결국 기원전 405년 (ⓒ) 입구에서 아테네 함대는 결정적으로 패하였다.

〈예시 답안〉

ⓒ 전투 지역 명: 헬레스폰트

⊙ 페르시아의 원조 조건: 스파르타가 페르시아에게 소아시아의 식민시를 넘겨준다.
　　스파르타의 직접적 행동전략: 아테네의 식량공급로인 흑해로의 해역을 차단한다.
　　(근거: 서양사개론 71쪽)

04 전공 A 서술형. 다음 ㉠에 들어갈 명칭을 쓰고, 그의 구체적 내용을 서술하시오. 또한 ㉡의 히틀러가 내세운 이와 유사한 모토는 무엇인지 적절한 답을 서술하시오.(4점)

> 이탈리아의 무솔리니는 대공황의 한 가운데서 "민중에게로 가자"라는 모토를 내걸고 본격적으로 (㉠)의 사회경제체제를 실험하려 했다. 히틀러도 ㉡이와 유사한 개념을 기치로 하는데, 역사가 마조워의 표현에 따르면 '인종적 복지국가'를 약속했다. 이탈리아 파시스트들은 (㉠)이 자유주의 자본주의와 공산주의의 대안이라는 점에서 '제3 세력'임을 자처했고 이를 통해 대공황의 위기를 타개할 수 있다고 선전했다.

〈예시 답안〉

㉠의 명칭: 코포라티즘(조합주의 또는 담합주의)

내용- 이탈리아 사회를 직군에 따라 22개 단위로 나누어 각각 사용자 대표, 노동자 대표 그리고 국가 대표자가 참여해 민족 이해관계 속에 각자의 이해관계를 조정해 의회의 대체 기능을 수행하는 체제).

㉡의 모토: 민족공동체

(근거: 서양사 강좌 547쪽)

05 전공 B 서술형. 다음 제시문과 작성 방법을 읽고 그에 대한 적절한 답을 작성하시오.(4점)

> 중세 말의 장원제도 붕괴과정을 통한 유럽 농촌의 개편과 사회변동은 16세기 이후 크게 세 가지 유형으로 진행되었다.
> 영국의 경우 장원제의 해체와 농노해방이 순조롭게 진행되어 중산층 자영농민층이 형성되면서 농민의 계층분화가 진행되었다. 그 과정은 한편으로 자유노동을 창출함과 동시에 다른 한편으로는 자본주의적 농업기업가를 배출시키게 되었다. 반면 이와 대조적인 것이 ⊙엘베강 동쪽 프로이센 및 폴란드를 포함한 동부유럽의 경우이다. 동유럽과 영국의 중간에 위치하고 있는 것이 프랑스였다.

<작성 방법>
○ ⊙의 경우 등장하는 결과와 특징은 무엇인지 작성하시오.
○ ⊙의 결과에 대한 직접적인 원인은 무엇인지 서술하시오.
○ 이로 인해 등장하는 새로운 계급의 명칭과 그들의 19세기 중반 가장 큰 역할은 무엇인지 작성하시오.

<예시 답안>
⊙의 결과: 영주농장제 출현(농노제의 재판, 재판농노제)/ 특징- 자가 소비를 위한 것이 아닌 국제시장을 목표로 한 곡물생산
(영주들이 농민의 자유를 박탈하고 직접 광대한 직영지 경영에 나섬으로 농노의 강제노동에 입가각한 구츠헤르샤프트, 즉 영주농장제가 출현하였다.)
⊙결과의 직접적인 원인- 16세기의 농산물 가격의 앙등
새로운 계급- 융커(이들은 영주들의 후예)/ 19세기 중반 독일 통일의 주역으로 나섬

(근거: 서양사개론, 332쪽)

06 전공 B 서술형. 다음 제시문을 읽고 다음에 적절한 답을 작성하시오. (4점)

이중왕국 내의 소수 민족 문제를 보다 더 복잡하게 만든 것은 바로 ㉠이 문제였다. 이 지역은 1870년대까지 약 4세기 동안 오토만투르크 제국의 지배하에 있었고, 주민은 남부 슬라브족에 속하였다. 1879년의 주민구성을 보면 약 50만 명이 이슬람교도, 약 50만 명이 그리스정교도, 그리고 15만 명 정도가 가톨릭이었다. 투르크 지배 하에서는 그리스정교도는 이슬람 지주의 땅을 경작하는 농민이었고 ㉡인접한 세르비아 왕국에 해방을 기대하였고, 아무도 합스부르크 왕실에 흡수되기를 원치 않았다. 그러나 ㉢오스트리아의 실질적 지배로 결국 귀착되고 말았다. 이 상황에서 오스트리아는 달마티아, 이곳을 묶어 남부 슬라브왕국을 건설하고 프란츠 요제프를 공동왕으로 추대하자는 삼중왕국의 수립을 제안하는 의견도 있었으나, 마자르의 강력한 반대로 실현되지 않았다. 결국 오스트리아는 1908년 투르크에 청년 투르크당의 혁명이 발발하자 이 두 지방을 합병하였다.

<작성 방법>

○ ㉠의 이 문제는 곧 무엇인지 쓰시오.
○ ㉡의 세르비아가 원하는 것이 무엇인지를 작성하시오. 또한 이슬람 교도의 입장과 가톨릭교의 원하는 바를 각각 기술하시오.
○ ㉢의 직접적인 원인은 무엇인지 서술하시오.

<예시 답안>

㉠의 이 문제: 보스니아-헤르체코비나 문제
㉡ 세르비아: 이 두 지방을 합병하여 대(大)세르비아를 건설하고자 함/ 이슬람교도 입장- 투르크의 지배가 종식되지 않기를 원함/ 가톨릭교의 입장- 크로아티아와 합쳐지기를 원함
㉢의 직접적 원인- 1878년 베를린회의

(근거: 서양사개론 477쪽)

해커스 2019년 9~10월 2회 모의고사

전공 A 기입형 1번. 다음의 가)의 사료와 나)의 내용에 직접적으로 관련이 있는 이것의 공통의 명칭을 기입하시오.(2점)

> 가) 올림픽에서 우승한 킬론이라는 아테네 사람이 있었다. 이 사람은 참주가 되고자 하는 대담한 생각을 품었다. 그는 동년배의 사람들을 모으고는 성채를 점령하고자 시도하였으나 성공하지 못하자, 여신상 앞에 있는 성소를 점령하였다. 그런 후에 사형 이외의 다른 처벌을 받는 데 합의하였으므로, 그와 그의 일파가 나우크라로이 중에서 임무를 맡고 있던 자들에 의해 해산되었다. 그러나 킬론 일파는 살육되었으며, 그 살육은 알크마이온 가문의 집 문 앞에서 이루어졌다. 이 모든 일은 페이시스트라토스의 생애 이전에 해당한다.
> -헤로도토스의 『역사』 5.71
>
> 나) 벨로흐(J. Beloch)라는 학자는 '이것'이 사람 이름이 아니라 원래 그리스어로 뱀을 의미한다고 주장했다. 아테네인들이 아크로폴리스에서 뱀을 숭배했던 사실을 고려하면 뱀신을 시중들던 사제들이 뱀신의 권위에 입각하여 반포한 것이 이것일 수 있다는 것인데, 이 주장에 대해 여러 문헌들은 이것이 사람 이름이라는 점에 이구동성으로 동의한다.

<예시 답안>

드라콘법

<해설>

그는 기원전 621년에 법률을 만들고 포고할 수 있는 특별한 권리를 위임받았다. 그는 당시 사회의 필요에 따라 기존 관습법을 수정하거나 개폐하여 최초로 성문법을 만들었다. 흔히 이 법이 매우 엄격했다는 점을 강조하여, 그것을 기록하는 데에 먹이 아니라 피가 쓰였다고들 한다. 킬론의 사건(기원전 632년)은 유력한 가문 사이에서 벌어진 사적 복수가 국가 차원의 큰 문제로 번진 사건이었다. 이 사건을 보건대, 국가의 힘을 통해 사적 복수를 줄이려는 목적으로 드라콘의 법률이 제정되었을 가능성이 높다고 볼 수 있다.(사료로 읽는 서양사 1, 47-51쪽 참조)

전공 A 서술형 2번. ㉠에 들어갈 인명과 그가 황제의 권한을 강화하기 위해 구축한 체제의 명칭을 작성하시오. 또한 나)의 사료를 통해 알 수 있는 그가 행한 직접적 조치의 실시 목적과 그 부작용은 무엇인지 서술하시오.(4점)

> 가) 장군과 천부장들의 결의에 따라 친위대장이었던 (㉠)가 지혜 덕분에 황제로 선출되었다. 그는 강한 사람이었으며, 그의 성격은 다음과 같았다. 그는 금으로 수놓은 외투를 걸치고 비단 신발과 여러 보석이 아로새겨진 자색 옷을 탐낸 최초의 인물이다. 이런 태도는 로마 시민과 어울리지 않으며 거만하고 분별없는 자의 특징이었지만, 다른 일과 비교하면 사소한 것에 불과하다.... 그러나 그의 잘못은 그의 좋은 자질로 상쇄된다. 그가 비록 '주인'의 칭호를 누렸을지라도 로마 시민에 대해서는 아버지처럼 행동하였기 때문이다.
>
> 나) 아피오의 디오니시우스에게.
> 안녕하신가? 신성한 운명을 타고난 우리의 주인들께서 이탈리아에서 발행된 주화를 1분의 1누무스로 평가절하하도록 명령을 내렸네, 그러니 자네가 가진 이탈리아 돈을 전부 사용해서 모든 종류의 상품을 어떤 가격이든지 서둘러서 구입하게나...... 그러나 미리 말하건대, 만약 자네가 협잡을 하고자 한다면, 내 가만두지 않겠네. 무병장수하시게, 내형제여!

<예시 답안>

인명: 디오클레티아누스
체제: 황제권 강화를 위해 동방식 전제정, 이른바 '도미나투스'라는 체제를 구축.
직접적 조치의 실시 목적: 투기꾼과 부당 이익을 취하는 자를 사형에 처해, 유통질서를 바로잡고자 했다. 또는 이전에 단행한 화폐 개혁이 실효성을 갖게 하려는 실질적 조치이다.
부작용: 생산을 위축시키고, 암시장에서 상품이 유통되는 결과를 초래함.

<해설>

가)의 사료는 아울렐리우스 빅토르, 황제들의 전기 39, 1~8./ 나)의 사료는 라일런드 파피루스 no. 607.에서 발췌한 것이다. (이 편지는 300년 경 한 정부관리가 사전에 정보를 빼내 가격 칙령이 선포되기 전에 보낸 것이다. 누무스는 세스테르티우스와 동의어로 간주된다.)- 사료로 읽는 서양사 1, 427~428쪽 참조.

전공 A 서술형 3번. ㉠의 조직이 행했던 ㉡의 1821년의 혁명의 주 내용을 설명하고, ㉢ 전쟁의 실패원인이 될 수 있는 이유로서, 교황이 내세운 입장을 서술하시오. 또한 ㉣의 협약에서 프랑스가 이득을 취할 수 있는 조건 2가지를 서술하시오.

> 나폴레옹 전쟁 말기의 혼란한 시대에 이탈리아 전체를 아우르는 조직들이 만들어졌는데, 특히 외세에 맞서 조직된 비밀결사인 (㉠)이 가장 강력했다. 이 단체는 1820년에 공화정 수립을 도모했던 나폴리 혁명, ㉡ 1821년의 이 혁명, 1831년 모데나를 비롯한 공국연합을 결성한 중부 이탈리아 혁명 등을 이끌었으나, 메테르니히의 군대에 의해 진압되었다. 또한 후일 전개되는 1848년 샤르데냐 중심의 ㉢민족해방전쟁 역시 오스트리아와 프랑스의 무력에 의해 좌절되었다.
> 이후 샤르데냐 왕위에 오른 비토리오 에마누엘레 2세는 카보우르를 재상으로 기용한다. 그는 외교를 통해 오스트리아 압박에 치중하는 한편, 크림 전쟁이 발발했을 때, 영국과 프랑스 진영에 가담해 평화 회담에서 나폴레옹 3세와 ㉣플롱비에르 밀약을 체결했다.

<예시 답안>

㉡의 이 혁명은 카르보나리당 중심으로 행해진 '피에몬테' 혁명으로, 주 내용은 샤르데냐 중심의 통일을 꾀한 것이다.

교황의 입장: 초국가적인 가톨릭의 영도자라는 입장을 내세워 중립을 선언.

㉣ 프랑스가 이득을 취할 수 있는 조건: ① 오스트리아가 이탈리아를 공격하면 프랑스가 군사 원조를 해주고, ② 샤르데냐가 롬바르디아와 베네치아를 합병하는 것을 양해해주면, 그 대가로 프랑스에 니스와 사보이아를 양도하겠다는 것.

전공 B 기입형 1번. 다음 ㉠ 노르망디에서의 봉건적 관행 실시로 인한 변화 이전과 이후를 농민의 입장에서 상세히 서술하시오. 또한 (㉡)에 들어갈 지명을 기입하고, ㉢의 핵심적 내용을 서술하시오.(4점)

> 노르망디 공작이었던 윌리엄이 잉글랜드 왕이 된 사건은 이후 프랑스와 잉글랜드 간의 영토분쟁의 불씨가 되었다. 윌리엄은 정복자로서 무력으로 저항하지 않은 색슨족 지주들을 신하로 받아들이고, 반항한 자들의 토지는 몰수해 자신의 병사들에게 분배했다. 윌리엄이 가져온 정치구조에 있어서 가장 중요한 변화는 바로 ㉠노르망디에서의 봉건적인 관행을 도입한 것이다. 또한 1086년 전국의 배신들을 (㉡)으로 소집해 국왕에 대한 ㉢충성서약을 시켰다.

<예시 답안>

㉠ 노르망디에서의 봉건적 관행 실시의 변화 이전과 이후- 농민의 입장: 노르만 정복 이전의 영국의 농민은 부자유한 농노로부터 영주에게 일정한 의무는 지지만 신분은 자유로운 농민에 이르기까지 여러 층이 있었다. 그러나 정복자인 노르만의 영주들은 이러한 중간 간계의 농민을 일률적으로 농노로 취급하고, 그들에게 영주제를 적용하였다. 즉 앵글로-색슨 시대에 자유로운 신분을 누렸던 많은 소농들이 노르만의 정복과 더불어 영주의 자의적인 지배에 예속하게 되었다.

㉡ 지명: 솔즈버리

㉢의 핵심적 내용: 국왕에 대한 충성서약이 배신의 주군에게 행한 것보다 우선한다고 규정.

전공 B 서술형 2번. 다음의 작성방법을 잘 읽고, 그에 적절한 답을 기술하시오.(4점)

12세기 독일에서 정권을 잡은 호엔슈타우펜 왕조는 제국을 남부로 확장하고자 했다. 1151년 프리드리히 1세는 롬바르디아 지방으로 진출해 황제권 회복에 나서나 레냐노에서 패배하게 되고 평화협정을 체결한다. 하지만 그는 이탈리아 정책을 포기하지 않고, 중부 이탈리아로 세력을 확장하고자 했다. 여기에 ㉠시칠리아 왕 윌리엄 2세가 동맹을 제안했고, 동맹의 표시로 그의 아들과 윌리엄의 고모이자 후에 시칠리아 왕국의 상속자가 될 콘스탄스를 아내로 맞이하게 되었다.

한편 성년이 된 프리드리히 2세는 시칠리아의 피를 이어받았고, 38년의 재위 기간 동안 기껏 9년 동안만 독일에 머물 정도로 이탈리아 문제에 집중했다. 독일 정치는 대리인에게 맡기고 ㉡제후들이 원하는 것을 기꺼이 들어주었다. 이후 그는 중부 이탈리아를 침공한 교황을 격파하고 시칠리아와 중부 이탈리아를 통일국가로 재편성했다. 그러나 황제는 ㉢롬바르디아 도시들의 동맹에 부딪치고, 교황 인노켄티우스 4세는 황제를 파문하고 동맹을 지원했다.

〈작성 방법〉

㉠ 동맹을 제안하고자 한 목적은 무엇인지 서술하시오.
㉡에 대한 1231년에 행한 직접적인 조치의 예를 들고, 그 내용을 구체적으로 서술하시오.
㉢의 직접적인 이유를 설명하시오.

〈예시 답안〉

㉠ 동맹을 제안하고자 한 목적: 콘스탄티노플 정복을 원했다.
㉡에 대한 1231년에 행한 직접적인 조치의 예와 내용: 1231년 독일제후의 이익을 위한 헌장을 선포/ 지방제후들에게 실질적인 독립과 주권을 부여했다.
㉢의 이유: 롬바르디아 도시들의 자치권을 제한하고자 함.

전공 B 서술형 3번. 다음 작성방법을 잘 읽고 그에 대한 구체적인 답을 작성하시오.(4점)

> 민중의 봉기로 권좌에 오른 산악파는 1793년 헌법과 그 서문인 새로운 인권선언을 통해 민중이 요구한 여러 권리를 인정했다. 1793년 인권선언은 "권리의 향유"를 보장하는 것, 즉 사회구성원이 평등하게 권리를 누리게 하는 것이 정부 설립의 목적이라고 했다. 또한 "(㉠)"는 사회의 신성한 책무로 사회는 가난한 이들에게 생존수단을 보존해주어야 하고 일할 수 있는 이에게는 일자리를 주어야 함을 강조했다.(21조)
> 한편 혁명이 가장 급진화한 시기에 국민공회는 노예제를 폐지했다. 1791년 여름 서인도제도의 식민지 생도맹그에서 대규모 노예반란이 일어났고, 식민지 질서를 회복하기 위해 파견된 시민위임관 생토낙스와 폴브렐은 (㉡)을 우려해 1793년 여름 생도맹그 전역에 노예제 폐지를 선언했다. 그리고 이듬해 2월 국민공회는 이 조치를 승인하면서 전 식민지의 노예에게 자유와 시민권을 부여했다.
> 한편 1793년 9월 5일 ㉢이 소식이 전해진 후 상퀼로트는 국민공회에 침입하여 ㉣반혁명 혐의자 체포, 혁명 재판소 재조직, 혁명군대 창설을 포함하는 공포정치를 요구했다.

<작성 방법>

㉠에 들어갈 용어는 무엇인지 기입하시오.
㉡의 우려사항의 내용은 무엇인지 서술하시오.
㉢의 이 소식이란 무엇인지 구체적으로 서술하시오.
㉣의 요구의 수용결과 나타난 국민공회의 직접적인 조치는 무엇인지 밝히고, 이를 행한 근본적인 목적은 무엇인지 기술하시오.

<예시 답안>

㉠에 들어갈 용어- 공공의 구제
㉡의 우려사항의 내용- 영국과 에스파냐에 식민지를 빼앗길 것을 우려
㉢의 이 소식- 프랑스 남부의 항구도시 툴롱이 왕당파와 영국군에게 함락된 것
㉣의 요구의 수용결과 나타난 국민공회의 직접적인 조치- 반혁명 혐의자 체포법을 채택한다. 반혁명 혐의자란 "행동, 말, 대인관계, 글에 의해 전제정치나 연방주의의 옹호자이자 자유의 적임이 드러난 모든 사람"을 가리킨다.

근본 목적- 왕당파와 지롱드파 지지자를 겨냥한 것(이 법에 따라 지방에서는 혁명위원회와 국민공회 파견의원들이 주민을 감독하고 반혁명 혐의자를 체포했다.).(서양사강좌 32쪽 참조)

해커스 2019년 9~10월 3회 모의고사

전공 A 서술형 1번. 다음의 (㉠)과 (㉡)에 공통적으로 들어갈 명칭을 기입하고, ㉢의 전투명과 그의 결과를 마자르족 입장에서 작성하시오. (2점)

가) 베렝가리오 2세와 아달베르토가 이탈리아에서 통치, 아니 광분하고 있을 때, 진실을 말하자면 그곳에서 그들은 최악의 참주정을 행사하였다. 그때 최소 사제요 보편적인 교황인 요한은, 그의 교회가 앞서 말한 베렝가리오와 아달베르토의 야만적인 잔인함으로 고난을 받았으므로, 로마의 성스러운 교회에서 사절을 파견하였다. 추기경 부제 요한과 비서 아조가 몸소 (㉠) 왕에게 갔다. 그는 당시에 가장 평온하고 경건한 왕이었으며, 지금은 존엄한 우리의 황제이시다. 사절들은 그에게 겸손히 편지와 사건의 설명을 통해 신과 거룩한 사도 베드로와 바울로에 대한 사랑을 위하여 요청하였다.
　　　　　　　　　　　　　　　　　　　　－F.A. 라이트, 『크레모나의 리우트프란트의 저작들』

나) 무슬림들은 8세기 초엽 프랑스에 침입했다가 카롤루스 마르텔에 의해 격퇴당한 후에도 계속 프랑스 남쪽과 이탈리아 해안지대를 침범해 10세기 말까지 지중해는 사실상 그들의 지배 하에 있었다. 이와는 달리 가장 뒤늦게 나타나 비교적 단기간에 그쳤지만 유럽인에게 가장 큰 두려움을 준 것은 이들의 침입이었다. 그들은 9세기 말 헝가리 지방에 침입해 온 이후 독일과 이탈리아 북부, 심지어 프랑스 남부 지방까지도 침입했는데, ㉢955년에 (㉡)에게 격퇴당하였다.

<예시 답안>
㉠과 ㉡의 공통 명칭: 오토대제
㉢ 전투명- 레히펠트 전투/ 결과 마자르족은 더 이상의 서쪽 진출이 좌절, 헝가리에 머물러 살게 된다.

전공 A 서술형 2번. ㉠과 같은 7세기경의 사정을 보여주는 작품명과 ㉡ 지역의 명칭을 서술하며, ㉢의 사건으로 인해 나타나는 직접적인 결과는 무엇인가? 또한 ㉣의 직접적인 원인을 설명하시오.(4점)

> 로마군이 브리튼을 점령하였을 때 이곳은 브리타니아 속주로 편성되었으나, 로마군이 철수한 430년 무렵부터는 게르만족이 이곳을 차지한다. 이들은 갈리아 지역의 게르만과 달리 로마 문화의 영향을 별로 받지 못한다. ㉠이곳에는 여러 왕국이 난립하였다.
>
> 잉글랜드를 침범한 노르만인들은 9세기 이래 잉글랜드의 동쪽 해안지대를 자주 침공해 약탈과 살육을 자행했다. 9세기 말에 웨식스의 앨프리드 대왕이 한때 이들의 침공을 막았으나 완전히 격퇴하지는 못하고, 결국 ㉢(㉡)지방을 그들에게 내어주게 된다. 이후로도 그들의 침범은 계속되어오다가 10세기 말부터는 다시 대대적인 침공이 거의 해마다 되풀이되어 잉글랜드의 왕은 막대한 돈을 지불함으로써 그들을 매수하지 않으면 안 되었다.
>
> ㉣11세기에 들어와서는 한때 그들의 왕에 의해 유럽 북쪽에 해상제국이 성립되기까지 했다. 잉글랜드인에게는 굴욕적이었을지 모르지만 잘된 선택이었다는 평가를 듣는다.

〈예시 답안〉

㉠의 작품: 서사시 베오울프

㉡ 지명: 이스트 앵글리아

㉢ 직접적 결과: 이스트 앵글리아 지방을 '데인로'라고 부르게 되었다.

㉣ 직접적인 원인: 데인의 왕 크누트가 잉글랜드와 스웨덴의 왕을 겸하였기 때문이다.

해커스 2019년 9~10월 4회 모의고사

01 다음 밑줄 친 이것이 가리키는 명칭은 무엇인가?(2점)

> 트라키아의 시인인 사람이 만들었다고 전해지는 이것은 원시적이고 야생적인 디오니소스 신앙을 순화하여 만들었다고 전해진다. 그 진위는 알 수 없으나 도덕적이고 금욕적인 생활을 영위함으로써 내세에 있어 영원의 행복을 얻을 수 있다고 믿었다. 이것은 그리스로부터 널리 식민시로 퍼졌으며, 특히 남부 이탈리아와 시칠리아에 확고한 뿌리를 내렸다. 이곳에서는 유럽에서 최초의 교회라 할 수 있을 신자집단이 형성되고, 수학의 창시자인 피타고라스 역시 이의 지도자였다고 생각된다. 즉 버틀란드 러셀에 의하면 이의 요소가 피타고라스를 통하여 플라톤 철학에, 그리고 플라톤으로부터 후세의 종교적 성격을 지닌 철학에 전해졌다고 한다.

〈예시 답안〉
오르픽교

서양사개론, 78쪽 참조

02 다음 (㉠)에 들어갈 명칭을 쓰시오. 그리고 이를 사용하게 된 근본적인 농업, 기술적 측면의 변화 이유 세 가지를 서술하시오.(4점)

> 소농경영에 바탕을 두고 발전되어온 봉건사회의 생산력은 11세기 이후에도 꾸준히 성장했다. 그러나 11세기 이후의 생산력 발전은 새로운 경작방식이나 농업기술의 발명과 도입에 의한 것은 아니었다. 다만 11세기에서 13세기 사이에 농업기술면에서 주목할 만한 발전이 있었다고 한다면 견인력으로서 (㉠)을 사용한 것이었다. 이들은 10세기 이전에는 전혀 사용되지 않았던 것은 아니나 황소만큼 사용되지 못했다. 그러나 9세기 이후 11세기 이후에는 점차 견인력으로서 말이 황소를 대체하여 갔다.

〈예시 답안〉

㉠ 말

농업, 기술적 이유 3가지-

농업적 측면- ① 삼포제 농법의 보급에 따라 춘경지에 귀리를 재배할 수 있게 되어 말의 사료문제가 해결

기술적 이유- ② 말의 발을 보호하고 보행을 도와주는 편자, ③ 말의 어깨에 매다는 새로운 멍에 도입

03 다음 ⊙의 변화 내용을 서술하시오. 또한 ⓒ에 들어갈 명칭, ⓒ의 알베르티가 중세대학과 관련하여 예술에 대해 설파한 핵심적 주장을 쓰고, ⓔ과 ⓜ에 들어갈 인명과 명칭을 기입하시오.(4점)

> 장인과 천재 사이에서 '지위의 부조화' 내지 '지위의 불안정' 양상을 보였던 예술가의 지위는 문인 및 학자에 비해서는 열악했으나 16세기 중엽 이후 양 집단의 구분은 대체로 해소되었다. 주문에의 예속으로부터 해방된 예술가들은 독자적인 창작 활동을 하면서 자의식이 증대하고 지위가 상승하는 것에 힘입어 때로는 귀족으로서의 길을 걷기도 했으며, 인문주의자들과 교류하기도 했다. ⊙인문주의자들이 예술을 바라보는 시각도 변화하고, 예술가들도 인문주의적인 교양의 개념 내지 (ⓒ)의 이념에 접근해갔다. 이에 ⓒ알베르티는 과학적 예술관을 제시하고, 이는 (ⓔ)의 이론에서 계승되었다.
>
> 그는 평온함이야말로 회화의 정신이며 목표라고 생각했다. 그는 이 평온함을 과학적 정신으로 승화시켜 많은 실험과 발명을 하였으며 인체의 구조를 탐구하여 예술작업에 원용했다. 그는 또한 (ⓜ)과 구도를 조화시켜 부드러움과 웅장함을 동시에 드러내 보이기도 했다.

<예시 답안>

⊙의 변화내용- 인문주의자들은 예술을 지적, 도덕적 교양의 요소로 평가

ⓒ 만능인

ⓒ 중세대학과 관련한 예술에 대한 핵심적 주장- 예술을 자유교과목의 일부로 편입시켜야 한다.   ⓔ 레오나르도 다빈치

ⓜ 원근법

04 다음을 읽고 작성방법에 따라 기술하시오. (4점)

> 국민공회의 개원에서 지롱드파의 몰락에 이르는 시기의 정치적 상황을 규정한 것은 국왕재판사건, 대외전쟁, 방데 반란이었다. 국민공회는 1792년 12월 11일 국왕에 대한 재판을 개시하여, 의회는 사형을 결의했고, 국왕은 1793년 1월 21일 단두대에서 처형되었다. 발미 전투 이후 전황은 프랑스에 유리하게 전개되었다. 프랑스는 승리의 여세를 몰아 저지대 지역과 라인 강 좌안 지역을 점령했다. 그러나 ㉠전세는 급변하여 1793년 초 프랑스는 연이어 패배하였다. 이와 같은 시기에 국내에서는 (㉡) 이 터졌다. 30만 징집령에 대한 반발, 종교적, 근왕주의적 감정, 부르주아 및 도시에 대한 반감이 겹친 것이다. 반란은 처음에는 농촌에서 민중 출신의 지도자들이 일으켰으나 곧 귀족층을 끌어들였고 주변 도시를 휩쓸었다.
> 이 위기 속에서 국민공회의 다수파를 이뤘던 지롱드 파의 영향력이 줄어들었고, ㉢새로운 정치적 기구가 탄생한다. 이를 통해 ㉣산악파의 부르주아와 상퀼로트 간의 결합이 더욱 공고하게 된다. 이는 혁명정부의 주축으로서 사실상의 행정부였다. 혁명정부가 확립되고 강화되면서 공포정치가 조직화되고 합법화되었다.
> 이러한 집단적인 노력의 결과는 대내외적인 승리로 나타났다. 연방주의자들의 반란은 리옹의 함락과 보나파르트가 전공을 세운 (㉤)의 점령으로 끝났다.

〈작성 방법〉

1. ㉠패배의 직접적 배경은 무엇인지 서술하시오.
2. ㉡에 들어갈 명칭을 작성하시오.
3. 밑줄 친 ㉢의 명칭은 무엇이며, 이의 지도자는 누구인가?
4. ㉣의 결과, 산악파와 상퀼로트가 취할 수 있었던 혜택을 각각의 입장에서 서술하시오.
5. ㉤의 지명은 어디인가?

〈예시 답안〉

패배의 직접적 배경- 제1차 대불동맹 결성

㉡ 명칭: 방데 반란

㉢ 공안위원회 / 당통

㉣ 산악파 입장- 대외적인 난관을 극복하기 위하여 민중의 광범위한 동원을 할 수 있었다.
  상퀼로트 입장- 이 대가로 격앙파와 에베르주의자들을 통하여 자신들의 요구를 강요할 수 있었다.

㉤ 지명: 툴롱

(서양사강의 282-285쪽 참조)

05 다음 작성방법을 읽고 그에 대한 적절한 답을 기술하시오. (4점)

영국은 대전으로 많은 피해를 입었다. 불황과 실업이 계속되고, 실업자가 100만 이상이며, 부흥의 기미도 보이지 않았다. 이런 상황 속에서 1924년 맥도날드를 수반으로 하는 노동당 내각이 성립하였다. 그러나 자유당의 지지를 필요로 한 노동당 내각은 그가 표방하는 사회주의 정책을 과감하게 추진하지 못하고, 주택자금의 방출과 실업보험제의 강화에 그쳤으며, 친소련적이라는 보수당의 공격으로 집권한지 1년도 못되어 물러났다. 그 후 볼드윈에 의한 보수당이 집권, 경제를 해결하고자 노력했으나, 실패하고 1929년에는 맥도날드가 다시 자유당의 지지를 얻어 노동당 내각을 조직하였다.

노동당 내각은 공황 속에서 막대한 적자를 안고, ㉠1931년 물러나고 보수당과 자유당 그리고 맥도날드가 영도하는 노동당 우파가 ㉡연립내각을 조직하였다. 이들은 캐나다의 오타와에서 연방회의를 열고, 여방의 자치령과 본국이 서로 전자의 농산물과 후자의 공산품에 대하여 특혜관세를 매기도록 하는 한편, 외국상품에 대한 관세를 높이는 등 블록경제를 지향하게 되었다.

〈작성 방법〉
1. 노동당 내각이 물러나는 결정적 이유 두 가지를 서술하시오.
2. 이 연립내각이 행한 대표적인 금융의 변화와 경제 기조의 방향은 무엇인지 서술하시오.

〈예시 답안〉

노동당 내각이 물러나는 결정적 이유- 그들의 정책인 실업수당과 사회사업비를 삭감할 것을 원하지 않았다.
금융의 변화- 금본위제 폐지
경제기조의 방향- 19세기 이래의 자유무역주의를 포기하고 보호관세를 실시하는 것.

(서양사개론 535-536쪽, 543쪽 참조)

06 다음 작성방법을 잘 읽고 물음에 답하시오. (4점)

가) 네덜란드 정부는 ㉠이 지역 사람들의 소유지에 정부가 원하는 품종을 의무적으로 재배할 것을 강요하였고, 생산된 농산품을 정부가 아니 제3자에게 파는 경우에는 처벌하였다. 그리고 생산된 농산품의 가격은 정부가 마음대로 정하여 구입하였다.....㉡몇 년 전만 해도 기아로 이 지역 전체가 모두 죽게 된 경우도 있었다.

-물타툴리, 『막스 하벨라르』, 1860.

나) 1884년 ㉢이것을 계기로 제국주의 열강이 베를린 회의를 열어 아프리카 분할 원칙에 합의하였다. 이를 통해 열강의 아프리카 분할이 공식화되어 식민지 획득 경쟁이 더욱 치열해졌다. 이들은 온갖 착취 행위를 벌이는데 그 예는 다음과 같다.

군인들은 마을에 들어오면 약탈을 시작하여 닭과 곡식 등을 집에서 다 가져가 버린다. 그런 다음 원주민을 공격하여 먼저 여자들을 볼모로 잡는다. 그리고 마을의 이장이 정해진 양의 고무를 가져와야 이 여자들을 풀어준다...이 장교는 이 마을 저 마을을 돌면서 목표량이 채워질 때까지 ㉣이런 행위를 계속한다.

-아담 호크쉴드, 『레오폴드왕의 유령』

〈작성 방법〉

1. ㉠의 이 지역의 명칭을 기술하시오.
2. ㉡의 잔혹한 착취가 초래된 직접적 이유에 대해 서술하시오.
3. 나) 사료의 대상이 되는 국가의 명칭과 ㉢의 이것이 가리키는 사건은 곧 무엇인지 서술하시오.
4. ㉣의 이런 잔혹한 행위를 하는 이유를 당시 고무의 산업적 특성과 연결하여 작성하시오.

〈예시 답안〉

㉠ 이 지역- 자와
㉡이 초래된 직접적 이유- 상품작물 생산을 늘리기 위해 쌀 생산지를 줄였기 때문이다.
나) 사료의 대상이 되는 국가의 명칭- 콩고/ ㉢의 사건- 1884년 벨기에의 콩고 사유지 선언
㉣ 잔혹한 착취의 이유- 산업화 이후 대부분의 기계에 고무 부품이 들어가면서 고무의 수익성이 높아지다 보니 수익성 높은 고무수액을 빨리 얻기 위함

〈해설〉

유럽열강은 동남아시아에 진출한 후 원주민의 노동력을 이용하여 특정 상품 작물을 대량으로 생산하는 플랜테이션을 실시하였다. 인도네시아에 진출한 네덜란드 정부는 자와인에게 강제로 차, 커피, 사탕수수 등을 재배하도록 하였고, 이를 싸게 사들여 당시 정부 예산 중 3분의 1에 이르는 이익을 얻었다. 그리고 상품작물 생산을 늘리기 위해 쌀 생산지를 줄였다. 이로 인해 인도네시아에는 식량이 없어 병들거나 굶어 죽는 사람들이 늘어났다. 인도네시아에서 지방관을 지내며 이러한 모습을 본 에두아르드 데커(필명 물타툴리)는 『막스 하벨라르』라는 소설을 써서 네덜란드 정부의 폭정과 착취를 고발하였다. 현재 막스 하벨라르는 네덜란드의 공정무역 단체 이름으로 사용된다.

또한 벨기에의 레오폴드 2세는 콩고를 자신의 사유지로 삼았다. 콩고는 광대한 고무 생산지로서, 산업화 이후 대부분의 기계에 고무 부품이 들어가면서 고무의 수익성이 높아졌고, 레오폴드 2세는 고무수액을 빨리 얻기 위해 콩고인들을 잔인하게 착취하였다.

(비상교육 세계사 교과서, 160-161쪽 참조.)

해커스 2019년 9~10월 5회 모의고사

01 다음 밑줄 친 ㉠이 가리키는 사건의 명칭과 사건의 직접적인 원인은 무엇인지 서술하시오. 또한 ㉡의 업적을 수행한 자는 누구인지 서술하시오. (4점)

> 기원전 160년대 이후, 헬레니즘 세계는 로마의 독주를 견제할 힘이 거의 남아있지 않았다. 대략 140년대 마케도니아는 마침내 로마의 속주로 편입되었으며, 또 130년대에 페르가몬 왕국이 로마 인민에 증여되자, 로마는 그것을 기꺼이 받아들여 속주 하나를 더 늘렸다. 기원전 88년 소아시아 내륙의 ㉠<u>폰토스 왕국과 치른 전쟁</u>의 장기화는 로마측의 사정으로 말미암은 것이었다. 로마가 이렇게 헬레니즘 왕국들을 하나씩 속주화해가던 과정은 30년 악티움 해전의 결과 사실상 종결되었다.
> 한편 결정적으로 ㉡<u>폰토스 왕국이 로마에 의해 격파당하자</u> 기원전 63년 로마의 골칫거리였던 그는 자살함으로써 동방세계는 완전히 로마에 굴복하게 된다.

<예시 답안>

㉠ 명칭: 미트리다테스 전쟁(기원전 88-63년)

　직접적 이유: 로마가 동맹시 전쟁으로 인한 내우외환으로 어지러운 틈을 타서 흑해 쪽의 폰토스 왕이 소아시아쪽으로 그 세력을 뻗쳐 속주 내의 로마인 8만 명을 학살한 것이 직접적 원인이다.

㉡ 격퇴시킨 중심인물- 폼페이우스

02 다음의 작성방법을 읽고 그에 적절한 답을 기술하시오. (4점)

가) <u>이</u> 책은 다년간 온갖 시련과 위험을 무릅쓰고 제가 듣고 이해하게 된 모든 사항들을 전하께서 단 시간에 파악하실 수 있도록 집약한 것이므로, 이것이 제가 바칠 수 있는 최대의 선물이라 생각하시고 흔쾌히 받아주시기를 바랍니다....만약 전하께서 이 책을 소중히 여기시고 잘 읽어 면밀히 검토하신다면, 운명과 전하의 여러 가지 역량에 의해 전하께 약속되어 있는 위대한 자리에 오르게 될 것이며, 그것이 저의 간절한 소망이기도 합니다. 그와 동시에 전하께서 그 높은 곳에 계시면서 때로 이 낮은 곳에도 눈을 돌려주신다면, 제가 얼마나 부당한 고통을 당당하고 계속되는 운명의 학대를 견디고 있는지도 헤아리실 수 있을 것입니다.

나) 도미니쿠스회 수도사였던 <u>그</u>는 1490년부터 산마르코 수도원의 원장으로 봉직하던 성직자였다. 그는 종교적 타락과 사람들의 부패를 신랄하게 비판하면서, 곧 하나님의 천벌이 내려질 것이라는 주장을 하고 있었다. 약소국의 협상가로서 프랑스 국왕 앞에 나아간 그는 <u>프랑스왕</u>에게 피렌체를 치는 것이 아니라 보호하는 것이 하느님의 뜻이라는 감동적인 설교를 하게 된다. 그는 곧 영웅으로 떠올라 그와 그의 추종자들은 메디치 가문이 사라진 정치적 공백상태에서 평민 중심의 평의회를 만들어 공화정 정부를 수립하고, 1494년부터 1498년까지 신정정치 시대를 열게 된다.

〈작성 방법〉

가)의 이 책을 서술하게 된 근본적인 그의 목적은?
나)의 <u>그</u>가 가리키는 인물은 누구인지 <u>그</u>의 인명을 쓰고, 그가 권력을 잡게 된 직접적 계기를 서술하시오.
나)의 프랑스왕은 누구이며, 이탈리아 침공의 이유를 기술하시오.

<예시 답안>

가)의 책을 서술하게 된 근본적인 목적- 이탈리아의 통일을 달성할 군주의 출현을 기대하는 염원

나)의 그가 가리키는 인물- 사보나롤라/ 직접적 계기- 반 메디치 폭동 또는 반 메디치 폭동으로 인한 메디치 가문 추방

나)의 프랑스왕- 프랑스 샤를 8세/ 이탈리아 침공 이유- 나폴리의 왕위계승권 주장

<해설>

위의 사료는 군주론의 서문이다. 군주론의 작가 마키아벨리가 성년이 된 1494년 프랑스 샤를 8세가 나폴리의 왕위계승권을 주장하면서, 이탈리아를 침공하였다. 9만의 프랑스 군대는 8월 알프스를 넘어 9월 이탈리아의 북부의 토리노에 입성하였다. 몇 개월도 안 되어 프랑스군은 나폴리 입성하여 이탈리아의 모든 도시국가들과 로마교황이 프랑스의 왕 앞에 무릎 꿇는 모습을 목도한다. 프랑스 군대가 로마로 진격하면서, 중간 지점에 있던 피렌체에 들어온 것은 10월 당시 심약했던 피에로 데 메디치가 프랑스에 항복을 선언한다. 1494년 10월 31일 열린 프랑스와의 회담에서 그는 아무런 문제제기도 없이 프랑스 측 요구를 모두 수용하는 굴욕적 협정을 맺고 피렌체로 들어온다. 피렌체 시민들이 분개하고, 반 메디치 폭동이 일어나 피에로와 메디치 가문을 추방한다.

이를 계기로 권력을 잡은 자가 사보나롤라이다. 그는 단기간에 몰락하는데, 후일 마키아벨리는 그의 역작 군주론과 로마사논고에서 사보나롤라의 부상과 몰락의 이유를 진지하게 탐구하고 분석했다. 이 사건을 통해 그가 내린 결론은 "무장을 한 예언자는 성공하지만 말뿐인 예언자는 실패한다"는 것이었다. 현실적 수단을 갖추지 못한 정치적 이상주의가 얼마나 허망한지를 깨달았다고 할 수 있다.

마키아벨리는 피렌체의 소귀족 출신으로서 1498년부터 1512년(메디치 가문의 귀환)까지의 공화정부 시대에 외교사절을 지내는 인물이다.

참고: 박인숙 지음, 세계사의 거장들, 15~16세기 유럽편, 간디서원, 2018, 82-86, 118-121.

03 다음의 밑줄 친 나는 누구인지, 그리고 그의 대표적 저작은 무엇인지?(2점)

> 장기간에 걸쳐 난폭하게 권한을 남용하면 그것이 과연 정의로운가 하는 의심을 불러일으킨다....영국의 왕이 자신의 '고유 권한'에 입각하여 '영국의 것'이라고 주장하며 의회의 지지를 얻으려하고 있는 상황에서, 선량한 이 나라의 인민은 그 결탁에 의해 심각하게 억압받고 있다....큰 잣대로 보면 아메리카에 중요한 일은 전체 인류에도 중요한 일이다.(중략) 인류는 원래 창조 질서 안에서 평등한데, 다음의 경우들로 인해 깨어지고 만다....어떤 사람들은 아메리카가 대영제국과의 연계 속에서 번성했으며 그러한 연대가 아메리카의 자래번영에 필요하며 동일한 결과를 가져다 줄 것이라고 말한다. 이런 주장보다 더 거짓된 것은 없다... <u>나</u>는 그 어떤 유럽 세력의 관심을 받지 않았더라도 아메리카가 이만큼 번영했을 것이며 아마도 훨씬 더 번성했을 것이라고 자신 있게 반박할 수 있다.

<예시 답안>
토마스 페인/ 상식

<해설>
영국과의 결별을 외치며, 식민지인의 독립의지를 더욱 견고하게 만든 계기가 된 책과 그 저자는 토마스 페인의 '상식'이다.

04 다음 작성방법을 읽고 물음에 적절한 답을 기술하시오.(4점)

가)

나) 1. 이탈리아의 왕이자 프랑스의 황제인 나폴레옹과 러시아의 황제는....서로간의 안전한 평화와 우호를 약속한다.
   14. 러시아는....조제프 나폴레옹을 나폴리 왕으로, 루이 보나파르트 나폴레옹을 홀란드의 왕으로 인정한다.
   20. 러시아는....프로이센 왕의 양보로 프랑스가 얻게 될 영토를 인정할 것을 약속한다.

〈작성 방법〉

1. ⓒ에서 발생한 사건을 계기로 ㉠의 조약이 맺어진다. ⓒ의 전투의 명칭을 서술하시오.
2. ㉠조약의 결과 나타나는 프로이센의 영토 축소는 어떻게 이루어지는지 서술하시오.
3. 또한 이 조약의 굴욕으로 1807년 등장하는 프로이센의 개혁의 명칭과 직접적 결과 1가지를 서술하시오.

〈예시 답안〉

1. ⓒ의 전투의 명칭- 예나 전투
2. ㉠조약의 결과 나타나는 프로이센의 영토 축소는 어떻게 이루어지는지 서술하시오.
   라인 강과 엘베 강 사이의 영토를 영구히 포기한다./ 단치히 영구 포기
   (즉 엘베 서쪽 영토 포기와 폴란드 분할에서 얻은 땅 포기)
3. 프로이센 개혁 명칭-10월 칙령/ 직접적 결과 1가지- 농노제 폐지

05 다음 작성방법을 읽고 물음에 적절한 답을 서술하시오.

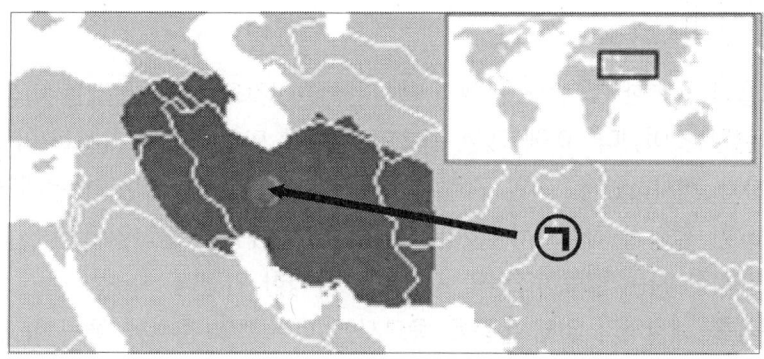

(그림: 1501~1736년 기간의 한 왕조의 팽창영역)

<작성 방법>
1. 티무르 제국의 멸망 이후 이 지방에서 개창된 왕조의 이름은?
2. 이 왕조가 시아파를 국교로 받아들인 이유는?
3. 16세기 말 황금기에 아바스 1세의 가장 큰 업적으로 오스만과 관련하여 영토의 팽창 측면 1가지를 서술하시오.
4. ㉠은 당시 "세계의 절반"이라는 속담까지 만들어질 정도로 번영의 수도로서 기능을 한 곳이다. 이곳의 명칭은?

<예시 답안>
1. 티무르 제국의 멸망 이후 이 지방에서 개창된 왕조의 이름은? 사파비 왕조
   - 이스마일 1세가 페르시아 인을 모아서 사파비 왕조를 개창
2. 이 왕조가 시아파를 국교로 받아들인 이유는? - 페르시아 인이 인종과 언어가 다른 아랍 인들과 구분되어야 한다는 민족의식 때문.
3. 오스만과 관련하여 영토의 팽창 측면 1가지 - 타브리스와 바그다드를 오스만투르크로부터 탈환
4. ㉠의 명칭은? - 이스파한

06 ㉠과 ㉢에 들어갈 용어를 기입하고, ㉡의 안셀모의 입장을 대변하는 대표적 답변을 서술하시오. 또한 ㉣의 그는 누구이며, 그의 주장을 한마디로 서술하시오. 또한 ㉤의 방식을 무엇이라 지칭하는가? (4점)

> 스콜라철학자들이 당면한 첫 번째 문제의 핵심은 ㉠ 이것으로, 이 문제는 이성과 신앙을 조화시키는 문제와 관련된 것이었다. 이에 대한 최초의 주목할 만한 답변은 캔터베리 대주교였던 성 ㉡ 안셀모(안셀무스)가 제시하였다. 이와 관련된 두 번째 문제는 ㉢ 이것의 문제였다. 이는 12세기 초에 대두된 중요한 철학적 과제로서 실재론과 유명론의 대립을 불러일으킨다. 이 문제에 대한 타당한 해결책을 제시한 자는 엘로이즈와의 사랑으로 유명한 자였다.
> ㉣그는 이 문제를 해결하기 위해 논증을 중요시했고, 논쟁의 훈련을 통해 학생들의 정신이 연마될 것이라고 생각했다. 그의 이러한 태도는 "회의를 통하여 탐구하게 되며, 탐구를 통하여 진리에 도달한다"라는 말로 요약될 수 있다. ㉤그의 이러한 학문적 방법은 그 후 신학연구에 널리 채택이 된다.

〈예시 답안〉

㉠과 ㉢에 들어갈 용어- 신의 존재 증명/ 보편

㉡의 안셀모의 입장- 나는 신앙을 위하여 지성을 구하는 것이 아니라 알기 위하여 믿는다.(즉 나는 신앙을 위하여 아는 것이 아니라, 알기 위하여 믿는다.)

㉣의 그는 누구이며, 그의 주장을 한마디- 피에르 아벨라르/ 보편적인 것은 실재하지만 그것에 내재하는 개별적인 것을 떠나 따로 존재하지 않는다.

또한 ㉤의 방식- 변증법적 방법

해커스 2019년 9~10월 6회 모의고사

01 다음 ㉠의 이유를 작성하고, 이후 로마가 취한 조치를 서술하시오.(2점)

> 제2차 마케도니아 전쟁을 통해 필립 5세를 격파한 로마는 그리스의 도시 국가들을 마케도니아로부터 해방시켜 자유와 독립을 선언하였다. 이때까지만 해도 로마는 헬레니즘 세계를 적극적으로 영토화할 생각은 없었으나, 제 3차 마케도니아 전쟁 때부터 그 태도가 달라졌다. 제2차 마케도니아 전쟁이 끝난 지 얼마 안 되어 로마는 그리스의 요청으로 출병한 시리아의 안티오쿠스 3세를 격파한다. ㉠ 그 후 페르가뭄왕은 유언으로 그의 왕국을 로마에 기증하였다.

<예시 답안>

㉠의 이유는 무엇인가?- 로마가 소아시아의 시리아 영토를 친로마적인 페르가뭄왕에게 주었기 때문이다.
㉠ 이후 로마가 취한 조치는?- 이를 '아시아'라는 속주로 만들었다.(기원전 133년)

02 다음 사료를 작성한 인물의 명칭을 쓰고, 이 저자와는 완전 다른 시각을 보인 루소의 여성관과 그의 주장을 기술하시오. (4점)

> 어머니들, 딸들, 자매들, 그리고 프랑스 인민의 대표들은 국민의회로 구성될 것을 요구한다. 여성의 권리들에 대한 무지, 망각 또는 멸시가 공공의 불행과 정부의 부패에 대한 유일한 원인들이라고 간주하여, 여성들은 엄숙한 선언을 통해 자연적이고 양도할 수 없으며 신성한 여성의 권리를 제시하기로 결의하였다....
> 제1조 여성은 자유롭게 그리고 권리에서 남성과 평등하게 태어나며 그렇게 존속한다. 사회적 차별은 오직 공동의 유용성에 입각할 때만 가능하다.
> 제2조 모든 정치적 결사의 목적은 여성과 남성의 자연적이고 소멸할 수 없는 권리들을 보존하는 데 있다. 이 권리들은 자유, 소유권, 안전, 그리고 특히 압제에 대한 저항이다....
> 제6조 법은 일반의지의 표현이어야만 한다. 모든 여성과 남성 시민은 직접, 또는 그 표를 통하여 그것의 형성에 기여해야 한다. 법은 모든 사람에게 똑같아야 한다. 남성과 여성 시민은 법 앞에 평등하므로, 그들의 능력에 따라서 또 그들의 덕성과 재능 이외에는 어떠한 차별도 없이 평등하게 모든 공적인 위계, 지위, 직무에 오를 수 있다....
> 제17조 재산은 함께 있거나 헤어졌거나 남성과 여성 둘 다에 속한다. 남성과 여성 각각에게 그것은 불가침의 신성한 권리이므로, 누구도 합법적으로 확인된 공공의 필요성이 명백히 요구하는 경우가 아니고서는 그리고 정당한 사전 보상의 조건이 이루어지지 않고서는 그것을 빼앗길 수 없다.

〈예시 답안〉

인명- 올랭프 드 구주(올랭프 드 구즈)
루소의 여성관- 여성은 열등한 존재이다. / 주장- 여성의 공적 참여를 제한해야 한다.

03 다음 가)의 ㉠을 지칭하는 인명을 작성하고, 나)의 ㉡에서 인민예산법을 실시하게 되는 근본적인 계기는 무엇인지 서술하시오. 또한 ㉡의 증세의 직접적인 이유 두 가지를 서술하시오. 그리고 ㉢의 대표적인 권한 축소조치란 무엇을 의미하는지 기술하시오.(4점)

> 가) ㉠저는 능력 있는 시민에게 선거권을 부여하는 것은 그 수가 많든 적든 국가의 힘을 강화해준다는 원칙을 견지하고 있습니다. 근대국가의 힘은 의회제도에 있습니다.... 존경하는 의원 여러분,...문제는 누가 능력있는 시민인가 하는 것입니다....선거권을 향유해야 하는 능력 있는 시민이란 누구입니까? ...바로 농촌의 소상인이고, 모든 직업의 숙련 노동자와 기술자이고, 특히 그 중에서도 대규모 광산업에 종사하는 사람들입니다. 이들이 능력 있는 시민이라는 사실에 의문이 있습니까? ...농촌 마을에 흩어져 있는 농민에게도 관심을 기울여야 합니다. 농촌의 농민이 유권자로서 자격을 갖추고 있고 유권자의 힘을 잘 이용할 만한 능력 있는 시민이라는 데 의문이 있습니까?...확실히 이 일은 할 만한 가치가 있는 일이고 꼭 관철시켜야 할 일입니다....이 법안은 모든 계급을 결집시켜 강력한 국가를 더욱 강하게 만들 것입니다.
>
> 나) 자유당의 로이드 조지는 1909년에 ㉡대폭적인 증세를 포함한 이른바 인민예산법을 의회에 제출하였다. 이 예산안의 증세의 주요 대상은 유산계급의 부유층과 귀족적인 지주층으로서 보수당은 이를 '혁명'이라고 규정하면서 반대하였다. 그러나 이는 1910년 초에 통과하게 된다. 이와 함께 귀족과 국교회의 주교들로 구성된 ㉢보수적인 상원의 권한을 대폭 축소하여 영국의 의회는 실질적으로 단원제와 다름없게 된다.

<예시 답안>

1. 가)의 ㉠을 지칭하는 인명- 글래드스턴
2. 나)의 ㉡에서 인민예산법을 실시하게 되는 근본적인 계기- 노동당의 출현
3. ㉡의 증세의 직접적인 이유 두 가지- 노년연금과 같은 사회입법과 독일 해군에 대항하기 위한 해군 확장의 비용을 얻기 위함.
4. ㉢의 대표적인 권한 축소조치- 거부권의 무력화

<해설>

1884년 의회 연설에서 농민과 광산업에 종사하는 사람에게도 선거권을 부여함으로써 계급간의 연합을 이룰 수 있고 그것이 곧 자유주의 정체 유지에 기여할 것이라고 역설했다. 1884년 3차 선거법 개정이 이루어지면서 농업노동자와 광산노동자에게도 선거권을 부여하게 된다. 이로써 성인 남자의 보통선거제 수립, 노동조합 합법화와 전국민의 초등교육을 보장하는 교육법 통과. 영국은 이렇게 참정권을 부여받은 숙련 노동자들의 협조를 받으며 자유무역과 대의제 정부, 경제번영이라는 자유주의 시대를 구가했다.

04 다음의 작성방법을 잘 읽고 그에 적절한 답을 기술하시오. (4점)

> 서방에서도 동방 기원의 수도원이 4세기에 전해졌으나 깊이 뿌리를 내리지는 못하였다. 오히려 동방 수도원과는 별도로 ㉠독자적인 서방 수도원을 설립하였다. 이후 이들은 ㉡계율을 철저히 지키며, 금욕적이고 엄격한 규칙적인 공동생활을 하였다. 매일의 일과는 노동과 기도로 크게 나뉘어지고, ㉢수도사는 매일 여러 시간의 육체노동에 종사하며, 나머지 시간의 대부분은 명상, 기도, 공동예배에 할당되었다.
>
> 12세기에는 또 ㉣이들의 계율을 엄수하려는 교단이 크게 발전하였다. 이 교단의 가장 큰 특징은 장원을 비롯한 농경지의 기증을 거부하고, ㉤직접 황무지를 개간하여 이를 교단의 수입원으로 삼았다.

> 〈작성 방법〉
> 1. 밑줄 친 ㉠을 설립한 인물의 인명을 작성하시오.
> 2. ㉡의 그들이 내세운 규율 세 가지를 서술하시오.
> 3. ㉢의 수도사들이 문화적으로 행해야 했던 작업의 명칭?
> 4. ㉣에 해당하는 대표적 교단의 명칭과 이 교단 발전의 초석을 놓은 사람의 인명을 기술하시오. 또한 ㉤의 개간사업이 성과를 맺어 등장하는 영국에서의 대표적 결과를 서술하시오.

〈예시 답안〉

1. ㉠을 설립한 인물의 인명- 성 베네딕트
2. 그들이 내세운 규율 세 가지- 청빈, 정결, 복종
3. 수도사들이 문화적으로 행해야 했던 작업의 명칭- 필사 작업
4. 교단의 명칭- 시토 교단/ 베르나르 드 클레르보(클레르보의 베르나르)

　이 개간사업이 성과를 맺어 등장하는 영국에서의 대표적 결과 영국의 요크셔의 황무지가 광대한 목양지로 변하고, 영국이 양모생산의 중심지가 된다.

05 다음 작성방법을 읽고, 그에 대한 답을 적절하게 기술하시오.(4점)

> 14세기 초 프랑스의 국가통합은 영국에 훨씬 미치지 못하였다. 프랑스왕은 그의 왕국은 물론이요, 직할영지인 왕령지 조차 통일적으로 지배하지 못하고, 지방은 저마다 상이한 관습과 이해관계를 갖고 있었다. 이러한 차이는 필립 6세와 에드워드 3세 때 더욱 확대되었다. 한편 지방적인 분권화 경향도 강화되었으며, 필립 4세 때 설치된 ⓐ삼부회도 제 기능을 못하고 있었다. 당시 프랑스의 삼부회는 왕이 돈이 필요할 때 상의하는 여러 기관 중의 하나에 불과하였다. 중세 왕들은 돈이 부족하였고, 따라서 전시에는 왕령지로부터의 ⓑ봉건적인 수입 외에 별도의 수입이 필요하였다. 이에 여러 세금을 설치했으나 이것만으로도 불충분하여 따로 ⓒ특수한 방편을 이용하였다.

〈작성 방법〉

ⓐ의 이 시기 삼부회의 특성을 기술하시오.
ⓑ을 이유로 하여 등장하는 직접적인 조치 두 가지를 서술하시오.
ⓒ으로 인해 부르주아지에게 큰 장애물을 형성하게 된 직접적 발단의 방편은 무엇이며, 그에 대한 구체적인 내용을 서술하시오.

〈예시 답안〉

ⓐ의 이 시기 삼부회의 특성 - 전국을 대표하기보다 주로 북부만을 대표, 남부는 랑그도크 삼부회가 따로 있고, 일부 지방은 또한 독자적인 지방삼부회를 갖고 있었다.

ⓑ을 이유로 하여 등장하는 직접적인 조치 두 가지- 1343년 소금판매를 왕실정부가 독점, 그 판매 이익금을 수입으로 삼는 염세와 인두세 신설.

ⓒ으로 인해 부르주아지에게 큰 장애물을 형성하게 된 직접적 발단의 방편- 화폐개주/ 내용- 나쁜 화폐를 찍어서 이것으로 빚을 갚고 세금징수를 비롯하여 수입을 거두어들일 때는 양화로 바꾸어 찍어내는 것.

06 다음 작성방법에 맞게 그에 적절한 답을 기술하시오. (4점)

가) 수사, 훌륭하고 성스러운 도시, …… 나는 정복하였다. 나는 이 궁궐에 들어갔고, 나는 금은보화를 넣어 둔 그들의 보물 창고를 열었다. …… 나는 수사의 지구라트를 부숴 버렸다. …… 나는 엘람의 사원을 파멸로 몰아넣었다. 나는 그들의 신들과 여신들을 바람에 날려 버렸다. 그들의 조상과 옛 왕의 무덤을 나는 짓밟았고, 나는 (무덤에) 햇빛이 들게 하였으며, 나는 그들의 뼈를 꺼내 (㉠) 의 영토로 옮겨 갔다.

나) 내가 호의를 가지고 바빌론에 입성하였을 때, ㉡나는 환호와 축복 속에서 그 궁전에 왕좌를 마련하였다. …… 나는 그 누구에게도 수메르와 아카드 땅을 공포로 몰고 가도록 허락하지 않았다. 바빌론의 요구를 언제나 경청하고, …… 바빌론 시민들의 온당치 못한 멍에를 벗겨 주었으며, 황폐해진 그들의 거처를 다시 마련해 주었다.

다) 나, 다리우스 왕은 왕 중의 왕이다. ㉢광명의 신 아후라 마즈다의 높으신 뜻에 따라 왕이 되었다. 아후라 마즈다는 제국을 나에게 주셨다. 아후라 마즈다의 높으신 뜻에 따라 나는 나에게 속한 이 나라들, 즉 페르시아, 엘람, 바빌로니아, 이집트, 아라비아, …… 인더스 강가, 이 모든 지역을 지배하는 왕이다. 왕이 말하노라. 나에게 속한 이 나라들은 아후라 마즈다의 높으신 뜻에 따라 나를 왕으로 섬기고 나에게 공물을 바쳤다. 밤이건 낮이건 내가 그들에게 내린 명령은 실행되었다.

〈작성 방법〉

1. ㉠의 장소를 지칭하는 지명을 서술하시오.
2. ㉠의 나라가 오리엔트 통일을 위한 정복전쟁에 나설 수 있었던 가장 큰 이유를 구체적으로 기술하시오.
3. ㉡의 나는 누구인지 인명을 작성하시오.
4. ㉢을 섬기는 페르시아의 대표적 종교가 초기와는 달리 성격이 변모하는 구체적 변화의 특징을 서술하시오.

◀예시 답안▶

1. ㉠의 장소를 지칭하는 지명 -아슈르(아쉬르- 아시리아의 수도)
2. ㉠의 나라가 오리엔트 통일을 위한 정복전쟁에 나설 수 있었던 가장 큰 이유- 제철기술을 배워 철제무기로 무장한 강력한 군대와 전차 소유
3. ㉡의 나 페르시아 아케메네스 왕조의 키루스 대왕
4. ㉢을 섬기는 페르시아의 대표적 종교가 초기와는 달리 성격이 변모하는 구체적 변화의 특징- 조로아스터교는 처음에는 지혜의 신인 아후라 마즈다를 숭배하는 지적이고 추상적인 성격을 지니고 있었지만, 점차 광명의 선신에 의한 암흑의 악신의 도전과 투쟁이라는 이원적이고 윤리적인 성격을 지닌다.

◀해설▶

제시된 사료 중 첫째 항목은 아시리아의 마지막 왕인 아슈르바니팔이 엘람 왕국을 정복하고 새긴 문자판에서 발췌한 것이고, 둘째 항목은 아케메네스 왕조 페르시아를 세운 키루스 왕이 바빌론을 점령한 사실을 기록한 문자판에서 발췌한 것이다. 아시리아는 오리엔트 세계를 최초로 통일하였으나 피지배 민족에 한 강압적인 통치로 여러 민족의 반란을 초래하여 오래 가지 못하고 멸망하였다. 이에 반해 아케메네스 왕조 페르시아는 정복한 이민족들에게 아시리아에 비해 관대한 통치 정책을 폈다. 피지배 민족에게 공납을 징수하는 대신 그들의 전통이나 신앙을 존중해 주었다.

셋째 항목은 베히스툰 산에 새긴 다리우스 1세 전승 기념비의 비문에서 각각 발췌한 것이다. 최대 영토를 확보했던 다리우스 1세는 속주에 총독을 파견하고 '왕의 눈', '왕의 귀'라 불리는 감찰관을 파견하여 감시하였다.

해커스 2019년 9~10월 7회 모의고사

01 다음 작성방법을 잘 읽고 그에 대한 적절한 답을 기술하시오.(4점)

이의 가르침을 추종하는 학자들은 아테네의 공공건물이라 할 회랑에 모여 활동했다고 하여 이 명칭이 붙여졌다. 실제로 이 학파의 창시자는 검약하고 초연한 생활로 절제의 모범을 보였다고 알려져 있다. 이 학파의 창시자는 ㉠'자유'를 얻으려면 마음의 동요가 없어져야 한다. 여기서 '자유'란 고전기 폴리스 시민의 자유가 아니라 도덕적 자유를 의미하는 것이다. 이런 주장은 세속의 일을 경멸할 수 있다는 자세로 이어졌고, 어떠한 외부 세력도 자신을 해칠 수 없다는 신념을 낳았다. 이러한 ㉡보편적 원리에 의해 통치된 상태의 국가가 이들이 생각하는 이상적인 국가였다.

더 나아가 이들의 국가관에 따르면 보편적인 세계질서는 ㉢이 법을 따르는데, 바로 이 법을 발견하는 것이 인간의 의무라고 보았다. 이 사상은 파나이티오스와 포세이도니오스를 통해 로마에 전파된다. 이 사상이 로마에 끼친 영향이 크며, 근대에 들어서는 몽테뉴와 홉스에게서 다시 나타났다.

〈작성 방법〉

1. 밑줄 친 ㉠을 얻기 위해 이 학파가 주장하는 핵심적 방법과 또한 이들이 생각하는 자유의 기초는 무엇인지 서술하시오.
2. ㉡에 근거하여 성립되는 사상을 지칭하는 용어를 쓰시오.
3. ㉢의 이 법을 지칭하는 용어를 쓰고, 로마에 끼친 영향 두 가지를 서술하시오.

〈예시 답안〉

1. 핵심적 방법- 격정에 사로잡히지 않는 상태인 '아파테이아'에 머물러야 한다고 주장 / 이들이 생각하는 자유의 기초- 이성
2. 용어- 코스모폴리타니즘(세계시민주의)
3. 용어- 자연법/ 로마의 법사상과 기독교에 깊은 영향을 준다.

02 다음 가) 문장의 ㉠과 ㉡이 지칭하는 공통인물은 누구인지 설명하고, 나) 문장의 ㉢에서 말하는 새로운 장비의 변화내용, 장점 1가지, 그리고 로마에 끼친 정치적 변화를 구체적으로 서술하시오.(4점)

> 가) 로마의 왕은 공동체의 일을 대변하는 정도에 불과하였고, 절대적 권력을 휘두르지는 못했다. 로마왕정사에 따르면, 기원전 6세기 후반에 6대 왕이 된 ㉠이가 왕의 이런 지위를 개선하고자 일련의 개혁에 착수했다. 여러 사서에 따르면 ㉡그가 193개로 편성된 켄투리아회를 조직하고 이를 위해 세제를 강화하는 등의 정책을 펼치다가 피살되었다고 한다. 그러나 당시의 상황을 고려하면 이 개혁안은 수긍하기 어려운 점이 많다.
>
> 나) 한편 로마군의 장비가 기원전 4세기에 들어서면서 바뀐다. 이 ㉢새로운 장비를 이어 붙이면 혼자서는 불가능한, 뛰어난 보호 기능을 발휘할 수 있었기에 중갑병 무장이 불필요해졌다는 점도 큰 장점이었다.

<예시 답안>

㉠과 ㉡의 공통인물- 세르비우스
㉢의 새로운 장비의 변화- 원형 방패에서 '스쿠툼'이라 불리는 장방형 방패로 변화된다.
장점- 경제적 부담이 적어 재산이 적은 빈민들이 전투원으로서 군대에 복무할 기회가 확대된다. 로마에 끼친 정치적 변화- 평민의 위상이 높아지고 정치적 발언권이 세지면서 기원전 367년 이후 평민 중에서 콘술을 선출하게 된다.

03 ⊙을 통해 발생하는 로마 군대의 중요한 변화를 서술하시오. 또한 ⓒ이 지칭하는 재정적 측면의 중요한 제도명을 쓰고, 그 구체적 내용을 서술하시오. 그리고 ⓒ의 중요한 역할을 담당하기 위해 여기서 유래한 경제 제도의 명칭을 작성하시오.(4점)

> 로마군에게 밀려서 도피한 시라쿠사이의 군주 히에론은 로마와 동맹을 맺는 편이 낫겠다고 판단했다. 그리스 민족과 오랜 적대관계였던 페니키아 민족이기에, 로마와 싸우면 카르카고가 어부지리를 취할 것이라고 생각했던 것이다. 이에 시라쿠사이는 로마를 도와 카르타고 병력이 주둔하고 있던 시칠리아섬에서 아그리겐툼을 포위 공격하여 빼앗았다. 로마 편에서 볼 때 ⊙이 전쟁을 통해 시칠리아를 얻은 것은 로마가 대제국으로 팽창하는 첫걸음이 되었다.
>
> 한편 시라쿠사이가 빼앗은 동부를 제외한 시칠리아 전체를 차지한 로마는 이곳을 '프로빈키아(provicia)'라고 부르는 속주로 지정하여, 로마 정무관이 직접 통치하게 했다. 이와 함께 ⓒ이 제도를 실시하는데, 이는 후일 로마제국을 이루는 기본 틀이 되었다. 그뿐만 아니라 시칠리아는 나중에 이집트와 아울러 로마시에 ⓒ곡물 공급처로서 매우 중요한 역할을 담당한다.

〈예시 답안〉

1. 로마 군대의 중요한 변화- 이 전쟁을 계기로 로마는 해군의 필요성을 절감하여 함대를 만들기 시작하고, 최강의 육군에 상응하는 해군력을 동시에 보유하는데 성공한다.
2. 징세 청부제도/ 생산물의 10분의 1을 공납으로 부과
3. 라티푼디움

04 다음 ㉠의 주창자는 누구인지 인명을 작성하시오. 또한 ㉢의 이가 지칭하는 것이 무엇인지 서술하시오. 그리고 ㉣에 비추어볼 때 ㉡의 이 정부의 명칭과, 마르크스가 규정한 의미를 ㉣의 빈칸에 작성하시오.(4점)

> 가) 마르크스는 권위적이며 독재적인 사회주의자다. 그도 우리도 원하는 것은 경제적, 사회적 평등이다. 그러나 그는 국가를 통해 평등을 실현하고자 한다. 그는 자유를 부정함으로써 평등을 실현하고자 한 것이다. 그가 생각하는 이상적 경제사회란 모든 땅과 자본을 오롯이 소유한 국가 사회다. (중략)... ㉠그러나 우리는 국가를 폐지함으로써, 인간의 권리를 끝없이 부정하는 그 모든 '기본권'을 폐지함으로써 바로 그 경제적, 사회적 평등을 이루고자 한다. 위에서 아래로 흐르는 권위를 통해서가 아니다. 국가라는 속박을 벗어던지고, 모든 종류의 노동자가 자유롭게 연합하는 방식으로, 아래에서 위로 올라가는 길을 따르고자 한다.
>
> 나) 이후 마르크스는 국가별 사회주의 조직들 사이에서 갈등이 빚어지고, 마르크스가 지지했던 ㉡이 운동이 실패로 돌아가자, ㉢이는 1876년 막을 내리게 된다. ㉣그는 『프랑스 내전』이라는 팸플릿에서 이 정부를 (　　)으로 규정한다.

〈예시 답안〉
㉠ 미하일 바쿠닌
㉡ 파리코뮌
　규정- 노동계급의 해방을 위한 과도 정부의 본보기
㉢ 인터내셔널

05 다음 ㉠으로 인하여 ㉡에서 등장하는 1879년의 직접적인 변화의 내용을 작성하시오. (2점)

> 지난 3, 4년간 이어진 ㉠무역 대불황의 특징은 무엇인가? 확실한 것은 그러한 불황이 주기적이라는 것이다.,,, 호황이 신용의 확대, 금융시장의 활성화, 높은 가격의 유가증권과 현물 등을 특징으로 하듯, 불황은 (금융시장의 부진)을 특징으로 한다.....지난 3, 4년을 되돌아볼 때 가장 먼저 받는 인상은 불황의 보편성이다. 거의 모든 문명국가가 영향을 받았다. 이 불황은 1873년 빈의 대공황과 그해 5월의 붕괴에서 시작되었다. 이 붕괴에 뒤이어 ㉡독일 전역과 영국에서 커다란 동요가 있었고, 거의 모든 유럽의 증권시장에서...여러 사건들이 일어났다.
> — 로버트 기펜, 1873-1876년의 불황에 대하여

〈예시 답안〉
1879년의 직접적인 변화 - 모든 수입품에 대한 보호관세법 제정

06 다음 질문의 작성방법을 잘 읽고 그에 적절한 답을 기술하시오.(4점)

> 가) 크롬웰은 1649년에서 1653년에 걸쳐 아일랜드를 재정복하여, 아일랜드를 잉글랜드의 통치 아래에 두었다. ㉠<u>전쟁의 결과는</u> 참혹하였으며 아일랜드인의 삼분의 일이 전쟁의 와중에 죽거나 추방당하였다.
>
> 나) 자유당의 글래드스턴은 1885년과 1892년에 아일랜드 자치법안을 의회에 제출하였으나, 전자의 경우 자유당 내의 반대로, 후자의 경우는 상원의 부결로 각각 실패하였다. 1895년부터 10년간에 걸친 보수당 치하에서 ㉡<u>자치법은 묵살되었다.</u> 한편 상원의 거부권이 무력화된 후인 1912년 로이드 조지의 자유당은 다시 자치법을 제출하여 1914년에는 확정될 예정이었다. 그러나 이번에는 ㉢<u>프로테스탄트적인 얼스터가 영국과의 분리에 강력하게 반대하고 나서고 의용병을 모집하여 무력으로라도 저지할 기세를 보였다.</u> 결국 제1차 세계대전의 발발로 아일랜드 문제의 해결은 대전 후로 연기되었다.

<작성 방법>
1. ㉠과 관련하여 이 시기 '크롬웰의 저주'로 알려진 토지 관련 조치의 내용을 서술하시오.
2. ㉡에 대한 당근정책은?
3. ㉢으로 인해 등장하는 직접적인 법적 조치의 내용을 작성하시오.

<예시 답안>
1. 토지 관련 조치- 크롬웰은 아일랜드 로마 가톨릭 지주의 토지 대부분을 몰수하여 잉글랜드에서 이민한 장로교 정착민에게 주었다.
2. 당근정책- 아일랜드의 농민을 소작농으로부터 소토지보유농으로 향상시키려는 조치가 취해졌다.
3. 직접적인 법적 조치- 1914년에 성립한 자치법안에는 얼스터 문제의 해결까지 실시를 보류한다는 조항이 붙게 된다.

해커스 2019년 9~10월 8회 모의고사

01 다음 (㉠)의 지역명을 기입하고, 이 정복이 카이사르 개인에게 갖는 역사적 중요성, 그리고 갈리아 정복이 갖는 고대사의 큰 흐름 속에서 갖는 역사적 의의를 서술하시오.(4점)

카이사르는 8년간에 걸친 갈리아 정복에 전념하게 되고, 도중에 브리타니아로 건너가고, 라인강도 여러 차례 넘었으나 지금의 프랑스와 벨기에를 확보하는 것으로 만족하였다. 가장 어려웠던 고비는 카이사르의 갈리아 정복이 거의 끝날 무렵인 기원전 52년에 일어난 베르킨게토릭스의 반란이었다. 카이사르는 켈트족을 규합한 이 대반란을 (㉠)에서 격파하여 갈리아를 완전히 그의 수중에 넣게 되는데 성공하였다.

<예시 답안>

장소- 알레시아

갈리아 정복이 카이사르 개인에게 갖는 역사적 의의- 장차 로마의 정권을 장악하는데 가장 큰 발판이 된다.

갈리아 정복이 갖는 고대사의 큰 흐름 속의 역사적 의의 - 지중해 무대 중심의 그리스, 로마 문화가 비로소 유럽 내륙에 이식되어 깊이 뿌리를 내리게 되는 계기가 되었다.(즉 유럽 내륙의 내륙지방이 고대 문명권으로 들어오면서 장차 고대 문명의 성격이 변화하는 계기가 된다.)

02
다음 지문을 읽고 ㉠의 건축물의 이름과, ㉡에 비추어 ㉢의 이유를 작성하고, 이 건축물의 로마와 동방 건축양식 측면에서의 특징을 서술하시오.(4점)

> 비잔티움 제국은 그리스어를 공용어로 사용하고 그리스의 고전을 수집하여, 연구 보존하였다. 이러한 연구 성과는 서유럽 세계에 전해져 르네상스에 영향을 주었다. 또한 비잔티움 문화는 러시아를 비롯한 슬라브족에 많은 영향을 주었다. 유럽 동북부 지역에 살던 슬라브족은 비잔티움 문화의 영향을 받으면서 슬라브문화권을 형성하였다. 9세기와 10세기 사이 꽃피운 전성기 비잔티움의 건축은 서유럽 측으로는 로마네스크 양식의 색상이나 디자인에 반영되었고, 슬라브 지역이나 지중해 여러 지역에도 확산되었다. 특히 건축 부분에서 비잔티움의 영향을 받는 모습이 나타난다. 지금도 잔존하는 ㉠이 건축물은 비잔티움의 문화와 종교가 주변문명에 커다란 영향을 미쳤음을 보여주는 상징이다. 아울러 그리스 정교회에서는 20세기 초까지도 ㉡이것을 사용하였다. ㉢이런 까닭으로 그리스 정교회의 성탄절은 1월 7일에 해당한다.

<예시 답안>

㉠의 건축물- 키예프의 성소피아 사원

㉡에 비추어 ㉢의 이유- 그레고리우스력이 아닌 달력에 있어 로마의 율리우스력을 사용하기 때문이다.

이 건축물의 로마와 동방 건축양식 측면에서의 특징을 서술하시오.- 로마의 양식의 영향으로 아치를, 동방 건축양식의 영향을 받아 돔을 광범위하게 사용하였다.

03 다음에 공통으로 들어갈 명칭을 기입하시오.(2점)

가) (㉠)의 탄생에는 인간의 이성에 바탕을 두어 세상을 합리적으로 인식하려는 사상이 깔렸다. 프랑스 혁명이 모든 사람을 위한 보편적 권리를 선언한 것처럼, 이 역시 모든 사람을 위한 보편적인 것이어야 했다. 이는 1792년 6월 메셍과 들랑브르가 파리에서 출발하여 각기 남쪽과 북쪽으로 길을 떠나는 것으로 시작된다. 이들은 7년 동안 이 작업을 하였고, 결국 이 작업의 결과는 1799년 법령으로 통과되었으며, 나폴레옹 전쟁을 통해 유럽 전역에 급속히 퍼졌다.

나) 나폴레옹은 (㉡)의 완성에 대해 다음과 같은 찬사를 남겼다. '정복은 순간이지만 이 업적은 영원하리라.' 이는 1867년 파리 만국 박람회를 계기로 유럽 각국의 큰 호응을 얻었고, 1875년 이 협약이 체결되었다.

<예시 답안>
미터법

04 다음 ㉠전쟁의 직접적 발단 이유는 무엇인지 쓰시오. 또한 ㉡의 해결에 대한 구체적 결과 두 가지와 ㉢의 지속적 충돌의 이유를 서술하시오. (4점)

2차 세계대전 이후 인도 연방은 힌두교와 이슬람의 갈등으로, 1947년 인도와 동서 파키스탄으로 분리 독립되었다. ㉠이 과정에서 인도와 파키스탄 사이에 전쟁이 시작되었다. 결국 국제 연합이 중재하여 ㉡ 해결을 하게 된다. 하지만 ㉢ 이 지역의 영유권을 둘러싸고 파키스탄과 인도는 계속 충돌하였다. 최근에는 이 지역 남측의 무슬림 과격파가 주도하는 분리 독립운동이 격렬히 일어나고 있다.

〈예시 답안〉

1. 전쟁의 직접적 발단 이유- 무슬림이 대부분이었던 카슈미르 지역이 인도에 강제 편입된 것이 분쟁의 발단이 된다.
2. ㉡의 해결에 대한 구체적 결과 두 가지- 카슈미르 북쪽은 파키스탄의 통제 지역이 되고(파키스탄령 아자드 카슈미르), 남쪽은 인도 관할 지역(인도령 잠무 카슈미르)이 되었다.
3. 충돌 지속 이유- 국경선이 명확하지 않기 때문이다.

05 다음 작성방법을 읽고, 그에 적절한 답을 기술하시오. (4점)

> 1973년 베트남 전쟁에서 미군이 철수하고, 닉슨 대통령은 중국과 소련을 차례로 방문하여 두 나라와의 관계 개선에 나섰다. 이러한 데탕트 분위기가 무르익으면서 이런 노력은 1972년에 ㉠성과를 거두게 되었으며, 1979년에는 중국과의 국교 수립으로 이어졌다.
> 한편 유럽에서는 소련과 서독이 불가침 협정을 맺었고, 동독과 서독이 국제 연합에 동시 가입하였다. 여기에 1975년 미국과 소련, 유럽 국가들은 (㉡)을 맺어 ㉢상호협력의 기초를 마련하였다. 이와 같이 화해와 평화를 지향하는 국제 분위기가 나타나면서 냉전 체제는 점차 완화되었다.
> 이러한 데탕트 기조는 1977년 소련이 동유럽에 신형 중거리미사일 SS-20을 배치하고, 1979년 12월 미국과 북대서양조약기구가 소련이 이 신형미사일을 철수하지 않을 경우 1983년부터 이에 대적할 신형미사일 퍼싱2와 순항미사일을 배치하겠다고 결정했다. 이러한 양측 긴장이 다시 고조되는 순간에 1979년 브레즈네프에 의해 감행된 ㉣(이것)은 데탕트의 막간극이 끝나고 냉전이 다시 격화되는 신호탄이었다. 이 전쟁으로 소련이 자기 진영을 넘어 군대를 투입했다는 점에서 소련의 팽창야욕에 대한 서방의 불안을 증폭시키기에 충분했다.

〈작성 방법〉

㉠의 구체적 성과는 무엇인지 작성하시오.
㉡에 들어갈 명칭을 서술하시오.
㉢의 상호협력의 기초로 내세운 3가지 핵심 내용을 서술하시오.
㉣의 이것이 지칭하는 것은 무엇인지 쓰시오.

〈예시 답안〉

㉠의 구체적 성과- 소련과의 전략무기제한협정(SALT)을 체결
㉡에 들어갈 명칭- 헬싱키 협약
㉢의 상호협력의 기초로 내세운 3가지 핵심 내용- 주권 존중, 전쟁 방지, 인권보호
㉣의 이것이 지칭하는 것- 소련의 아프가니스탄 침공

06 다음 작성방법을 읽고 질문에 적절한 답을 서술하시오.(4점)

> 유고슬라비아는 공산국가이면서도 소련권에 속하지 않고 독자노선을 걸어왔다. 유고슬라비아 연방은 20여 인종을 포함한 다민족 국가이며, 그리스 정교를 믿는 세르비아인, 이슬람교를 믿는 알바니아인과 슬라브인, 크리스트교를 믿는 크로아티아인 등 민족과 종교가 복잡하게 섞여 있었다. 티토 생존 시에는 그의 강력한 영도 하에 통일이 유지되어 왔으나, 그의 사후 연방체제는 무너졌다. 1989년 분리되면서 ㉠신유고연방을 형성하였고, 1990년대 연방이 해체되면서 민족 간 전쟁과 갈등이 발생하였다.
>
> 1992년 이슬람교도와 크로아티아인이 주도하여 보스니아 헤르체코비나의 독립을 선언하자, 연방을 주도해 온 세르비아인이 연방군을 동원하여 수만 명의 이슬람교도, 크로아티아인 등을 학살하였다. 이후 ㉡1998년 세르비아의 한 지역에서 알바니아인이 독립을 주장했을 때에는 세르비아의 대통령 밀로셰비치가 군대를 파견하여 알바니아의 민간인들을 학살하였다. 이때 학살을 피해 탈출한 난민이 30만 명에 이르렀다. 후일 이 문제들이 미국과 UN 등의 중재로 해결이 되지만, 그렇다고 이 지역의 인종문제가 해결된 것은 아니었고, 특히 보스니아에서는 '(㉢)'라는 표현이 사용될 정도로 잔인한 인종 분규의 내전이 수년간 계속되었다.
>
> 한편 바르샤바 조약기구와 코메콘으로 소련에 종속되어 있던 동유럽 공산국가들의 공산체제 붕괴의 발단은 고르바초프의 페레스트로이카와 (㉣)의 폐기로 인한 자주노선 추구였다. 그러나 보다 더 근본적으로는 공산주의 체제 하에서의 비효율적인 중앙통제의 계획경제와 산업전반에 걸친 관료주의적 통제와 행정적 경영으로 야기된 경기침체였다.

〈작성 방법〉

㉠ 신유고연방의 형성을 주도한 두 국가를 쓰시오.
㉡을 지칭하는 용어를 쓰시오.
㉢에 들어갈 명칭을 쓰시오.
㉣에 들어갈 명칭과 그 구체적 내용을 서술하시오.

〈예시 답안〉

㉠ 신유고연방의 형성 주도 국가 세르비아와 몬테네그로

㉡을 지칭하는 용어- 코소보 사태

㉢에 들어갈 명칭- 인종청소

㉣의 명칭- 브레즈네프 독트린/ 내용- 사회주의 국가의 주권이란 그 나라의 발전 방향이 다른 사회주의 국가 및 국제 공산주의 운동의 이익과 충돌하지 않는 범위에서만 보장된다는 '제한주권론'의 내용이다(비공산권 국가 및 국제기구들이 동유럽에서 소련의 헤게모니를 존중해 주도록 요구하는 것/ 동시에 특정 사회주의 국가가 소련 주도의 기존 사회주의 체제를 변화시키려 한다면 직접적인 군사 개입으로 규제하겠다는 의미 함축).

2021년 대비
역사교육론
기출문제풀이

2020년 중등임용고시 역사교육론 부문

〈전공 A형〉

01 다음 자료는 2015 개정 중학교 역사 교육과정(교육부 고시 제2018-162호)의 일부이다. ㉠, ㉡에 들어갈 용어를 순서대로 쓰시오. (2점)

중학교 '역사' 내용 체계

대주제	소주제
문명의 발생과 고대 세계의 형성	역사의 의미와 역사 학습의 목적
	세계의 선사 문화와 고대문명
	고대 제국들의 특성과 주변 세계의 성장
세계 종교의 확산과 지역 문화의 형성	불교 및 힌두교 문화의 형성과 확산
	동아시아 문화의 형성과 확산
	이슬람 문화의 형성과 확산
	크리스트교 문화의 형성과 확산
선사 문화와 고대국가의 형성	선사 문화와 고조선
	여러 나라의 성장
	삼국의 성립과 발전
	삼국의 문화와 대외 교류
남북국 시대의 전개	신라의 삼국 통일과 발해의 건국
	남북국의 발전과 변화
	남북국의 문화와 대외 관계

중학교 '역사'의 성격 일부를 제시하면 다음과 같다.

'역사'는 인류의 다양한 문화 형성 과정을 역사적으로 살펴보고, 인간과 사회에 대해 폭넓게 이해하는 능력을 키우는 과목이다.

'역사' 과목은 초등학교에서 학습한 한국사에 대한 기초적 이해를 바탕으로 …(중략)… 당면한 문제는 무엇인지 탐구할 수 있게 내용을 구성한다. 이를 위해 '역사' 과목은 (㉠) 영역을 (㉡)와/과 관련하여 먼저 탐구하고 이어서 (㉡)을/를 (㉠)적 시야에서 이해하도록 조직하였다.

〈예시 답안〉
㉠ 세계사 ㉡ 한국사

06 (가)는 송 교사의 중학교 역사수업 연구일지이고, (나)는 (가)에 토대를 두고 교생을 위해 작성한 <역사수업 연구 안내서>이다. 자료를 읽고, <작성 방법>에 따라 서술하시오.(4점)

(가) <송 교사의 중학교 역사수업 연구일지>

'조선 전기'에 대해 무엇을 가르칠지에 대한 문제의식을 중심으로 단원을 구성하고자 하였다. '조선의 성리학 수용과 정착'을 주제로, 학습 내용을 구성하기 위해 이 주제가 가르칠 만한지 살펴보았다. 주제와 관련된 연구 성과를 찾아 읽고 쟁점을 정리하면서 조선 전기를 설명하는 적절한 방법을 찾아갔다. 이 단계에서 교과 내용에 대한 이해와 다양한 관점이 필수적이라는 사실을 확인하였다.
주요 학습 내용을 선정하고 내용 체계를 만든 결과, 교사로서 나의 인지적 특성과 역사교육에 대한 관점이 반영되어 있는 지점을 발견하였다. 하지만 이를 ㉠ 배우게 될 학생들에 대한 고려가 좀 더 필요하다는 점을 느끼고 보완하였다. 조선 전기 단원에 대한 수업을 설계하며 무엇보다 ㉡ 나의 문제의식에 따른 연구과정이 필요하다는 것을 인식하게 되었다.

㉢ 송 교사의 수업 설계 : 조선의 성리학 수용과 정착

차시	주제	학습 내용	교과서
1	새 나라 조선이서다	· 조선의 건국과 국호 제정 · 한양 천도	V-1-(1) 조선 왕조를 개창하다.
2	누가 나라의 주인인가?	· 왕권과 신권의 갈등 · 세종의 민본 정치 <활동> 정도전의 정치사상 탐구	V-1-(2) 유교 통치체제를 정비하다.
3	조선, 유교 이상 정치를 꿈꾸다	· 왕도 정치의 이념과 실천 · 과거제, 중앙정치제도, 실록 편찬 <활동> 왕세자의 입학식 탐구	V-1-(2) 유교 통치체제를 정비하다. V-2-(1) 민족 문화가 꽃피다.
4	중앙과 지방의 관계	· 지방행정제도 · 유향소와 호패법	V-1-(2) 유교 통치체제를 정비하다.
5	사람의 성장과 성리학적 질서의 확산	· 훈구와 사림의 경쟁 · 조광조의 개혁정치 · 향약과 서원	V-3-(1) 사림 세력이 정권을 장악하다 V-3-(2) 향약을 시행하고 서원을 세우다

(나) <역사수업 연구 안내서>

흐름	구체적 방법
주제 선정	· 해당 단원에 대한 자신의 문제의식에 따라 가르칠 주제를 결정한다. · (ㄹ)
관련 연구 검토	· 관련 연구 성과 및 쟁점을 이해하고 정리한다. · 해당 주제에 대한 검토와 수정을 거듭한다.
교수·학습 내용 선정	· 주제에 적합한 세부학습 내용을 선정하고, 주제와의 관련성을 점검한다. · 선정된 내용을 중심으로 단원의 내용 체계를 만들고 검토한다.
교수·학습 활동 구상	· 주제에 적합한 설명 방식과 학습 활동을 구상한다. · 대안적 설명 방식과 학습 활동을 모색한다.
상호 검토와 환류	· 학생의 이해를 고려하여 수정·보완한다. · 지도교사와 동료 교생의 검토 의견을 참고한다.

<작성 방법>

○ 밑줄 친 ⊙의 학생들을 고려하여 송 교사가 ⓒ수업을 설계할 때 검토해야 할 점을 1가지 쓸 것.
○ ㄹ에 들어갈 내용을 서술할 것.
○ (가)와 (나)에 근거하여 송 교사의 교육과정과 교과서에 관한 관점을 쓰고, 밑줄 친 ⓒ과 교사 전문성의 관계를 교육과정을 매개로 서술할 것.

〈예시 답안〉

밑줄 친 ㉠의 학생들을 고려하여 송 교사가 ㉢수업을 설계할 때 검토해야 할 점- 학생들의 선수학습과 흥미와 관심을 고려하여 수업을 설계했는지 검토한다.

㉣에 들어갈 내용- 학습주제의 적절성 여부를 확인해본다. 그리고 학생들의 흥미와 관심을 유도하기 위해 미리 관련 자료를 수집, 재조직하여 학생들에게 제시한다.

(가)와 (나)에 근거하여 송 교사의 교육과정과 교과서에 관한 관점- 교과서의 단원제목과 거의 일치되는 수업주제를 선택하되 제목과 학습내용을 보다 더 구체적이고 재미있게 설정하고 있다. 따라서 교과서를 신뢰하는 모습을 보이고 있고, 교육과정에 충실하되 자신의 역사문제인식에 근거하여 교과내용들을 구체적으로 선별 선택하고 있다.

밑줄 친 ㉡과 교사 전문성의 관계를 교육과정을 매개로 서술- 교육과정을 잘 수행해가는 과정 속에서 교수자의 문제의식에 따라 교육과정의 중요 내용들을 잘 설명할 수 있는 교사 전문성의 중요성이 더욱 부각된다. 이는 교육과정에 대한 도구적 시각, 즉 교과 내용만 잘 이해하면 누구나 역사를 잘 가르칠 수 있다는 시각에 재고할 시사점을 던져준다.

09 (가)는 두 명의 예비교사가 '역사 텍스트의 비판적 읽기' 관점에 따라 (나)와 (다) 자료를 읽고 나눈 대화이다. 자료를 읽고 <작성 방법>에 따라 서술하시오.(4점)

(가) 예비교사의 대화

> 남: 역사가처럼 역사교사도 역사지식을 만들어내는 존재라고 볼 수 있습니다. 그래서 역사 지식의 생성과정을 탐색할 필요가 있다는 주장에 동의합니다.
>
> 여: 역사 지식의 생성에서 중요한 역할을 하는 관점과 해석에 주목해야 하는 이유이기도 합니다. (나)에서 책봉·조공에 대한 해석이 왜 변화하는지 그 이유를 찾아 봐야겠다는 생각이 들었어요.
>
> 남: 맞아요, 이 주제에 대한 해석이 어떻게 달라졌는지 현재와 비교하여 과거 맥락에서도 살펴봐야 합니다. 물론 가장 설득력 있는 해석이 생성되고 통용되는 사회적 조건과 언어적 차원에 대한 검토가 필요합니다.
>
> 여: 현재 우리의 인식체계는 기준, 가치, 정서 등의 측면에서 과거 사람들의 인식체계와 다르다는 점을 유념해야 합니다. 그래서 ⊙ 현재의 가치나 인식체계 속에서 과거를 보려는 경향을 경계해야 합니다.
>
> 남: 당시 사람들의 눈으로 봤을 때 현재의 평가가 적절한지 지속적으로 검토해야 합니다. 그렇지 않고, 과거 행위의 이유를 오늘날의 관점이나 증거로 이해하는 경우에는 ⓒ 감정이입이 나타날 수 있으니까요.
>
> 여: 교사로서 제가 객관적 역사 지식을 전달하는 매개자로만 존재할 수는 없다는 점에서, 스스로의 관점과 해석의 전제를 살펴 보는 것이 중요하다고 봅니다.
>
> 남: 그래서 교사 자신이 처한 현재 위치와 자신의 문제의식을 되짚어보고, 이 사안을 바라보는 관점이 지닌 역사성을 인지하는 것이 꼭 필요한 과정이겠군요.
>
> 여: 맞아요, 그래서 역사교사는 ⓒ '가르칠 내용'에 대해 비판적 안목을 가지고 문제제기할 필요가 있습니다.

(나) 전근대 동아시아 외교의 특징은 무엇일까?

책봉·조공은 근대적 조약 체제가 수립되기 이전까지 중원왕조와 주변 국가가 맺던 대표적인 외교 형태를 가리키는 용어이다. 흔히 국가적 힘의 우열 관계로 파악하여 굴욕적인 외교 방식이라고 생각하는 경우가 많지만, 이는 책봉·조공을 제대로 파악하지 못한 것이다. 책봉·조공 관계는 시기마다 다른 모습으로 나타났고, 조공국도 자신들의 필요에 따라 유리한 방식으로 이를 이용하였다. 고구려를 포함한 동아시아 여러 국가들은 국제 정세를 자국에 유리하게 만들고자 적극적인 외교 활동을 벌였다. 이처럼 이 시대의 책봉·조공 관계는 상호 우호 관계를 확인하기 위해 맺는 현실적이고 다원적 외교 관계로 변화했고, 각국의 이해관계가 반영된 실리적인 측면이 부각되었다.

(다) 고려의 국제적 위상과 자주 의식

고려는 황제국을 자처하였다. 이는 원간섭기를 제외한 거의 모든 시기에 유지된 자주적인 고려의 특징이었다. 고려 국왕은 면류관과 곤복을 입고 제사를 지냈고, 통천관과 강사포를 착용하고 축하를 받았다. 또한 스스로를 '짐'이라고 불렀고, 명령을 '조'·'칙'이라고 하였다. 신하들은 국왕을 '폐하'라고 불렀고, 축하하는 구호로 '만세'를 외쳤다. 고려의 자주 의식은 독자적인 묘호와 시호에서도 보인다. 왕건의 묘호는 '태조'이고, 시호는 '신성 대왕'이다. 이는 대외적으로는 중국 중심의 질서를 수용하면서 대내적으로는 황제의 위상을 확립한 고려 전기의 실용적이고 자주적인 모습을 잘 보여준다.

〈작성 방법〉

○ 밑줄 친 ㉠의 관점에서 (나)와 (다)를 비판적으로 읽은 결과를 각각 서술할 것.
○ ㉡에 들어갈 감정이입의 유형을 쓸 것.
○ (가)를 고려하여 (나)에 대한 밑줄 친 ㉢의 내용을 서술할 것.

<예시 답안>

㉠관점에서 (나)와 (다)를 비판적으로 읽은 결과를 각각 서술-

(나): 당시 책봉, 조공관계를 상호 우호관계를 확인하는 현실적이고 다원적 외교관계로 보는 것, 실리적 측면을 부각시킨 것으로 바라보는 내용 자체가 현재의 가치나 인식체계를 통해 과거를 보려는 경향이라고 보여진다. 특히 조공국이 유리한 방식으로 이용했다고 보는 역사인식은 지나친 현재해석으로 인한 비약이라 생각된다. 과거의 사실은 사실 그대로 입각해서 바라보는 시각이 필요할 것이다. 특히 맥락을 잘 살펴보아야하고, 당시 조공의 사회적 조건과 용어사용의 형태도 고려해야 할 것이다.

(다): 고려가 황제칭호 사용과 묘호, 시호를 사용하여 고려 전기를 실용적이고 자주적으로 보는 것 자체 역시 현재 시각의 관점이 이미 상당히 투영되었다고 본다. 이러한 인식은 후기 고려의 상황에 비교하여 결과론적으로 인식하는 지나친 상대주의적 비약인식이라고 생각된다. 이에 대한 과거의 정확한 인식을 위해서는 진정 실리적, 적극적 외교측면의 역사 측면에 대한 깊은 연구 근거를 바탕으로 제시해야 할 것이다.

㉡에 들어갈 감정이입의 유형- 일상적 감정이입

　(가)를 고려하여 (나)에 대한 ㉢의 내용을 서술- 이 질문은 (가)의 전체적인 맥락을 이해한 후, (나)의 내용을 비판적 안목으로 가르칠 내용과 연관시켜 문제제기 형태로 서술하라는 것이다.

　비판적 문제제기 형태로 서술한다면- 책봉,조공의 형태는 진정 다원적 외교이고 현실적인 상호우호관계를 확인하기 위한 방식이었을지를 과거의 사실에 대한 맥락적 검토를 통해 비판적으로 문제제기 해봅시다.

〈전공 B형〉

03 다음 자료를 읽고 〈작성 방법〉에 따라 서술하시오.(4점)

(가) 박 교사의 수업 계획

고등학교에서 근무하는 박 교사는 〈조선 후기 신문제의 동요〉 단원으 가르치기 위해 풍속화를 활용하기로 하였다. 박 교사는 '출처확인-표면적 읽기-맥락적 읽기-의미 도출하기' 읽기 단계를 설정하여 조선 후기 풍속화에 보이는 양반의 모습을 파악하는 교수·학습 활동을 구성하였다.

수업단원	신분 질서와 생활 모습의 변화
	  1) 조선 후기 신분제의 동요
	    (1) 양반 중심의 신분 질서가 흔들리다.

전시학습	조선 후기 정치·경제 변동
수업목표	조선 후기 양반들의 지위 변화 파악하기

[A] 그림

[B] 그림

(나) 박 교사의 교수·학습 활동

읽기 단계		교수·학습 활동
출처 확인	자료의 저자, 작성 시기, 신뢰성을 확인하는 단계	<교사 질문> · 그림을 그린 사람은 누구입니까? · 어느 시기에 그려진 그림입니까? · (　　　㉠　　　)
표면적 읽기	자료의 명시적 내용에 대한 사실 관계를 확인하는 단계	<교사 질문> [A]그림 - 가족으로 보이는 그림 속 인물은 몇 명입니까? - 왼쪽에 앉아있는 여자는 무엇을 하고 있습니까? - 뒤에 앉아 있는 남자아이는 무엇을 하고 있습니까? - (　　㉡　　) [B]그림 - 말을 타고 있는 남자는 무엇을 하고 있습니까? … (중략) …
맥락적 읽기	자료에 드러난 시대 상황을 분석하거나 추론하는 단계	<교사 질문> [A]그림 - 자리를 짜는 남자의 신분은 무엇일까요? 그렇게 생각한 이유는 무엇인가요? - 과거에는 노동을 하지 않았던 양반이 자리를 짜게 된 이유는 무엇입니까? … (중략) … [B]그림 - 말을 타고 있는 남자의 신분은 무엇일까요? 그렇게 생각한 이유는 무엇인가요? - 말을 타고 있는 사람의 권위는 무엇으로 드러납니까? … (중략) …
		(A) (B) 그림 -(　㉢　)
의미 도출하기	학생들이 의견을 표현하는 단계	<학생 반응: 영호의 사례> "선생님께서는 [A] 그림 속 남자를 보고 조선 후기 몰락한 양반이라고 하셨습니다. 유교 경전을 읽던 양반의 모습은 사라지고 몰락한 양반이 노동을 하고 있는 모습이라고 하셨습니다. 그러나 [A]그림 속의 남자는 저에게는 경제적으로 부유한 부농처럼 보입니다. ㉣ 부농이 족보를 매입하여 양반이 되었지만 여전히 집안에서 자리를 짜고 있는 모습이라고 생각합니다.

> <작성 방법>
> ○ ㉠에 들어갈 질문을 쓸 것.
> ○ 인물을 주체로 하여 ㉡에 들어갈 질문을 쓸 것.
> ○ [A]와 [B] 그림을 모두 활용하여 ㉢에 들어갈 질문을 쓸 것.
> ○ 밑줄 친 ㉣의 반응을 가능하게 한 그림 자료의 특징을 1가지 쓸 것.

<예시 답안>

㉠에 들어갈 문제: 신뢰성의 문제 언급- 이 작가가 이 시기에 이 당시 상황을 묘사한 풍속화그림이 정확히 맞나요?

㉡-오른쪽 앞의 남자는 무엇을 하고 있나요?

㉢- 이 시기 두 그림의 차이점을 통해서 양반의 지위가 어떻게 달라지고, 양반의 지위상태가 다양해 졌는지를 파악할 수 있을까요? / 또는 양반의 지위가 하락하는 상황을 인지할 수 있을까요? 그럼에도 불구하고 여전히 지위가 높은 양반도 존재하는데 이는 무엇을 말할까요?

㉣ 기본적으로 B 그림자료의 배경에 논이 보이고, 그림자료에서 논을 둘러보는 듯한 양반의 모습이 보이고 있다. 따라서 양반이 되었지만 원래 부농으로, 그가 자리를 짜는 것으로, 실제 A와 B그림의 순서가 뒤바뀐 것처럼 보이기 때문이다. 또는 뒤편의 아이가 서책을 통해 공부하고 있지만, 기본적인 책상을 갖추고 있지 않으며, 동시에 앞의 남성이 자리를 짜는 모습이 아주 능숙해 보인다. (또는 그림자료의 다양한 해석 가능성이 존재하기 때문이다.)

06 홍 교사의 수업 일기를 읽고 <작성방법>에 따라 서술하시오. (4점)

<홍 교사의 수업일기>

학생들이 갑신정변을 다양한 관점으로 평가해 볼 수 있도록 총 2차시 수업을 계획하였다. 학생들에게 당시 살았던 여러 역사적 인물의 관점과 역사가들이 내린 평가 자료를 제공해 주면, 학생들이 자료에 근거하여 자신의 입장을 검토해 보고 갑신정변을 평가할 수 있을 것이라고 생각한다.

1차시에는 역사적 인물의 행위를 보여주는 자료와 역사가들이 평가를 보여주는 자료를 학생들에게 제공하고자 한다.

…(중략)…학습을 한 이후 학생들이 자신의 생각을 다른 학생들과 공유해 보는 기회를 갖도록 할 것이다. 그리고 갑신정변에 대해 자신의 평가를 작성해 보게 할 것이다.

2차시에는 학생들이 1차시에 배웠던 역사적 인물을 골라 다른 학생들에게 설명하도록 할 것이다. …(중략)… 1, 2차시에 걸쳐 이루어진 학생들의 활동 과정을 평가에 반영해야겠다.

<1차시 학생 활동>

○ 수업목표:
1. 급진개화파와 온건개화파의 입장을 비교할 수 있다.
2. 갑신정변에 대한 역사가들의 평가를 비교할 수 있다.
3. 갑신정변에 대해 평가를 할 수 있다.

○ 자료읽기: 갑신정변을 둘러싼 인물 자료와 역사가들의 평가 자료

인물	자료
가	「회고갑신정변」, 「김옥균전집」
나	「고종실록」, 「속음청사」

역사가	자료
a	'일류 수재들이 일본인에게 이용당한 사건'
b	'시대를 앞서간 애국자들이 일으킨 사건'

○ 학생 개별 활동: ㉠ 인물들의 다양한 주장과 근거 찾아보기

개화에 대한 각 인물들의 주장과 근거를 찾아봅시다.

인물	주장과 근거
가	국가의 모든 부분에서 급속한 개화를 달성하여 일본이 동방의 영국 노릇을 하니 조선은 아시아의 프랑스와 같은 역할을 해야 한다. … (중략) …
나	서양의 문물 가운데 백성의 생활에 편리함과 국가의 부국강병을 위한 것은 수용하고 서학은 사교(邪敎)로서 배척한다. … (중략) …

분류 기준	인물의 주장과 근거	ⓒ 입장
서양 문물 수용 범위	기술은 백성들이 살아가는 데 도움이 되므로 기술만 도입해야 함. … (중략) …	온건개화
	모든 부문에서 급속한 개화를 달성해야 함. … (중략) …	급진개화

㉮ 학생 모둠 활동: ⓒ 주장과 근거를 분류해 보기

○ 학생 개별 활동: 갑신정변에 대한 역사가들의 평가와 근거 확인하기
　　　　　　　　… (중략) …
㉯ 학생 모둠 활동: 갑신정변에 대한 역사가들의 평가 비교하기
　　　　　　　　… (중략) …
○ 학생 모둠 활동: ㉰ 갑신정변에 대한 의견 나누기
　　　　　　　　… (중략) …
○ 학생 개별 활동: 갑신정변에 대한 자신의 평가 작성하기
　　　　　　　　… (하략) …

<2차시 학생 활동>

○ 영희의 설명
저는 지난 시간에 배웠던 인물 중에 김옥균을 선정하였습니다. … (중략) … ㉱ 그는 성질이 성급하고 정치적 야망에 불타는 청년이었습니다. 그러한 기질의 청년은 정변과 같은 정치적 비상 수단을 불사합니다. 그래서 갑신정변이 일어났습니다. … (하략) …

<작성 방법>

○ <1차시 학생 활동> 평가기준 A와 B를 작성할 것.

<1차시 학생 활동> 평가기준

내용	A. 밑줄 친 ㉠ 활동에 대해 평가하는 기준 (단, 당시 역사적 인물/세력들을 제시할 것.)
	B. ㉮와 ㉯ 활동을 고려하여 ㉰을 평가하는 기준
형식	● 모둠원들이 협력하였는가?
	● 학생들이 논리나 주장의 근거를 제시하였는가?

○ 밑줄 친 ⓒ 활동을 하면서 밑줄 친 ⓒ을 잘 드러내도록 교사가 자료 선정시 유의해야 할 점을 1가지 서술할 것
○ 밑줄 친 ㉱과 같은 방식으로 인간의 행위를 설명할 때 나타나는 문제점을 1가지 서술할 것.

<예시 답안>

㉠활동에 대해 평가하는 기준(단, 당시 역사적 인물/ 세력들을 제시할 것)- 급진개화파에 속하는 김옥균 같은 인물이 제시한 주장과 그 근거를 타당성 있게 잘 제시하고 있는가?

㉮와 ㉯활동을 고려하여 ㉣을 평가하는 기준- 타당성 있는 주장과 근거 제시 그리고 이에 대한 역사가들의 평가학습을 잘 수용한 후 자신의 생각으로 갑신정변에 대한 다양한 역사 인식의 평가를 내리고 있는가? (또는 주장과 근거를 각 개화파의 성격에 맞게 타당성 있게 분류하였는지, 그리고 학생들이 갑신정변에 대한 역사가들의 평가를 정확히 잘 비교하는 모둠활동을 수행하였는지?)

밑줄 친 ㉡활동을 하면서 밑줄 친 ㉢을 잘 드러내도록 교사가 자료 선정 시 유의해야 할 점을 1가지- 인물의 주장과 근거가 명확히 차이가 나서, 분류하기가 쉬운 자료를 선택한다.

밑줄 친 ㉤과 같은 방식으로 인간이 행위를 설명할 때 나타나는 문제점 1가지- 성향적 설명에 근거한 것으로, 그러한 성향의 소유자라고 해서 반드시 그러한 행위를 하는 것은 아니다. 따라서 인간 행위에 대한 지나친 도식화의 문제점을 안고 있다.

11 ㉠과 ㉡에 들어갈 내용을 1가지씩 순서대로 서술하고, (나)의 교수·학습 활동 유형을 쓰시오. (4점)

(가) ○○ 지역 역사교사 수업연구 모임

윤 교사: 저는 올해 추체험적 역사 이해를 위해 〈독립군의 하루〉를 학교에서 재현해 보려고 합니다. '독립군이 되어 독립운동에 참여해보도록 한다.'를 학습 목표로 정하고 극화학습 중 한 유형으로 학습 활동을 구상하고 있어요. 다음 〈엘리스 아일랜드 프로젝트〉의 학습 활동을 참고하여, (나)의 교수·학습 활동을 계획하였습니다. 선생님들께서 검토해 보시고 의견 주시기 바랍니다.

〈엘리스 아일랜드 프로젝트〉

엘리스 섬은 뉴욕 항에 위치한 작은 섬으로, 1900년대 초 뉴욕으로 들어오는 이민자들이 건강 진단과 법적 조사를 받는 이민국이 있던 곳이다. 〈엘리스 아일랜드 프로젝트〉는 학교 교실과 복도에서 학생들이 실제 이민국 심사와 유사한 장면과 절차를 경유하며 이민자의 하루를 체험하는 활동이다. 학생들은 이민자 심사 매뉴얼과 같은 관련 자료를 읽고, 당시 이민자였을 인물을 선정하고, 각자 역할을 나눠 맡는다. 자신이 맡은 이민자의 나이, 성별, 언어, 출신지, 교육정도, 직업, 이민 동기 등을 미리 작성하고, 트렁크에 필요한 짐을 싼다. 프로젝트 당일 여권을 챙겨서 '엘리스 섬 이민국'이라고 쓴 복도 입구에 긴 줄을 서서 기다린다. 신체 검사, 인지 검사, 짐 검사, 여권 검사, 심사관 인터뷰라고 쓴 다섯 개의 방을 통과하며 각자 맡은 역할에 따라 그럴 듯한 연기를 한다, 단계별로 이민국의 심사 과정을 거치고 마지막에 여권에 입국도장을 받으면 활동을 마치게 된다. 학생들이 체험한 내용을 정리하여 학습 활동을 마무리 한다.

(나) 윤 교사의 교수·학습 활동

〈독립군의 하루〉

단계	교수·학습 활동
도입: (㉠)	· 교사는 독립군이 참여한 여러 활동을 적절하게 단순화시켜 학습 장면으로 만든다. · 독립군 모집, 가입, 훈련, 군가 제창, 이동 및 전투, 결의문 쓰기 등의 장면을 선정한다. · 독립군 활동 장소로 교과교실과 복도, 학교 곳곳을 적절하게 배정한다.
참여자 훈련: 인물 선정과 역할 때문	· 학생들은 역사적 인물을 선정하고, 역할을 배분한다. · 독립군의 의식주, 조직 구성, 행동과 관련하여 규칙을 정한다. · 독립군 모집과 가입, 훈련 과정별로 각자 맡은 역할에 대해 구체적인 순서와 절차를 익힌다.
모의학습 운영: 실연	· 학생들은 독립군이 되어 각 장면별로 연기한다. · 독립군 활동이 승부를 겨루거나 승패를 결정하는 방향으로 흐르지 않도록 유의한다. · 교사는 원만한 진행이 되도록 조력한다.
참여자 결과 보고	· (㉡) · 교사는 학생들의 발표에 대해 학습 내용과 연결시켜 피드백을 한다.

〈예시 답안〉

㉠- 활동 단순화의 학습장면 계획 및 장소, 배경 선정(또는 시뮬레이션에서 다룰 역사적 상황 선택, 단순화, 학습상황 설정)

㉡- 참여 학생들이 체험활동을 통해 느낀 점, 어려움과 갈등, 소감들에 대해 경험을 교환한다.
　　(나)의 교수학습활동 유형- 극화식 수업 중 시뮬레이션 수업

2019년 중등임용고시 역사교육론 부문

<전공 A>

01 (가)는 ○○고등학교 서 교사의 한국사 연간 수업 계획표이고, (나)는 이에 한 교과 협의회 장면이다. ㉠, ㉡에 들어갈 역사 교육 내용의 조직 방법을 순서대로 쓰시오. [2점]

(가)

수업시기	주요 수업 내용
3월	· 광복 이후 현재까지 민주화 운동의 과정과 민권 향상
4월	· 일제 강점기 일제의 인권 탄압과 민(民)의 저항 · 일제 강점기 사회·경제적 운동으로 보는 민(民)의 평등 의식 향상
5월	· 근대 국가 수립 운동과 국권 수호 운동 과정에 나타난 민권 향상 요구
12월	· 고대 국가에서 민(民)의 지위와 역할

(나)

서 교사: 학생들이 과거를 현재와의 연관 속에서 인식하는데 도움이 되도록 (㉠) 방법으로 내용을 조직했어요.

남 교사: 또한 분야사 방법으로 내용을 조직했다고 볼 수도 있겠네요.

정 교사: 그런 측면도 있지만, '민(民)의 성장'이라는 공통된 특징을 중심으로 유사한 사실들을 함께 묶었기 때문에 (㉡) 방법으로 조직했다고 보는 것이 더 적절하지요.

<예시 답안>

㉠ 역연대기적 방법
㉡ 주제 중심 방법

09 다음과 같은 방식으로 서술된 글을 학생이 읽을 때, '학생의 역사 이해'에 미치는 긍정적 영향과 부정적 영향을 2가지씩 쓰시오. [4점]

> 우리가 역사 속 인물을 살피다 보면 평가가 엇갈리는 인물들을 마주하게 되는데, 율리우스 카이사르도 그 한 명이라고 할 수 있어. 나 역시 카이사르를 한편으로는 위대한 지도자로, 다른 한편으로는 권력을 탐했던 독재자라고 생각해. 너는 어떻게 생각하니? 그러면 카이사르에 대해 한 번 알아보자.
>
> 기원전 60년, 로마에서는 정부의 주도권을 장악하기 위한 경쟁이 진행되고 있었어. 이 당시 폼페이우스와 카이사르는 매우 인기 있는 정치인이었어. 그들은 어떻게 민중의 사랑을 받게 되었을까? 바로 많은 전쟁에서 이겼기 때문이지. 폼페이우스는 오늘날의 시리아와 팔레스타인 지역을 정복했고, 카이사르는 기원전 58년부터 시작한 원정을 통해 오늘날의 프랑스와 벨기에 등을 정복했어. 많은 사람들이 카이사르를 위대한 장군의 하나로 꼽는 이유는 여러 해에 걸친 원정 기간 동안 단 두 번만 패했기 때문이야. 내 말을 믿기 어려우면 카이사르가 쓴 『갈리아 전쟁기』를 확인해 봐. 『갈리아 전쟁기』는 널리 알려진 라틴어 작품 하나이기도 해.

<예시 답안>

내러티브 역사의 장점:

① 학생들에 의해 쉽게 '읽힐 수 있다'는 것이다.(가독성)
   즉 내러티브 역사는 구체적인 인간의 행위와 그 의도, 결과를 중심으로 인간 경험에 대한 이해를 증진시키는 형식이기 때문에 역사를 한층 더 쉽게 이해할 수 있다.
② 역사수업에 활용될 수 있다. - 탐구수업과 병행할 수 있다. 이런 경우 내러티브의 시간적인 전후관계를 통해 역사적 사건의 인과관계를 인식할 수 있다.

내러티브 역사의 단점:

① 내러티브의 구성과정에서 저자의 개입을 알 수 있지만 저자의 자의적 해석의 정확성에 대해서는 문제를 제기하지 않는다. 저자의 '자의적 진실 부여'라는 속성으로 학생들은 특히 1인칭 시점으로 내러티브에서 목격자의 진실성과 화자의 권위에 대해 비판적으로 분석하지 못하는 경우가 많다.
② 내러티브가 이데올로기적이며 권위적일 수 있으며, 이 경우 학생들은 내러티브를 통해 역사 사건을 비판적 시각으로 파악하기 보다는 도덕적 판단을 우선시하는 경향이 있다.

14 (가)는 외국의 한 세계사 교과서 목차이고, (나)는 두 역사 교사가 이 목차를 보면서 나눈 대화이다. ㉠에 공통으로 들어갈 내용을 쓰고, ㉡에 들어갈 과목의 명칭을 쓰시오. 그리고 ㉢을 2가지 서술하시오. [4점]

(가)　　　　　　　**목 차**
　　Ⅰ. 인류 공동체의 등장(~500 B.C.E.)
　　Ⅱ. 새로운 문화 공동체의 형성
　　　　(1000 B.C.E. ~ 400 C.E.)
　　Ⅲ. 지역 간 접촉의 유형
　　　　(300 B.C.E. ~ 1200 C.E.)
　　Ⅳ. 지역 간 접촉의 유형
　　　　(1200 C.E. ~ 1550 C.E.)
　　Ⅴ. 통합된 지구
　　　　(1500 C.E. ~ 1750 C.E.)
　　Ⅵ. 혁명의 세계
　　　　(1750 C.E.~ 1870 C.E.)
　　Ⅶ. 다양성과 우월성
　　　　(1850 C.E.~1945 C.E.)
　　Ⅷ. 지구 공동체의 위기와 가능성
　　　　(1945 C.E. ~현재)

(나)　박 교사 : 유럽을 모델로 한 시대 구분을 탈피하고자 한 세계사 교과서로 보이네요.
　　　최 교사 : 종래에 많이 사용되던 고대-중세-근대와 같은 시대 구분에 한 대안으로 (㉠)(이)라는 관점에서의 시대 구분을 사용했네요. 고대-중세-근대는 유럽을 모델로 한 시대 구분이라고 비판하는 사람들도 있죠. (㉠)(이)라는 관점에서의 시대 구분은 2007 개정 교육과정에 따른 고등학교 (㉡) '지역 세계의 팽창과 세계 교역망의 형성'과 같은 단원 구성에 반영되기도 했지요.
　　　박 교사 : 이 책처럼 간지역적 접근을 사용하여 가르치면 장점도 있겠지만 ㉢<u>문제점</u>도 있겠네요.

〈예시 답안〉

㉠ 공통 내용: 상호관련성의 원리 ㉡ 과목 명칭: 세계 역사의 이해

㉢ 문제점-

① 국가 단위의 발전을 일관성 있게 이해하는데 효과적인 틀이 될 수 없다.

② 간지역적 접근에 기초하여 구성된 세계사는 외부적인 요인들을 중심으로 지역이나 국가들의 변화를 조명함으로써 지역이나 국가 단위의 내재적 발전에 대한 이해를 소홀히 다룰 가능성이 있다. 이는 역사의 균형적 이해에 대한 방해 작용을 한다고 볼 수 있다.

〈전공 B〉

04 (가), (나)를 참고하여 ○○학교 교육과정에 대한 내용을 〈작성 방법〉에 따라 서술하시오. [4점]

(가) ○○학교 교육과정 설명회 내용 : 1학년 교육과정의 가장 큰 특징은, 각 교과의 특색은 살리면서 공동체 역량을 구심점으로 한다는 점입니다. 2015 개정 교육과정이 아직 적용되지 않은 역사 수업에서도 이 교육과정이 요구하는 ⊙오늘날 우리 관점에서 필요한 역사의식의 함양과 타인을 이해하고 배려하는 태도를 강조하고 있습니다. …(중략)… 또한 나누어 드린 자료와 같이 자유학기제 주제 선택 프로그램을 운영하고 있습니다.

(나) ○○중학교 1학년 교육과정 설명회 자료
너와 나, 함께 성장하는 우리
…(중략)…
◎자유학기제 주제 선택 프로그램
○"나를 알고 너를 알다"
다른 지역에 위치한 □□학교와 연계한 프로젝트임. □□학교 학생과 함께 선정한 주제를 중심으로 ⓒ향토사를 조사하고 UCC를 제작함. ⓒ□□학교 학생과 조사 내용을 공유하고 비교함. 조사 및 비교 결과를 정리하여 우리 지역 사회 잡지에 투고함.
○"내 손으로 만드는 영화"
청소년의 하루를 주제로 영화 만들기. 시나리오 작업, 연기,

〈작성 방법〉
○⊙에 해당하는 역사 교과 역량을 쓸 것.
○ⓒ 학습의 장점을 1가지 쓸 것.
○ⓒ 학습에 ⓒ 활동을 추가함으로써 얻을 수 있는 역사 학습 효과를 1가지 서술할 것.

<예시 답안>

㉠ 역사교과 역량: 정체성과 상호 존중
㉡ 학습의 장점: 학생들에게 친숙하고 관심이 있다./ 자신의 관점에서 역사를 이해하고 해석하며, 역사의 전개 과정에 능동적으로 참여가능하다.
㉢ 자기 지역의 전통이나 고유성을 강조하다 보면, 객관적으로 역사를 인식하기 어려운데, 이런 점을 비교를 통해 극복할 수 있다.

<2015개정교육과정>

'역사' 과목은 역사 사실 이해, 역사 자료 분석과 해석, 역사 정보 활용 및 의사소통, 역사적 판단력과 문제 해결 능력, 정체성과 상호 존중을 중요한 역량으로 삼고 있다.

① 역사 사실 이해- 과거의 사건, 인물, 구조, 변화 등에 대한 지식을 습득하고 중요한 역사용어나 개념을 이해하는 능력
② 역사 자료 분석과 해석- 역사 자료를 읽고 이를 비판적으로 검토하여 역사 지식을 구성하는 능력
③ 역사 정보 활용 및 의사소통- 다양한 매체를 통해 얻은 역사 정보를 분석, 토론, 종합, 평가하는 능력
④ 역사적 판단력과 문제 해결- 과거 사례에 비추어 오늘날의 문제를 해결하는 능력을 의미
⑤ 정체성과 상호 존중- 우리 역사와 세계 역사에 대한 이해를 바탕으로, 급변하는 현대사회에서 요구되는 역사의식을 함양하며 타인을 이해하고 존중하는 태도를 갖는 능력.

08 <자료 1>, <자료 2>, <자료 3>을 바탕으로 <작성 방법>에 따라 역사 글쓰기 수업과 이를 통한 서술형 평가의 방안에 대해 논술하시오. [10점]

〈자료 1〉

〈○○고등학교의 교생 실습 협의회 〉

지도교사 : 이번 연구 수업에서는 '신라의 삼국 통일'을 주제로 글쓰기 수업과 서술형 평가를 연계한다고 들었습니다.

교생1: 네. 저는 사료 학습을 바탕으로 '(㉠)이/가 되어 글쓰기' 수업을 하고자 합니다. 학생들이 7세기 각국의 상황을 이해하고, 삼국 통일 전후 한반도 및 동북아시아의 정세를 종합적으로 파악하기 한 수업 자료를 준비했습니다.

지도교사 : 무엇보다 한 (A)사료를 선정하는 것이 중요했겠네요. …(중략)…

교생2: 저는 '(㉡)이/가 되어 글쓰기' 수업을 하고자 합니다. 이 수업은 ㉢학생들로 하여금 구조적 상상을 통해 자신들이 경험해 보지 못한 과거를 이해하도록 하는 데 그 목적이 있습니다.

지도교사 : 이 수업은 각 (B)인물의 역사적 행위의 의미를 이해하는 것이 중요하겠네요.

교생 1, 2: 각 수업을 진행한 후 서술형 평가를 시행하는데, 이때 학생에게 제시하는 문항은 각각 ㉣과 ㉤입니다.

…(하략)…

〈교생 1의 수업 계획표〉

주제	신라의 삼국 통일이 갖는 역사적 의미
수업 목표	… (상략) … 3. 사료의 내용을 바탕으로 삼국 통일의 역사적 의미에 대한 글쓰기를 할 수 있다.
수업 자료	● 대야성 전투 전후 백제와 신라의 국내 정세 사료 ● 고구려 연개소문의 정변, 안시성 전투 이후 각국의 동향에 관한 사료 ● 김춘추의 외교 활동 관련 사료 ● (가) 통일 이후 신라 관련 사료 ○ 선왕 춘추는 자못 어진 덕이 있었고, 더욱이 생전에 어진 신하 김유신을 얻어 한마음으로 정치를 하여 삼한을 통일했으니 그 공업(功業)이 많지 않다고 할 수 없다. ○ 후에 당과 함께 두 나라[고구려, 백제]를 토멸하여 그 지역을 평정하고 …(중략)… 본국 경계 내에 3주(州)를 두고, …(중략)… 백제국 경내(境內)에도 3주를 두고, …(중략)… 옛 고구려 남쪽 지경에도 3주를 두었다. ○ 다섯 번째는 신문왕 3년에 고구려 백성으로 구성된 황금서당이고, …(중략)… 여섯 번째는 신문왕 3년에 말갈 백성으로 구성된 흑금서당이고, …(중략)… 아홉 번째는 신문왕 7년에 백제 유민으로 구성된 청금서당이다.
평가	문항: ㉣삼국 통일의 역사적 의미를 서술하시오. 채점기준: … (하략) …

<자료 3>

<교생 2의 수업 계획표>

주제	□□의 눈으로 보는 삼국 통일

수업 자료	● 「삼국사기」 신라본기(태종왕, 문무왕), 백제본기(의자왕) 발췌자료 ● 「삼국사기」 김유신 열전, 계백 열전, 관창 열전, 개소문 열전 발췌 자료 ● 계백·김유신, 계백·관창의 모습을 담은 역사영화 클립 … (하략) …
평가	**문항**: ⓓ 제시된 조건에 따라 삼국 통일의 의미에 대한 글을 작성하시오. 조건 1. 수업에서 다룬 인물 중 한 명의 입장에서 작성할 것. 조건 2. 수필, 일기, 편지, 상소문 등의 형식은 자유롭게 선택할 것.

평가 - 채점기준:

평가영역		평가내용	척도
형식	서술의 정확성	○ 오탈자가 없고 맞춤법이 정확한가?	
	표현의 적절성	○ 주어-서술어 관계가 적절한가? ○ 문장의 연결이 자연스러운가?	
내용	내용의 타당성	○ 제시된 조건을 충족하였는가? (나)	
	주장의 명료성	○ 논리적 일관성이 있는가? ○ 주장에 대한 근거가 제시되었는가?	

<작성 방법>

o 역사 쓰기의 종류와 관련하여 ㉠, ㉡에 들어갈 용어를 순서대로 쓸 것.

o (A)를 수행하기 위한 기준을 1가지 쓰고, (B)와 관련하여 드레이(W. H. Dray)의 설명 모델을 적용할 때 고려해야 할 요소를 2가지 쓸 것.

o ㉢ 문항과 비교하여 ㉣ 문항이 가지는 문제점을 서술하고, (가) 사료에서 공통으로 나타나는 의미를 포함하여 ㉣ 문항을 수정하여 쓸 것.

o ㉢에 비추어 (나)에 들어갈 ㉤ 문항의 채점 기준의 사례를 1가지 쓸 것.

o 논리적으로 서술할 것.

<예시 답안>

㉠ 역사가 ㉡ 역사적 인물

(A) 수행 기준: 즉 사료 선정 기준을 의미한다.
- 학습내용과 관련이 깊어야 한다. 학습목표를 달성하는 데 유용해야 한다. 학생들의 능력이나 발달 단계에 맞아야 한다. 상대적으로 중요한 내용을 담고 있는 사료를 택해야 한다. 사료의 내용을 믿을 수 있어야 한다. 번역된 사료의 경우, 번역 내용이 정확해야 한다.

(B) 드레이 모델 설명에서 고려해야 할 요소: 합리적 설명에서 가장 중요하게 고려해야 할 사항은 행위자가 처한 상황과 그의 목적 및 동기이다.

㉣문항 문제점: ㉢문항은 '제시된 조건'과 관련하여 삼국통일의 의미를 서술할 것을 요구하고 있다. 그에 반해 ㉣문항은 '제시된 조건'이 나타나있지 않기에 구체적인 의미를 제시할 수가 없다.

(가) 사료에서 공통으로 나타나는 의미를 포함하여, 수정- "민족융합정책"과 관련하여 삼국통일의 의의를 서술하시오.

㉢에 비추어 (나)에 들어갈 ㉤문항의 채점 기준 사례 쓸 것: 수업에서 다룬 인물 중 한 명의 입장에서 타당하고 조리 있게 설명하고 있는가?

2018년 중등임용고시 역사교육론 부문

⟨전공 A⟩

01 다음은 어느 시기에 실시된 교육과정의 교과 내용 및 편제이다. ㉠ 교과 명칭을 쓰고 ㉡, ㉢에 들어갈 과목을 순서로 쓰시오. [2점]

> 교수요목 시기에는 (㉠)을/를 도입하였다. (㉠)은/는 민주주의 사회에 알맞은 국민의 양성, 공동생활에서 책임과 의무를 이행할 줄 아는 생활인의 양성 등을 주된 목적으로 내세웠다. 미국의 아동 중심 교육 이론과 통합의 원리에 따라 역사·지리·공민을 종합해 편성하였고, 교수요목을 물음의 형태로 제시함으로써 '설문식 교수'를 강조하였다.

	지리 부분	매주 시수	역사 부분	매주 시수	공민 부분	매주 시수
제1학년		2	㉡	2		1
제2학년		2	㉢	2		1
제3학년		2	우리나라 생활	2		1

<예시 답안>
㉠ 사회생활과
㉡ 이웃나라의 생활
㉢ 먼 나라의 생활

<해설>
◆ 교수요목 시기 사회생활과의 도입 절차와 내용

① 도입절차와 목적

　미군정은 1946년과 1947년에 걸쳐 초등학교와 중학교 교수요목을 제정하여, 교육제도를 정비하였다. 교수요목에서는 미국 콜로라도 주와 캘리포니아 주에서 제시되었던 교수요목을 본떠서 social studies를 '사회생활과'라는 이름으로 도입하였다.

　사회생활과는 일제말의 국민과를 대체한 것으로, 역사와 지리, 공민이 여기에 편제되었다. 사회생활과 교육에서는 민주시민교육을 강조하였는데, '사람과 자연환경 및 사회 환경과의 관계를 밝게 인식시켜 사회생활에 성실, 유능한 국민이 되게 함'(초등학교 사회생활과 목표)에 그 목적이 있었다.

② 역사 부분 수업 내용
- 역사는 초등학교 5, 6학년 때 초보적인 국사의 통사를 배우기 시작
- 중학교 1학년 때는 '이웃나라의 생활'이라는 이름으로 동양사를
- 2학년 때는 '먼 나라의 생활'이라는 이름으로 서양사를
- 3학년 때는 '우리나라의 생활'이라는 이름으로 국사를 배우도록 편제
- 4학년 때는 '인류문화사'라는 이름으로 다시 세계사를 배움
- 5학년 때는 '우리문화사'라는 이름으로 국사를 배우게 하였다.

③ 교수요목 시기 사용된 교과서의 한계

　이 시기 국사교과서들은 대체로 왕조사 중심의 통사적 내용으로 구성되었다. 특히 민족적 자긍심의 회복과 자주적 민족의식이라는 시대적 분위기를 반영하여 고대사를 중시하였으며, 외침을 극복한 민족 역량을 강조하였다. 고대사의 분량이 전체의 60% 이상인 교과서가 많았다. 하지만 민족사 연구는 이에 미치지 못하여 교과서 서술의 곳곳에는 여전히 일제 식민사학의 영향이 남아 있었다.

03 밑줄 친 ㉠, ㉡의 설명 방식을 '일반적 역사 설명'의 범주에서 순서대로 쓰시오. [2점]

〈최 교사와 박 교사의 한국사 수업과 수업 협의회〉

(가) 최 교사의 한국사 수업 장면
- 최 교사 : 1894년 동학농민운동의 원인은 무엇일까요? 개항이후 외세의 경제적 침투와 지배층의 가혹한 수탈로 농민의 생활이 어려워지고 있었습니다. 동학의 교세도 크게 확장되고 있었고요. 그 과정에서 고부군수 조병갑의 학정은 고부 봉기가 일어나는 직접적 원인이 되었습니다.

(나) 박 교사의 한국사 수업 장면
- 박 교사 : 1894년 동학농민운동이 있었습니다. 1884년에는 갑신정변이 있었고요. 두 사건에는 어떤 유사점과 차이점이 있을까요? 유사점으로는 두 사건 모두 신분제 등 일부 봉건적인 요소들을 타파하고자 했다는 점입니다. 차이점으로는 동학농민운동이 농민들 중심으로 이루어진 반면, 갑신정변은 급진개화파라고 하는 소수 정치인들이 중심이 되었지요.

(다) 수업 협의회 장면
- 강 교사 : ㉠최 선생님의 역사 설명 방식은 동학농민운동을 배경, 원인 등과 관련시키고 있어 학생들의 역사 이해에 특히 유용했습니다.
- 문 교사 : ㉡박 선생님의 역사 설명 방식은 동학농민운동과 갑신정변 두 개 사건을 놓고 유사점과 차이점을 밝혀 학생들이 사건의 성격을 더욱 폭넓게 이해하도록 했습니다.

〈예시 답안〉

㉠ 인과적 설명
㉡ 비교적 설명

〈해설〉

역사적 설명의 범주에는 ① 일반적 역사 설명, ② 과학적 역사 설명, ③ 인간의 행위 설명 등 세 가지가 있다. 일반적 역사 설명은 크게 보아 ㉠ 내포적 정의와 외연적 정의, ㉡ 총괄적 설명, ㉢ 비교적 설명, ㉣ 유추에 의한 설명, ㉤ 인과적 설명 등 다섯 부분으로 구성된다. 그 중 최 선생님의 설명 방식은 일반적 역사 설명 중 인과적 설명 부분에 해당, 박 선생님의 설명 방식은 일반적 역사 설명 중 비교적 설명에 해당된다.

09 ㉠, ㉡의 개념을 순서대로 쓰고 ㉢의 활동을 쓰시오. 그리고 교사가 ㉣에서 중점을 두고 지도해야 할 사항을 1가지 쓰시오. [4점]

(가) 학생들이 역사적 사실을 자신의 삶으로 느끼도록 하는 가장 좋은 방법은 학생들이 과거의 그 인물이 되어 보는 것이다. 이때 역사 교사들은 (㉠) 또는 (㉡)을/를 활용한 수업을 계획한다. 여기서 전자는 역사적 인물이 되어서 어떤 행동을 하는 것이고, 후자는 역사적 인물이 왜 그런 행동을 했을지 추론하는 것이다. 즉 전자는 당사자의 입장에서 역사적 상황 속에 들어가는 것이고, 후자는 제삼자의 입장에서 생각하는 것이다. 이 두 가지를 활용한 대표적인 역사 수업 방법에는 극화 수업이 있다.

(나) 3.1운동 극화 수업 사례

차시	수업 활동	수업 내용
1차시	(㉢)	● 3·1운동 관련 자료 수집 ● 3·1운동 발생 배경과 전개 과정 조사 ● 3·1운동 당시 상황 정리
	역사적 행위의 의도나 목적의 이해	● 3·1운동 참가자의 동기 파악 ● 3·1운동 참가자의 내면 이해 ● 모둠 별 3·1운동 대본 작성 및 교정
2차시	학습 활동의 표현	● 1모둠 역할극 : 탑골공원의 만세 시위 ● 2모둠 역할극 : 일제의 3·1운동 탄압과 제암리 학살 ● 3모둠 역할극 : 3·1운동 옥중 투쟁
	토의	(㉣)
	평가	● 학생들의 상호 평가(체크리스트 활용)

〈예시 답안〉

㉠ 추체험

㉡ 감정이입

㉢ 역사적 상황의 맥락적 이해(역사적 사건의 자료 수집을 통한 상황 정리)

㉣ 역할극도 다른 수업과 마찬가지로 교사가 지나치게 개입하는 것보다는 학생들이 자율적으로 참여하고 준비하도록 유도하되, 토론의 방향이 잘못 흘러가거나 원활한 토론이 진행되지 않을 시, 교사는 적절하게 지원하고 방향을 안내해야 한다.

<전공 B>

02 다음 자료를 읽고 교사의 역사인식과 수업 방안의 문제를 <작성 방법>에 따라 서술하시오. [4점]

(가) '역사를 안다'의 의미는 4가지로 나눌 수 있다. 교사가 어떤 의미를 학생들에게 가르치고자 하는가에 따라서 그에 적합한 교수, 학습 방법도 달라진다.

<임오군란 주제에서 '역사를 안다'의 4가지 의미>

(㉠)	○ 1882년 임오군란이 일어났다. ○ 별기군의 일본인 교관이 살해되었다.
(㉡)	○ 임오군란 이후 청의 간섭이 심화되었다. ○ 임오군란 결과 개화 세력 사이에 갈등이 커졌다.
역사적 행위의 이해	○ 성난 도시 빈민들이 임오군란에 적극 가담하였다. ○ 흥선대원군이 일부 신문물 도입 정책을 즉각 중단시켰다.
역사적 사실에 대한 평가	○ 임오군란은 개화를 둘러싼 갈등 사건으로 평가된다. ○ 임오군란은 도시 민란의 연장선상에 있는 사건으로 평가된다.

(나) 임오군란 수업 방안

수업 유형	(㉢)
교수 · 학습활동	○ 임오군란이 개화 세력에 미친 영향에 의문 갖기 ○ 가설 세우기 ○ 관련된 ㉣사료 수집하기, 사료 분석하기 ○ 가설 확인 또는 수정하기 ○ 임오군란이 개화 세력에 미친 영향에 대해 글쓰기

<작성 방법>

○ ㉠과 ㉡의 내용을 순서대로 쓸 것.
○ ㉢의 수업 유형이 무엇인지를 교수·학습 활동에 따른 수업 유형으로 쓸 것.
○ 드레이크(F. Drake)가 수업 활용에 제안한 역사적 사고 과정 4단계를 적용할 때, 저자의 신뢰성 등에 의문을 제기하는 것으로 ㉣ 과정에서 해야 할 첫 단계의 활동을 쓸 것.

〈예시 답안〉
㉠ 개별적 역사적 사실에 대한 기억
㉡ 역사적 사실들 간의 인과관계 파악
㉢ 수업 유형- 탐구식 수업
㉣ 과정에서 해야 할 첫 단계의 활동- 출처 확인

〈해설〉
　　역사교육관을 구성하는 하나의 중요한 요소는 학생들이 '알아야 할 역사'가 무엇인지 대한 교사의 관점이다. 실제 수업에서 교사가 추구하는 '역사를 안다'는 의미는 대체로 다음의 네 가지로 나눌 수 있다.

① 개별적인 역사적 사실에 대한 기억- 보편적 지식의 성격을 가지나 반드시 절대적 객관성을 가지고 있는 것은 아니다. 학생들의 기억을 통해 나타나고 교사의 설명으로 진행된다.
　　(문답, 비교, 유추, 연상)

② 역사적 사실들 간의 관계, 특히 인과관계 파악- 역사적 인과관계는 역사적 사실일 수도 있고, 후대 사람들이 파악한 것일 수 있다. 논리적, 합리적 탐구과정이 포함되고, 역사적 사실들 간의 관계를 분석하고 그것을 입증하려는 과학적 사고 능력이 필요하다.
　　(교사 설명이나 탐구식 수업)

③ 역사적 행위의 동기나 목적에 대한 이해- 역사는 인간의 행위로 이루어지며, 그 행위의 동기나 이유를 이해한다. 추체험, 감정이입 등이 필요하다.(연기(극화학습·역할극). 글쓰기(역사일기·상소문), 역사신문 만들기 등)

④ 역사적 사실에 대한 평가　자신이 기존에 알고 있는 역사적 사실과 관련된 다른 지식, 자신의 역사관이나 사회관, 가치관 등이 종합적으로 나타난다. 가치판단을 전제로 하고 있고, 학생들로

하여금 자신의 관점과 기준에서 역사적 사실에 대해 평가해 보게 하는 과정이 의미가 있다.(논쟁형 토론이나 토의형 토론)

역사적 사고력의 구성요소

① 연대기 파악력
- 시간의 흐름에 따른 사건에 대해 이해할 수 있는 능력이다.
- 학생들은 역사적 사건에 대해 시간적 개념을 가지고 파악할 수 있어야 한다.

② 역사적 탐구력(탐구식 수업과 관련)
- 역사가가 사료를 바탕으로 하여 역사적 사건에 대해 객관적이고 체계적인 해석을 가할 수 있는 능력을 의미한다.
- 탐구력은 역사적 사고력에서 가장 기본이 되는 것으로 1, 2차 사료의 구별, 사료 수집, 사료의 저자나 출처 확인, 사료 비판, **인과관계의 파악**, 가설의 설정과 검증, 결론의 도출, 역사적 해석 등과 관련된다.

③ 역사적 상상력
- 사료가 역사적 사건의 모든 것을 다 말해 주지는 않는다. 따라서 역사가는 과거 사건을 총괄적으로 이해하기 위해 역사적 상상력을 발휘할 수밖에 없으며, 이러한 특성상 역사학은 사화과학과 다른 체계를 지니게 된다.
- 역사적 상상력을 발휘하여 역사가는 사료 간극의 삽입, 증거의 간극 파악, 감정이입적인 이해, 행위에 대한 대안적 해석, 상상력을 바탕으로 한 사건의 재구성 등의 시도를 해야 한다.

④ 역사적 판단력
- 역사적 사건에 대한 해석은 민족, 국가, 가해자와 피해자 등에 따라 다를 수밖에 없으며 큰 논란을 빚기도 한다. 이러한 상황 속에서 역사적 사건에 대해 객관적이고 합리적인 의사결정을 내릴 수 있는 능력이 역사적 판단력이다.
- 역사적 판단력의 연사연구 및 역사교육의 궁극적인 지향점이 되며, 역사적 사고력 중 가장 높은 수준에 해당된다. 이를 위해 교사는 판단에 이용되는 준거와 적절성, 다른 가능한 해석의 존재, 공부하는 시대의 가치와 현재 가치 간의 차이 등을 정확히 이해하고 학생들을 지도해야 한다.

드레이크(F. Drake)가 수업 활용에 제안한 역사적 사고 과정 4단계

① 출처 확인 - 역사가가 사료 자체에 대해 분석하기 전에 사료의 진실성, 저자에 대한 신뢰성, 당시의 숨겨진 상황 등에 대해 의문을 지니고 검토하는 것을 말한다.
② 확증 - 여타 다양한 문서 및 정보를 통해 해당 문서 혹은 사료에 대한 신뢰성을 판단하는 것과 관련된다.
③ 맥락화 - 문서가 작성된 당시의 국가적, 지역적 상황을 충분히 이해하는 것과 관련된다. 이를 통해 현재와는 전혀 다른 맥락 속에서 당시 사람들이 역사적인 행위를 하였을 가능성을 파악할 수 있고, 역사적 실체에 다가설 수 있다. 이를 위해 상황을 유추하는 유추적 맥락과 함께 언어의 의미를 정확하게 파악하는 언어적 맥락을 구분하고 종합하여야 한다.
④ 비교적 사고 - 다양한 문서 분석을 통해 당대의 중요한 다른 사건들과 비교하거나 다른 지역에서 일어난 유사한 사건들과 비교하는 과정을 말하는 것이다. 이를 통해 특정한 역사적 사건에 대해 입체적인 이해가 가능하다.

08 <자료 1>, <자료 2>, <자료 3>을 바탕으로 <작성 방법>에 따라 학생 참여형 수업의 방향에 관해 논술하시오. [10점]

<자료 1>

<역사 1급 정교사 자격 연수>
- 강좌 주제: 학생 참여형 수업, 어떻게 할 것인가 -

㉠연수생 1: 중학교 역사교사입니다. 내용지식이 부족하다는 생각은 들지 않지만 막상 교실에 들어서면 수업이 매끄럽지 못합니다. 경험이 풍부한 선배 교사로서 수업에 유용한 아이디어를 추천해 주십시오.

김 교사: 역사교사로서의 성장을 위해서는 먼저 ㉡역사교육의 목적을 어디에 둘 것인가 고민할 필요가 있습니다. 그리고 교과서를 성전(聖典)으로 인식하는 입장에도 변화가 필요합니다. 그래서 교과서 서술을 여러 해석의 하나로 보고, ㉢지식의 형성자로서 학생 스스로가 텍스트를 재해석하고 재구성하는 수업이 필요합니다.

연수생 2: 해석의 다양성을 추구하는 수업을 말씀하신 것 같습니다. 그러면 역사적 사건을 여러 시각에서 볼 수 있는 구체적인 수업 사례는 어떤 것이 있을까요?

김 교사: 가령 묘청의 서경 천도 운동을 주제로 해서 ㉣묘청의 의사 결정 과정을 분석해 보는 수업도 의미가 있습니다.

<자료 2>

역사교육을 정치적 목적으로부터 완전히 단절시키는 것은 어려운 일이다. 역사교육의 목적이 사회의 갈등 해소, 사회적·정치적 논쟁거리들에 대한 평화적 의견 표출, 인권에 기초한 민주주의의 확대에 있음을 명확히 지향하는 경우는 긍정적인 사례이다.

- 『역사교과서와 역사교육에 관한 UN총회 보고서』

<자료 3>

의사 결정 능력의 신장은 민주시민 교육의 일환으로 역사교육에서 고려되어야 할 목표이다. 의사 결정 능력의 신장을 위한 수업 절차로는 <u>역사적 사건이나 인물의 행동에서 의사 결정을 요하는 문제를 발견하기 → 문제를 분석하기 → 가능한 대안들을 확인하기 → 각각의 대안에 대하여 예상되는 결과를 확인하기 → 실제로 결정된 의사를 확인하고 그로 인해 초래된 결과의 장단점을 분석하기</u>의 과정이 있다.

〈작성 방법〉

o ㉠의 연수생 1이 요구하는 것을 슐만(L. Schulman)의 이론을 바탕으로 진술할 것.
o 〈자료 2〉를 참고하여 ㉡과 관련된 리(P. Lee)와 화이트(J. White)의 논쟁을 서술할 것.
o ㉢의 학생 활동을 위한 교사의 조언 2가지를 서술할 것.
o ㉣과 관련하여 묘청의 입장에서 서경 천도를 결정한 과정을 〈자료 3〉의 밑줄 친 부분의 방식으로, 역사적 사실에 근거하여 서술할 것.
o 논리적으로 서술할 것.

<예시 답안>

㉠의 연수생 1은 슐만의 내용교수법에 근거하여 경험이 풍부한 선배 교사가 개발한 수업에 유용한 아이디어를 소개해 줄 것을 부탁하고 있다. 슐만의 내용교수법은 교과내용에 고유한 교수법이 기 때문에, 교과내용에 따라 가르치는 방법을 달리하도록 강조하고 있다. 즉 교사는 이와 관련된 지식과 능력을 갖추어야 한다. 따라서 내용교수법은 교사들에게 있어서는 수업 전문성을 확보하는데 있어 핵심적인 부분이다. 교사들은 스스로 학생들을 매우 잘 가르쳤다고 생각했을 수 있다. 그러나 학생들이 실상 교사들이 생각했던 것만큼 배우지 못했다는 점을 알게 될 때 교사들은 불편함을 느끼게 된다. 따라서 연수생 1은 내용지식이 아니라 선배 교사가 지니고 있는 효율적인 교수법을 전수해 줄 것을 부탁하고 있는 것이다.

한편 ㉡에서 볼 수 있듯이 역사교육의 목적 설정을 놓고 학계에서 논쟁이 있었다. 리(P. Lee)는 역사의 내재적 가치가 정치적 목적에 이용되는데 반대하였다. 즉 리는 역사 자체가 지니는 의의에 중점을 두고, 이를 여타 목적으로 이용하는 것에 대해 반대한 것이다. 그러나 화이트(J. White)는 역사교육의 교과 목적 그 자체보다는 학교 교육의 목적(민주 시민의 덕목 양성)을 강조하였다. 이러한 화이트의 견해는 역사가 정치적인 목적으로 이용되는 부분에 대해 인정하는 입장인 것이다.

또한 ㉢에서 언급된 것처럼, 지식의 형성자로서 학생 스스로가 텍스트를 재해석하고 재구성하는 수업을 위해 교사는 두 가지 조언을 학생들에게 해 줄 필요가 있다. 첫째 교사는 학생들에게 역사적 사실에 대한 평가가 역사가에 의해 주어진 것으로 주관적 측면이 있음을 강조해야 한다. 즉 같은 역사적 사실이라고 해도 역사가의 의도에 따라 그 평가는 전혀 다를 수 있다는 점을 교사는 학생들에게 가르쳐 주어야 한다. 따라서 학생들은 스스로 역사가의 입장에서 텍스트를 평가하고 재해석하기 위해 노력하게 될 것이다. 둘째 교사는 역사적 사실에 대해 학생들이 다양한 자료를 바탕으로 텍스트에서 벗어나 역사적 사실을 새롭게 재구성할 것을 강조해야 한다. 이를 통해 학생들은 텍스트를 맹신하는 데에서 벗어나 자신이 역사가의 입장에서 역사적 사실을 재구성하고, 이를 비교할 수 있는 역량을 지니게 될 것이다.

㉣에서 언급한 묘청의 의사 결정 과정을 분석하는 데 있어서 다음을 고려해 볼 수 있다. 우선 당시 여진족에 의해 세워진 금나라가 중국의 북쪽을 지배하고 있었다. 또한 이자겸을 비롯한 경원 이씨 세력은 자신들의 정권유지를 위해 금나라에 사대의 예를 표하였으며, 이로 인해 고려의 북진정책은 사실상 좌절된 상황이었다. 당시 고려의 지배층은 신라에 중점을 두는 개경파와 고구려에 중점을 두는 서경파로 분열되어 있었다. 개경파는 보수적인 유교에 중점을 두고 정책을, 서경파는 새로운 개혁을 추구하고자 하였다(의사 결정을 요하는 문제를 발견하기). 이에 묘청은 정지상 등 서경파와 함께 연합하여, 김부식을 중심으로 하는 개경파와는 다른 사상과 정책을 근거로 고려를 혁신하고 정권을 장악하고자 하였다(문제를 분석하기). 묘청을 중심으로 하는 서경파는 개경파의 보수적인 유교에 맞서 풍수지리설을 채택하여 서경으로 천도할 것, 개경파의 금에 대한 사대에 맞서 태조 왕건이 강조한 북진정책을 통해 금나라를 정벌할 것, 또한 칭제건원과 도참사상에 입각한 자주적인 대외정책 등을 통해 주변 36국을 제압할 것 등을 대안으로 삼았으며, 이를 통해 개경파를 제압하고 정권을 장악하고자 시도하였다.

2017년 중등임용고시 역사교육론 부문

〈전공 A〉

01 (가), (나)가 시행된 교육과정 시기를 쓰고, 역사 교과 체제상의 주요 변화를 쓰시오. [2점]

(가) 중학교 교육 목표
- 우리 민족의 발전 과정을 주체적인 입장에서 파악시키고, 민족사의 정통성에 대한 인식을 깊게 하며, 문 화 민족의 후예로서의 자랑을 깊이 하게 한다.
- 우리 민족사의 각 시대의 특성을 종합적으로 파악시키고, 현재적 관점에서 이를 살필 수 있게 하여 민족사의 특색에 대한 인식을 깊이 하게 한다. … (하략) …

(나) 을지문덕의 유도 작전과 고구려 군의 맹렬한 공격으로 수나라의 40만 대군을 불과 2천 7백 명밖에 살아 돌아가지 못하게 했다. … (중략) … 육지로 쳐들어온 적은 압록강 건너 깊숙이 유인하여 섬멸하고, 바다로 들어온 적은 대동강으로 끌어들여 평양성의 올가미에 몰아넣고 섬멸하여, 다시 일어설 수 없는 결정타를 안겨 주었다.

-『시련과 극복』

⟨예시 답안⟩

(가)와 (나)가 시행된 교육과정 시기- 제3차 교육과정

역사 교육 체제상의 주요 변화- 중학교, 고등학교에서 국사가 사회과목에서 분리되어 독립교과가 되었으며, 필수과목이 되었다. 즉 국사과에서 국사 교육을 담당, 사회과 안에서 세계사 교육을 맡아 이원화되었다.

⟨해설⟩

제3차 교육과정(1974-1981년)

① 1968년 발표된 국민교육헌장을 구현하는 교육 방침이 표방되었다.
② 중학교, 고등학교에서 국사가 사회과목에서 분리되어 독립교과가 되었으며, 필수과목이 되었다. 즉 국사과에서 국사 교육을 담당, 사회과 안에서 세계사 교육을 맡아 이원화되었다.
③ 세계사가 선택과목이 되었기에 국사에 비해 세계사 교육이 약화되는 현상이 빚어졌다.
④ 필수과목으로 국사교육이 시행되었기에 학생들의 역사관이 주입식으로 고정될 우려가 커졌다. 또한 강의되는 역사 해석이 학생들에게 그대로 강요될 우려도 있었다.
⑤ 중학교와 고등학교에서 국난 극복의 역사 교육을 위해 『시련과 극복』이라는 제목의 도서가 보급되었다. 이는 당시 유신체제 하에서 정권의 힘을 강화하려는 시도와 맞물려 진행된 측면이 있었다.
⑥ 교과서 제도가 1978년에 개정되었다. 이로 인해 종전에 시행되던 국정, 검정, 인정이 1종, 2종, 인정으로 변경되었는데, 국사와 세계사는 모두 1종으로 지정되었다. 또한 『시련과 극복』의 발간이 중단되었으며, 이를 바탕으로 한 수업도 폐지되었다.

09 다음은 최 교사와 교생이 나눈 대화이다. <작성 방법>에 따라 (나) 안에 들어갈 최 교사의 조언을 서술하시오. [4점]

교생: 대표 수업에서는 고대 아테네 민주정을 주제로 토론식 수업을 하려고 합니다.

최 교사: 아테네 민주정이 진정한 민주정인가 아닌가에 대한 대립 논쟁식 토론 수업인가요?

교생: 아닙니다. 저는 학생들에게 아테네 민주정과 관련하여 교사가 준비한 사료와 ㉠ 문제를 주고, 모둠별로 답을 의논하는 수업을 생각했습니다.

최 교사: (가) 수업이군요. 사료를 활용한다는 점에서 사료학습이기도 하고요, 사료학습을 할 때, ㉡ 학생들은 사료의 용어나 서술 방식 때문에 역사 이해에 어려움을 겪기도 합니다.

〈 작성 방법 〉

- (가)에 들어갈 용어를 포함하여 답안을 구성할 것.
- (가) 수업 준비 과정에서 ㉠을 선정할 때 고려할 점을 1가지 제시할 것.
- 수업 준비 과정에서 밑줄 친 ㉡을 해결할 수 있는 방안을 2가지 제시할 것.

◁예시 답안▷

　토의식 수업에서 교사가 문제를 선정할 때 자료를 통해 학생들이 해결해야 할 문제를 구체적이고 명확하게 할 필요가 있다. 그리고 ⓒ을 해결하기 위해서는 교사가 사료의 내용을 검토해서 학생수준에 적합하도록 표현을 바꾸고 편집할 필요가 있다. 또한 이런 사료들은 교사가 추가 설명을 단다거나 다른 관련 자료들을 함께 활용하는 것이 바람직하다.

◁해설▷

역사수업 모형(교수-학습활동 유형)
① 강의식 수업/ ② 문답식 수업/ ③ 탐구식 수업/ ④ 토론식 수업(토론식 vs 토의식)/ ⑤ 역할극/ ⑥ 제작학습

역사수업 모형(내용구성 유형)
① 사실학습/ ② 개념학습/ ③ 주제학습/ ④ 시대학습/ ⑤ 인물학습/ ⑥ 비교학습

사료 학습에서 유의할 부분
① 사료 학습의 가장 큰 문제점은 학생들이 사료의 내용을 이해하는 데 어려움을 느낄 수 있다는 것이다. 이런 사료들을 자료로 사용하면 학생들의 탐구 활동이 힘들어지며 수업에도 흥미를 잃기 쉽다.
② 학생들이 사료에 어려움을 느끼는 이유는 사료의 내용이 한글로 되어 있지 않으며, 요즘 사용하는 용어나 서술방식이 아니기 때문이다. 국사나 동양사 수업에서 주로 사용하는 원사료는 대부분 한문으로 된 것들이며, 서양사 관련 사료들은 영어나 그 밖의 외국어로 서술되어 있다. 번역된 것이라도 한국사 사료들은 한자식 표기가 많으며, 세계사 사료들은 적절한 번역이 되어 있지 않을 경우 문장이 어색하거나 학습에 맞지 않는 번역어를 사용한 경우가 많다. 이런 사료들은 교사가 내용을 검토해서 학생수준에 적합하도록 표현을 바꾸고 편집할 필요가 있다.
③ 사료가 역사적 사실을 압축적으로 서술하거나 비유적으로 표현하고 있는 경우도 많다. 배경지식이 없으면 이러한 사료의 내용을 이해하기 어렵다. 이런 사료들은 교사가 추가 설명을 단다거나 다른 관련 자료들을 함께 활용하는 것이 바람직하다.

10 (가), (나) 저자의 관점에서 밑줄 친 ⊙과 ⓒ의 관계를 각각 서술하시오. [4점]

(가) 나는 과학적 설명의 두 모델을 제시하고자 한다. … (중략) … 나는 이 두 모델을 연역적-법칙적 모델, 귀납적-확률적 모델이라 칭하고자 한다. 연역적-법칙적 모델은 연역적 모델, 귀납적-확률적 모델은 확률적 모델이라고 줄여서 부를 수도 있다.
-『포괄 법칙에 의한 설명과 예측』-

(나) 나는 언어학적 예시 형식인 은유, 환유, 제유, 아이러니라는 비유법을 이용하여 역사가의 의식 형태를 논했는데, 이 의식 형태를 통해서 역사가들은 묵시적이든 공개적이든 논증, 플롯 구성, 이데올로기적 차원에서 여러 설명 전략을 정당화할 수 있다. … (중략) … 역사가들이 역사적 과정을 특정한 이야기로 구성하는 데 사용하는 로망스, 비극, 희극, 풍자라는 4가지 전형적 플롯 구성을 확인하였다.
-『메타 역사: 19세기 유럽의 역사적 상상력』-

(다) 투키디데스로부터 에드워드 기본에 이르는 문학적 전통과 레오폴트 폰 랑케 이래 '학문'으로서의 역사학은 다음과 같은 세 가지 기본 전제를 공유하였다. 첫째, ⊙역사 서술은 ⓒ실제로 존재했던 사람과 실제로 일어났던 행위를 보여준다는 진리대응설을 수용하였다. … (하략) …

〈예시 답안〉

(가) 저자의 관점에서 역사 서술은 과학적 설명과 같은 위치를 갖고 있다. 따라서 (가) 저자에 따르면 역사 서술은 실제로 존재했던 사람과 실제로 일어났던 행위를 과학적으로 반영할 수 있다.

(나) 저자의 관점에 따르면 역사 서술은 문학과 본질적으로 동일할 수밖에 없으며, 내러티브에 의한 서술일 뿐이다. 이는 언어적인 한계에서 기인하는 것으로 (나) 저자에 따르면 역사 서술은 실제로 존재했던 사람과 실제로 일어났던 행위와 절대 같을 수 없으며, 문학적인 성격을 띨 수밖에 없다.

〈해설〉

햄펠의 역사 인식(실증론적 입장, 과학으로서의 역사)
① 역사의 본질과 연구방법은 자연과학과 같다.
② 역사학은 역사적 사실을 일반법칙과 선행조건으로부터 논리적으로 연역하여 인과적으로 설명하려는 것이다(포괄법칙).

화이트의 역사 인식(문학으로서의 역사, 내러티브로서의 역사)
① 화이트는 역사서술이 갖는 문학성과 내러티브를 강조했다.
② 그는 역사를 '서사'가 아니라 '과학'으로 바라보도록 훈련받는 현실을 개탄, 신화와 역사 그리고 사실과 허구의 구분을 해체할 것을 주장했다.
③ 화이트는 본질적으로 역사서술과 창작 사이에 차이가 없다고 보았다. 다만 과거의 사실을 이야기하는 것과 창작한 허구를 이야기하는 것의 차이며, 역사가와 소설가의 작업의 차이는 종류의 차이가 아니라 정도의 차이라는 것이다. 역사가들은 역사적 의미를 발견하거나 해석하는 것이 아니라 창조하는 일을 하고 있다고 했다.
④ 화이트에 의하면 모든 역사서술은 비유의 수사학, 구성적 상상력, 플롯을 동원한 이야기로서 '순수 역사'가 아니라 '메타 역사'를 기술한 것이다. 따라서 역사는 사건들의 혼돈에 서사적 질서를 부여하여 이루어진 허구인 셈이다. 이는 사료가 역사적 실체를 담고 있다고 볼 수 없으며, 이를 바탕으로 하는 역사학은 문학일 수밖에 없다는 것이다.
⑤ 화이트를 포함하여 포스트모던 역사 이론가들은 학자들은 '언어로의 전환(linguistic turn)'을 강조한다.

〈전공 B〉

01 (가)는 ○○ 중학교 역사 수행평가 계획 수립을 위한 두 교사의 협의 내용이고, (나)는 이에 따라 작성된 수행평가 채점 기준이다. 배 교사가 밑줄 친 ㉠과 같이 말한 이유를 1 가지 쓰고, (가)에 근거하여 (나) 채점 기준의 문제점과 그 해결 방안을 각각 1 가지 서술하시오. [4점]

(가) ○○ 중학교 교사 협의회

조 교사 : 『역사 ②』 6단원 「현대 세계의 전개」 수업은 총 10차시로 합시다. 6단원은 1900년대 초부터 현재에 이르는 주요 역사적 사건의 내용과 의의, 그리고 이 시기 세계사의 전체적 흐름을 학습 내용으로 합니다. 이를 위해 사진 자료를 수업에 활용하고, 수행평가로 연결했으면 합니다. 차시마다 사진 자료를 5장 내외로 활용하여 수업한 다음, 매 차시 마무리 활동으로 학생 개인이 가장 중요하다고 생각하는 사진을 1장 골라 사진이 설명하는 역사적 사건에 대한 내용과 해당 사진이 세계사적 측면에서 중요하다고 생각한 이유를 쓰도록 합니다. 대단원 마무리인 10차시에는 차시별 수행 과제를 모아 학생 개인별 사진첩을 만들고, 사진첩 제목과 제목 선정 이유, 그리고 사진첩에 포함된 사건들을 연결하는 역사 이야기를 쓰도록 합시다.

배 교사 : 대단원이 끝난 후, 학습 내용을 바탕으로 역사신문 만들기를 했던 작년에 비해, ㉠<u>이번 평가 방안이 수행평가의 취지를 더 잘 살릴 수 있다고 생각합니다.</u>

(나) 수행평가 채점 기준

차시별 과제 채점 기준			
	3점	2점	1점
1차시	사진, 설명, 선정 이유가 모두 있고 설명 분량이 충분함	사진, 설명, 선정이유가 모두 있으나 설명 분량이 부족함.	사진, 설명, 선정 이유 중 누락된 요소가 있음

대단원 마무리 과제 채점 기준			
	10점	7점	5점
사진첩 제목, 제목 선정 이유, 역사이야기	제목과 선정 이유가 있음, 역사이야기 분량이 충분함	제목과 선정 이유가 있으나 역사이야기 분량이 부족함	제목, 선정 이유 또는 역사 이야기가 없음.

〈예시 답안〉

㉠과 같이 말한 이유- 매 차시 수행한 결과를 연결하는 사진첩(포트폴리오)을 만들어 각 사건들을 연결하는 역사 이야기를 작성하게 하여 학생들의 사고과정을 처음부터 끝까지 입체적으로 평가할 수 있도록 하였기 때문이다.

(가)에 근거한 (나) 채점 기준의 문제점과 그 해결 방안

"차시별 과제 채점 기준"과 "대단원 마무리 과제 채점 기준"에서 설명 분량이 충분함, 부족함이 평가 기준으로 제시되고 있지만 이는 모호한 용어로 학생들에게 혼란을 줄 수 있다. 따라서 평가 기준이 보다 명확하게 제시될 필요가 있으며, 분량 이외에도 학생들의 능동적인 사고과정을 평가할 수 있는 창의성, 논리성 등의 평가 기준이 구체적으로 제시되어야 한다.

"대단원 마무리 과제 채점 기준"에서 사진첩에 포함된 사건들을 연결하는 역사 이야기에 대한 평가가 누락되어 있다. 따라서 각 사건들이 연결되는 역사 이야기의 논리성, 창의성 등에 대한 객관적 평가 기준이 제시되어야 한다.

08 다음 〈자료 1〉, 〈자료 2〉를 바탕으로 역사 교사가 수업 설계에서 중시하는 요소와 그에 따른 교수·학습 방안을 〈작성 방법〉에 따라 논술하시오. [10점]

〈자료 1〉

○○ 중학교 역사 교사 수업 연구회 대화록

박 교사 : 지난 번 역사 교사 연수에서 한국사와 세계사 내용 구성에 대한 토론이 있었습니다. 두 영역을 별 개로 가르쳐서는 안 된다는 의견이 많았는데요. 김 선생님께서는 어떻게 생각하시는지 궁금하네요.

김 교사 : 저는 ⊙세계사적 배경과 맥락 속에서 한국사 내용을 조직하여 종합적인 역사인식을 추구해야 한 다고 생각해요. 일국사적인 시각에서 벗어나기 위해 내용을 재구성해서 가르치는 선생님들도 계시더군요.

…(중략)…

김 교사 : 선생님께서는 수업 설계에서 무엇을 중시하시나요?

박 교사 : 저는 역사적 사실을 많이 아는 것을 무엇보다 중시하다 보니, 교사 중심의 설명식 수업을 주로 합니다. 새로운 역사적 사실들에 대한 관심과 흥미를 유발하기 위해 ⓒ학생들이 이미 알고 있거나 친숙한 소재, 즉 기반 사례를 활용하여 설명을 합니다.

김 교사 : 저는 인간의 내면을 이해하는 것이 중요하다고 생각해요. ⓒ역사 속 인물이 되어 왜 그런 행동을 하였을까 추측해 보거나, 어떤 행동을 직접 해보는 활동을 수업에서 적극적으로 활용하고 있어요.

박 교사 : 지난 번 선생님의 ②모의재판극 수업을 참관해 보니, 학생들이 인물의 행위를 평가하는 모습이 인상 깊었습니다.

…(하략)…

〈자료 2〉
교수·학습 방안

구분	박 교사	김 교사
역사인식의 의미	역사적 사실의 기억	역사적 행위를 한 인간의 내면을 이해
수업 유형	ⓒ 설명식 수업	ⓒ

<작성 방법>

- 밑줄 친 ㉠과 관련된 역사 내용 조직의 원칙을 제시할 것.
- 밑줄 친 ㉡에 해당하는 설명 방식을 쓰고, 이러한 설명 방식을 이용할 때 교사가 유의해야 할 점을 2가지 제시할 것.
- 밑줄 친 ㉢에 해당하는 수업 유형을 제시할 것.
- 밑줄 친 ㉢, ㉣ 유형의 수업에서 함양할 수 있는 역사적 사고력의 요소 2가지를 학생 활동과 관련지어 제시할 것.
- 답안을 논리적으로 서술할 것.

<예시 답안>

㉠ 내용조직 원칙: 통합성

㉡ 설명방식: 유추

유의점: 두 가지 대상 중에 어떤 부분을 부각시킬 것인가에 대한 고려가 있어야 한다, 설명 대상과 모델을 설정하고 구분 유의해야 한다, 유추의 대상이 공통점과 차이점(특수성)을 갖고 있는 성격을 파악해야 한다, 학생의 선행학습 정도, 경험의 양과 질 고려, 학생에게 친숙한 경험에서 출발하여야 한다, 잘못되거나 부정적 인식의 위험성을 사전에 검증해야 한다.

㉢ 수업유형: 연극식(역할극·연극수업·영상극·그림자극·뮤지컬) (유사답안- 극화수업)

역사적 사고력 요소: 연극식 수업에서 연극을 통해 구현하고자 하는 상황이나 인물을 구체적으로 이해시킴으로써 역사적 상상력(추체험·감정이입)을 양성할 수 있다. 모의재판 형식에서 그 인물이나 사건의 의미를 적극적으로 평가하는 과정을 극에 포함시켜 역사적 판단력과 상상력을 함양시킬 수 있다.

<해설>

내용조직원칙은 계속성, 계열성, 통합성 3가지가 있다. 계속성은 변화, 인과관계, 유사성과 차이점 등 중요한 요소가 계속반복된 것이다. 계열성은 내용이 단순한 것에서 복잡한 것으로 심화 및 확대되는 것으로 선행되는 내용을 기초로 하여 다음 경험과 내용을 전개하는 방식이다. 학습연결 측면서 계속성을 가지면서 한편으로는 이전의 학습과 차이를 보여야 한다. 나선형교육과정, 환경확대법 등이 여기에 속한다. 통합성은 내용들을 상호연결 및 통합을 통해 효과적인 학습을 진행하는 방법이다. ㉠과 같이 세계사적 배경과 맥락 속에서 한국사 내용을 조직하는 방식이 통합성에 해당한다.

2016년 중등임용고시 역사교육론 부문

〈전공 A〉

01 다음 표는 2009 개정 교육과정(교육과학 기술부 고시 제 2012-14 호)에 따른 사회과 교육과정의 중학교 '역사' 과목과 고등학교 '한국사' 과목에서 고려 시대에 관한 내용 체계를 발췌한 것이다. 그리고 (가)와 (나)는 동(同) 사회과 교육과정에서 각 과목의 내용 조직에 관련된 진술이다. ㉠, ㉡에 들어갈 말을 순서대로 쓰시오. [2점]

구분 과목	영역	내용요소
역사	고려의 성립과 변천	○ 고려의 후삼국 통일과 그 의의 ○ 통치 체제 정비와 고려의 대외 관계 ○ 무신 정권과 농민·천민의 봉기 ○ 고려의 대몽항쟁과 반원자주화 노력 ○ 고려 시대 문화의 특징과 그 변화
한국사	고려 귀족 사회의 형성과 변천	○ 고려의 건국과 동아시아의 정세 ○ 고려의 경제 제도와 경제 생활 ○ 고려의 신분 제도와 사회 모습 ○ 고려의 사상적 특징 ○ 고려의 대외 관계와 고려 사회의 개방성

(가) '역사' 과목은 정치사와 (㉠)을/를 중심으로 내용을 구성함으로써 역사 학습에 대한 흥미를 유발하고, 창의적 사고력을 함양한다.

(나) '한국사' 과목의 학습 내용의 '우리 역사의 형성과 고대 국가의 발전'부터 '대한민국의 발전과 현대 세계의 변화'에 이르기까지 통시대적으로 학습하되 (㉡)의 원칙을 구현하기 위해 중학교와 달리 사회·경제적 요인과 각 시대의 사상과 문화, 대외 관계를 관계를 정치사적 흐름 속에서 이해할 수 있게 한다.

<예시 답안>

㉠ 문화사
㉡ 계열화(계열성)

<해설>

2009년 개정 교육과정 역사 교과 목표
① '역사'는 과거에 있었던 다양한 인류의 삶을 이해하고, 현재 우리의 삶과 모습을 과거와 연관시켜 살펴봄으로써 인간과 그 삶에 관하여 폭넓은 이해와 안목을 키우는 과목이다.
② 이 과목은 초등학교에서 학습한 한국사에 대한 기초적 이해를 바탕으로 과거와 현재, 우리나라와 세계를 연관시켜 체계적으로 이해하는데 주안점을 둔다.
③ 특히, 정치사와 문화사를 중심으로 내용을 구성하여 역사 학습에 대한 흥미를 유발하고 문화적 창조 능력을 키울 수 있도록 한다.
④ 학습 내용은 '우리 역사의 형성과 고대 국가의 발전'부터 '대한민국의 발전과 현대 세계의 변화'에 이르기까지 통시대적으로 학습하되 계열화의 원칙을 구현하기 위해 중학교와 달리 사회·경제적 요인과 각 시대의 사상과 문화, 대외 관계를 정치사적 흐름 속에서 이해할 수 있게 한다.

02 다음은 수업 협의회에서 김 교사와 이 교사가 나눈 대화이다. 밑줄 친 ㉠에 해당하는 용어를 쓰고, 이 설명 방식의 유용성 1가지를 쓰시오. [2점]

[수업 협의회]

김 교사 : 이번 시간에는 ㉠월시(W. Walsh)의 설명 방식을 수업에 적용하여 실학을 주제로 한 수업을 진행하려고 합니다. 이 설명 방식은 개별적인 인간 행위 자체보다는 그 행위 때문에 발생한 사건들이 그 시대의 일반적 움직임 속에 어떻게 위치하는가에 중점을 두고 있습니다. 이 수업에서는 경세치용학파와 이용후생학파가 제시한 개혁의 움직임을 실학의 일부로 간주하면서 내용을 설명해 보려고 합니다.

이 교사 : 이 설명 방식을 수업에서 활용할 때는 실학에 포함되는 사실들 사이의 관련성을 찾아내고 이것을 실학이라는 개념 아래 한데 묶는 과정에 초점을 둘 필요가 있습니다. 또한 이런 설명 방식은 사건의 인과관계 법칙적으로 설명하는 것보다는 그 사건의 성격을 밝히는 데에 관심을 두고 있습니다.

〈예시 답안〉

㉠ 총괄적 설명
학생들은 총괄적 설명을 위해 역사적 사건들을 정리하면서 역사적 사고력을 향상시킬 수 있고, 역사 학습의 구조화를 이룰 수 있다.

〈해설〉

일반적 역사 설명- 총괄적 설명

① 월시(W. Walsh)가 제안.
② 서로 관련이 있는 일련의 역사적 사건들을 설명할 때 적절한 하나의 개념으로 묶어서 설명하는 방식임. 일례로 15세기 유럽에서 일어난 일련의 변화상들을 '르네상스'라는 개념으로 묶어서 설명하는 경우를 들 수 있다.
③ 총괄적 설명과 합리적 설명 비교
  - 공통점: 인간의 목적, 동기 및 의도를 가지고 인간 행위를 설명하려고 한다.
  - 차이점: 총괄적 설명은 개별적 인간 행위 자체보다는 그 행위 때문에 발생한 사건들이 그 시대의 일반적 움직임 속에 어떻게 위치하는가에 중점을 둔다.
④ 총괄적 설명의 유용성
  - 하나의 개념으로 여러 사건들을 묶을 수 있어야 하기에 학생들은 이 작업을 통해 사건들 사이의 관계를 의미 있게 파악할 수 있다.
  - 하나의 개념으로 역사적 사건들을 파악하기에 학생들은 역사적 사고력을 향상시킬 수 있다.
  - 역사적 사건들을 정리하면서 학생들은 역사학습의 구조화를 이룰 수 있다.
⑤ 총괄적 설명의 한계
  - 총괄적 설명은 역사적 사건의 인과관계의 규명에 취약한 특성이 있다.

09 (가)는 김 교사의 세계사 수업 장면이고, (나)는 이 수업에 대한 박 교사의 참관 보고서이다. 밑줄 친 ㉠을 2가지 쓰고, 밑줄 친 ㉡이 무엇인지 쓰시오. [4점]

(가) 수업 장면

김 교사 : 오늘 수업에서는 선생님이 메소포타미아 문명과 황허 문명을 비교하면서 설명하겠습니다.

학생들 : 네, 알겠습니다.

··· (중략)···

김 교사 : 오늘 배운 내용을 정리하면서 아래 학습지의 표를 완성하고 〈질문〉을 답하세요.

학습지

	메소포타미아 문명	황허 문명
공통점		
차이점		

〈질문〉 메소포타미아 문명과 황허 문명 중에 어느 쪽이 더 발전한 문명이었을까요?

(나) 박 교사의 수업 참관 보고서

○ 오늘 김 교사는 두 대상을 선정하여 비교하는 수업을 실시하였다. 앞으로 세계사 수업에 서 이탈리아와 북유럽 르네상스, 서유럽과 동유럽의 봉건제 등에 대해 이러한 유형의 수업을 해볼 수 있을 것이다. 왜냐하면 내용 구성을 기준으로 분류한 수업 유형 중, 이러 한 수업의 유형에는 ㉠장점이 있기 때문이다.

○ 한편, 오늘 김 교사가 학생들에게 배부한 학습지의 〈질문〉에는 이러한 수업 유형에는 적절하지 않은 ㉡문제점이 있다 .

··· (하략) ···

〈예시 답안〉

　　비교적 수업은 역사적 사건들 사이의 공통점과 차이점에 주목하기에 학생들은 이를 통해 역사적 사건에 대해 깊이 있는 학습을 할 수 있다. 또한 비교적 수업을 통해 학생들은 역사적 사고력과 탐구력을 기를 수 있다. 김 교사의 학습지 〈질문〉에는 비교대상인 문명들에 대한 우열을 판단할 것을 요구하는 문제가 있다.

〈해설〉

비교적 설명에서 유의할 부분

① 비교는 우월을 가리는 것이 아니라 유사점과 차이점, 그 원인을 규명하고 궁극적으로는 비교의 대상에 대해 보다 넓고 깊게 이해하는 것을 목적으로 한다.
② 따라서 비교학습 과정에서 비교 대상에 대한 선호의 감정이나 우열의 판단을 요구하는 것은 매우 위험하며, 비교평가를 할 때 반드시 그 기준을 다양하게 선정하여 학생들의 평가 관점의 폭을 넓혀주는 것이 바람직하다.
③ '발전', '진보'. '수준'을 비교하여 우열을 가리는 것은 잘못하면 편견을 형성하는 결과를 초래할 수 있다.

<전공 B>

01 (가)는 수업협의회는 김 교사와 최 교사가 나눈 대화이고, (나)는 김 교사가 이 수업에서 설명해야 할 내용이다. 밑줄 친 ㉠을 '학생의 이해'라는 측면에서 2가지 쓰고, 밑줄 친 ㉡을 (나)에서 유추하여 2가지 쓰시오. [4점]

(가) 김 교사와 최 교사의 대화

김 교사 : 저는 병자호란을 주제로 수업을 하기 위해 과거에 만들어진 문학 작품을 선정하고, 그 일부를 학습 자료로 배부하여 설명을 수업을 실시할 예정입니다. 그래서 박씨 부인이란 허구의 인물이 병자호란에서 선정하였다. 왜냐하면 ㉠교사가 학습자의 수준에 맞게 제시할 때 '박씨전'과 같은 과거의 문학 작품들이 지닌 장점이 있기 때문입니다. 다음은 학생들에게 배부하기 전에 수업용으로 읽기 쉽게 편집한 [학습자료]입니다.
[학습자료] '박씨전'중 일부 김자점이 또 아뢰되, "지금 나라가 태평하고 백성들이 편안히 살고 있는데, 이런 태평성대에 무슨 병란이 있으리까? 임금께서 어찌 박씨의 요망한 말에 혹하려 국가대사를 아이들 장난같이 하십니까?"하니, 신하들이 김자점의 말이 옳지 않은 줄은 알지만, 아무 말도 못하더라. …(중략)… 부인이 아연 탄식하여 가로되, "슬프다. 오랑캐가 도성을 범하려 하는데, 간신이 임금의 총명을 가리워 위태롭게 하니 이 어찌 원통하지 않으리오."
최 교사 : ㉡교사가 문학 작품을 역사 수업에 활용할 때 고려해야 할 지도상의 유의점이 있습니다. 이러한 지도상의 유의점을 염두에 두어 학생들에게 아래의 (나)를 설명해 주는 것이 바람직합니다.

(나) 김 교사가 수업에서 설명해야 할 내용

- 조선은 인조반정 이후 오랑캐를 배척하고 명나라에 대한 의미를 지킨다는 '존명배청'을 확고한 정치 이념으로 삼았기 때문에, 병자호란의 패배는 조선에 더 치욕적인 상처를 안겨 주었습니다. 이런 배경 속에서 탄생한 작품이 바로 '박씨전'입니다.
- 김자점이 다른 신하들 앞에서 곧 병란이 잇을 것이라는 박씨 부인의 의견을 묵살하는 [학습 자료] 속 장면은 실제로 있었던 일은 아닙니다.

〈예시 답안〉

㉠을 '학생의 이해'라는 측면에서 2가지
- 소설, 일기, 시 등의 문학작품 등을 통해 교사는 학생들이 역사를 생생하게 느끼고 흥미를 가질 수 있도록 유도할 수 있다. 또한 문학작품은 학생들의 감정이입과 공감적 이해를 북돋우는 사료학습에 적절하다.

㉡교사가 문학 작품을 역사 수업에 활용할 때 고려해야 할 지도상의 유의점
- 문학작품의 배경이 되는 역사적 시기 및 작품에 등장하는 사건이나 상황에 대해 사전 학습을 함으로써 작품에 대한 학생들의 이해를 돕는 것이 필요하다. 그리고 역사적 사실과 다른 내용은 교사가 적절히 보충 설명을 해야 한다.

08 다음은 [역사적 탐구력과 탐구수업]을 위한 [김 교사의 수업 설계]이다. 그리고 (가)와 (나)는 김 교사의 수업에서 활용된 [학습자료]이다. 아래의 <작성방법>에 따라 서술하시오. [10점]

[역사적 탐구력과 탐구수업]

역사가는 자료를 증거로 삼아 과거 사건이나 ㉠행위에 대한 설명 혹은 해석을 하고 이를 통해 역사를 서술한다. 역사적 탐구력 가운데 대표적인 것은 자료를 다루는 능력이다.

교사는 학습자에게 역사 연구의 탐구 절차를 알려주고, 학습자가 이 절차에 따라 탐구할 수 있는 능력을 기르는 수업을 설계할 필요가 있다. 역사적 탐구력을 향상시키기 위한 탐구수업은 '문제 인식 → (㉡) 설정 → 자료 수집 → 증거의 가치 평가 → 결론 도출'의 절차를 거친다.

[김 교사의 수업 설계]

김 교사는 '사료가 가지는 성격에 대한 이해'를 목표로 한 탐구 수업을 할 예정이다. 이를 위해 '할리치나' 사단에 대한 서로 다른 관점을 보여주는 [학습 자료]를 제시할 것이다.

[학습자료]

(가) 나치 무장 친위대 소속의 '할리치나' 사단에 속한 우크라이나 젊은이들은 제2차 세계 대전 당시 조국을 위해 ㉢소련 볼셰비즘의 압제에 대항하였다. '할리치나'는 그 사단 젊은이들의 출신 지역에서 따온 이름이다. 할리치나 지역의 젊은이들 중에는 소련에 동조한 이들도 있었고 망명한 이들도 있었지만, 이 사단에 소속된 젊은이들은 압도적인 전력을 가진 소련에 맞서 강력한 투쟁을 전개하였다. 그들은 자신들의 조국 우크라이나의 수호자였다.

(나) '할리치나' 사단에서 복무한 우크라이나 젊은이들의 목적 달성을 위해 '악마와의 계약'까지 서슴지 않았다. 그들은 자발적으로 나치 무장 친위대에 가담하였다. 그들은 나치가 조직한 민병대와 보조경찰 부대에서 복무하거나, 자발적으로 유대인 학살에 참여하기도 하였다. '할리치나' 사단은 제2차 세계대전 당시 볼히니아 지역에서 자행된 폴란드 인 학살 사건 등에 연루되기도 하였다. 그들은 홀로코스트와 인종 청소에도 가담한 전쟁 범죄자였다.

<작성 방법>

○ ㉠에 관한 이론 중 '합리적 설명'의 모델에 따라 (가) 사료에서 '할리치나'사단 우크라이나 젊은이들의 ㉢ 행위를 설명할 것.
○ ㉡에 들어갈 용어를 쓰고, 그 내용을 쓸 것. ㉡ 내용을 쓸 때에는 (가)와 (나)에 드러난 관점의 차이에서 유추할 수 있는 '사료의 성격'을 중심으로 서술할 것.
○ (가)와 (나)에 나타난 '할리치나' 사단의 행위에 대한 진술을 활용하여, 위에서 설정한 ㉡을 논리적으로 서술할 것.

<예시 답안>

㉠에 관한 이론 중 '합리적 설명'의 모델에 따라 (가) 사료에서 '할리치나' 사단 우크라이나 젊은이들의 ㉢ 행위를 설명할 것.

- '할리치나' 사단에서 복무한 우크라이나 젊은이들은 당시 소련 볼셰비즘의 압제 하에 고통을 받고 있었다. 이러한 상황에서 할리치나 지역의 젊은이들은 소련에 동조하는 방법, 소련을 벗어나 망명하는 방법, 그리고 소련에 맞서 싸우는 방법 중 하나를 선택해야 했다. 당시 그들이 소련에 맞서 싸우는 데 있어 가장 합리적인 방법은 자신들의 지역에 점령군으로 들어온 독일 나치의 지원을 받는 것이었다. 그래서 그들은 자발적으로 나치 무장 친위대에 가담하였고, 나치에 협력하면서 소련에 맞서 싸웠던 것이다.

㉡에 들어갈 용어를 쓰고, 그 내용을 쓸 것. ㉡ 내용을 쓸 때에는 (가)와 (나)에 드러난 관점의 차이에서 유추할 수 있는 '사료의 성격'을 중심으로 서술할 것.

- ㉡에 들어갈 용어는 가설이다. 여기에서 언급될 수 있는 가설은 "동일한 역사적 사건에 대해 그 행위를 주도한 이들을 지지하는 사람이 만든 사료와 그 행위에 의한 피해를 지적하는 이들이 만든 사료는 상반된 해석을 반영하며, 인용하는 근거도 다르다."이다.

(가)와 (나)에 나타난 '할리치나' 사단의 행위에 대한 진술을 활용하여, 위에서 설정한 ㉡을 논리적으로 서술할 것.

- (가) 사료는 '할리치나' 사단의 행위를 매우 긍정적으로 평가하고 있다. 즉 (가) 사료는 그들을 조국 우크라이나의 수호자로 평가한다. 그래서 (가) 사료에는 할리치나 사단이 저지른 학살에 대해서는 의도적으로 침묵하고 있다. 그러나 (나) 사료는 '할리치나' 사단의 행위를 매우 비판적으로 평가하고 있다. (나) 사료는 이들을 홀로코스트와 인종 청소에도 가담한 전쟁 범죄자로 규정하고 있다. 따라서 이들이 저지른 학살에 대해 치중, 이들이 소련에 맞서 싸운 행위를 악마와의 계약으로 간주하고 있다. 이러한 점에서 "동일한 역사적 사건에 대해 그 행위를 주도한 이들을 지지하는 사람이 만든 사료와 그 행위의 피해자라고 볼 수 있는 이들이 만든 사료는 상반된 해석을 반영하며, 인용하는 근거도 다르다."는 가설은 그 정당성을 인정받을 수 있다.

2015년 중등임용고시 역사교육론 부문

〈전공 A〉

01 다음은 동아시아사 과목 내용이 학생들에게 제시되는 과정이다. 괄호 안의 ㉠을 쓰고, 괄호 안의 ㉡에 들어 갈 지식 영역의 수업 목표를 제시하시오. 그리고 모둠 구성에 따른 극화학습 유형 중 밑줄 친 ㉢이 다른 유형과 차별화되는 특성을 3가지 쓰시오. [5점]

교육과정

[목표]
각 시기에 전개된 (㉠)의 요소를 탐구하여 문제 해결의 방향과 상호 발전을 모색하는 자세를 가진다.

↓

교과서

명은 16세기 중엽 이후 정치가 부패하고 향촌 사회가 해체되는 등 크게 흔들렸다.
… (중략) … 조선은 토지 겸병의 심화 등으로 백성들의 불만이 높아져 갔다. …(중략)… 일본에서는 도요토미 히데요시에 의해 센고쿠 시대의 혼란이 마감되었다.

15392년, 16만여 명의 일본 병력이 조선을 침략함으로써 임진 전쟁이 시작되었다. …(중략)… 의병의 활동, 명의 참전과 조선·명 연합군의 평양 탈환으로 전세가 역전되었다. …(중략)… 7년여에 걸친 전쟁은 끝이 났다.

전쟁을 전후하여 동아시아 국제 정서에는 커다란 변화가 일어났다. 전쟁 중에는 군인이나 유민의 이동, 포로의 강제 이주 등을 통해 문을 교류가 이루어졌다. …(중략)… 전쟁 후 조선에서는 양반 사대부의 지배 체제가 더욱 확고해 졌다. …(중략)… 일본에서는 도쿠가와 이에야스가 쇼군의 자리를 차지하고 에도에 막부를 열었다.

↓

수업

수업 목표: - 16세기 후반 동아시아 정세를 설명할 수 있다.
          - 임진 전쟁의 전개 과정을 말할 수 있다.
          - (㉡)

학습 활동: ㉢ 학급 학생 모두를 모둠으로 나누어 동일한 주제의 극을 구성하게 하는 극화학습을 진행한다.

〈예시 답안〉

㉠ 교류와 갈등

㉡에 들어갈 지식 영역의 수업 목표
- 17세기 전후 동아시아 전쟁의 전개양상과 전쟁이 국제관계에 미친 영향을 알아본다.

모둠 구성에 따른 극화학습 유형 중 밑줄 친 ㉢이 다른 유형과 차별화되는 특성 3가지
- 연기가 끝난 다음에는 각 모둠의 대본이나 수업준비, 연기 등을 비교할 수 있다.
- 학생들이 참고한 자료들이 비슷할 경우, 대본이나 연극내용도 비슷해 수업을 지루하게 만들 가능성이 있다.
- 한 사건에 얽힌 다양한 사람들의 관점에 대해 생각해 볼 수 있는 학습 방법이다.

〈해설〉

동아시아사 교과 목표(2009년 개정 내용)
① 개방적이고 균형 잡힌 시각으로 동아시아 지역사를 파악하여 역사를 주체적으로 이해하는 안목을 기른다.
② 각 시기 사회와 문화의 특징을 드러낼 수 있는 공통적이거나 연관, 또는 차이가 있는 요소를 주제별 접근 방식을 통해 이해한다.
③ 동아시아 역사와 문화의 다양성을 탐구하여 그 특징을 파악하고, 타자를 이해하고 존중하는 태도를 함양한다.
④ 각 시기에 전개된 교류와 갈등 요소를 탐구하여 문제 해결의 방향과 상호 발전을 모색하는 자세를 가진다.

03 밑줄 친 ㉠의 전제를 2가지 쓰고, 괄호 안의 ㉡에 들어갈 말을 쓰시오. 그리고 고등학교 세계사 수업에서 학생들이 괄호안의 ㉡을 (나)와 (다)에 적용할 때 일어나는 사고 활동을 각각 서술하시오. [5점]

> (가) 감정이입이 역사 이해의 한 방식이라고 할 때, 감정이입적 이해에 도달하려면 대체로 일련의 사고 과정을 거치게 된다. 이 사고 과정은 일정한 단계로 나뉘며 각 단계에서는 특정한 사고 활동이 이루어진다. ㉠<u>감정이입적 역사 이해</u>에는 다음과 같은 사고 활동이 포함된다.
>   ① 역사적 사실의 재연
>   ② 상황의 맥락적 재구성
>   ③ (㉡)
>   ④ 역사적 사실의 감정이입적 재구성
>
> (나) 내가 호의를 가지고 바빌론에 입성했을 때, 나는 환호와 축복 속에서 그 궁전에 왕좌를 마련했다. …(중략)… 나는 그 누구에게도 수메르와 아카드 땅을 공포로 몰고 가도록 허락하지 않았다. 바빌론 인들의 요구를 언제나 경청했고, …(중략)… 바빌론 인들의 온당치 못한 멍에를 벗겨 주었으며, 황폐해진 그들의 거처를 다시 마련해 주었다.
>
> - 키루스 왕의 업적을 기록한 점토판 -
>
> (다) 나, 다리우스는 위대한 왕, 왕 중의 왕이다. 광명의 신의 높으신 뜻에 따라 왕이 되었다. …(중략)… 나는 엘람, 바빌로니아, 이집트, 아라비아, …(중략)… 이 모든 지역을 지배하는 왕이다. 왕이 말하노라. 나에게 속한 이 나라들은 광명의 신의 높으신 뜻에 따라 나를 왕으로 섬기고 공물을 바쳤다.
>
> - 베히스툰 산에 새겨진 다리우스 1세 전승 기념 비문 -

<예시 답안>

㉠ 감정이입적 역사 이해의 전제 2가지-
  첫째 과거인의 생각은 현재 사람의 생각과는 다르다.
  둘째 우리는 과거 사람들과 공통의 인간성을 공유하고 있다.

㉡에 들어갈 말- 관점의 감정이입적 재구성

㉡을 (나)와 (다)에 적용할 때 일어나는 사고 활동

- 학생이 관점의 감정이입적 재구성을 (나)에 적응할 경우, 키루스 왕이 정복지의 사람들의 문화와 종교를 포용하는 관대하고 온건한 정책을 전개하고자 하였던 인물임을 이해할 수 있으며, 그를 통치자로서 높이 평가할 수 있다. 하지만 그와 같은 행위가 일어나게 된 역사적 상황의 맥락적 이해는 충분하지 않다.

- 학생이 관점의 감정이입적 재구성을 (다)에 적응할 경우, 다리우스 1세가 자신이 광명의 신의 높으신 뜻에 따라 왕이 되었다는 신념을 지녔음을 파악할 수 있다. 즉 학생들은 행위자의 믿음이나 동기와 같은 내면을 이해하려고 하지만, 그와 같은 행위가 일어나게 된 역사적 상황의 맥락적 이해는 충분하지 않다.

<해설>

역사적 감정이입의 전제

① 첫째 과거인의 생각은 현재 사람의 생각과는 다르다.
② 둘째 우리는 과거 사람들과 공통의 인간성을 공유하고 있다.
③ 셋째 과거의 생활 형태는 역사가 자신과 계통적으로 관련되어 있다.
④ 넷째 과거의 사람들은 합리적으로 행동한다는 것과 같은 몇 가지 전제가 따른다.

감정이입적 역사이해의 사고 활동

① 역사적 사실 재연 - 역사적 사실이 왜 일어났는지에 관해서는 특별히 고려하지 않은 채 사실 자체를 충실하게 재구성한다.

② 상황의 맥락적 재구성- 역사적 사실을 당시 상황에 비추어 파악하고 재구성한다. 당시 상황에 집중하는 것으로 역사적 사실이 일어난 이유를 맥락적으로 이해할 수 있다. 그러나 행위자의 내면을 충분히 고려하지는 않는다.

③ 관점의 감정이입적 재구성- 역사적 행위를 한 사람의 관점을 파악하고 설명하려고 한다. 행위자의 믿음이나 동기와 같은 내면을 이해하려고 하지만, 그와 같은 행위가 일어나게 된 역사적 상황의 맥락적 이해는 충분하지 않다.

④ (종합)역사적 사실의 감정이입적 재구성- 앞의 ①, ②, ③을 종합한 것이다. 역사적 상황을 맥락적으로 이해하고 행위자의 관점을 감정이입적으로 재구성하여, 역사적 사실을 감정이입적으로 이해한다.

<전공 B>

01 김 교사가 (가) 자료를 활용하여 밑줄 친 인물의 행위에 대해 제시할 수 있는 '성향적 설명'의 예를 2가지 쓰고, 그러한 설명 방식의 문제점을 2가지 쓰시오. 그리고 김 교사가 자료 (나), (다), (라)를 활용하여 주제 학습을 진행할 때 제시할 가장 적절한 주제를 쓰고, 이를 지도할 때 유의할 점을 3가지 쓰시오. [10점]

(가) "우리들은 기껏해야 500명밖에 되지 않습니다."
그들이 코르테스에게 이 사실을 상기시키자, 그는 이렇게 대답했다.
"그렇다면 우리들은 두 배의 용기를 가져야지."
"열병과 인디오의 공격으로 죽어가는 자가 늘고 있습니다." 다른 병사들이 투덜댔다.
"그러면 밤에 시체를 묻어서 적이 우리를 불사신이라고 믿게끔 만들자."
"쿠바로 돌아갑시다. 배를 다시 돌리지요." 일부 병사는 완전히 반항할 자세로 외쳤다.
"이제 배는 없다." 코르테스는 대답했다. "내가 모두 침몰시켰다. 앞으로 나가는 수밖에 없다. 이제 되돌아가는 길은 없다. 멕시코를 향하여 전진해서, 위대하다고 자칭하는 목테수마라는 자가 정말로 그런지 직접 확인해 보자."
코르테스가 말을 마치자 병사들은 그에게 환호를 보냈고, 그를 진정한 대장으로 인정했다.

(나) 아메리카를 정복한 에스파냐 인들은 원주민들로 하여금 대농장에서 사탕수수를 재배하게 하고 막대한 양의 금과 은을 채굴하게 하는 등 부역과 공물을 징발하였다.

(다) "에스파냐 사람들은 신세계나 거기에 딸린 섬들에 사는 야만인들을 지배할 권리를 갖고 있다. 그들은 사리 분별, 덕성, 지혜, 인간성에서 마치 어린아이가 어른보다, 여자가 남자보다 열등한 것처럼 에스파냐 사람보다 열등하다. 지금 우리가 인간의 이름값을 못하는 이 야만인들을 에스파냐 제국에 복종시켜서 문명인으로 개조시키고, 이들을 기독교인으로 바꾸어 진정한 신을 숭배하게 하는 것만큼 건전하고 적절한 방책이 달리 있단 말인가?"

(라) "도대체 당신들은 무슨 권리와 근거로 이 원주민들을 이렇듯 잔인하고 끔찍하게 종노릇 시키는가? 이들은 인간이 아니란 말인가? 이성을 가진 사람들이 아니란 말인가? 이제 인디아스는 파괴되고 있다. 이곳의 에스파냐 인들이 행하고 있는 제도는 이집트의 파라오가 유대인들을 탄압한 것 이상으로 부당하고 훨씬 더 잔혹하며 모든 이성과 정의에 역행하는 폭력을 원주민들에게 휘두르는 전제적 통치 수단이다."

<예시 답안>

(가) 자료를 활용하여 밑줄 친 인물의 행위에 대해 제시할 수 있는 '성향적 설명'의 예 2가지
- 코르테스는 모든 수단을 다해 자신의 목적 달성을 추구하는 정복욕이 강한 성향을 지닌 인물이었다. 그리하여 코르테스는 멕시코 정복을 위해 모든 시도를 할 수 있었다.
- 또한 코르테스는 부하들을 잘 다루고 설득하는 힘을 지닌 리더십을 갖춘 인물이었다. 따라서 코르테스는 어려운 상황 속에서 부하들의 전폭적인 지지를 얻을 수 있고, 이를 바탕으로 멕시코 정복에 나설 수 있었다.

이 설명 방식의 문제점 2가지
- 성향적 설명은 인간의 가치관, 성격, 개성 등에 일정한 유형이 있다고 전제하고 있다. 따라서 역사적 인물의 행위를 지나치게 도식화하여 설명한다.
- 사람들은 흔히 주변 인물들의 요구나 개인적인 반성 등을 통해 원래 자신이 지니던 성향과는 다른 행동을 할 수 있다.

김 교사가 자료 (나), (다), (라)를 활용, 주제 학습을 진행할 때 제시할 가장 적절한 주제
- 스페인의 서인도 제도 정복에 따른 16세기 원주민 착취 실태와 이를 둘러싼 인도적인 논쟁

이를 지도할 때 유의할 점 3가지
- 주제는 학생들이 그 시대의 역사적 국면, 역사적 과제, 국면의 전환 등을 심층적으로 탐구하도록 유도할 수 있는 내용이어야 한다.
- 교사는 학생주도적인 주제학습이 되도록 학생과 의논하여 탐구할 주제와 관련해서 학생들이 조사해야 할 세부적 사건, 상황, 현상을 정한다.
- 교사는 학생들과 결과에 관한 토론을 실시하며, 주제탐구 보고서를 작성하게 하여 주제에 대한 종합적 이해를 보여주도록 한다.

〈해설〉

인간의 행위 설명- 성향적 설명

① 라일(Ryle)이 가장 먼저 제안한 개념
- 역사적 행위자가 지니고 있던 신념, 가치, 태도, 개성 등 일반적인 성향을 근거로 개인의 어떠한 결정이나 행위를 설명하는 것이다.

② 헴펠이 언급한 과학적 설명과의 관계
- 성향적 설명이 보다 더 강력한 설득력을 얻기 위해서는 헴펠이 언급한 다음의 일반법칙을 도입해서 설명하고 보충해 줄 필요가 있다.
- "그러한 성향을 가진 사람은 누구나 그와 같은 상황에 처하면 그런 식으로 행동한다."

③ 성향적 역사 설명 사례
- "성급한 의욕의 급진적 성향의 젊은 지식인들은 정변과 같은 정치적 비상수단도 불사한다."

④ 성향적 설명의 장점
- 역사의 우연성에 대해 객관적인 설명을 제공한다.
- 학생들에게 역사적 행위가 개인의 성격적 특징에 의해서도 결정될 수 있다는 점을 알려준다.

⑤ 성향적 설명의 단점
- 성향적 설명은 인간의 가치관, 성격, 개성 등에 일정한 유형이 있다고 전제하고 있다. 따라서 역사적 인물의 행위를 지나치게 도식화하여 설명할 수 있다.
- 사람들은 흔히 주변 인물들의 요구나 개인적인 반성 등을 통해 원래 자신이 지니던 성향과는 다른 행동을 할 수 있다.

2014년 중등임용고시 역사교육론 부문

〈전공 A〉

01 (가)는 2009 개정 교육과정에 따른 사회과 교육과정의 중학교 '역사' 과목에 대한 설명이고, (나)는 (가)의 (　) 안에 들어갈 교육과정의 개정 방향에 따라 '역사' 교과서에 서술된 내용이다. (　) 안에 들어 갈 내용을 10자 내외로 쓰시오. [2점]

(가)

'역사'는 과거 다양한 삶의 모습을 이해하고, 현재 우리의 삶과 관련시켜 살펴봄으로써 인간과 그 삶에 관하여 폭넓은 이해와 안목을 키우는 과목이다. 이 과목은 초등학교에서 학습한 한국사에 대한 기초적 이해를 바탕으로, 과거와 현재의 관계를 살펴보고, (　　)을/를 체계적으로 이해하는 데 주안점을 둔다. 특히 정치사와 문화사를 중심으로 내용을 구성하였다.

(나)

① 혜초의 머나먼 구도 여행 : 혜초는 중국에 유학하여 불교를 배우고, 지금의 인도 지역인 천축국을 방문한 후 왕오천축국전을 남겼다. 이후 프랑스 탐험가가 중국의 석굴에서 혜초의 여행기를 발견하였다.

② 몽골의 세계 제패와 제국 운영 : 유라시아 대륙 전역에 걸쳐 정복 활동을 펼친 몽골은 정복한 지역을 직접 지배하며 대제국을 건설하였다. 고려 왕조는 몽골의 침략을 받았지만 고려의 제도와 문화를 유지할 수 있었다.

③ 거문도인가, 포트 해밀턴인가? : 19세기 러시아의 남하를 심각한 위협으로 인식한 영국은 남해의 작은 섬 거문도를 점령하였다. 거문도를 둘러싸고 영국과 러시아가 대치하자 청과 일본도 촉각을 곤두세우지 않을 수 없었다.

〈예시 답안〉
우리나라와 세계

02 다음은 세계사 내용 조직에 대한 설명이다. (   ) 안에 공통으로 들어갈 개념을 쓰시오. [2점]

> (   )은/는 지리적 지역 구분을 바탕으로 역사적·문화적 요소를 강조한 개념이다. (   )을/를 중심으로 한 세계사 내용 조직 방법은 공통의 역사적·문화적 요소를 기반으로 삼아, 나라와 민족별로 분산된 역사적 사실들을 체계적이고 일관성 있게 파악하도록 하는 장점이 있다. 이를 통해 학습자는 국가, 지역 세계 또는 (   )이/가 교류하고 갈등하며 상호 발전 해 온 사례들을 탐구하여 상대적인 역사인식을 바탕으로 '타자'를 이해하고 존중하는 태도를 기를 수 있다.

<예시 답안>
문화권

서술형 1번. (가)를 바탕으로 (나)의 ㉠에 들어갈 제작 학습 활동을 쓰고, (다)의 밑줄 친 ㉡에서 '평가자 내 신뢰도'를 높일 수 있는 방안을 1가지만 쓰시오. [3점]

(가) 김 교사의 역사교육관
ㅇ 학습자가 사람들의 일상생활이 역사의 큰 흐름 속에 있음을 파악하고 스스로가 역사의 주체임을 인식할 수 있도록 한다.

(나) 김 교사의 단원 학습지도 계획

차시	학습주제	학습활동
1 차시	• 8.15 광복과 대한민국 정부의 수립	• 교사의 설명과 학생의 토론
2 차시	• 6.25 전쟁과 그 영향	• 교사의 설명과 학생의 토론 [과제] 조부모님의 6.25 전쟁 경험담 조사
…(중략)…		
5 차시	• 민주주의의 발전	• 교사의 설명과 학생의 토론 [과제] 부모님이 기억하는 민주화 운동에 대한 인터뷰
…(중략)…		
10 차시	단원마무리 / 내가 생각하는 현대사	현대사 10대 사건을 선정하고 발표하기
11 차시	현대사의 흐름과 우리 가족의 삶	(㉠)

(다) 김 교사의 수행평가 계획
ㅇ 수행 과제 : 우리 고장에서 오랫동안 살아오신 할아버지, 할머니의 전기문을 써 봅시다.

내용 시기	5 월	6 월
학생 : 과제 수행 활동	• 활동 계획서 제출 • 과제 수행 활동 : 우리 고장의 현대사 조사하기, 전기문 대상 인물을 선정하고 면담하기 • 중간 보고서 제출	• 전기문 쓰기 • 전기문 돌려 읽기 • 전기문 제출하기
교사 : 평가 활동	• 활동 계획서와 중간 보고서의 정시 제출 여부와 분량을 평가한다. • ㉡전기문의 평가 기준을 설정하고 평가를 실시한다.	

〈예시 답안〉

(가)를 바탕으로 (나)의 ㉠에 들어갈 제작 학습 활동
- 현대사의 주요 사건을 연표로 정리, 이를 바탕으로 우리 가족의 중요한 사건들을 연대기 형식으로 정리한다.

(다)의 밑줄 친 ㉡에서 '평가자 내 신뢰도'를 높일 수 있는 방안 1가지
- 전기문 작성 시 개인의 성향이나 개성과 개인의 구술에 바탕을 두는 동시에, 각 개인이 살아 온 시대적, 사회적 상황까지 동시에 반영되는 등 명확한 전기문 평가 기준을 마련해야 한다.

〈해설〉

평가자 내 신뢰도
① 평가자 신뢰도는 평가자 간 신뢰도와 평가자 내 신뢰도로 구분할 수 있다.
② 전자는 한 평가자가 다른 평가자와 얼마나 유사하게 평가하였는가의 의미이고, 후자는 한 평가자가 모든 측정대상에 대하여 지속적으로 일관성 있게 평가하였는가의 의미이다.
③ 점수에 의한 평가결과라면 채점자 간 신뢰도 또는 채점자 내 신뢰도라 일컫고, 등급에 의한 평가 결과라면 평정자 간 신뢰도 또는 평정자 내 신뢰도라 한다. 평가의 결과가 관찰에 의한 것이라면 관찰자 간 신뢰도 또는 관찰자 내 신뢰도라 한다.
④ 한 역사교사가 모든 학생들의 역사시험 결과를 일관성 있게 채점하거나, 한 역사교사가 다른 역사교사와 유사하게 역사시험 결과를 채점함으로써 평가 결과에 대한 객관도를 확보할 수 있다.
⑤ 반면 두 명 이상의 역사교사가 한 학년을 분반하여 가르치는 경우, 서술형 평가 문항이나 수행과제를 공동으로 제작하고 점수를 서로 다르게 부여한다면 이는 평가자 간 신뢰도가 낮다고 할 수 있다.

서술형 2번. 다음은 '조선후기 정치 운영의 변화'에 대한 고등학교 한국사 수업 계획의 일부이다. 다음 〈조건〉을 충족하는 ㉠을 진술하고, ㉡의 방법을 적용하여 자료 (가)를 검토한 결과를 쓰시오. [3점]

학습 목표
1) 조선 후기 정치 운영의 변화 과정을 설명할 수 있다.
2) (㉠)
3) 조선 후기 정치 운영 방식에 대해 자신의 의견을 정리하여 표현 할수 있다.

〈조건〉
● 수업에서 자료 (가)와 (나)를 모두 활용함.
● 다음 ㉡에 해당하는 사고 방법을 적용함.

(㉡) - 확증 - 맥락화 - 비교적 사고
└드레이크(F.D.Drake)의 역사적 사고과정┘

〈자료〉

(가) 타율적 권위에 의존하여 자기를 주장하는 정신은 독립성을 缺하고, 그로부터 사람들이 서로 의존하는 黨與的 성격이 육성됨은 자연스런 일이다. … (중략) … 붕당의 다툼은 스스로의 생활 의식의 대립에서 일어나는 것이 아니라 주자학의 원리, 특히 예론에 따른 일종의 의존적 대립인 까닭에 종합되어 앞으로 나아가는 때는 없고, 언제까지나 의미 없는 대립으로서 항쟁을 계속하는 것이다.
- 「朝鮮史槪說」

(나) 붕당정치는 상대 세력과의 공존을 토대로 한 공론 정치의 실현을 중요한 명분으로 삼았다. … (중략) … 붕당정치기의 三司는 공론 정치를 표방하고 상호 비판과 견제를 통해 권력이 특정 개인이나 집단에 의해 집중적으로 행사되는 것을 막을 수 있었다.
- 「한국사」

〈예시 답안〉

〈조건〉을 충족하는 ㉠을 진술
- 조선 후기 정치 운영에 대한 상반된 해석이 나온 맥락과 저자의 의도를 비교, 파악할 수 있다.

㉡의 방법을 적용하여 자료 (가)를 검토한 결과
- 자료 (가)는 일제 당시 관변 일본인 학자들이 중심이 되어 한국사를 정리한 것으로, 한국사를 왜곡하고 폄하 목적으로 조선 후기의 붕당정치를 일방적으로 당쟁으로 간주하고 있다. 따라서 자료 (가)의 내용은 신뢰하기 어렵다.

<전공 B>

논술형 1번. (가)를 근거로 (나)의 ⓒ과 ⓒ에 들어갈 학습 활동을 구체적으로 쓰고, '역사 지식'의 성격과 관련지어 밑줄 친 ⊙과 ⓔ의 차이점을 쓰시오. 현장학습 활동 계획에 나타난 최 교사의 학습자관(學習者觀)을 쓰고, 경복궁과 같은 '역사 현장'을 학습 자료로 활용할 때 기대할 수 있는 장점을 2가지만 쓰시오. [10점]

<최 교사의 중학교 현장학습 활동 계획>

나도 역사가: 경복궁 탐구

(가) 학습 목표
1) 경복궁을 답사하면서 학교에서 배운 지식을 확인하고, 더 알고 싶은 탐구 주제를 찾을 수 있다.
2) 경복궁에 대하여 알고 있던 지식과 주어진 정보를 새롭게 해석하고, 다른 자료를 탐색하여 탐구 주제를 해결할 수 있다.
3) 경복궁에 대하여 새롭게 알게 된 점을 다양한 방식으로 표현하고, 다른 사람의 생각과 비교할 수 있다.

(나) 교수학습 활동 개요

단계	학습활동
현장 학습 활동	○ 경복궁 ⊙안내 자료를 가지고 모둠별로 답사한다. - 교과서 사진 자료와 실제 모습을 비교한다. - '경복궁 건물 배치도'를 보고 경복궁의 건물 위치를 확인한다. - 주요 건물의 형태와 기능, 특징 등을 안내 자료에서 찾아본다. ○ 경복궁 안내 자료를 여러 각도에서 살펴본다. ○ (ⓒ)
사후 활동	○ 경복궁에 대한 추가 자료를 수집하고, 안내 자료에 들어갈 정보를 선별한다. ○ (ⓒ) ○ 모둠별로 새로운 안내 자료를 제작한다. ○ 완성된 ⓔ안내 자료를 발표하고, 다른 모둠의 안내 자료와 비교해본다.

<예시 답안>

(가)를 근거로 (나)의 ⓒ과 ⓓ에 들어갈 학습 활동
- ⓒ 경복궁이 역사적으로 건립, 재건된 경위를 파악해 본다.
- ⓓ 조선총독부 건물이 경복궁의 위치에 있었던 이유와 철거 과정, 경복궁의 복구 과정 등에 대해 파악해 본다.

'역사 지식'의 성격과 관련지어 밑줄 친 ⓐ과 ⓔ의 차이점
- ⓐ: 객관주의에 입각한 자료이며, 객관적 지식의 전달 매체이다.
- ⓔ: 구성주의에 입각해 학생들이 교사와의 상호작용에 의해 만들어진 자료로, 지식을 재구성한 것이다.

현장학습 활동 계획에 나타난 최 교사의 학습자관(學習者觀)
- 최 교사는 객관주의에 입각하여 지식을 주입하는 것 보다는, 구성주의에 입각하여 학습자들이 스스로 탐구하면서 역사가로서의 해석할 수 있는 능력을 길러야 한다고 보고 있다.

경복궁과 같은 '역사 현장'을 학습 자료로 활용할 때 기대할 수 있는 장점 2가지
- '역사 현장' 방문을 통해 보다 생동감 있게 역사적 현장을 접할 수 있다.
- '역사 현장'을 스스로 찾아가고 새로운 사실을 알기 위해 노력하면서 학생들은 역사적 사실에 대해 주체적으로 이해할 수 있다.

2013년 중등임용고시 역사교육론 부문

01 (가), (나)는 역사 교사의 '행위 설명' 방식이다. 이에 대한 설명으로 옳은 것만을 <보기>에서 있는 대로 고른 것은?

> (가) "조선에 대한 청의 내정 간섭이 심해져 갔다. 그리고 일본으로부터 차관을 들여오는 데 실패하면서 급진 개화파의 정치적 입지가 좁아졌다. 이러한 상황에서 급진 개화파는 청의 간섭을 배제하고 자주적 독립 국가를 건설하려고 하였다. 급진 개화파는 여러 가지 방안들을 고려해 보고 최선의 방법을 강구하였다." 이처럼 급진 개화파의 의도를 고려하며 갑신정변이 일어난 이유를 설명한다.
>
> (나) "급진 개화파는 조급하고 의욕이 넘치는 급진적 성향의 사상가들이었다. 급진적 성향의 젊은 이들은 대체로 정변과 같은 정치적 비상수단도 불사한다." 이처럼 급진 개화파의 성향을 토대로 갑신정변이 일어난 이유를 설명한다.

<보 기>

ㄱ. (가)-역사적 상황과 역사적 행위자의 관점을 고려하여 어떤 행위를 하게 된 합리적 이유를 밝히는 데 초점을 맞춘다.
ㄴ. (가)-"루이 14세는 허영심이 많은 왕이었다. 허영심이 많은 왕은 대개 화려한 궁을 건축하거나 주변 국가를 침략한다."라고 설명하는 방식이다.
ㄷ. (나)-역사적 행동은 주로 역사적 행위자의 의식적인 목적이나 동기에 의해 결정된다고 보는 목적론적 설명이다.
ㄹ. (나)-인간의 가치이나 태도 혹은 성격적 특징에는 일정한 패턴이 있다는 것을 가정함으로써, 인간의 역사적 행위를 지나치게 도식화하여 설명한다는 비판을 받는다.

① ㄱ, ㄴ
② ㄱ, ㄹ
③ ㄷ, ㄹ
④ ㄱ, ㄴ, ㄷ
⑤ ㄴ, ㄷ, ㄹ

〈답〉
답- 2

〈해설〉
(가)는 드레이의 합리적 설명 이론이다. 합리적 설명 이론은 행위자의 관점에서 목적- 상황 - 수단의 관계 속에서 합리성의 이유를 밝히는 것이다.

(나)는 햄펠의 성향적 설명이론이다. 햄펠의 성향 이론은 드레이의 합리적 설명 이론에서 반박하여 드레이가 말한 합리성조차도 일종의 성향이기 때문에 인간의 행위는 성향을 통해 예측가능하다고 주장하였다.

ㄱ. 합리적 성향 이론은 포퍼가 상황논리에서 제기한 행위자의 목적-상황-수단의 합리성을 공유하고 있다. 그러나 포퍼의 합리성이 '만일 누구든지~'란 전제로 많은 사람들이 공유하고 있는 상식을 기반으로 하고 있는 데 반하여 드레이의 합리성은 많은 사람들이 믿고 있는 상식이 아니라 그 사람의 입장에서 합리성을 논하는 것이 다르다. 비록 그 행위가 다른 사람에게 '비상식적'인 행위라도 하더라도 그 사람의 입장에서 합리성을 갖추고 있으면 합리적인 행위로 판단할 수 있는 것이다.

ㄴ. 루이 14세의 허영심을 가지고 베르사이유 궁정 건축과 침략 전쟁을 설명하기 때문에 성향 이론에 속하기 때문에 맞지 않다.

ㄷ. 행위자의 동기, 목적, 신념, 원칙을 이해하는데 초점을 맞추는 설명한 것은 (나)의 성향 이론이 아니라 드레이의 합리적 설명이론이다. 합리적 설명에서 어떠한 역사적 행동은 특수한 상황에 처해 있는 역사적 행위자가 어떠한 목적과 동기를 가지고 있을 때 '해야 할 일(the thing to do)'을 말한다. 그렇기 때문에 합리적 설명에서 중요하게 고려해야 할 사항은 행위자가 처한 상황과 그의 목적 및 동기이다.

ㄹ. 성향은 인간의 가치관이나 태도 등 과거의 일련의 행동패턴이기 때문에 행위자의 현재와 미래를 판단하는 데 도움을 줄 수 있다. 그러나 인간의 가치관과 태도 및 성격적 특징에 패턴이 있다고 가정하여 인간의 역사적 행위를 도식화시켰다는 비판을 받고 있다. 또한 성향이 비슷한 사람이라도 목적과 상황에 따라서 다른 행위를 할 수 있기 때문에 행위자의 성향 한가지만으로 그 사람의 행위를 일반화시키기 어렵다.

02 2009년 개정교육과정에 따른 사회과 교육과정(교육과학기술부 고시 제2012-14호)의 내용으로 옳은 것만을 <보기>에서 있는 대로 고른 것은? [2.5점]

<보 기>

ㄱ. 중학교 '역사' 과목은 내용 체계에서 한국사 영역과 세계사 영역의 구분 없이 단원별로 통합하여 구성함으로써 우리 나라와 세계의 역사를 상호 관련시켜 종합적, 체계적으로 파악하도록 한다.

ㄴ. 고등학교 '한국사' 과목은 정치사와 문화사를 중심으로 내용을 구성함으로써 역사 학습에 대한 흥미를 유발하고 창의적 사고력을 함양하도록 한다.

ㄷ. 고등학교 '동아시아사' 과목은 동아시아 사회의 형성과 전개 과정을 크게 몇 개의 시기로 나누고, 각 시기별로 몇 개의 주제를 두어 지역 전체를 비교, 조망하도록 구성한다.

ㄹ. 고등학교 '세계사' 과목의 조직 원리 중 하나는 인류 역사가 궁극으로 하나의 세계로 통합되어 가는 역사라는 관점에서 '지역세계' 사이의 상호 관계를 조망하는 것이다.

① ㄱ, ㄴ   ② ㄴ, ㄷ   ③ ㄷ, ㄹ
④ ㄱ, ㄴ, ㄹ   ⑤ ㄱ, ㄷ, ㄹ

<답>
답- 3

<해설>
최근 7차 교육 과정 실시 이후 여러 번의 교육개정(07년·09년·11년)에 따라 역사 교과 명과 내용

편제가 수시로 바뀌었다. 문제 지문의 제 2012 -14호는 11년 교육과정 개정 내용이다. 지문에서 09년 교육과정 개정으로 되어 있지만 09년 교육과정 개정 큰 틀 위에서 11년에 약간의 변동 사항을 담고 있기 때문에 종전의 09년 교육과정 내용하고는 약간 다르다.

11년 교육과정은 이명박 정권 때 공포한 것으로 중요 내용은 고등학교 '한국사' 이수 필수(13년 현재 '한국사' 수능 필수전환)와 고등학교 한국사 내용에서 전근대사와 근현대사 비중을 2:8에서 5:5로의 내용 구성 변화를 담고 있다. 1단원- 3단원은 전근대사, 4단원 - 6단원은 근현대사로 구성되어 있다. 그리고 '동아시아사'와 '세계사' 교과에서 기술되고 있는 유럽 중심의 표현과 내용 구성의 미세한 조정을 담고 있다.

ㄱ. 중학교 '역사' 과목은 한국사와 세계사 영역으로 구성되어 있다.(07년·09년·11년 내용 구성 동일) 근대 이전과 근대 이후로 구분되고 다시 그 안에서 한국사 영역과 세계사 영역으로 구분되고 있다. 따라서 지문에서 한국사와 세계사 영역의 구분 없이 단원별로 통합되었다는 것은 사실과 맞지 않다.

ㄴ. 7차 교육과정 및 개정에 있는 중고등학교 '한국사(역사)' 교과서 안에서 관통하고 있는 내용 조직 원리는 환경확대법(지평확대법)이다. 환경확대법은 피아제의 영역중립이론에 입각해서 학습자 발달 단계에 따라 내용을 조직하는 방법이다.(환경확대법은 영역고유인지론자들로부터 비판을 받고 있음) 역사학습의 범위를 학년에 따라 학습자의 생활 주변 소재에서 국가나 국제사회로 범위로 확대하는 방식을 취하고 있다. 초등학교는 생활주변 역사, 인물사 등, 중학교는 정치사, 고등학교는 사회경제사 등을 위주로 교과서 내용을 조직하고 있다. 환경확대법에 따라 2011년 교육과정에서는 중학교 '역사'는 정치사와 문화사, 고등학교는 초등학교와 중학교 학습한 내용을 바탕으로 사회·경제사, 사상사 및 대외관계사 등을 중심으로 한국사의 특성을 심층적으로 파악하고 있다. 지문에서 한국사 과목을 정치사와 문화사 중심으로 내용을 구성한다는 내용은 사실과 맞지 않다. 중학교 역사 과목에 해당한다.

ㄷ. 고등학교 '동아시아사' 과목은 07년 교육개정 때 새롭게 도입된 심화선택과목이다. (11학년과 12학년 때 이수) '동아시아사'는 한국사와 세계사의 중간에 위치하는 역사 단위이다. '동아시아사'는 동아시아 지역에서 전개된 인간 활동과 그것이 남긴 문화유산을 역사적으로 파악하여 이 지역에 대한 이해를 증진하고, 동아시아 각국의 상호 발전과 평화를 추구하는 안목과 자세를 갖도록 하기 위해 개설된 과목이다.

ㄹ. 고등학교 '세계사' 과목은 국민국가를 탐구 단위로 삼는 '한국사'나, 지역을 탐구 단위로 삼는 '동아시아사'와 달리, 지구상에서 살아온 인류 전체의 발전을 탐구하는 것을 목적으로 하고 있다. '세계사' 과목의 조직 원리는 두 가지이다. 하나는 세계를 동아시아, 서아시아, 인도, 유럽, 아메리카, 아프리카 등 '지역세계'의 개념으로 파악하고 있다.(문화권적 조직방법) 또 하나는 간지역적 조직 방법에 따라 '지역 세계'를 바탕으로 '지역 세계' 사이의 상호관계와 교류를 강조하고 있다. '지역 세계' 사이의 전쟁과 정복 같은 폭력적 요인뿐만 아니라, 교류와 교역 같은 평화적 요인도 함께 중시하고 있다.

03 밑줄 친 '그의 주장'에 대한 설명으로 옳은 것만을 <보기>에서 있는 대로 고른 것은?

> 역사 교육에서 역사 서술에 대한 논의는 학생의 역사 이해와 관련하여 중요하다. 화이트(Hayden White)는 역사 서술에서 서술의 형식인 서사(narrative)가 서술의 내용을 결정한다고 보았다. 그의 주장에 따르면, 사건 자체는 어떤 줄거리도, 어떤 이야기도 제공하지 않는다. 동일한 사건으로 여러 종류의 이야기를 꾸밀 수 있다는 사실이 이를 잘 보여준다. 예컨대 '왕의 죽음'이란 사건에 대해 각각 시작, 종결, 이행의 모티브를 부과하면 각기 서로 다른 세 종류의 이야기를 구성할 수 있다고 본다. 그는 서술 대상으로서 과거의 의미는 서사의 특징적 요소인 '이야기를 꾸미는 방식'에 따라 결정된다고 보았다. 그리고 역사가가 역사 서술을 할 때 사용하는 언어는 비유적 의미를 가진다고 하였다.

〈보 기〉

ㄱ. 역사 서술에서 은유(metaphor), 환유(metonymy) 등과 같은 기법이 활용된다고 하였다.
ㄴ. 서사는 역사적 사실의 증거를 통해 '발견'되며 역사적 상상력을 약화시킨다고 하였다.
ㄷ. 서사는 역사적 사건들을 실제로 정확하게 묘사하여 있는 그대로의 사실을 보여 준다고 하였다.
ㄹ. 서사는 역사가가 역사적 사실에 부여하는 것이며, 역사적 사실 자체에 내재하는 것은 아니라고 보았다.

① ㄱ, ㄴ ② ㄱ, ㄹ ③ ㄷ, ㄹ
④ ㄱ, ㄴ, ㄷ ⑤ ㄴ, ㄷ, ㄹ

<답>

답- 2

<해설>

위 문제는 역사서술에 쓰이는 내러티브를 어떻게 바라볼 것인가에 대한 관점을 물어보고 있다. 역사에 쓰이는 내러티브를 바라보는 관점은 두 가지가 있다. 역사 서술 내러티브는 문학 작품에 쓰이는 내러티브처럼 사실과 상관없이 문화적 상상력에 입각해서 서술된다는 견해(이하 문학적 내러티브 약칭)와 역사 서술 내러티브는 역사적 사실에 입각해서 서술되어 한다는 견해(이하 역사적 내러티브 약칭)로 분류할 수 있다.

문학적 내러티브는 기본적으로 역사적 사실(스토리)보다는 저자가 생각하는 '구성형식(플롯·서사)'에 의해서 역사적 사실이 구성된다. 문화적 내리티브가 생각하는 역사적 내러티브의 이야기 형태는 시작과 끝 등으로 단순하게 연결되는 줄거리라고 인식한다. 문화적 내러티브를 주장한 사람은 밍크, 화이트, 앵거슈미트, 리쾨르 등이다.

역사적 내러티브는 역사적 사실보다 저자의 구성방식을 중시하는 문학적 내러티브를 비판하고 역사적 사실(이야기)을 강조, 역사적 내러티브가 문화적 내러티브와 달리 독자성을 가지고 있다고 주장한다. 내러티브의 구조(서사·플롯)는 저자가 생각하는 구조가 아니라 이야기의 자체에 내재되어 있는 구조(서사)에 의해 정해진다고 주장한다. 역사적 사실은 '구성'된 것이 아니라 '발견'된다는 것이다.

역사적 내러티브는 사회적 맥락, 내러이션의 이유, 내러이터(역사가)의 내레이션 능력(저자의 신뢰성) 등을 중요시 여긴다. 이야기의 형태도 형식적인 구조(시작-끝이라는 단선적인 일련의 사건)에 집착한 것이 아니라 메시지를 효과적으로 전달할 수 있도록 이야기의 본질적인 내용을 침해하지 않는 범위에서 이야기나 역사적 사건을 변형할 수 있다고 생각한다. 역사적 내러티브를 주장한 사람은 만델바움, 샤르티에, 피셔, 카 등이다.

위의 예문은 문화적 내러티브를 주장한 화이트이다.

ㄱ. 화이트는 역사 내러티브는 비유적인(은유·환유·제유·역설 등 포함) 설명에 의한 문화적 인공물이라고 생각했다. 언어는 허구적이어서 언어로 쓰여진 역사적 사료를 바탕으로 역사적 사실을 알 수 없다고 생각했다.

ㄹ. 그는 역사적 내러티브는 역사가가 미리 생각하는 플롯(서사구조)에 입각해서 사건들의 특징과 배경, 논조와 관점을 부여하고 사건들 간의 관계를 기술했다. 반면에 역사적 내러티브를 주장한 사람들은 화이트 이론을 비판한다.

ㄴ. 서사는 역사적 사실의 증거를 통해 발견된다고 생각했고, 저자의 상상력은 언어의 비유를 통해서 형성된 문화적 상상력이 아니라 역사적 사실을 바탕으로 해야 한다고 주장한다.

ㄷ. 서사는 외부적으로 주어진 것이 아니라 역사적 사실 속에 내재되어 있고 역사적 사실을 반영한다고 생각한다.

04 (가)~(라)의 수업 계획을 실행하려는 교사의 수업 방법으로 적절한 것만을 <보기>에서 있는 대로 고른 것은?

(가) 조선 후기의 인문지리지를 활용하여 임진왜란 이후 경상도 지역의 인물과 풍속 등을 중심으로 지역사를 탐구하도록 한다.
(나) '15~16세기의 세계'라는 주제로 유럽 중심의 세계사 관점을 비판적으로 이해하도록 한다.
(다) 통일신라 말의 한 인물과 관련한 자료에 기초하여 그의 생각과 행적을 써 보도록 한다.
(라) 추체험을 통해 조선 시대 사람들의 생활상에 대해 이해하도록 한다.

<보 기>
ㄱ. (가)- 『경상도지리지(慶尙道地理志)』, 『신증동국여지승람』을 주(主) 사료로 활용하여 사료 학습을 실시하도록 한다.
ㄴ. (나)- 명(明)의 영락제, 오스만 제국의 술레이만 1세 재위 시기의 발전상을 동시대 유럽의 국가들과 비교하도록 한다.
ㄷ. (다)- 『계원필경』, 『삼국사기』 등의 자료를 토대로 최치원의 전기(傳記)를 작성하도록 한다.
ㄹ. (라)- 학생들을 모둠으로 나누어 '양반의 생활', '중인의 생활', '상민의 생활', '천민의 생활'이란 소주제로 연극을 구성하는 극화 수업을 실시하도록 한다.

① ㄱ, ㄴ ② ㄱ, ㄹ ③ ㄴ, ㄷ
④ ㄱ, ㄷ, ㄹ ⑤ ㄴ, ㄷ, ㄹ

<답>
답- 5

<해설>
위 문제는 수업자료 활용과 교수학습모형(역할극)과 관련된 문제이다.

ㄱ. 지문은 지역사과 관련된 문제이다. 지역사는 지리적, 행정적으로 한정된 공간(사회·역사적 의미가 없는 단순한 지역적 공간)을 지칭하는 것으로 가치중립적이고 포괄적인 성격을 가지고 있다. 종전의 자신의 삶과 밀접하게 관련 있는 공동체의 역사인 향토사와 국사의 일부로서 역사를 지칭하는 말로인 중앙사와 대비되는 개념이다. 지역사는 지역의 역사가 중앙 권력 예속되어 있는 지방사와는 달리 종속적인 지방사가 아니라 주체적인 지역의 역사를 새롭게 평가하고 있다. 그리고 주관적인 향토사와 달리 객관적인 지역 역사를 연구하는 것도 가능하다. 그러나 지역사는 국가 전체의 역사와 특별히 구분이 안 되어 정체성이 모호하고, 지역사 연구 출발 시작이 제국주의 국가들이 자신의 식민지 역사를 '지역사'로 여기고 식민통치의 정책 수단으로 연구했다는 문제점도 가지고 있다. 지역사를 연구하는 자료는 상대적으로 국가사에 비해 공식자료의 비중이 적고, 문집이나 일기 등 개인적 자료 비중이 높은 것이 특징이다. 역사서나 국가가 발행한 공문서, 읍지류, 고지도, 지방지, 그 지역의 유물과 유적 등 현장자료, 생활사자료, 구술과 신화 등 다양하게 자료들을 지역사 연구하는 데 이용할 수 있다. 지문에 언급한 경상도 지리지『경상도지리지』, 『신증동국여지승람』 등 같은 지리지들도 지역사 연구의 중요한 자료이다. 그러나 경상도지리지는 세종 때, 신증동국여지승람은 성종 때 완성된 조선 전기 때 지리지이기 때문에 (가) 조선 후기 지리지와는 시기상 맞지 않다. 조선 후기 때 지리지로 유명한 것은 '택리지'이다.

ㄴ. 종전의 세계사 교과서나 통론에서는 오리엔탈리즘에 입각해서 16세기 전후로 지리상 발견 이후 세계 시장의 중심이 유럽인 것처럼 서술하고 있지만 최근에 연구에 의하면 역사적 사실과 맞지 않는 사실이다. 이미 바스쿠 다 가마가 이른바 '인도 항로 발견' 전에 오래전부터 인도는 북아프리카 인도-동남아시아 이르는 세계 시장의 중심지이었다. 그리고 유럽인이 발견한 인도항로는 이미 이슬람 상인들이 알고 있던 항로였다. 19세기 산업혁명 이전까지 세계경제의 중심지는 중국과 인도였고, 유럽은 주변부에 있던 곳으로 동양의 물자를 얻기 위해서 아메리카의 금과 은을 수탈해야 했다. 유럽은 아메리카에서 획득한 금과 은을 축적하여 19세기 산업혁명 이후에 가서여 세계 시장의 중심지로 부각될 수 있었다. (나) 15세기 중국의 명의 영락제, 16세기 오스만 제국 때는 당시의 유럽보다 여러모로 능가할 때이기 때문에 유럽중심의 관점을 비판하는 사례로서 적당한 것 같다.

ㄷ. 인물학습의 한 방법으로 인물의 전기(傳記)와 자서전(自敍傳)을 이용하는 방법이 있다. 이 방법을 사용하여 인물의 삶의 전환기를 다루면서 역사 변화의 개념과 원동력을 제시하고, 인물의 전(全)생애 과정을 통해 연대기적 사고력을 육성할 수 있다.

(다) 지문에서 최치원의 전기(傳記)을 기술하려면 '계원필경'과 '삼국사기'를 1차 사료로 이용할 수 있다. '계원필경'은 최치원의 저술한 시문집이고, 삼국사기 '최치원전'에는 최치원의 일대기가 나와 있다.

ㄹ. 추체험은 자기가 역사적 인물이 되어 직접 행동을 해 보아서 그 사람의 생각을 아는 감정이입의 한 방법이다. 반면에 감정이입적 역사이해는 머릿속에서 그 역사적 행위자 입장에서 생각하는 방법이다. 추체험의 방법으로 역할극, 시뮬레이션 등이 있다.

05 <박 교사의 수업 계획>에 대한 설명으로 적절한 것만을 <보기>에서 있는 대로 고른 것은?

<박 교사의 수업 계획>

○단원 설정 : 아시아, 유럽, 아프리카를 잇는 동서 교역로의 발달
○학습 목표
- 초원길, 비단길, 바닷길 등 동서 교역로의 발달 배경을 설명할 수 있다.
- 동서 교역로를 통해 전래된 다양한 문물을 열거할 수 있다.
- 교역로를 통한 동서 교역의 영향을 설명할 수 있다.

○수업 내용
- 세계 지도를 통해 세 교역로의 위치를 보여 준다.
- 각 교역로가 발달한 배경을 설명한다.
- 각 교역로를 주로 이용한 사람들과 대표적인 교역품을 설명한다.
- 각 교역로를 통한 동서 교역의 결과를 설명한다.

<보 기>

ㄱ. 로마가 비단을 수입하기 위해 파르티아를 통해 한(漢)과 교역을 하였다는 사실을 수업 내용에 포함시킨다.
ㄴ. 원(元)을 여행한 마르코 폴로와 이븐 바투타가 역참제에 대한 기록을 남겼다는 사실을 수업 내용에 포함시킨다.
ㄷ. 동반구 내 지역들은 서로 연결되어 있고 지속인 상호 작용을 통해 각 지역에 변화를 가져온다고 말한 벤틀리(J. Bentley)의 주장이 수업 계획에 반영되었다.
ㄹ. 국가 단위로 사건들을 설명함으로써 한 국가가 세계적으로 우월한 지위를 차지하게 된 데에는 그 국가의 내재인 발전 요인이 작용했다는 주장이 수업 계획에 반영되었다.

① ㄱ, ㄷ   ② ㄱ, ㄹ   ③ ㄴ, ㄹ
④ ㄱ, ㄴ, ㄷ   ⑤ ㄴ, ㄷ, ㄹ

〈답〉

답- 4

〈해설〉

위 문제 예문은 내용조직 방법 중에 간지역적 접근방법에 대한 것이다. 간지역적 접근방식은 종전의 문화권 중심의 세계사 교재가 서구중심적인 시각에 의해서 편성에 대한 비판 차원에서 제기되었다. 간지역적 접근방법은 7차교육과정 개정 세계사와 동아시아사 교과서에 잘 반영되어 있다. 예문에서 비단길, 바닷길, 초원길 등의 동서 교역로를 수업에서 다루면서 개별국가나 문화권 사건을 떠나서 문화권 간의 접촉과 영향을 강조한 간지역적 접근 방법에서 접근하고 있다.

ㄱ. 비단길을 통해 로마와 한 간의 교류는 문화권 간의 접촉을 다루고 있어서 간지역적 접근방법에 해당된다. 그리고 예문에 나와 있는 동서교역로의 해당 사례로 적절하다.

ㄴ. 13세기 중엽부터 약 100년 동안 동서교류가 증진되었다. 원나라 때 역참에 의한 동서교류는 문화권간의 접촉을 다루고 있기 때문에 간지역적 접근방법에 해당된다. 그리고 예문에 나와 있는 동서교역로 발달과정에도 해당된다.

ㄷ. 벤틀리는 종전의 문명집합(문명권 개별성 강조)으로서 세계사 개념과 서구 중심적 세계사 시대 구분의 문제점을 지적하면서 대안으로 반구사(정치·경제·문화적으로 연결되어 있는 하나의 영역)라는 개념을 제시했다. 그는 16세기 이전에 문화권간의 교류권을 중심으로 동반구, 서반구, 오세아니아로 구분하였다. 동반구는 아프리카, 유럽, 아시아 대륙으로 서반구는 남북아메리카, 오세아니아는 호주, 뉴질랜드, 태평양 섬 등으로 분류했다. 예문에서 지리상 발견 이전에 동반구내에서 동서교역로를 통한 지속적인 상호작용을 다루고 있기 때문에 교사는 벤틀리의 반구사의 주장을 수업 계획에 반영하고 있다.

ㄹ. 간지역적 접근방법의 문제점은 지역이나 문화권, 국가 단위 발전을 일관성 있게 설명하지 못한다. 역사의 발전을 설명하는 데 외부적 요인을 강조했기에 지역이나 국가들 단위의 내재적 발전에 대한 이해가 소홀하다는 문제점이 있다. 예문에서도 동서교역로를 통해 문화권 간의 교류에 초점을 맞추다 보니 국가와 문화권 내에 교류 상황을 제대로 파악하지 못하고 있다. 따라서 국가 단위 사건들을 설명하거나 국가의 내재적 발전을 설명하는 데는 미흡하기에 지문내용은 사실과 맞지 않다.

07 김 교사와 이 교사의 수업 내용에 따른 수업 활동으로 적절한 것만을 〈보기〉에서 있는 대로 고른 것은?

> 김 교사 : 환곡은 원래 가난한 백성에게 양식을 빌려주는 제도인데, 19세기에 부족한 재정을 보충하는 세금으로 바뀌었어요. 관아에서는 곡식을 받지 않으려는 백성들에게도 강제로 빌려주기도 하고, 돌려받을 때는 이자를 많이 거두는 등 온갖 부정한 방법으로 백성들을 수탈했지요. 그래서 백성들의 생활은 더 어려워졌어요. …… 만약 여러분이 이 시대에 태어난 백성이라면 어땠을까요? 이런 상황에 처한 백성이라고 가정하고 글을 써 보세요.
>
> 이 교사 : 조선 후기에는 토지 제도 개혁을 주장한 이들과 상공업 육성을 강조하는 이들이 나타났습니다. 토지 제도 개혁을 주장한 이들에는 유형원, 정약용 등이 있고, 상공업 육성을 강조한 이들에는 박지원, 박제가 등이 있습니다. 이 시간에는 사료를 통해 이들 주장의 공통점과 차이점을 알아봅시다. …… 이처럼 조선 후기에는 토지 제도 개혁과 상공업 육성을 통해 민생 안정과 부국 강병을 이루고자 하는 사상이 나타났습니다. 이런 사상을 무엇이라고 할까요?

〈보 기〉

ㄱ. 김 교사-학생들에게 환곡 운영의 문란 사례로 황구첨정(黃口簽丁)을 조사하게 한다.
ㄴ. 김 교사-학생들에게 '역사적 인물이 되어 글쓰기'를 통해 조선 후기 상황과 사람들의 생각을 이해하게 한다.
ㄷ. 이 교사-학생들에게 『반계수록』과 『북학의』에 수록된 내용을 비교하게 한다.
ㄹ. 이 교사-학생들에게 실학자들의 주장을 제시한 후 공통적인 특성을 토대로 실학의 개념을 추출하게 한다.

① ㄱ, ㄷ   ② ㄱ, ㄹ   ③ ㄴ, ㄹ
④ ㄱ, ㄴ, ㄷ   ⑤ ㄴ, ㄷ, ㄹ

<답>
답- 5

<해설>
위 예문은 조선후기의 환곡과 실학을 주제로 하는 수업사례를 통해 감정이입(김교사)과 비교학습 및 개념학습(이교사)를 물어 보고 있다. 김교사는 부세제도로 변질된 환곡제도에 대해서 '~이런 상황에 처한 백성이라고 가정하고 글을 써 보시오'라는 식으로 학생들에게 맥락적 감정이입을 요구하고 있다.

ㄱ. 지문에서 언급한 환곡의 문란 사례인 '황구첨정(黃口簽丁)'은 16세 미만의 어린아이에게 군포를 징수한 것으로 환곡문란 사례가 아니라 군역의 문란 사례이다.

ㄴ. 감정이입을 육성하는 교수학습방법으로 시뮬레이션, 역할극, 글쓰기 등을 들 수 있다. 김교사가 말한 글쓰기 수업은 감정이입뿐만 아니라 글쓰기 능력과 역사적 사고하기 능력을 통합적으로 가르칠 수 있는 방법이기도 하다. 글쓰기 수업의 방법으로는 '역사 입장에서 글쓰기', '제3자 입장에서 글쓰기(역사가와 역사적 인물 배제)', '역사적 인물 입장에서 글쓰기' 등이다.

ㄷ. 비교학습은 두 대상간의 유사점과 차이점, 원인을 규명, 비교 대상을 이해하고 이유를 설명하는 데 있다. 이 교사가 지문에서 중농주의자인 유형원, 정약용 등과 중상주의자인 박지원, 박제가를 언급하면서 비교하는 사례로 중농주의자인 유형원의 '반계수록'과 중상주의자인 박제가의 '북학의'를 비교한 것은 적절하다.

ㄹ. 개념은 어떤 공통적인 속성을 지니는 일군(一群)의 사물이나 행동을 집약한 말이며, 보통 한 단어로 표현되는 일반적인 아이디어를 말한다. 크게 개념의 의미를 속성으로 제시하는 내포적 측면(내포적 정의)과 개념의 의미를 사례를 통해 제시하는 외연적 정의로 분류할 수 있다. 위에 언급한 이교사가 유형원, 정약용, 박지원, 박제가 등 사례를 들고 있다.

08 다음은 김 교사의 교수·학습 지도안이다. 밑줄 친 ㉠~㉤에 대한 설명으로 옳은 것은? [1.5점]

수업주제	고구려의 대외 발전
학습목표	- 고구려가 대외적으로 발전할 수 있었던 원인을 설명할 수 있다. - 고구려와 신라의 관계를 알 수 있는 근거를 열거할 수 있다.
도입	- 전시 학습내용 확인 - 학습목표 제시
전개	- 컴퓨터와 프로젝션 TV를 통해 무용총 수렵도를 비롯한 고구려의 ㉠고분 벽화를 보여 주면서 고구려가 강력한 군사력을 가질 수 있었던 이유를 설명한다. - ㉡광개토대왕릉비 사진을 보여주고 ㉢"비석이 어느 왕 때 만들어졌을까요?"라고 짝 시기를 확인하는 질문을 한다. - 광개토대왕릉비에 새겨진 내용을 통해 고구려와 신라의 관계를 설명한다 - ㉣경주 호우총에서 발견된 그릇의 사진을 보여주면서 "호우명 그릇에 새겨진 글자를 통해 알 수 있는 것이 무엇일까요?"라고 질문하여 학생들의 답변을 끌어낸다. - 학생들의 답을 토대로 광개토대왕이나 장수왕때 고구려가 신라에 강한 영향력을 행사했다는 것을 설명한다.
정리 및 평가	- 학습내용을 간략하게 정리한다 - ㉤형성평가를 실시한다.

① ㉠-자료 분류상 2차 자료와 체험 자료에 속하는 교재이다.
② ㉡-고구려 영토가 아산만에서 영일만까지 이르렀다는 것을 알 수 있는 기록이 들어 있다.
③ ㉢-문제를 해결하기 위해 여러 각도에서 사고하도록 유도하는 유형의 질문이다.
④ ㉣-장수왕이 신라의 영토를 점령하였다는 내용의 글자가 새겨져 있다.
⑤ ㉤-고구려의 대외 발전과 신라와의 관계에 대한 학생들의 이해 정도를 확인하고 피드백하려는 평가이다.

<답>
답- 5

<해설>
이 문제는 학습 지도안을 통해 역사자료 특징, 역사적 사실(고구려의 대외정복활동). 형성평가 등을 물어 보고 있다.

① 실제 역사수업에 사용하는 자료는 대부분 1차 사료가 아니라 교육목적에 맞춰 재구성한 2차 사료이다. 그리고 교재의 담고 있는 사물과 현상에 따라 체현교재, 경험교재, 자료교재, 설명교재 등으로 분류할 수 있다. 위의 고분벽화는 실물에 해당하기 때문에 자료교재에 속할 수 있지만 감각과 지각을 통해 인식되기 때문에 경험교재에 해당될 수도 있다. 체험교재는 학습자의 직접적인 경험으로 학습하는 것이기 때문에 사실과 맞지 않는다.

② ⓒ 광개토대왕비는 장수왕이 아버지의 업적을 후세에 남기기 위해서 5세기 때 세운 것이다. 고구려의 시조 신화(추모왕), 수묘인 제도, 광개토대왕의 백제, 금관가야, 신라 원조, 요동정벌 등을 기록되어 있다. 고구려 영토가 아산만에서 영일만까지 도달할 수 있는 자료는 광개토대왕비가 아니라 중원고구려비문이다. 중원고구려비문은 국내에 유일하게 남아 있는 고구려 석비로, 장수왕이 남한강 유역의 여러 성을 공략하여 개척한 후 세운 기념비로 추정 된다.

③ 질문의 기법 유형(바스 견해 기준)은 인지기억질문, 수렴적 질문, 확산적 질문, 평가적 질문 등으로 분류할 수 있다.

ⓒ '(광개토대왕비) 비석이 어느 왕 때 만들어졌을까요?'란 질문 형태는 학생들이 특정한 역사적 사실을 기억하고 있는지 확인하는 질문이고 답변도 '장수왕'이라는 한 단어로 응답할 수 있는 것이기 때문에 인지기억질문에 해당된다. 문제를 해결하기 위해 여러 각도로 사고할 수 있는 질문은 확산적 질문에 해당되기 때문에 지문 ⓒ 발문 형태와는 맞지 않다.

④ ⓔ 경주 호우총에서 발굴된 호우명의 그릇 밑받침에 '을묘년국강상광개토지호태왕호우십(乙卯年國岡上廣開土地好太王壺杅十)'이라고 돋을 새김한 4행 16자의 명문이 새겨져 있는데, 여기서 을묘년은 광개토대왕이 죽은 후 3년째가 되는 415년(장수왕 3)이며, 이 글귀는 '국강(國岡) 위에 있는 광개토대왕릉용호우'라는 뜻이다. 호우명은 당시 신라가 고구려의 영향력 아래 있었음을 알 수 있다.

ⓔ 지문에서 장수왕이 신라의 영토를 점령했다는 말은 역사적 사실이 맞지 않다. 강한 영향력을 행사했을 뿐이다.

⑤ ⓜ 형성평가는 학습과정에서 시행되는 모든 형태의 평가로서 수업내용을 이해하고 있는지를 점검하고 피드백을 제공하여 이후의 교수학습 과정을 개선하는 데 있다. 형성평가를 통해 학습 중간에 학습목표 성취를 확인하고 그렇지 못할 때 개선정보를 얻을 수 있다. 학생의 학습 도움 이외에 교사의 교수방법 개선에도 기여한다. 지문에서 '고구려의 대외 발전과 신라와의 관계에 대한 학생들의 이해 정도를 확인하고 피드백하려는 평가'는 형성평가에 해당된다.

09 학교역사 시험에서 (가)의 평가 문항에 대한 문항 분석 결과가 (나)처럼 나타났다고 할 때, 이와 관련한 설명으로 옳은 것을 <보기>에서 고른 것은? [2.5점]

(가)

㉠ 시기와 관련하여 역사 신문을 짝하고자 할 때 기사 제목으로 적절하지 <u>않은</u> 것은?	
우리나라 역사	동아시아 역사
임진왜란 일어남. 1592	
	1603 일본. 에도 막부 성립함.
광해군 즉위함. 1608	
	1616 누르하치. 후금 건국함.
인조반정 일어남. 1623	
병자호란 일어남. 1636	1636 후금, 국호를 청으로 변경함
㉠	
숙종 즉위함. 1674	

(나)

정답률(%)	변별도	답지 반응 분포(%)						무응답
		①	②	③	④	⑤	
65.7	0.04	5.8	6.7	65.7	7.4	14.1	0.3

<보 기>

ㄱ. 신문 형식의 만들기 학습 상황을 소재로 문항을 구성하였다.
ㄴ. ④번과 ⑤번은 '오답지 매력도'보다 더 높은 반응을 보인 답지이다.
ㄷ. 역사적 사실 간의 종, 횡적 관련성을 파악하는 데 유용한 자료를 활용하였다.
ㄹ. 위의 역사 시험에서 점수가 높은 학생과 낮은 학생의 정답률 차이가 크게 나타났다.

① ㄱ, ㄴ　　　　　② ㄱ, ㄷ　　　　　③ ㄴ, ㄷ
④ ㄴ, ㄹ　　　　　⑤ ㄷ, ㄹ

〈답〉
답- 2

〈해설〉
위 문제는 평가문항을 제시하고 문항에 관련된 전반적인 문항의 성격과 그에 따라 나타난 결과를 해석할 할 수 있는지 여부를 묻는 문항이다.

ㄱ. 위에 제시된 사례의 평가문항 문두에서 알 수 있듯이 "역사신문을 제작한다고 할 때"라는 직접적인 상황을 제시하고 있음으로 정답임을 알 수 있다.

ㄴ. 오답지의 매력도를 묻고 있는 문항으로서, 오답지의 매력도 공식(밑에 있는 평가책 관련부분 참조)하면 쉽게 답을 구할 수 있다.

1-0.657/5-1로, 계산해보면, 약 0.08575(8.575%)임을 알 수 있다. 특히, 오답지의 매력도의판별 기준은 오답지의 매력도를 기준으로, 같거나 그 이상인 경우 오답지의 매력도가 높다고 본다. 따라서 오답지의 매력도(8.575%)를 기준으로 답지반응 분포비율을 분석해보면 1번(5.8), 2번(6.7), 4번(7.4)는 오답지의 매력도 비해 그 값이 떨어지므로 오답지의 매력도가 낮은 문항인 반면에 5번(14.1)은 오답지의 매력도(8.575%)보다 높은 수치를 나타내고 있으므로 오답지의 매력도가 높은 문항이고 할 수 있다. 따라서 5번만이 오답지의 매력도가 높은 반응을 보인 답지라고 할 수 있다.

ㄷ. 사례문항에서 우리나라 역사를 시간의 순서에 따라 임진왜란에서부터 숙종의 즉위까지 종적으로 나열하는 것은 물론, 이와 같은 시기 동아시아의 역사를 한국사와 같이 배치시켜 횡적인 관련성을 파악하는데 도움을 주고 있으므로 ⓒ이 정답임을 손쉽게 알 수 있다.

ㄹ. 문항 변별도 문제이다. 변별도지수 판별 시 음수에서 0.29 이하의 변별도가 나타나는 경우에 변별력이 낮거나 거의 없는 문항에 해당되므로 반드시 수정이 필요한 문항으로 간주할 수 있다. 특히, 위의 문제에서 변별도를 0.04(4%)로서 제시하고 있으며, 앞서 제시한 변별도의 기준에 미루어 위의 문항의 결과 나타난 변별도 0.04는 문항으로서 학생들의 능력을 변별을 거의 하지 못하는 경우에 해당한다.

10 밑줄 친 ㉠~㉤에 대한 설명으로 옳은 것은?

> 학교나 교실 현장에 중심을 가지는 ㉠ 현장 연구에서는 다양한 연구 방법이 활용되었다. 현장 연구가 진척되면서 근래에는 ㉡양적 연구 방법보다 ㉢질적 연구 방법을 선호하거나 두 방법을 혼용하는 연구자가 늘고 있다. 역사 교육의 분야에서도 다양한 현장 연구가 진행되었는데 그중에는 역사 교사의 전문성을 밝히기 위한 연구도 있었다. 연구자들은 주로 역사 수업이 이루어지는 교실 현장에 관심을 가졌다. 이들은 내용지식(content knowledge)이 어떻게 ㉣교수내용지식(pedagogical content knowledge)으로 바뀌는지 밝히고, 교수 내용지식이 교사의 전문성을 보여 주는 증거라고 주장하였다. 또한 ㉤역사 교사의 인지적 특성이 역사 수업에 어떻게 반영 되는지를 밝히기도 하였다.

① ㉠ - 새로운 학습 자료를 개발하고 수업 방법을 구안하거나 이를 수업 현장에 적용하는 실천적 연구이다.
② ㉡ - 자연주의 연구 방법이라고도 하며 연구자가 교사와 면담하여 얻은 자료를 해석해서 교육 현상을 이해하는 것이다.
③ ㉢ - 행동주의 연구 방법이라고도 하며 연구자가 수업 현장에서 수집한 자료를 통계 처리하여 교육 현상을 설명하는 것이다.
④ ㉣ - 제7차 교육과정 시기에 중학교 1학년과 2학년 사회에 세계사가, 중학교 2학년과 3학년에 국사가 편성되어 있었다는 것을 아는 것이다.
⑤ ㉤ - 역사 교과에 대한 지식, 역사 교사의 가치관과 성향, 학생에 대한 이해와 태도 등이 포함된다.

〈답〉
답- 1

〈해설〉
위 문제는 연구방법론과 교수내용지식 등과 관련된 문제이다. 연구방법론은 탐구학습, 토의 학승 등 같은 교수학습방법론이 아니라 역사학자들이 역사를 연구하는 방법이나 교사나 교육학자들이 교육현상을 연구하는 방법론을 말한다.

① ㉠ 현장 연구는 학교나 교실에서 일어나는 일상적인 활동들에 대한 연구이다. 역사교육과정의 구성, 역사학습자료의 개발, 역사교육 교수 모형의 구안 등과 같이 실제의 역사수업 현장에서 적용하는 실천적 연구이다. 현장연구의 주체는 교사이다. 교사는 현장연구를 통해 자신의 교수학습활동을 개선하고, 자신이 맡은 일을 좀 더 효율적으로 수행하는 데 관심을 가질 수 있다. 현장연구는 지속적이고 순환적인 성격을 가지고 있다. 연구결과는 실제의 교육현장에 투입되며 이것은 연구과정, 자기 이해의 과정이며 반성적 과정이다. 어떤 주제나 문제에 대한 이론 개발자체에 관심을 쏟기보다는 그 이론을 적용하여 교육현장을 변화시키는 데 관심을 가지게 된다. 현장연구 방법은 다른 사회과학 방법론 같이 양적 연구와 질적 연구가 있다.

② 양적 연구는 통계, 실험 등을 통해 추출한 데이터를 바탕으로 수량화 작업을 통해 법칙화 시키는 방법이다. 실증주의 연구, 과학적 연구, 행동주의 연구, 실험연구 등이 양적연구 방법에 속한다. 자연주의 연구 방법은 연구자가 자연스럽게 참여와 면담을 통해 얻은 자료를 해석해서 교육현상을 이해하는 질적 연구방법이다.

③ ㉡ 질적 연구 방법론은 수업관찰, 녹화, 면담, 동료교사의 토론 등을 통해 교육현상의 고유한 특징을 파악하는 데 있다. 교육현상을 상이한 관점과 의도를 가진 인간사이의 상호행위를 보아 행위자의 관점에서 교육현상을 이해하는 데 있다. 인류학의 해석적 연구, 탈실증주의 연구, 자연주의적 연구 등 질적 연구 방법에 속한다. 행동주의 연구방법은 심리학의 대상을 내면적인 의식이나 정서가 아니라 자극과 반응의 관계 속에서 발견되는 객관적 행동에 초점을 두고 있는 양적방법론에 속한다.

④ ㉢ 슐만은 역사교육 내용을 내용지식, 교수내용지식, 교육과정 지식으로 분류하였다. 내용지식은 교과의 기본개념과 원리, 방법론적 지식(학문의 방법론적 절차와 구조)을 말한다. 교수내용지식은 가르치기 위한 내용지식으로 학생들에게 교과를 이해하게끔 제시하고 조직하는 데 유용한 아이디어, 유추, 은유, 직유, 예증 등의 방식을 말한다. 교육과정지식은 일정한 단계나 어떤 주제나 교과를 가르치기 위하여 고안된 일련의 프로그램과 관련된 교육과정 자료를 이용할 수 있는 지식을 말한다. 지문 ㉢ 7차교육과정 시기 때 각 학년별 세계사와 국사 이수 내용은 교육과정 지식에 해당된다.

⑤ ㉣ 역사교사의 인지적 특성에 영향을 미치는 요인은 역사교과지식, 역사교육관, 학생에 대한 이해 등이다. 역사교과지식은 역사교사가 효율적으로 교과를 지도하기 위한 교과에 능숙하기 위한 조건이다. 역사교과지식은 교과 내용지식, 교과의 기본개념과 핵심적 아이디어, 교과의 인식론적 지식과 관점 등으로 구성된다. 교과 내용지식은 산업혁명이나 가격혁명 등 같이 역사적 사실을 전달하고 적절한 사례를 통해 학생들에게 역사를 이해시키는 데 필요한 지식이다. 역사교과지식 중에 가장 중요한 요소이다.

㉤ 역사교사의 가치관과 성향은 역사교사의 인지적 특성이 아니다.

11 김 교사는 다음 교수·학습 지도안에 따라 수업을 진행하였다. 밑줄 친 ㉠~㉤에 해당하는 교수·학습 활동으로 가장 적절한 것은?

수업주제	서학의 유입과 조선 정부의 대응
학습목표	- 서학이 유입된 배경을 설명할 수 있다. - 서학이 정부로부터 탄압받은 과정을 말할 수 있다.
도입	- 전시 학습내용 확인 - 학습목표 제시
전개	- 서학 유입의 시대적 배경을 정리한 학습지를 나누어 준다. - ㉠ 실학자 이익의 제자 중에서 서양 과학 기술에 관심을 두고 서학을 연구한 인물들이 등장했다고 설명한다. - ㉡ 천주교를 신앙으로 수용한 인물의 저술을 소개한다. - ㉢ 베이징에서 정식 교인이 된 인물이 귀국한 뒤 천주교회를 처음 설립하였다는 사실을 언급한다. - 천주교에 대한 정부의 박해 사례를 소개한다. · ㉣ 신해박해가 일어난 원인을 설명한다. · 신유박해의 배경을 설명한다. · ㉤ 흥선대원군의 천주교 박해를 빌미로 외국 군대가 우리 영토를 침략했으며, 이때 문화재를 반출하였다고 설명한다.

① ㉠ - 대표적인 인물로 유몽인과 이수광이 있었다고 언급한다.
② ㉡ - 안정복의 『동사강목』에서 서학 관련 내용을 발췌하여 보여 준다.
③ ㉢ - 김대건이 조선인 최초로 신부가 되어 돌아온 후 교인 조직을 구성하였다고 강조한다.
④ ㉣ - 순조 때 안동 김씨 세력이 남인을 탄압한 것이 원인이라고 설명한다.
⑤ ㉤ - 프랑스군이 강화도를 침략하였다가 정족산성에서 패배한 후 외규장각 도서를 약탈하였다는 사실을 소개한다.

〈답〉
답- 5

<해설>

　　천주교는 16세기 말에서 17세기 초에 명에 왕래하는 사신들에 의하여 천주교에 관한 한역서적이 우리나라에 소개되었다. ① 처음에 천주교가 유입될 때에는 종교가 아니라 서학(西學)이라는 이름으로 학문차원에서 도입되었지만 나중에는 이익의 문호인 남인계열(성호좌파) 학자들을 중심으로 종교로 수용되어 서학=천주교로 인식하게 되었다.

㉠ 유몽인(1559-1623)과 이수인(1563-1628)은 16세기 중엽에서 17세기 초반 활동했던 사람으로 천주교 도입과 관련이 있다. 이수광은 〈지봉유설〉에서 마테리치의 〈천주실의〉를 소개하였고, 유몽인은 어유야담에서 천주교의 교리와 기존의 유·불·도교의 차이점을 논하였다. 이 두 사람은 18세기 활동했던 이익보다 한 세기 앞서 있던 사람이다. 이익의 제자 중에 서양과학 기술 등 서학을 연구한 사람은 앞에 언급한 정약용이다.

② 안정복은 천호문답에서 '천주교는 후세의 천당지옥설을 믿게 하여 현실의 고통을 엮어 현실을 금수의 세계로 생각하게 하며, 세속사를 무시한다'라고 강하게 비판하였다.

㉡ 안정복은 정약용과 함께 이익의 자제였지만 천주교와 서양 학문에 대해서 부정적이었고 성리학적 가치관을 강화시키는 차원에서 강목체 형식에 '동사강목'이라는 역사책을 서술하였다. 천주교를 수용하지 않은 안정복 동사강목에서 서학관련 내용을 발췌한 것은 역사적 사실과 맞지 않다. 천주교 신앙을 수용한 인물로 이벽, 권철신, 정약용 등의 책을 인용하는 것이 역사적 사실과 맞다.

③ 이승훈은 북경에 가서 서양인 신부로부터 세례를 받았다.(1783) 귀국 후 이벽, 이가환, 정약종 형제 등에게 영향을 주고 김범우 집을 신앙집회소를 정하고 정기적인 신앙모임을 가짐으로써 최초로 천주교 교회를 성립하였다. ㉢의 인물의 설명은 최초의 신부인 김대건이 아니라 이승훈에 대한 내용이다. 우리나라 천주교 수용의 특징은 중국과 일본과 달리 서양의 선교사에 의해서 전파된 것이 아니라 자율적으로 수용했다는 점이다. 그런 측면에서 신부 없이 교인조직(교회)이 먼저 설립되었다.

④ 조선의 집권층들은 조선후기 천주교가 유입되자 천주교가 가지고 있는 평등사상과 제사거부 등이 지배질서의 도전과 유교적 가치관의 붕괴로 인식하여 탄압을 하였다. 신해박해(영조), 신유박해(순조), 기해박해(헌종), 병인박해(고종)이 대표적이다.

㉣ 신해박해는 전북 진산 윤지충의 신주 소각 사건 때문에 일어났다. 순조 때 안동 김씨 세력이 남인 탄압을 위해 일으킨 것이 신유박해(1801)이다. 신유박해는 순조 초기인 정순왕후의 수렴청정 시기에 벽파가 시파를 공격하기 위해 천주교 박해를 정치적으로 이용하면서 일어났다.

⑤ 흥선대원군 때 프랑스 선교사와 조선인 신자들을 대규모 처형시키는 병인박해(1866)가 있었고, 이로 인해 프랑스 로즈 제독의 프랑스 함대가 강화도를 침범하는 병인양요가 발생했다. 병인양요 기간에 프랑스군이 정족산성 전투에서 패배한 후에 후퇴하는 길에 강화읍성에 있는 외규장각을 불태웠다. 그때 상당수 책이 소실되고 어람용의궤(외규장각의궤)의 일부가 약탈되어 프랑스로 반출되었다.

2012년 중등임용고시 역사교육론 부문

01 ㉠~㉣과 관련하여 교사가 유의할 점으로 적절한 것만을 <보기>에서 있는 대로 고른 것은? [1.5점] [2012기출]

<김 교사의 수업 계획안>

1. 이번 단원에서 학습한 인물 가운데 한 사람을 선정하도록 한다.
2. ㉠ 해당 인물과 관련된 자료를 조사하고 인물이 역사적 행위를 결정하게 된 과정을 분석하도록 한다.
   - 인물의 생애 및 성향
   - ㉡ 인물이 살았던 시대적 상황
   - ㉢ 인물의 대표적인 역사적 행위
3. ㉣ 역사적 맥락 속에서 행위의 의미를 평가하도록 한다.
4. 분석 및 평가 내용을 복서로 작성하고 발표하도록 한다.

ㄱ. ㉠ - 역사자료에는 만든 사람의 해석이나 관점이 개입되어 있다는 점에 유의해야 한다.
ㄴ. ㉡ - 인물의 행위를 결정하는 데 영향을 미친 시대적인 조건을 강조한 나머지 개인의 주체적인 의지를 과소평가하지 않도록 한다.
ㄷ. ㉢ - 과거의 관점을 배제하고 현재의 관점에서 인물의 행위를 이해하도록 한다.
ㄹ. ㉣ - 인물에 대한 다양한 해석이나 평가가 가능하다는 점에 유의하도록 한다.

① ㄱ, ㄴ   ② ㄴ, ㄷ   ③ ㄷ, ㄹ
④ ㄱ, ㄴ, ㄹ   ⑤ ㄱ, ㄷ, ㄹ

〈답〉

답- 4

〈해설〉

㉣- 행위결정 모형안으로 역사적 행위의 의미를 이해할 수 있다.(목적, 상황, 수단을 고려한다.)
　　인물학습과 사료문제를 연결지은 것으로, 인물을 통해 역사상 구현이 쉽지 않다.
　　인물학습-행위결정분석모형, 인물의 일생과 전기를 이용하는 모형, 인물을 통해 시대와 문화를 이해하는 모형이 있다.
㉠의 보기는 사료비판과 연결된다.
징비록에서는 이순신을 긍정하며, 박정희 시대에는 구국 영웅으로 평가한다.

02 (가), (나)에 대한 설명으로 옳은 것만을 고른 것은? [2012기출]

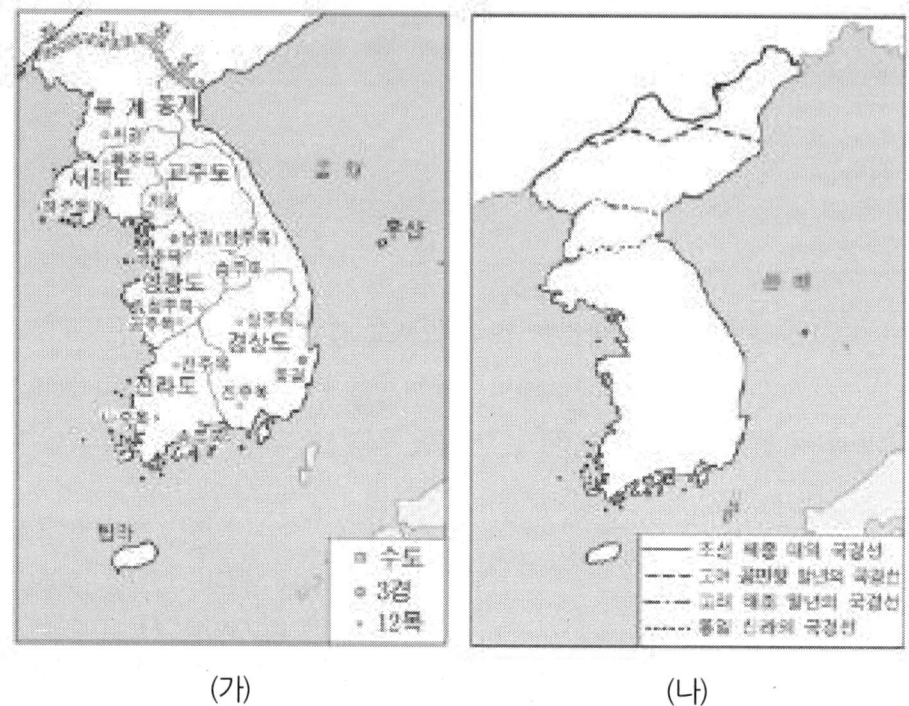

(가)　　　　　　　　　　　(나)

<보 기>

ㄱ. (가)는 각기 다른 시점에 일어난 사실들을 하나의 지도에 표현하고 있다.
ㄴ. (가)에 표기한 사실을 선택하는 과정에서 지도 제작자의 해석이 개입되었다.
ㄷ. (나)는 다양한 주제와 관련된 역사적 사실들을 종합적으로 나타내고 있다.
ㄹ. (나)는 선택한 주제와 관련하여 일정 공간에서 일어난 변화상을 파악하는 효과적이다.

① ㄱ, ㄴ　　　　　　② ㄴ, ㄷ　　　　　　③ ㄷ, ㄹ
④ ㄱ, ㄴ, ㄹ　　　　⑤ ㄱ, ㄷ, ㄹ

〈답〉
답- 4

〈해설〉
역사지도- 역사적 사실을 하나의 평면 위에 담아 인간생활의 역사적, 시간적 변화를 제시한다.
역사적 사실보다는 해석에 중점을 두기 때문에 지도제작에 주관적 판단이 개입된다.
지리지도- 특정 시점의 사회현상과 지리적 위치를 제공한다.
　(가)는 역사지도이고, 4도호부 12목 5도 양계- 고려의 지방제도. 제도 성립의 시간적 차이를 무시하고 한 공간 안에 표시하고 있다. 고려시대 행정 구역 중 저자가 중요하다고 생각하는 행정구역을 선택하여 표시하고 있다.
　(나)는 지리지도로서 국경선의 변화를 통해 왕조의 역사적 변화를 표시하고 있다.

03 ㉠~㉣의 주장으로 옳은 것만을 <보기>에서 있는 대로 고른 것은? [2012기출]

> 역사적 사고에 대한 논의는 피아제 이론의 적용 및 이에 대한 비판, 내러티브적 역사 인식 등 다양한 측면에서 전개되었다. ㉠피일(E. A. Peel), ㉡할람(R. N. Hallam) 등은 모든 학문 영역에 보편적으로 나타나는 사고의 양상 및 단계에 주목했다. ㉢부스(M. B. Booth), ㉣이간(K. Eagan) 등은 역사적 사고의 고유성을 강조했다.

<보 기>

ㄱ. ㉠ - 역사적 사고를 기술적(記述的) 사고와 설명적 사고로 나누어 제시하였다.
ㄴ. ㉡ - 역사 과목에서 형식적 사고는 수학이나 과학 교과에 비해 일찍 나타난다고 주장했다.
ㄷ. ㉢ - 피아제의 인지 발달 단계가 역사적 사고의 발달에도 그대로 적용된다고 주장했다.
ㄹ. ㉣ - 아동은 이야기 형식의 역사에 흥미를 느끼며, 대비적 개념을 이용하여 과거 사건을 이해할 수 있다고 주장했다.

① ㄱ, ㄷ ② ㄱ, ㄹ ③ ㄴ, ㄹ
④ ㄱ, ㄴ, ㄷ ⑤ ㄴ, ㄷ, ㄹ

<답>
답- 2

<해설>
필, 할람은 피아제 이론을 수용하여 피아제리 연령발달 단계를 수용했다. 진정한 역사적 사고는 형식적 조작기에 가능하다고 본다. 한편 피아제 이론을 반대하는 진영(영역고유인지이론)에서는 해당 교과 내용, 구조, 원리의 이해가 다를 수 있고 따라서 해당교과에 맞는 인지발달을 주장한다.
㉠ 필은 역사적 사고를 기술적 사고와 설명적 사고로 나누어 제시하였다. 기술적 사고는 구체적 조작기, 설명적 사고는 형식적 조작기에 가능하다고 본다. 역사적 사고는 형식적 조작기인 설명에 해당한다고 주장했다.
㉡ 은 할람의 생각으로 역사적 사고이지만 연령지체설을 주장한다.
㉢ 피아제의 인지발달 단계(인지는 연령에 좌우된다. 감각운동기- 전조작기- 구체적 조작기- 형식적 조작기)는 영역중립이론의 주장 내용이며, 부스는 영역고유인지이론가로서 연령에 상관없이 학생에게 역사적 개념과 시대적 상황을 이해시킬 수 있다고 본다. 인증적 사고, 즉 자료에 없는 역사적 행위자의 내면을 감정이입과 상상적 추론을 통해 재구성할 수 있다고 주장한다.
㉣의 이간은 이항적 대비개념을 주장한다.

04 (가)~(다)의 사회과 교육 과정 내용과 관련된 설명으로 옳은 것은?[2.5점][2012기출]

구분	고시 번호	고시일
(가) 제7차 교육과정	교육부 고시 1997-15호	1997. 12.30.
(나) 2007년 개정 교육과정	교육인적자원부 고시 제2007-79호	2007.2.28
(다) 2009 개정 교육과정	교육과학기술부 고시 제2009-41호	2009.12.23

① (가)에서는 '한국사'가 고등학교 선택 과목이 되었다.
② (나)에서는 '한국 근·현대사' 과목이 고등학교에 신설되었다.
③ (다)에서는 고등학교의 '세계사' 과목명이 '세계 역사의 이해'로 변경되었다.
④ (가)와 (나)에서는 중학교의 한국사와 세계사 영역이 '역사'과목으로 통합되었다.
⑤ (나)와 (다)에서는 '동아시아사'가 고등학교 선택 과목으로 제시되었다.

〈답〉
답- ⑤

〈해설〉
한국사가 고등학교 선택과목이 되는 시기는 2009년 개정교육과정 시기이다.
7차 교육과정-한국사 과목명이 '국사'로 변경, 필수과목이 된다. 수능에서는 선택과목이다./ 선택심화과정(고2,3)- 한국근현대사와 세계사가 신성된다.
2007년 개정-한국근현대사 과목- 고1 역사과목으로 통합된다./ 선택심화과정으로 한국문화사, 세계역사의 이해, 동아시아사로 나뉘며, 2007년 과정은 실행되지 못한다.
2009년 개정-세계역사이해가 '세계사' 과목으로 전환된다. 중학교의 한국사와 세계사 영역이 '역사'로 통합된다.
동아시아사는 2012년부터 교과서를 발행한다.
2007년개정과 2009년 개정의 선택심화과정에서는 동아시아사가 각각 통합된다.

05 (가)~(라)의 사회과 교육 과정 내용과 관련된 설명으로 옳은 것은? [2012기출]

	수업 장면
(가)	교사 : 오늘은 강화도조약을 배워보고자 해요. 모두들 지난 시간에 배운 병인양요의 내용을 알고 있나요? 학생A : 예, 병인박해를 구실로 프랑스 군대가 강화도에 쳐들어온 사건이에요. 교사 : 그럼, 신미양요의 구실이 되었던 사건은 무엇이었죠? 학생B : 제너럴셔먼 호 사건이에요. 교사 : 네, 맞아요. 병인양요와 신미양요를 겪은 후 흥선대원군은 척화비를 세우고 통상 수교 거부 정책을 유지했다는 사실을 지난 시간에 배웠어요.
(나)	교사 : 고려 시대에 처음으로 과거제를 실시한 왕은 누구인가요? 학생A : 광종이요. 교사 : 호족들이 불법적으로 소유한 노비를 양인으로 해방시키기 위해 광종이 만든 법은 무엇인가요? 학생B : 노비안검법이요.
(다)	교사 : 아테네와 스파르타는 경제 활동의 상당 부분을 노예 노동에 의존했다는 점에서 공통점이 있어요. 그런데 아테네와 스파르타는 차이점도 있었어요. 학생A : 어떤 차이점이 있었나요? 교사 : 아테네는 경제의 중심이 상공업이었던 반면 스파르타는 농업이 경제의 중심을 이루고 있었어요.
(라)	교사 : 지난 시간에 프랑스 혁명을 다룬 영화를 보았지요. 혁명이 일어난 원인은 무엇인가요? 학생A : 루이 16세는 정치에 무관심하고 사냥만 좋아 했어요. 학생B : 마리 앙투아네트가 너무 사치스러웠어요. 교사 : 네, 맞아요. 통치자가 무능해서 프랑스 혁명이 일어나게 된 것이에요.

〈보 기〉

ㄱ. (가) - 교사는 전시(前時) 학습의 내용을 확인하고 있다.
ㄴ. (나) - 교사는 예측, 추론, 상상 등의 사고 작용을 자극하는 질문을 하고 있다.
ㄷ. (다) - 교사는 동시대의 다른 폴리스의 특징을 비교하여 설명하고 있다.
ㄹ. (라) - 교사는 학생들에게 역사적 사건의 원인이 다양하고 복합적이라는 것을 충분히 인지시키지 못하고 있다.

① ㄱ, ㄴ 　　　　　② ㄱ, ㄷ 　　　　　③ ㄴ, ㄹ
④ ㄱ, ㄷ, ㄹ 　　　⑤ ㄴ, ㄷ, ㄹ

〈답〉

답- 4

〈해설〉

(가)는 선수학습을 확인하는 도입단계이다.
(나)는 문답식 수업으로 인지기억질문에 해당한다.
(다)는 비교학습방법으로 유사점과 차이점에 중점을 두고 있다.
(라)는 역사적 인과관계를 언급한 것으로 주관성의 개입이 이루어진다.
(나)- 역사적 상상 요구는 확산적 질문이다.
(라)는 다양한 견해에 대한 역사적 설명이 없다.

06 다음 역사 교육 내용 조직 방식의 특징에 대한 설명으로 적절한 것만을 <보기>에서 있는 대로 고른 것은?[2012기출]

'농업의 발전'이라는 주제를 선정하여 고대부터 현대까지 농업 기술이 어떻게 변화하였으며 그 원인은 무엇인가, 농업 기술의 발전이 사회에 어떠한 영향을 끼쳤는가, 국가의 농업 정책은 어떠하였는가를 다룬다.

<보 기>

ㄱ. 선택한 주제와 관련된 사실의 시대적 변천 양상을 파악하는 데 효과적이다.
ㄴ. 다양한 분야를 포괄적으로 다룸으로써 특정 시기의 시대사 전반을 파악하는 데 유리하다.
ㄷ. 역사적으로 중요하지만 선택한 주제와 관련이 없는 사건이나 사실들에 대해 소홀할 수 있다.
ㄹ. 선택한 주제에 대한 심층적인 분석을 통해 역사적 인과 관계에 대한 인식을 길러 줄 수 있다.

① ㄱ, ㄴ　　　　　　　　② ㄱ, ㄹ　　　　　　　　③ ㄴ, ㄷ
④ ㄱ, ㄷ, ㄹ　　　　　　⑤ ㄴ, ㄷ, ㄹ

<답>
답- 4

<해설>
위의 제시문은 역사교육 내용조직과 관련된 문항으로, 조직의 유형으로 단원명 조직유형, 종적 조직(발전계열법) 그리고 횡적 조직이 있다. 고대부터 현대까지 공부한다는 것은 발전계열법과 관련이 있고, 농업의 발전이라는 주제 중심 방법의 수업을 제시하였다. 특정 시기의 시대사 전반을 파악하는데는 분절법(시대사) 수업이 중시된다.

07 밑줄 친 '비판적 유형'의 특징에 관한 설명으로 옳은 것만을 <보기>에서 있는 대로 고른 것은? [2012기출]

뤼젠(J.Rüsen)은 역사의식이란 미래를 전망하고 현재를 이해하기 위해 과거를 해석하는 인간의 사유 작용이라고 보았다. 그리고 역사의식을 역사적 사고의 특수성과 그 기능을 규정하는 통합적인 정신 작용으로 파악했다. 이러한 인식을 토대로 그는 역사의식을 전통적(traditional) 유형, 전형적(exemplary) 유형, 비판적(critical) 유형, 발생적(genetic) 유형의 네 가지로 구분했다.

<보 기>
ㄱ. 과거에 규정된 자기 이해 방식을 부정하고 현재의 가치 체계를 문제화한다.
ㄴ. 구체적인 사건 속에서 일반 법칙을 이끌어 내어 과거를 현재의 교훈으로 활용한다.
ㄷ. 사회 구성원들이 공통의 기원을 갖고 있다는 생각을 지속시킴으로써 연대감을 이끌어 낸다.
ㄹ. 과거의 억압적인 젠더 관계에 대한 인식을 해체하려는 페미니스트의 역사 서술에 잘 나타난다.

① ㄱ, ㄴ
② ㄱ, ㄹ
③ ㄴ, ㄷ
④ ㄱ, ㄷ, ㄹ
⑤ ㄴ, ㄷ, ㄹ

<답>
답- 2번

<해설>
ㄱ- 비판적 유형이다.
ㄴ- 교훈으로 활용될 수 있는 것은 전형적 유형이다.
ㄷ- 전통적 유형이다.
ㄹ- 비판적 유형에 해당한다.

08 다음 주장을 한 인물의 역사 인식에 대한 설명으로 옳은 것만을 <보기>에서 있는 대로 고른 것은? [2012기출]

예를 들어 역사가가 테오도시우스(Theodosius) 법전을 읽고 있으며, 황제의 칙령을 앞에 놓고 있다고 가정하자. 단순히 그것을 읽고 번역할 수 있다고 해서 그 역사적 의미를 알게 되는 것은 아니다. 그 의미를 알기 위해서는 황제가 다루려고 했던 상황을 머릿속으로 그리되, 황제가 생각했던 것과 같이 그려야 한다. 그런 다음 황제가 처했던 상황을 자신이 처한 상황인 것처럼 받아들여 그 상황을 어떻게 다룰 것인지를 스스로 생각해야 한다.… 이렇게 함으로써만 역사가는 칙령의 의미에 대하여 단순한 문헌학적인 인식이 아닌 역사적 인식을 할 수 있다.

<보 기>

ㄱ. 증거 사이의 간격을 메우는 역사가의 사고 형태가 선험적 상상의 성격을 가진다고 보았다.
ㄴ. 역사적 현상의 외면보다 내면을 더욱 중시하며 모든 역사를 사상(thought)의 역사라고 보았다.
ㄷ. 자연 과학처럼 법칙적 일반화를 추구하는 것이 역사가의 주된 관심사가 되어야 한다고 보았다.
ㄹ. 역사 이해를 위한 방법으로서 감정이입을 힘(power), 성취(achievement), 절차(process), 성향(disposition)으로 구분하였다.

① ㄱ, ㄴ ② ㄴ, ㄷ ③ ㄷ, ㄹ
④ ㄱ, ㄴ, ㄹ ⑤ ㄱ, ㄷ, ㄹ

<답>
답- 1

<해설>
- 콜링우드의 역사인식과 관련한 예문이다.
- 사상의 역사에서는 역사의 외적인 면보다 내면을 강조한다.
- 법칙적 일반화를 추구하는 것은 실증주의와 관련되며, 포퍼와 햄펠이 주요 인물이다. 이들과 달리 콜링우드는 역사의 개별성을 강조하였다.
- 역사이해를 위한 방법으로 감정이입을 힘, 성취, 절차, 성향으로 구분한 사람은 리(Lee)에 해당한다.

09 ㉠, ㉡에 대한 설명으로 적절한 것만을 <보기>에서 있는 대로 고른 것은? [2012기출]

시대 구분은 역사 이해의 길잡이로서 효용적 가치를 가진다. 역사에서 시대를 구분하는 대표적인 사례로 ㉠고대, 중세, 근대의 삼분법이 있다. 역사에서 시대 구분은 수많은 역사적 사실들을 분류하여 역사의 흐름을 파악하는 데 도움이 된다. 따라서 역사를 배우는 학생들이 시대 구분의 목적과 의의를 이해할 수 있도록 ㉡시대 구분을 주제로 한 역사 학습이 필요하다.

<보 기>

ㄱ. ㉠ - 역사가의 해석과 판단이 개입된 구분이다.
ㄴ. ㉠ - 서유럽이 아닌 다른 지역에 적용하기가 어렵다는 비판이 있다.
ㄷ. ㉡ - 학생 스스로 시대 구분에 대한 자신의 관점을 갖도록 하는 것이 바람직하다.
ㄹ. ㉡ - 역사에 대한 배경 지식이 없는 초등학교 저학년 학생에게 효과적인 학습 방법이다.

① ㄱ, ㄴ
② ㄴ, ㄹ
③ ㄷ, ㄹ
④ ㄱ, ㄴ, ㄷ
⑤ ㄱ, ㄷ, ㄹ

<답>
답- 4

<해설>
18세기 계몽주의자는 중세를 평가절하하였다.
19세기 낭만주의자들이 중세를 '창조의 시기'로 평가한다.
시대구분을 주제로 한 역사학습은 상당한 배경지식을 갖춘 고학년에 적합하다.

10 ㉠, ㉡에 관한 설명으로 적절한 것만을 <보기>에서 있는 대로 고른 것은? [2012기출]

> 과거 사실에 대한 지식은 역사 교육 내용의 기본이라고 할 수 있고, 역사에 관한 지식은 바람직한 역사적 사고와 태도를 형성하는 데 도움이 될 때 비로소 의의가 있다. 역사 지식은 ㉠개념, ㉡일반화 이론으로 구분할 수 있으며 그 밖에 역사 교과의 내용을 구성하는 요소로는 역사적 사고와 역사적 태도 등을 들 수 있다.

<보 기>

ㄱ. ㉠ - 해당 사례를 열거하여 개념의 의미를 정의하는 것을 내포적 정의라고 한다.
ㄴ. ㉠ - 추상적인 개념을 아는 것은 이와 관련된 단순한 개념과 개별 사실을 이해하는 데 도움이 된다.
ㄷ. ㉡ - 구체적 사실들과 개념들에 의해 뒷받침되며 학습자의 사고 차원을 높여준다.
ㄹ. ㉡ - 일정한 시기와 지역에 한정된 제한적 일반화와 시대와 지역을 초월하여 적용될 수 있는 보편적 일반화 등 여러 수준으로 분류될 수 있다.

① ㄱ, ㄴ   ② ㄱ, ㄹ   ③ ㄴ, ㄹ
④ ㄱ, ㄷ, ㄹ ⑤ ㄴ, ㄷ, ㄹ

<답>
답- 5

<해설>
역사지식의 내용요소- 역사적 사실과 사건 관련 지식(명제적 지식), 지식 탐구의 방법적 지식 그리고 지식 탐구 내재의 태도와 가치로 나눈다.

역사적 사실과 관련된 것은 구체적 사실의 개념과 일반화 이론이 있다.
㉠ 개념의 의미를 정의하는 것은 외연적 정의이다.
㉡의 일반화는 사실과 개념을 활용하여 추론한다.

2011년 중등임용고시 역사교육론 부문

01 다음은 드레이(W. H. Dray)의 '합리적 설명 이론'을 바탕으로 구성한 탐구학습 모형이다. ㉠~㉤과 관련된 설명으로 적절하지 <u>않은</u> 것은?

㉠탐구학습의 과정	교수·학습 활동
문제의 인지	· ㉡ 행위자의 특정한 행위를 학습 주제로 선정한다.
가설의 설정	· 행위자의 특정한 행위가 지향한 목표가 무엇인지 가설로 설정한다.
자료의 수집	· 행위자가 처한 상황에 대한 자료를 수집한다.
자료의 해석	· 행위자가 처한 상황을 파악한다. · 대안적인 수단들을 찾아보고, 각 수단의 부작용을 검토한다. · 대안적인 수단들 중에 가장 바람직한 행위를 결정한다.
가설의 검증	· ㉢ 목적-상황-수단 간의 결합은 적절했는지 살펴본다.
이해와 평가	· ㉣ 행위결정은 행위자의 목적-상황-수단과의 관계 속에서 이루어진다는 것을 이해한다. · 행위자가 선택한 행위가 목표와 일관성을 가지고 있는지를 평가한다.

① ㉠ - 탐구학습에서 문제 해결 과정은 행위자의 행위 결정 과정을 탐구하는 데 적합하다.
② ㉡ - 상황 배경이 분명한 시기에 뚜렷한 목적을 갖고 행동한 인물을 선정하는 것이 바람직하다.
③ ㉢ - 교사는 주어진 자료에 대한 다양한 해석이 나올 수 있도록 학습 분위기를 조성한다.
④ ㉣ - 행위자가 '목적-상황-수단'의 관계 속에서 선택한 행위가 적절하다는 의미는 행위자가 처한 당시의 상황에서 적절하다는 의미이다.
⑤ ㉤ - "A와 같은 성향을 가진 사람은 누구나 B와 같은 상황에 처하면 변함없이 C와 같이 행동한다."라는 일반법칙을 적용하여 행위자의 행위를 이해해야 한다.

〈답〉

답- 5

〈해설〉

① 드레이의 합리적 설명이론을 역사교수학습방법에 적용할 수 있는 방법은 문답법과 탐구학습 모형이 있다. 문답법은 학습자의 수업 주제로 하여 교실 내의 언어적 상호작용을 촉진시켜 학습의 흥미를 유발시키고 문제해결 능력을 향상시켜준다. 그러나 탐구학습과 비교해 볼 때 문제 해결능력은 향상시키는데 한계가 있다.

② 드레이의 합리적 설명이론은 인간을 이성적인 존재를 보고 목적-상황-수단의 일관성을 추구하기 때문에 목적과 상황이 뚜렷한 행위자의 인물학습에 적합하다. 반대로 비이성적, 우발적 행위자의 행동 같은 합리적이지 못한 행위는 예측할 수 없다는 한계점이 있다. 수업을 할 때 학생들은 행위자의 목적은 정확하게 인식하고 있지만 상황에 대한 인식은 잘 하지 못하기 때문에 수업에 들어가기 전에 당시 역사적 행위자가 처해 있는 역사적 상황을 자세하게 알려줄 필요가 있다.

③ 자료(사료)의 해석 단계에서 한 가지 해석을 추구하는 것이 아니라 여러 가지 해석을 제시하는 것이다. 발산적 사고를 하여 여러 가지 해석이 가능하도록 교사의 학습 분위기 조성이 중요하다.

④ 행위 이론 중에 목적-상황- 수단을 바탕으로 인간의 합리성을 전제해 두는 이론은 포퍼의 상황이론과 드레이의 합리적 설명이론이다. 둘 다 인간의 합리성을 두고 있지만 포퍼의 상황 이론은 '만일 누구든지 A의 상황에 놓이면~' 공식에서 볼 수 있듯이 현대인의 사람들이 생각하는 상식에 바탕을 두어서 인간행위의 법칙화를 추구한다. 그러나 드레이는 역사적 행위자의 신념과 목적에 맞춰 행위의 합리성을 이해하기 때문에 지금 사람들의 상식에 맞지 않았다고 해도 그 당대의 상황과 행위자의 신념에 비춰 볼 때 적절하다면 합리성을 띠고 있다고 판단한다.

⑤ ⓒ 밑줄 친 부분은 합리적 행위 이론에 대한 설명인데 지문은 함펠의 성향의 이론이기 때문에 맞지 않다. 함펠의 성향이론은 인간의 행위의 합리성을 근거로 두는 것이 아니라 인간의 의향, 믿음, 태도, 개성 등 일반적인 성향에 근거를 두고 설명한다. 성향은 예전의 경험과 사례를 바탕으로 설명하기 때문에 인간의 행위의 일반화를 꾀할 수 있다. 그러나 인간의 행위는 목적과 상황 하에서 이루어지는 점도 많기 때문에 동일한 성향을 가진 인물도 다른 목적과 상황 속에서는 다른 행위를 할 수 있다. 따라서 인간의 성향을 통해서 행위를 법칙화하는 데 한계가 있다. 다만 역사학습에서는 '변함없이'라는 말 대신에 '확률적' 이라는 말을 추가하여 부분적으로 역사학습에 도입할 수는 있다.

02 ㉠~㉤은 해방 이후 공포·고시된 우리나라 국사과·사회과 교육과정이다. 이와 관련된 설명으로 옳은 것은?

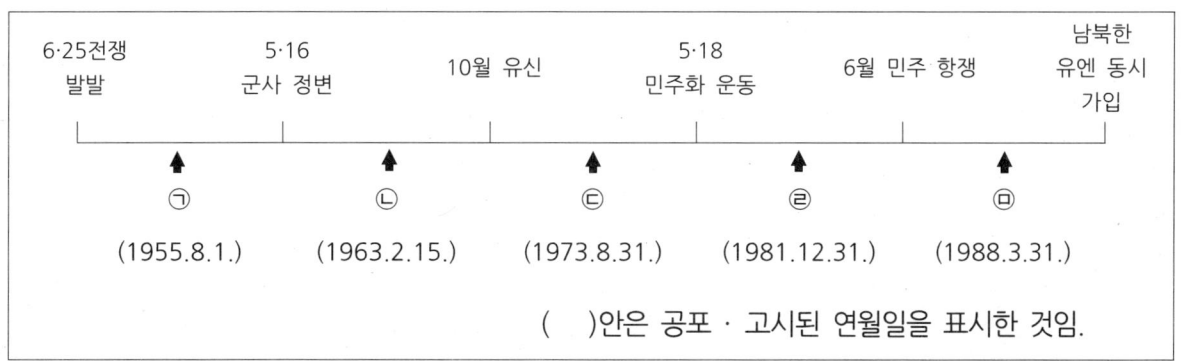

① ㉠ - 중학교의 역사교육을 국사과의 국사교육, 사회과 안의 세계사교육으로 이원화하였다.
② ㉡ - 중학교 1학년에서 「우리나라 역사」를 배우고 2, 3학년에서 「세계의 역사」를 배우도록 하였다.
③ ㉢ - 중학교에서 독립 교과였던 국사과가 사회과로 통합되었다.
④ ㉣ - 일반계 고등학교에서 세계사를 공통 필수 과목으로 하였다.
⑤ ㉤ - 사회과는 3학년부터 10학년까지 심화보충형 수준별 교육과정을 실시하도록 하였다.

<답>
답- 4

<해설>
도표 상에 나타나는 교육과정 시기를 살펴보면 ㉠ 1차 교육과정(1955-1962), ㉡ 2차 교육과정(1963-1972), ㉢ 3차 교육과정(1973-1980), ㉣ 4차 교육과정(1981-1986), ㉤ 5차 교육과정(1988-1991) 시기에 해당된다.

① 역사교육에서 국사교육은 국사과로 세계사교육은 사회과 안에서 행해진 역사교육의 이원화의 시작은 1차 교육과정이 아니라 3차 교육과정이다. 3차 교육과정이 실시할 때는 유신정부시대로 국민교육헌장의 이념 안에 있는 '국적 있는 교육'을 구현하기 위해 국사교육을 강화하였고 국사과를 교과로서 사회과에서 독립시켰다.

② 2차 교육과정에서 중학교 사회교육은 '사회생활과'라는 교과 아래 직접적인 과목 명칭을 피하고 중1때 사회Ⅰ(지리), 사회Ⅱ(역사), 사회Ⅲ(일반사회)를 학습하였다. 중학교 2학년 때 역사를 공부하며 역사내용조직방법은 비교사적 관점에 입각해서 관련 있는 시기의 국사와 세계사를 통합하여 한 단원으로 서술하는 방식이다. 해당 지문의 내용은 2차 교육과정 역사교육 내용과 맞지 않다.

③ 역사교육의 이원화는 3차 교육과정부터 5차 교육과정까지 이어지고 6차 교육과정 때에는 국사과가 사회과에 통합된다. 3차 교육과정 때 역사과 사회과에 통합되었다는 것은 사실과 맞지 않다.

④ 4차 교육과정에서는 일반계 고등학교에서 세계사 과목이 필수과목이 되었다. 인문계 4단위, 자연계 2단위로 적은 시간을 배정하여 세계사 교육 약화 현상은 계속되었다.

⑤ 수준별 교육과정이 도입된 것은 5차 교육과정이 아니라 7차 교육과정이다. 7차 교육과정 국민공통 기본과정(3학년-10학년)에서 영어와 수학은 단계형으로 사회와 과학은 심화보충형으로 실시한다.

03 다음에서 설명하고 있는 역사교육 내용 조직 방식에 대한 설명으로 옳은 것만을 <보기>에서 모두 고른 것은?

> ○ "어떤 시대가 중요한가?"를 고려하여 내용을 조직한다.
> ○ 선택한 시대 안에서 정치적 발전 및 사회적 관습, 종교적 쟁점, 예술 활동 등을 분석하여 내용을 조직한다.

<보 기>

ㄱ. 여러 시대에 걸친 역사의 발전 과정을 파악하는 데 어려움이 있다.
ㄴ. 연대순에 따라 내용을 구성하더라도 연대기적 방법과 달리 불연속적으로 조직될 수 있다.
ㄷ. 사회 전체를 조감하여 종합적으로 해석할 수 있는 능력을 갖춘 학생들에게 적합하다.
ㄹ. 하나의 주제를 선정한 후, 그와 관련된 사실들이 각 시대 별로 어떻게 사회에 영향을 끼쳤는가를 살피는 데 적합하다.

① ㄱ, ㄷ ② ㄱ, ㄹ ③ ㄴ, ㄹ
④ ㄱ, ㄴ, ㄷ ⑤ ㄴ, ㄷ, ㄹ

〈답〉
답- 4

〈해설〉
　위에 언급한 역사교육내용 조직방법 내용은 분절법(시대사) 조직방법이다. 분절법은 역사상 어느 한 시기를 택하여 그 시대의 사람들의 생활을 전체적으로 규명한다. 대개 생활사를 중심으로 생활사와 연계되어 있는 정치, 경제, 문화 등을 살펴본다. 예를 들어서 18세기 조선의 생활 모습을 학습내용으로 택하고 생활 속에 내재되어 있는 정치, 경제, 사회, 문화적 현상도 동시에 살펴본다.
　분절법은 모든 시대를 학습하는 것이 아니라 상대적으로 중요하거나 의도적인 목적을 달성하기 위한 적합한 시대를 학습한다. 따라서 수업에 들어가기 전에 '어떤 시대가 중요한가? 선택한 시대의 여러 측면이나 주제를 학습 대상으로 삼아야 하나'라는 질문을 던져야 한다.

ㄱ. 분절법은 시간의 흐름을 통해서 내용을 배우는 종적 조직 방식이 아니라 학습하고자 하는 시대에 여러 모습만 살펴보는 횡적 조직방법이다. 따라서 여러 시대에 걸친 역사의 발전과정을 파악하는데 어려움이 있다.

ㄴ. 종적으로 조직하더라도 연대기적 방법과 달리 불연속적으로 조직할 수밖에 없는 한계가 있다. 예를 들어서 15세기 생활사→ 16세기 생활사→ 17세기 생활사 식으로 내용을 조직할 경우에 15세기 생활사와 연계되어 있는 사회현상 등은 이해할 수 있지만 16세기 생활사, 17세기 생활사와 연계되어 있는 사회현상이 15세기 사회현상과 어떤 인과관계를 가지고 있고 시간적으로 연결되어 있는지 파악할 수 없다.

ㄷ. 시대사는 특정시대를 다양한 모습을 다양한 관점에서 접근하기 때문에 사회, 정치, 경제, 문화 등을 유기적으로 종합하여 해석할 수 있는 학생들에게 적합한 내용 조직방법이다.

ㄹ. 역사상 한 주제를 선택하여 집중적으로 배우는 것은 주제 중심방법이다. 어떤 주제의 발전을 시간계열상에서 파악하는 종적조직(발전계열법)과 동시대 주제(주제와 토픽학습법)를 파악하는 방법이 있다.

　위에 언급한 내용은 발전계열법 내용이다. 발전계열법은 시대의 흐름을 고려하여 내용을 조직하는 방법으로 특정한 주제를 택하여 시대에 따라 그것이 어떻게 변화 발전하였으며 사회에 영향을 끼쳤는가를 학습한다. 예를 들어 교통의 변화란 주제 아래 각 시대마다 교통수단이 어떻게 변화하였으며, 그 원인이 무엇인가 국가의 교통정책은 어떠하였는가, 교통의 발전이 사회에 어떠한 영향을 끼쳤는지를 살펴본다.

04 다음은 일제강점기에 대한 교수·학습 활동 중에 교사가 학생들에게 나누어 준 학습 자료이다. (가), (나)에 대한 설명으로 옳은 것만을 <보기>에서 모두 고른 것은?

(가)

1910-1919

1910 ·8월, 국권 피탈, 조선총독부*설치
     ·9월, 토지조사사업 시작
     ·10월, 데라우치 마사타케[寺內正毅], 초대 조선 총독에 임명됨.
     ·12월, 회사령 공포
1911
     ·8월, 제1차 조선 교육령** 공포.
1915
     ·12월, 조선광업령 공포.
1917
     ·1월, 이광수, 장편소설 「무정」 매일신보에 연재.
1919
     ·3월, 3·1운동 일어남.
     ·10월, 경성방직 주식회사 설립

(조선총독부 건물)

*__조선총독부__ 총독부는 총독관방 외에 총무부·내무부·탁지부·농사공부·사법부의 5부로 구성되었다. 조선 총독은 최고권력자로서 행정권, 입법권, 사법권 및 군사 통솔권을 지녔다

**__제 1차 조선교육령__ 1911년 8월 23일 칙령 제 229호로 제정되었다. 「교육에 관한 칙어」의 취지에 의거하여 "충량(忠良)한 국민을 육성하는 것"과 "시세(時勢)와 민도(民度)에 맞도록 교수하는 것"을 그 목적으로 삼았다. 이에 따라 일본어 보급을 위한 보통교육을 실시하고 실업교육을 강조하는 등 차별적인 교육을 실시하였다.

(나)

학습 활동: 중요한 역사적 사실들을 백연표에 채워 보자.					
	한국사				세계사
	정치	경제	사회	문화	
1910 ⋮					
1920 ⋮					
1930 ⋮					
1940 ⋮ 1945					

<보 기>

ㄱ. (가)는 역사적 사건의 발생 시기는 물론 그 사건의 내용을 보여주므로 참고 자료의 역할을 할 수 있다.

ㄴ. (가)는 개별적인 역사적 사실들을 영역별로 분류하여 역사적 사실 간의 위계와 인과관계를 이해하는 데 효과적이다.

ㄷ. (나)는 학생들이 직접 작성하는 작업을 통해 어떤 역사적 사실이 중요한지 판단하고 그 이유를 생각하도록 돕는다.

ㄹ. (나)는 학생들이 학습을 끝낸 후 배운 내용을 중심으로 작성하면 역사적 사실의 흐름과 연관성을 정리하는 데 유용하다.

① ㄱ, ㄴ ② ㄱ, ㄷ ③ ㄴ, ㄹ
④ ㄱ, ㄷ, ㄹ ⑤ ㄴ, ㄷ, ㄹ

<답>

답- 4

<해설>

연표는 역사적 사실과 사건을 시간의 흐름에 따라 체계적으로 배열한 표이다. 연표는 유형에 따라서 특정분야를 가리지 않고 중요한 역사적 사실이 일어난 시점을 표시한 종합연표, 정치, 경제, 산업, 문화 등 각 영역 및 주제별 역사 흐름을 읽을 수 있는 분야별 연표 등이 있다. 구성형식 별로 보면 연대표 위에 사건들의 발생 시점을 표시하는 일반적 구성, 역사적 사건의 발생 시기 및 그 사건의 내용을 포함한 해설연표, 책자체가 연표로 구성되어 있는 연표책, 연표의 전체적인 틀과 형식만 알려주는 백연표 등이 있다.

위의 (가)는 해설연표이고, (나)는 백연표이다.

ㄱ. (가) 해설연표는 역사적 사건의 발생 시기 및 그 사건의 내용을 보여주기 때문에 사전이나 참고 자료로 이용할 수 있다. 또한 해당 사건이 서술되어 있는 책의 쪽수를 제시하여 연표와 본문 내용을 유기적으로 연계시킬 수 있어 학습효과를 높일 수 있는 장점이 있다.

ㄴ. 개별적인 역사적 사실을 영역별로 분류한 것은 해설연표가 아니라 분야별 연표이다. 분야별 연표는 각 영역별로 역사흐름을 읽을 수 있고 사실 간의 인과관계를 이해하는 데 효과적이다.

ㄷ과 ㄹ. (나) 백연표는 연표의 전체적인 틀과 형식만 존재하고 있기 때문에 학생들이 연표에 들어갈 역사적 내용을 직접 쓸 수 있다. 이런 과정 속에서 역사적 사실의 중요성을 판단하고 이유를 생각할 수 있다. 역사적 사실의 관련성을 정리하는 데 효과적이다. 평가측면에서 볼 때 정리용이나 형성평가용으로 이용할 수 있다.

05 ⊙~@과 관련된 설명으로 적절한 것만을 <보기>에서 모두 고른 것은? [1.5점]

> ⊙사료는 역사적 사실이 일어났던 때와 같은 시기에 작성되었는가의 여부에 따라 1차 사료와 2차 사료로 나눌 수 있다. ⓒ사료 중에는 역사적 사실을 압축적으로 서술하거나 비유적으로 표현하는 경우가 있어 유의할 필요가 있다.
> 사료를 활용하는 수업을 할 때, ⓒ교사는 학습자의 수준을 고려하여 적절한 지도 방안을 마련하여야 한다. 또한 @교사는 같은 역사적 사실이나 인물을 놓고 사료들 간에 해석의 차이가 나타난다는 점에도 유의하여야 한다.

<보 기>

ㄱ. ⊙ - 안정복의 『동사강목』을 고구려의 역사를 연구하는 데 이용한다면 1차 사료가 되지만, 안정복의 학문이나 사상을 연구하기 위한 자료로 이용한다면 2차 사료가 된다.

ㄴ. ⓒ - 독재체제 하에서 발간된 신문을 사료로 활용할 경우, 당시의 사회 상황에 비추어 해석하는 것이 바람직하다.

ㄷ. ⓒ - 교사는 수업 자료로 선택한 사료에 학생들이 해석하기 어려운 한자어나 외국어가 있을 경우 알기 쉽게 표현하여 제시할 수 있다.

ㄹ. @ - 교사는 『선조실록』과 류성룡의 『징비록』에 서술된 이순신에 관한 서로 다른 평가를 학생들에게 소개하여 비교해 보도록 할 수 있다.

① ㄱ, ㄷ　　　② ㄱ, ㄹ　　　③ ㄴ, ㄷ
④ ㄱ, ㄴ, ㄹ　　⑤ ㄴ, ㄷ, ㄹ

〈답〉
답- 5

〈해설〉
위의 문제는 사료의 분류기준, 사료비판, 역사교육교재로서 사료의 특징과 관련된 문제이다.

ㄱ. 사료는 성문성, 목적성, 동시대성 등 여러 기준에 의해 분류된다. 그 중에 제일 중요한 것이 동시대성이다. 역사적 사실이 일어난 시점과 기록된 시점의 일치 여부에 따라서 1차 사료와 2차 사료 분류된다. 1차 사료는 역사적 사실이 일어난 것 같은 같은 시기에 제작된 유물이나 기록된 저작물을 말한다. 2차 사료는 역사적 사실이 일어난 시기보다 나중에 만들어진 사료를 말한다. 대개 역사가들은 4세기 한반도 상황에 대해서는 2차 삼국사기 기록보다는 1차 사료인 삼국지위지동이전 기록을 더 신뢰한다. 똑같은 사료라도 목적에 따라서 사료의 성격이 달라질 수 있다. 예를 들어서 유득공의 발해고는 발해의 역사를 연구할 때는 종전의 발해의 기록을 정리한 2차 사료이지만 유득공의 역사관을 연구할 때 1차 사료적 성격을 가지게 된다. 따라서 지문에서 안정복의 동사강목을 고구려 역사를 연구하는 데 이용한다면 2차 사료이지만 안정복의 학문과 사상을 연구한다면 1차 사료가 된다. 잘못된 내용이다.

ㄴ. 사료는 완전한 사실 자체를 완벽하게 기록한 것이 아니라 사료 자체에 거짓과 후대에 위작 내용 많기 때문에 역사가의 엄밀한 사료 비판을 과정을 통해서 사실을 최대한 끌어내려고 해야 한다. 사료비판은 사료의 진위여부를 가리는 외적비판과 사료의 내용을 분석하여 그 신뢰성을 결정하는 내적비판으로 분류할 수 있다. 내적비판은 다시 텍스트 비판과 문맥비판으로 분류할 수 있다. 텍스트 비판은 사료의 신뢰도를 결정하는 작업으로 사료에 의식적으로나 무의식적으로 표현된 잘못된 내용, 과정, 말 등이 혼합되어 있는가를 검토하는 작업이다. 문맥비판은 사료글자의 의미나 저자의 자격을 떠나서 그 사료가 기록되었던 시대적 배경을 깔고 그 의미를 해석하는 작업이다.

ㄷ. 교사가 역사학습에 필요한 사료를 선택할 때 여러 가지를 고려해야 한다. 역사적 사고력과 역사의식을 기르는데 필요한 사료인지, 학습 내용에 직결되며 학습과제나 문제해결에 알맞은 것인지 등을 고려해야 한다. 또한 예전에 문헌사료는 외국어나 한자로 적혀 있는 것이 대부분이기 때문에 번역된 사료를 선택해야 하는데 번역된 사료 중에 한문 투로 된 번역이나 어려운 글로 되어 있을 경우에는 교사가 적절하게 풀어서 학생들에게 제시해서 이해를 도울 필요가 있다.

ㄹ. 교사가 사료 활용할 때 사서마다 역사적 사실 서술과 해석의 차이점을 파악하고 학생들에게 소개하여 비교할 수 있도록 해야 한다. 그럼으로써 학생들에게 역사를 해석하는 다양한 관점을 제공할 수 있다. 임진왜란을 다루는 선조실록과 징비록에 대한 이순신의 관점은 좀 다르다. 선조실록에서는 이순신의 전공도 다루고 있지만 공을 세운 이순신을 못마땅하게 생각하는 선조의 시각이 담겨 있는 반면에 징비록에서는 이순신의 우국충정에 중심으로 호의적으로 다루고 있다.

06 다음에서 말하고 있는 '인증 사고'에 대한 설명으로 옳은 것만을 〈보기〉에서 모두 고른 것은?
[2.5점]

> 역사 사고에 대한 논의에서 인증적 사고(adductive thinking, 引證的 思考) 양식은 피셔(D. H. Fischer)가 고안하여 명명한 것으로 알려져 있는데, 부스(M. Booth)도 역사적 사고란 곧 인증 사고라고 보았다.

〈보 기〉

ㄱ. 인증적 사고는 그 결과를 확증하기 어렵고 반증 가능성이 상존한다.
ㄴ. 인증적 사고 능력의 편차는 교사의 교수 방법과 밀접한 관련이 있다.
ㄷ. 인증적 사고는 '가설적 추론(abduction)'과 귀납적 사고를 조합한 것이다.
ㄹ. 인증적 사고는 학습 과제와 관련된 내용 지식의 직접적인 영향을 받지 않는다.

① ㄱ, ㄴ   ② ㄴ, ㄹ   ③ ㄷ, ㄹ
④ ㄱ, ㄴ, ㄷ   ⑤ ㄱ, ㄷ, ㄹ

〈답〉

답- 4

〈해설〉

　인증적 사고는 역사학에서 자주 사용하는 사고방식으로서 피아제-필-할람 모델에 대항하여 이론화되었다.

ㄱ. 인증적 사고는 반증가능한 귀납적 사고 바탕으로 하고 있다. 반증(反證)이란 '어떤 사실이나 주장이 옳지 아니함을 그에 반대되는 근거를 들어 증명하는 것이다.' 칼 포퍼는 진리의 검증 방법으로 연역적 추론보다 반증가능성을 수렴해야 사실을 검증할 수 있다고 주장하였다.

ㄴ. 인증적 사고를 실험연구로 교수학습과정에서 검증한 사람은 영국의 부스이다. 부스는 19세기 말에서 20세기 초의 중요한 사람들과 사건에 대한 사진과 그림, 같은 시기의 유명한 연설이나 자료에서 발췌한 짧은 인용구를 학생들에게 제시하고 이를 분류하고 그 이유를 설명하는 과제를 부과하였다. 부스는 구체적 단계와 추상적 단계 둘 다 인증적 사고이지만 이렇게 나타난 능력의 편차는 교사의 교수방법과 가치관에 따라 밀접한 관련이 있다고 파악하였다. 따라서 교사는 단계에 맞는 학습방법을 고안할 필요가 있다고 주장하였다.

ㄷ. 인증적 사고는 과학철학자인 퍼스의 가설적 추론에서 비롯됐다. 퍼스는 대전제가 옳다고 논리적으로 결과가 확실한 연역적 추론, 확실성이 부족하지만 반증가능성을 제시할 수 있는 귀납적 추론, 일상생활에서 많이 사용하는 가설적 추론으로 분류하였다. 피셔는 피스의 이론을 역사학에 적용하여 인증적 사고를 정의 내리고, 인증적 사고는 귀납적 사고와 가설적 추론으로 구성되었다고 보았다.

ㄹ. 인증적 사고는 과학적 사고에서 사용되고 있지만 인증적 사고의 지식의 검증의 불확실성, 잠재적 성격 때문에 과학에 본격적으로 사용하기는 어렵다.

07 다음 교수·학습 활동에 따른 수업 유형에 대한 설명으로 적절한 것만을 〈보기〉에서 모두 고른 것은?

○ 학습 단원 : 근세 사회의 성립
○ 학습 목표
  - 조선 건국에 참여한 인물들과 반대한 인물들의 주장을 이해한다.
  - 조선 건국 시기 주요 인물들의 주장에 대한 학생들의 입장을 모둠별로 발표한다.
  - 학생들은 다른 사람의 의견이나 가치를 존중하는 태도를 갖는다.
○ 학습 활동
  - 교사는 학생들을 조선 건국을 지지하는 모둠과 반대하는 모둠으로 나눈다.
  - 학생들은 주요 인물들의 주장이 담긴 자료들을 읽는다.
  - 학생들은 주요 인물들의 주장에 대한 근거를 찾아 이야기 한 후 모둠의 의견을 조율한다.
  - 대표 학생은 자신이 속한 모둠의 입장을 발표하고, 학생들은 다른 모둠의 입장과 비교해 본다.
○ 유의점
  - 학생 자신의 생각을 객관화하고 다른 학생의 생각을 이해하도록 유도한다.

〈보 기〉
ㄱ. 학생들이 역사 개념과 용어를 배울 때 효과적인 수업 유형이다.
ㄴ. 교사는 학생들에게 정해진 결론이 없다는 점을 알려줄 필요가 있다.
ㄷ. 학생들의 역사적 사고력과 판단력을 함양하는 데 유용한 수업 유형이다.
ㄹ. '교사의 질문 → 학생의 답 → 교사의 평가' 과정이 수업 활동의 핵심을 이룬다.

① ㄱ, ㄷ ② ㄱ, ㄹ ③ ㄴ, ㄷ
④ ㄱ, ㄴ, ㄹ ⑤ ㄴ, ㄷ, ㄹ

<답>
답- 3

<해설>
위의 교수학습 유형은 토론식(대립논쟁식 수업)이다. 토론식 수업은 특정한 문제를 해결하려는 토의식 수업과는 달리 역사적 사건에 대한 다른 해석을 가진 사람들이 자신의 주장에 대한 근거를 들어가면서 논쟁하는 수업이다.

ㄱ. 토론식 수업은 역사개념과 용어를 체계적으로 정리하는데 효과적이지 못하다. 역사개념과 용어를 효과적으로 전달하는 데는 강의식 수업이 효과가 있다. 강의식 수업은 교사가 중심이 되어 학습목표를 달성하도록 학습 내용을 '설명', '전달'하는 방식으로 개념과 용어를 체계적으로 전달하는데 효과적이기 때문이다.

ㄴ. 토론식은 수업은 체계적인 지식을 통해 역사에 '한 가지 답'을 찾는 수렴적 사고에는 부적절한 방법이지만 역사에서 ' 답이 여러 가지' 있다는 사실을 느끼게 해준다. 또한 역사의 다양한 해석을 경험하고 창의적 지식을 확대시키는 확산적 사고 육성에 효율적인 방법이다. 따라서 교사는 토론식 수업을 통해서 결론이 없다는 사실을 학생들에게 이해시켜야 한다.

ㄷ. 토론식 수업은 정확한 답을 추구하는 수업이 아니라 역사적 논쟁이나 딜레마에 접했을 때 학생들의 주관적 가치판단을 전제로 자신의 가치판단의 논리적 근거를 확보하는데 초점을 맞춘 수업이다. 역사적 사고력의 가장 높은 수준인 역사적 판단력을 양성하는데 적합하다. 문제해결능력·합리적 사고 능력·추리력 등 역사적 사고력을 높이는데도 적합한 수업방법이다.

08 표는 콜담(J. B. Coltham)과 파인스(J. Fines) 등의 견해를 참고하여 재구성한 역사교육 목표 구성 요소의 일부이다. 이 표를 바탕으로 영역별 국사교육 목표를 적절하게 제시한 것만을 〈보기〉에서 모두 고른 것은? [1.5점]

영역	구성 요소
A. 지식과 이해	A1. 역사적 사실
	A2. 역사적 용어와 개념
B. 지적 기능 - 일반적 탐구 기능	B1. 분석
	B2. 종합
C. 지적 기능 - 역사적 기능	C1. 연대기 기능
	C2. 감정이입
D. 가치와 태도	D1. 발전적 관심
	D2. 자기 이해

〈보기〉

ㄱ. A - 「백범일지」를 읽고 대한민국 임시정부 시절 김구의 역할을 평가할 수 있다.
ㄴ. B - 한말 계몽단체들이 발간한 회보들을 읽고, 그 내용을 비교·검토할 수 있다.
ㄷ. C - 개화파와 척사파의 주장 가운데 자신이 지지하는 입장뿐만 아니라 그 반대파의 입장에서도 생각할 수 있다.
ㄹ. D - 고구려, 백제, 신라 불상들의 특징을 분류하여 표로 작성할 수 있다.

① ㄱ, ㄴ   ② ㄴ, ㄷ   ③ ㄷ, ㄹ
④ ㄱ, ㄴ, ㄹ   ⑤ ㄱ, ㄷ, ㄹ

〈답〉

답- 2

〈해설〉

위에 언급된 콜담 파인즈의 역사교육의 목표 분류는 행동주의 학습이론을 바탕을 둔 블룸의 일반적 목표 분류에 영향을 받아서 역사교육의 특성에 맞게 영역별 목표로 분류한 것이다. 역사학습의 태도, 교과의 특성, 기능과 능력, 학습의 교육적 결과 부분으로 큰 범주로 분류하였다. 그 안에서 다시 세부적으로 소영역으로 분류하였다. 콜담-파인즈의 목표분류는 역사교육학자들과 역사교육학계의 역사교육 목표분류에 영향을 미쳤다.

A. 블룸의 기준에 따르면 지식은 '학생들이 교육과정 속에서 경험한 아이디어나 현상을 기억, 재상, 재인 등 하는 능력이다'. 이해는 '학생이 의사전달을 받게 되면 전달되는 내용을 갖게 되고 또 거기에 조합된 자료나 아이디어를 이용할 수 있는 능력이다.' 콜담-파인즈의 목표 분류에서 기능과 능력에 속한다.

ㄱ. '~대한민국 임시정부 시절 김구의 역할을 평가할 수 있다' 내용은 현상에 대한 기술이나 개념에 대한 설명이 아니라 역사적 판단력에 해당되고 콜담-파인즈 목표 분류에서는 '기능과 능력' 안에 있는 '판단과 평가'에 유사하다.

B. 지적기능에서 일반적 탐구기능은 역사과 외에 다른 교과에도 보편적으로 적용될 수 있는 기능이다.

ㄴ. '한말 계몽단체들이 발간한 회보들을 읽고, 그 내용을 비교·검토할 수 있다'는 지문은 발간한 회보들의 자료를 수집하여 비교와 검토를 통해 그 내용 속에서 원리를 추출하고, 증거 내에 편견과 관점 등을 찾아낼 수 있기 때문에 종합과 분석에 해당된다.

C. 지적기능에서 역사적 기능은 다른 교과에 적용되지 않고 역사과에서만 있는 기능을 말한다.

C1. 연대적 기능은 역사적 사고력의 하위범주이다. '역사가가 시간에 따른 변화를 중시하고 인간의 삶과 여러 현상을 연대기 속에서 이해하고자 하는 능력으로 역사가의 기본적인 능력에 속한다.'

C2. 감정이입은 역사과에서 사회과학에서도 사용하지만 여기에서 말하는 감정이입기능은 역사과만 사용하고 있는 맥락적 감정이입을 말한다. 맥락적 감정이입은 '증거와 자신의 경험을 토대로 과거의 상황과 행위자의 성향을 고려하여 과거의 제도나 행위자의 의도, 목적, 가치 등을 이해하는 역사적 기능'이다.

ㄷ. 개화파와 척사파의 주장 가운데 자신이 지지하는 입장뿐만 아니라 반대파 입장도 생각할 수 있는 능력은 자신의 입장을 떠나서 행위자 입장에서 과거 사실을 살펴볼 수 있는 능력이기 때문에 역사적 감정이입에 속한다.

D. 가치와 태도는 콜담-파인즈 목표 분류학에서 역사학습의 태도와 학습의 교육적 결과 부분에 속하고 정의적 영역에 해당된다.

ㄹ. 고구려, 백제, 신라의 불상의 특징을 파악하여 표로 작성할 수 있는 능력은 자료를 다른 용어, 언어, 형태로 전환하는 번역에 속한다.

10 다음은 박 교사의 수업 일지이다. ㉠~㉣에 대한 설명으로 적절한 것만을 <보기>에서 모두 고른 것은?

> 2010년 ○월 ○일
>
> 오늘 수업한 단원은 원의 간섭과 공민왕의 개혁이다. 먼저 원 간섭기에 고려의 관제가 격하되고 여러 간섭 기구가 만들어졌으며 땅의 일부를 빼앗겼다는 설명을 해주었다. ㉠칠판에 우리나라 지도를 그린 후 원이 고려 땅에 설치한 쌍성총관부, 동녕부, 탐라총관부의 위치를 표시해 주었다. 그리고 ㉡고려 여자들이 공녀가 되어 원으로 끌려 가게 된 상황과 그 심정을 생각해 보게 하였다. 더불어 ㉢기황후와 같은 인물도 있다며 내가 평소 알고 있던 그녀의 삶에 대해 이야기해 주었다. 한편, 원 간섭기에 권문세족의 농민 수탈에 대해서도 설명해 주었다. 그들이 농장을 소유하게 된 과정을 말해 주고 ㉣학생들이 중학교 때 배워서 잘 알고 있는 라티푼디움과 관련지어 농장에 대해 설명해 주었다.

<보 기>

ㄱ. ㉠ - 교사는 이 지도를 통해 역사적 변화를 계통적으로 보여 주었다.
ㄴ. ㉡ - 교사는 학생들에게 추체험과 감정이입을 유도하였다.
ㄷ. ㉢ - 교사는 기황후에 대한 이야기에 학생들이 무비판적으로 매몰되기 쉽다는 점에 유의할 필요가 있다.
ㄹ. ㉣ - 교사는 농장과 라티푼디움의 유사점을 찾아 학생들에게 농장의 특징을 이해시켰다.

① ㄱ, ㄴ ② ㄱ, ㄹ ③ ㄴ, ㄷ
④ ㄱ, ㄷ, ㄹ ⑤ ㄴ, ㄷ, ㄹ

〈답〉

답- 5

〈해설〉

수업일지는 교사가 매일 행했던 수업내용을 적은 일기이다. 위에 수업 일지에 적혀 있는 수업상황에 대한 교사의 설명방식과 역사교재의 특징에 대해서 물어 보고 있다.

㉠ 일정한 공간과 관련된 역사의 변화를 시간적, 계통적으로 파악하기 위해서 역사지도를 활용하는 방법이다. 예를 들어서 삼국시대의 세력판도를 각 시기별로 몇 장의 역사지도나 아니면 한 장의 지도로서 파악할 수 있다. 그러나 위에 지문은 단순히 역사적 지명에 대한 지리적 위치를 파악하는데 활용했기 때문에 맞지 않다.

㉡ 교사는 고려여자들이 공녀로 끌려가는 심정을 생각해 보라는 식으로 감정이입(추체험)을 유도하였다.

㉢ 교사는 내러티브의 방식으로 기황후의 삶에 대해서 학생들에게 말해주었다. 내러티브를 통한 수업 방식은 학생들에게 쉽게 접근할 수 있고, 다양한 의견을 제시할 수 있다. 하지만 화자(교사)의 권위에 맹목적으로 추종할 경우에 화자가 말하는 그럴듯한 이야기를 역사적 사실로 알고 무비판적으로 받아들이는 문제점이 존재한다(자의적 진실성의 부과).

㉣ 둘 이상의 대상 사이에 보이는 유사성을 통해 학생들을 이해시키는 유추적 설명방식이다.

12 다음에 제시된 세계사교육의 방향에 부합하는 수업 전략을 가진 교사의 수업 내용으로 적절한 것만을 <보기>에서 모두 고른 것은?

> 최근 세계사교육은 지역이나 문화권 사이의 간(間)지역적 접근을 중시하여, 지구상의 다양한 사회·국가·집단이 지역적, 문화적 경계를 넘어 전개한 교류를 세계사 내용 조직의 원리로 강조한다.

<보 기>

ㄱ. 이 교사: 안드레 군더 프랑크(Andre Gunder Frank)가 『리오리엔트』에서 제기한 주장에 근거하여 1500년부터 1800년까지 중국 중심의 조공 체제를 설명하였다.

ㄴ. 김 교사: "우리가 경제 발전의 역사로부터 얻는 교훈이 있다면 그것은 문화가 모든 차이를 만든다는 것이다."라는 막스 베버(Max Weber)의 통찰에 근거하여 자본주의의 역사를 설명하였다.

ㄷ. 정 교사: "신대륙의 은이 구대륙의 양극(兩極)을 연결시킨 주요 품목의 하나였다."라고 본 아담 스미스(Adam Smith)의 관점을 토대로 18세기 아시아와 유럽의 경제를 비교하여 설명하였다.

ㄹ. 최 교사: 13세기의 세계에 대한 재닛 아부 루고드(Janet Abu-Lughod)의 관점을 예로 들어, 동아시아에서 동지중해에 이르는 유라시아 지역이 해상과 육로를 통해 상업망을 구축했다고 설명하였다.

① ㄱ, ㄴ
② ㄴ, ㄷ
③ ㄷ, ㄹ
④ ㄱ, ㄴ, ㄹ
⑤ ㄱ, ㄷ, ㄹ

<답>
답- 5

<해설>
　간지역적 접근방법은 하나 이상의 사회나 문화권 간의 접촉과 영향을 미쳤던 사건들에 대한 비교 또는 사회의 문화권들 간의 관계를 중심으로 교과내용을 조직하는 방법이다. 간지역적 조직 방법은 문화권 간의 동등한 자격으로 교류의 역사를 주제로 선택하여 교과내용을 조직하여 서구중심의 내용 조직을 극복하려는 비판적 시각이 깔려 있다.

　종전의 세계사는 서양=우수, 동양=열등이라는 이분법적으로 구분하는 '오리엔탈리즘'이라는 서구 중심의 시각이 반영되어 있다. 오리엔탈리즘은 제국주의 시대 때 서양이 바라보는 동양의 이미지로서 동양인들도 그것을 수용하여 내면화된 시각이다. 최근에 역사적 연구에 의하면 '서양'과 '동양'이 가진 역사상은 역사적 사실과 맞지 않고 설령 맞더라도 19세기 들어서 형성된 것이지 처음부터 형성된 것이 아니라는 것이 규명되면서 많이 깨지고 있다.

　ㄱ과 ㄹ- 『리오리엔트』(안드레 군더 프랑크 저)는 유럽중심주의 역사관을 바로잡고 동양이 세계사의 중심으로 돌아온다는 것을 의미한다. 그는 이 책에서 지리상 발견 전후에 유럽자본주의 체제가 확산되면서 유럽은 중심, 아시아는 주변이라는 세계 체제가 형성되었다는 기존의 관점을 비판하였다. 이미 지리상 발견 이전인 1,000년부터 1,500년 사이 동아시아에서 동지중해에 이르는 유라시아에는 지역을 넘나드는 거대한 제국(인도와 중국)들이 존재하였고, 이들에 의해 거대한 경제 네트워크가 형성되었다고 주장하였다. 유럽인이 본격적으로 진출한 16세기에서 18세기까지에도 중국과 인도 중심의 세계경제 체제는 계속 유지되었다. 이때 중국 중심의 동아시아 조공체제도 세계무역의 중심으로 세계 체제의 일부였고, 이때 유럽은 세계 체제의 중심이 아니라 주변이었다고 통계치를 들어서 반박하였다.

　ㄴ. 막스베버는 종교를 단지 신앙형태로만 이해하지 않고 그 밑에 깔려 있는 문화와 사상 체계로 이해했고, 이것을 자본주의 경제적 시스템 형성과 연결시켜 설명하였다. '왜 서유럽(특히 미국)에서 자본주의가 발생했고 성공했는가'를 종교 연구에서 발견하고자 했고, 『프로테스탄트 윤리와 자본주의 정신』이라는 저서는 유명하다. 그러나 서구중심주의 역사관이 그 밑바탕에 있다.

14 밑줄 친 ㉠을 활용하여 수업을 전개한 교사들만을 <보기>에서 모두 고른 것은?

역사 수업 시간에 교사는 학생들의 이해를 돕기 위하여 여러 가지 설명 방법을 사용한다. 그 가운데 ㉠월시(W. H. Walsh)의 '총괄적 설명'은 역사 학습의 구조화와 학생들의 역사적 사고력 향상에 기여할 수 있어 광범하게 이용된다.

<보 기>

ㄱ. 박 교사: 잉글랜드의 찰스 1세와 의회 및 크롬웰군(軍) 간의 대립과 미국의 남북전쟁을 내전의 개념으로 설명하였다.
ㄴ. 김 교사: 1791년에 일어난 아이티 혁명의 기원과 전개 과정을 단계별로 연결하고 그 성공에 미친 프랑스혁명의 영향을 설명하였다.
ㄷ. 최 교사: 19세기 후반에 유럽의 각국이 아시아와 아프리카에서 벌인 영토 분할 사례들을 열거하고 그것을 제국주의와 관련시켜 설명하였다.
ㄹ. 정 교사: 신항로의 발견 이후 유럽에 나타난 물가 상승에 대해 말하면서, "통화량이 적정 수준 이상으로 많아지면 인플레이션이 초래된다."라고 설명하였다.
ㅁ. 이 교사: 알렉산드로스의 동방 원정과 장건의 서역 사행(使行)이 전개된 과정과 성격에 초점을 맞추어, 그들의 이동 경로를 따라 일어난 문물의 전파를 동서교류라고 설명하였다.

① ㄱ, ㅁ ② ㄴ, ㄹ ③ ㄷ, ㄹ
④ ㄱ, ㄴ, ㄹ ⑤ ㄱ, ㄷ, ㅁ

<답>
답- 5

<해설>
　'총괄'의 뜻은 '서로 다른 것을 하나로 묶는 것'. '각종의 개념을 통틀어서 하나의 개념으로 포괄하는 것'으로 말할 수 있다. 하나의 역사적 개념으로 묶을 때 역사가는 그 시대의 지배적 이념과 정책이 무엇인지를 찾아내고 그와 관련된 사건을 탐색하면서 총괄개념을 형성한다.

ㄱ. '내전'의 개념을 청교도 혁명 안에서 각 세력 간의 대립, 미국의 남북전쟁에서 자유주와 노예주 간의 대립이라는 역사적 사례를 통해 하나로 묶고 있다.

ㄷ. '제국주의'의 개념을 유럽의 각국이 아시아와 아프리카에서 벌인 영토 분할 사례를 통해서 설명하고 있다.

ㅁ. '동서교류'의 개념을 알렉산드로스의 동방원정과 서역 사행이 전개 과정 등 역사적 사례로 묶어서 설명하고 있다. 따라서 ㄱ, ㄷ, ㅁ은 총괄 개념이다.

ㄴ. 지문은 발생적 설명이다. 발생적 설명은 특정 사건의 기원과 전개 과정을 설명하는 방식으로 두 개 이상의 사건들의 연속적인 진행 과정을 설명할 때 이용한다. '아이티 혁명의 기원과 전개 과정'을 시간적 선후 관계 순으로 단계별로 설명하는 방식으로 발생적 설명방식이다.

ㄹ. 지문은 연역적- 법칙적 설명 방식이다. 연역적 법칙적 설명방식은 모든 시기와 장소에 적용할 수 있는 포괄법칙(여러 사례에 적용할 수 있는 포용성이 큰 법칙)에 의해 어떤 사물이나 현상을 설명하는 방식이다.

15 (가)~(라)와 같이 주장한 사람들에 대한 설명으로 옳은 것만을 〈보기〉에서 모두 고른 것은?
[2.5점]

> (가) "나는 나의 자아를 소거해서 다만 사실로 하여금 말하게 하며 강력한 힘들이 스스로 나타나게 하려고 할 뿐이다."
> (나) "역사가는 사실의 비천한 노예도 아니고 압제적인 주인도 아니다. 역사가와 사실 간의 관계는 평등의 관계, 즉 주고받는 관계다."
> (다) "물질적 생활의 방식은 사회적·정치적·정신적 생활 과정을 제약한다. 의식이 인간 존재를 규정하는 것이 아니라 반대로 사회적 존재가 인간의 의식을 규정한다."
> (라) "구조는 인간과 인간의 경험이 좀처럼 벗어날 수 없는 한계이다. 예컨대 지리적 환경, 생물학적 여건, 생산성의 한계, 심지어 여러 정신적 제약(심성의 틀) 등을 깨뜨리기가 얼마나 어려운지 생각해 보라."

〈보 기〉
ㄱ. (가) - 역사는 '과학이며 동시에 예술'이라고 보았다.
ㄴ. (나) - 역사 이해 방법으로 '재연(reenactment) 이론'을 제창하였다.
ㄷ. (다) - 역사의 변화와 발전은 '계급투쟁'을 통해 이루어진다고 보았다.
ㄹ. (라) - 집단적 전기(傳記), 수량화, 문화적 접근 방법 등을 통해 소위 '아래로부터의 역사'를 구축하였다.

① ㄱ, ㄴ ② ㄱ, ㄷ ③ ㄴ, ㄹ
④ ㄱ, ㄷ, ㄹ ⑤ ㄴ, ㄷ, ㄹ

〈답〉

답- 2

〈해설〉

(가)는 실증주의자 랑케이다. 랑케는 사료비판과 분석방법론을 제시하여 역사학 독립에 기여하였다. '과거를 판단하지 말고 그것이 어떻게 일어났는지 보여주는 것' 주관적 판단을 배제한 채(자아소거) 사실 탐구를 강조하여 후대 역사가에게 객관주의와 사실주의 태도를 갖출 것을 요구한다.

ㄱ. 역사를 수집하고 발견하고 탐구하는 점에서는 과학을 중요시 여겼지만 발견된 역사적 사실을 제시하는 것은 내러티브의 문화적 표현이 가미된 예술적인 모습을 동시에 강조하였다.

(나) 역사란 무엇인가란 유명한 책에서 '역사는 현재와 과거의 끊임없는 대화'라고 말한 E.H 카이다.

ㄴ '재연' 이론은 (나)의 카가 아니라 관념론자인 콜링우드가 제시한 역사 이해 방법 중의 하나이다. 인간의 역사적 행위는 과거 행위자의 내면을 제대로 알아야 파악할 수 있는데, 역사가는 역사적 관련 증거를 토대로 그 행위자의 내면에 들어가서 행위자 입장에서 재사고하는 과정을 재연이라고 하였다.

(다) 예문은 마르크스의 '정치경제학 비판' 서문에 있는 내용이다. "인간의 의식이 인간의 존재를 규정하는 것이 아니라 인간의 사회적 존재가 인간의 의식을 규정 한다" 역설한 것 같이 마르크스는 인간의 경제적 위치에 맞게 그에 해당하는 계급의식을 가진다고 생각하였다.

(다)는 구조를 강조한 아날학파이다. '구조'란 개념은 마르크스가 제시한 개념으로 눈에 보이는 현상 밑에 깔려 있고 눈에는 보이지 않지만 현상을 이끌어가는 사회적, 경제적, 자연적 등 제(諸)조건과 관계를 말한다. 아날학파는 랑케식의 개별적인 사건과 개인중의 정치사나 사건사의 흐름을 반대하고 그 밑에 깔려 있는 '구조'를 강조하였다.

ㄹ. (라)의 아날학파가 아니라 영국에서 나타난 노동사이다, 노동사는 20세기 중후반에 사회과학적인 방법과 신문화사적 역사인식을 채용하여 평범한 사람들을 대상으로 연구하는 '아래로부터 역사'를 강조하였다. '심성사'와 '미시사'라는 측면에서 연구를 진행하고 있다.

2010년 중등임용고시 역사교육론 부문

01 다음 의 내용에 부합하는 수업 전략을 가진 교사의 수업 내용이나 수업 방법으로 적절한 것을 <보기>에서 모두 고른 것은? [1.5점]

> 시간 관념은 역사를 이해하는 데 유용하다. 시간 관념 없이는 시대의 전후 관계를 알기 어려우며 역사의 과정을 파악하기 어렵다. 따라서 역사가들은 역사를 시간적 변화에 따라 이해하고 각 시대를 인식한다. 역사교육에서도 시기 구분을 통해 학생들의 역사 이해를 도울 수 있다.

<보기>

ㄱ. 김 교사 : 역사에서 설명의 일반화가 필요하므로 역사의 다양한 개별 사실들을 시대에 따라 일정 범주로 분류하도록 한다.

ㄴ. 박 교사 : 역사적 시간의 본질적 특성은 지속과 변화이므로 역사 전개의 시간적 계기성과 단절적 변화에 대한 인식을 강조한다.

ㄷ. 최 교사 : 과거의 어느 부분이 그 내용에서 현재적일 수 있고, 현재의 어느 부분이 어떤 의미로는 과거의 모습일 수 있음을 강조한다.

ㄹ. 정 교사 ; 역사의 발전은 단선적이 아님을 이해하고 비이성적인 것, 불합리한 것, 우연적인 것이 역사에 미친 영향을 알도록 강조한다.

ㅁ. 이 교사 : 고대, 중세, 근대의 삼분법은 단순히 왕조 변화를 기준으로 하기보다는 정치·경제·사회·문화적 사실들에 기초한다는 것을 설명한다.

① ㄱ, ㄴ   ② ㄱ, ㅁ   ③ ㄷ, ㄹ
④ ㄱ, ㄴ, ㅁ   ⑤ ㄴ, ㄷ, ㄹ

〈답〉

답- 4

〈해설〉

시대구분은 본질적으로 역사적 시간을 의미하며, 그 특성은 변화와 지속을 바탕으로 한다. 시대구분은 시간적 계기성과 단절적 변화에 대한 인식의 소산이다.

최 교사: 교훈의 의미 강조
정 교사: 역사의 과학성 대신 문학성 강조
이 교사: 우리나라: 왕조 교체와 시대 구분을 서로 연관시키고 있다.

02 다음에 제시된 '역사 내러티브'에 대한 설명으로 옳은 것을 〈보기〉에서 모두 고른 것은?

> 역사교육의 관점에서 내러티므는 역사 서술과 인식 도구로서 그 유용성이 부각되었다. 특히 밍크(Louis O. Mink)와 화이트(Hayden White)가 강조한 '역사 내러티브' 개념이 주목을 받았고, 이 개념은 역사 교재 개발에도 영향을 미쳤다.

〈보 기〉

ㄱ. 집단적이고 일반인적 것보다 개별적이고 독특한 것을 다룬다.
ㄴ. 두 사건의 필연적인 인과 관계를 지시하기보다 두 사건 간의 개연성을 강조한다.
ㄷ. 인간의 의도와 행위에 대한 기술적(記述的) 묘사보다 분석적 설명에 초점을 맞춘다.
ㄹ. 특정한 화자(話)가 드러나지 않도록 인물과 사건을 시공간 속에서 구축한다.
ㅁ. 역사 사실들의 중립적 용기(容器)가 아니라 특정한 이데올로기적, 정치적 함의를 갖는다.

① ㄱ, ㄹ
② ㄱ, ㅁ
③ ㄷ, ㄹ
④ ㄱ, ㄴ, ㅁ
⑤ ㄴ, ㄷ, ㄹ

〈답〉
답- 4

〈해설〉
역사적 내러티브를 문화적 내러티브와 동일시해서 인식한다. 20세기 후반 포스트모더니즘과 함께 내러티브가 부활했다.
ㄱ- 개별적인 사실을 주제별로 묶어 서술한다. '다양성 내의 동일성'을 강조한다.
ㄴ- 인과관계는 보조 방식으로 개연성 있는 여러 원인들이 중요하다.
ㄷ- 기술적 묘사를 선호한다.
ㄹ- 특정한 화자는 전지적 작가시점으로 '나'라고 표현하며 관점을 설명한다. 이들은 다양한 시점 속에서 서술한다.
ㅁ- 특정 이데올로기적 함의는 화이트가 강조하는 관점이다.

03 교사가 다음 자료를 활용하여 학생들의 역사적 사고를 이끌고자 했다. 다음 학생들의 활동 중 드레이크(F. D. Drake)가 '역사가의 생각 습관(habit of mind)'을 반영하여 제시한 역사적 사고 과정과 거리가 먼 것은?

> ○ 카타이 지방의 처녀들이 어느 누구보다 순결하고 겸양의 미덕을 갖추고 있다는 것을 알아야 할 것이다. 그들은 방에만 들어앉아 자기 일에 몰두하기 때문에 아버지나 형제 혹은 집안의 어른들에게 모습을 나타내는 일조차 드물다. 그들이 친척들과 함께 목욕탕이나 증기탕에 가는 일은 결코 없다.
>
> -마르코 폴로, 『동방견문록』
>
> ○ 이곳에서 내가 목격한 기이한 사실은 여성들을 존대한다는 것이다. 여성의 지위는 남성보다 확실히 높다. 상인이나 서민의 부인 행차도 목격한 바 있다. 그녀는 얼굴을 드러내놓고 있다. 터키 여성들은 얼굴을 가리지 않는다. 남성들이 입는 옷이란 고작 허름한 양가죽 옷이다.
>
> -『이븐 바투타 여행기』

① 지영 : 마르코 폴로의 저술을 당시 프란체스코 교단의 수도사 등이 몽골과 중국을 다녀와 쓴 여행기와 비교하여 그 신뢰성을 판단한다.
② 명수 : 두 자료에 제시된 사실과 추측, 증거와 주장에 입각하여 터키와 중국 여성의 당시 지위와 풍습을 구별한다.
③ 경호 : 13세기와 14세기에 세계의 다른 지역에서 전개된 역사를 두 자료에 기술된 사실 사건들과 비교한다.
④ 영희 : 두 저자가 타 문화와 관습에 대해 기술한 것을 당시 유럽과 이슬람 사회의 문화적 맥락 속에서 검토한다.
⑤ 철수 : 두 자료를 분석하기 전에 두 저자의 저술 의도와 당시의 상황 등에 대해 의문을 갖는다.

〈답〉
답- 2

〈해설〉
역사적 사고력과 관련 있는 것으로 와인버그의 생각말하기 기법을 도입한다. 역사 연구에서 역사가의 사고과정을 '생각의 습관'이라고 한다. 이는 역사적 지식을 분석하고 역사적 해석을 의미한다.
지영- 드레이크의 확증을 의미
명수- 읽기 의미
경호- 비교적 사고를 말한다.
영희- 맥락화를 의미
철수- 출처확인을 의미한다.

04 다음은 '노예제'를 주제로 한 역사 수업 장면이다. ㉮~㉲의 설명 방식을 바르게 연결한 것을 <보기>에서 모두 고른 것은?

교 사 : 고대 그리스와 로마의 노예는 대부분 백인이었다고 해요. ㉮ <u>노예는 전쟁에서 포로가 되었거나 빚을 갚지 못해 예속된 사람들이었죠.</u> 사하라 사막 이남에서 온 흑인 노예는 쉽사리 찾아볼 수 없었어요.

학 생 : 중세부터는 유럽에서 노예가 사라졌나요?

교 사 : 그렇지는 않아요. 슬라브 국가로 노예를 구하러 가기도 했고, 지중해 무역이 활발해지자 갤리선에 북아프리카인을 이용했어요. ㉯ <u>사슬에 묶인 채 채찍을 맞으며 노를 젓는 일은 모두 기피하는 일이었으므로, 죄수들과 노예들이 갤리선을 젓는 일에 동원되었어요.</u>

학 생 : 그렇다면 백인 노예들과 흑인 노예들이 함께 섞여 있었겠네요?

교 사 : 그렇죠. ㉰ <u>17세기에 모로코와 리비아 사이에 위치한 북아프리카 노예 시장에서는 여러 지역에서 붙잡혀 온 백인 노예들과 흑인 노예들이 함께 거래되었다고 해요.</u>

학 생 : 백인들이 노예였던 역사는 잘 상상이 되질 않아요.

교 사 : ㉱ <u>흑인들만 노예였던 것은 아니죠, 오늘날 가난한 나라의 백인 여성들이 부유한 나라로 인신매매되는 경우를 생각해 보세요.</u>

학 생 : 그래도 노예제로 가장 큰 고통을 당한 사람들은 아프리카 흑인들인 것 같아요.

교 사 : 그렇게 생각할 수 있죠. ㉲ <u>노예제의 역사는 지금도 계속되고 있는 인종차별주의의 뿌리라고 할 수 있고, 우리가 지금 흑인에 대해 갖고 있는 이미지에도 중요한 영향을 끼쳤어요.</u>

<보기>

ㄱ. ㉮ - 헴펠(C. G. Hampel)의 연역적-법칙적 설명

ㄴ. ㉯ - 인과적 설명

ㄷ. ㉰ - 비교적 설명

ㄹ. ㉱ - 유추적 설명

ㅁ. ㉲ - 월쉬(W. H. Walsh)의 총괄적 설명

① ㄱ, ㄴ   ② ㄴ, ㄹ   ③ ㄴ, ㅁ
④ ㄱ, ㄷ, ㄹ   ⑤ ㄱ, ㄷ, ㅁ

〈답〉

답- 2

〈해설〉

포퍼는 연역법칙적 설명을, 햄펠은 귀납-확률적 설명을 강조한다.

㉯- 인과적 설명에 해당한다.
㉰- 이해와 인용에 해당한다. 역사적 사례를 이용하여 설명하고 있다.
㉱- 유추적 설명에 해당한다.
㉲- 인과적 설명에 해당한다.

총괄적 설명은 원인에 대한 설명이 없다.

04 다음은 '노예제'를 주제로 한 역사 수업 장면이다. ㉮~㉲의 설명 방식을 바르게 연결한 것을 <보기>에서 모두 고른 것은?

교 사 : 고대 그리스와 로마의 노예는 대부분 백인이었다고 해요. ㉮ <u>노예는 전쟁에서 포로가 되었거나 빚을 갚지 못해 예속된 사람들이었죠.</u> 사하라 사막 이남에서 온 흑인 노예는 쉽사리 찾아볼 수 없었어요.

학 생 : 중세부터는 유럽에서 노예가 사라졌나요?

교 사 : 그렇지는 않아요. 슬라브 국가로 노예를 구하러 가기도 했고, 지중해 무역이 활발해지자 갤리선에 북아프리카인을 이용했어요. ㉯ <u>사슬에 묶인 채 채찍을 맞으며 노를 젓는 일은 모두 기피하는 일이었으므로, 죄수들과 노예들이 갤리선을 젓는 일에 동원되었어요.</u>

학 생 : 그렇다면 백인 노예들과 흑인 노예들이 함께 섞여 있었겠네요?

교 사 : 그렇죠. ㉰ <u>17세기에 모로코와 리비아 사이에 위치한 북아프리카 노예 시장에서는 여러 지역에서 붙잡혀 온 백인 노예들과 흑인 노예들이 함께 거래되었다고 해요.</u>

학 생 : 백인들이 노예였던 역사는 잘 상상이 되질 않아요.

교 사 : ㉱ <u>흑인들만 노예였던 것은 아니죠. 오늘날 가난한 나라의 백인 여성들이 부유한 나라로 인신매매되는 경우를 생각해 보세요.</u>

학 생 : 그래도 노예제로 가장 큰 고통을 당한 사람들은 아프리카 흑인들인 것 같아요.

교 사 : 그렇게 생각할 수 있죠. ㉲ <u>노예제의 역사는 지금도 계속되고 있는 인종차별주의의 뿌리라고 할 수 있고, 우리가 지금 흑인에 대해 갖고 있는 이미지에도 중요한 영향을 끼쳤어요.</u>

<보기>

ㄱ. ㉮ - 헴펠(C. G. Hampel) 의 연역적-법칙적 설명

ㄴ. ㉯ - 인과적 설명

ㄷ. ㉰ - 비교적 설명

ㄹ. ㉱ - 유추적 설명

ㅁ. ㉲ - 월쉬(W. H. Walsh) 의 총괄적 설명

① ㄱ, ㄴ ② ㄴ, ㄹ ③ ㄴ, ㅁ
④ ㄱ, ㄷ, ㄹ ⑤ ㄱ, ㄷ, ㅁ

〈답〉
답- 2

〈해설〉
포퍼는 연역법칙적 설명을, 햄펠은 귀납-확률적 설명을 강조한다.

㈏- 인과적 설명에 해당한다.
㈐- 이해와 인용에 해당한다. 역사적 사례를 이용하여 설명하고 있다.
㈑- 유추적 설명에 해당한다.
㈒- 인과적 설명에 해당한다.
총괄적 설명은 원인에 대한 설명이 없다.

05 다음 글에서 설명하는 방식으로 역사 수업 내용이 조직된 것은?

> 역사 교과서의 단원을 수업 내용으로 조직하는 방법은 다양하다. 이 가운데에는 학습자들의 인식 범위와 이해 수준을 확장하여 기초 -심화 -일반화의 과정으로 내용을 조직하는 방법이 있다. 이 방법은 학습자들이 역사 학습 내용을 깊이 있게 이해할 수 있도록 할 뿐만 아니라 단편으로만 기억하기 쉬운 역사 지식들을 유기적으로 연결시킬 수 있도록 한다는 점에서 유용하다.

	단원	주요 내용
(가)	삼국의 불교수용	○ 삼국의 불교 수용과 관련된 설화들을 조사해보자 ○ 설화에 나타난 각국 불교 수용 과정의 특징을 알아보자 ○ 고대사회에서 불교 수용이 갖는 역사적 의미를 기술해보자
(나)	개항과 강화도 조약	○ 개항 시기 조선의 상황을 살펴보자. ○ 강화도 조약의 내용을 알아보자 ○ 조·일 수호조규 부록과 통상장정의 내용을 기술해보자
(다)	미국의 남북전쟁	○ 남북전쟁 전 남부와 북부의 경제적 차이를 조사해보자 ○ 「톰 아저씨의 오두막」에 나타난 노예의 생활상을 알아보자 ○ 남북전쟁 시기 철도 산업 발달에 대해 기술해보자.
(라)	아시아·아프리카 민족운동	○ 민족운동의 의미를 알아보자 ○ 아시아 각국의 민족운동을 살펴보자 ○ 아프리카의 민족운동을 살펴보자
(마)	제2차 세계대전	○ 전체주의 국가의 등장 배경을 살펴보자 ○ 전체주의 국가들의 대외 정책의 특징을 알아보자. ○ 제 2차 세계대전 시기의 대학 학살 사례를 조사해보자.

① (가)   ② (나)   ③ (다)
④ (라)   ⑤ (마)

<답>

답- 1

<해설>

내용조직- 교육과정, 교과서, 수업내용(단원별, 주제, 사례 중심)
(나)와 (다)는 주제 연결과 일반화과정이 아니다. 개별 주제만 설정하고 기초적 사실 지식만 추구하고 있다.
(라)는 일반화와 개별적 기초사실을 탐구하고 있다.
(마)는 전체주의 국가라는 개별적인 사실만 주제로 설정하고 있다. 기초- 심화 사례 형식으로 되어있고 (단원) 주제 중심의 교수내용지식과 맞지 않다.

06 다음은 답사 일정을 정리한 글이다. ㉠~㉤에 관한 설명으로 옳은 것은?

> 경주 시내 답사를 마친 우리는 북쪽으로 안강을 향해 떠났다. 안강에서는 먼저 조선시대의 저명한 성리학자 이언을 모신 ㉠옥산서원을 찾았다. 그리고 그 근처에 있는 국보 제40호 ㉡정혜사지 13층 석탑도 둘러보았다. 다시 차를 몰고 포항시의 신광면 쪽으로 가다가 신라 왕성에서 가장 멀리 떨어져 조성되었다는 ㉢흥덕왕릉을 답사하였다. 그리고 신광면사무소를 찾아 비각 속에 보관된 ㉣냉수리비를 살펴보았다. 마지막으로 포항시 흥해읍으로 가서 2009년 5월에 발견된 ㉤흥성리비가 어느 지점에서 나왔는지 수소문하였다.

① ㉠-16세기 후반에 인쇄 간행된 『삼국유사』 전질이 보전되어 있다.
② ㉡-고려 후기에 원나라 양식의 영향을 받아 만들어진 다각 다층탑이다.
③ ㉢-무인석과 문인석이 배치되고, 봉분의 병풍석에는 십이지 신상이 조각되어 있다.
④ ㉣-재물의 귀속을 둘러싸고 왕경인들 사이에 벌어진 분쟁에 대한 처결 내용을 담고 있다.
⑤ ㉤-법흥왕 대에 반포된 율령에 의거하여, 죄를 범한 지방민들을 처벌하는 내용을 담고 있다.

〈답〉
답- 3

〈해설〉
옥산서원- 이언적의 저서와 삼국사기를 보관하고 있다.
정혜사지 13층 석탑은 통신 석탑이다.
흥덕왕릉- 신라시대 가장 큰 무덤이다.
냉수리비- 신라 눌지와 진흥왕과 관련 있고, 그들은 영일인이다.
흥성리비- 포항(흥해 지역)을 말한다.
삼국유사는 승려 일연에 의한 것으로 불교사관을 대표하고 있다.
왕경인은 경주인들을 말한다.
법흥왕 관련한 것은 울진의 봉평비이다.

07 밑줄 친 ㉠을 강조하는 교사의 진술을 <보기>에서 모두 고른 것은?

> 역사교육 내용을 선정하는 원리에는 중요성의 원리가 있다. 여기에는 본질적 중요성, ㉠도구적 요성, 과거의 가치로서의 중요성, 현재의 가치로서의 중요성 등이 있다.

<보 기>

['동남아시아 각국의 민족운동' 교재 연구 회의]

ㄱ. 김 교사 : 아시아 여러 나라들의 근대국가 건설 과정에 끼친 영향을 보여 수 있는 주제로 구성했으면 좋겠어요.
ㄴ. 이 교사 : 베트남의 민족주의 운동에 영향을 주었다는 점에서 '판 보이 쩌우의 활동'을 중심으로 구성했으면 해요.
ㄷ. 박 교사 : 아시아의 민족운동이 당시 제국주의에 대항하는 과정에서 저항 정신을 보여 준 것임을 알 수 있는 주제로 구성했으면 좋겠어요.
ㄹ. 최 교사 : 아시아 민중들의 삶에 어떤 변화를 가져왔는지 보여 줄수 있도록 구성했으면 해요.

① ㄱ, ㄴ   ② ㄱ, ㄷ   ③ ㄷ, ㄹ
④ ㄱ, ㄴ, ㄹ   ⑤ ㄴ, ㄷ, ㄹ

<답>
답- 4

<해설>
ㄷ- 본질적 중요성을 의미한다.

09 다음 설명에서 교사가 의도하고 있는 '수업 목표'와 '수업 방법'을 적절하게 제시한 것을 고른 것은?

> 해군은 명나라가 약해지고 후금이 강해지자 신중한 외교 정책을 썼어요. 명나라에서 원군을 요청했을 때 강홍립을 보내 정세에 따라 대처하도록 했지요. 그래서 조선은 후금과의 전쟁을 피할 수 있었어요. 그런데 인조반정을 일으킨 서인은 광해군 때와는 달리 명을 가까이하고 후금을 배척하는 외교 정책을 펼쳤어요. 그래서 조선은 두 차례에 걸쳐 침략을 받게 된 것이지요.

	수업 목표	수업 방법
(가)	후금의 침입 원인을 조선의 대외 정책과 관련지어 파악할 수 있다.	당시 상황을 보여주는 사료를 분석하여 발표하는 수업을 전개한다.
(나)	광해군이 중립 외교 정책을 추진한 이유를 설명할 수 있다.	인물의 행위결정분석모형을 적용하여 수업을 전개한다.
(다)	서인이 일으킨 인조반정의 과정을 알 수 있다.	이야기 자료를 재구성하여 극화 수업을 전개한다.
(라)	광해군과 서인의 외교 정책을 평가할 수 있다.	역사 개념을 인식시키는 수업을 전개한다.

① (가), (나) ② (가), (다) ③ (나), (다)
④ (나), (라) ⑤ (다), (라)

<답>
답- 1

<해설>
(가)- 사료를 바탕으로 한 탐구학습+ 사건학습
(나)- 상황, 목적, 수단에 초점을 맞춘 합리적 판단을 중시한다.
(다)- 사건학습과 총괄학습에 해당한다. 극화 수업을 통해 이유를 추정한다.
(라)- 토론학습이다.

11 (가)와 (나) 시기의 역사교육에 대한 설명으로 옳은 것을 〈보기〉에서 모두 고른 것은?

> (가) 역사교육의 목표는 국민정신을 함양시킴으로써 국민으로서의 사명감을 자각하고 이를 실천에 옮기게 하는 데 있었다. 이를 위해 역사 전개 과정에서 국가에 대한 충성이나 문화인 진전을 강조하고, 이를 주된 교육 내용으로 선정했다. 외국사의 경우도 항상 자국사와 연결을 지으면서 자국 역사의 이해를 명확하게 하는 역사적 사실을 중요시했다. 그리하여 '동양의 안정을 확보하기 위한 신질서 건설에 매진하는 국민정신 함양'을 강조했다.
>
> (나) 국난 극복의 정신 자세를 강조하면서 대외 정사를 다룬 교재가 중.고등학교에 보급되었다. 또한 시대적 요청에 부응하는 역사교육을 목표로 내세웠다. 이에 따라 민족적 자부심과 긍지를 가질 수 있도록 민족 문화나 민족적 전통의 우수성을 나타낼 수 있는 내용이 중시되었다. 세계사의 경우에도 서양의 역사 못지않게 아시아의 역사에 대한 이해가 중요하다는 것이 교육과정에 표방되었다.

〈보 기〉
ㄱ. (가)시기에는 중학교에서 역사와 지리를 통합하여 가르쳤다.
ㄴ. (가)시기에는 신교육 구국운동에 힘쓴 인물들을 중심으로 교과서 내용을 구성했다.
ㄷ. (나)시기에는 전쟁의 효율적 수행을 위해 역사교육 정책을 바꾸었다.
ㄹ. (나)시기의 중학교 교과서는 정치사 중심의 통사적 내용으로 구성되었다.

① ㄱ, ㄷ　　② ㄱ, ㄹ　　③ ㄴ, ㄹ
④ ㄱ, ㄴ, ㄷ　　⑤ ㄴ, ㄷ, ㄹ

〈답〉
답- 2

〈해설〉
(가)의 지문은 일제 강점기 1930년대 후반 반포된 제3차 조선교육령이다.
(나)의 지문은 유신 시대 반포된 3차 교육과정으로, '국적 있는 교육'을 강조하고, 국사는 필수로, 독립교과로 전환하였다.

ㄱ- 1-5학년까지 매 학년 역사와 지리를 통합하여 주당 3시간씩 학습.
ㄴ- 구한말 통감부시대 애국계몽운동의 일환이다.
ㄷ- 제3차 조선교육령시기이고, 3차 교육과정에서는 중학교 국사교육은 정치사 중심의 통사 내용으로 구성되어 있다.

12 다음은 김 교사의 수업 장면이다. ㉠~㉣에 대한 설명으로 옳은 것을 <보기>에서 모두 고른 것은?

> 백제 성왕은 신라와 힘을 합하여 고구려에 빼앗겼던 한강 유역을 되찾았어요. 하지만 곧 신라의 공격을 받아 한강 유역을 빼앗겼지요. ㉠진흥왕에게 한강 유역을 빼앗긴 성왕은 어떤 생각을 했을까요? 고구려가 수나라, 당나라와 전쟁을 하고 있는 동안 백제는 신라를 자주 공격했어요. 신라는 고구려에 도움을 요청했지만 거절당했고, 당에 구원을 요청했어요. ㉡신라의 대당 외교는 당시 상황에서 적절한 정책이었을까요? 신라는 당나라와 함께 백제와 고구려를 멸망시켰어요. 그런데 당나라는 한반도를 직접 지배하려고 했어요. 신라는 당나라 군대를 몰아내기 위해 전쟁에 나섰지요. ㉢신라는 어떤 전투에서 나·당 전쟁의 주도권을 장악하였나요? 마침내 신라는 대동강 이남 지역을 통일했어요. 신라는 통일 이후 민족 융합 정책을 사용했어요. ㉣민족 융합 정책의 역사적 의의는 무엇일까요?

<보 기>

ㄱ. ㉠-학생에게 역사적 감정 이입을 요구하는 수렴적 질문이다.
ㄴ. ㉡-역사적 사실을 근거로 가치 판단을 요구하는 평가적 질문이다.
ㄷ. ㉢-역사적 사건 사이의 관계를 파악하도록 하는 인지기억 질문이다.
ㄹ. ㉣-다양한 사고를 통해 문제를 해결하도록 하는 확산적 질문이다.

① ㄱ, ㄴ ② ㄱ, ㄷ ③ ㄴ, ㄹ
④ ㄱ, ㄴ, ㄹ ⑤ ㄴ, ㄷ, ㄹ

<답>
답- 3

<해설>
㉠는 역사적 상상력
㉡는 가치판단, 평가적 질문
㉢는 인지기억 질문
㉣는 확산적 질문에 해당한다.

수렴적 질문이란 사실과 아이디어의 관계를 수립하고, 여러 가지 가능한 응답 중 가장 올바르거나 적합한 답을 추출하는 것이다.

13 ㉮~㉰에 관한 진술로 옳은 것을 <보기>에서 모두 고른 것은?

> 근대 역사학의 아버지인 ㉮랑케(Leopold von Ranke)는 '그것이 본래 어떠하였냐'를 밝히는 것이 역사가의 임무라고 말했지만, 그것은 실현 불가능한 꿈에 불과하다. 역사는 카아(E. H. Carr)가 말한 대로 역사가와 과거 사실 사이의 대화가 될 수 밖에 없으며, 크로체(Benedetto Croce)가 말한 대로 ㉯현재의 역사가 될 수 밖에 없다. 역사가는 자기가 살고 있는 시대의 관점과 요구에 입각하여 과거를 조명하고 재구성한다. 역사가는 과거의 사실 그대로 열거하지 않는다. ㉰역사가는 사실들의 인과 관계를 하나의 거대 담론으로 환원시켜 설명하거나 ㉱개념과 모델들을 사용하여 일반화시킨다.

<보기>

ㄱ. ㉮ - 세계사의 전개 속에는 신(神)의 질서가 나타나 있다고 보았다
ㄴ. ㉯ - '신라가 당을 끌어들여 백제와 고구려를 멸망시킴으로서 우리 민족의 영역은 축소되었다'는 진술은 여기에 해당된다.
ㄷ. ㉰ - '난징조약으로 청은 영국에 홍콩을 떼어주는 한편 5개의 항구를 열어 영국의 선박이 드나들 수 있도록 하였다'는 진술은 여기에 해당된다.
ㄹ. ㉱ - '동학농민운동은 반봉건적·반제국적 성격을 지녔다'는 진술은 여기에 해당된다.

① ㄱ, ㄴ ② ㄱ, ㄷ ③ ㄷ, ㄹ
④ ㄱ, ㄴ, ㄹ ⑤ ㄴ, ㄷ, ㄹ

<답>
답- 4

<해설>
㉰는 역사적 사실을 단순히 기술한 것이다.

14 김 교사는 문항을 출제한 후 교과 협의회를 통해 문항을 수정하였다. 김 교사의 '수정 후 문항'에 올바르게 반영된 의견을 <보기>에서 모두 고른 것은? [2.5]

[수정 전 문항]
다음 자료는 신석기 시대 유적이 발견된 곳이다. 당시 사람들의 생활 모습으로 옳은 것은?

○ 서울 암사동   ○ 부산 동삼동
○ 양양 오산리   ○ 제주 고산리

① 계급이 나누어지기 시작하였다.
② 식량을 찾아 이동 생활을 하였다.
③ 반달 돌칼을 이용하여 곡식을 수확하였다.
④ 돌 갈판에 곡식을 갈아서 음식을 만들어 먹었다.
⑤ 부족장은 고인돌을 만드는데 사람을 동원하였다.

[정답] ④

[수정 후 문항]
그림과 같은 생활이 이루어지던 시기의 사회 모습으로 옳은 것은?

① 계급이 나누어지기 시작하였다.
② 식량을 찾아 이동 생활을 하였다.
③ 반달 돌칼을 이용하여 곡식을 수확하였다.
④ 돌 갈판에 곡식을 갈아서 음식을 만들어 먹었다.
⑤ 부족장은 고인돌을 만드는데 사람을 동원하였다.

[정답] ④

<보 기>

[교과 협의회]
ㄱ. 이 교사 : 유적지명을 제시해 주지 않아도 답을 찾을 수 있는 문제 같아요.
ㄴ. 박 교사 : 답지에는 여러 시대 생활 모습이 고르게 안배될 필요가 있어요.
ㄷ. 최 교사 : 당시 사회 모습을 쉽게 상상할 수 있는 자료를 제시해 주면 좋겠어요.
ㄹ. 정 교사 : 답지 ②도 신석기 시대에 나타날 수 있는 모습이기 때문에 답이 될 수 있어요.

① ㄱ, ㄴ　　　　　　　　② ㄱ, ㄷ　　　　　　　　③ ㄴ, ㄹ
④ ㄱ, ㄷ, ㄹ　　　　　　⑤ ㄴ, ㄷ, ㄹ

<답>
답- 2

<해설>
계급이 나누어지고, 반달 돌칼을 이용하고, 고인돌을 만드는데 사람들을 동원한 것은 청동기시대이다. 식량을 찾아 이동하는 시기는 구석기 시대이다.
문항은 구석기 문항을 제시했고, 또한 청동기 사항은 그대로 두었다.

17 최 교사는 다음 교수·학습지도안에 따라 수업을 전개하였다. 최 교사의 수업에 대한 진술로 적절하지 않은 것은?

수업주제	송·원 왕조의 발달	
수업목표	송·원 왕조의 정치 · 경제 · 문화의 특징을 비교할 수 있다.	
단계	교수 · 학습 활동	
	교사	학생
도입 (5분)	○ 전시 학습 내용을 확인한다. ○ 본시 학습 내용을 확인한다.	- 질문에 대답한다. - 학습 내용을 이해한다.

전개
(35분)
	○ 연표를 제시한다.
	  - 송과 원 왕조를 연표에서 찾아보자.
	○ 두 왕조를 비교할 수 있는 학습자료를 제공한다.
	  - 송의 문치주의 정책과 원의 몽골인 제일주의 정책을 비교해보자.
	  - 두 왕조의 농업·상업·무역 등
	○ 경제 활동을 비교해보자.
	  - 두 왕조의 문화를 비교해 어느 문화가 더 나은지 판단해보자.
	  - 두 왕조의 특징을 학습지에 적어보자.
		- 연표에서 확인한다.
		- 학습 자료에서 두 정책의 차이를 비교해본다.
		- 경제 활동을 비교해본다.(강남농법, 지폐 사용, 시박사)
		- 학습 자료를 바탕으로 생각을 정리하여 판단한다.
		- 학습지에 정리한다.

정리 (5분)	○ 학습 내용을 정리한다. ○ 차시 학습 내용을 예고한다.	

① 두 왕조 경제 활동의 공통점을 간과하고 있다.
② 문화의 수준을 비교하여 편견을 심어주고 있다.
③ 사실의 선후 관계를 알 수 있도록 지도하고 있다.
④ 서로 다른 성격의 정책을 비교 대상으로 삼고 있다.
⑤ 비교를 통해 두 왕조의 차이를 이해시키려 하고 있다.

⟨답⟩
답-1

⟨해설⟩
연표를 통해 연대적 위치와 인과관계를 확인할 수 있다.
본 수업에는 비교학습이 적당하다.
두 왕조 경제 활동의 공통점을 잘 보여주고 있다.
송대- 지폐로 교자, 회자 사용.
원대- 지폐로 교초 사용

2009년 중등임용고시 역사교육론 부문

01 (가) - (라)는 역사수업에서 교사가 추구하는 '역사를 안다'는 의미와 그것을 강조한 수업 방법이다. 각 의미에 따라 수업 방법을 적절하게 제시한 것은 고른 것은?

	의미	수업 방법
(가)	개별적인 역사적 사실에 대한 기억	학생들 자신이 과거의 인물이라고 가정하고 당시 사회 문제를 해결하기 위한 방안 작성
(나)	역사적 사실 간의 인과 관계 파악	특정한 국면이나 사건을 중심으로 서로 다른 역사적 경험을 비교·분석하여 공통점과 차이점 파악
(다)	역사적 행위의 동기나 목적에 대한 이해	추체험이나 감정이입과 관련된 학습목표를 설정하고 학생들이 대본을 작성하고 실연하는 활동
(라)	역사적 사실에 대한 평가	특정 사실에 대해 결론을 이끌어 내거나 관점의 차이를 분명히 하기 위한 논쟁이나 논의 진행

① (가), (나) ② (가), (다) ③ (나), (다)
④ (나), (라) ⑤ (다), (라)

〈답〉
답- 5

〈해설〉
　이 문제는 역사교육론의 인식론 중에 역사적 사실의 특징과 그에 따른 전달 방법에 대해 물어 보고 있다.
'역사를 안다'는 의미- 역사적 사실의 특징을 안다는 것.
역사적 사실 특징 네 가지로 분류
① '개별적 사실을 안다'는 의미/ 문답식 수업방식을 통해 역사적 사실을 전달하거나 비교, 유추, 연상 등을 통해 학생들의 기억을 돕는다.
② 역사적 사건 간의 관계를 살펴 역사적 인과 관계를 인식하는 것. 어떤 것이 사건의 원인이냐는 것은 역사가의 주관적 판단에 의해 좌우된다./ 탐구 수업을 통해서 가설을 설정하고 자료를 통해서 검증하여 인과관계를 논리적으로 입증한다.
③ 역사적 행위를 한 인간의 내면을 이해를 바탕으로 하는 것. 매우 주관적이고, 역사적 사실이나 맥락을 통해서 파악할지라도 객관적으로 입증하기 힘들다./ 추체험이나 감정이입을 통해서 인간의 내면을 파악하며 구체적인 방법으로 극화학습, 역할극, 시뮬레이션 게임 등을 이용한다.
④는 역사적 평가를 바탕으로 하는 것이다. 역사적 평가는 평가자의 역사관, 사회관, 가치관 등이 종합되어 표출되어 나타나는 것이다./ 가치판단을 전제로 하는 토론수업을 한다.

02 다음은 역사교사들의 교수·학습 사례 보고서 내용의 일부이다. 영역고유인지이론(domain-specific cognitive theory)의 관점이 드러난 것을 〈보기〉에서 모든 고른 것은?

〈보 기〉

ㄱ. 20세기 한국사에서 주요 사건의 의미나 해석을 스스로 이끌어내지 못하는 학생들에게 메타 인지와 같은 사고전략을 가르쳐서 적용해 보게 했다.
ㄴ. 중학교와 고등학교 역사수업에서 교수·학습 방법을 선택할 때 학생들의 연령이 아니라 역사 사실에 대해 학생들이 알고 있는 역사 지식의 양과 구조를 고려했다.
ㄷ. 아프리카 역사에 대한 선행 지식이 풍부한 중학생들에게 아프리카 여러 왕국의 정치, 문화, 교역 등 역사 발전을 상황을 비교하고 그 역사적 의의를 생각해보게 했다.
ㄹ. 초등학생들에게 한국 역사에 등장하는 주요 인물을 다룬 역사소설이나 전기같은 내러티브를 읽거나 토론하게 함으로써 역사 전개의 인과관계를 이해할 수 있도록 했다.

① ㄱ, ㄴ　　② ㄴ, ㄷ　　③ ㄱ, ㄷ, ㄹ
④ ㄴ, ㄷ, ㄹ　　⑤ ㄱ, ㄴ, ㄷ, ㄹ

〈답〉
답- 4

〈해설〉
　영역고유인지이론은 삐아제 이론인 연령발달 단계의 보편적 적용을 거부하고 해당 교과의 독특한 내용, 방법, 원리 등이 존재하며, 이를 통해 해당교과의 사고력을 증진시킬 수 있다고 주장한다. 사고 기능과 사고 전략은 학습의 내용과 독립적이 아니라 그에 의존한다고 주장한다. 구체적인 방안으로 인과관계를 귀납적으로 추론할 수 있는 내러티브(인지구조 포함), 인증적 사고 등을 주장하고 있다.
　반면 영역중립인지이론 같은 일반론자들의 주장들은 해당 교과 사고의 특수성보다 범교과적인 사고력을 강조하고 교육학에서 주장하는 삐아제 같은 이론이나 탐구력 같은 보편적 사고력을 다른 교과에 적용할 수 있다고 주장한다.

ㄱ- 메타인지 같은 사고 전략은 역사과 고유의 사고 전략이 아니라 교육학에서 일반론자들이 주장한 내용이다. 일반론자들은 사고기능, 사고과정, 사고전략 등을 나눠서 교과영역과 무관하게 사고기능이나 사고과정을 개별적으로 육성할 수 있다고 주장한다.

03
1997년에 교육부 고시 제197-15호로 공포된 국가교육과정(제7차 교육과정)의 역사 영역에 관한 설명으로 옳은 것은? [1.5점]

① 심화 선택과목으로 한국문화사, 세계 역사의 이해, 동아시아사가 편성되었다.
② 중학교 국사는 8학년에서 주당 1시간, 9학년에서 주당 2시간 배당되었다.
③ 고등학교 사회 과목에는 국사와 세계사 내용이 병렬적으로 배치되었다.
④ 수준별 교육과정의 세 가지 유형 중에서 단계형 체제로 구성되었다.
⑤ 사회과에서 중·고등학교 국사가 필수 과목으로 독립하였다.

<답>
답- 2

<해설>
이 문제는 7차 교육과정 내용과 7차교육과정 개정 부분의 차이를 정확하게 알고 있는 가를 물어 보는 문제이다. 심화선택과목으로 한국문화사, 세계의 역사 이해, 동아시아가 편성된 것은 7차교육개정 부분이다.

① 7차교육과정은 한국근현대사와 세계사로 구성되어 있다. 또한 수준별 교육과정을 영어나 수학은 단계형, 사회 과학은 심화보충형, 심화선택형(2학년과 3학년)으로 구분해 두었다. 7차교육과정에서 중학교 8학년(2학년) 시수가 1시간, 9학년(3학년) 시수가 2시간이다.
② 개정 내용에서는 중학교에서 종전에 사회 안에 있었던 국사가 세계사와 합쳐져서 '역사'라는 과목으로 독립되었다. 역사는 국사와 세계사를 병렬적으로 배치해 놓았다. 8학년 3시간(국사2, 세계사 1시간), 9학년 2시간(국사 1시간, 세계사 1시간) 배정되었다.

04 박 교사는 '에스파냐의 아메리카 침략'을 주제로 역사수업을 하고 있다. 대화 중에 '맥락적 감정이입'을 드러낸 학생을 고른 것은?

박교사 :	16세기에 에스파냐가 코르테스와 피사로를 앞세워 아스텍과 잉카를 정복했어요. 이때 에스파냐의 군대는 수백 명에 불과했는데 수십만 명에 가까운 아메리카 원주민과의 전쟁에서 승리했어요. 여러분 생각은 어때요?
지 수 :	원주민이 하나로 단결해서 에스파냐 군대에 저항했다면 침입을 막아낼 수 있었을 것 같은데요?
박교사 :	글쎄……오히려 아스텍 제국에 적대적인 원주민들이 에스파냐 군대에 합세해서 그들의 정복을 도왔다고 해요.
경 민 :	그 원주민들은 백인의 우수한 무기를 보고 자신들의 목적에 그들을 이용하려고 했던 것은 아닐까요?
영 희 :	그런데 원주민은 에스파냐 군대를 피부색이 다르다고 해서 무조건적이라고 생각하지 않았던 것 같아요.
현 지 :	정말 안타까워요. 자신들의 생존이나 이해관계보다 대의를 생각했어야 했는데….'흩어지면 죽고 뭉치면 산다.'라는 교훈이 생각나네요.

① 지수, 경민　　　　　　② 지수, 현지　　　　　　③ 경민, 영희
④ 경민, 현지　　　　　　⑤ 영희, 현지

〈답〉
답- 3

〈해설〉
　　감정이입을 하는 단계는 역사적 맥락과 지식을 얼마나 알고 있느냐에 따라서 차이가 난다. 처음에는 감정이입 자체를 하지 않으려고 하다가 감정이입에 들어서도 자기가 알고 있는 고정관념을 가지고 접근한다. 어느 정도 사실을 알면 현재적 관점에서 과거의 상황을 조명해 본다(일상적 감정이입). 많은 자료와 정보를 접하고 나서 그 당대의 상황적 배경과 과거의 인물에 대해서 알게 되면 그 당시 사람들의 입장에서 역사를 바라보게 된다(맥락적 감정이입).
　　물론 그 사람의 감정을 파악한다고 해도 그 사람의 감정과 생각을 동감한다는 것은 아니다. 역사적 감정이입은 철저한 사료분석(인지적)을 통해서 그 당대의 상황을 제대로 알 때야 가능하다.
　경민, 영희- 당시 원주민의 정치사회구조와 원주민의 신앙 등을 바탕으로 추론하고 있다.
　지수, 현지- 당시 상황적 맥락이 아닌 감정적 또는 현재 관점에 입각하여 추론한다.

05 '중국의 문화대혁명'을 주제로 한 다음 수업 장면에서 교사의 설명에 나타난 관점이 아닌 것은?

교사 : 1860년대 미국과 유럽 사회의 격변기였다고 할 수 있어요. 중국에서도 '문화대혁명'이라는 중요한 변화가 시작되었어요. 이것은 서구 사회에서 찾아보기 힘든 독특한 사건이었어요. 중국의 전통문화와 윤리도덕을 파괴하고 사회질서를 개혁하는 운동이 전개되었고 특히 홍위병이 앞장서서 나섰어요.

학생 1 : 홍위병은 어떤 사람들이었어요?

교사 : 대부분 고등학교 학생들이거나 대학생들이었어요. 이들 홍위병은 부농, 자본가, 지식인, 예술가 등을 타도 대상으로 삼고 공격했어요. 바로 여러분들과 같은 당시 중국 학생들이 왜 이런 운동에 앞장서게 되었을까요?

학생 2 : 사회에 대한 불평과 불만 때문이 아니었을까요?

교사 : 물론 그러한 측면도 있었지만 마오쩌둥 개인에 대한 숭배도 중요한 역할을 했어요. 홍위병은 마오쩌둥의 어록을 갖고 다니면서 자신들의 행동을 마오쩌둥의 가르침을 따른 것이라고 정당화했어요. 하지만 이들은 마오쩌둥과 린뱌오 등에 의해 공산당 내부의 권력투쟁에 이용된 것이라고 볼 수 있어요. 홍위병 내부에서 분파 간의 투쟁이 벌어지고 농민까지 파벌 싸움에 연루되는 등 폭력적 상황과 혼란이 각처에서 벌어지자, 결국 마오쩌둥은 홍위병을 해산시켰어요.

학생 3 : 그러면 문화대혁명도 끝이 난 건가요?

교사 : 그렇지 않아요. 홍위병 활동은 막을 내렸지만, 지방에 새로운 권력기구인 혁명위원회가 수립되고 인민해방군이 개입했어요. 결국 1976년에 마오쩌둥의 죽음으로 혁명은 막을 내리게 되었어요.

① 역사적 사건의 개별성을 강조한다.
② 역사 전개 과정을 규명하는 데 치중한다.
③ 추체험을 역사 이해의 방법을 중시한다.
④ 선행 사례를 적용하여 역사적 사건을 설명한다.
⑤ 역사적 행위의 목적과 의도를 밝히는 데 주력한다.

〈답〉

답- 4

〈해설〉

① "중국에서도 '문화대혁명'이라는 중요한 변화가 시작되었어요. 이것은 서구 사회에서 찾아보기 힘든 독특한 사건이었어요"- 역사적 사건의 개별성을 강조한다. 문화대혁명의 전체적인 전개과정 설명- 그러나 그 과정에 대한 역사적 해석과 다양한 견해 소개가 미흡하다.

'여러분들과 같은 당시 중국 학생들이 왜 이런 운동에 앞장서게 되었을까요?'- 추체험(감정이입)을 유도하는 질문

홍위병 설명- 마오쩌둥의 의도와 목적을 설명한다.

06
'발생적 설명'(genetic explanation)과 드레이(W.H.Dray)의 '합리적 설명'(rational explanation)에 해당하는 것을 <보기>에서 골라 순서대로 나열한 것은? [2.5점]

<보기>

ㄱ. 찰스 1세는 청교도를 탄압하고 전제정치를 감행하였다. 그러나 스코틀랜드에서 일어난 장로교도들의 반란을 계기로 의회가 소집되자 국왕과 의회의 대립이 심해졌다. 이 과정에서 왕당파와 의회파가 대립하여 크롬웰이 이끄는 의회파가 승리하였다. 이후 의회파가 다시 분열되었으나 크롬웰이 정권을 장악하고 공화정을 수립하였다. 그 뒤 크롬웰이 의회마저 해산하고 독재정치를 하였다. 크롬웰이 죽자 영국에는 왕정이 복고되었지만 왕과 의회가 다시 충돌하게 되었다. 이에 의회는 네덜란드 총독 윌리엄과 그의 부인의 메리를 공동 왕으로 추대하고 혁명을 일으켜 성공하게 되었다.

ㄴ. 조선 후기에 들어와 사회경제적인 변동에 따른 사회 모순을 해결하고자 하는 노력이 여러 방면에서 동시에 전개되었다. 일군의 학자들을 중심으로 국학 연구도 활발하게 이루어지고, 여러 가지 사회 개혁론도 제기되었다. 이러한 경향을 실학운동이라고 한다.

ㄷ. 1688년에 영국 의회와 결탁한 오렌지공 윌리엄이 영국을 침략할 당시 루이 14세가 네덜란드에 대한 군사적 압력을 철회하여 영국 침략을 용이하게 만든 것은 그의 가장 큰 실수로 알려져 있다. 그러나 이러한 철회는 치밀한 계산에 따른 것이었다. 그는 윌리엄이 영국에 상륙한 후에 내란과 전쟁이 오래 계속될 것이며, 이 틈을 타서 편안하게 유럽을 정복할 수 있을 것이라고 기대했던 것이다.

ㄹ. 독일에서 1848년 혁명이 실패한 것은 독일 민족의 특수성 때문이 아니라, 몇 가지 이유가 복합적으로 작용했기 때문이라고 할 수 있다 먼저 보수주의자들의 세력이 압도적으로 강했고, 혁명을 주도한 이들의 정치·경제·사회적 목표가 서로 모순되었으며, 뚜렷한 행동 지침도 결여되어 있었다. 그리고 그들이 예상하지 못한 사건들에 압도되어 국가적인 문제의 바람직한 해결책을 찾지 못했다.

① ㄱ, ㄴ ② ㄱ, ㄷ ③ ㄴ, ㄷ
④ ㄴ, ㄹ ⑤ ㄷ, ㄹ

〈답〉
답- 2

〈해설〉
ㄱ- 발생적 설명 방식이다
ㄴ- 총괄설명과 관련된 예문이다. 실학 개념은 단일한 성향적 총괄개념이다.
ㄷ- 드레이 합리적 설명 모형은 포퍼의 상황의 논리와 같이 합리성(목적-상황-수단에 따라 결정)을 수용했지만 개인의 의도와 동기를 강조하여 보편적인 합리성을 거부했다. 루이 14세의 행위가 객관적 시각에서 보면 비합리성을 띤 행동이다. 그렇지만 유럽의 패권을 장악한 목적을 가진 루이 14세의 입장에서 본다면 영국의 명예혁명 상황을 적극적으로 이용할 필요가 있었다고 보는 것이 합리적이라고 판단할 수 있다.
ㄹ- 내러티브 방식이다. 내러티브는 한 가지 원인이 아니라 여러 가지 원인이 내포되어 있다.

07 역사수업에 대한 다음 진술에서 구성주의 인식론에 따른 교수·학습을 강조한 교사를 고른 것은?

교사 A : 개항 이후 일제 강점기에 이르기까지의 사회경제적 변화를 내재적 발전론에 의거해서 설명하고, 그와 반대되는 학설인 식민지 근대화론을 소개했어요. 그리고 학생들에게 두 이론에 대한 자신의 생각을 말해보도록 했습니다.
교사 B : '미암일기'의 내용 일부를 학생들에게 읽게 하고, 16세기 조선 사대부의 일상생활을 추측하여 상상화를 그리게 했어요.
교사 C : 명나라 정화의 해외 원정을 설명하면서 원정의 연도와 횟수, 원정 경로, 방문 지역 등을 설명하고, 그 내용을 백지도에 표시하도록 지도했어요.
교사 D : 14-16세기의 르네상스를 가르칠 때는 무엇보다 '신 중심에서 인간 중심으로의 세계관 변화'를 강조함으로써 학생들이 르네상스를 근대사의 출발점으로 이해하게 하는 것이 중요하다고 생각해요.

① A, B
② A, D
③ B, C
④ B, D
⑤ C, D

〈답〉

답- 1

〈해설〉

구성주의 인식과 관련된 문제이다. 구성주의 인식의 전제는 인간은 환경과 상호작용을 통해 능동적으로 지식을 만들어가는 데 있다. 지식은 외부로부터 그대로 수용되는 것이 아니라는 인식 주체(학생)의 경험과 판단에 따라 구성된다는 것이다.

구성주의는 영역중립이론에 속하지만 영역고유인지이론에 접근해서 접목시킨 부분이 많다.

교사 A, B- 확산적 질문과 함께 기존의 지식을 소개시키며 학생 스스로 사실의 의미를 이해하고 자신의 입장에서 해석하여 토론이나 그림을 통해 발표하도록 하고 있다.

교사 C, D- 교과서에 서술되어 있는 '객관적 지식'이나 교사가 생각하는 '중요한 의미'를 학생들에게 일방적으로 주입한다.

08 역사수업에서 다음 자료를 활용할 때 얻을 수 있는 장점으로 가장 적절한 것은?

> 비잔티움 제국은 서로마가 멸망한 후에도 천 년 가까이 역사를 유지했다. 하지만 우리는 이 제국의 역사에 대한 서유럽의 역사만큼 잘 알지 못한다. 그리고 사람들은 왠지 비잔티움을 서유럽의 여러 국가에 비해 볼품없는 역사를 지닌 나라라고 생각한다. 우리의 이러한 터무니없는 선입견은 어디서 비롯될 것일까?
> 　나는 비잔티움 역사에 대한 부정적인 평가가 기번(E.Gibbon)과 같은 계몽주의 역사가들에서 비롯되었다고 본다. 그는 비잔티움 제국을 허약하고 불행했던 나라로 그렸다. 그 이유는 아마도 비잔티움을 자신이 그토록 찬양했던 로마 제국의 종말을 초래한 당사자로 여겼기 때문일 것이다. 불행하게도 이후 역사가들은 비잔티움을 독살과 음모, 배신과 형제 살해, 사제·환관·여성의 술책으로 얼룩진 나라로 기록했다. 하지만 나는 결코 비잔티움 역사가 비열하고 천박하거나 단조롭고 지루한 이야기라고 생각하지 않는다. 오히려 예술, 문학, 정치, 외교, 전쟁 등 각 방면에서 비잔티움의 업적이 새롭게 평가되어야 하지 않을까?

① 역사적 사실에 근거하여 역사를 서술하는 방법을 알 수 있다.
② 인과적 필연성에 따라 역사를 설명하는 방법을 학습할 수 있다.
③ 역사적 사실은 관점에 따라 새롭게 구성될 수 있다는 것을 알 수 있다.
④ 개념과 일반화를 활용하여 논리적으로 역사를 설명하는 방식을 학습할 수 있다.
⑤ 과거 모습을 있는 그대로 살려내는 것이 역사가가 하는 일이라는 것을 알 수 있다.

<답>
답- 3

<해설>
위의 예문은 내러티브 텍스트와 관련된 것이다. 역사에서 쓰이는 텍스트의 종류는 교과서에서 흔히 보는 설명적 텍스트, 사료 텍스트, 내러티브 텍스트 분류해 볼 수 있다.

내러티브 텍스트는 '나는~' 시작하는 1인칭으로 서술하여 저자의 주관적 견해라는 것을 학생들이 알 수 있게 한다. 따라서 역사수업에서 독자인 학생들이 주체적 텍스트 해석과 비판을 할 수 있도록 해준다. 그러나 사료 분석 및 증거 활용을 통해 역사적 사실을 체계적으로 도출하지도 못하고, 명료한 인과관계(인과적 요소가 아니라 과학에서 규정한 인과관계를 말함)를 설명하는 데 도움이 안 된다는 비판도 있다. 그리고 저자(화자)를 신뢰할 경우에는 비판 대신에 저자(화자)가 말하는 그럴듯한 말을 마치 역사적 사실인 것처럼 받아들인다(자의적 진실성 부과). 논리적 사고보다는 은유와 유추에 의한 의미 구축을 더 중시 여긴다.

①, ⑤ 지문- 사료 텍스트와 관련
②, ④ 지문- 설명적 텍스트와 관련.

09 다음은 역사교육과 관련된 주요 사실의 연표이다. ㉠ - ㉤에 대한 설명으로 옳지 않은 것은?

1972년	-	㉠ 국사교육 강화 정책 시행
1973년 - 1974년	-	㉡ 교과서 제도 개편, 국사 교과 독립
1977년 - 1978년	-	㉢ 교과서 제도 개편
1982년	-	일본의 역사교과서 왜곡 사건
1986년 - 1987년	-	㉣ 교과서 서술의 통일 필요성 제기
1992년 - 1996년	-	㉤ 국사 교과를 사회 교과로 통합

① ㉠ - 정부는 민족의 주체성을 강조하면서 '국사교육강화위원회'를 설치하였다.
② ㉡ - '국적있는 교육'을 표방하고 중·고등학교 국사교과서를 국정으로 개편하였다.
③ ㉢ - 연구개발형 교과서 제도로 바뀌어 여러 종류의 국사교과서가 개발되었다.
④ ㉣ - '국사교육심의회'를 구성하여 '국사교과서 편찬 준거안'을 만들었다.
⑤ ㉤ - 국사 교과가 사회 교과에 통합되었지만 국사교과서가 별도로 제작되어 사용되었다.

〈답〉
답- 3

〈해설〉

ㄱ- 당시 정부는 민주적 주체성을 내세우면서 1972년에는 국사학계에의 중진 학자들로 국사교육강화위원회가 구성, 국사교육의 강화 방안에 대한 연구를 추진하였다. 국사교육의 강화시책은 이후 제3차 교육과정에서 국사과의 독립으로 나타난다.

ㄴ- 3차 교육과정에서는 정부의 교과서 정책도 근본적으로 변하였다. 제1차와 2차 교육과정기에 국정과 검정을 병행하던 정책에서 국정을 위주로 하는 교과서 정책으로 전환하였다. 중학교과서는 전면적으로 국정화되었고, 고등학교 국사교과서도 국정으로 바뀌었다. 세계사 교과서는 검정을 유지하였으나, 한 종류의 교과서만을 인정하는 단일 검정교과서였다. 결국 모든 역사교과서는 한 가지만이 남게 되었다. 중,고등학교 모두 '국적 있는 교육'에 더한 주체성 확립이 '민족중흥'이라는 시대적 요청에 부응하는 국사교육의 목표로 내세워졌다.

ㄷ- 1978년 교과서 제도를 개정하였다. 개정된 교과서 제도에서는 국정·검정·인정으로 되어 있던 교과서 제도를 1종2종인정으로 바꾸었다. 1종도서는 편찬과 발행권은 여전히 국가나 국가기관이 가지고 있지만 종래의 국정교과서와는 달리 교과서의 연구개발은 전문연구기관이 맡아서하며, 다단계의 교과서 발행과정을 거치는 '연구개발형 도서'임을 표방하고 있다. 중학교 교과서는 원칙적으로 모두 1종도서였으며, 고등학교의 국사와 세계사교과서도 1종도서로 분류되었다. 하지만 1종도서는 실제로는 종래의 국정교과서와 별다른 차이를 찾아보기 힘들다.

ㄹ- 고조선의 역사에 대한 축소와 왜곡, 삼국초기 역사의 누락의 등을 비롯한 많은 고대사 서술의 문제점이 지적되었다. 때마침 국사학계에서도 고조선을 비롯한 고대사 전반적인 인식체계에 대한 문제점이 지적되었다. 이에 따라 1986년 국사학계의 중진학자들로 국사교육심의회가 구성되어 국사교과서에서 다룰 내용의 준거를 정하고, 문제가 되었던 내용 서술의 통일안을 만들었다. 국사교육심의회에서 제5차 교육과정에서 사용될 교과서의 편찬에 대비해 만든 '국사교과서 편찬 준거안'에서는 고대사 17항목, 중세사 8항목, 근현대사 6항목, 역사교육 4항목에 걸쳐 국사 용어의 통일, 한자음 표기 원칙, 다른 학설 또는 두 가지 학설이 있는 내용의 취급, 역사 지명의 표기 등과 내용 서술의 원칙이 정해졌다.

ㅁ- 3차 교육과정부터 독립교과로 유지되어 오던 국사과가 폐지되어 교육과정 편제상으로 사회과 속에 통합되었다. 이에 따라 국사과와 사회과 속의 세계사라는 이원적 역사 교육 체제로부터 사회과 속의 국사와 세계사라는 일원적 형태로 바뀌었다. 다만 국사의 경우는 중학교에서도 다른 사회과목과 별도의 교과서를 만들고, 별개의 수업시수를 편성하여 운영하도록 하고 있다. 그리고 사회과 통합을 강화하여 고등학교에서 '공통사회'를 신설하고 필수과목으로 배우도록 하고 있다.

10 (A) - (C)는 현행 중학교 세계사 교육 내용의 구성 단계이고, (가)-(다)는 단계별 예시 자료이다. 이에 관한 설명으로 옳지 않은 것은?

구성 단계	예시 자료
(A)	(가) 오리엔트의 고대 문명 ① 메소포타미아 지역과 이집트의 지리적인 특징을 살펴보고, 그것이 이 지역의 역사 전개에 미친 영향을 평가한다. ② 메소포타미아와 이집트의 사회와 문화를 비교한다. ③ 페니키아와 헤브라이 문명의 특징을 이해하고, 이들 문명이 다른 지역에 미친 다른 지역에 미친 영향을 설명한다.
(B)	(나) 〈단원 1〉 인류의 기원과 문명의 발생 …(중략)… 〈단원 3〉 오리엔트의 고대 문명 1. 메소포타미아 문명의 발생 - 비옥한 초승달 지역에서 일어난 수메르 문명 - 메소포타미아 문명이 일어나다. ◇ 읽기 자료 2. 이집트 문명의 발생 - 이집트는 나일강의 선물이다. - 영원한 삶을 믿은 이집트인의 생활 ◇ 탐구 자료 3. 동부 지중해 연안의 국가, 페니키아와 헤브라이 - 소리글자를 발명한 페니키아 - 헤브라이인들이 유대교를 창시한다. ◇ 단원 정리
(C)	(다) <table><tr><th>차시</th><th>학습 내용</th></tr><tr><td>1차시</td><td>1. 메소포타미아 문명의 발생 2. 이집트 문명의 발생</td></tr><tr><td>2차시</td><td>3. 페니키아와 헤브라이 * 관련 영상 자료 보고 글쓰기</td></tr><tr><td>3차시</td><td>(탐구) 오리엔트 고대 문명의 특징</td></tr></table> 〈1차시〉 1. 도입 - 오리엔트 지역 지도 확인 2. 전개 - 메소포타미아 지역의 지리적 특징 - 메소포타미아 지역국가들의 흥망성쇠 - 나일 강 유역의 지리적 특징 - 이집트 문명의 특징 3. 정리 - 학습지로 정리하기

① (A) 단계는 교과의 성격과 목표, 교수·학습과 평가에 관한 사항을 제시한다.
② (B) 단계는 검정제로 운영되므로 단원의 내용을 다양한 방식으로 구성할 수 있다.
③ (가)는 학습내용 구성과 단원 편성에 관한 권고 사항을 제시한 문서의 일부이다.
④ (나)와 같은 자료에서는 설명적 서술보다 내러티브적 서술의 비중이 낮은 편이다.
⑤ (다)는 실제 수업 상황에서 학습자와의 상호작용을 예상하여 학습목표와 내용 등이 구성된다.

〈답〉
답- 3

〈해설〉

위 문제는 역사교육 내용 조직에 관련된 부분이다. 역사 내용 조직은 목표를 설정하고 목표에 맞게 내용을 선정한 다음에 선정된 내용을 교과의 구성 원칙에 맞게 조직하는 단계이다. 크게 교육과정 단계(위 도표 A 단계)→ 교과서 단계(위 도표 B 단계)→ 수업 적용 단계(위 도표 C 단계)로 구성되어 있다.

①번 지문 관련: 국가 수준의 교육과정 단계- 교수요목의 기본적인 조직유형이 설정, 그 내용에 따라 단원 편성이 된다. 교과목표와 내용을 밀접하게 관련시키고 학생들이 학습을 통해 성취해야 할 능력이나 특성을 제시한다. 또한 교육과정에는 교과서 제작을 위해 각 과목마다 내용 체계와 영역별, 단원별 내용이 제시되어 있다. 7차 교육과정은 중단원까지 제시되어 있고, 7차교육과정개정은 대단원까지 제시되어 있다. 교육과정 단계에서는 내용 구성과 단원 편성은 교과서 제작시 필수적으로 반영할 부분이다. 따라서 ③ 지문처럼 권고 내용이 아니다.

②번 지문 관련: 교과서 단계에서는 교육과정 기본에 맞춰 교과서 내용을 변형해서 제작한다. 7차 교육과정에서는 중학교 사회교과서(세계사 내용 포함), 중고등학교 근현대사, 세계사 교과서는 검증제도로 운영되기 때문에 단원의 내용을 구성할 때 집필자의 교육관이나 교과서 서술의 관점에 따라 구성요소가 달라지며 문체나 표현방식의 차이가 발생한다. 같은 내용을 다루더라도 다른 자료를 활용할 수 있으며, 학습활동을 달리 할 수 있다.

④번 지문 관련: 교과서 내용을 구성하는 방법은 설명형, 탐구형, 이야기형 등으로 구분할 수 있다. 일반적으로 설명형이 가장 많이 사용되는 방식이다, 그 외에 탐구형과 이야기이 사용된다. 상대적으로 내러티브 비중이 적다.

지문 (다)부분 - 수업 설계 내용/ 수업수준의 내용 구성- 교사가 선행학습이나 학생들에 대한 이해를 토대로 수업에서 교과서 이외의 다른 내용을 선정하며 학습 활동을 정한다. 그리고 수업과정에서 교과서를 전면적으로 재구성할 수 있고, 필요할 때마다 부분적으로 재구성할 수 있다. 이 단계는 수업 설계와 연결된다.

⑤번 지문 관련: 수업설계는 실제로 교실에서 일어날 수 있는 상황을 예측하고 그에 대한 대응책을 모색하여 하는 것이다. 따라서 수업설계에 필요한 수업지식은 교과내용에 대한 지식, 수업기법에 대한 지식과 신념, 학생들에 이해, 수업환경 등 실제로 수업환경에 영향을 미칠 수 있는 걸로 구성되어 있다.

11 다음 학습지도안에 제시된 교수·학습활동에 대한 진술로 옳지 <u>않은</u> 것은?

* 수업 주제 : 수렵도를 통해 본 고구려인의 삶
* 학습 목표 : · 고구려인의 생활 모습을 이해한다.
· 유물 자료 활용 능력을 기른다.

단계	학습내용	교수·학습 활동	
		교사	학생
도입(5분)	· 전시학습 확인 · 학습목표제시	· 전 시간 학습 내용 확인 · 본시학습 방향 안내	S. 질문에 대답한다.
전개(35분)	· 수렵도 제시 · 수렵도 설명	· 무용총 수렵도 제시 T. 그림을 보고 다음 질문에 답을 적어 내기 바랍니다. 　1. 등장인물의 모자 모양은? 　2. 말 옆에서 뛰는 짐승은? 　3. 활의 크기는? 　4. 등장인물의 옷차림은? · 학생들이 적는 답을 보고 보충설명 T. 모자, 개, 활, 옷차림 등의 의미를 설명한다. T. 나누어준 학습지의 오른쪽에 배운 것을 적어 보세요.	S. 학습지에 답을 적는다. S. 학습지에 배운 것을 적는다.
정리(5분)		· 학습내용 정리 · 차시 학습 예고	

① 수렵도에 관하여 인지·기억을 제시하였다.
② 역사적 상상력을 함양하는 수업활동이 부족하다.
③ 지식·이해와 기능에 관한 학습 목표를 제시하였다.
④ 사료 활용 방안 중에서 단원접근방법을 활용하였다.
⑤ 의사소통 능력을 함양하기 위한 전략이 들어가 있다.

〈답〉
답- 5

〈해설〉
전개 부분- 무용총 수렵도 그림- 특정한 사실을 알고 있는 가를 물어보는 인지기억 질문 방법 사용. 고도의 사고력을 요구하지 않고 역사적 사고력을 자극하지 못한다.

지문 5번의 교사 일방적으로 학생들에게 주입하는 방식으로 수업이 행해짐으로 의사소통능력 향상과는 전혀 관계가 없다. 역사적 상상력을 자극할 수 있는 좋은 방법은 다양한 측면에서 사고할 수 있고, 감정이입이 요구하는 확산적 질문방법이다.

영역별 학습 목표는 지식과 이해, 기능, 가치와 태도로 분류. 전개 단계에서 수렵도와 관련된 단순한 내용을 질문함으로 영역별 학습 목표는 지식과 이해 부분에 해당한다. 지식과 이해 측면에서 목표설정은 역사의 기본적 사실, 개념 등을 아는데 있다. ~안다, ~ 인지 한다 등의 일반적인 행위동사로 서술된다.

사료학습 방법 유형에는 분산적 접근방법과 단원 접근방법으로 분류해 볼 수 있다. 분산적 접근방법은 본시 수업 과정에 필요할 때마다 수시로 활용하는 방법이다. 단원 접근방법은 사료학습 자체를 한 단원으로 설정하여 탐구하는 방법이다. 위에 전개된 수업은 수렵도 탐구를 한 단원으로 설정한 단원접근방법이다.

12 다음은 어느 예비교사가 쓴 역사 에세이의 일부이다. 밑줄 친 연구 성과에 해당하는 것을 <보기>에서 모두 고른 것은?

> 우리나라 중고등학교 세계사 교육 내용은 '유럽 중심- 중국 부중심'을 두 축으로 한 구성 체계를 취했다고 본다. 심지어 제7차 교육과정의 고등학교 사회는 신항로 개척, 시민혁명, 산업혁명만을 선정하여 세계사 영역을 통합한 것으로 여겼을 정도로 유럽 중심 사관이 지배적이다. 역사학계와 역사교육계는 1980년대 이후 유럽 중심의 세계사 인식에서 벗어나려했지만, 실제로는 역사교과서에서 비유럽 세계의 서술 비중을 늘리는 부분적 수정만 이루어졌을 뿐이다. 기술과 문명에서 앞선 서구가 지난 500년 동안 세계의 진보적 변화를 주도했다는 전제는 아직도 건재하다. 하지만 유럽 중심의 세계사를 넘어서려는 연구자들의 성과가 축적되고 있다. 따라서 역사교사들은 이러한 문제의식을 갖고 다원적 세계사 구성 방안에 대해 숙고할 필요가 있다.

<보 기>

ㄱ. 16세기 이전에 이미 유라시아 '세계시장' 또는 '세계 체제'가 성립되어 있었으며 유럽은 그 주변부에 불과하였다.
ㄴ. 바스쿠 다 가마가 '인도 항로를 발견'하기 전부터 인도는 북아프리카 인도-동남아에 이르는 세계 시장의 중심에 있었다.
ㄷ. 근대 유럽의 경제는 아메리카의 재화를 가지고 아시아의 생산, 시장, 무역에 끼어들어 챙긴 이익을 바탕으로 성장하였다.
ㄹ. 전근대시기에 아시아는 농업생산의 발전에 따라 농업 문명이 발달하였고, 지중해나 유럽은 상업 중심의 도시 문명이 발달하였다.

① ㄱ, ㄴ   ② ㄱ, ㄷ   ③ ㄴ, ㄹ
④ ㄱ, ㄴ, ㄷ   ⑤ ㄴ, ㄷ, ㄹ

<답>

답- 4

<해설>

　오리엔탈리즘의 문제점과 이를 극복하기 위한 대안들에 대한 예시적 설명을 담고 있다. 실증 연구를 통해 유럽이 아시아를 물질적으로 능가하기 시작한 것은 19세기 이후였고, 16세기 이전까지만 해도 유럽 중심이 아니라 유라시아 세계시장이 형성되었고 그 시장에서 중심은 중국과 인도였다는 것을 밝혀내고 있다. 유럽은 그 주변부에 불과하였다. 지리상 발견이 있기 전부터 중국, 인도, 이슬람 간의 대규모 무역활동이 존재하였다. 유럽인들은 뒤늦게 16세기 때 '인도 항로의 발견'을 통해서 서양 역사상 처음으로 대항해 무역이 시작되었을 뿐이다.

2008년 중등임용고시 역사교육론 부문

01 다음은 김 교사의 중학교 학년 국사 연간 수업 계획표이다. 이 표와 같은 역사과 내용 조직 방법을 쓰시오. 그리고 일제 강점기 '민족운동의 전개'에서 독립투사의 전기를 수업 자료로 활용하고자 할 때, 자료의 특성과 관련하여 유의할 점을 2가지만 쓰시오. [4점]

순서	시기	내용
1	현대	1. 나의 역사 가족사 쓰기 2. 광복과 나라 만들기 3. 냉전 체제와 6.25전쟁 4. 민주 정치의 발전 과정 5. 통일 정책의 변화
2	일제 강점기	1. 일제 식민 정책 2. 민족 운동의 전개 3. 일제 강점기 민중의 삶
3	근대 개혁기	1. 개화와 척사 2. 개항 3. 민중 운동 4. 애국 계몽 운동
4	조선 후기	1. 통치 제도의 정비 2. 조선 후기 문화의 발달 3. 세도 정치와 민란
5	조선 전기	1. 조선 건국과 체제 정비 2. 유교 사회의 전개 3. 조선 전기 문화의 융성

⟨예시 답안⟩

내용 조직 방법: 역연대기적 방법

유의할 점: 사료비판을 통해서 전기 자료의 진위와 신뢰성을 확보해야 한다. 어떤 관점에서 역사적 사실들이 해석되었는지 확인할 필요가 있다.

⟨해설⟩

역사 서술 및 조직은 시대 순에 따라서 행해지는 것이 통상적이다. 그러나 역연대기적 조직 방법은 시간을 역순으로 해서 조직한다. 또한 현대사 조직하는 데 쓰이는 조직방법이기도 하다. 역연대기적 방법과 분절법(시대사)가 혼동될 경우가 있는데 분절법은 한 시기의 동시대적 사건을 살펴보는 횡적 조직방법인 반면에 역연대기적 방법은 시간의 흐름을 역순으로 하는 종적 조직방법이다.

02 다음과 같은 학습 모형으로 수업을 하려고 한다. ㉮개념의 내포적 정의와 외연적 정의를 쓰고 이러한 수업 모형으로 역사 수업을 할 때 나타날 수 있는 문제점 2 가지를 각각 1줄 이내로 쓰시오. [4점]

수업 단계	학습 활동
직관의 단계	• 중국에서 왕조를 세운 여러 민족에 대해 이야기하기
갈등의 단계	• 여러 자료를 읽고 침투 왕조와 정복 왕조를 구별하기 • 정복 왕조의 공통적 속성에 대해 토론하기
해결의 단계	• ㉮정복 왕조의 개념을 정의하기
적용의 단계	• 다른 지역의 정복 왕조를 알아보기

〈예시 답안〉

내포적 정의: 급속한 출현 북방 유목민족이 중국을 정복하여 세운 왕조, 이민족이 만리장성 이북에서 국가를 성립하여 중국의 일부나 전부를 점령한 왕조

외연적 정의: 요, 금, 원, 청 등

문제점: 고유한 특성과 의미를 밝히기 어렵다. 역사적 사실보다 개념을 중요시 여기기 때문에 역사적 사실을 중시하는 역사교육의 목적에 맞지 않다.

03 다음은 역사 탐구 및 역사 학습의 특성에 관한 글이다. ㉮를 단계가 반영된 개념으로 쓰고 ㉯와 ㉰에 들어갈 적절한 내용을 각각 쓰시오. 그리고 ㉱에 해당하는 개념을 쓰시오. [4점]

> 역사 학습은 낯설고 당혹스러운 과거에 익숙해 가는 과정이다. 낯선 과거를 익숙한 것으로 인식해 가는 방법의 하나는 과거인의 마음속으로 들어가 보는 것이다. 인간의 사고는 본질적으로 시간과 공간을 넘어설 수 있기 때문에 당시 거기에 존재했던 사람의 처지에서 사고할 수 있다. 즉, ㉮ 당시 상황에 대한 이해를 바탕으로 그들의 정서와 관점에서 당대를 보게 되는 것이다. 그러기 위한 전제 조건으로 우선 과거인들의 생각이 (㉯)는 점과 그들의 행동이 (㉰)는 점을 인정해야 한다.
> 낯선 과거를 익숙한 것으로 인식시키는 또 다른 방법은 낯익은 사례를 제시하여 낯선 존재를 알게 하는 것이다. 즉, ㉱ 낯익은 동형(同形)구조의 매개물을 통해 '낯선' 역사적 사실을 이해할 수 있도록 하는 것이다. 이러한 절차를 통해 사람들은 역사를 친근한 것으로 인식하게 되고 시간의 흐름 속에서 자신의 위치를 정하고 현실 속에서 스스로의 정체성을 형성할 수 있을 것이다.

〈예시 답안〉
㉮의 개념: 맥락적(역사적) 감정이입
㉯의 내용: 다르다는
㉰의 내용: 합리적이다
㉱에 해당하는 개념: 유추

〈해설〉
리는 감정이입을 하기 전에 전제조건으로 4가지를 제시하였다. 과거인과 현재인이 인간의 보편적인 감성과 정서 등을 공유하고 있다는 점(보편성), 그 당시 처해진 상황이나 조건 때문에 과거인과 현재인의 사고방식이 다르다는 점(특수성), 과거인도 그 당시 상황과 조건에서 목적-상황-수단에 맞게 합리적으로 행동했다는 점(합리성), 과거의 삶과 현재의 삶은 서로 떨어지는 것이 아니라 역사를 통해서 서로 관련을 맺고 있다는 점(계통성)이다.

04 다음은 세계사 교육에 대한 두 교사의 생각을 비교한 것이다. ㉮의 인식을 사이드(E. Said)가 제시한 개념으로 쓰고, ㉯를 주도한 문명을 쓰시오. 그리고 ㉰를 중학교 교육과정 편제에서 '이웃 나라의 생활', '먼 나라의 생활'로 지칭했던 교육과정기를 쓰고, ㉱에 입각한 세계사 구성 원리를 쓰시오. [4점]

구분	서 교사	한 교사
세계사 인식	• 세계사는 문명의 발전 과정이며 그 중심은 서유럽이다.	• 유럽 문명이 세계사의 중심이라는 인식은 근대 이후 형성된 ㉮'동양을 지배하기 위한 서양의 사유 양식'일 뿐이다.
고대사	• 서구 문명의 뿌리인 그리스·로마의 역사를 중심으로 구성해야 한다.	• 그리스·로마 문명에 견줄 만한 고대 문명이 서아시아, 인도, 중국 등에 융성하였다.
세계사의 전개	• 15세기 이후 유럽이 해외 무역과 자본주의의 발달을 바탕으로 세계 체제를 구축하였다.	• ㉯8~9세기 이후 아시아와 유럽을 연결하는 중계 무역과 문화 교류를 중심으로 세계 시장이 형성되었다.
세계사의 단위	• ㉰동양사 서양사	• 지역 세계 문명권 ( )
세계사 구성 방안	• 인류 문명이 어떻게 발전해 왔는지를 '문명국'을 중심으로 구성해야 한다.	• ㉱지역 문명이 직간접적으로 관련되어 영향을 주고받는 과정에 주목해야 한다.

〈예시 답안〉
㉮ 개념: 오리엔탈리즘
㉯ 문명: 이슬람문명
㉰ 교육과정기: 교수요목기
㉱ 구성원리: 상호관련성의 원리

〈해설〉
'진정한 세계사'의 의미를 지리상 발견, 산업혁명 이후 형성된 자본주의를 지향하는 일원화된 세계사가 아니라 자기와 근접한 문명권끼리 교류를 해서 형성된 범위에서 세계사를 강조하기 시작하였다. 이에 따라서 세계사 구성방법도 서양 중심의 문화권 중심 방법에서 벗어나서 상호관련성을 강조하는 간지역적 접근방법이 부각되고 있다.

05 박 교사는 교과서 내용 A와 B를 가지고 B와 같이 수업하였다. B수업에서 알 수 있는 박 교사의 교과서관을 쓰고 ㉮를 통해 중점적으로 기르고자 하는 역사적 사고력의 하위 범주를 쓰시오. 그리고 박 교사가 수업에서 가장 중점을 둔 것을 ㉯에서 찾아 쓰시오. [3점]

> A. (교과서 내용) 대한제국은 구본신참의 개혁 방향을 제시하고 대한국 국제를 제정하여 황권을 강화하였다. 또한, 양전 사업을 실시하여 지계를 발급하고 상공업 진흥책을 추진하였다.
>
> B. (수업 내용) 교과서에는 대한제국의 정책이 옛 제도를 근본으로 하여 근대적 개혁을 추진한 것이라는 의미로 서술되어 있네요. 하지만 대한제국의 정책은 전제 군주권을 강화하고 독립협회의 민권 운동을 탄압하는 보수적 반동 정책이었다는 의견도 있어요. ㉮각자 자료를 더 조사해 보고 광무개혁이 당시 상황에서 적절한 정책이었는지 생각해 봅시다.
>
> C. '역사를 안다'는 의미는 ㉯개별적인 역사적 사실에 대한 기억, 역사적 사실들 간의 인과 관계 파악, 역사적 행위의 동기나 목적에 대한 이해, 역사적 사실에 대한 평가로 구분할 수 있다. 그런데 실제 수업에서는 이들 네 가지 중 교사의 역사관에 따라 그 중점을 두는 것이 달라질 수 있다.

<예시 답안>

교과서관: 도구적 교과서관(즉 교과서는 참조 자료에 불과하다.)
역사적 사고력의 하위 범주: 역사적 판단력
수업의 중점: 역사적 사실에 대한 평가

<해설>

역사적 사고력은 일반적으로 연대기적 파악력, 역사적 상상력, 역사적 탐구력, 역사적 판단력으로 분류하고 있다.

B지문에서 박교사는 교과서와 다른 상반된 해석을 제시하고, 학생들에게 다양한 역사 해석을 유도하려고 했다. 이는 역사적 판단력에 해당한다. 박교사의 교과서관은 교과서를 절대적인 지침으로 보지 않고, 교과서를 역사적 사고력을 육성(역사교육의 목적)을 위한 하나의 도구로서 생각하고 인식하고 있다.

06 다음 A의 내용으로 수업을 하려고 할 때, 내용 구성의 측면에서 가장 적절한 수업 모형을 쓰고, 이 수업 모형을 활용할 때 유의할 점 2가지를 각각 1줄 이내로 쓰시오. 그리고 질문의 유형으로 볼 때 B와 C의 질문은 어떤 특징을 지니는지 각각 1줄 이내로 쓰시오.[5점]

> A. 고려 시대에는 군현과 진에 지방관을 파견하였으나, 지방관이 파견되는 주현보다 파견되지 않는 속현이 더 많았다. 한편, 조선 시대에는 지방 행정구역을 정비하는 과정에서 일부 군현을 통합하였으며, 모든 군현에 수령을 파견하였다.
> B. 고려 시대에 모든 군현에 지방관이 파견되지 않은 근본적인 원인은 무엇일까요?
> C. 조선 시대에는 전국을 몇 개의 도로 나누었지?.

〈예시 답안〉

수업 모형: 비교학습

유의할 점: 비교 대상에 대한 선호의 감정이나 우열의 판단을 요구하지 말 것, 비교 평가를 할 때는 기준을 다양하게 선정할 것, 비교 판단의 결과 다시 해석할 수 있는 가능성을 열어 둘 것

B 질문의 특징: 사고 내용을 정리하거나 하나의 결론과 방향을 이끌기 위한 질문(수렴적 질문)

C 질문의 특징: 학생들의 기억 여부를 확인하기 위한 질문(인지기억질문)

〈해설〉

비교학습은 비교대상의 유사점과 차이점을 규명하는 데 있다. 다른 국가나 지역에서 일어난 다수의 역사 사건을 다양한 관점과 기준에서 비교의 대상을 선정하여 그 사건들의 배경, 원인, 시기, 전개과정, 결과를 물어 보는 학습 방법이다. 비교 학습할 때는 다양한 기준이 필요하다.

문답 학습 유형은 인지기억질문, 수렴적 질문, 확산적 질문, 평가적 질문으로 구분될 수 있다. B 질문의 유형은 사고내용을 정리하거나 하나의 결론과 방향으로 이끌기 위한 수렴적 질문에 해당한다. 수렴적 질문은 설명, 대비, 대조, 분석 등을 요구하는 데 '근본적 원인'은 (제한된)일반화가 내포된 인과관계를 질문하는 설명이다.

2007년 중등임용고시 역사교육론 부문

01 다음은 상이한 역사 인식을 서술한 글이다. <가>의 역사 인식을 배경으로 조선 중기에 국가가 제작 배포하였던 초등용 역사윤리 교재명을 쓰시오. <나>의 밑줄 친 역사 연구 과정에 맞추어 역사 수업을 구상하고자 할 때 가장 적절한 학습 모형을 쓰되, 학습 활동을 기준으로 분류한 명칭으로 제시하고, <다>의 관점에서 역사적 사실에 관한 <나>의 입장을 1줄로 비판하시오. (4점) [2007-1기출]

> <가> 역사는 삶의 교훈이다. 역사는 인간 사회에서 일어난 일을 통해 잘한 일은 칭송하고 잘못한 일은 비판하여 삶의 근거로 삼는다.
> <나> 역사란 과거의 사실을 있는 그대로 밝히는 것이다. 역사가는 자신을 죽이고 과거의 본래 모습을 밝히는 것을 지상 과제로 삼아야 한다. **역사 연구란 사료에 담긴 역사적 사실들을 밝혀내는 것이며, 그 과정은 사료 비판과 분석으로 이루어진다.**
> <다> 역사란 과학이라기보다는 세계와 인간에 관해 의미 지우는 하나의 담론이다. 역사 지식은 상이한 집단의 이해관계를 반영하는 '사적 구성물'이다.

<예시 답안>
교재명: 동몽선습
학습모형: 탐구학습
비판: 사료에 적힌 역사적 사실은 역사가의 시대적 언어로 구성되기 때문에 주관적일 수 있다.

<해설>
동몽선습은 16세기 박세무가 어린이에게 윤리와 역사를 가르칠 목적으로 저술한 책이다. 경부와 사부로 나누어져 있고 경부는 삼강오륜을 사부는 한국사와 중국사를 서술하고 있다. 최초의 경사일치의 교육을 시도하고, 우리의 역사를 서술하였지만 중국사보다 비중이 작아서 중국 중심의 역사서술에서 벗어나지는 못했다.

02 학생들에게 다음과 같은 평가 문항을 제시하고자 한다. 학생들이 이 문항을 해결하는데 필요한 역사적 상상력의 하위 기능을 쓰고, 이 평가 문항에 대한 모범 답안을 2줄 이내로 쓰시오. [4점] [2007-2기출]

서술형 평가 문항: '링컨의 흑인에 대한 인식과 노예해방선언'에 관한 다음 두 사료가 연결되려면 어떤 설명이 추가되어야 하는지 역사적으로 상상하여 쓰이오.

A. 나는 노예제가 존재하는 주들에서 노예제의 관습을 직접적 또는 간접적으로 방해할 의도가 없다는 점을 말하려고 한다……나는 백인종과 흑인종 사이에 정치적·사회적 평등을 받아들일 의향이 없다. 두 인종 사이에는 신체적 차이가 있고, 이로 인해 그들이 아마도 완벽하게 평등하게 사는 일은 영원히 없을 것이며, 또한 차별이 있을 수밖에 없다면, 나는 더글러스 판사와 마찬가지로 내가 속한 인종을 지지하며, 그들이 우월한 지위에 있다고 믿는다.

-링컨이 더글러스에 한 답변, 1858 -

B. 아칸소, 텍사스, 루이지애나……이러한 주 및 주 안의 특정 지역에서 노예 신분에 놓인 모든 사람은 이제부터 자유의 몸이 된다는 것을, 또 육해군 당국을 포함하여 합중국 행정부는 그들의 자유를 인정하고 지켜 주어여 한다는 것을 명령하고, 선언한다.

- 링컨의 노예해방선언, 1863년 -

〈예시 답안〉

하위기능: 삽입

모범 답안 : 링컨은 노예제 폐지 여부와 상관없이 연방의 통합을 우선시하였다. A는 남부의 분열을 막기 위해 노예제를 인정하였고, B는 노예제 허용이 남북전쟁을 종식하고 연방을 통합하는데 도움이 되기 때문에 발표했다.

〈해설〉

역사적 상상력(상상적 이해)는 역사적 자료에 빠져 있거나 명백히 나타나 있지 않은 역사적 사실의 의미를 파악하는 것을 가리킨다. 하위 기능으로 역사적 판단력, 역사적 감정이입, 삽입 또는 보간으로 구성되어 있다.

자신이 알고 있는 사실(링컨의 노예해방선언과 더글라스 답변)을 토대로 증거에 명확히 나타나 있지 않은 사실(두 사료에서 보이는 노예제에 대한 링컨의 모순적 태도)에 대한 상상적 추론을 통해서 다른 새로운 관점에서 증거를 해석할 수 있어야 한다. 따라서 여기에 필요한 역사적 상상력은 삽입이다.

03 제7차 교육과정에서는 교과서도 다양한 교재 중의 하나로 간주해야 한다는 방향을 제시했다. 텍스트에 대해 비판적 읽기를 주장하는 포스트모던이론가들이 제기하는 교과서 비판의 중요한 논점을 2가지 열거하고, 아래에 제시된 텍스트를 아메리카 원주민의 관점에서 비판하는 수업을 전개하려고 할 때, 비판의 근거로 제시할 수 있는 구체적인 역사 사실을 2가지만 쓰시오. (4점) [2007-3기출]

> 신항로의 개척으로 대서양 연안 국가들이 번영하였다. 동방 물산이 싸게 들어오고 차와 감자 등이 새로운 산물이 전해져 유럽인의 일상생활도 풍요로워졌다. 또한 이를 계기로 비로소 하나의 세계사가 시작되었다. 서유럽의 신대륙 진출은 아메리카 원주민을 문명화시키는 계기가 되었다.

〈예시 답안〉

- 논점: 다양한 집단의 이해관계가 반영되어 있기 때문에 객관적이지 못하다./ 화자의 언어로 구성되기 때문에 주관이 개입되어 있다.
- 사실: 원주민 문화(잉카, 아즈텍) 파괴/ 대규모 약탈과 착취(금과 은 채굴, 사탕수수 등)/ 천연두와 홍역 등의 질병으로 인한 원주민 격감/ 플랜테이션 경작방식을 통한 원주민과 아프리카 노예 착취

〈해설〉

포스트모던 학자들은 텍스트에 쓰여 있는 '객관적 지식'은 다양한 이해집단(국가·민족·단체·성 등)들의 권력관계와 입장이 반영되어 있다고 인식하고 있다. 그리고 텍스트의 전지적 작가 시점으로 지식의 객관성을 주장하고 있지만 텍스트는 화자의 주관적 언어로 구성되어 있기 때문에 주관이 개입될 수밖에 없다고 주장하고 있다. 이러한 인식을 기반으로 다양한 텍스트를 바탕으로 한 비판적 읽기와 쓰기를 강조하고 있다.

04 최근의 한-중 역사분쟁에 대해 균형 있는 접근을 할 수 있도록 수업의 초점을 다음과 같이 설정하였다. <가>의 기준을 쓰고, <나>의 밑줄 친 역사계승의식을 1줄로 설명하고, <다>의 밑줄 친 부분을 지칭하는 용어를 쓰시오.<4점>[2007-4기출]

주제	중국의 '동북공정'을 둘러싼 양국의 입장 이해
초점	<가> 양국이 자국사의 범주로 삼고 있는 기준은 무엇일까?
	<나> 한국의 입장에서 고구려·발해사에 대한 역사계승의식을 그 근거로 제시할 수 있지 않을까?
	<다> 중국의 입장에서 고구려 역사를 한국과 공유할 수 있다고 주장하는 근거는 무엇인가?

〈예시 답안〉
㉮ 기준 :
한국- 역사의식, 문화의 계승
중국- 현재주의와 현존의 영토(역사영역론), 통일된 다민족 국가론
㉯ 역사계승의식: 북방적 역사의식
㉰ 용어: 일사양용론

〈해설〉
　　고구려사 귀속을 둘러싸고 한·중간의 뜨거운 논쟁이 있다. 1980년대까지만 해도 중국에서도 고구려사를 한국사로 인식했다. 그러나 일부 만주지역에 거주하는 조선족 학자들을 비롯한 일부학자들이 〈다〉 '일사양용론(一史兩用論)을 '제시했다. 고구려사를 한국과 중국이 서로 이용할 수 있다는 논리를 피력했다. 고구려사에서 수도가 만주 지역에 있을 때는 중국사이고, 평양 천도 이후의 역사는 한국사 속한다는 식으로 이해했다.

　　1990년대 들어오면서부터 중국은 자국을 '통일된 다민족국가'로 정의, 이념화하면서 고구려사 전체를 중국사의 일부로 바꾸는 주장들을 제기해 오다가 이제는 '동북공정'을 통해 이를 정설화 시켰다.

　　동북공정에 전제가 되는 논리는 역사영역론이다. 중국의 왕조가 최대한으로 팽창했던 시기의 영토를 기준으로 삼아, 그 공간 내에서 전개되었던 과거의 역사는 모두 '중국사'에 속한다는 입장이다. 고구려사 영역도 현재 중국의 영역과 일치하기 때문에 중국사라는 것이다. 나아가 발해사의 중국사 귀속을 강조했고, 위만조선과 기자조선 등 중국계 주민들이 건립한 나라이기 때문에 고조선도 중국사라고 주장하고 있다.

　　우리나라는 중국의 동북3성 지역이 지금 중국의 영토이지만, 고대 시대에는 엄연히 우리민족인 고구려와 발해 역사의 한 부분이었다. 발해와 고구려의 문화가 우리나라 문화를 형성하는 중요한 부분을 차지하고 있기 때문에 '한국의 역사'라고 주장하고 있다. 그리고 역사의식 또한 계승되고 있다.

　　〈나〉의 밑줄 친 역사계승의식- 북방민족의 항쟁과 일부 실학자 중심으로 형성된 고조선-고구려-발해의 북방적 역사계승의식이다.

05 제7차 교육과정에서는 교사의 학습 단원 재구성을 강조한다. 현행 고등학교 1학년 『국사』의 내용 조직 방식을 쓰고, 『국사』의 조선 시대 영·정조 시기를 재구성한 다음 자료의 내용 조직 방식을 쓰시오. 다음 자료와 같이 재구성하였을 때의 장점 2가지, 유의점 1가지를 각각 1줄로 쓰시오. <5점> [2007-5기출]

영조와 정조의 시대

• 영조와 정조의 탕평 정책	• 양반가의 관혼상제와 재산 상속
• 이인좌의 난, 사도세자의 비극	• 뿌리 깊은 무속 신앙과 불교 신앙
• 18세기 한양 풍경, 들어오고 나가는 사람들과 산물들	• 김홍도와 신윤복의 풍속화
• 18세기 향촌 풍경, 세금, 호환, 기근, 전염병	• 문화의 새 기운, 판소리와 탈춤, 민화
• 포구와 장터, 조선 땅을 누비는 새로운 상인들	• 성균관, 서원, 서당
• 양반가의 1년 살이, '양반전'과 '허생전'에 나타난 양반	• 실학이 꽃을 피우다
• 농가의 1년 살이, 부농과 빈농	• 수원성, 새로운 과학과 기술의 보고
• 흔들리는 신분제, 신분의 족쇄를 풀어버린 사람들	• 역관 김씨, 청나라와 일본에 가다

<예시 답안>

『국사』의 내용 조직 방식 : 분야사
자료의 내용 조직 방식 : 분절법
장점 : 역사에 대한 학생들의 흥미를 촉진하여 역사적 사실을 생동감 있게 파악/ 학생들의 탐구 기능 강화/ 감정이입적 역사이해 유리
유의점 : 역사의 종적인 변화와 발전과정을 파악하는 데 어려움이 있다.

06 다음은 A와 B는 '임술년(1862) 농민항쟁'을 주제로 서로 다른 교수학습 모형에 따라 구성한 두 교사의 지도안이다. 두 지도안에 적합한 수업 목표를 각각 1가지 쓰고, 지도안의 ㉮의 일반화 내용과 ㉯에 들어갈 내용을 쓰시오.[4점] [2007-6기출]

	A 지도안		B 지도안
	주제 : 1862년, 조선 사회의 모순과 민란의 원인		주제 : 1862년 진주 농민들은 왜 민란을 일으켰을까?
도입	· 문제제기 농민항쟁이 전국적으로 일어난 원인은? 당시 조선사회에는 어떤 문제점이 있었는가?	도입	· 문제 제기 전주 지역의 농민 입장에서 민란의 원인과 진행, 농민들의 요구사항을 연극으로 꾸며 보자
가설 설정	· 가설 세도 정치기 수취 체제의 문란이 농민항쟁을 확산시켰을 것이다. 정치 질서가 문란해지면 농민의 반란이 빈번해 질 것이다.	연극 장면 설정 및 분담	· 연극 장면 설정 고통 받은 농민들/ 백난신의 부정부패 민란을 모의하는 사람들/ 농민의 분노가 터지던 날 등 · 모둠별 장면 분담
자료 수집 및 분석	· 자료 수집 1826년에 일어난 민란 관련 자료 수집 농민반란에 관한 다른 시대의 자료 수집 · 자료 분석	㉯	· 등장인물을 설정하고 배역을 나누어 인물 분석하기 · 필요한 자료 수집하여 분석하기 · 다양한 인물들의 생각과 행동을 상상하여 재구성하기
가설 검증	· 가설의 확인과 수정 1862년에 일어난 민란의 원인 분석 다른 시기에 일어난 민란들의 원인 분석	공연 및 관람	· 모둠별 공연하기 · 공연 장면을 비판적으로 관람하기
결론 및 일반화	· 결론 정치적 부패, 수취 체제의 문란으로 1862년 농민항쟁이 전국적으로 일어났다. · 일반화 → ㉮	소감 발표 및 상호 평가	· 1862년 농민의 입장이 되어 본 소감 · 농민들의 요구 사항에 대한 생각 · 연극준비 과정에서 고쳐야 할 점 등

〈예시 답안〉

A 목표 : 농민항쟁의 원인을 자료를 찾아 분석할 수 있다.
B 목표 : 농민항쟁에 참여한 농민의 입장을 기술할 수 있다.
㉮ 일반화: 정치적 부패와 수취체제의 문란으로 농민항쟁이 일어난다.
㉯ : 대본작성 및 배역 선정

〈해설〉

A 지도안- 탐구학습/ B 지도안- 역할극(극화수업)을 적용한 것이다.
목표 설정은 내용+행동으로 구성되어 있다.

2006년 중등임용고시 역사교육론 부문

01 다음의 A는 감정이입을 활용한 수업에서 교사가 학생들에게 제시한 자료이다. 이것을 보고 학생들은 B와 같이 반응하였다. 영희의 반응이 맥락적 감정이입의 단계에 속하도록 빈 칸 ㉮에 적절한 내용을 1줄로 쓰시오. [2006기출-1] [3점]

A. 자료

부 여: 형이 죽으면 형수를 아내로 삼는다.

고구려: 혼인하면 신랑은 신부 집 뒤편에 작은 집을 짓고 산다. 자식이 장성하면 남편은 아내를 데리고 자기 집으로 돌아간다.

옥 저: 여자가 10세가 되면 남편 집에 데려가 성인이 되도록 키운 후, 여자 집에 돈을 주고 아내로 삼는다.

B. 학생들의 반응	감정이입의 단계
민수: 형의 아내를 부인으로 삼고 어린 아이를 신부로 데려가다니 너무 비인간적인 시대였던 것 같아.	고정관념에 의한 감정이입
철수: 나라마다 제도가 다르니 결혼제도도 다른 것이 당연한 것 아니겠어?	일상적 감정이입
영희: (㉮)	맥락적 감정이입

<예시 답안>

㉮: 생산력이 발달하지 못한 고대사회의 결혼은 남성의 노동력 확보와 공동체 유지(사회보장제도) 역할을 수행했다.

02 교사가 제시한 A 사료를 보고 어느 학생이 B와 같이 해석하였다. 이 학생은 ㉮ 사료 비판의 어떤 측면을 제대로 수행하지 못한 것인지 쓰고, ㉯ A 사료에 대해 올바른 사료 비판을 하기 위해서는 어떤 점을 반드시 고려해야 하는지 1줄로 쓰시오.[2006기출-2] [3점]

A. 사료
(본인은) 이제부터 부하를 독려하여 공명정대한 정치를 베풀어 형식에 구애됨이 없이 많은 사람들의 편익과 민의의 창달을 도모하고, 조선인의 임용과 대우 등에 관해서 더욱 고려하여 각각 그 할 바를 얻게 하고 조선의 문화 및 옛 관습 중 채택할 것이 있다면 이를 채택하여 통치의 자료로 제공할 것이다. 나아가 제반 행정을 쇄신하고 장래 기회를 보아 지방 자치 제도를 실시하여 국민생활을 안정시키고 일반 복리를 증진시킬 것이다. 이에 관민은 서로 가슴을 터놓고 협력하여 조선 문화를 향상시키고 문화적 정치의 기초를 확립시켜 천황의 고명한 덕을 받들기 바란다.
- 『사이토 문서』, 조선 총독 취임사

B. 학생의 해석
사이토 총독의 부임으로 이제까지의 강압적인 무단통치는 끝나고 우리 민족은 이전과는 비교되지 않을 정도의 자유와 권리를 보장받았으며, 머지않아 지방자치도 실시할 수 있게 되었다고 생각된다.

〈예시 답안〉

㉮ 사료에 나타나고 있는 문맥의 참 의미를 파악하지 못했다.
㉯ 사회, 정치 문화적 환경을 유의해야 한다.

03 다음 사료는 위화도 회군에 관한 것이다. 이를 토대로 이성계가 회군한 이유를 드레이(W. H. Dray)의 합리적 설명 방식과 가디너(P. Gardiner)의 성향적 설명 방식에 의거하여 <u>그 특징이 잘 나타나도록</u> 각각 2줄 이내로 서술하시오.[2006기출-3] [4점]

> (가) 지금 출병하는 일은 네 가지 옳지 못한 점이 있습니다. 작은 나라로서 큰 나라에 거역하는 것이 첫째 옳지 못함이요, 여름철에 군사를 동원하는 것이 둘째 옳지 못함이요, 온 나라 군사를 동원하여 멀리 정벌하면 왜적이 그 허술한 틈을 노릴 것이니 셋째 옳지 못함이요, 지금 한창 장마철이므로 활은 아교가 풀어지고 많은 군사들은 역병을 앓을 것이니 넷째 옳지 못함입니다.
>
> (나) 태조는 여러 장수들에게 타일렀다. "만약 상국[명(明)] 국경을 침범해 천자에게 죄를 짓는다면 나라와 백성의 운명은 끝날 것이다. 나는 합당한 이치로 글을 올려 군사를 돌이킬 것을 청했다. 그러나 왕은 살피지 아니하였고 최영도 늙고 혼몽하여 듣지 아니하였다. 너희들은 나와 함께 왕을 만나 직접 진실을 말하고 임금 곁에 있는 악인을 없애 백성을 편안하게 하지 않겠는가?" 여러 장수들이 모두 말하였다. "우리나라 사직의 안위가 공에게 매여 있으니 감히 명령대로 따르지 않겠습니까?" 군사를 돌이켜 압록강에 이르러 흰 말을 타고 활과 화살을 잡고 언덕 위에 서서 군사가다 건너기를 기다렸다.
>
> -『고려사』-

<예시 답안>

합리적 설명 방식-이성계는 새로운 왕조개창을 하려고 했기 때문에 요동정벌의 무모한 4불가론 중 하나인 활을 내세워 위회도 회군을 통해 정권을 장악했다.

성향적 설명 방식-이성계는 권력욕이 강한 성향을 가진 사람이기 때문에 위화도 회군을 통해 정권을 장악했다.

04 다음 빈 칸 ㉮에 들어갈 용어를 쓰고, 영상 자료를 역사 수업에 활용할 때 ㉮를 고려한 지도상의 유의점을 1가지만 쓰시오.[2006기출-4] [3점]

> 영화와 다큐멘터리, 드라마와 같은 영상 자료를 역사 수업에 활용할 경우, 학습자의 학습동기와 흥미를 자극할 수 있다. 또한 학생들의 역사적 상상력을 구체화하여 생생하고 오래 기억되는 학습 경험을 제공할 수 있다.
> 일반적으로 영상 자료를 활용한 역사 이해는 ①역사적 사실과 정보의 이해, ②역사적 시간성의 이해, ③맥락과 상황의 이해, ④감정이입적·상상적 이해, ⑤자료에 담겨 있는 역사적 사실에 대한 (㉮)(을)를 추구한다.

〈예시 답안〉

㉮: 비판적 이해

유의점: 영화자료에 무비판적으로 몰입하지 않고, 가상으로 재현된 현실과 역사적 사실간의 차이를 유의해야 한다.

〈해설〉

영화와 다큐멘터리, 드라마와 같은 영상자료를 활용한 역사수업은, 역사적 사실과 정보의 이해, 역사적 시간성 이해, 맥락과 상황의 이해, 감정이입적 사상적 이해, 그리고 자료에 담겨 있는 역사적 사실에 대한 비판적 이해를 추구한다. 드라마와 영화를 역사 수업을 활용할 경우에, 재미에 몰입하고 즐기는 것으로 끝나지 않도록 해야 한다. 이 수업은 오히려 학생들의 역사이해와 사고 함양에 장애가 될 수도 있기 때문이다. 교사는 학생들이 영화자료에 무비판적으로 몰입하지 않도록 하는 한편, 가상으로 재현한 내용과 역사적 사실간의 차이에 유의하면서 비판적으로 시청하도록 돕는다.

05 다음 빈 칸 ㉮, ㉯에 해당하는 용어를 쓰고, 역사교과서의 내용서술 면에서 ㉮, ㉯ 교과서의 문제점을 각각 1가지만 쓰시오. [2006기출-5] [3점]

한국의 교과서 발행제도는 국사의 경우 1974년부터 (㉮) 교과서로 바뀐 이후 현재(제 7차 교육과정기)까지 국가에서 발행하는 단일 교과서가 보급되어 왔다. 세계사의 경우 중학교에서는 『사회』교과서에 일반사회, 지리영역과 통합되어 (㉮) 교과서로 발행되다가, 제 7차 교육과정부터 (㉯) 교과서로 바뀌었다. 고등학교에서는 『세계사』가 대체로 (㉯) 교과서 체제로 발행되고 있다. 제 7차에서 새로 등장한 『한국 근현대사』역시 (㉯) 교과서로 발행되고 있다.

〈예시 답안〉

㉮- 국정

㉯- 검(인)정

㉮ 교과서의 문제점: 다양한 해석의 가능성을 차단하고 획일적 역사 지식을 주입/ 왜곡된 역사 의식 함양

㉯ 교과서의 문제점: 국가 교육과정에 의해 단원이 구성되므로 교과서 내용이 비슷하다. 즉 다양한 시각을 반영하지 못한다.

06 토폴스키(J. Topolsky)는 역사 내러티브를 그 속에 담겨 있는 시간의 내용에 따라 3가지 유형으로 나누었다. 그가 들고 있는 다음의 사례들이 각각 어느 유형에 속하는지 쓰고, (가)유형의 두드러진 특징을 2줄 이내로 쓰시오.[2006기출-6] [4점]

> (가) 1939년 9월 유럽에서 제 2 차 세계대전이 일어났다.
> (나) 1939년 9월 1일 독일군은 폴란드를 침공했다.
> (다) 20년간 지속된 평화의 시대는 유럽에서, 아마도 전 세계에서 끝났다. 독일은 폴란드를 침공했고, 이로써 유럽에서 전쟁이 시작되었다.

〈예시 답안〉
유형: (가) 엄밀한 의미의 역사/ (나) 연보/ (다) 연대기
(가) 유형의 특징: 역사적 사건의 결과에 대한 지식 활용, 역사적 사실에 대한 인식 내포

07 다음 빈 칸 ㉮에 들어갈 단어를 쓰고, 밑줄 친 ㉯의 의미를 2줄 이내로 쓰시오.[2006기출-7] [4점]

> 구성주의적 역사 이해에 따르면, 역사가들은 이미 알려져 있는 결과로부터 역사 사건을 재구성해야 한다. 그러한 재구성은 어떻게 이루어지며, 이러한 역사의 학문적 특성을 어떻게 학생들에게 이해시킬 수 있을까 하는 것이 연구의 주요 과제이다.
> 와인버그(S. S. Wineburg)는 역사 성적이 최상위권인 고등학생과 전문 역사가들이 역사 서술을 이해하는 방식을 비교 조사하였다. 고등학생들은 역사 사실에 대해 많이 알고 있음에도 불구하고, 텍스트의 숨은 뜻을 이해하지 못하였으며 서술 내용 간의 상호관련성을 검토하지 못하였다. 또한 역사 텍스트를 읽을 때 중요성에 대한 판단 기준을 수립하지 못하였다.
> 그렇다면 역사가들은 텍스트를 어떻게 읽는가? 와인버그는 역사가들이 사료에서 사실을 발견하기 위해 활용하는 방법을 확증, 맥락화, (㉮), ㉯<u>부재 증거의 고려</u> 등 네 가지로 제시하였다. 그는 역사가들이 사료를 읽고 해석하는 과정에서 활용하는 이러한 인지적 조작을 '발견법(heuristics)'이라고 지칭했다.

〈예시 답안〉
㉮- 출처확인
㉯의 의미- 역사가가 문헌 증거를 고찰할 때 저자가 의도적으로 빠트린 부분을 고려하는 것

2005년 중등임용고시 역사교육론 부문

01 밑줄친 ㉠의 입장에서 학생들에게 가르치는 역사의 성격을 서술하고, ㉡의 입장에서 강조해야 할 학습 방법을 2가지만 쓰시오. [3점]

> 20세기 후반에 들어와 역사와 사회 발전을 보는 시각이 변하면서 역사학에도 새로운 움직임이 나타났다. 인류 사회가 무한히 발전할 수 있다는 데 대한 회의론이 제기되고, 서구 문명도 여러 문명의 하나로 인식되기에 이르렀으며, 거대담론이나 거대서사(grand narrative)의 허구성이 지적되었다. 그 동안 경시되어 왔던 소수 인종의 역사나 페미니즘 시각의 여성사도 역사 서술에 포함되었고, 보통 사람의 일상생활과 경험에도 관심을 갖게 되었으며, 이색적인 문화도 연구의 대상이 되었다. 그리고 역사담론을 언어로 된 허구로 간주함으로써 역사가 문학이라는 것, 역사 사실은 ㉠ 발견되는 것이 아니라 ㉡ 발명되는 것이라는 주장도 대두되었다.

〈예시 답안〉

㉠- 역사학과 과학의 방법은 근본적으로 동일하므로 역사는 사회과학적 성격을 가진다.

㉡- 학생 입장에서 다양한 의미로 해석, 저자의 의도를 염두에 두지 않은 해체적 읽기와 쓰기를 해야 한다.

〈해설〉

텍스트론은 역사의 객관성보다 역사는 언어에 의해 주관적으로 구성되고 발명된다고 주장한다. 텍스트론적인 측면에서 역사교육의 방법을 쓰면 된다. 실증론적 입장에 따르면 역사학과 과학의 방법은 근본적으로 동일하므로 역사는 인문교양 과목이 아니라 사회과학적 교과의 성격을 띠게 된다.

언어로 이루어진 텍스트 자체는 언어의 속성상 다양한 의미로 해석될 수 있으므로, 독자는 의식적이건 무의식적이건 간에 자료에 일관되고 통일적인 의미를 부여하려는 저자의 의도를 염두에 두지 않는 해체적 읽기를 해야 한다는 것이다.

02
다음은 사료 학습의 사례를 제시한 것이다. A는 학생들에게 배부한 사료이고, B는 이 사료를 보고 학생들이 발표한 내용이다. 학생들의 발표 내용을 보고, 교사가 각각의 학생에게 사료의 성격과 관련하여 지도할 사항을 각각 쓰시오. (단, 역사적 사실에 대한 설명은 제외할 것) [4점]

> A. 사료 : ··강화도 조약문 · 『삼국유사』 권3, 원종흥법염촉멸신 · 『고려사』 권127 열전40, 묘청
> B. 학생의 발표
> ㉮ 학생 : 강화도 조약 제1조의 내용으로 보아 당시 일본은 조선을 대등한 국가로 존중하는 마음을 갖고 있었다고 할 수 있겠습니다.
> ㉯ 학생 : 이차돈이 죽을 때 흰 피가 한 길이나 솟았다고 하니 정말 믿을 수 없는 책이 삼국유사라고 생각합니다.
> ㉰ 학생 : 묘청에 대한 해석의 경우, 고려사의 해석과 신채호 선생의 해석이 다르네요.

<예시 답안>
㉮ 학생- 단순히 문장이 함축된 의미를 넘어서 사회문화적 의미에서 해석
㉯ 학생- 사료가 과거의 모든 정보를 담고 있지 않고 사료가 전하는 과거의 사실은 불안전한 경우가 많음
㉰ 학생- 사료이용자에 따라 달리 해석할 수도 있기에 사료자체를 선행 검토해야 함

03
다음을 읽고 밑줄 친 부분처럼 말할 수 있는 이유를 수업 목표와 평가를 연관시켜 쓰시오. [3점]

> 수업 목표는 행위 동사를 이용하여 달성해야 할 목표의 수준을 명시적이고 구체적으로 나타내는 것이 좋다. 그리고 수업 목표를 진술할 때는 내용과 행동을 함께 진술하는 것이 바람직하다. 행동 목표는 교사의 행동이 아니라 학생의 행동으로 진술하되, 학습을 통해 학생들에게 길러주고자 하는 행동의 형태로 제시되어야 한다. 이를테면 <u>"세계 4대 문명의 특징을 안다."라는 수업 목표보다는 "세계 4대 문명의 특징을 열거할 수 있다."라는 수업 목표가 더 유용하다.</u>

<예시 답안>
이유: 평가를 통해서 학습자가 교수학습목표를 어느 정도 달성했는지를 측정할 수 있어야 한다.

<해설>
수업목표를 구체적인 행위동사를 이용하여 명시적으로 나타낸 것은 교육목표상세화이다. 이러한 상세한 목표는 절대 평가기준 평가의 준거로 활용할 수 있고, 학생이 교수학습 목표를 얼마나 도달할 수 있는지를 측정할 수 있다.

04 다음의 수업 사례에서 제시된 교사의 질문 유형의 특징과 그 문제점을 쓰시오. [3점]

교사 : 신해혁명으로 수립된 나라 이름은 뭐죠?	학생들 : 중화민국이요.
교사 : 중화민국 건국의 지도자는 누구지요?	학생들 : 쑨원이요.
교사 : 그러면 쑨원은 무엇을 제창했나요?	학생들 : 삼민주의요.
교사 : 삼민주의의 내용은 무엇이죠?	학생들 : 민족, 민권, 민생이요.
교사 : 네, 참 잘했어요.	

〈예시 답안〉

특징 : 단편적인 사실을 이해시키려는 연상의 원리, 교사와 학생이 주고받을 수 있는 사실적 연계구조
문제점 : 고도의 사고력을 요구하지 않고, 교사와 학생이 호흡이 맞아야 함. 학생이 지식 처리과정에 부수적으로 참가

05 다음 빈칸 ㉮에 들어갈 용어를 쓰고, A와 B의 예를 고려할 때 학생의 역사적 사고력을 판단하기 위해 중점적으로 관찰해야 하는 요소를 쓰시오. 그리고 그 요소가 역사 학습에서 문제점으로 나타나는 경우를 쓰시오. [4점]

A. (㉮)지식은 스키마(schema)의 한 종류로서, 위계적으로 조직된 지식 체계이다. 이것은 부분이 전체를 암시하고, 전체는 부분들을 종합하는 것 이상으로 추론할 수 있는 가능성을 제공한다. 이것은 그 기본 구조가 목적에 따라 특정한 시공적 맥락에 적절하도록 조직된 행동의 연속으로 표현되어 있다. 이것을 사용하면 가설적이고 조건적인 관계, 인과 관계, 시간 관계 등 논리적 관계의 범주를 훨씬 빨리 이해할 수 있는 것으로 알려져 있다.

B. 3~4 세밖에 안된 아동이 진흙 공을 눌러 뱀을 만들었을 때, 공과 뱀의 진흙 양이 같다는 사실을 아는 경우가 있고, 5세짜리 공룡 전문가가 있으며, 십대의 컴퓨터 해커가 출현하기도 한다.

〈예시 답안〉

㉮ : 대본지식
중점적으로 관찰해야 하는 요소 : 역사 교과의 중심 개념과 기본 내용지식
문제점으로 나타나는 경우 : 오개념을 통해서 잘못된 역사 이해

06 다음과 같은 주장은 현행 역사 교과서 서술이 가진 특성에서 기인한 것이라고 할 수 있다. 이런 주장이 나오게 된 역사 교과서 서술의 특성을 3가지만 쓰시오. [4점]

- 교과서를 대할 때, 교과서는 사실을 확인해주는 정보를 제공하는 기록성(documentary aspect)과 함께 독자가 그 안에 주어진 경험적 실재(reality)를 읽고 해석함으로써 그 경험적 실재를 해체하여 재구성하도록 해주는 작품성(worklike aspect)도 가지고 있다는 점에 유의해야 한다.
- 학생은 교과서를 전자제품 사용설명서와 같이 고정된 의미를 전달하기 위한 독자 텍스트(readerly text)로 대하기보다는 독자가 의미의 생성에 참여하여 새롭게 인식하는 저자 텍스트(writerly text)로 취급할 필요가 있다. 아울러 교사는 학생들이 수동적인 독자로 머물지 않고 적극적으로 교과서 서술 내용을 비판적으로 대하는 능동적인 독자가 되도록 지도해야 한다.

〈예시 답안〉

역사교과서 서술의 특성:
① 역사적 사실이나 사건을 위주로 한 기본적인 내용 서술
② 다양한 해석의 가능성을 차단하고, 획일적인 역사지식 서술
③ 감정이나 판단요소를 배제된 무미건조하고 간결한 기술

07 다음은 역사 내러티브(narrative)의 특성에 대한 서술이다. 여기에서 제시된 특성을 고려하여 교사가 역사 내러티브를 통해 수업할 때 유의해야 할 점을 각각 쓰시오. [3점]

> (가) 역사 내러티브는 구성의 소재가 되는 역사적 사실의 선택이나 플롯 구성(emplotment)에 따라 관점이 달라질 수 있는 것이어서 다양한 목소리(polyvocal)가 존재하는 것이 당연하다. 따라서 역사는 서로 다른 내러티브들 사이의 끝없는 투쟁이라고 할 수 있다.
>
> (나) 모든 역사는 이론적이며 모든 이론은 이미 일정한 입장을 갖고 있다. 중립적 입장을 취한다 해도 이미 어떤 입장에 서 있는 것이다. 따라서 중립적 입장을 선언하는 사람은 그 자신이 이미 자신의 입장에서 해석 행위를 했다는 사실을 고백하고 있는 셈이다.
>
> (다) 잘 만들어진 이야기(good story)는 '자의적인 진실성의 부과'라는 현상을 초래한다. 즉 일인칭 시점의 내러티브는 화자의 진실성과 권위가 깊게 배어 있어서, 독자는 내러티브 저자의 도덕적, 정치적, 사회적 판단의 정당성을 수용하고 자신의 주체적인 가치판단을 유보하는 경향이 있다.

〈예시 답안〉

(가) : 한 가지 원인뿐만 아니라 다양한 원인을 제시해야 한다.

(나) : 역사적 사건을 토대로 하기 때문에 역사적 해석에 사회적 맥락과 저자의 관점이 개입된다는 사실을 고려해야 한다.

(다) : 내러티브의 구조와 내재된 의미에 대해 학생들이 이해할 수 있는 능력을 고려해야 한다.

2004년 중등임용고시 역사교육론 부문

01 다음은 역사 서술과 이를 통해 수행할 수 있는 학습 활동을 제시한 것이다. 이를 읽고 물음에 답하시오. [총 4점]

역사 서술	역사 학습 활동
A. 676년에 신라는 대동강 이남 땅에서 당군을 몰아냈다. 936년 고려는 후백제의 내분 상황을 이용하여 신검의 군대를 격파하였다.	과거 사실의 인식
B. 문신 중심의 정치 운과 무신에 대한 차별 대우가 결국 무신 정변을 불러왔다. 구제도의 모순으로 말미암아 프랑스 혁명이 일어났다.	(㉠)
C. 안록산은 현종이 양귀비의 오빠를 총애하는 데 소외감을 느껴 반란을 일으켰다. 김부식은 정지상이 자신보다 학문적 능력이 뛰어난 것을 시기하여 묘청의 난을 더욱 혹독하게 진압하였다.	(㉡)
D. 이집트 문명은 나일강이 내려준 선물이다. 묘청의 난은 조선 역사 천년 이래의 제일 큰 사건이다.	역사 해석(판단)의 인식

역사 서술 B와 C를 통해 수행하는 학습활동을 ㉠과 ㉡에 쓰시오. 그리고 C의 서술을 학습할 때 유용하게 쓰이는 역사적 상상의 방법을 쓰고, 효과적인 교수·학습 활동 유형을 1가지만 쓰시오. (각 1점)

<예시 답안>

㉠ 역사적 인과관계 파악(원인파악)
㉡ 행위자의 의도와 동기 파악
역사적 상상의 방법: 감정이입(추체험)
교수·학습 활동 유형: 역할극(역할놀이)

02 다음은 역사적 사고와 역사적 설명의 특성을 서술한 내용이다. 물음에 답하시오. [총 4점]

A. 역사가는 사실이 확정되고 과거 사건의 전체상이 만들어질 무렵에 작용하게 되는 개념, 태도, 이해 등을 가지고 증거를 검토한다. 역사적 사고란 증거를 수집 검토하여, 실제로 일어난 사건에 대한 진실한 구화적 설명(narrative account)을 만 들어내는 것으로서, 가설·연역적인 사고가 아니라 과거에 대해 설득력 있는 설명을 제시하려는 사고라고 할 수 있다. 이 설명은 관련된 사건들의 공통부분을 연결하여 상상의 그물을 구성하는 추리로 이루어진다. 역사에 대한 이런 설명을 가능케 하는 사고는 사변(speculation), 유도된 상상, 대리적 삶의 형태를 띠게 된다. 이와 같이 역사가는 과거에 대해 가장 신뢰할만한(credible) 설명을 재창조한다는 점에서 예술가를 닮았다.

B. 역사적 설명 가운데에는 과학적 설명과 행위 설명이 있다. 헴펠(C. G. Hempel)의 연역·법칙적 설명은 과학적 설명에 속한다. 이 설명의 도식은 초기 조건을 제시하고 법칙을 제시하여 사건을 연역해 내는 것으로, 그 특징은 사건의 발생이 필연적이라는 점이다. 그러므로 이 설명은 ㉮초기 조건이 같다 하더라도 반드시 같은 사건이 발생한다는 보장이 없는 역사 사건의 경우에는 적합하지 않다. 한편, 드레이(W. Dray)의 합리적 설명은 인간의 행위를 설명하는 것이다. 이 설명은 행위자의 동기나 목적을 이해하는 데 초점을 맞추는 목적론적 설명이다.

이 두 설명의 차이는 한마디로 다음과 같이 말할 수 있다. 즉 헴펠의 설명 도식에서는 사건의 (①)을(를) 묻는데 반해, 드레이의 합리적 설명은 사건의 (②)을(를) 묻는 것이다.

2-1. A에서 말하는 사고를 부스(M. Booth)가 사용한 용어(용어 혹은 번역어)로 쓰시오. (1점)

<예시 답안>
인증적 사고(adductive thinking)

<해설>
인증적 사고는 피셔, 필과 할람이 피아제 이론에 영향을 받아서 역사적 사고가 가설-연역적 사고라고 주장한 데 반박하여 제시한 사고형태이다. 나중에 부스 실험을 통해서 검증하였다. 피셔는 연역적 추리, 실험적 귀납, 외전(설명적 가설을 만들어 가는 과정)으로 추리 형태를 나누고 귀납과 외전의 형태의 조합을 '인증적 사고'라고 했다.

2-2. ㉮에서 말하는 문제점을 해결하기 위해 헴펠이 제시한 설명의 종류를 쓰고, ①과 ②에 알맞은 용어를 쓰시오. (3점)

<예시 답안>
설명의 종류 : ① 귀납적-확률적 모델 or 확률적-통계적 설명
② (가) 법칙 (나) 이유

03 다음 자료를 참고하여 물음에 답하시오. [총 4점]

A. 역사는 역사가에 의해 구성되는 것이다. 역사 교과서와 관련하여 역사의 이런 성격은 양면성을 띤다. 즉 구성적 성격을 숨겨서 문제가 되기도 하지만, 불가피하게 역사를 구성하도록 강제되는 경우도 있는 것이다. 우선 숨겨서 문제가 되는 것은 역사 교과서 서술의 경우이다. ㉮ 역사 교과서 서술에서는 역사의 구성적 성격이 잘 드러나지 않는다. 그 이유는 역사를 객관적 진리로 포장하여 구성적 성격을 숨기고 있기 때문이다.

다음으로 구성적 성격이 강제되는 경우는 국가간의 역사교과서 분쟁 해결 과정에서 벌어지는 일이다. 이런 경우는 역사 서술 자체가 협상의 대상이 된다. 현실적으로 국가간의 교과서 문제를 해결하기 위한 중요한 전제 조건은 학문적 합의가 아닌 우호적인 정치적 환경이다.

B. 프랑스-독일, 폴란드-독일 사이에 역사 교과서 서술을 둘러싼 협의가 장기간 진행된 바 있다. 프랑스-독일 사이에는 방법론 우선 원칙이, 폴란드-독일 사이에는 최소 해법의 원칙이 적용되었다. 이들의 협의에 기초가 된 것은 국제연맹의 선언이었다.

〈국제이해를 촉진하는 역사교육에 대한 기본원칙〉 (1937) (일부)
1. 행정 당국과 교과서 저자들은 외국 역사와 국제 관계에서 상호 의존과 같은 지구적 측면을 더욱 강조하기 위해 노력해야 한다.
2. 정부는 교과서 선정 기준을 강화하여 학생들이 다른 나라 사람들에 대한 비난을 비판하는 태도를 개발할 수 있도록 해야 한다.

3-1. ㉮와 같은 문제 때문에 교수·학습 현장에서 일어나는 문제점을 30자 이내로 쓰시오. (2점)

<예시 답안>
문제점- 역사서술에 숨어 있는 이데올로기적 의미를 파악하지 못한다.

3-2. A와 B의 자료를 참고하여 유럽에서 교과서 협의가 잘 진전될 수 있는 조건을 20자 이내로 쓰시오. (2점)

<예시 답안>
역사를 통한 단일 유럽 형성 필요성

<해설>
　1차 세계대전 이후 유럽 공동의 역사교과서를 편찬하자는 시도가 형성됐다. 공통된 역사교과서를 통해서 집단 기억을 심어주어 '하나의 유럽인'이라는 정체성을 강화시켜 줄 수 있기 때문이다. 그래서 역사서술에서 유럽인 간의 대립과 갈등의 문제를 그대로 부각시키는 것보다는 유럽인의 공동 문제로 인식하여 책임을 같이 짊어지는 방향으로 서술할 필요가 있었다.

04 다음은 중학교 3학년 학생을 대상으로 이루어진 사료 학습의 결과를 간략하게 제시한 것이다. 자료를 보고 물음에 답하시오.[총 5점]

수업의 개요
학생들에게 사료 학습을 통해 김춘추와 김유신, 알천공 등의 동향을 상반되게 보여주는 사료를 읽게 하고, 김춘추의 왕위 계승 과정을 분석하여 보고서로 작성, 제출하게 하였다.
자료 1. 『삼국유사』 기이 진덕왕조
자료 2. 『삼국사기』 신라본기 무열왕조
자료 3. 『삼국사기』 김유신 열전

학생의 보고서(일부)
학생 A : 알천공이 호랑이를 잡은 것을 보니 힘이 엄청난 장사였겠다. 그런데도 왕위를 김춘추에게 물려준 것을 보니 바보 같은 사람이다. 김춘추가 왕이 된 것은 재수가 좋아서이다.
학생 B : 알천공이 김춘추를 추켜세우고, 김춘추가 왕위를 사양하다 즉위하는 장면은 꾸며진 것 같다. 아마도 삼국사기 사료 는 김춘추의 위대함을 돋보이게 하기 위해 후대 사람이 작성한 것이 아닐까?
학생 C : 알천공은 순수하고 욕심이 없는 사람이다. 김춘추도 왕위를 사양하는 것을 보니 아주 겸손한 인물이었던 것 같다. 알천공, 김춘추 모두 존경할만한 사람이다.

4- 1. 위에서 학생 A와 학생 B의 역사적 사고력은 차이를 보인다. 그 이유를 각 인지이론의 관점에서 추정하여 간단히 쓰시오. (단, 이들의 능력에 영향을 주는 특별한 외부적 요인은 없는 것으로 가정하고, 인지 심리학 측면에 한정해서 답변할 것) (4점)

학생 사이에 역사적 사고력이 차이가 나는 이유	
영역 고유(domain specific) 인지 이론	영역 중립(domain neutral) 인지 이론
①	②

◁예시 답안▷

① 차이- 역사내용지식의 양과 구조 및 사고기능의 상호관계의 결과의 차이
② 차이- 연령에 따른 발달단계의 차이

4- 2. 학생 C의 경우를 참고하여 인물 학습 지도 시 유의점을 간략하게 쓰시오. (1점)

◁예시 답안▷

유의점- 윤리적, 도덕적 판단에 치중하지 말고, 시대적 조건과 사회적 배경을 고려해야한다.

# 2003년 중등임용고시 역사교육론 부문

01 다음 자료를 읽고 물음에 답하시오. (총 5점)

> 百殘新羅舊是屬民由來朝貢而倭以辛卯年來渡海破百殘□□□羅以爲臣民
> - 광개토대왕릉비 비문의 한 탁본 내용의 일부 -

1-1. 사료비판은 크게 외적 비판과 내적 비판으로 나눌 수 있다. 위의 자료에 대해 외적 비판을 하시오. (1점)

〈예시 답안〉
글자의 판독이 어려움/ 비문변조

1-2. 위 자료를 내적 비판할 때 파악해야 할 점을 2가지 쓰시오. (2점)

〈예시 답안〉
각국의 발단단계를 파악해야 한다./ 당시의 국제관계를 파악해야 한다.

〈해설〉
광개토대왕비 신묘년 기사는 임난일본부의 근거로 이용되고 있다. 광개토대왕의 텍스트비판 내용을 보면 구두점에 위치에 따라 도해의 주체가 달라질 수 있다는 점, 백잔의 실체, 고구려인들의 세계관 등의 문제점을 파악할 수 있다. 문맥비판을 하면 그 당시의 일본의 항해기술, 국제관계, 각국의 발달단계 등으로 파악할 수 있다.

1-3. '엄격한 사료비판을 통해 객관적으로 역사를 서술할 수 있다.'는 주장에 대해 제기할 수 있는 비판을 2가지 쓰시오. (2점)

〈예시 답안〉
언어의 의미는 일시적, 임의적, 유동적이어서 텍스트의 의미를 다양하게 해석할 수 있다. 사료텍스트로서 모호성, 다의성, 주관성을 지닌다.

02 다음을 읽고 물음에 답하시오. (총 4점)

〈자료1〉

영역특정 인지이론(지식영역별 인지이론)에 따르면, 학습과제의 해결에 있어서 학생들의 사고의 차이는

  ㉮ 성숙의 발달단계에 의해 결정되는 것이 아니라고 한다.
  ㉯ 학습 목표나 평가기준도 일반적인 진술은 적절하지 않다고 비판한다.

〈자료2〉

학습목표: ㉰ 사실과 견해를 구분할 수 있다.   ㉱ 사건의 전후 관계를 파악할 수 있다.

학습내용 : 제1차 세계대전 중 러시아에서는 전제 군주제를 타도한 2월 혁명과 세계 최초의 사회주의 국가를 탄생시킨 10월 혁명이 일어났다. 레닌을 중심으로 한 볼셰비키는 소비에트를 기반으로 정권을 장악하는 데 성공하였다. 10월 혁명은 무산자 계급의 정당이 정권획득에 성공한 최초의 역사적 사례였으며, ㉲ 소비에트 국가의 역사는 상대적으로 후진적인 사회가 취할 수 있는 근대화 경로의 한 전형을 보여준 것임에 틀림없다.

2-1 영역특정 인지이론에서 학생들의 사고 차이를 더 잘 설명하는 요인으로 ㉮요인보다 강조하는 것을 쓰시오. (1점)

<예시 답안>
동일한 연령대에 있는 학생이라도 해당 교과의 내용과 구조의 습득여부에 따라서 다른 사고방식을 보인다.

2-2 <자료2>의 학습 내용을 배운 학생이 학습목표 ㉰를 성취하였다면, 그 결과를 평가할 기준을 ㉯를 고려하여 쓰시오. (1점)

<예시 답안>
소비에트 혁명이 일어난 발생과정을 기술할 수 있고, 소비에트 혁명의 역사적 의미를 설명할 수 있다.

2-3 학습목표 ㉱를 달성하기 위해, <자료2>의 학습 내용에 추가해야 할 부분을 20자 이내로 쓰시오. (1점)

<예시 답안>
자유주의와 사회주의의 영향을 받았다.

<해설>
총괄개념의 특징을 묻는 질문이다. 총괄 개념은 외면적인 사건 밑에 흐르는 일관된 의도와 동기로써 파악되며, 이를 통해 사건의 전후관계를 파악할 수 있다. 2월 혁명, 10월 혁명 등 일련의 사건들의 관계를 '자유주의와 사회주의 사상'이란 총괄개념으로 묶어 설명함으로써 사건의 전후관계와 그 사건이 속해 있는 역사적 맥락을 파악할 수 있다.

2-4 역사 교사가 ㉲와 같은 진술을 토대로 논쟁식 토론수업을 전개하려고 한다. 이때 필요한, ㉲와 대립된 주장을 30자 내외로 쓰시오.(1점)

<예시 답안>
아시아 신흥공업국들은 경제개발을 통해 근대화를 달성하였다.

03 다음 자료를 읽고 물음에 답하시오. (총 5점)

> 수도사 이오아니키오스는 본래 중앙군대의 대다수 병사들과 같은 입장이었다. 그런데 789년에 다음과 같은 설교에 깊이 감복 받았다. 그리하여 레오 3세와 콘스탄티노스 5세의 칙령에도 불구하고 자신의 입장을 수정하였다. 이후 그를 추종하는 사람들은 재산몰수, 귀양, 사형 등과 같은 박해를 받았다.
>
> "내 아들아! 너는 언제까지 이단의 그늘 속을 방황하려느냐. 네가 기독교도라면, 크리스트의 성상을 경배하고 사랑하며, 미덕으로 생활하라. 그렇게 하지 않으면 너는 헛되이 기독교도라는 이름을 달고 있을 뿐이다. 그것은 네가 인간으로 강림한 크리스트의 가시적 모습을 경배하지 않기 때문이다."
>
> -『성 이오아니키오스의 생애』-

3-1 위 자료를 중심으로 주제학습을 하려고 할 때 제시할 수 있는 적절한 제목을 쓰시오. 그리고 그 수업을 전개하는 데 필요한 주제 요소를 2가지만 쓰시오. (2점)

<예시 답안>
① 제목: 중세 시대의 동서교회의 갈등
② 주제 요소: 성상숭배 금지령을 내린 동로마의 황제의 정치적 의도/ 로마 교황의 입장과 대응

3-2 행위 설명 이론에 따라 이오아니키오스의 행위를 의향, 믿음, 태도, 개성 등을 근거로 설명한다면, 이러한 행위 설명 방식의 문제점을 쓰시오. (1점)

<예시 답안>
인간의 행위는 법칙화, 일반화시킬 수 없다.

3-3 역사교사가 '비잔틴 제국이 오랫동안 존속할 수 있었던 이유'를 학생들에게 생각해보도록 하고, 그에 대한 정답을 미리 상정한 후 질의응답을 전개하였다. 교사의 이러한 수업 방식의 문제점을 쓰시오. (2점)

<예시 답안>
비판적인 사고력이 제한되어 정확한 답을 말했다고 해서 역사적 사고력을 키울 수 없다. 또는 이미 역사에서 답이 존재한다는 고정된 사고를 학생에게 주입할 수 있다. 교사의 일방적 생각을 주입할 수 있다.

04 다음은 고등학교 2학년 세계사 수업지도안이다. 물음에 답하시오.(총4점)

단계	교수·학습방법	교수·학습 활동 교사	교수·학습 활동 학생	비고
도입		· 전시 학습 확인: 중국·한국·일본의 근대화와 민족운동 · 학습목표 제시: ㉮	· 학습목표 인지	인도 지도 제시
전개	강의식	<주요 강의 내용> · 17세기 초 동인도회사 설립 · 플라시전투: 영국이 프랑스 세력 격퇴, 벵골 지방의 통치권 장악 · 19세기 중엽: 인도는 영국의 식량·원료 공급지 및 상품시장으로 전락(인도 면공업의 몰락), 종교적 대립 조장	· 강의 내용 이해	파워포인트 활용
전개	토의식	문제 제기 - ㉯세포이 항쟁의 과정과 의의는 무엇인가? - 인도국민회의 결성의 배경과 의의는 무엇인가?	· 소집단으로 나뉘어, 2개의 토의주제 중 1개를 선택하여 토의하고 그 결과를 발표한다.	
전개	강의식	· 인도 민족운동의 특성을 설명한다. · 중국과 한국의 민족운동의 특징을 설명한다.	㉰	
정리		· 형성평가, 차시 예고		

4-1. ㉮에 들어갈 학습목표를 지식·이해와 관련하여 3가지 쓰시오.(2점)

<예시 답안>
① 영국이 인도의 식민화 과정과 목적 등을 설명한다.
② 영국의 식민통치에 대해서 인도인 등의 저항을 기술한다.
③ 인도, 중국, 한국의 민족운동의 특징을 확인한다.

4-2. 학생들이 토의 과정 중에 지적할 수 있는, ㉯ '세포이 항쟁'이라는 명칭의 한계를 쓰시오.(1점)

<예시 답안>
반란에 참여한 구지배충, 농촌사람들, 종교지도자들이 배제되어 있다.

4-3. ㉰의 과정을 비교학습으로 전개할 때 적절한 학생 활동을 쓰시오.(1점)

<예시 답안>
학생들이 인도, 중국, 한국의 민족운동이 유사점과 차이점을 설명할 수 있다.

2002년 중등임용고시 역사교육론 부문

01 다음 글을 읽고 밑줄 친 ㉮, ㉯와 같은 활동을 무엇이라고 하는지 쓰고, ㉯가 아래와 같은 단계를 거친다고 할 때, ㉰에 들어갈 활동을 채우시오.(4점)[02-1기출]

> 역사는 인간의 활동을 소재로 한다. 따라서 어떤 역사적 사실을 올바로 이해하기 위해서는 그와 관련된 인간의 내면, 즉 의도나 목적, 사상, 심지어 감정까지도 중요한 고려의 대상이 되어야 한다. 그러나 교과서 서술이나 사료에 나타나 있는 내용만으로 이를 알기는 어렵다. 때문에 역사적 행위자의 내면에 대해 알기 위해서 학생들은 역사수업에서 ㉮ 직접 과거의 인물이 되어 역사적 행위를 해보거나, ㉯ 알려진 역사적 사실이나 자료를 토대로 행위자의 생각을 이해하기도 한다.

> 과거 사람의 행위를 미신이라거나 미개하였기 때문이라면서 제대로 이해하려고 하지 않는다.
> ↓
> 신이나 종교, 관습같은 특정한 고정관념에 의해 이해하려고 한다.
> ↓
> ㉰
> ↓
> 당시의 상황을 고려하지만, 어떤 특정한 요인에 초점을 맞추어 이해한다.
> ↓
> 당시의 상황과 관련된 여러 가지 요인을 종합적으로 고려하여 이해하다.

〈예시 답안〉

㉮ 추체험- 딜타이의 역사적 이해의 논리 중 강조하는 '추체험'이다.
㉯ 감정이입적 역사이해
㉰에 들어갈 활동: 당시의 상황과 역사적 행위를 상식적 수준의 일상생활로부터 이해한다.(일상적 감정이입, 일상적 수준에서의 감정이입)

02 다음 <자료 1>은 조선후기 사회적 변화와 관련된 역사적 사실이며, <자료 2>는 제7차 교육 과정 10학년 국사의 일부이다. 자료를 보고 물음에 답하시오. (총4점)[02-2기출]

<자료 1>
○ 생산력을 높이기 위해 농기구와 시비법을 개량하고, 새로운 영농 방법을 도입하는 농민들이 나타났다.
○ 농민들은 시장에 팔기 위한 작물을 재배하여 가계 수입을 증가시키기도 하였다.
○ 농민들 중에는 농업노동자를 고용하여 더욱 넓은 땅을 경작함으로써 부농층으로 성장하는 경우도 있었다.
○ 지주나 정부를 상대로 한 농민들의 항조·항세운동이 늘어났다.

<자료 2>
(2) 조선사회의 변화
① 소작농민들은 보다 유리한 경작조건을 위해 지주를 상대로 소작쟁의를 벌여 경작권을 확보하거나 소작료를 낮추었다.

[심화과정]
① 조선후기 사회에서 나타난 근대적인 요소를 다각적으로 탐구할 수 있따.

2-1 〈자료 1〉의 내용을 총괄개념(colligatory concept)으로 묶어서 가르치려고 한다. 통상적인 일반화나 개념을 사용하는 내용조직과 구분되는 총괄의 성격을 고려하여, 적절한 총괄개념을 제시하시오. (2점)

〈예시 답안〉

조선후기 농업구조의 변화, 조선후기 근대지향의 사회·경제적 변동, 조선후기 사회·경제적 변동과 근대의식의 성장

2-2 〈자료 1〉의 내용을 다루는 학습 결과를 평가하기 위한 서술형 지필고사의 평가기준을 상·중·하로 나누려고 한다. 〈자료 2〉와 다음 표 (중)·(하)의 평가기준을 참조하여 빈칸(상)에 해당하는 적절한 평가기준을 제시하시오. (2점)

등 급	평 가 기 준
(상)	
(중)	조선 후기 농민들이 행한 새로운 농업활동을 당시의 사회상황과 연관지어 설명할 수 있다.
(하)	조선 후기 농민들이 행한 여러 가지 새로운 농업활동을 제시할 수 있다.

〈예시 답안〉

(상)-조선 후기 농업 기술과 농법의 발달로 농업 생산력의 증대가 이루어졌음을 설명할 수 있다. 또한 이러한 생산력의 발달과 생산 양식의 변화가 사회·경제적 구조의 변동을 초래해 내부적으로 근대 사회로 이행하고 있었음을 예시를 들어 설명할 수 있다.

03 교과를 가르치는 교사의 전문성을 밝히려는 작업의 일환으로 근래 실제 수업이 행해지는 교실 현장에 대한 연구가 활발해지고 있다. 특히 ㉮수업현장에 대한 참여 관찰과 기록, 면담, 녹음이나 녹화 등을 토대로 하는 질적 연구가 관심을 끌고 있다. 그 결과 교과내용을 가르치기 위한 내용으로 변형시키는데 필요한 교수내용지식(pedagogical content knowledge)이 교사의 전문성을 보여주는 것 중 하나로 제시되기도 한다. 교수내용지식에는 유추, 비유, 대조, 비교, 예증과 같은 여러 방식이 사용된다.[02-3기출]

밑줄 친 ㉮와 같은 연구방법을 무엇이라고 하는지 쓰고, 어떤 교사가 조선 전기 3사의 기능을 설명할 때 비교 방식의 교수내용지식을 사용한다면, 다음 설명에 이어질 ㉯의 설명 내용을 채우시오.(3점)

> "정사에 대해 논의를 하거나 관리를 감찰하는 역할을 하는 조선의 정치기구로 사헌부, 사간원, 홍문관이 있다. 이들 세 기구를 합쳐서 3사라고 한다. 고려에도 3사가 있었는데, _____㉯_____."

3-1 ㉮와 같은 연구 방법

〈예시 답안〉
민족지학적(ehtnographic)방법 또는 자연주의적(natural)방법

3-2 ㉯에 들어갈 내용

〈예시 답안〉
조선의 3사가 문필·간쟁·감찰의 언관기능을 수행한데 비해, (고려의 3사는) 전국의 화폐와 곡식(전곡錢穀)의 출납과 회계의 사무를 관장한 재정기관이었다.

04 탐구학습(inquiry method)은 교수학습방법으로 많은 관심을 끌어 왔다. 탐구학습 모형은 매우 다양하지만, 일반적으로 다음과 같은 절차를 거친다.[02-4기출]

문제의 인식 → 가설의 설정 → 자료 수집 → 가설의 검증 → 결론의 도출 → ㉮ →

그러나 탐구학습은 원래 과학의 연구방법을 토대로 하는 것으로, 이를 역사수업에 적용하는 데는 여러 가지 문제점도 따르게 된다. ㉮에 들어갈 말을 채우고, 역사수업에서 탐구학습을 할 때 위의 모형이 가지고 있는 문제점을 2가지만 쓰시오. (4점)

4-1 ㉮에 들어갈 말

〈예시 답안〉
일반화

4-2 역사수업에서 탐구학습 모형의 문제점

〈예시 답안〉
① 역사적 자료나 역사적 연구방법론이 자연과학이나 사회과학에서 사용하는 자료나 연구방법론과 같은 성격의 것이 아니라는 점.
② 역사적 가설은 자연과학과는 달리 명백히 그 진위 여부를 가리기 어려운 것이 대부분.

05 다음 글에서 밑줄 친 ㉮에 입각한 내용조직 원리가 무엇인지 쓰고, ㉯의 입장에서 삐아제-피일-할람 모델과 같은 유형의 인지이론에 대하여 제기하는 비판을 2가지만 쓰시오. 또 ㉰의 이론을 적용할 때, 단군신화에 대한 이해에서 이항적 대립구조는 무엇인지 설명하시오. (6점)[02-5기출]

> ㉮일반적으로 학생들은 경험할 수 있는 구체적 사실을 더 쉽게 학습하고, 경험과 거리가 먼 추상적 문제일수록 배우기 어려워 한다는 견해가 있다. 이러한 견해는 발달심리학을 이론적 배경으로 하고 있다. 발달심리학 이론 중 교육에 가장 커다란 영향을 미친 것은 Jean Piaget 의 인지발달론이라고 할 수 있다. Piaget의 인지발달론은 역사교육 연구에도 적용되어 흔히 Piaget-Peel-Hallam 모델이라고 부르는 역사적 사고 발달의 이론이 성립되었다. 그러나 이에 대한 여러 가지 반론도 나오고 있다. ㉯영역특정 인지이론이나, ㉰학생들이 가장 먼저 학습하는 것은 구체적으로 경험할 수 있는 문제가 아니라, 이항적 대립구조(binary oppsite)로 구성되어 있는 이야기라는 견해도 그 중 하나이다.

5-1 ㉮에 입각한 내용조직 원리

〈예시 답안〉
계열성의 원칙

5-2 ㉯의 입장에서 삐아제-피일-할람 모델과 같은 유형의 인지이론에 대하여 제기하는 비판

〈예시 답안〉
① 역사교육에 적용하기 위한 연구들이 방법적으로 문제가 있다(연구의 양과 그 대상 학생의 수가 적었으며, 조사된 것은 역사적 사고 능력이 아니라 역사학습을 통하여 학생들이 도달한 교육목표에 대한 파악이었다).
② 역사적 사고와 자연과학적 사고는 다르다.

2001년 중등임용고시 역사교육론 부문

01 제7차 사회과 교육과정의 평가에서는 가치·태도, 기능영역의 평가가 실질적으로 이루어지도록 요구하고 있다. 다음은 제 7차 사회과 교육과정의 평가에서 강조하는 내용의 일부이다. 다음의 ①에 들어갈 적합한 말을 쓰고 밑줄 친 ②에 적합한 기능을 2가지 쓰시오. (3점)

> (가) 사회과의 평가는 교육 과정에서 제시한 목표와 내용, (①)과(와)의 일관성이 유지되도록 한다.
> (나) 기능 영역의 평가에서는 지식의 습득과 민주적 사회생활을 하는 데 필수적인 (②)을(를) 측정하는데 초점을 둔다.

<예시 답안>
① 교수학습방법
② 사회현상을 탐구하기 위하여 자료를 수집,정리, 재조직, 평가해가는 정보처리 기능

02 다음은 제7차 사회과 교육과정 내용의 일부이다. 보기의 ①과 관련하여 주어진 문제를 파악하고 증거에 의하여 논리적으로 결론을 도출해 내는 사고 방법을 듀이(J. Dewey)의 개념으로 명명하시오. 그리고 (②)에 공통으로 들어갈 말을 쓰시오. (3점)

> 제7차 교육과정에서 사회과는 학습자의 성장 발달과 그들의 사회·문화적 경험을 고려하여 학교급별로 주안점을 달리하고 있다.
> 중학교에서는 각 영역에서 중요시하는 지식을 ①과학적 절차에 의하여 발견, 적용하고, 개인적 사회적 문제를 해결하는 능력을 길러 공동생활에 자발적으로 (②) 정신을 발휘하게 한다.
> 고등학교에서는 초등학교와 중학교에서 습득한 지식과 능력을 바탕으로 사회현상을 종합적으로 이해하고 사회 공동문제 해결에 적극적으로 (②) 의식을 기른다.

<예시 답안>
① 반성적 사고력
② 참여하는 시민

03 제7차 사회과 교육과정에서 강조하는 고급 사고력 신장을 위해 어떤 교수·학습 전략이 필요한가를, 다음의 사회과 단원 내용 주제들을 토대로 추론하여 2가지 쓰시오. (3점)

- 우리나라에서 제철공업과 조선 공업이 발달한 곳을 찾아보고, 발달조건을 설명한다.
- 근대 이전 동서양의 주요 교통로를 지도에서 확인하고 동서 문화 교류의 내용과 형태를 조사한다.
- 소집단별로 나누어 법 생활, 정치생활, 경제생활 등의 측면에서 시급히 해결해야 할 과제와 대책을 탐색한다.
- 지역사회가 당면하고 있는 주요 문제를 조사하고, 그 원인을 알아본다.

〈예시 답안〉
수준별 학습과 자기 주도적 학습 전략을 사용
탐구학습과 협동학습을 추구

04 한 역사교사가 수업에서 문헌 사료를 이용하고자 한다. 이 역사교사가 학습자료로 쓸 사료를 선정한 후, 그것을 학생들에게 제시하기 전에 해야 할 일을 2가지 이상 쓰시오. (3점)

〈예시 답안〉
① 학습단원에 대한 학생들의 관심, 흥미도와 기존 학습수준 등을 확인하기 위한 진단검사를 실시하여 학습자의 실태를 파악해야 한다.
② 진단검사를 바탕으로 사료학습의 수업지도계획을 구체적으로 수립해야 한다.

05 역사 학습에서 상상적 이해와 과학적 사고는 상호보완적인 성격을 띤다. 이 때 역사적 상상을 문학적 상상과 구별해 주는 차이점을 2가지 쓰시오. 그리고 역사적 인물이 여러 대안적인 수단 중에서 최적의 수단을 선택하는 행위 결정과정을 설명할 때 고려해야 할 3가지 요소를 쓰시오. (5점)

<예시 답안>

차이점- ① 역사적 상상은 엉뚱한 공상이나 불합리한 사고가 아닌 합리적이고 지적인 정신 활동이다. ② 사료에 빠져있거나 명백히 나타나 있지 않은 의미를 보간과 삽입을 통해 파악하는 것이다.

고려해야 할 요소 3가지- ① 행위자가 달성하고자 했던 목적/ ② 행위자가 처한 상황/ ③ 행위자가 그 상황 속에서 어떤 수단을 선택, 자신의 목적을 달성하려 했는가를 밝히는 것

06 도덕적 규범(교훈)으로서의 역사교육이 갖는 문제점을 3가지 쓰시오.(4점)

<예시 답안>

① 학생들의 심리적 성숙을 고려하지 않은 일방적 교수 측면
② 역사적 사실을 기초로 하는 다양한 평가를 거치지 않고 교사의 주관적인 도덕적 판단의 우려가 있다.
③ 교사나 국가의 학습목표 등 주관에 의해 학생들에게 특정 가치체계를 유도, 강요하는 측면이 있을 수 있다.

2000년 중등임용고시 역사교육론 부문

01 제7차 교육과정에서는 획일적인 교육을 탈피하고 교육의 효율성을 극대화 할 수 있도록 '수준별 교육과정'을 도입하였다. 다음의 물음에 답하시오.(총4점)[2000-1기출]

1-1 7차 교육과정에서 수준별 교육과정을 도입한 이유를 두 가지 서술하시오.(2점)

〈예시 답안〉
① 학습자의 학습능력과 학습요구에 대응하는 교육기회를 다양하게 제공할 수 있다.
② 자기 주도적인 개별화 학습 기회를 제공
③ 교육의 수월성을 추구할 수 있다.

1-2 사회과에서 심화.보충형 수준별 교육과정을 도입하는 이유를 세 가지 서술하시오.(2점)

〈예시 답안〉
사회과는 교과내용이 다양하며, 학생들의 수준차가 상대적으로 심하지 않다. 또한 상대적으로 지식 영역의 비중이 낮으며, 학습내용과 학습능력의 통합을 도모한다. 사회과는 학업성취단계가 명확하며, 교육과정이 학년별로 운영되어 심화, 보충형 수준별 교육과정을 적용할 수 있다.

02 제7차 사회과 교육과정에서는 다양한 교수-학습 기법과 시사적인 자료의 활용을 강조하고 있다. 김교사는 사회과 수업시간에 '대구 위천공단 조성 문제'를 다루려고 한다. 다음 내용을 읽고 물음에 답하시오. (총 4점) [2000-2기출]

◆학습내용 : 대구 위천 공단 조성 문제
◆학습절차 :
① 학급의 학생들을 6명으로 된 소집단으로 나눈다.
② 교사는 미리 준비한 학습자료를 학생들에게 배부한다.
③ 소집단 내에서 학생들은 학습자료에 나와 있는 각자의 역할을 부여받아 수행규칙을 준수하며 최종 해결안을 결정한다.
④ 교사가 전반적인 과정에 대해 평가한다.

〈학습자료〉
　부산시, 경상남도와 대구시가 대구 위천 공단 조성 문제에 대하여 '반대','조성추진'이라는 상반된 목소리를 높이고 있다. 여러분은 다음 중 하나의 역할을 맡아 정해진 수행규칙을 준수하며, 이 문제에 대한 해결안을 만들어 보시오.

(1) 나기철 : 40세, 남자, 대구시 의원
(2) 장영숙 : 28세, 여자, 부산시민, 임산부
(3) 엄기훈 : 35세, 남자, 대구시 환경보호단체 회원
(4) 김희영 : 23세, 여자, 경기도 주민, 대학생
(5) 최동식 : 55세, 남자, 부산시 상공회의소장
(6) 박동주 : 45세, 남자, 경상남도 출신, 행정자치부 분쟁조정 위원

〈수행규칙〉
① 집단의 결정은 완전 합의에 의한 결정이어야 한다.
② 어떤 강압이나 폭력도 사용해서는 안 된다.
③ 사람들은 자신들이 얻게 되는 편익에 대해 대가를 지불해야 한다.
④ 주어진 사실에 근거하여 객관적이고 보편적인 기준에 따라 정확하고 공정한 판단을 내리고, 논리적으로 일관성 있게 추론한다.

2-1 이러한 유형의 교수-학습 기법은 무엇인지 쓰시오.(2점)

〈예시 답안〉
모의학습

2-2 이러한 유형의 교수-학습 기법을 사용하였을 때 기대되는 효과를 사회과 교육의 목표와 관련하여 한 가지만 제시하시오.(2점)

〈예시 답안〉
민주시민에 필요한 사회적 기능과 가치 태도를 향상

〈해설〉
탐구능력, 의사결정력, 문제해결력, 사회참여 능력제고. 사회지식의 획득 등으로 다양한 답을 제시할 수 있다.

03 다음은 어느 평가 방법을 설명한 글이다. 평가시 나타날 수 있는 장점과 문제점을 각각 두 가지씩 서술하시오.(총4점)[2000-3기출]

> 우리나라의 중등학교에서는 전통적으로 학습자의 성취도를 지필검사 결과물을 중심으로 평가해 왔다. 그러나 최근 이러한 평가방법을 지양하고 포트폴리오, 관찰법, 연구보고서법, 면접법, 실험 실습법 등 다양하게 평가하는 방법이 도입되고 있다.

〈예시 답안〉
장점: 학습자에 대한 지속적, 전체적, 발전적 평가/실제상황에서의 수행능력 평가/교수-학습과 평가활동의 통합
문제점: 객관적 평가 기준 확립의 어려움/ 주관적 평가화의 문제점 내포/ 평가에 할당되는 시간이 많음/ 본래 학습활동 시간과 내용의 축소/교사의 업무량 증가

04 역사교육의 중요한 목표 가운데 하나는 역사적 사고력과 역사의식을 육성하는 것이다. 역사적 사고력은 역사의식의 발달을 전제로 하며, 역사의식은 역사적 사고력을 신장시킴으로써 높아지는 상호보완적인 관계에 있다. 다음 물음에 답하시오.(총5점)

4-1 역사교육의 목표를 달성하기 위해서 학생들의 역사의식 단계를 파악하는 것은 필수적인 선결과제이며, 최종적인 평가의 대상이기도 하다. 역사 교육과 관련지어 역사의식의 발달 과정을 다섯 단계로 나누어 세줄 이내로 서술하시오.(2점)

〈예시 답안〉
고금상이의식(감고+고금)-변천의식-인과의식-시대의식-발전의식의 단계로 발달한다.

4-2 역사 교과에서 일반화(generalization)를 중심으로 내용을 구조화하면 학습자의 역사적 사고와 이해에 도움을 줄 수 있다. 다음의 역사적 개념을 바탕으로 역사적 일반화를 추출하여 한 줄로 서술하시오.(3점)

> - 장시의 발달 -이앙법의 보급 -서당 교육의 보급
> - 사설시조의 등장 -한글 소설의 보급
> - 풍속화의 대두 -민화의 유행 -판소리의 유행

〈예시 답안〉
조선 후기의 경제발전은 서민문화의 발달을 초래하였다.

예상 기출
모의고사 문제
역사 교육론

예 기출

모이고서 둘

어서 고우북

2019년 9~10월 1회 모의고사

전공 A 기입형 1번. 다음 제시문은 19세기 영국사의 실제 내용 조직에서 교사의 발문을 중심으로 서술한 것이다. 다음 내용을 잘 읽고 각 지문에 맞는 역사교육 내용의 조직 원리를 항목별로 기입하시오.(2점)

> (1) (㉮)의 원리: 지난 시간에 배운 차티스트 운동은 왜 일어났었죠? 곡물법은 왜 폐지되었을까요? 그렇죠. 둘 다 자유주의 운동의 결과 일어난 것이지요.
> (2) (㉯)의 원리: 지난 시간에 배운 차티스트 운동에서, 오늘은 인민헌장 6개조를 통해 좀 더 복잡한 내용을 배웁니다.
> (3) (㉰)의 원리: 곡물법 폐지, 항해조례는 조선시대의 금난전권과 비슷하지요?
> (4) (㉱)의 원리: 영국 노동자는 자유당을 통해 자신들의 이익을 관철해왔죠. 이후에는 노동당을 창설하는데, 이와 관련된 내용은 대학교 때 배우기로 하고, 우리는 여기까지만 배우도록 합니다.

<예시 답안>
㉮ 계속성 ㉯ 계열성 ㉰ 통합성 ㉱ 범위성

전공 A 서술형 2번. 다음 글을 읽고 밑줄 친 ㉮와 ㉯에 들어갈 적절한 용어를 제시하고, ㉯에 대한 포스트모더니즘적 사고가 비판, 주장하는 이론 1가지를 제시하고, 다음 지문의 단계를 거치면서 역사를 이해한다고 가정할 때, ㉰에 들어갈 활동은 무엇인지 기술하시오.(4점)

> 역사는 인간의 활동을 소재로 한다. 따라서 어떤 역사적 사실을 올바로 이해하기 위해서는 그와 관련된 인간의 내면, 즉 의도나 목적, 사상, 심지어 감정까지도 중요한 고려의 대상이 되어야 한다. 그러나 교과서 서술이나 사료에 나타나 있는 내용만으로 이를 알기는 어렵다. 이 때문에 역사적 행위자의 내면에 대해 알기 위해서 학생들은 역사수업에서 ㉮직접 과거의 인물이 되어 역사적 행위를 해보거나 ㉯ 알려진 역사적 사실이나 자료를 토대로 행위자의 생각을 이해하기도 한다.

과거 사람의 행위를 미신, 또는 미개하였다고 생각하여 제대로 이해하려고 하지 않는다.
↓
신이나 종교, 관습 같은 특정한 고정관념에 의해 이해하려고 한다.
↓
㉰
↓
당시의 상황을 고려하지만, 어떤 특정한 요인에 초점을 맞추어 이해한다.
↓
당시의 상황과 관련된 여러가지 요인을 종합적으로 고려하여 이해한다.

<예시 답안>

㉮의 용어- 추체험
㉯의 용어- 감정이입
포스트모더니즘적 비판 내용: 번역의 대상인 '언어'의 의미는 끊임없이 변한다. 과거 사람들에 대한 감정이입은 불가능하며, 모든 역사는 '과거 사람들의 마음의 역사'가 아닌 '현재 역사가의 마음의 역사'이다.
㉰에 들어갈 내용: 오늘날의 어떤 상황에 들어맞는 증거에 비추어 역사적 사실을 이해하려고 한다.

전공 A 서술형 3번. 다음 내용을 읽고 이에 적합한 교육과정은 몇 차인지 서술하고, 고등학교에서 나타난 (가)의 변화를 설명하고, (나)에 들어갈 교과서 국정화 찬성 측의 입장을 1가지 기술하시오. 또한 (다)에 들어갈 그들 주장에 적합한 용어를 작성하시오.(4점)

> (가) 『3차 교육과정부터 독립교과로 유지되어 오던 국사과가 폐지, 교육과정 편제상으로 사회과 속에 통합, 이에 따라 국사과와 사회과 속의 세계사라는 이원적 역사 교육 체제로부터 사회과 속의 국사와 세계사라는 일원적 형태로 바뀜. 다만 국사의 경우는 중학교에서도 다른 사회과목과 별도의 교과서를 만들고, 별개의 수업시수를 편성하여 운영하도록 하고 있다. 그리고 사회과 통합을 강화하여 고등학교에서 ((가)), 필수과목으로 배우도록 하고 있다.
>
> (나) 『학계에서는 국사교과서의 국정화에 대해 복수의 교과서 발행이 허용되어야 더 우수한 교과서가 서술, 생산될 수 있다는 점, 교과서가 여러 가지여야 자기의 역사관을 살릴 수 있는 교과서를 택할 수 있다는 점, 단일 교과서는 학생들의 역사지식의 한정과 고정을 초래할 것이라는 점, 역사 해석의 무비판적 수용과 다양한 소재에 대한 무감각으로 ((나))이 조성되기 어려울 것이라는 점을 들어 반대했다. 국정화의 찬성 측의 논거는 개개 학자의 편견을 극복하고 풍부한 내용을 수록할 수 있다는 점, 국사학계의 연구 결과를 종합해 객관성을 제고할 수 있다는 점, (   ), 인접 학문에의 참여로 인한 내용 타당성을 높일 수 있다는 점, 초·중·고교 교육의 일관성, 단계성을 통해 ((다))을 확립할 수 있다는 점, 최신 정보와 학계 업적을 보완, 반영한 질 높은 교과서를 제작할 수 있다는 점, 생산비 절감을 통해 학생 부담을 경감시킬 수 있다는 것이다.』

<예시 답안>

6차 교육과정
(가) 변화내용: 공통사회를 신설한다.
(나): 민족적 주체의식
주장: 국사에 대한 단일한 이해체계로 국민이 국사 인식 혼란 방지와 국론 통일에 유리하다는 점/
(다): 계열성

전공 B 기입형 1번. 다음의 내용을 구현하기 위한 교육평가 방식은 무엇인지 기입하시오.(2점)

- 세계화, 정보화 시대를 맞이하여 사고의 다양성과 창의성을 신장하고 조장하기 위함
- 여러 측면의 지식이나 능력을 지속적으로 평가함과 아울러 교수, 학습활동 개선 목적
- 학생이 인지적으로 아는 것 외에도, 아는 것에 대한 실제 적용여부를 파악하기 위함
- 학습자 개인에게 의미 있는 학습활동이 이루어지도록 하기 위함
- 획일적인 표준화 검사를 적용하기 어려운 상황, 즉 다양성 그 자체를 인정하면서도 동시에 타당한 평가를 하기 위함.

<예시 답안>
수행평가

전공 B 서술형 2번. 다음은 표적사례와 기반사례를 이용한 설명 모델이다. (가)에 해당하는 설명 방식을 쓰고, 이러한 설명 방식을 이용할 때 교사가 유의해야 할 점을 2가지를 제시하시오. 또한 (나)의 사례에서 나타나는 선생님의 지도방향의 문제점을 기술하시오.(4점)

(가)

	표적사례(설명대상)	기반사례(설명모델)	부각대상
사례1	아테나 민주정치	우리나라 민주정치	직접민주정치와 간접민주정치의 차이 · 참정권 여부
사례2	고려의 대농장	라티푼디움	인신 구속적 성격 · 광대한 농장
사례3	로마공화정 말기의 농민몰락	우리나라 농민몰락	값싼 농산물 수입으로 농민몰락
	1929년 대공황	지금 월가의 주식폭락	주가폭락이 세계 주식시장에 미치는 영향

(나)
이 교사: 지금의 우리나라의 민주정치와 아테네의 민주정치를 비교해 봅시다. 차이점은 무엇이라고 할 수 있지요?
수미: 선거권이 그때는 많이 제한되어 있었어요.
영수: 국민이 직접 국회의원을 뽑아요.
진호: 지금은 여성에게 선거권이 있어요.

<예시 답안>

(가) 설명방식: 유추

유의점: 두 가지 대상 중에 어떤 부분을 부각시킬 것인가에 대한 고려가 있어야 한다./ 설명 대상과 모델 설정하고 구분 유의. 유추의 대상이 공통점과 차이점(특수성)을 갖고 있는 성격을 파악./ 학생의 선행학습 정도, 경험의 양과 질 고려, 학생에게 친숙한 경험에서 출발해야 함/ 잘못되거나 부정적 인식의 위험성을 사전에 검증해야 한다.

(나)의 지도방향의 문제점: 사례에서는 수업의 주제인 아테네의 민주정치와 그에 대한 동형을 현재 우리나라의 민주정치로 설정하고 있지만, 무엇을 수단으로 무엇을 설명하려고 하는가에 대한 제시가 분명하지 못하다.(즉 설명의 대상과 그것을 위한 모델을 분명히 하지 못하고 있다, 표적 사례와 기반 사례를 정확히 제시하지 못하고 있다. 따라서 이 수업의 교사는 유추를 통해 설명의 대상과 모델을 설정하고 구분하는 데 보다 유의할 필요가 있다.)

전공 B 서술형 3번. 다음 수업모형은 사회과학적 법칙을 이용하여 역사적 사실을 이해하고자 한 것이다. 아래의 작성방식을 읽고 그에 대한 답을 기술하시오.(4점)

수업모형의 예)

설명되어야 할 현상 제시	영국이나 프랑스에서 시민혁명에 대해서 살펴봄
그 현상의 원인을 질문	프랑스 혁명의 원인은?
교사의 설명이나 학생들의 답변을 통해서 사건의 중요한 원인 나열	재정상 위기, 구제도 모순, 계몽사상의 성립
설명이나 발표를 통해서 제시된 원인 하나하나가 지니는 의미탐색	선생님: 구제도 모순은 구체적으로 무엇인가요? 학생: 불평등한 신문제의 모순 선생님: 계몽사상은 사람들의 의식을 깨우침
선행조건의 정리	구제도의 모순, 계몽사상의 영향과 지식인의 이탈, 정무의 무능, 재정상 위기
열거된 사건을 포함할 수 있는 법칙 제시	혁명은 경제적 발전, 계층 간의 반목 대립, 지식인의 이반, 지배계층의 무능 정부의 재정적 위기를 내포한다.
사례 들어 설명	영국 혁명 경우 사례를 들어 설명
선행조건과 법칙으로부터 논리적인 연역을 통해 결과 도출	프랑스 혁명은 일어날 수밖에 없었다고 생각함

<작성방법>

1) 이런 수업을 진행하기에 알맞은 수업방식은 무엇인가?

2) 이러한 학습을 위한 역사적 설명에서는 초기 조건과 일반법칙으로부터 사건의 결과를 직접 연역해내기 어렵다. 그 이유는 무엇인지 2가지를 서술하시오.

3) 이에 대한 드레이의 함펠에 대한 비판 2가지를 제시하고, 이를 보완하기 위해 제시한 주장은 무엇인지 서술하시오.

<예시 답안>

탐구학습

연역이 어려운 이유- ① 인간의 역사적 행위, 자연과학과 같이 결정론적 과정에 따라 전개되는 것 아니며 여러 변수 고려 ② 연역-법칙적 설명의 일반법칙, 사회과학·자연과학 법칙을 빌림

드레이의 비판- ① 역사적 설명은 일반 법칙에 의존하지 않는다. ② 포괄법칙을 가지고 인간행위를 설명하는 것은 인간 행위를 제약하는 결정론

드레이의 주장: 합리적 설명

2019년 9~10월 2회 모의고사

전공 A 기입형 1번: 다음 지문을 잘 읽고 (㉮)와 (㉯)에 적절한 답을 기입하시오.(2점)

> 그로스먼(P.L. Grossman) 등은 교사가 가르치는 데 직접 활용하는 내용지식의 네 가지 영역을 제시한 뒤, 이를 다시 가르치기 위한 교과 내용지식과 교과 내용에 대한 믿음이라는 두 가지 영역으로 구분하고 있다. 가르치기 위한 교과 내용지식에는 다음의 세 가지 영역이 포함된다. 첫째 내용지식이다. 여기에는 사실적 정보, 조직 원리, 중심 개념 등이 포함된다. 둘째 (㉮)이다. 이는 학문의 본질에 관한 지식으로, 학문 내부의 지식을 결합, 조직하고, 의미를 부여한 이론적 틀이다. 흔히 (㉯)라고 말한다. 셋째, 구문론적 지식이다. 이는 새로운 지식을 도입하고 그 교과 분야에 편입시키는 수단에 관한 지식이다. 이는 내용지식을 발달시키고 가르치는 형식으로 변형하는 토대가 된다.

<예시 답안>

㉮ 존재적 지식
㉯ 학문의 구조

<해설>

수업내용으로서의 내러티브는 항상 시험에 나오는 단골소재이다. 이는 이야기나 사건, 즉 교사가 가지고 있는 수업소재에 대한 내용지식이 변형의 과정을 거쳐서 만들어진 것이다. 따라서 수업내용으로서 내러티브는 가르치는 데 직접 활용되는 내용지식의 성격을 가지고 있다.

가르치기 위한 교과 내용지식에는 세 가지 영역이 포함된다. 내용지식, 존재적 지식, 구문론적 지식이다. 교과내용에 대한 믿음에는 교사가 수업에서 어떤 교과 내용을 포함시키거나 우선시해야하는지에 관련된 믿음이다. 그로스먼 등은 교과 내용에 대한 믿음은 교사의 수업에 큰 영향을 끼치는 학생, 학교, 학습, 교수의 본질에 대한 믿음과 결부되어 있으며, 교과 내용에 대한 교사의 선행지식이나 관점과도 관련이 있다고 보고 있다.

전공 A 서술형 2번. 다음 ㉮에 들어갈 만델바움의 주장을 한 문장으로 서술하고, 화이트에 대한 만델바움의 비판을 1가지 제시하시오. 또한 ㉯와 ㉰에 들어갈 적절한 용어를 채우고, ㉱를 학생의 입장에서 재구성하여 문장을 재작성한다면, 그에 적절한 표현은 무엇인지 제시하시오(4점)

가) 우리의 실제 경험은 의미 없는 무질서와 혼돈으로, 내러티브는 그러한 과거에 부과된 지적 고안장치이다. 내러티브나 스토리는 과거 실제로부터 발견되는 것이 아니라 구성되고 투사(projected)된 것이다. 따라서 내러티브는 실제 구조의 표상일 수 없으며 비유이다. 결국 역사적 표상의 관점과 의지의 요소가 작용하는 창조의 산물이다. 내러티브는 과거에 대한 해석이자 레토릭이다. 과거는 '오직 혼돈의 형태들로서만 존재'하는데, 내러티브가 이들 과거 세계에 의미를 부여하여 새로운 것을 창조한다. 내러티브는 곧 세계 이해의 도구이다. 위의 내러티브 이론에 대한 비판이 제기되는 가운데, 만델바움은 역사의 원래 의미는 (㉮)임을 상기시킨다.

나) 한편 내러티브는 역사 서술체제가 아닌 사고 양식으로도 정의된다. 브루너는 인지적 사고의 한 방식으로 내러티브 사고 양식을 정의하고 그것을 (㉯) 사고 양식과 구별했다. 이에 따르면, 이 사고 양식은 가설의 추론, (㉰), 형식적 증명절차, 범주화와 개념화에 기초하면서 맥락과 독립적인 보편적 설명을 모색한다.

한편 내러티브를 통한 독자의 부활은 ㉱<u>역사 텍스트 읽기를 '세계 만들기'로 정의하게 한다.</u> 즉 세계와 연관된 존재로서 자아를 탐구하게 하며, 능동적으로 의미를 재구성하는 읽기는 자체로 곧 '쓰기'이다. 이런 점에서 읽기와 쓰기의 양분법은 무용하다.

<예시 답안>

㉮ 역사의 의미는 스토리가 아니라 탐구이다.(역사 서술이 본질적으로 스토리와 내러티브를 구축하는 것이라는 데 동의하지 않는다.)

비판: 그는 화이트를 '역사적 상대주의자'라고 비판하며, 역사가는 사실을 발견하는 탐구에 종사하며 그것을 꾸며내지 않는다고 주장했다.(역사의 본질은 인간행동 주체의 의도와 선택을 강조하는 문학적 표현이 아니라 사료의 분석과 설명이다. 즉 역사를 내러티브로 보려는 시도는 역사가의 탐구 기능을 무시할 뿐 아니라 지나치게 단순한 이야기 서술 모델을 만든다고 비판했다.)

㉯ 패러다임/ ㉰ 논리적 이론과 분석

㉱ 역사를 하는 것(doing history).(학생들 스스로 의미를 재구성하고 자신의 역사 내러티브를 만드는 태도는 곧 '역사를 하는 것'이다. - 역사교육과 역사인식 270쪽 참조.

전공 A 서술형 3번. 다음 지문을 읽고, 그에 대한 구체적 답을 서술하시오.(4점)

인간 세계는 '다면적이며 서로 연결된 과정의 총체'로서 구성된다. 인간의 활동은 하나의 국가, 사회, 문화권 안에 국한되어서 이루어지지 않는다. 따라서 인간 세계를 넓은 시각에서 이해하기 위해서는 사회, 국가, 문화권 자체를 넘어서 그들 간의 역동적 상호작용을 살펴봐야 할 필요가 있다. 이에 윌리엄 맥닐이나 에릭 울프 같은 ㉠세계사 학자들이 서구 중심적인 세계사 서술을 극복하는 대안을 제시한다.

이들에 따르면 ㉡세계사는 하나 이상의 사회나 문화권 간의 접촉, 하나 이상의 사회나 문화권에 영향을 미쳤던 사건들에 대한 비교 또는 사회와 문화권들 간의 관계를 연구하는 분야로 정의된다.

한편 이러한 ㉢세계사 연구방법은 종종 '간지역적 접근,' '초지역적 접근, 횡문화적 접근 등으로 개념화된다. 이러한 연구는 세계사의 시대구분에 많은 기여를 한다.

<작성방법>

㉠의 대안의 하나를 구체적으로 제시하시오.
㉡의 관점에서 린다 섀퍼가 제시한 개념의 명칭과 그 내용을 서술하시오.
㉢ 이의 한 예로서 벤틀리가 제시하는 세계 구분의 내용을 서술하고, 그 문제점을 설명하시오.

<예시 답안>

㉠ 대안: 문명, 사회, 국가, 문화권의 틀을 넘어 일어났던 역동적인 상호교류와 그로 인해 형성된 인류의 경험 중시/ 세계사 구성의 중심 원리로서 상호 관련성 중시

㉡ 개념 명칭- 남부화

내용: '남부화'라는 용어를 '서구화'와 비슷한 함의를 지닌 개념으로 사용한다.(인도와 동남아시아에 기원을 두고 있는 과학기술, 식생, 종교 등 다양한 분야의 발전이 중국, 동남아시아, 지중해까지 넓은 지역에 전파, 많은 사람들의 삶에 중요한 변화를 보여주었다.)

㉢ 내용: 동반구, 서반구, 오세아니아.

문제점: 벤틀리는 동반구를 중심으로 지역 간의 상호작용이 확대, 상호의존성이 심화, 발전하는 모습을 부각시키는 방식으로 시대를 구분한다. 따라서 서반구와 오세아니아의 역사가 소외될 가능성이 크다.

전공 B 기입형 1번. 다음에 적합한 명칭을 기입하시오.(2점)

> 콜담과 파인즈는 블룸의 교육 목표 분류학을 적용하여 역사 교육 목표를 분류하였다. 이들이 제시한 역사교육 목표의 요소 중 이해나 이해력에 해당하는 것은 상상과 이해, (㉠), 판단과 평가, 통찰, 합리적 판단이다. 이를 중심으로 살펴보면 (㉡)은 검토하고 있는 증거에 토대를 두고 있지만 겉으로는 드러나지 않은 어떤 아이디어를 파악하기 위해 이미 알고 있는 것을 사용하는 인지적 활동을 의미한다.

<예시 답안>

삽입

전공 B 서술형 2번. 다음을 읽고 질문에 적절한 답을 서술하라. (4점)

> (㉠)교육과정에서는 국민공통 기본교육과정이 중학교까지로 축소되고, 고등학교는 선택 중심 교육과정으로 편성되었다. 이후 교육과정 개정과정에서 고등학교 1학년에 편성되었던 '역사'를 '한국사'로 바꾸고 내용도 한국사로 하였다.
> 그리고 선택과목에서 '(㉡)'를 빼고, '한국사', '동아시아사', '세계사'로 편성하였다. 즉 '(㉡)'는 분류사이고, '동아시아사'는 (㉢), '(㉣)'는 통사적 성격이기 때문에, '역사'가 '한국사'로 전환함에 따라 (㉤)현상이 일어난다.

<작성방법>

· ㉠에 맞는 교육과정은 어느 시기인가?
· 밑줄 친 내용으로 편성한 이유의 근거는 무엇이지 서술하시오.
· ㉡에 들어갈 과목의 명칭은?
· ㉢과 ㉣에 들어갈 적절한 답을 작성하고 ㉤에 들어갈 현상은 무엇인지 서술하시오.

<예시 답안>

㉠ 2009 개정 교육과정
편성 이유- 이는 선택과목이 서로 이질적인 체제를 갖고 있기 때문에 새로이 선택과목을 편성하는 것이 불가능하다는 점을 내세웠다.
㉡ 한국문화사
㉢ 주제사
㉣ 세계 역사의 이해
㉤의 현상- '한국문화사'와 '한국사'의 중복현상 발생

전공 B 서술형 3번. 다음 문항을 잘 읽고, 그에 대한 답을 서술하시오.(4점)

> 할람은 11세~16세 아동 100명을 대상으로 '메리 튜더'. 노르만의 잉글랜드 정복, 아일랜드 내전에 관한 자료를 제시하고, 한 자료 당 10분항 씩 모두 30문항의 질문을 하고, 그에 대한 답변을 분석하였다. 그 결과 가운데 핵심적인 것은 형식적 사고는 16.2세~16.6세에 나타난다고 보아 역사 문제에 아동은 일반적으로 기대보다 낮은 수준에서 추리한다고 주장하였다. 즉 ㉠역사에서 형식적 조작 단계는 다른 과목에 비해 늦게 나타난다는 것이 할람의 주장이다.
>
> 그러나 이러한 주장은 영역고유인지 이론에서 상당히 비판을 받고 있다. 이들에 따르면 역사적 사고는 상황의존적이고 지식의존적인 것이다. ㉡따라서 지식 영역에서 나타나는 고유한 사고 형태에 따라 교수와 학습방법도 달라져야 한다고 본다.

<작성 방법>
㉠ 할람의 이러한 주장의 이유 2가지를 제시하시오.
㉡ 이에 근거해볼 때 영역 고유인지 이론에서 사고의 성공을 위해 특별히 주장하는 것이 있다. 그것이 무엇인지 명칭을 쓰고, 그에 대한 이론의 핵심 주장을 서술하시오.

<예시 답안>
㉠ 주장 이유- 1.역사적 사고의 대상이 과거여서 직접 경험 불가능(과거는 증거를 기반으로 재생되는 것이어서 학생들에게는 어려운 과제였다.). 2. 역사적 사건에는 시간관념이 포함되어 다른 교과보다 느리다.(또는 역사적 개념은 언어로 표현, 아주 추상적 어휘로 표현되어 어렵다./ 또는 역사 학습에 관련된 증거는 성인의 활동에 관한 것이기 때문이다.)

㉡ 주장하는 것- '도식' 필요/ 새로운 학습은 새로운 정보 자체만이 아니라 사전 지식 체계인 도식에 의존한다는 것(도식은 선행지식으로 구성되는 것으로서 역사적 사고의 발달은 도식의 형성과 관련된다. 즉 역사적 사고 발달을 결정하는 요인은 적절한 사전 지식으로 이루어진 도식이라고 본다./ 단 도식의 오개념 주의, 교사 교육에서 교사들의 교과 지식 기반을 중시할 필요성 제시).

2019년 9~10월 3회 모의고사

전공 A 기입형 1번. 다음 지문을 잘 읽고 (㉠)과 (㉡)에 공통으로 들어갈 용어를 기입하시오.(2점)

> 명시적인 행동목표의 문제점에 대한 대안으로 (㉠) 개념이 등장하였다. 이는 교사가 학생들을 이끌어가는 특별한 목표나 행동 형식이 아니라 학생 스스로 사고-감정-행동의 형식을 이끌어가도록 의도한 것이다. 아이너(E. Eisner)는 수업활동에서 얻은 기능을 창조적이고 개성적으로 이용하는 것을 채용하고 발전시키며, 세련시킬 수 있는 활동의 성과가 바로 이것이라고 정의했다. 이에 따르면 이는 수업목표와 달리 수업에서 도달할 목표를 분명히 규정하지 않은 채 수업의 범주만을 규정한 것으로, 학습의 결과보다는 과정에 관심을 두는 것이다. (㉡)의 예로는 '실락원의 의미를 해석하기', '노인과 바다의 의미를 시험하고 평가하기', '철사와 나무를 사용하여 3차원 형태를 만들기' 등을 들 수 있다.

〈예시 답안〉
용어: 구현목표

〈해설〉
구현목표에서는 학생들이 교육활동에 참여한 후에 할 수 있는 활동이 명시되어 있지 않다. 또한 학습 목표라기보다는 학습주제인 것처럼 보인다. 따라서 평가의 준거로 삼기에는 부적절해보이지만 구현목표를 제시할 경우 교사는 예술가처럼 학생들의 학습결과를 비평함으로써 평가할 수 있다. 다만 이 개념은 아직 체계화되지 않았다. 따라서 역사의식이나 역사적 사고력의 육성을 위한 역사학습의 경우 목표모형의 행동목표보다는 좀 더 포괄적으로, 구현목표보다는 좀 더 구체적으로 제시할 필요가 있다.

(역사교육의 내용과 방법, 44쪽 참조)

전공 A 서술형 2번. 다음 작성방법을 잘 읽고 그에 적절한 답을 서술하시오.(4점)

	초등학교 사회과 교육과정	초등학교 역사교육	중학교 사회과 학습 순서
1-2학년	생활주변의 역사	1. 세계사가 제외된 국사만 학습. 2. 역사교과서가 별도로 존재하지 않고 사회교과서에 통합	지역과 사회탐구 단원 가장 먼저 편성 아시아의 역사와 지리 학습 유럽과 아메리카의 역사와 지리 학습
3학년	고장의 역사		
4학년	시, 도를 중심으로 한 지역사		
5-6학년	생활사와 인물사를 중심으로 한 국가의 역사		

〈작성 방법〉

가) 위의 교육과정, 특히 초등 사회과 교육과정에 적용된 편성 원칙을 서술하시오.
나) 위의 편성원칙을 적용했을 때 초등학생 학습자의 측면에서 나타날 수 있는 문제점 하나를 서술하시오.
다) 중학교 사회과 학습 순서를 볼 때 지리적 측면에서는 반론이 제시될 수 있다. 이때 반론의 원칙으로 제시되는 내용을 기술하시오.

〈예시 답안〉

가) 초등 사회과 교육과정의 편성원칙- 경험 확대의 원칙(환경확대법)
나) 초등학생 학습자에서 나타나는 문제점- 초등학생 학습자가 반드시 자신의 주변의 소재에 관심을 갖는 것이 아니며, 오히려 먼 우주나 고대 신화의 세계에 흥미와 호기심을 갖는 경우도 많다.
다) 지리적 측면의 반론- 거시에서 미시로 나아가야 한다. 즉 가까운 지역을 다룰 때는 면밀한 관찰과 엄밀한 자료 분석 및 체계적 논리전개가 필요하므로 오히려, 초등학교에서 세계를 다루고, 고등학교로 올수록 근린지역을 다루어야 한다는 것이다. 즉 학습자의 관심이 구체적인 환경에서 추상적이고 시공간적으로 멀리 떨어진 환경으로 확대된다는 가정은 재고해야 한다. 오히려 계열성의 기준은 역사에 대한 담론의 수준과 질적인 차이로 바뀔 필요가 있다.

(역사교육의 내용과 방법, 104-105쪽 참조)

전공 A 기입형 3번. 다음 (가)의 이 교사의 질문에서의 문제점은 무엇이며, (나)의 기능의 명칭, 그리고 그 기능의 현재 시행의 단점을 서술하시오. 또한 (다)의 철수의 대답에서 볼 수 있는 전자교재의 문제점을 두 가지 서술하시오.(4점)

> 이 교사: 여러분 오늘은 여러분 앞에 놓은 PC를 같이 보면서 역사적인 내용을 학습할 거예요. 자 전자교재에 이성계와 위화도 회군에 대한 설명과 지도가 나타나 있지요.
> 학생들: 네.
> (가) 이 교사: 자 지도 보세요. 이성계가 위화도에서 회군을 하게 되는데, 위화도의 위치가 어디에 있나요?
> 철수: 평안북도요
> 영희: 거기가 어딘데요? 전 잘 찾지 못하겠어요.
> 이 교사: 오른쪽 지도의 거의 윗부분, 특히 왼쪽 윗부분을 보면 되요. 찾았나요?
> 영희: 네 이제 찾았어요.
> (나) 이 교사: 위화도의 위치를 찾았다면, 이제 그곳을 클릭해봅시다. 그럼 위화도 회군을 한 이유가 보다 상세히 설명되어 있지요.
> 이 교사: 그럼 여러분들, 이성계가 위화도 회군을 한 이유가 무엇인가요?
> (다) 철수: 내용이 많아서 정확히 무슨 이유로 그렇게 했는지 잘 모르겠어요.

<예시 답안>

(가)의 이 교사의 질문에서의 문제점은 무엇인가? - 지도에서 찾아야 할 장소의 위치를 찾기 위해 정확히 어느 부분을 보아야 하는지 명확히 제시하지 않았다.

(나) 기능의 명칭
- 하이퍼링크 기능/ 현재 시행의 전자교과서의 문제점- 원래 하이퍼링크 기능을 이용해 대량의 자료를 체계적으로 제공해야 하지만, 현재 전자교과서는 종이 책을 온라인상으로 옮기고 그에 관련된 정보를 참고할 수 있도록 링크시킨 수준에 머물고 있다.

(다) 철수의 대답에서 볼 수 있는 전자교재의 문제점을 두 가지 서술하시오.
- 일반 교과서에 비해 가독성이 떨어진다. 내용이 길면 읽기가 부담스럽다.
 (역사교육의 내용과 방법, 193-194쪽 참조)

전공 B 기입형 1번. 다음 (㉠)과 (㉡)에 공통으로 들어갈 명칭을 기입하시오.(2점)

피아제 이론에 토대한 분류 능력에 대한 연구로 주목되는 것은 어빙 시겔의 연구이다. 그는 형식에 따라 기술적 방법, 관계적-맥락적 방법, (㉠)방법으로 나누었다. 기술적 방법이란 사물을 외형에 따라 분류하는 것이다. 관계적-맥락적 방법은 사물의 기능적 상호관련성에 따라 분류하는 것이다. (㉡)방법은 사과를 과일로, 말을 동물로 생각하는 것과 같이 사물의 속성을 기준으로 분류하는 것을 말한다. 아동은 연령이 높아질수록 관계적-맥락적 방법을 덜 사용하고, 기술적 방법이나 이 방법을 더 사용한다고 한다.

〈예시 답안〉
명칭: 유목적-추론적 방법

전공 B 기입형 2번. 다음 대화내용을 읽고 각 물음에 답하시오.(4점)

> 영지 : 애들아. 너희들은 역사공부 어떻게 하니? 어떤 선생님께서는 무작정 외우라고 하셔서 무작정 외우기도 했었고 또 다른 선생님은 역사는 이해하는 것이라고 해서 교과서를 읽고 이해하려고 해봤는데 공부가 잘 안돼서 걱정이야.
> 소희 : 난 말이야, 동아시아면 동아시아 서유럽이면 서유럽을 비슷한 문화로 엮어서 학습하는 것이 편해.
> 연우 : 나는 예를 들어 조선시대면 조선시대, 일제 강점기면 일제 강점기처럼 어느 한 시대를 정해 놓고 그 시기를 정치·경제·사회·문화를 종합적으로 공부해.
> 지희 : 나는 어느 한 문제나 주제를 정하고 그것의 여러 측면에서 집중적으로 학습하는 것이 나에게는 효과적이었어.

<작성방법>

가) 소희의 역사학습방법의 장점 1가지를 서술하시오.
나) 지희의 역사학습방법 중 종적 관점에서 조직된 내용의 예와 이 역사학습방법의 장점 1가지를 서술하시오.
다) 연우의 역사학습방법의 단점 1가지를 서술하시오.

<예시 답안>

가) 소희 학습방법의 장점
  ① 잡다한 사실들을 보다 체계적이고 일관성 있게 파악
  ② 문화권 전체를 대상으로 삼는 것이어서 역사를 보다 거시적·종합적 파악

나) 종적- 교통의 발달, 바퀴의 발명, 범선, 증기기관, 자동차의 발명 등
  장점
  ① 문제를 집중적으로 살펴볼 수 있고, 주제를 다양한 시기와 관점에서 인식
  ② 탐구학습에 유리한 환경을 조성함으로써 역사적 사고 육성
  ③ 역사학의 논리(나선형 교육과정)를 반영하여 핵심관념과 원리를 파악하기 쉬움
  ④ 종적 시대변화 및 동시대 역사현상 고찰을 통해 역사적 통찰력과 사고 함양

다) 단점- 역사의 종적인 변화와 발전 과정을 파악하는 데는 어려움이 있다.

(역사교육의 내용과 방법, 115-121쪽 참조)
(소희: 문화권적 방법, 지희: 주제 중심 방법, 연우: 시대사 학습)

전공 B. 서술형 3번. 다음을 읽고 작성방법에 따라 서술하시오.(4점)

> 역사를 이해하는 데 있어 ㉠이 방법으로 대표되는 사례가 발리 섬의 닭싸움이다. 그는 닭싸움에서 사람들이 살아가는 삶의 의미 체계를 밝혀냈다. 발리 섬 사람들이 닭싸움에 전념한 이유는 대체로 다음의 두 가지로 설명된다. 첫째 닭싸움은 남성의 권위를 상징한다. 경제적 이득을 얻는 데 목적이 있는 것이 아니라 우승을 통해 사회적 위신을 높이고, 상징적 권력을 획득하려는 것이다. 둘째 씨족 공동체와 부락 공동체의 정체성을 함양하는 행사였다.
> 여기에서 그가 내린 결론은 제도나 관습이 사람들을 지배하는 것이 아니라, 그에 대한 사람들의 생각을 중시한 것으로 볼 수 있다.

〈작성방법〉

㉠ 이 방법을 도입한 인물은 누구이며, 이 방법의 명칭과 구체적 방법은 무엇인가?
㉡ 그가 바라보는 문화현상에 대한 관점은 무엇인지 서술하시오.
㉢ 이 방법론에서 그가 제시한 구체적인 역사해석의 방법은 무엇인가?
㉣ 이 방법론이 가져오는 역사이해의 가장 큰 기여는 곧 무엇인지 1가지 제시하시오.

〈예시 답안〉

㉠ 기어츠/ 신문화사 역사연구에 인류학적 방법론을 채택한 것.
㉡ 문화현상은 설명이 아니라 해석의 대상이다.
㉢ 치밀한 묘사
㉣ 일상생활을 미시사적으로 역사연구 영역으로 끌어들인 것이다.(즉 이전까지 역사연구에서 관심을 끌지 못했던 인간의 구체적 생활모습을 미시사적으로 접근하여, 일상생활을 역사연구의 주요대상으로 삼는 것이다.)

(역사교육의 이론, 180-181쪽)

01 다음 지문에서 ㉠과 ㉢에 공통적으로 들어가야 할 용어를 기입하고, ㉡에 적합한 명칭을 기입하시오. (2점)

> 역사적 탐구 과정에서는 역사적 사고가 비판적 사고, 창조적 사고, (㉠)등으로 심화, 발전한다. 이는 학습자 스스로 자신의 사고가 잘 되고 있는지, 잘못되고 있다면 그 오류는 무엇인지 등을 반성하는 정신작용이다. 즉 사고에 대한 사고(thinking about thinking)를 말하며 '초인지' 또는 '(㉡)'라고도 한다. 자신의 사고를 반성하는 (㉢)는 사고의 과정과 결과를 검토하여 오류를 수정하는 사고 전략이다.

〈예시 답안〉

㉠㉢ 메타인지/ ㉡ 상위인지

02 ㉠과 ㉢에 공통적으로 들어갈 용어는 무엇인지 기입하시오. 또한 ㉡의 도식을 역사적 사실에 적용하기 위한 필수 전제는 무엇인지 서술하시오. 그리고 ㉣에 비추어 볼 때 마틴이 필요하다고 주장하는 것은 무엇이며 그 근거로 작용하는 것은 무엇인지 서술하시오.(4점)

이해가 역사학의 방법이라는 것을 받아들이더라도 역사 이해의 형태와 절차를 보는 견해가 모두 같은 것은 아니다. 라이트는 행위자의 의도와 상황을 보는 관점을 종합하면 역사적 행위를 이해하여 재구성할 수 있다고 하면서 이를 (㉠)이라고 불렀고 ㉡이를 삼단 논법의 형태로 제시한다. …… 역사적 행위는 반드시 행위자의 의도대로 이뤄지는 것은 아니며 불합리한 역사적 행위도 있으므로 (㉢)이것으로 모든 역사적 행위를 이해할 수는 없다는 것이다. …… 마틴은 행위의 목적과 수단 사이의 관계를 보는 행위자의 믿음을 밝히면 역사적 행위를 충분히 이해할 수 있다는 라이트의 주장을 반박한다. ㉣역사적 행위를 이해하려면 당시 상황을 보는 행위자의 관점만으로는 충분하지 않다는 것이다.

〈예시 답안〉

㉠과 ㉢에 공통적으로 들어갈 용어 -실제적 추론.
㉡의 도식을 역사적 사실에 적용하기 위한 필수 전제- 인간의 행위가 합리적이어야 한다.
㉣에 비추어 볼 때 마틴이 필요하다고 주장하는 것-합리적 추론/ 그 근거- 역사적 증거

03 다음의 작성방법을 읽고 그에 적절한 답을 서술하시오.(4점)

> 따라서 과거와 역사를 명확하게 구분해야 한다. 과거는 일어난 일이다. 그것은 이미 사라져버렸고, 사라진 것은 역사가들을 통해 다시 살아난다. 즉 역사가들은 책이나 논문, 기록 등의 다양한 수단을 통해 과거에 발생한 사건을 원상태와는 별로 일치하지 않는 형태로 다시 옮겨놓을 뿐이다. ㉠어쨌든 과거는 사라지고 없다. 그리고 역사는 역사가의 작업을 통해 만들어진 과거에 대한 일종의 구성물이다. ……
>
> 어떤 역사가도 과거 사건을 총망라하여 재현해 낼 수는 없다. 왜냐하면 과거 사건의 '내용'은 실제로 무한하기 때문이다.……
>
> 어떤 기록도 과거에 일어난 사실을 그대로 재현해 낼 수 없다. 왜냐하면 과거는 단 하나의 기록이라기보다는 그 자체가 여러 가지 사건과 상황이기 때문이다. 과거는 이미 사라져버렸으므로 실제 과거를 완벽하게 검토할 수 있는 설명이란 존재하지 않으며, 그저 다른 설명을 통해서만 검토할 뿐이다. ……
>
> 이런 점에서 우리가 '아는' 과거란 항상 우리 자신의 관점, 즉 ㉡우리 자신의 '현재'와 깊은 관련을 맺고 있다. 우리 자신이 과거의 산물이듯이 '인식된' 과거와 역사는 우리의 창작물이다. ……
>
> '역사란 무엇인가?'라는 물음은 '(㉢)?'라는 물음으로 대체되어야 한다. 이것이 가장 중요한 핵심이다. ㉣그렇다면 나를 위한 역사란 무엇인가? 그 정의는 다음과 같다. 역사는 유동적이며 문제투성이인 담론이다.
>
> — K. Jenkins, 『Re-thinking History』의 번역본

<작성방법>

1. ㉠의 관점과 관련하여 문제제기를 하고 있는, 전통적인 역사교육의 목적론에서 부각될 수 있는 목적요소는 무엇인가?
2. ㉡의 내용에 비추어 역사이해에 있어 현재성을 강조한 대표적 사상가들은 '사상의 역사'를 강조했다. 그들은 누구이며, 이 부분에 있어서 그들 관점의 차이점을 서술하시오.
3. ㉣의 답과 연관하여 (㉢)에 들어가야 할 적절한 문장은?

<예시 답안>

㉠ 목적 요소 - 교훈의 역사
  ① 사상가 크로체와 콜링우드
    - 크로체: 역사가의 사상
    - 콜링우드: 역사가가 연구하고 있는 역사적 인물의 사상
  ㉢ 누구를 위한 역사인가?

04 다음 보기는 어느 학교의 수행평가 문제이다. 다음의 작성방법을 읽고 그에 적합한 답을 서술하시오. (4점)

다음 훈요 10조를 보고 물음에 답을 하시오.

1조. 불교의 힘으로 나라를 세웠으므로, 사찰을 세우고 주지를 파견하여 불도를 닦도록 하라.
2조. 조선의 풍수 사상에 따라 사찰을 세우고, 함부로 짓지 말라.
6조. 연등은 부처를 섬기는 것이고, 팔관은 하늘 산, 물 용신을 섬기는 것이므로 소홀히 하지 말라.

- ㉠ 훈요 10조를 보고 각 조의 목적을 각각 쓰시오.
- ㉡ 훈요 10조 중에서 최승로가 1조와 6조를 보았을 때 최승로는 태조에게 어떠한 이야기를 하였을지 ㉢왕에게 올리는 상소문 형식으로 쓰시오.

〈작성방법〉

1. ㉠과 ㉡의 글쓰기의 방법을 가리키는 명칭을 설명하시오.
2. 글의 형태에 따라 ㉢ 방식으로 글쓰기 해야 할 때 주의할 점을 기술하시오.
3. ㉢과 달리 학습자의 창의성이 상당 부분 들어가는 글쓰기의 방식을 적용한 한 예시를 쓰시오.

〈예시 답안〉

㉠ 역사가가 되어 글쓰기
㉡ 역사적 인물이 되어 글쓰기
㉢ 주의할 점- 사실에 충실해야 한다.
㉢ 역사일기

05 (가)는 2009 교육과정에 따른 선택심화과정의 '동아시아' 과목, (나)는 세계사 과목에 대한 설명이다. ㉠, ㉡, ㉢에 들어갈 말을 쓰고, (가)동아시아 과목의 내용조직 방법을 쓰시오. 또한 국민공통과정에서 고1 한국사의 학습방향을 서술하시오. (4점)

> (가) 공통교육과정의 역사에서 습득한 역사 이해와 인식을 바탕으로, 선사 시대부터 현대까지 동아시아인이 성취한 문화의 (㉠)과 (㉡)을 탐구하여 동아시아 지역의 발전과 평화 정착에 능동적으로 참여할 수 있는 자질을 기르도록 한다.
>
> (나) 고등학교 '세계사' 과목의 조직 원리 중 하나는 인류 역사가 궁극적으로 하나의 세계로 통합되어 가는 역사라는 관점에서 (㉢)사이의 상호관계를 조망하는 것이다.

〈예시 답안〉

㉠ 공통성
㉡ 상관성
㉢ 지역세계

고1 한국사의 학습방향-근현대사 위주의 수업 전개

06 다음은 '실학의 발달' 단원에 대한 수행평가를 위한 세부영역별 학습 목표이다. 다음 작성방법을 잘 읽고 적절한 답을 서술하시오.(4점)

<'실학의 발달' 단원에 대한 수행평가를 위한 세부영역별 학습 목표>

역사적 용어와 개념 파악력	사료를 이용하여 실학자들의 개혁론을 파악하고 이 사실들을 통해 중상학파, 중농학파 용어를 추출하고 (①)으로 실학을 설명할 수 있다.
② 연대기 파악력	사료를 이용하여 시대적 배경과 연결하여 실학의 등장요인을 설명할 수 있다.
③ 역사적 탐구력	사료에서 중농학파, 중상학파의 개혁론을 비교하여 특징을 설명할 수 있다.
④ 역사적 상상력	
역사적 판단력	사료를 이용하여 실학의 성격, 역사적 의의와 그 한계를 설명할 수 있다.

<작성방식>
① 역사적 용어와 개념 파악력에서 사용할 수 있는 적절한 개념 방식은 무엇인가?
② 연대기 감각능력의 부재시 초래되는 대표적 문제점을 서술하시오.
③ 역사적 탐구력의 하위범주에서 가장 중요시 될 수 있는 기능은 무엇인가?
④ 의 빈칸에 들어갈 수 있는 내용을 기술하시오.

<예시 답안>
① 총괄개념
② 문제점- 사건간의 관계를 시험하거나 역사적 인과관계 설명할 수 없음
③ 사료 비판 능력(교차검토)
: 이의 구체적 내용으로 텍스트나 내러티브에서 저자의 의도를 파악하는 기능, 비의도적인 증언 발견하여 만들어진 방법과 이유에 대해 해석, 용어의 역사적 의미 파악 기능이 있다.
④ 사료를 이용하여 실학파들의 사회 개혁론이 현실에 반영되지 못한 점을 추론하도록 한다.

2019년 9~10월 5회 모의고사

01 다음 ㉠과 ㉡에 들어갈 용어를 기입하시오.(2점)

가) 표1- 평가문항 내용타당도의 구성요소와 의미

내용타당도의 구성요소	의미
인지적 복잡성	고차적인 역사적 사고능력을 포함해야 한다.
(㉠)	역사과에서 강조하는 중요하고 의미 있는 역사 지식 내용, 또는 교육과정의 내용을 대표할 만한 것으로 구성해야 한다.
지식의 포괄성	역사과 교육목표로서 강조하고 있거나 수업시간에 배운 지식의 범위를 포괄적으로 평가에 반영해야 한다.
지식의 균형성	어느 특정한 지식 내용에 치우치지 않고 역사과 교육목표에서 강조하는 내용을 균형 있게 평가해야 한다.

나) 평가도구와 문항수가 결정되면 (㉡)를 작성한다. 이는 어떤 내용영역(내용요소)과 어느 인지수준(행동요소)에서 몇 개의 평가문항을 출제할 것인지 구체적으로 보여주기 때문에 평가활동에서 청사진과 같은 역할을 한다.

<예시 답안>
㉠지식의 대표성
㉡이원분류표

(역사과 평가의 이론과 실제, 57, 83쪽.)

02 다음의 내용조직의 두 사례에 공통적으로 적용한 교육과정의 원리는 무엇인가? (2점)

사례 1)
  초등학교 3학년- 우리 고장의 옛날과 오늘날 서로 비교, 고금상이, 변화, 원인과 결과, 계속성, 발전의 개념 터득
  초등학교 5, 6학년- 생활사, 인물사
  중학교- 한국사와 세계사 학습을 통한 심화 수준 발달

사례 2)
  달성 목표- 역사의 지식과 이해
  변화와 계속성, 원인과 결과, 유사성과 차이성, 당시대적 태도 등 핵심개념 설정
  각 개념에 대한 성취수준 10개로 분류

〈예시 답안〉
나선형 교육과정의 원리

03 다음 교육과정에 대한 질문이다. 작성방법을 잘 읽고 그에 적절한 답을 기술하시오.(4점)

> 3차 교육과정에서는 정부의 교과서 정책도 근본적으로 변하였다. ㉠제1차와 2차 교육과정기에 국정과 검정을 병행하던 정책에서 국정을 위주로 하는 교과서 정책으로 전환하였다. 한편 국간 극복의 정신자세를 강조하기도 한다. 이에 (㉡)이 중고등학교 독본용 국사교재로 간행 보급되었다. 한편 고등학교 국사는 문화사 중심으로 시대적 성격이나 문화적 특성을 강조하고 주제 중심의 구조를 도입하고 있다. 또한 ㉢단순한 왕조 중심의 연대사적 서술에서 탈피하였다.

〈작성방법〉

1. ㉠정책에 따라 세계사 교과서의 체제는 어떤 방식으로 변화하였는지 서술하시오.
2. ㉡에 들어갈 명칭은 무엇인가? 또한 이 교재의 문제점은 무엇인지 구체적으로 서술하시오.
3. ㉢의 결과 나타나는 서술의 특징 또는 조치는 무엇인가?

〈예시 답안〉

1. ㉠정책에 따라 세계사 교과서의 체제는 어떤 방식으로 변화- 검정을 유지하지만, 한 종류의 교과서만을 인정하는 단일 검정교과서였다.
2. ㉡에 들어갈 명칭- 시련과 극복
   이 교재의 문제점- 국가비상사태 선언, 10월 유신의 정당성에 대한 설명이 상당한 분량을 차지하여 정치권력 강화와 체제 유지의 수단 역할을 한다.
3. ㉢의 결과 나타나는 서술의 특징 또는 조치- '고대'와 '근대'라는 시대구분법 사용.

04 ㉠과 ㉡에 들어갈 적합한 용어를 기입하시오. 또한 ㉢의 이해의 과정에 있어 딜타이가 제시하는 순환구조를 서술하시오. 이와 함께 ㉣의 퍼롱의 사고 활동으로서의 상상 세 가지의 구체적 내용을 써라.(4점)

> 해석학에서는 자연적 현상을 다루는 자연과학의 방법론을 (㉠), 인간의 해위를 다루는 정신과학의 방법론을 (㉡)로 명백히 구분하고 있다. 즉 설명은 개별현상을 보편적 법칙으로 환원시키는 것을 의미하며, ㉢이해는 자연과학과 같이 인과적 법칙에 의존하는 것이 아니라 행위자의 행동의 요점이나 의미를 사회적 상황에 비추어 파악하는 것이다. 이와 함께 역사적 이해는 자료에 바탕을 두게 되며 시간의 변화에 따른 역사적 맥락에 대한 지식을 필요로 하게 된다. 상상적 이해 역시 이와 같은 역사적 이해의 한 형태라고 할 수 있다. ㉣사고 활동에서 상상의 형태에 대한 분석의 기준으로 퍼롱(Furlong)의 구분이 이용된다.

<예시 답안>
㉠ 설명
㉡ 이해
㉢ 체험- 표현-이해의 순환구조
㉣ 상상 속에서/ 가정으로서의 상상/ 상상력을 가지고

05 다음 작성방법을 읽고 구체적인 답을 제시하시오. (4점)

힘, 또는 능력(power)으로서의 감정이입	증거와는 관련이 없으나 어떤 특별한 힘으로 역사적 행위를 이해하는 것
성취(achievement)로서의 감정이입	역사적 행위자의 의도, 믿음, 가치관을 아는 것
(㉠)	감정이입을 행위자나 사회집단이 믿었던 것이나 다른 방법과 구별되는 특별한 발견 수단으로 취급한다.
성향(disposition)적 감정이입	감정이입을 다른 사람의 관점을 고려하려는 성향이나 경향으로 여긴다.

〈작성방법〉

1. 역사적 감정이입과 관련된 리(Lee)의 감정이입 중 (㉠)에 들어가야 할 용어는 무엇인가?
2. 그가 생각할 때 역사적 이해에서 별다른 역할을 하지 못하는 감정이입은 무엇인가?
3. 역사적 감정이입을 위한 전제조건을 구체적으로 서술하시오.
4. 또한 3번 질문의 전제와 관련한 감정이입 그리고 역사적 이해와 본질적으로 가장 밀접한 관련이 있는 감정이입은 무엇인지 기술하시오.

〈예시 답안〉

1. 절차적 감정이입
2. 힘 또는 능력으로서의 감정이입
3. 역사적 믿음과 목적 사이에는 사람들이 파악할 수 있는 합리성이 있다는 것을 인정해야 한다.
4. 3번질문- 성향으로서의 감정이입/ 역사적 이해- 성취로서의 감정이입

06 다음 ㉠의 역사적 사고에 대한 교육학과 역사학에서 바라보는 입장의 차이점을 서술하시오. 그리고 ㉡의 활용방법을 제시한 인물과 그가 이를 지칭하는 용어는? 또한 ㉢의 Drake가 '역사적 사고과정에서 제시한 출처확인, 확증 이외 다른 2가지 개념을 서술하시오. (4점)

> '㉠역사적 사고'란 흔히 역사가가 역사를 연구할 때 거치는 사고과정이다. 즉 역사지식을 이용하여 역사 문제에 대한 가설을 세우고 해결방안을 찾으면서, 사료를 수집, 해석, 판단함으로써 역사이해에 도달하려는 의도적이고 복합적인 정신활동을 수행하는 인지적 조작능력을 말한다.
> 한편 ㉡생각 습관으로서의 역사적 사고 가운데 사료에서 사실발견을 위해 역사가가 활용하는 방법이 있다. 이와 함께 출처확인, 확증의 2가지 개념을 중심으로 수업에서 활용할 수 있는 ㉢역사적 사고과정을 4가지로 드레이크가 제시하기도 하였다.

<예시 답안>

1. 교육학의 입장(일반론자)- 일반적 사고를 '역사'라고 하는 교과나 역사교재에 적용하려고 함(사고의 전이 인정)
   역사학적 입장(영역론자): 내용과 분리된 사고는 존재하지 않기에 일반적인 사고 기능은 존재하지 않으며, 따라서 각 교과에는 고유한 사고의 형태가 있으며, 또한 역사적 사고도 다른 교과의 사고형태와는 구별된다고 함(사고의 전이 불인정).
2. 와인버그(Wineburg)/ 발견법
3. 맥락화/ 비교적 사고

2019년 9~10월 6회 모의고사

01 다음 ㉠과 ㉡에 공통으로 들어갈 명칭을 기입하고, ㉢의 주장에 대한 정면 비판의 입장을 서술하시오. (2점)

> 교수 내용지식의 개념을 창안한 사람은 미국의 교육학자인 슐만이다. 그는 교사가 잘 가르치기 위해 갖추어야 할 지식 기반을 일곱 가지로 나누어 제시하였다. 이를 바탕으로 슐만은 교사에게 필요한 지식은 내용지식, (㉠), 교육과정지식의 세 가지로 다시 정리하였다. 그중 ㉡<u>이것</u>은 교과의 특정적인 내용 지식의 구조를 학습자를 고려하여 전달하는 양식이라 할 수 있다. ㉢ <u>이 지식을 바탕으로 교사 교육에서 무엇보다 중요한 것은 교과 내용에 관한 교육이다.</u>

〈예시 답안〉

㉠과 ㉡의 공통 명칭 - 교수 내용 지식

㉢의 주장에 대한 정면 비판의 입장 - 방법만 잘 알면 잘 가르칠 수 있다는 주장.

02

⊙과 ⓒ에 들어갈 용어를 기입하시오. 또한 ⓒ을 대변하는 19세기 이후 지속되어 온 입장을 한 문장으로 서술하시오. 그리고 ⓔ과 ⓜ의 공통 용어를 쓰고, ⓜ의 문장 전체 논리에 비추어 집단기억을 바라보는 관점을 기술하시오.(4점)

역사에 대한 국민국가의 관심은 민족사에 대한 공통의 기억을 통해 민족으로서의 정체성을 강화하고 통합을 다지려는 의지가 반영된 것이다. 국가에 의해 생산된 역사, 겨육을 매개로 한 제도화된 역사를 통해 국가의 구성원들은 국가에 의해 의도된 집단기억을 각제된다. 이렇게 국가에 의해 제공된, 혹은 승인된 집단기억은 특별히 (⊙)이라 지칭한다. 이러한 집단적, 공적 기억에 대항하여 어떤 방식으로든 침묵되어 왔던, 혹은 강요되거나 왜곡되었던 또 다른 기억, 역사화되지 않은 기억, 이른바 (ⓒ) 이 등장하게 되었다.

이러한 최근의 기억 논의는 ⓒ학문화된 역사에 대한 반격이라는 것이다. 한편 이렇게 집단기억에 관한 논의가 활성화되면서 (ⓔ)과 집단기억간의 관계와 구분도 주목하게 된다. (ⓜ)는 전문 역사학에서 발전한 문화적 도구로서 근대성을 특징으로 하는 사고의 특수한 형태이다.

<예시 답안>

⊙ 공적 기억
ⓒ 반기억
ⓒ 역사는 과학이다.
ⓔ과 ⓜ의 공통 용어-역사의식
ⓜ 집단기억은 역사의식에 의해 교정되고 비판되어야 할 대상으로 간주된다.

03 다음 ㉠의 관점에 따르면 독자들이 수행해야 할 방식은 무엇인가? 또한 ㉠의 내용을 반영해 보았을 때 데리다의 입장으로 서술을 한다면 한 문장으로 기술하시오. ㉡의 관점으로 볼 때 역사교육 목적론의 어떤 요소를 강조할 수 있는가?(4점)

> 텍스트론에 따르면 역사연구는 의미를 찾아내는 것이며, 의미를 담고 있는 것은 '언어'이다. 즉 언어는 단순히 현실사회를 반영하는 것이 아니라, 현실에 의미를 부여하고 규정한다. 텍스트론의 관점에서는 사료나 거기에 담겨있는 역사적 사실은 하나의 텍스트다. ㉠사료에 들어가는 내용의 선택에는 이미 저자의 관점이 들어가 있으며, 사료 내용의 서술은 저자의 해석에 따른 것이다. 한편 텍스트는 집단경험을 전달함으로써 독자에게 정체성, 일치감, 도덕 체계를 심어주려고 한다. 이러한 텍스트에 담겨있는 과거 지식, 집단기억에 동의한다면 ㉡역사교육은 어떤 일관된 사회적 목적을 달성하는데 이용될 수 있다.

<예시 답안>

㉠의 관점에 따르면 독자들이 수행해야 할 방식- 비판적, 해체적 읽기
데리다 텍스트 이외에는 아무것도 없다.
㉡ '민족공동체 의식의 고취'

04 다음의 사례를 보고 밑줄 친 부분에서 사용된 구조적 상상의 기능방식의 명칭은 무엇인가?(2점)

이 교사: 우리 6세기와 5세기의 아테네의 사회 현상과 농업에 대해 공부할거에요. 그럼 먼저 6세기 아티카의 모습은 어떤 문제가 가장 심각했는지 알기 위해서 우리 지난 시간에 여러분들에게 나눠 준 유인물을 미리 읽어오라고 했지요?

학생들: 네.

이 교사: 그럼 6세기 초 아티카에서 가장 심각한 문제가 뭐였지요?

현민: 네 심각한 식량 위기가 있었어요.

이 교사: 맞아요, 그런데 이 문제를 해결하려고 시도한 사람이 누구였죠?

정아: 솔론입니다. 그런데 솔론은 이 문제를 해결하지 못하고, 실패했다고 해요.

이 교사: 그렇죠. 그래서 6세기는 참 힘든 시기였음을 알 수 있어요. 그럼 5세기는 어떻게 변화했나요?

지수: <u>5세기에는 소농계급이 많았는데 그들은 부유하지는 않지만 적어도 상대적으로 안정되어 있었다고 합니다.</u>

이 교사: 맞아요. 그런데 <u>5세기에 왜 갑자기 상황이 좋아진 걸까요?</u>

창민: <u>몇몇 역사가들에 따르면 그 이유는 참주였던 페이시스트라토스가 상당한 땅을 재분배했을 것이라고 추론한다고 합니다.</u>

<예시 답안>
구조적 상상의 기능- 보간

05 다음 작성방법을 읽고 그에 적절한 답을 서술하시오.(4점)

표1) 교수-학습활동 사례-1

	대주제: 17세기 영국사
1	1603-1688년 사이의 개요
2	17세기 초 재외 영국인- 버지니아, 동인도 및 러시아 회사
3	17세기 초 젠트리
4	30년 전쟁
5	1603년-42년의 정치적 사건과 내란
6	두 대조적 폭군- 루이 14세와 크롬웰
7	국교도, 비국교도, 관용- 번연(John Bunyan)
8	17세기 과학- 이 세기의 지식 혁명
9	……

<작성방법>
1. 표1)에 사용된 내용조직방법은 무엇인가?
2. 이 방법을 사용했을 때 초래되는 부정적인 면을 기술하시오.
3. 이 수업을 효과적으로 하기 위한 교수-학습활동으로 적당한 것은? 또한 이 수업 진행의 5단계를 서술하시오.

<예시 답안>
1. 표1)에 사용된 내용조직방법- 분절적 방법
2. 이 방법을 사용했을 때 초래되는 부정적인 면- 역사의 어느 한 기기만을 임의적으로 분리하여 횡적으로 살펴보기 때문에 역사의 종적인 변화와 발전과정을 파악하는 데 어려움이 있다.
3. 사료를 이용한 탐구학습
   / 진행 5단계- 문제의 인지, 가설의 설정, 자료의 수집과 분석, 가설의 확인이나 수정, 일반화

06 다음 작성방법을 읽고 그에 적절한 답을 기술하시오. (4점)

중학교 국사의 경우 2학년에 전근대사, 3학년에 근현대사를 학습하도록 하는 체제가 무너지고, 2학년에 고려까지, 3학년에 조선 이후를 학습하는 것으로 바뀌었다. 이는 수업시수가 2학년에 1시간, 3학년에 2시간이 됨에 따라 2, 3학년간의 시수 균형이 무너졌기 때문이다. 수업시수 감소가 나타나고 학생들이 이해하기 어려워함에 따라 도입단원인 (㉠)이 폐지되었다. ㉡정치사 중심의 통사적 구성이라는 원칙에 따라 사회경제사나 문화사 부분이 중학교 국사교육과정에서 대폭 빠진 것도 특징이다.

한편 이 교육과정에는 중학교 사회의 커다란 특징적 요소가 나타난다. 그 중 대표적인 것은 (㉢)이다. ㉣그러나 교육과정의 이러한 방향은 실제 세세한 역사적 사실보다는 단원 숫자를 줄이는 것으로 나타났다.

〈작성방법〉

1. 위의 내용이 가리키는 교육과정은 몇 차인가?
2. ㉠에 들어갈 명칭은 무엇인가?
3. ㉡의 결과 6차 교육과정에서 시행된 단원체제와 단원명의 특징의 변화요소를 기술하시오.
4. ㉣에 비추어 ㉢에 들어갈 내용을 기술하시오.

〈예시 답안〉

1. 7차 교육과정
2. 우리나라 역사와 우리의 생활
3. 6차 교육과정에서 시행된 중단원- 소단원 체제와 주제 중심의 단원명 대신, 다시 대단원-중단원-소단원 체제와 왕조 이름을 딴 단원명으로 환원되었다.
4. 내용요소의 축소를 표방한다.- 종전 사회과의 내용이 너무 많아 학생들에게 부담을 주고, 암기를 조장한다는 비판에 따라 내용요소를 30% 줄였다.

2019년 9~10월 7회 모의고사

01 다음 ㉠의 문제점과 빈칸 ㉡에 들어갈 적절한 용어를 작성하시오. (2점)

> 상대평가는 다른 말로 '규범 지향평가'라고 한다. 이는 규범에 비추어 평가결과를 해석하는 평가를 말하는데, 여기서 규범이란 미리 정해놓은 기준이나 기준집단을 의미한다. 반면에 ㉠상대평가 방식의 문제점에서 탈피하기 위해 강조된 평가방식이 절대평가인데, 이는 다른 말로 (㉡)라고도 한다. 이는 준거에 비추어 평가결과를 제시하는 평가를 말하는데, 여기서 준거란 미리 설정한 교육목표나 학습내용을 의미한다.

〈예시 답안〉
문제점- 학생의 서열화
용어- 목표지향평가

02 다음 밑줄 친 ㉠이 지칭하는 명칭을 서술하시오. (2점)

> 연역적- 법칙적 설명 외에 헴펠은 ㉠또 하나의 설명모델을 제시하고 있다. 이는 연역적-법칙적 설명과 달리 전제가 주어졌을 때 설명되어야 할 사건이 필연적으로 발생한다는 사실을 보여주는 것이 아니라, 그것이 발생할 가능성이 매우 높거나 혹은 거의 확실하다는 것을 보여주는 것이다. 연쇄상구균에 감염된 '존스'라는 사람의 회복과정과 페니실린을 연결하여 설명하는 것이 하나의 사례가 될 수 있을 것이다.

〈예시 답안〉
㉠- 통계적 설명

03 다음은 교생실습을 나간 두 명의 예비교사의 수업시연이다. A 교사의 수업시연 설명방식의 명칭은 무엇인가? 또한 이 설명방식의 유용한 점과 단점을 서술하시오. 그리고 B 교사의 수업시연 설명방식의 명칭과 이 설명방식의 단점을 서술하시오.(4점)

	수업 내용 범위
A 교사	1. 미국혁명 2. 영국혁명 3. 프랑스 혁명
B 교사	프랑스 혁명은 왜 일어났을까? 구제도의 모순 계몽사상의 영향 미국 독립전쟁에의 참가 재정상의 위기 바스티유 감옥의 습격이 일어난 원인

<예시 답안>

1. A 교사의 수업시연 설명방식- 총괄적 설명
   유용한 점 - 학생들의 역사적 사고를 훈련시키는 데 매우 유용하다.
   단점- 교사들이 일반적으로 총괄적 설명의 장점을 충분히 살리지 못해 다만 형식적 수준에서 이 설명방식을 채택한다.
2. B 교사의 수업시연 설명방식의 명칭- 인과적 설명
   이 설명방식의 단점 -인과적 설명에서는 어떠한 법칙이나 규칙이 전제되어 있지 않아서 원인과 결과를 잇는 연결의 필연성이 희박하거나 불분명하다.

04 다음 사례를 읽고 질문의 예시에 따라 서술하시오. (4점)

<사 례>
A 사례: 공화당의 급진파는 링컨의 온건한 계획을 좌절시키고, 철저한 재건의 시대를 열었다.
B 사례: 과학적 혁명, 사회적 혁명, 문화적 혁명
C 사례: 16-18세기의 절대주의

<질 문>
1. A 사례에서 사용된 역사적 일반화의 명칭을 쓰시오.
2. B 사례에서 사용된 총괄개념은 무엇인가? 또한 이 개념의 문제점을 쓰시오.
3. C 사례에서 사용된 총괄개념의 명칭을 쓰시오.
4. 총괄의 5단계 과정을 서술하시오.

<예시 답안>
1. A 사례에서 사용된 역사적 일반화의 명칭- 분류적 일반화
2. 형식적 총괄개념/ 역사적 변화의 형식만을 가리키는 총괄개념이기 때문에 역사적 설명에서 단독적으로 쓰이지 못하고 변화의 주제를 가리키는 다른 용어와 함께 사용된다.
3. 성향적 총괄개념
4. 총괄의 5단계- 주제의 설정, 사료의 수집, 관련 사실의 발견, 일관된 의도(속성)의 인지, 총괄개념의 추출

<해설>
역사적 설명에서 사용되는 역사적 일반화는 종류나 수준이 다양하나, 가장 초보적이고 필수불가결한 일반화는 분류적 일반화라고 할 수 있다. 이는 사건을 어떤 부류에 모아 놓는 일반화를 말하는데, 일반적 용어를 선택하거나 만들고 범주를 형성함으로써 일반화하는 것으로 역사가가 일상적으로 사용하는 많은 용어가 바로 이 방식을 통해 만들어진 것이다.

05 다음 ㉠에 들어갈 용어를 기입하시오. 또한 ㉡의 단점을 구체적으로 서술하시오. 그리고 ㉢개념의 문제점을 쓰고, ㉣의 결과 중요시되는 역사교육과 서술방식을 기술하시오.(4점)

> 과연 세계사 교육에서 서구중심주의는 극복될 수 있을까? 민족사적 접근에 따른 자민족 중심주의에서 벗어난 타자 이해의 가능성은 존재하는가? 이에 리처드 로티는 "문화적 다양성과 동시에 개방성을 인정한다면, 자문화 중심주의는 배타주의를 의미하지는 않는다"고 강조했다. 이처럼 서유럽을 축으로 한 세계 역사의 수렴적 발전 또는 통일성에 대한 대안은 (㉠)으로 대변된다.
> 한편 문화의 다양성 담론은 저항의 언어로 유용해 보이지만, ㉡<u>그에 따른 단점도 존재한다</u>. 이러한 단점의 결과 등장하는 한 예로서 ㉢<u>'동양' 또는 '동아시아'라는 개념</u>을 들 수 있다. 최근 다국적 또는 초국적 자본으로 전 지구적 규모의 경제적, 문화적 교환을 효과적으로 규제하며 세계를 통치하는 주권 권력, 즉 '제국'이 등장한 것이다. 따라서 그에 대한 비판적인 대항을 위해서는 ㉣<u>세계시민으로서 연대의식을 배양하는 것이 중요하다</u>.

<예시 답안>

㉠에 들어갈 용어- 다문화주의
㉡의 단점- 문화의 차이를 강조함으로써 '경계'를 만들어내는 또 다른 패권주의적 정치성을 띠고 있다.
㉢개념의 문제점- '유럽'이라는 개념과 마찬가지로 지리적이라기보다 정치적이고 이데올로기적이며, 서구의 대안이 아니라 그 아류로 등장한 것이다.
㉣의 결과 중요시되는 역사교육과 서술방식- 트랜스내셔널 역사 강조(경계를 넘어서는, 국가와 자본을 넘어서는 역사)

06 다음의 예시문을 읽고, 작성방법에 따라 적절한 답을 서술하시오.(4점)

제 2차 교육과정은 (㉠) 중심 교육과정에 의거하여 교육과정의 체제를 통일하였다. 각 교과의 전체의 목표를 설정한 대신, 교과에 속하는 각 과목의 목표는 따로 진술하지 않았다. 또한 발전적 계통학습과 최소의 내용을 엄선하여 (㉡)을 충실히 할 것을 강조하였다....고등학교에서는 사회과 안에 일반사회, 국민윤리, 정치.경제, 국사, 세계사, 지리 Ⅰ, 지리 Ⅱ의 과목을 두었다.

- 작성방법 -
1. ㉠과 ㉡의 빈칸에 들어갈 용어를 서술하시오.
2. 이 시기 고등학교에서 행해지는 국사와 세계사 교육의 변화를 기술하시오.
3. 이 시기 사용되는 고등학교 수업시수의 변화를 설명하고, 특히 역사 과목의 시수의 변화를 구체적으로 작성하시오.

<예시 답안>

1. ㉠과 ㉡의 빈칸에 들어갈 용어- ㉠ 경험/ ㉡ 기초학력
2. 이 시기 고등학교에서 행해지는 국사와 세계사 교육의 변화- 국사는 공통필수, 세계사는 선택필수 과목으로 사실상 모든 학생들이 국사와 세계사를 배웠다.
3. 이 시기 사용되는 고등학교 수업시수의 변화- 단위수가 사용된다. 특히 역사 과목의 시수의 변화- 국사 6단위, 세계사 6단위로 사회과목 중에서 가장 높았다.

2019년 9~10월 8회 모의고사

01 다음 밑줄 친 ㉠과 ㉡의 이것이 가리키는 용어를 기입하시오. (2점)

> ㉠이것은 역사적 사건의 발생 시기는 물론 그 사건의 내용을 개괄적으로 알 수 있어서 사전이나 참고자료의 역할을 하기도 한다. 이것은 해당 사건이 서술되어 있는 책의 쪽수를 제시함으로써 연표와 본문 내용을 유기적으로 연계시켜 학습효과를 높일 수도 있다.
>
> 한편 ㉡이것은 대단원과 같은 일정한 단위의 학습을 끝낸 다음 정리용이나 형성평가용으로도 유용하다. 특히 단원의 서술 내용이 주제별로 되어있어 역사의 전체적인 흐름이나 사건 사이의 선후관계를 파악하기 힘든 경우에 역사적 사실의 관련성을 정리하는 데 효과적이다.

〈예시 답안〉

해설연표/ 백연표

02 다음 ㉠, ㉣, ㉤에 들어갈 용어 그리고 ㉡과 ㉢에 들어갈 공통용어를 기입하시오. (2점)

> 이는 교과서나 그 밖의 책, 또는 교사의 설명을 통한 간접경험보다 역사를 더 생생하게 이해할 수 있게 한다. 초, 중, 고등학교의 공식 교육과정에 포함되어 있는 경우가 많다. 특히 수학여행이나 소풍은 이전에는 주로 (㉠)라는 차원에서 접근하였지만, 근래에는 (㉡)개념이 강조되는 추세이다. 또한 박물관과 (㉢)을 통한 역사교육은 해당 장소에 대한 견학과 조사를 통해 학습과제를 해결하는 (㉣)을 기본으로 한다.
>
> 한편 근래 사이버교육을 제공하고 있는 박물관이 늘어나고 있으며, 유적지에 대해 소개하고 있는 웹사이트들도 많다. 다만 인터넷을 통해 박물관이나 역사 유적지에 대해 학습할 경우, 그 성격은 현장학습이라기보다는 (㉤)교육에 가깝다고 할 수 있다.

〈예시 답안〉

㉠- 놀이
㉡과 ㉢- 현장학습
㉣- 체험학습
㉤- ICT 교육

03 다음 문답식 수업의 질문 예시이다. 박 교사의 질문 유형은 무엇이며, 이 질문 유형에 적절한 수업은? 그리고 설명과 대비, 대조, 분석 등을 요구하는 질문 유형은 어느 것인가? 또한 이 질문 유형에 적절한 수업은 무엇인지 서술하시오.(4점)

교사	질문 내용
A- 이 교사	돌칼은 어느 시대 사용되었지요? 삼국을 통일한 신라의 왕은 누구라고 했지요?
B- 최 교사	구석기 시대 도구와 신석기 시대 도구에는 어떤 차이가 있지요?
C- 박 교사	한글창제라는 사건이 조선 시대 사람들에게 어떤 의미였는지를 다양한 집단의 관점에서 해석해보세요. 양반과 상민의 관점, 남성과 여성의 관점, 조선과 중국의 관점 등에서 그 사건의 의미를 해석해보세요.

〈예시 답안〉

1. 확산적 질문/ 이야기식 수업
2. B- 최 교사/ 토론식 수업

04 다음의 작성방법을 읽고, 그에 적절한 답을 기술하시오.(4점)

(㉠)이란 역사 연구나 이해에서 특징적으로 나타나는 것으로서 증거나 자료를 토대로 과거 사건이나 주제의 전체상을 만들며, 이를 검증하기 위해 일련의 지식, 개념, 상상력, 감정이입능력 등을 이용하여 그 가설을 확인하는 능력이라고 할 수 있다. 이 사고는 역사에만 활용되는 독특한 사고가 아니라 과학에서도 사용되는 사고라고 생각할 수 있다. 이러한 사고가 독특한 역사적 사고로서 이 사고를 거론하는 것은 바로 ㉡이 때문일 것이다.

〈작성방법〉

1. ㉠에 들어갈 용어는?
2. ㉡의 이 때문은 바로 무엇을 말하는가?
3. 이 사고를 과학에 도입할 경우 불가피하게 발생하는 과정은 무엇인가?
4. 위 3번의 질문과 연관하여 역사의 독특한 사고로 지위를 인정받고 있는 이유를 서술하시오.

〈예시 답안〉

1. ㉠에 들어갈 용어- 인증적 사고력
2. ㉡의 이 때문은 바로 무엇을 말하는가?- 결과의 객관성 여부
3. 이 사고를 과학에 도입할 경우 불가피하게 발생하는 과정- 결과의 잠정성을 해소하는 과정
4. 역사에서는 결과의 잠정성을 인정하기 때문이다.

05 다음 ㉠에 들어갈 용어를 기입하시오. 또한 ㉡의 브루너가 말하는 패러다임적 사고 지원의 문화적 도구 두 가지를 쓰시오. 그리고 ㉢과 ㉣이 지칭하는 용어를 작성하시오.(4점)

> (㉠)는 사건의 계열을 통해 전해지는 의미를 이해하고 해석하는 것이다. 이 사고는 과학적 사고와 전혀 다른 형태와 특징을 가진다. 이의 본질은 자연의 물리적 세계보다는 인간행위자가 중심이 된 이야기이기 때문이다. ㉡브루너에 의하면 문학적 양식이 도구로 사용될 수 있다. 그에 따르면 이는 ㉢이야기를 만드는 방식, 그 이야기 속에 삽입되는 주제들을 구성하는 방식, 언어 체계 등을 결정하는 것이다. 반면에 ㉣이야기에 의미를 부여하는 역할을 하는 도구도 있다.
>
> 즉 이 사고란 사건간의 개연성을 토대로 가장 그럴듯한 의미를 찾아내는 사고이며, 계열의 설정을 통해 저자의 해석을 드러내는 사고다. 그리고 (㉢)와 (㉣)이라는 문화적 도구를 활용하여 인간의 의도를 밝히려는 사고로서 과학적 사고나 논리적 사고와는 다른 사고라고 할 수 있다.

〈예시 답안〉

㉠ 내러티브적 사고

㉡의 브루너가 말하는 패러다임적 사고 지원의 문화적 도구 두 가지- 문법과 과학 장르

㉢ 장르

㉣ 플롯

06 다음 작성방법을 읽고, 그에 적절한 답을 서술하시오.(4점)

프랑스에서는 20세기 중반부터 아날학파의 구조사가 역사연구에서 지배적인 경향이 되었다. 이들은 기존 역사학의 이론과 방법론 방식의 흐름에 도전했다. ㉠제 1세대와 ㉡2세대를 거치면서 1960년대 말부터는 보벨과 자크 르고프 같은 ㉢제3세대가 등장하였다. 이들의 역사 서술은 대체로 지역적이거나 초국가적이었고, 직선적 시간 개념 대신에 상이한 문명들 사이에 공존하는 시간의 복수성을 인정했다.

〈작성방법〉
1. 1세대 연구의 특징을 서술하시오.
2. 2세대의 대표사가인 브로델이 제시한 방향과 개념 두 가지를 서술하시오.
3. 3세대의 연구 영역을 한 마디로 정의하면 무엇인가?
4. 아날학파의 영향으로 독일에서 1960년대 나타나는 역사학 연구의 일반적 추세는 무엇이며, 이로 인해 개척되는 연구 분야 두 가지를 서술하시오.

〈예시 답안〉
1. 1세대 연구의 특징- 19세기적인 정치사적 역사서술 거부, 비교적 방법과 통계적 방법을 역사학에 도입한 구조사적 연구 주장
2. 2세대의 대표사가인 브로델이 제시한 방향과 개념 두 가지 -전체사 지향/ 장기 지속, 구조 제시
3. 3세대의 연구 영역- 망탈리테의 역사
4. 아날학파의 영향으로 독일에서 1960년대 나타나는 역사학 연구의 일반적 추세는 무엇이며, 이로 인해 개척되는 연구 분야 두 가지- 좁은 의미의 사회사가 아니라 정치, 예술, 이념, 종교 등 모든 분야의 역사들을 종합하여 그 관계들을 전체적으로 해명하는 '사회구조사'로 발전/ 개척 분야- 인구사, 가족사, 도시사, 하층민의 역사, 노동운동사, 소수민족사, 민중예술사

2019년 6월 정기 모의고사

전공 A 1. 다음 (   )에 공통으로 들어갈 용어와 이 이론을 주장하는 사상가의 이름을 작성하시오.(2점)

> 가) 역사가는 사건이 곧 행위라는 것을 명심하고, 행위 속으로 파고 들어가서 생각하고 행위자의 (㉠)을 밝혀내는 일에 주력하여야 한다. …… 역사의 과정은 (㉠)의 과정으로 된 내적 측면이 있는 행위의 과정이다. 마찬가지로 정치사가나 논쟁사가가 카이사르의 어떤 행위를 설명하려 할 때도 카이사르로 하여금 그런 행위를 하도록 결심시킨 그의 마음속의 (㉠)이 무엇이었는지를 찾아내려고 한다. 따라서 모든 역사는 역사가 자신의 마음속에서 과거의 (㉠)을 재연(再演)시키는 것이다.

〈예시 답안〉

공통 용어- 사상
사상가 콜링우드

〈해설〉

제시된 자료는 모두 콜링우드의 저작인 『역사학의 이상』에서 발췌한 것이다. 이 책은 콜링우드가 죽은 지 3년이 되던 해인 1946년에 편찬되었는데 원명은 The Idea of History이다. 콜링우드의 역사 개념은 '사상의 역사'와 '현재의 역사'로 대변된다. 특정한 역사 현상의 참된 본질을 파악하려면 먼저 사건의 외면을 발견하고 다음에는 사건의 내면으로 들어가 그 사건을 일으킨 인물들의 사상을 알아내야 한다. 사건의 외면은 신체와 그 운동이라는 말로 묘사될 수 있는 모든 것을 지칭하는 것이고, 사건의 내면은 '사상'이라는 용어로만 표현될 수 있는 것이다.

콜링우드에 따르면 역사가는 이 두 면을 다 중시하여 사건의 내면과 외면의 통일로서의 행위를 조사 연구해야 한다는 것이다. 그러면 역사가는 어떻게 과거 행위자의 사상을 알아낼 수 있을까? 콜링우드에 따르면 유일한 방법은 과거 행위자의 사상을 역사가 자신이 마음속에서 재사유하는 것이다. 다시 말해 역사가는 자신이 연구하는 사건에 관련된 인물들의 사상과 경험을 마음속에서 다시 생각하고 재구성해야 하는 것이다.

-출처: 이상현, 『콜링우드의 역사학의 이상』.

전공 A 7. 다음의 밑줄 친 ㉠의 내용이 뤼젠이 제기한 역사의식의 유형 가운데 무엇을 의미하는지 설명하고, 이와 함께 ㉢을 비판하는 역사이론의 명칭 그리고 그의 주장 2가지를 서술하시오. 또한 ㉡이 말하는 학생들의 입장에서 활용할 수 있는 역사수업방안 1가지를 작성하시오.(4점)

A교수: 여러분, "역사를 왜 가르치고 배워야 하는가?"라는 질문에 대해 다양한 논의가 전개되어 온 것 잘 알지요? 우리 이 부분에 대해 다시 한번 인지적 질문의 시간을 가져보도록 합시다.

영주: 네, 우선 전통적으로 역사를 배우는 목적으로 가장 중시된 것은 ㉠교훈입니다. 과거 인간의 행위를 거울로 삼아 행동한다는 것을 중시한 것이에요.

희상: 또한 역사교육이 인간으로서의 인격과 교양을 육성하는 데 도움이 된다고 보는 입장도 있습니다. 그리고 역사교육이 역사의식과 역사적 사고력을 함양하고 더 나아가 현재를 이해하는 데 도움을 준다고 보기도 해요.

지민: 이러한 ㉡역사교육의 목적을 달성하기 위해 역사 교사는 다양한 방법을 활용하여 학생들의 역사 이해와 사고를 이끌기 위한 노력을 전개합니다. 그런데 "역사교육이 고유의 유산이나 역사상을 통해 ㉢민족의 동질감과 민족적 주체성을 확립하는 데 필요하다는 견해도 있다"는 이 부분은 이해가 잘 안되요.

〈예시 답안〉

㉠ 전형적 유형
㉡ 수업 방안: 학생들이 자신이 과거 시대의 인물이 되었다고 가정하고 과거 시대의 상황으로 돌아가 당시의 시대모습을 이해하게 하는 방법을 활용한다.(추체험, 감정이입- 탐구학습)
㉢ 역사이론 명칭: 포스트모더니즘 역사학/ 주장- ① 민족에 대한 개념부터 의문시한다. 즉 민족을 허구이자 하나의 거대 담론으로 바라본다.
② 후기 자본주의 논리로서 민족과 국사를 상대화하고 해체하려는 것이다.

전공 A 12. 지역사와 관련해 각 지역의 역사를 가리키는 다양한 용어가 있다. 이러한 차이가 나는 이유를 두 가지 설명하고, ㉠의 이를 보완하기 위한 후속과정으로 1980년대 후반 시행된 제5차 교육과정에서의 내용은 무엇인지 설명하시오. 또한 ㉡의 조치가 가져온 교육내용에 미친 결과에 대한 적절한 내용을 서술하시오.(4점)

지역사 교육에 관심을 가지는 이유는 다음과 같다. 이러한 지역사가 국가사에 비해 유용한 점은 자신이 생활하는 공간에서 일어난 일을 다루기에 더욱 흥미 있고, 구체적이며 생생한 역사를 다룰 수 있다는 점이다. 또한 주체적인 지역문화와 객관적인 지역문화 연구가 가능하다는 점 등이 있다.…… 1980년대 제 5차 교육과정에서는 _____㉠_____ 한 보완 내용이 이루어졌다. 이는 ㉡각 시도나 학교별로 교과목이나 수업 시도에 어느 정도 융통성을 둔다는 의미였다.

〈예시 답안〉

용어 차이의 이유 2가지: 지역의 역사를 바라보는 기본관점과 접근방향의 차이
후속과정- 교육과정의 지역화를 표방.
㉡의 결과: 교육내용의 지역화에 영향을 미쳤다. 직접적 결과로는 초등학교 사회교과이며, 4학년 1학기 《사회과 탐구 교과서》가 각 시도별로 제작되었다.

〈해설〉

1980년대 후반 시행된 5차 교육과정에서 '교육과정의 지역화'를 표방하여 교과목이나 수업시수에 융통성을 주었으며, 이로 인해 결과적으로 교육내용의 지역화에 영향을 미쳤다.
이런 영향을 직접적으로 받아서 지역별로 교육내용을 달리한 결과물이 초등학교 사회교과서이다. 초등학교 4학년 1학기 《사회과 탐구 교과서》가 시도별로 제작, 많은 시군이 3학년 2학기 지역별 사회교과서를 집필하였다.

전공 B 2. 다음 제시문을 읽고, (㉠)와 (B)에 들어갈 적절한 용어를 기입하시오.(2점)

> 수험생 A: 자 우리 역사학습에 있어 피아제 이론의 적용 비판에 대해 스터디해보자.
> 수험생 B: 어 대표적 학자로는 이건(Kieran Egan)이 있지.
> 수험생 C: 그의 이론의 핵심은 어떤 개념일지라도 필요한 것은 가르치는 방법을 고안해내야 한다는 것이지.
> 수험생 B: 당장은 이해가 되지 않는 역사용어나 개념도 가르치면 결국 아동들은 그 의미를 파악할 수 있다는 것이지. 더 나아가 아동들은 (㉠)을(를) 이용하여 상상을 통해 과거 사건에 대한 이야기를 이해할 수 있다는 거야.
> 수험생 A: 아하 그렇구나.
> 수험생 B: 이러한 입장에서는 역사와는 별 관련이 없는 가정, 이웃, 지역사회 등의 개념의 확대를 고려하여 작성된 '(㉡)' 접근의 사회과 교육과정은 넌센스일 뿐인거지.

〈예시 답안〉

㉠ 이항적 대비
㉡ 지역확대 접근

전공 B 6. 다음 자료를 읽고 괄호 ㉠과 ㉡에 들어갈 말을 쓰시오. 그리고 피셔가 이러한 사고를 고안해 낸 이유를 서술하고, 역사적 사고력의 하위범주의 내용을 설명하시오.(4점)

(가) 피셔는 설명적 가설을 만들어가는 (㉠) 과 이론의 경험적인 검증인 귀납적 추론을 조합하여 (㉡) 이라는 사고를 고안해냈다.

(나) 부스도 역사적 사고는 (㉡)사고라고 보았고 그것은 잃어버린 세계에 대해 상상적으로 가장 신뢰성 있게 해석하는 것이라고 설명하였다. 여기서 잃어버린 세계를 상상을 동원하여 재창조 한다고 하는 것은 퍼스가 말한 (㉠) 이라고 할 수 있다. 그리고 가장 신뢰성 있게 해석하는 것은 귀납적 추론의 과정이다.

<예시 답안>

㉠ 가설적 추론
㉡ 인증
이유: 과학적 추론만으로는 상상력을 발휘하여 믿을만한 해석을 내놓은 역사적 사고과정을 적절하게 설명할 수 없기 때문이다.
㉢ 역사적 사고력의 하위범주: 연대기 파악력, 역사적 탐구력, 역사적 상상력, 역사적 판단력

<해설>

역사적 사고력: 어떤 문제나 상황에 처했을 때 역사학의 특성에 근거해서 생각하는 능력이다. 즉 역사지식을 이용하여 역사문제에 관해 가설을 세우거나 해결방안을 모색하면서 역사를 이해하려는 고도의 정신활동능력을 의미한다.

역사적 사고력을 학습목표로 제시하기 위해 더욱 세분화하여 4가지 하위 범주를 설정했다.

① 연대기 파악력- 시간에 따른 변화를 중시하며, 인간의 삶과 여러 현상을 연대기 속에서 파악하는 능력을 말한다.
② 역사적 탐구력- 사료를 다루는 능력을 보다 의미한다. 일반적 탐구 기능을 종합한 역사적 탐구 기능.
③ 역사적 상상력- 사료의 불완전성으로 인해 부족한 증거를 보완하기 위해 필요한 역사적 사고의 고유한 특성이다.
④ 역사적 판단력- 역사적 논쟁, 딜레마에 접했을 때 합리적으로 판단하고 의사결정을 내리는 능력을 말한다.

전공 B 11. 다음은 2015년 개정교육과정에 맞춘 세계사 과목과 동아시아 과목의 목표를 설명한 것이다. 이를 읽고 ㉠, ㉡에 들어갈 알맞은 명칭을 쓰고, ㉢의 서술에 비추어 볼 때 ㉣에 들어갈 동아시아 과목의 목표는 무엇인지 기술하시오.(4점)

가) 지구상에 존재하는 여러 지역의 문화와 가치를 이해함으로써 '세계 속의 한국인'으로서 정체성을 함양한다. 지역의 종교와 문화, 정치 체제와 가치관의 차이에서 발생하는 사건이나 갈등을 역사적 맥락에서 파악하고, 그런 과정을 통해서 문제 해결을 위한 역사적 사고능력을 배양한다. 여러 지역 사이에서 이루어진 문화적 교류가 인류 문명발전에 기여했던 사실을 탐구하여 ㉠ 을 기른다.

나) 통합적이고 균형잡힌 시각으로 동아시아 역사를 파악하여 이 지역의 특성을 이해하는 안목을 기른다. 시기별 사회와 문화의 특징을 드러내는 공통적인 요소와 함께 각국의 독자적 요소를 ㉡ 별로 접근하여 이해한다. ㉢동아시아 역사와 문화의 다양성을 탐구하여 그 특징을 파악하고, ㉣ .

〈예시 답안〉

㉠ 세계시민의식
㉡ 주제별 접근
㉢ 타자를 이해하고 존중하는 태도를 함양한다.

〈해설〉

2015년 개정교육과정-세계사 과목 목표

가. 지구상에 존재하는 여러 지역의 문화와 가치를 이해함으로써 '세계 속의 한국인'으로서 정체성을 함양한다.

나. 지역의 종교와 문화, 정치 체제와 가치관의 차이에서 발생하는 사건이나 갈등을 역사적 맥락에서 파악하고, 그런 과정을 통해서 문제 해결을 위한 역사적 사고 능력을 배양한다.

다. 인류의 역사를 구성하는 여러 지역이 점진적으로 통합되어 가는 과정을 탐구하여 세계가 오늘날과 같은 상황에 이르게 된 원인과 과정을 이해한다.

라. 여러 지역 사이에서 이루어진 문화적 교류가 인류 문명 발전에 기여했던 사실을 탐구하여 세계 시민 의식을 기른다.

마. 세계사의 주제와 관련된 자료를 비교, 분석, 비판, 종합하는 활동을 통해 미래 사회를 전망할 수 있는 역사적 안목을 키운다.

동아시아사 과목 목표

가. 통합적이고 균형 잡힌 시각으로 동아시아 역사를 파악하여 이 지역의 특성을 이해하는 안목을 기른다.

나. 시기별 사회와 문화의 특징을 드러내는 공통적인 요소와 함께 각국의 독자적 요소를 주제별로 접근하여 이해한다.

다. 동아시아 역사와 문화의 다양성을 탐구하여 그 특징을 파악하고, 타자를 이해하고 존중하는 태도를 함양한다.

라. 동아시아 역사 전개 과정에서 나타난 갈등 요소를 탐구하고, 이를 해소하여 상호 발전을 모색하는 자세를 갖는다.

마. 주제와 관련된 자료를 비교·분석·비판·종합하는 활동을 통해 역사적 사고력을 신장한다.

> 저자와 동의하에 인지생략

전공역사 서양사&기타세계사
역사교육론 문제풀이

최쌤 최향란 전공역사

발행일 2020년 5월 15일 초판 발행

저자 최향란

발행처 도서출판 한필

주소 경기도 부천시 중동로 166
건영아이숲 1701-1502

Tel. 0507. 1308. 8101.

Email hanpil7304@gmail.com

Web www.hanpil.co.kr

· 책의 어느 부분도 저작권자나 발행인의 승인 없이 무단 복제하여
  이용 할 수 없습니다.
· 파본 및 낙장에 관한 문의는 출판사로 해주시기 바랍니다.

정가 : 22,000
ISBN: 979-11-89374-25-9